TRAUNER VERLAG
BILDUNG

Bildung, die begeistert!

Blattwerk Deutsch

■ Texte

IRIS PALLAUF-HILLER
JOHANNES GAISBÖCK
REGINA FORSTENLECHNER

7/8 AHS

Kopier- und Vervielfältigungsverbot

Wir weisen darauf hin, dass gem § 42/6 UrhG kein Teil dieses Schulbuches in irgendeiner Form ohne schriftliche Genehmigung des Verlages reproduziert (kopiert) oder unter Verwendung elektronischer Systeme verarbeitet, vervielfältigt oder verbreitet werden darf.

Dieses Buch wurde auf Papier aus nachhaltiger Forstwirtschaft gedruckt.

© 2019
TRAUNER Verlag + Buchservice GmbH, Köglstraße 14, A 4020 Linz
Alle Rechte vorbehalten.
Layout wurde vom Patentamt mustergeschützt: © Österreich 2010

Lektorat/Produktmanagement:
Mag. Katharina Stadler
Titelgestaltung/Layout: Bettina Victor
Gestaltung und Grafik:
Bettina Victor
Korrektorat: Johann Schlapschi
Schulbuchvergütung/Bildrechte:
© Bildrecht GmbH/Wien
Gesamtherstellung:
Johann Sandler GesmbH & Co KG
Druckereiweg 1, 3671 Marbach

ISBN 978-3-99062-831-7
Schulbuch-Nr. 190.305

ISBN 978-3-99062-833-1
Schulbuch-Nr. Kombi E-Book 190.897

www.trauner.at

Impressum

Pallauf-Hiller u. a.: Blattwerk Deutsch 7/8 AHS
■ **Texte**
2. Auflage 2020
Schulbuch-Nr. 190.305
Schulbuch-Nr. Kombi E-Book: 190.897
TRAUNER Verlag, Linz

Das Autorenteam

Mag. Iris Pallauf-Hiller
Professorin an der HAK/HAS I der Wiener Kaufmannschaft in Wien

Mag. Johannes Gaisböck
Professor an der HAK/HAS I der Wiener Kaufmannschaft in Wien;
Lehrender an der Pädagogischen Hochschule Oberösterreich

Mag. Regina Forstenlechner
Professorin am Europagymnasium Baumgartenberg

Approbiert für den Unterrichtsgebrauch an allgemeinbildenden höheren Schulen für die 7. und 8. Klasse im Unterrichtsgegenstand Deutsch, Bundesministerium für Bildung, Wissenschaft und Forschung, BMB-5.048/0064-IT/3/2017 vom 16. Oktober 2018.

Liebe Schülerin, lieber Schüler,
Sie bekommen dieses Schulbuch von der Republik Österreich für Ihre Ausbildung. Bücher helfen nicht nur beim Lernen, sondern sind auch Freunde fürs Leben.

Einleitung

Im Vordergrund der „Blattwerk"-Bände steht die **Nachhaltigkeit des (Sprachen-) Lernens.** Die Schülerinnen und Schüler sollen dazu animiert werden, **selbstgesteuert** zu lernen, ihre eigene Sprache zu reflektieren und zu analysieren sowie ihre selbst verfassten Texte zu be- und überarbeiten.

Unterstützt wird dieser Prozess durch den **Portfolio-Gedanken,** der den Lehrwerken zugrunde liegt. Daher sind alle „Blattwerk"-Bände **perforiert und gelocht.** So können sie nicht nur als herkömmliche Schulbücher im Unterricht eingesetzt, sondern auch zusammen mit selbst verfassten Texten der Lernenden über die gesamten Schulstufen hinweg in einer Mappe gesammelt werden.

Dies hat den Vorteil, dass die Schülerinnen und Schüler am Ende ihrer Ausbildung ein **Kompendium aller gelernten Inhalte** besitzen, das sich optimal zum Lernen für die Matura eignet. Gleichzeitig werden sie dazu motiviert, selbst produzierte Texte zu hinterfragen, zu überarbeiten und ihr Sprachbewusstsein weiterzuentwickeln.

Der Lernerfolg wird durch **Evaluations- und Feedbackbögen** zur Selbst- und Fremdevaluation mess- und sichtbar. Die gesamte Reihe ist für **Erst- und Zweitsprachensprecher/innen** konzipiert.

Das Lehrwerk startet mit der **Textsortentheorie** und geht dann in die praktische Anwendung des Erlernten über. Ab „Medien – Kommunikation – Archivierung" sind dann die **Themenkapitel** angeführt.

Wesentliche Elemente und verwendete Symbole

Die am Kapitelbeginn angeführten **Ziele** kennzeichnen, über welches Wissen die Schülerinnen und Schüler nach der Bearbeitung des jeweiligen Abschnitts verfügen. Die Ziele sind farblich nach der **Kompetenzstufe gekennzeichnet.**

Meine Ziele

Nach Bearbeitung dieses Kapitels kann ich
- Blau (wiedergeben, verstehen)
- Rot (anwenden)
- Schwarz (entwickeln)

KOMPETENZ-ERWERB

Zur Erarbeitung der Kenntnisse und Fertigkeiten stehen den Lernenden **Arbeitsaufgaben** zur Verfügung. Diese erfordern die praktische Umsetzung des Wissens und verlangen eigene kreative Lösungsansätze.

Arbeitsaufgaben

Diese Arbeitsaufträge sind ebenfalls nach dem Kompetenzmodell mit den Farben Blau, Rot und Schwarz gekennzeichnet. Es wird unterschieden zwischen Aufgaben, bei denen die Schülerinnen und Schüler

- die gelernten Fachinhalte und gelesenen Texte verstehen und wiedergeben;
- erworbenes Wissen anwenden;
- eigenständig Lösungen entwickeln müssen.

„Ziele erreicht?"-Bögen am Ende eines Abschnitts ermöglichen den Lernenden, selbst festzustellen, inwieweit sie in ihrem Lernprozess erfolgreich waren.

Ziele erreicht?

Der Kompetenzzuwachs wird durch die Selbst- und Fremdevaluation aufgezeigt.

Folgende weitere Piktogramme unterstützen das Lehren und Lernen mit dem Buch:

 für Wissenswertes und Tipps

 für „Achtung!" oder „Beachte!"

 für Arbeitsaufgaben und persönliche Notizen

 für Verknüpfungen mit anderen Kapiteln oder „Blattwerk"-Bänden

 für Diskussionsaufgaben

 für Downloads von angeführten Internetseiten

Zum Weiterlesen
für Hinweise auf weitere thematisch relevante Texte und für Arbeitsaufgaben, die eine Beschäftigung mit dem gesamten Werk oder weiteren Werken erfordern

Viel Freude und Erfolg wünscht Ihnen das „Blattwerk"-Team!

Inhaltsverzeichnis

Die Blattwerk-Methode — 6

Textsorten — 7

5. SEMESTER

Reden – Vortragen – Manipulieren — 8
- Meinungsrede — 9

Untersuchen – Analysieren – Erschließen — 29
- Analyse von Sachtexten — 30

Literaturepochen
1. Weimarer Klassik — 45
2. Romantik — 69
3. Biedermeier — 89
4. Vormärz — 105

6. SEMESTER

Deuten – Interpretieren – Bewerten — 117
- Textinterpretation — 118

Werbung — 137
1. Werbeanalyse — 143
2. Werbungen analysieren — 146
2.1 Werbesprache — 148
2.2 Bild und Sprache — 150

Literaturepochen
1. Realismus — 157
2. Naturalismus — 175
3. Fin de Siècle — 189
4. Expressionismus — 205

7. SEMESTER

Rezensieren – Kritisieren — 227
- Rezension/Kritik — 228

Kommentieren – Glossieren — 237
- Glosse — 238

Literaturepochen
1. Dadaismus — 249
2. Literatur der Zwischenkriegszeit — 255
3. Prosa nach 1945 — 273
4. Lyrik nach 1945 — 307
5. Drama nach 1945 — 317
6. Nationale und internationale Schriftstellervereinigungen — 333

8. SEMESTER

Essay — 337

Wissenschaftliches Arbeiten — 345

Themen — 359

Medien – Kommunikation – Archivierung — 361
1. Journalismus — 363
2. Fernsehen — 370
3. Internet — 375
4. Lesen oder dekodieren — 381

Erziehung – Bildung – Werte — 391
1. Werte und Normen — 394
2. Manieren — 397
3. Erziehung — 401
4. Bildung gestern und heute — 407
5. Unterricht — 413
6. Lernen — 416

Jugend – Revolte – Pubertät — 421
1. Jugend und Gesellschaft — 423
2. Generationenkonflikt — 426
3. Pubertät — 432

Sprache — 441
1. Was Sprache leistet — 443
2. Multilingualität — 450
3. Sprache und Denken – Political Correctness — 454

Einwandern – Auswandern – Zuhause sein — 463
- Migration — 464

Sterben – Tod – Vergänglichkeit — 473
1. Nachdenken über Tod und Sterben — 476
2. Vergänglichkeit — 486
3. Der personifizierte Tod — 490

Literaturportfolio — 501

1. Portfoliomethode — 502
2. „Woyzeck" — 503

Stichwortverzeichnis — 509
Personenregister — 511
Textregister — 513
Quellenverzeichnis — 515
Bildnachweis — 519

Die Blattwerk-Methode

Das Lehrbuch „Blattwerk" kann wie jedes herkömmliche Lehrwerk verwendet werden. Es finden sich unterschiedlichste Texte zu diversen Themen darin, WERKZEUG-Blätter (Theorie- und Kriterienblätter), Aufgaben, Arbeitsaufträge und vieles mehr. Dennoch will es einen Schritt weiter gehen und integriert die Portfolio-Methode als wesentliches Arbeitsprinzip. Dieses Prinzip liegt vor allem jenen Elementen des Lehrwerkes zugrunde, die sich mit der eigenen und der Kompetenz anderer aktiv auseinandersetzen.

Prozesshaftigkeit – Nachhaltigkeit

Die einzelnen Kapitel können dem Buch entnommen werden. Dies hat den Vorteil, dass Sie den jeweiligen Abschnitt durch **Material vonseiten der Lehrperson** oder **durch eigenes Arbeitsmaterial** erweitern können. Die WERKZEUG-Blätter (Theorieblätter) verbleiben nicht im Lehrbuch, sondern wandern mit in Ihre Mappe – ebenso wie die Formulierungshilfen und Schritt-für-Schritt-Anweisungen des SCHREIBZEUG.

Wird ein **Kapitel wiederholt,** sind Sie bestens vorbereitet und können alle schon erarbeiteten Unterrichtsmaterialien weiterverwenden und jene, die Sie nun erhalten, zu den schon erarbeiteten und gesammelten hinzugeben.

Selbstevaluation und Feedback

Zu einzelnen Kapiteln gibt es **Evaluations- und Feedbackblätter.** Diese dienen dazu, einen von Ihnen verfassten Text selbstständig evaluieren und beurteilen zu können. Besonders sinnvoll erscheint es, wenn Sie nach dem Verfassen eines Textes ein wenig Zeit verstreichen lassen, ihn wieder zur Hand nehmen und erst dann die Evaluation durchführen. So sehen Sie den Text mit anderen Augen und finden möglicherweise Ungereimtheiten, die Ihnen kurz nach dem Verfassen nicht aufgefallen wären. Zusätzlich können Sie sich für Ihren Text auch **von Kolleginnen und Kollegen** und von Ihrer **Lehrperson Feedback einholen.**

Feedback geben

Bieten Sie Ihren Kolleginnen und Kollegen an, auch ihre Texte Korrektur zu lesen und einer Evaluation zu unterziehen. Dieses **Beurteilen von fremden Texten** schärft den Blick auf die eigene Sprache und bietet Ihrem Gegenüber die Möglichkeit, Überarbeitungsvorschläge für den eigenen Text zu erhalten. Verwenden Sie dazu die schon erwähnten Evaluations- und Feedbackbögen. Ein Feedback von einer anderen Person oder der/dem Unterrichtenden ist Goldes wert, denn es kann Ihnen Ihre derzeitige Kompetenz auf dem jeweiligen Arbeitsgebiet zeigen.

Überarbeitungen

Ein Text in seiner ersten Version ist meist unfertig. Machen Sie das Überarbeiten Ihrer Texte zu einem der wichtigsten Prinzipien. Lassen Sie dafür aber ein wenig Zeit verstreichen. Überarbeiten heißt, das schon Vorhandene kritisch zu betrachten und jeder Änderungsmöglichkeit bezogen auf Inhalt und sprachliche Phänomene nachzugehen.

TEXTSORTEN

Der vorliegende „Blattwerk"-Band beschäftigt sich im ersten Teil mit der **Textsortentheorie,** in dem Sie sich schrittweise mittels BEISPIEL, WERKZEUG und SCHREIBZEUG sowie Arbeitsaufgaben das textsortenspezifische bzw. -analytische Rüstzeug für die Textproduktion aneignen können.

Mit dem Kapitel „Medien – Kommunikation – Archivierung" beginnt der zweite Teil des Lehrwerkes, die sogenannte **Themenstrecke.** Hier geht das „Blattwerk" in die praktische Anwendung des Erlernten über.

Reden – Vortragen – Manipulieren

Bevor ich mit der Rede beginne, habe ich etwas Wichtiges zu sagen.

Groucho Marx, US-amerikanischer Schauspieler und Komiker (1890–1977)

Meine Ziele

Nach Bearbeitung dieses Kapitels kann ich
- die Gültigkeit von Argumenten hinterfragen und überprüfen;
- Techniken des Argumentierens gezielt einsetzen;
- sachgerecht argumentieren und zielgerichtet appellieren;
- Stil- und Sprachebenen situationsangemessen einsetzen;
- Anliegen von Interessengruppen sprachlich differenziert vorbringen;
- sprachsensibel formulieren;
- argumentative Texte verfassen und die jeweils spezifischen Textmerkmale gezielt einsetzen;
- Texte adressatenadäquat und situationsbezogen produzieren;
- zu Problemen aus dem Spannungsfeld von Individuum, Gesellschaft, Politik und Wirtschaft mündlich und schriftlich Stellung nehmen;
- eigene und fremde Texte formal und inhaltlich über- und bearbeiten.

Meinungsrede

BEISPIEL

„UNTERRICHT NICHT VOR 8.30 UHR"

Innere Uhr von Teenagern „tickt" anders – auch US-Experten fordern einen späteren Unterrichtsbeginn.

Bei Jugendlichen dauert es in der Früh deutlich länger als bei Erwachsenen, bis der Spiegel des Schlafhormons Melatonin wieder sinkt.

5 Es sind Zahlen aus den USA, aber laut Experten ist die Situation in Europa nicht anders: Nur knapp jeder dritte US-Teenager schläft während des Schuljahres mindestens acht Stunden. Mehr als 40 Prozent leiden an chronischer Müdigkeit. Die US-Kinderärztevereinigung „American Academy of Pediatrics" empfiehlt, dass im Teenager-Alter der Unterricht „nicht früher als
10 um 8.30 Uhr" beginnen sollte – denn in der Pubertät sollten Jugendliche auf 8,5 bis 9,5 Stunden Schlaf kommen. Heranwachsende haben einen höheren Schlafbedarf als Erwachsene. Und die US-Kinderärzte warnen: Jugendliche, die nicht ausreichend schlafen, haben ein höheres Risiko für Übergewicht, bewegen sich weniger, leiden eher an depressiven Verstimmungen und sind anfälliger für
15 Zigaretten-, Alkohol- und auch Drogenkonsum.
„In der Pubertät setzt die Produktion des Schlafhormons Melatonin am Abend um eineinhalb bis zwei Stunden später ein als bei Erwachsenen", sagt der Grazer Schlafmediziner Univ.-Prof. Manfred Walzl. „Und während bei Erwachsenen das Melatonin spätestens zwischen 6 und 6.30 Uhr großteils abgebaut
20 ist, kann das in der Pubertät bis 8.30, sogar neun Uhr dauern."
Zur hormonellen Komponente komme die Nutzung von elektronischen Geräten bis spät in die Nacht: „Pro Jahr geht dadurch ein ganzer Monat an Schlaf verloren." Bereits 28 Prozent der österreichischen Schüler leiden an „quantitativen und qualitativen Schlafstörungen": „Sie schlafen nicht nur zu kurz – sie
25 schlafen auch schlecht."
In Österreich fehlen aber die Strukturen für einen späteren Schulbeginn, sagt Walzl: „Der frühe Arbeitsbeginn vieler Eltern, die ihre Kinder zur Schule bringen, steht da dagegen." Walzl schlägt vor, als erste Maßnahme in der ersten Schulstunde keine Prüfungen und keine Schularbeiten abzuhalten. Und: Eltern
30 sollten mehr auf das Schlafverhalten ihrer Kinder achten.

ERNST MAURITZ, CHRISTA SCHIMPER, KURIER – GEKÜRZT

> 💡 Der abgedruckte Zeitungsbericht sowie die angeschlossene Aufgabenstellung sind Basis für die BEISPIEL-Meinungsrede auf der nächsten Seite.

Arbeitsauftrag

An Ihrem Schulstandort soll der Unterrichtsbeginn von 7:50 Uhr auf 8:30 Uhr verlegt werden. Sie als Direktor/in haben nun zu einer Podiumsdiskussion mit Personalvertretung, Elternverein und Schülerinnen/Schülern eingeladen, um dieses Ansinnen zu diskutieren. Einleitend halten Sie eine Meinungsrede zur Thematik „Schulbeginn um 9:00 Uhr".
Verfassen Sie Ihre **Meinungsrede** und bearbeiten Sie dabei die folgenden Arbeitsaufträge:

- **Benennen** Sie wesentliche Inhalte des Zeitungsberichtes.
- **Erörtern** Sie die gegenwärtige Situation an Ihrem Schulstandort.
- **Nehmen** Sie kritisch zur Einführung eines späteren Unterrichtsbeginns **Stellung.**
- **Appellieren** Sie an die Zuhörer/innen, Sie in Ihrer Haltung der Thematik gegenüber zu unterstützen.

Reden – Vortragen – Manipulieren

Meinungsrede

BEISPIEL

Sehr geehrte Damen und Herren!

Wir stehen kurz vor der größten Veränderung unseres schulischen Alltags, denn wir beabsichtigen, den Unterrichtsbeginn von 7:30 Uhr auf 9:00 Uhr zu verlegen. Sowohl das Lehrerinnen- und Lehrerkollegium als auch wir,
5 die Direktion, sind davon überzeugt, dass ein späterer Unterrichtsbeginn wesentlich mehr Vor- als Nachteile für Sie, Ihre Kinder und auch für uns als Unterrichtende und Lehrende mit sich bringen wird.
Eine erste Ankündigung dieser Neuerung erfolgte kurz vor Weihnachten mittels Elternbrief. Viele Pro- und Kontra-Stimmen haben mich seit damals
10 erreicht und aus diesem Grund habe ich Sie heute in unseren Festsaal eingeladen, um Sie ein weiteres Mal über Vor- und Nachteile zu informieren, aber auch, um anschließend mit Ihnen in eine Diskussion einzusteigen. Ich hoffe, dass wir am Ende dieses Abends Ihre Sorgen so weit zerstreuen konnten, dass wir für das nächste Schuljahr einen Unterrichtsbeginn um neun
15 Uhr verlautbaren können.
Beginnt die Schule erst um 9:00 Uhr vormittags, verschieben sich natürlich gewisse Aktivitäten später in den Abend hinein. Private Hobbys, so wird oft eingeworfen, könnten nicht mehr im jetzt üblichen Ausmaß betrieben werden. Das ist richtig, aber wer eine Schule erfolgreich absolvieren will, der
20 muss wohl oder übel anerkennen, dass der Schulbesuch die Hauptbeschäftigung darstellen soll. Bei späterem Schulbeginn muss eine Entscheidung zwischen Schule und anderen Beschäftigungsarten gefällt werden und das fördert meist die Leistung im jeweils gewählten Bereich.
Hobbys im kleineren Stil sollten dennoch auch bei späterem Unterrichts-
25 beginn ausgeübt werden können.
Das Rushhour-Gegenargument, dass sich zwischen acht und neun Uhr morgens die meisten Menschen auf dem Weg zur Arbeit befänden, ist einerseits richtig, andererseits drücken zu dieser Zeit bereits alle anderen Schülerinnen und Schüler in dieser Stadt die Schulbank und deshalb gibt es schon
30 wieder mehr Platz in den öffentlichen Verkehrsmitteln.
Die Ausbildung Ihrer Kinder und unserer Schülerinnen und Schüler muss im Zentrum der Diskussion stehen und hier zeigen Studien eindeutig, dass ein Beginn des Schultages nach 8:30 Uhr dem Biorhythmus der jungen Menschen entgegenkommt und die Konzentrationsfähigkeit der meisten Schüle-
35 rinnen und Schüler um diese Uhrzeit bei Weitem bessere Werte aufweist. Aufmerksamere Schülerinnen und Schüler lassen die Zufriedenheit der Lehrpersonen steigen, es wird weniger geschimpft und gemaßregelt und letztlich kann sich die im Gesamten positivere Situation günstig auf die Noten auswirken.
40 Beginnt die Schule später, so dauert sie länger in den Nachmittag hinein. Positiv kann dies vor allem für Eltern aufsichtspflichtiger Kinder sein, da sie ihren Spross in der Schule gut aufgehoben wissen und sich nicht um eine zusätzliche Nachmittagsbetreuung kümmern müssen, während sie ihrer Erwerbsarbeit nachgehen.

45 In Anbetracht der angeführten Argumente fiele es mir schwer, weiterhin bei einem Unterrichtsbeginn um 7:30 Uhr verbleiben zu müssen, da die Mehrzahl an Argumenten gegen einen solchen spricht.

Meine verehrten Damen und Herren, ich bedanke mich aufrichtig für Ihre Aufmerksamkeit!

50 Direktorin Dr. Maike Hopferl

Arbeitsaufgabe „Meinungsrede"

1. a) **Diskutieren** Sie in der Klasse, ob dieser Text den Kriterien einer Meinungsrede entspricht (siehe WERKZEUG-Blatt). Notieren Sie Ihre Ergebnisse in der Randspalte.

   b) **Untersuchen** Sie auch, ob die auf der Vorderseite gestellten Arbeitsaufträge im Text erfüllt sind.

Meinungsrede　　　　　　　　WERKZEUG

Eine **Meinungsrede (Überzeugungsrede)** wird gehalten, um andere von der eigenen Meinung zu überzeugen bzw. zu einem bestimmten Tun zu veranlassen. Der eigene subjektive Standpunkt wird so pointiert wie möglich in argumentativer Form dargestellt. **In manipulativen Reden (z. B. oftmals in politischen Reden)** wird versucht, den eigenen Standpunkt als den einzig wahren darzustellen. Ziel ist auch hier die Überzeugung der Zuhörenden, nur werden auf der inhaltlichen wie auch auf der sprachlichen Ebene manipulative Mittel eingesetzt.

💡 Im Unterschied zur **sachlichen Rede,** in der die Informationen weitestgehend wertfrei dargeboten werden, ist die Argumentation in der Meinungsrede subjektiv und einseitig.

Teile der Meinungsrede/Inhaltliche Kriterien

- **Einleitung:** Sie umfasst drei Teile: die Begrüßung des Publikums, das Wecken des Interesses und die Überleitung zum Thema. Das Interesse können Sie z. B. mit einfachen Beispielen aus dem Alltag, einer humorvollen Geschichte, mit rhetorischen Fragen oder aktuellen Geschehnissen wecken. Machen Sie auch klar, welchen Zweck Sie mit Ihrer Rede verfolgen.
- **Hauptteil/Meinungsrede:** Einzelne Argumente werden dem Publikum unter der Zuhilfenahme unten angeführter Redestrategien nahegebracht.
- **Informieren** Sie das Publikum über den Sachverhalt der Rede (Istzustand) und über die unterschiedlichen Standpunkte.
- **Wägen Sie Pro- und Kontra-Argumente** gegeneinander ab und belegen Sie in argumentativer Form, dass Ihre Sicht die richtige ist.
- Belegen Sie Ihre Ausführungen durch **Expertenmeinungen/Studien.**
- Sollte es häufig genannte **Argumente** geben, die Ihrem Standpunkt widersprechen, so versuchen Sie, diese zu **entkräften.**
- **Schluss:** Machen Sie Ihren Standpunkt noch einmal deutlich und führen Sie auch an, was Sie von Ihrem Publikum erwarten.

Manipulieren

In unserem Kontext bedeutet „manipulieren", eine Person in ihrem Denken (unbewusst) zu beeinflussen, um in ihr eine bestimmte Haltung einer Sache gegenüber zu verstärken. In Reden kann dies auf der inhaltlichen wie auch auf der sprachlichen Ebene wie folgt erreicht werden:

- Der eigene Standpunkt wird mit positiven Empfindungen, Werten (Wohlstand, Freiheit, Gerechtigkeit etc.) gekoppelt. Durch das Pronomen „Wir" wird das Publikum zur Identifikation mit den Zielen eingeladen.
- Aufgrund von konkreten Beispielen (z. B. Einzelfällen) wird eine positive Verallgemeinerung des eigenen Standpunktes ermöglicht.
- Fehler und negative Aspekte werden abgeschwächt bzw. verschwiegen oder unabwendbaren bzw. unbeeinflussbaren Umständen zugeschrieben.
- Argumente der anderen werden als unhaltbar und irrelevant dargestellt.

💡 (Rhetorische) Stilfiguren ermöglichen es, Informationen zwischen den Zeilen (vom Publikum nicht immer bewusst wahrgenommen) zu transportieren. Im Besonderen eignen sich:
- Vergleich
- Metapher
- Trikolon (Dreischritt)
- rhetorische Frage
- Anapher
- etc.

Formale/Sprachliche Kriterien

Gliederung	Trennung der Einleitung, des Hauptteils und des Schlusses durch Absätze; Absätze auch im Hauptteil am Beginn jeder neuen Argumentationskette
Zeit	Gegenwartsstufe (Präsens, Perfekt, Futur …)
Sprache/Stil	sachlich, anschaulich, appellativ, zielgruppenadäquat
Schreibhandlungen	informieren, zusammenfassen, argumentieren, appellieren, werten

🌐 Eine Liste an **rhetorischen Stilfiguren** finden Sie im Anhang des Blattwerks 5/6 AHS und unter www.trauner.at/rhetorik.aspx.

Manipulative Rede **BEISPIEL**

Sehr geehrte Damen und Herren!

Müssen Dinge, die immer schon so waren, auch immer so bleiben? Ich stehe heute hier vor Ihnen und werde Ihnen erklären, warum es von Vorteil ist, wenn der Unterricht an unserer Schule nicht – wie bisher – schon um 7.30 Uhr, sondern erst um 9 Uhr vormittags beginnen wird.

Unzählige Studien beweisen, dass ein späterer Unterrichtsbeginn die Lernergebnisse Ihrer Kinder positiv beeinflusst. Nicht mehr das Nicht genügend prangt im Zeugnis, nein, möglicherweise ein Genügend oder vielleicht sogar ein Befriedigend, und dies nur deshalb, weil Ihr Spross täglich dann zu lernen beginnt, wenn er konzentrations- und aufnahmefähig ist.

Natürlich kommt Ihr Kind des Nachmittags später nach Hause, aber ist dies wirklich ein Nachteil? Ihr Kind verweilt länger im Schulgebäude und wird von gut ausgebildeten Pädagogen beaufsichtigt. All dies ermöglicht Ihnen, in Ruhe Ihre Arbeitsstätte zu verlassen, um möglicherweise zur gleichen Zeit wie Ihr Kind des Abends nach Hause zu kommen. Einer gemeinsamen abendlichen Beschäftigung steht dann nichts mehr im Wege.

Auch den Lehrpersonen, die zwar ein wenig länger im Schulgebäude verharren werden, kommt diese Regelung zugute. Die Schülerinnen und Schüler erbringen aufgrund des späteren Unterrichtsbeginns bessere Leistungen, was die Pädagogen in ihrem Tun bestärkt und bekräftigt. Weniger Schimpfen und Schelten, weniger Konflikte und Streitereien mit Schülerinnen und Schülern, weniger Tränen und Geheul bei der Notenvergabe, weniger Gespräche mit entnervten und ratlosen Eltern – all dies wird zu größerer Zufriedenheit unter unseren Lehrerinnen und Lehrern führen.

Und wie steht es mit Ihrer Zufriedenheit, wenn die Schule später beginnt? „Bestens!", höre ich da von vielen Eltern. Bei den meisten Erziehenden wird es so sein, dass Kinder und Eltern morgens beinahe gleichzeitig das Haus verlassen. Keine offen stehenden Kühlschränke, keine unabgeschlossenen Haustüren, keine Streitereien beim gemeinsamen Abendmahl.

Fahren die Schülerinnen und Schüler mit öffentlichen Verkehrsmitteln zur Schule, so profitieren sie auch diesbezüglich durch einen späteren Unterrichtsbeginn, da Sie der frühen Rushhour entgehen und so weniger Schulwegzeit auf sich nehmen müssen.

Sie sehen also: Ein späterer Unterrichtsbeginn bringt in Summe bei Weitem mehr Vor- als Nachteile. Helfen Sie mit Ihrer Stimme mit, dass Ihre Kinder (die unsere Schule besuchen) und Sie selbst diese Vorteile genießen können! Wir – als Business-School – sind immer einen Schritt voraus und Sie automatisch auch.

Ich bin mir gewiss, dass Sie bei der nun folgenden Abstimmung die richtige Entscheidung treffen werden und unserer Schule durch eine moderne Schul-Zeit einen zukunftsträchtigen Weg ermöglichen.

Vielen Dank für Ihre Aufmerksamkeit!

Direktor Mag. Ferdl Bockerl

Meinungsrede SCHREIBZEUG

Arbeitsplan: Schritt für Schritt zur Meinungsrede

1. **Erfassen des Themas** Ihrer Rede: Lesen Sie die Textvorlage mehrmals und die Arbeitsaufträge genau durch.
2. Achten Sie auf den Unterschied zwischen dem Titel/der Thematik Ihrer zu verfassenden Rede und dem Titel der Textvorlage.
3. Fertigen Sie einen Cluster an und notieren Sie zentrale Aspekte der Thematik und damit Kerninhalte Ihrer Rede! Recherchieren Sie weitere Informationen, so Ihnen dies möglich ist.
4. **Erweitern** Sie Ihren Cluster durch Ihr persönliches Wissen über die Thematik, durch Informationen aus der Textvorlage und durch recherchierte Inhalte.
5. Erstellen Sie ein **Redekonzept** mittels des WERKZEUG-Blattes und des von Ihnen angefertigten Clusters, indem Sie die Inhalte ordnen und eine Reihenfolge ihres Vorkommens in Ihrer Rede erstellen.
6. Beginnen Sie erst jetzt mit dem **Verfassen** Ihrer Rede und starten Sie mit einem Teil Ihrer Wahl.
7. Lesen Sie Ihren Text durch und überprüfen Sie, ob er **widerspruchsfrei** und in sich **schlüssig** ist.
8. **Überprüfen** Sie Ihren Text anhand des Feedbackbogens oder bitten Sie eine Mitschülerin/einen Mitschüler um ein Feedback.
9. **Überarbeiten** Sie nun Ihren Text.
   - Sind Sie beim Thema geblieben oder schweifen Sie ab?
   - Wird Ihr Anliegen/Ihre Meinung deutlich?
   - Sind Ihre Argumente nachvollziehbar und überzeugend?
   - Ist Ihre Rede sprachlich ansprechend? Suchen Sie nach perfekten Vergleichen, Bildern etc. und arbeiten Sie diese in Ihre Rede ein.
   - Haben Sie beim Verfassen Ihrer Rede das Publikum stets vor Augen gehabt?
10. **Trainieren** Sie das Vortragen, indem Sie die wichtigsten Inhalte auf Moderationskärtchen schreiben.

Formulierungshilfen

- Ich erzähle Ihnen eine kurze Geschichte: …
- Bedenken Sie, meine Damen und Herren, …
- Wenn jemand behauptet, dass …
- Gemeinsam können wir in dieser Sache …
- Es geht in dieser Sache nicht nur um …, meine Damen und Herren, sondern …
- Sie werden mir zustimmen, meine Damen und Herren, wenn ich behaupte, dass …
- Lassen Sie mich dieses eine noch sagen: …

Arbeitsaufgaben „Meinungsrede/Manipulative Rede"

1. Lesen Sie nachfolgende Redeausschnitte und widmen Sie sich anschließend den Arbeitsaufgaben.

REDE VON ASTRID LINDGREN AUS ANLASS DER VERLEIHUNG DES FRIEDENSPREISES DES DEUTSCHEN BUCHHANDELS

Liebe Freunde!
Das Erste, was ich zu tun habe, ist Ihnen zu danken, und das tue ich von ganzem Herzen. Der Friedenspreis des Deutschen Buchhandels strahlt einen solchen Glanz aus und ist eine so hohe Auszeichnung,
5 dass es einen fast überwältigt, empfängt man ihn. [...]
Über den Frieden sprechen heißt ja über etwas sprechen, das es nicht gibt. Wahren Frieden gibt es nicht auf unserer Erde und hat es auch nie gegeben, es sei denn als Ziel, das wir offenbar nicht zu erreichen vermögen. [...]
10 Müssen wir uns nach diesen Jahrtausenden ständiger Kriege nicht fragen, ob der Mensch nicht vielleicht schon in seiner Anlage fehlerhaft ist? Und sind wir unserer Aggressionen wegen zum Untergang verurteilt? Wir alle wollen ja den Frieden. Gibt es denn da keine Möglichkeit, uns zu ändern, ehe es zu spät ist? Könnten wir es nicht vielleicht lernen, auf Gewalt
15 zu verzichten? Könnten wir nicht versuchen, eine ganz neue Art Mensch zu werden? Wie aber sollte das geschehen, und wo sollte man anfangen? Ich glaube, wir müssen von Grund auf beginnen. Bei den Kindern. [...]
Die jetzt Kinder sind, werden ja einst die Geschäfte unserer Welt übernehmen, sofern dann noch etwas von ihr übrig ist. Sie sind es,
20 die über Krieg und Frieden bestimmen werden und darüber, in was für einer Gesellschaft sie leben wollen. In einer, wo die Gewalt nur ständig weiterwächst, oder in einer, wo die Menschen in Frieden und Eintracht miteinander leben. [...]
Die Intelligenz, die Gaben des Verstandes mögen zum größten Teil
25 angeboren sein, aber in keinem neugeborenen Kind schlummert ein Samenkorn, aus dem zwangsläufig Gutes oder Böses sprießt. Ob ein Kind zu einem warmherzigen, offenen und vertrauensvollen Menschen mit Sinn für das Gemeinwohl heranwächst oder aber zu einem gefühlskalten, destruktiven, egoistischen Menschen, das entscheiden die,
30 denen das Kind in dieser Welt anvertraut ist, je nachdem, ob sie ihm zeigen, was Liebe ist, oder aber dies nicht tun. [...]
Ein Kind, das von seinen Eltern liebevoll behandelt wird und das seine Eltern liebt, gewinnt dadurch ein liebevolles Verhältnis zu seiner Umwelt und bewahrt diese Grundeinstellung sein Leben lang. Und das ist
35 auch dann gut, wenn das Kind später nicht zu denen gehört, die das Schicksal der Welt lenken. Sollte das Kind aber wider Erwarten eines Tages doch zu diesen Mächtigen gehören, dann ist es für uns alle ein Glück, wenn seine Grundhaltung durch Liebe geprägt worden ist und nicht durch Gewalt. Auch künftige Staatsmänner und Politiker werden
40 zu Charakteren geformt, noch bevor sie das fünfte Lebensjahr erreicht haben – das ist erschreckend, aber es ist wahr.
Blicken wir nun einmal zurück auf die Methoden der Kindererziehung früherer Zeiten. Ging es dabei nicht allzu häufig darum, den Willen des Kindes mit Gewalt, sei sie physischer oder psychischer Art, zu brechen?
45 Wie viele Kinder haben ihren ersten Unterricht in Gewalt „von denen, die man liebt", nämlich von den eigenen Eltern erhalten und dieses Wissen dann der nächsten Generation weitergegeben!

Pippi Langstrumpf, literarische Figur von ASTRID LINDGREN

Und so ging es fort. „Wer die Rute schont, verdirbt den Knaben", hieß es schon im Alten Testament, und daran haben durch die Jahrhunderte viele Väter und Mütter geglaubt. Sie haben fleißig die Rute geschwungen und das Liebe genannt. Wie aber war denn nun die Kindheit aller dieser wirklich „verdorbenen Knaben", von denen es zurzeit so viele auf der Welt gibt, dieser Diktatoren, Tyrannen und Unterdrücker, dieser Menschenschinder?

Dem sollte man einmal nachgehen.

Ich bin überzeugt davon, dass wir bei den meisten von ihnen auf einen tyrannischen Erzieher stoßen würden, der mit einer Rute hinter ihnen stand, ob sie nun aus Holz war oder im Demütigen, Kränken, Bloßstellen, Angstmachen bestand.

[...] Zum Glück hat es nicht nur diese Sorte von Erziehern gegeben, denn natürlich haben Eltern ihre Kinder auch schon von jeher mit Liebe und ohne Gewalt erzogen. Aber wohl erst in unserem Jahrhundert haben Eltern damit begonnen, ihre Kinder als ihresgleichen zu betrachten und ihnen das Recht einzuräumen, ihre Persönlichkeit in einer Familiendemokratie ohne Unterdrückung und ohne Gewalt frei zu entwickeln.

Muss man da nicht verzweifeln, wenn jetzt plötzlich Stimmen laut werden, die die Rückkehr zu dem alten autoritären System fordern? Denn genau das geschieht zurzeit mancherorts in der Welt. Man ruft jetzt wieder nach „härterer Zucht", nach „strafferen Zügeln" und glaubt, dadurch alle jugendlichen Unarten unterbinden zu können, die angeblich auf zu viel Freiheit und zu wenig Strenge in der Erziehung beruhen. Das aber hieße den Teufel mit dem Beelzebub austreiben und führt auf die Dauer nur zu noch mehr Gewalt und zu einer tieferen und gefährlicheren Kluft zwischen den Generationen.

Möglicherweise könnte diese erwünschte „härtere Zucht" eine äußerliche Wirkung erzielen, die die Befürworter dann als Besserung deuten würden. Freilich nur so lange, bis auch sie allmählich zu der Erkenntnis gezwungen werden, dass Gewalt immer wieder nur Gewalt erzeugt – so wie es von jeher gewesen ist.

Nun mögen sich viele Eltern beunruhigt durch die neuen Signale fragen, ob sie es bisher falsch gemacht haben. Ob eine freie Erziehung, in der die Erwachsenen es nicht für selbstverständlich halten, dass sie das Recht haben zu befehlen und die Kinder die Pflicht haben, sich zu fügen, womöglich nicht doch falsch oder gefährlich sei.

Freie und unautoritäre Erziehung bedeutet nicht, dass man die Kinder sich selber überlässt, dass sie tun und lassen dürfen, was sie wollen. Es bedeutet nicht, dass sie ohne Normen aufwachsen sollen, was sie selber übrigens gar nicht wünschen.

Verhaltensnormen brauchen wir alle, Kinder und Erwachsene, und durch das Beispiel ihrer Eltern lernen die Kinder mehr als durch irgendwelche anderen Methoden. Ganz gewiss sollen Kinder Achtung vor ihren Eltern haben, aber ganz gewiss sollen auch Eltern Achtung vor ihren Kindern haben, und niemals dürfen sie ihre natürliche Überlegenheit missbrauchen. Liebevolle Achtung voreinander, das möchte man allen Eltern und allen Kindern wünschen.

Jenen aber, die jetzt so vernehmlich nach härterer Zucht und strafferen Zügeln rufen, möchte ich das erzählen, was mir einmal eine alte Dame berichtet hat. Sie war eine junge Mutter zu der Zeit, als man noch an diesen Bibelspruch glaubte, dieses „Wer die Rute schont, verdirbt den Knaben". Im Grunde ihres Herzens glaubte sie wohl gar nicht daran, aber eines Tages hatte ihr kleiner Sohn etwas getan, wofür er ihrer Meinung nach eine Tracht Prügel verdient hatte, die erste in seinem Leben. Sie trug ihm auf, in den Garten zu gehen und selber nach einem Stock zu suchen, den er ihr dann bringen sollte. Der kleine Junge ging und blieb lange fort. Schließlich kam er weinend zurück und sagte: „Ich habe keinen Stock finden können, aber hier hast du einen Stein, den kannst du ja nach mir werfen."

Da aber fing auch die Mutter an zu weinen, denn plötzlich sah sie alles mit den Augen des Kindes. Das Kind musste gedacht haben: „Meine Mutter will mir wirklich wehtun, und das kann sie ja auch mit einem Stein." Sie nahm ihren kleinen Sohn in die Arme, und beide weinten eine Weile gemeinsam. Dann legte sie den Stein auf ein Bord in der Küche, und dort blieb er liegen als ständige Mahnung an das Versprechen, das sie sich in dieser Stunde selber gegeben hatte: „NIEMALS GEWALT!"

Ja, aber wenn wir unsere Kinder nun ohne Gewalt und ohne irgendwelche straffen Zügel erziehen, entsteht dadurch schon ein neues Menschengeschlecht, das in ewigem Frieden lebt? Etwas so Einfältiges kann sich wohl nur ein Kinderbuchautor erhoffen! Ich weiß, dass es eine Utopie ist. Und ganz gewiss gibt es in unserer armen, kranken Welt noch sehr viel anderes, das gleichfalls geändert werden muss, soll es Frieden geben. Aber in dieser unserer Gegenwart gibt es – selbst ohne Krieg – so unfassbar viel Grausamkeit, Gewalt und Unterdrückung auf Erden, und das bleibt den Kindern keineswegs verborgen. Sie sehen und hören und lesen es täglich, und schließlich glauben sie gar, Gewalt sei ein natürlicher Zustand.

Müssen wir ihnen dann nicht wenigstens daheim durch unser Beispiel zeigen, dass es eine andere Art zu leben gibt?

Vielleicht wäre es gut, wenn wir alle einen kleinen Stein auf das Küchenbord legten als Mahnung für uns und für die Kinder:

NIEMALS GEWALT!

Es könnte trotz allem mit der Zeit ein winziger Beitrag sein zum Frieden in der Welt.

IN: SYBIL GRÄFIN SCHÖNFELDT: ASTRID LINDGREN, RORORO

a) **Analysieren** Sie den Aufbau der Rede ASTRID LINDGRENS, indem Sie als ersten Schritt in der Randspalte notieren, welche „Funktion" ein Absatz hat. Zum Beispiel wird im ersten Absatz das Publikum begrüßt und der Redeanlass dargestellt. Erstellen Sie anschließend eine Gliederung der Rede.

b) Der Anlass für ASTRID LINDGRENS Rede war die Verleihung des Friedenspreises des Deutschen Buchhandels. Was aber ist die Botschaft, die die Autorin mit ihrer Rede dem Publikum vermitteln will? – **Geben** Sie die Botschaft in ein oder zwei Sätzen **wieder.**

c) **Diskutieren** Sie mit Ihren Mitschülerinnen/Mitschülern: Stimmen Sie ASTRID LINDGREN in ihren Erziehungsgrundsätzen zu? – Lässt sich Friede auf der Welt durch Erziehung von Kindern erreichen?

2. a) An Ihrem Schulstandort ist es üblich, dass Sie als Schülervertreter/in am ersten Elternabend, der für alle fünften Klassen gemeinsam abgehalten wird, eine Rede halten. Dieses Mal soll es um das Thema „Pubertät" gehen. Zur Einstimmung auf die Thematik gibt es unten einen kurzen Zeitungsbericht zum Thema. Darunter finden Sie drei verschiedene Einleitungen. **Diskutieren** Sie, welche Einleitung warum am besten gelungen ist.

WARUM ELTERN NICHT MIT TEENAGERN KLARKOMMEN

Familien-Mahlzeiten an Feiertagen? Das interessiert Teenager nicht. Lieber hängen sie in der Pubertät mit ihren Freunden ab. Und Eltern, die glauben, renitente Heranwachsende mit strengen Regeln bändigen zu können, treiben sich selbst nur in den Wahnsinn.

Gestern saß noch das süße Kind am Frühstückstisch und heute ist es ein pickeliges, unbeherrschtes Wesen, das seine Eltern mit unkontrollierten Wutausbrüchen terrorisiert, mit Türen knallt und sich obendrein noch die Haare pink färbt. Dieses beängstigende Bild haben viele Eltern, wenn sie an Pubertät denken. Die gute Nachricht: Es wird nicht so schlimm, wie viele erwarten.

MELANIA BOTICA, FOCUS.DE

Einleitung I

Sehr geehrte Eltern, sehr geehrte Lehrerinnen und Lehrer, die Pubertät ist wohl die schwierigste Phase, die ein Mensch in seinem Leben durchmachen muss. Niemand kann sich aussuchen, ob es in dieser Phase eine Unzahl an Konflikten mit den Erziehungsberechtigten und anderen Autoritätspersonen geben wird oder ob es sich nur um ein leises Rauschen im Wasserglas handelt. Wie wir alle mit dieser höchst sensiblen Lebensphase umgehen sollen und hoffentlich auch können, soll der Inhalt meiner nun folgenden Rede darstellen.

Einleitung II

Geschätzte Eltern, liebe Professorinnen und Professoren, Herr Direktor, lassen Sie uns eine kurze Fantasiereise, besser gesagt „Zeitreise", unternehmen. Ich führe Sie nun zurück in Ihre Zeit als Jugendliche bzw. Jugendlicher. Denken Sie an Ihre erste Auseinandersetzung mit Ihrem Vater oder Ihrer Mutter. Wie alt waren Sie damals? Denken Sie nun an Ihr Verhältnis zu Ihren Eltern und an die vielen kleinen oder auch größeren Reibereien, die es damals gab ...
Ich heiße Sie herzlich willkommen zu meiner Rede „Nervenkitzel Pubertät". Die Pubertät ist wohl die schwierigste Phase, die ein Mensch ...
[Siehe Einleitung I.]

Einleitung III

„Lass mich in Ruhe!" „Du musst meine Klamotten ja eh nicht anziehen!" „Hast du etwa in meinen Sachen geschnüffelt?" „Das hier ist mein Zimmer! Raus!" „Was geht dich das eigentlich an?" ...
„Was geht Sie das eigentlich an?", meine sehr geehrten Damen und Herren, Eltern, Professorinnen und Professoren? Sehr viel sogar, denn Sie alle leiden mehr oder weniger unter dem Umstand, dass Jugendliche früher oder später die Phase der Pubertät durchleben. Ich begrüße Sie sehr herzlich zu meiner Rede „Nervenkitzel Pubertät" und freue mich, heute vor Ihnen zu dieser Thematik sprechen zu dürfen.

b) Im Folgenden sind schon einige Passagen der Rede „Nervenkitzel Pubertät" vorformuliert. Verändern Sie die Absätze so, dass es den Zuhörerinnen und Zuhörern leichter fällt, sich mit Ihren Inhalten zu identifizieren. Schreiben Sie die veränderten Absätze auf ein Blatt in Ihrer Mappe.

Reden – Vortragen – Manipulieren

Passage I

Im Zuge der Pubertät erleben Jugendliche eine Phase der emotionalen Unsicherheit, sind hin- und hergerissen von Stimmungsschwankungen, was sich oftmals in einer ablehnenden Haltung gerade anwesenden Autoritätspersonen gegenüber äußert. Diese wiederum fühlen sich auf den Schlips getreten, da sie oftmals keinen Zusammenhang zwischen den ihrerseits gesetzten Handlungen und der plötzlich umschlagenden Stimmung des Jugendlichen erkennen können.

Passage II

Jugendliche brauchen diese Konflikte während der Pubertät, denn sie sind auf der Suche nach ihrer Identität und müssen sich in unterschiedlichen Situationen ausprobieren, sich in ihrem Handeln kennenlernen und sich so ein Handlungsrepertoire zulegen, welches sie als Person kennzeichnet. Was sie zumeist gar nicht wollen, ist, so zu werden wie ihre Erziehungsberechtigten.

c) Nun fehlt es der Meinungsrede zum Thema „Nervenkitzel Pubertät" noch an der Verwendung von rhetorischen Mitteln. Diese ermöglichen es, die Anschaulichkeit oder auch Eindringlichkeit des Dargestellten zu erhöhen oder eben auch Ihre Zuhörer/innen mehr in Ihre Rede einzubeziehen. Unten finden Sie schon einige Absätze, die Teil dieser Rede sein können. Gegenwärtig sind aber noch keine rhetorischen Mittel eingearbeitet.

Absatz I

Eines ist ganz klar. Jugendliche äußern sich immer wieder beleidigend, weil sie nicht anders können,

,

weil sie nicht anders können,

,

weil sie nicht anders können,

Epipher: Mehrmals endet der Satz auf die gleiche Art und Weise (am besten dreimal).

Absatz II

In der Phase der Pubertät sind Jugendliche wie stolze Pferde, die erst gezähmt werden müssen, sie wollen

Vergleich: Finden Sie drei Beispiele, die sich zum Vergleich zwischen zu zähmenden Pferden und pubertierenden Jugendlichen eignen.

Absatz III

.

Oft geben sich die Pubertierenden nach außen hin stark, cool und durch nichts von ihrem Weg abzubringen. In ihrem Inneren sieht es aber meist ganz anders aus: Da werden sie geplagt von Selbstzweifeln, Unsicherheit und zuweilen auch von einem schlechten Gewissen.

Antithese: Gegenüberstellung gegensätzlicher Begriffe.

3. Nachstehend finden Sie Teile einer Meinungsrede. **Verfassen** Sie – am besten in einer kleinen Gruppe – den **Hauptteil** dieser Rede, indem Sie vorab Pro-Argumente dafür sammeln, dass es an Österreichs Schulen mehr Sportstunden geben soll.
Präsentieren Sie Ihre Rede im Plenum und stimmen Sie am Ende aller Präsentationen ab, welche Gruppe die überzeugendste Rede gehalten hat.

MEHR SPORT AN ÖSTERREICHS SCHULEN

Die österreichischen Jugendlichen sind zu dick, zu unbeweglich und daraus folgend krank – Meldungen wie diese bekommen wir in regelmäßigen Abständen medial zu hören und zu lesen. Aber auch allen, die aufmerksam durch unsere Straßen, ja sogar durch unsere Schule gehen, wird auffallen, dass Handlungsbedarf besteht.

Sehr geehrte Damen und Herren, liebe Mitschülerinnen und Mitschüler!

Ich freue mich, dass ich im Rahmen unserer Schwerpunktveranstaltung „Fit for Life" die Chance erhalten habe, Ihnen meine Idee, mehr Sport an unserer Schule zu etablieren, vorzustellen. Mein Name ist …, ich bin Schüler/in der … Klasse AHS und setze mich bereits seit dem Vorjahr gemeinsam mit einigen Mitschülerinnen und Mitschülern für dieses Anliegen ein.
Leider wird unsere Forderung nach mehr Sportstunden immer wieder mit den gleichen Einwänden abgeschmettert. Ich möchte Ihnen heute aufzeigen, dass diese Einwände entkräftet werden können.

…

Aber was bringen nun mehr Sportstunden tatsächlich?

…

4. **Entscheiden** Sie, ob die folgenden Aussagen einer manipulativen oder einer sachlichen Rede entnommen sind, indem Sie die **manipulativ** gestalteten Aussagen mit „m" und die **sachlichen Aussagen** mit „s" kennzeichnen.

a) *Es darf auch nicht außer Acht gelassen werden, dass die Öffnungszeiten an Sonntagen oft nur wenige Stunden betragen. Die Angestellten müssen früh aufstehen und haben die gleichen Wegzeiten wie an normalen Arbeitstagen, verdienen jedoch – obwohl sie die Sonntagszulage erhalten – weniger als an einem normalen Arbeitstag.*

b) *Wer leidet denn unter einer Öffnung am Sonntag? Die Angestellten! Wer muss des Vormittags die Familie für ein paar Stunden verlassen, um den zugeteilten Dienst zu absolvieren? Die Angestellten! Wer verdient möglicherweise – obwohl Sonntagszulage – nicht einmal das, was er an einem Werktag auch verdient? Die Angestellten!*

c) *Nicht einmal die Unternehmer sind geschlossen dafür, am Sonntag aufzusperren! Warum? Sperrt einer auf, müssen alle aufsperren! Das Umsatzpotenzial vergrößert sich nicht wesentlich und dennoch müssen sie für zusätzliche Lohn- und Nebenkosten aufkommen!*

d) *Familie und Freunde kommen zu kurz. Viele Verwandte, Freunde und vor allem die Kinder haben am Wochenende frei. Um (freundschaftliche) Beziehungen pflegen, gemeinsame Unternehmungen starten zu können, braucht es einen Tag, an dem „alle" frei haben, und dieser Tag fällt weg, wenn die Sonntagsöffnung über die Gastronomie hinaus durchgesetzt wird.*

e) *Der Aspekt, dass ein Unternehmen mehr Umsatz erziele, sofern es am Sonntag seine Pforten öffne, muss ebenso nicht gegeben sein. Liegt ein Geschäft in einer nicht touristischen Zone, so wird sich der Umsatz, der gegenwärtig an sechs Tagen gemacht wird, auf sieben Tage aufteilen.*

f) *Vermehrte Öffnungszeiten, vermehrter Umsatz, vermehrte Beschäftigung – welch ein Trugschluss! Warum soll ein Bekleidungsgeschäft in Hinterdupfing, wo es ohnehin keinen Tourismus gibt, am Sonntag aufsperren? Um dem Geschäft in Vorderdupfing die Kunden wegzuschnappen? Oder gerade weil das Geschäft in Vorderdupfing auch geöffnet hat? Genau deshalb!*

g) *Zu bedenken ist, dass ein Unternehmen möglicherweise, um konkurrenzfähig zu bleiben, an sieben Tagen in der Woche öffnen muss, dennoch nicht mehr Umsatz erwirtschaftet, aber trotzdem die höheren Lohnkosten zu tragen hat. Eine Sonntagsöffnung muss sich nicht unbedingt rechnen.*

h) *Nun ist es so, dass ein Unternehmen seine Pforten öffnen muss, wenn der direkte Konkurrent dies auch macht. Die Konkurrenzsituation bleibt gleich, der Umsatz bleibt gleich, die Kosten erhöhen sich. Sie sehen, eine Sonntagsöffnung muss sich nicht rechnen, also brauchen wir auch nicht aufzusperren.*

5. Lesen Sie den Text und bearbeiten Sie die Arbeitsaufgaben.

GESCHÄFTE BLEIBEN SONNTAGS ZU

VfGH: Öffentliches Interesse an Sonntagsruhe deckt Eingriff in Erwerbsfreiheit

WIEN (SN-schli). *Das Shoppingwochenende wird für die Österreicher auch künftig am Samstag um 18.00 Uhr zu Ende gehen. Für den Verfassungsge-*
5 *richtshof (VFGH) ist das Verbot der Sonntagsöffnung nicht verfassungswidrig. VFGH-Präsident Gerhart Holzinger stellte am Mittwoch das jüngst erfolgte Erkenntnis zum Sonntagsöffnungsverbot vor. Er betonte, dass trotz des gesellschaftlichen Wandels das grundsätzliche Verbot der Öffnung von Geschäften an Sonntagen mit dem öffentlichen Interesse an der Erhaltung*
10 *und der Wahrung der Wochenendruhe weiter zu rechtfertigen sei.*
Mit dieser Erkenntnis wurde vor allem Einkaufcenter-Betreiber Richard Lugner um die sommerliche Ruhe gebracht. Lugner hatte gemeinsam mit mehreren Händlern eine Beschwerde beim VFGH eingebracht und war dabei sogar mit einem Gutachten des Verfassungsrechtlers Heinz Mayer auf-
15 *gefahren, laut dem das Öffnungszeitengesetz einen Eingriff in die Erwerbsfreiheit darstellt. Dem widersprach das Höchstgericht, das den Eingriff*

> in die Erwerbsausübungsfreiheit angesichts der Möglichkeit, an Samstagen bis 18 Uhr offen zu halten, als nicht unverhältnismäßig ansieht. Der Grundsatz der Erwerbsfreiheit dürfe unter bestimmten Voraussetzungen vom Gesetzgeber eingeschränkt werden.
> Der VFGH-Präsident merkte aber auch an, dass der Gesetzgeber vor dem Hintergrund des Wandels der gesellschaftlichen Verhältnisse wohl auch eine liberalere Regelung erlassen könnte. Der Verfassungsgerichtshof habe aber nur zu überprüfen, ob die geltende gesetzliche Regelung verfassungskonform sei. Der Gesichtspunkt, dass die Öffnung an Sonntagen für Arbeitnehmer eine Belastung darstelle, spiele eine Rolle, sei aber nicht entscheidend gewesen.
> Laut Öffnungszeitengesetz dürfen Geschäfte Montag bis Freitag von sechs bis 21 Uhr und an Samstagen von sechs bis 18 Uhr offen halten. An Sonntagen müssen die Geschäfte zu bleiben. Ausnahmen gibt es u. a. für Bahnhöfe und Flughäfen. Dort dürfen aber nur bestimmte Waren auf einer auf 80 Quadratmeter beschränkten Verkaufsfläche angeboten werden.
>
> SALZBURGER NACHRICHTEN, OHNE VERFASSER/IN

a) Als Bürgermeister/in einer Landgemeinde wenden Sie sich in Ihrer **Meinungsrede** zum Thema „Sonntagsarbeit im Einkaufszentrum" an die Bürger/innen Ihrer Gemeinde.
Verfassen Sie das Manuskript dieser Rede und bearbeiten Sie die folgenden Arbeitsaufträge:

- **Fassen** Sie die rechtlichen Rahmenbedingungen, die im Zeitungsbericht erwähnt werden, **zusammen.**
- **Erörtern** Sie sowohl die Pro- als auch die Kontra-Argumente einer Öffnung der einzelnen Geschäfte.
- **Appellieren** Sie an Ihre Zuhörer/innen, Sie in Ihrer Sicht der Dinge zu unterstützen.

b) Verfassen Sie aus Sicht der Betreiberin/des Betreibers eines Einkaufszentrums eine **Rede** an die Bürger/innen einer Gemeinde und bearbeiten Sie die folgenden Aufgabenstellungen:

- **Erläutern** Sie die Vorteile, die erweiterte Öffnungszeiten des Einkaufszentrums für die Gemeinde bringen.
- **Setzen** Sie sich kritisch mit den gegenwärtigen Regelungen für Öffnungszeiten von Geschäften auseinander.
- **Appellieren** Sie an Ihre Zuhörer/innen, Ihre Petition an die Regierung zu unterschreiben, in der Sie fordern, dass das Einkaufszentrum auch am Sonntag geöffnet haben darf.

6. Alle Jahre wieder gibt es dieselbe Diskussion an Ihrem Schulstandort: Soll es eine gemeinsame Mittagspause aller Klassen geben oder nicht? Nun soll eine Umfrage unter allen Schülerinnen und Schülern gestartet werden, ob sie eine solche Mittagspause befürworten oder ablehnen.
Sie als Schulsprecher/in haben klare Vorstellungen davon, ob es eine gemeinsame Mittagspause geben soll oder nicht.
Halten Sie vor Ihren Mitschülerinnen und Mitschülern eine **Meinungsrede,** mit der Sie alle von Ihrer Perspektive zu überzeugen versuchen.

Bearbeiten Sie dabei folgende Arbeitsaufträge:

- **Beschreiben** Sie die derzeitige Situation an Ihrer Schule und die geplanten Maßnahmen.
- **Beurteilen** Sie, welche Variante für die Schüler/innen größere Vorteile bringt.
- **Appellieren** Sie an Ihre Zuhörer/innen, sich Ihrer Meinung anzuschließen und dementsprechend abzustimmen.

Schreiben Sie zwischen 405 und 495 Wörter. Markieren Sie Absätze mittels Leerzeilen.

7. Ihrer Klasse krankt es an der Klassengemeinschaft und Sie als Klassensprecher/in leiden im Besonderen darunter. Verfassen Sie eine **Meinungsrede** an Ihre Mitschüler/innen und bearbeiten Sie dabei folgende Arbeitsaufträge:

- **Beschreiben** Sie die Situation, wie sie sich derzeit für Sie darstellt.
- **Begründen** Sie, warum eine gute Klassengemeinschaft viele Vorteile mit sich bringt.
- **Diskutieren** Sie einige Maßnahmen, die ein besseres Klassenklima schaffen könnten.

Schreiben Sie zwischen 405 und 495 Wörter. Markieren Sie Absätze mittels Leerzeilen.

8. Lesen Sie nachfolgenden Bericht und widmen Sie sich anschließend der Aufgabe.

KNIGGE-KURS FÜR EINE GANZE STADT

Grafenau in Bayern soll die höflichste Stadt des Landes werden – und die Benimm-Trainer hoffen auf Nachahmer

Gutes Benehmen ist wieder gefragt: Die niederbayrische Stadt Grafenau soll zur höflichsten Stadt Deutschlands werden. Die Deutsche Knigge
5 *Gesellschaft startet in der Stadt am Bayerischen Wald ein Pilotprojekt für den guten Ton. „Vier Tage lang werden die Bürger in Grafenau auf gutes Benehmen getrimmt", sagt Hans-Michael Klein, der Vorsitzende der Gesellschaft mit Sitz in Essen.*
Und: „Gute Manieren und höfliche Umgangsformen sind die Lösung für
10 *viele Alltagsprobleme." Das Zusammenleben sei um ein Vielfaches angenehmer, wenn die Menschen einander mit Freundlichkeit und Respekt begegnen. Erwachsene sollten bedenken, dass ihr Benehmen auch für Kinder Vorbild sei.*
An den vier Projekttagen im Oktober erhalten alle Altersgruppen in Grafe-
15 *nau Nachhilfeunterricht. Knigge-Trainer bringen Kindern in Kindergärten und Schulen alles zum Thema „Respekt" bei. Eine Theatergruppe präsentiert ein Stück über Adolph Freiherr von Knigge – Aufklärer, Humanist und Meister der Umgangsformen (1752–1796), der vor allem durch seine Schrift „Über den Umgang mit Menschen" bekannt wurde. Für die Er-*
20 *wachsenen gibt es Benimmkurse. In der Tanzschule werden Auffrischungskurse für Walzer angeboten, und im Rahmen einer Modeschau werden die schlimmsten Modesünden erläutert. Viele Aktionen sind kostenlos.*

„Grafenau ist nicht ausgesucht worden, weil die Bürger Nachholbedarf in Sachen Manieren nötig hätten", betont Bürgermeister Max Niedermeier (CSU). Da der Ort touristisch geprägt sei, gebe es jedoch immer etwas zu verbessern.

Höfliche Busfahrer und Verkäuferinnen, freundlich grüßende Bewohner, Kinder, die älteren Menschen ihren Sitzplatz im Bus anbieten – so soll der Alltag in Grafenau nach den Pilottagen aussehen. Hans-Michael Klein erhofft sich von dem Projekt eine Signalwirkung für ganz Deutschland: „Es gibt bereits mehrere Anfragen von Städten, die ebenfalls eine intensive Benimmschulung haben wollen."

ALEXANDRA UCCUSIC, KURIER

In Ihrem Heimatort ist eine ähnliche Aktion geplant wie im vorangegangenen Zeitungsbericht beschrieben. Als Mitglied des Jugendgemeinderates halten Sie eine **Meinungsrede** dazu.
Verfassen Sie diese Rede und bearbeiten Sie dabei folgende Arbeitsaufträge:

- **Fassen** Sie knapp **zusammen,** welche Ziele dieses Projekt verfolgt und welche Maßnahmen gesetzt werden sollen.
- **Beurteilen** Sie, ob ein ähnliches Projekt auch in Ihrem Heimatort zum Erfolg führen würde.
- **Erörtern** Sie, ob gutes Benehmen tatsächlich wieder gefragt ist und was Sie unter gutem Benehmen verstehen.

Schreiben Sie zwischen 405 und 495 Wörter. Markieren Sie Absätze mittels Leerzeilen.

9. Lesen Sie den Bericht und widmen Sie sich anschließend der Aufgabe.

DIE HEDONISTEN UND DIE STREBER

Der Jugendtourismus lässt Kassen klingeln. Während 13 000 österreichische Partyhungrige auf dem Massenevent Spring Break auf amerikanischen Spuren wandeln, wollen sich Jugendliche aus den Schwellenländern beim Reisen lieber bilden.

Komasaufen, durchtanzte Nächte, wummernde Bässe. In der Spring Break, den Frühlingsferien, lüften College-Studenten in den USA traditionell ihre strapazierten grauen Zellen aus, indem sie eine Woche lang ordentlich auf den Putz hauen.
Ein findiger Reiseveranstalter hat dieses zweifelhafte Kulturgut erfolgreich nach Europa importiert. Der Österreicher Dietmar Tunkel, Geschäftsführer der TUI-Marke Splashline, hat sich vor sechs Jahren auf einer USA-Reise angeschaut, was die Jugendlichen an ihren Lieblingsdestinationen wie Fort Lauderdale (Florida) oder Palm Springs (Kalifornien) so treiben, und ausgetüftelt, wie man das Event hierzulande populär machen könnte.
„Begonnen haben wir 2007 ganz klein, in Lignano, mit 1 000 Leuten", erinnert sich Tunkel. Jetzt, sechs Jahre später, ist die Spring Break in Umag,

---

der Hedonist = eine Person, deren Verhalten vorwiegend von der Suche nach Lustgewinn, Genuss bestimmt ist

die Destination = das Reiseziel

abel = wahrhaft

lukrieren = hier: gewinnen, erhalten

krisenresistent = krisenfest

Kroatien, ein veritables Massenereignis. Auf der Homepage von Splashline zählt ein Countdown die Tage, Minuten und Sekunden bis zum Beginn der dreitägigen großen Sause am 30. Mai. 13 000 Jugendliche aus Österreich, Deutschland und der Schweiz werden dort drei Tage lang abfeiern, was das Zeug hält. Diesmal wurde das Ereignis auch mit Fernsehspots beworben, hauptsächlich lukriert Dietmar Tunkel seine Kunden aber über soziale Netzwerke. Über 105 000 Fans zählt etwa die Facebook-Seite von Spring Break Europe. Für drei Tage All-inclusive-Party mit Unterhaltungsmarathon rund um die Uhr zahlt man 150 Euro.

Goldgrube Flashpackers

Global betrachtet boomt jedoch ein ganz anderes Reisephänomen bei den Jugendlichen: Bildungsreisen. Laut Umfragen von Student Marketing, einem Beratungsunternehmen, das auf Investments und Marketing im Bereich Jugendreisen spezialisiert ist, suchen junge Leute im Reisen die Möglichkeit, neue Erfahrungen zu sammeln, etwas dazuzulernen. Und auch diese Art Tourist ist eine Goldgrube. Er verreist nicht nur länger als der Durchschnitt, er gibt auch mehr aus. Die „Flashpackers" (von „backpacker", also Rucksacktourist, und „flashy", protzig, auffällig) bevorzugen zwar eher billige Unterkünfte, investieren dafür aber umso mehr in Unterhaltung und Shopping.

Reisen trotz Krise

Bildungstourismus ist offenbar krisenresistent. Das sieht man am Beispiel Spanien: „Die Gruppe der spanischen 18- bis 29-Jährigen reist seit dem Ausbruch der Krise 2009 mehr als vorher", sagt Samuel Vetrak, Chef von Student Marketing. Er führt das darauf zurück, dass die jungen Leute erwarten, dass Reisen sich positiv auf ihre Bildung und Fremdsprachenkompetenz auswirkt. „Es gibt Studien, die belegen, dass internationale Reisen einen positiven Effekt auf die Schulleistung und die Karriereaussichten haben", meint Vetrak.
Bei den Österreichern hat sich mit der Spring Break aus einem überschaubaren Saufgelage ein veritabler Wirtschaftsfaktor entwickelt. Jugendliche aus den Schwellenländern hingegen stillen nicht ihren Party-, sondern ihren Bildungshunger in Europa. So halten sich Strebsamkeit und Hedonismus zumindest global gesehen irgendwie die Waage.

Eva Steindorfer, Die Presse – gekürzt

Ihre Klasse möchte zum Abschluss des Schuljahres eine Reise unternehmen. Darüber, ob es eine „Kultur- und Bildungsreise" oder eine Teilnahme an „Spring Break" sein soll, herrscht noch Unstimmigkeit. Sie wissen aber bereits, was Sie wollen, und versuchen, Ihre Mitschüler/innen von Ihrer Wahl zu überzeugen. Verfassen Sie eine **Meinungsrede** und bearbeiten Sie dabei folgende Arbeitsaufträge:

- **Beschreiben** Sie, welche Möglichkeiten Ihnen zur Wahl stehen.
- **Begründen** Sie, warum Ihre bevorzugte Reisevariante für Ihre Klasse die bessere Entscheidung wäre.
- **Appellieren** Sie an Ihre Mitschüler/innen, sich zu einigen, damit eine gemeinsame Reise möglich wird, und sich Ihrer Entscheidung anzuschließen.

Schreiben Sie zwischen 540 und 660 Wörter. Markieren Sie Absätze mittels Leerzeilen.

10. Lesen Sie nachfolgenden Bericht und widmen Sie sich anschließend der Aufgabe.

MILLIONENSCHADEN DURCH GRAFFITI-KUNST

Geringe Aufklärungsquote. Nur jeder Fünfte wird in Österreich von der Polizei geschnappt.

Für manche ist es Kunst, für viele ist es Sachbeschädigung. Graffiti und Schmierereien verursachen jedes Jahr Schäden in Millionenhöhe. Am meisten davon in Wien, wie eine aktuelle Anfragebeantwortung des Justizministeriums, die dem KURIER vorliegt, zeigt.

1991 Anzeigen wegen Sachbeschädigung gab es im Vorjahr in der Bundeshauptstadt, dazu kommen 82 wegen schwerer Sachbeschädigung. Diese liegt dann vor, wenn der Sprayer mehr als 3000 Euro Schaden verursacht. Insgesamt wurde in Österreich ein Schaden von knapp 3,5 Millionen Euro angerichtet. Damit liegen die Zahlen zwar im Durchschnitt der vergangenen fünf Jahre. Im Vergleich zum Vorjahr stieg der Schaden aber um mehr als 300000 Euro. Die Aufklärungsquote ist allerdings gering: Österreichweit wurden nur 20 Prozent aller Fälle geklärt, in Wien waren es gar nur fünf Prozent.

Beschmierte Züge
Leidtragende sind vor allem die Verkehrsbetriebe. Der Schaden für die ÖBB ist im Vorjahr um 100000 Euro auf 1,2 Millionen gestiegen. „Das reicht vom Gekritzel mit Lackstift bis zu großflächigen Bildern", erklärt ÖBB-Sprecher Michael Braun. Die Deutsche Bahn will nun den Sprayern mit Überwachungsdrohnen, ausgestattet mit Kameras, den Kampf ansagen. „Das ist derzeit bei uns nicht geplant. Wir werden uns das Ergebnis aber genau ansehen", sagt Braun. Stattdessen patrouillieren Sicherheitsdienste. Wer erwischt wird, der muss zahlen. „Wir können die Beschmierungen nicht tolerieren."

Ähnlich sehen es die Wiener Linien. Beschmierte Züge bleiben in der Remise und werden gereinigt. „Wir wollen den Beschmierern kein Publikum bieten", sagt Sprecher Dominik Gries. Man arbeite auch europaweit mit der Polizei und anderen Verkehrsbetrieben zusammen, um sich an der internationalen Sprayer-Szene schadlos zu halten.

80 Prozent der hierzulande erwischten Sprayer sind allerdings Österreicher.

Jugendkulturforscher: Kick des Verbotenen
Die meisten Sprayer sind männlich und zwischen 16 und 26 Jahre alt. Doch was bewegt junge Menschen, sich auf Wänden, S-Bahn-Zügen oder Trafo-Stationen zu verewigen? „Natürlich spielt der Kick, etwas Verbotenes zu tun, eine große Rolle", sagt Bernhard Heinzlmaier von der Jugendkulturforschung in Wien. „Es ist zugleich eine Form des Widerstands gegen die Verbürgerlichung der Städte." Gerade der gut bürgerliche Sohn aus der Josefstadt greife zur Spraydose, um gegen die Obrigkeit zu protestieren und auf sich aufmerksam zu machen. Gleichzeitig gehe es um Abwechslung in einer langweiligen, kontrollierten Lebenswelt. „Der Wunsch nach dem Abenteuer in der Großstadt ist

> *ein starkes Motiv", erklärt Heinzlmaier. Sogenannte „Walls of Fame",*
> *auf denen Sprayen erlaubt ist, können das illegale Sprayen daher nicht*
> *ersetzen.*
>
> *Ein zweites wichtiges Motiv ist die Anerkennung unter Gleichaltrigen.*
> *Vor allem junge Menschen aus unteren Schichten mit wenig Jobchancen holen sich so die Anerkennung, die sie sonst nicht bekommen. „Für manche ist Graffitisprayen sogar ein Einstieg in einen Beruf, etwa Tätowierer, Grafiker oder Designer", sagt Heinzlmaier.*
>
> *Dennoch: Sprayer verursachen hohen Schaden. „Viele sind sich nicht bewusst, welche Folgen das für ihre Zukunft hat", sagt der Experte. Schadenersatzforderungen über Hunderttausende Euro können ein junges Leben rasch zerstören. Heinzlmaier: „Wir müssen mit diesen jungen Menschen daher freundlicher umgehen, anstatt überzogene Forderungen zu stellen."*
>
> ELIAS NATMESSNIG, KURIER

„Graffiti: Kunst oder Sachbeschädigung?", so lautet Ihr Thema bei einem Redewettbewerb. Zur Vorbereitung haben Sie den oben abgedruckten Zeitungsbericht erhalten.
Verfassen Sie Ihre **Meinungsrede** und bearbeiten Sie dabei folgende Arbeitsaufträge:

- **Fassen** Sie die wichtigsten Aussagen des Zeitungsberichtes **zusammen**.
- **Erläutern** Sie, ob Graffiti Kunst oder Sachbeschädigung darstellen.
- **Appellieren** Sie an Ihre Zuhörer/innen, dass sie – je nach Ihrer Meinung – entweder Sprayern und ihrer Kunst gegenüber offener sein sollen oder sich gegen das Sprayen einsetzen sollen.

Schreiben Sie zwischen 405 und 495 Wörter. Markieren Sie Absätze mittels Leerzeilen.

11. Im Folgenden finden Sie einen Arbeitsauftrag zur Textsorte „Meinungsrede" und gleich darunter einen Text, der aufgrund dieses Arbeitsauftrages erstellt wurde. Inhaltlich weist die Meinungsrede gute wie auch weniger gute Passagen auf.
Überprüfen Sie, inwiefern die Arbeitsaufträge erfüllt und die Kriterien der Textsorte eingehalten werden. **Diskutieren** Sie in der Klasse, welche Passagen warum gelungen und welche weniger gelungen sind, und **erstellen** Sie eine **korrekte Version** auf einem Blatt in Ihrer Mappe.

Arbeitsauftrag

Auf einer Tagung mit dem Thema „Das moderne Lehrer-Schüler-Verhältnis" sind Sie als Schulsprecher/in eingeladen, Ihre Meinung zur Thematik „Lob und Tadel im Unterricht" vor Publikum kundzutun.
Verfassen Sie Ihre **Meinungsrede** und bearbeiten Sie dabei die folgenden Arbeitsaufträge:

- **Benennen** Sie die Thematik und zentrale Inhalte des Berichtes.
- **Nehmen** Sie kritisch **Stellung** zu den im Bericht getroffenen Aussagen von Expertinnen und Experten über motivierendes und demotivierendes Verhalten von Lehrpersonen.
- **Bewerten** Sie in Ihrer Schulzeit erlebtes bzw. beobachtetes Verhalten von Lehrpersonen.

Die **Textvorlage** „Zu viel Lob kann Schüler nervlich belasten" und die **korrigierte Meinungsrede** finden Sie unter www.trauner.at/meinungsrede.aspx.

Sehr geehrte Damen und Herren,

viel zu lange war Schule eine Institution, die Leistungen durch Angstmacherei und Zwang hervorzubringen versuchte. Genau solche Gedanken scheinen in Wissenschaftskreisen wieder mehr Anklang zu finden.

Wissenschaftlich ist einerseits bewiesen, dass Prüfungsängste Blockaden im Gehirn verursachen können, aber andererseits weiß man auch, dass Angst in einem gewissen Maße die Schüler fördern kann. Angst kann also für ein effektiveres Lernverhalten sorgen, dies aber nur bei Schülerinnen. Schüler hingegen sind von ihrem Wissen oft so überzeugt, dass sie sich überschätzen und aufgrund dessen dazu neigen, weniger zu lernen oder später damit zu beginnen.

Natürlich sollten die Schüler von den Lehrern gelobt werden, aber nicht zu viel, denn dies könnte dazu führen, dass einige sich überschätzen. Die Feedbacks sollten so realistisch und angemessen wie möglich sein, weil eine konstruktive Kritik nichts Schlimmes ist. Der Mensch kann sehr wohl aus seinen eigenen Fehlern lernen. Das würde den meisten Schülern helfen, sich nicht zu überschätzen und realistisch zu bleiben.

Hinzufügen möchte ich, dass ich aus Erfahrung sagen kann, dass Angst bei mir selbst noch nie für ein effektiveres Lernen gesorgt hat. Die Angst vor einer Prüfung hat nur für Lustlosigkeit und Panik beim Lernen gesorgt, und die Angst kurz vor der Prüfung oder einem Test hat maximal zu einem Blackout geführt.

Dieser Bericht war für mich sehr hilfreich, da ich als Schülerin immer wieder von Selbstüberschätzung betroffen bin. Immer wieder denke ich, dass ich die Materie beherrsche, und beim Test muss ich dann erkennen, dass ich nicht einmal die Hälfte des Stoffes beherrsche.

Sehr geehrte Damen und Herren, die Zeit der Angstmacherei in der Schule muss vorbei sein, sie darf nicht wiederkehren. Dass Anspannung, ein geringes Maß an Stress und leichter Druck leistungsanregend wirken können, wissen wir nun. Aber moderne Pädagogen sollen für das richtige Maß an Forderung und Förderung ein feines Gespür besitzen.

Reden – Vortragen – Manipulieren

Ziele erreicht? – „Meinungsrede"

Selbstevaluation
Schätzen Sie sich selbst ein und beurteilen Sie Ihr eigenes Können. (Nehmen Sie dazu Ihre selbst verfassten Texte zur Hand und analysieren Sie sie.)

Feedback
Holen Sie Feedback über Ihre Kompetenz von einer Kollegin/einem Kollegen ein. (Geben Sie Ihre Texte an eine Kollegin/einen Kollegen weiter.)

	Selbsteinschätzung kann ich				Feedback kann sie/er		
Einleitung	☺	😐	☹	**Anmerkungen**	☺	😐	☹
Begrüßung des Publikums							
Erwartungshaltung schaffen, Einstimmung auf die Thematik							
Hauptteil	☺	😐	☹	**Anmerkungen**	☺	😐	☹
Nachvollziehbarkeit der Argumentation							
Inhaltliche Ebene: ■ Klare Verdeutlichung des Standpunktes ■ Abwägende Gegenüberstellung							
Sprachliche Gestaltung: informativ, appellativ							
Adressatenbezug							
Schluss	☺	😐	☹	**Anmerkungen**	☺	😐	☹
Verdeutlichung des Standpunktes							
Appell							
Formale/Sprachliche Kriterien	☺	😐	☹	**Anmerkungen**	☺	😐	☹
Gliederung: Einleitung, Hauptteil und Schluss; Untergliederung des Hauptteils							
Zeit: Gegenwartsstufe (Präsens, Perfekt ...)							
Sprache: anschaulich, appellativ, informativ, sachlich							
Rechtschreibung: viele, wenige, fast gar keine Fehler							
Grammatik: viele, wenige, beinahe gar keine Fehler							

☺ = kann ich/sie/er sehr gut   😐 = kann ich/sie/er   ☹ = kann ich/sie/er noch nicht

Untersuchen – Analysieren – Erschließen

Man glaubt gar nicht, wie viel Platz zwischen den Zeilen ist.

STANISŁAW JERZY LEC, polnischer Lyriker (1909–1966)

 Meine Ziele

Nach Bearbeitung dieses Kapitels kann ich
- Stil- und Sprachebenen unterscheiden;
- verschiedene Techniken der Texterfassung und Textanalyse einsetzen;
- Texte hinsichtlich ihrer Inhalte und Gedankenführung analysieren;
- die Korrelation der formalen Aspekte mit dem Textinhalt erkennen;
- typische Merkmale von Gattungen und Stilrichtungen anhand von exemplarischen Werken herausarbeiten sowie die daraus erkennbaren Haltungen und Intentionen erfassen;
- Texte mit beschreibender Intention verfassen und die spezifischen Textmerkmale gezielt einsetzen;
- Texte bewerten;
- Texte adressatenadäquat produzieren;
- eigene bzw. fremde Texte formal und inhaltlich über- und bearbeiten.

Untersuchen – Analysieren – Erschließen

Analyse von Sachtexten **BEISPIEL**

🔗 Die Textvorlage „,Hallo' zwischen Almen und Olmen" und den Arbeitsauftrag zu dieser Textanalyse finden Sie auf S. 32.

In der Glosse „Hallo" zwischen Almen und Olmen im Standard vom *(Datum)* erörtert Christoph Winder das Grußverhalten von Wanderern in den Alpen. Am Titel fällt auf, dass hier eine klangliche Parallelisierung von Almen und Olmen vorzufinden ist und dass sich diese Nebeneinanderstellung auch
5 inhaltlich deckt.

Am Beginn des Hauptteiles findet sich die Darstellung einer persönlichen Erfahrung des Autors. Er schreibt von einer Bergwanderung und thematisiert das ständige Grüßen der Wanderer/Wanderinnen untereinander. Nicht die Anstrengung des Wanderns, sondern das ständige Grüßen lasse den Mund
10 austrocknen und den Wanderer/die Wanderin durstig werden.

Winder problematisiert dieses Verhalten, indem er die touristische Bergsituation mit der Großstadtsituation einer touristischen Einkaufsstraße während der Hochsaison vergleicht und ein solches großstädtisches Grußverhalten als Perversion definiert. Im Weiteren spricht er davon, dass sich
15 beinahe alle diesem Grußverhalten anpassen und nur wenige Grantige sich diesem entziehen.

Als inhaltlich letzten Teil erörtert Winder die Frage nach dem richtigen Gruß auf welcher Meeresspiegelhöhe, da die Etikette besagt, dass man sich ab 1 000 Meter duze. Dies sei aber nicht immer so einfach, außer man vergesse
20 nicht den Blick auf den Höhenmesser. Der Text ist in gehobener Standardsprache verfasst. Sowohl die Wortwahl als auch die Wahl der Satzstrukturen lassen keine Besonderheiten erkennen und dienen in erster Linie dazu, den Inhalt zu präsentieren.

Bemerkenswert sind jedoch die im Text enthaltenen ironischen Passagen.
25 Schon am Beginn wird ein Wanderer/eine Wanderin nicht durch das Marschieren durstig, sondern durch das häufige Grüßen.

Der Vergleich des Grüßens aller Entgegenkommenden während einer Bergwanderung mit dem Grüßen aller Entgegenkommenden während des Durchschreitens der Mariahilfer Straße lässt ein eindrückliches Bild der Absurdi-
30 tät – Winder nennt es Perversion – solchen Grußverhaltens entstehen. Im Weiteren gebe es nach Winder durch das ständige Grüßen eine PermanentKlangwolke über den österreichischen Alpen – wiederum eine Übertreibung.

All jene, die sich diesem Grußwahnsinn nicht anschließen, werden von Winder als „Grantscherm" bezeichnet und mit vor Ort lebenden einzel-
35 gängerischen Schafen (Mufflons) verglichen – auch diese Gruppe lässt der Autor nicht gut wegkommen. Die letzten Absätze beschäftigen sich mit dem Duzen bzw. Siezen auf unterschiedlichen Meereshöhen und der Problematik, dass man nicht so genau wissen könne, auf exakt welcher Höhe man sich befinde.

40 Was im Text als nicht böse gemeint und auch nicht weiter schlimm dargestellt wird, wird aber letztlich zur abschließenden Pointe ausgebaut, indem Winder darauf verweist, dass man nur nicht vergessen dürfe, auf seinen Höhenmesser zu blicken, um hier Unschärfen zu vermeiden.

Winder setzt in seiner Pointe voraus, dass „alle" einen Höhenmesser besit-
45 zen, und evoziert dadurch das oft lächerliche Bild des voll ausgestatteten Wanderers und der ebensolchen Wanderin.

Analyse von Sachtexten   WERKZEUG

Unter Textanalyse versteht man die **methodische** und **strukturierte Beschreibung** formaler, sprachlicher und inhaltlicher Elemente eines Sachtextes oder eines fiktionalen Textes. Im Folgenden finden Sie Kriterien, nach denen eine Textanalyse zu einem Sachtext verfasst werden kann.

Teile einer Textanalyse

Einleitung
In der Einleitung werden neben einer **Kurzdarstellung des Inhaltes** und einer Darstellung des **formalen Textaufbaus** Autor/in, Titel, Textsorte und die **Thematik** des Textes angeführt.

Hauptteil
Die im Hauptteil einer Textanalyse erarbeiteten **Inhalte** werden in beschreibender Manier möglichst ohne Wertung bzw. Deutung **dargestellt.**

Analyse formaler und inhaltlicher Aspekte eines Textes	Analyse sprachlicher und stilistischer Besonderheiten eines Textes
■ Textsorte: Kriterien werden eingehalten oder modifiziert ■ Darstellung textexterner Faktoren („Titelei") ■ Absatzgestaltung, Strukturierung des Textes ■ Darstellung zentraler Aussagen des Textes	■ Im Text eingesetzter Wortschatz ■ Verwendete Satzstrukturen, Wiederholungen ■ Aussagemodus: Indikativ, Konjunktiv ■ Zum Einsatz kommende Stilebene(n) ■ Rhetorische Figuren, sprachliche Metaphorik ■ Auffällige Besonderheiten im Vergleich zu ähnlichen, anderen Texten

Eine Liste an **rhetorischen Stilfiguren** finden Sie im Anhang des Blattwerks 5/6 AHS und unter www.trauner.at/rhetorik.aspx.

Schluss
Zusammenfassend kann **dargestellt werden,** inwiefern sich der Text von **allgemeinen Kriterien der jeweiligen Textsorte entfernt oder diesen entspricht.** Ebenso kann nochmals auf sprachliche, stilistische und inhaltliche Besonderheiten eingegangen werden. Die Darstellung einer möglichen Schreibintention kann den Schluss einer Textanalyse bilden.

Formale/Sprachliche Kriterien

Gliederung	Einleitung, Hauptteil und Schluss werden durch Absätze voneinander getrennt. Auch innerhalb des Hauptteils wird bei der Darstellung jeder neuen Argumentationskette ein Absatz gemacht.
Zeit	Verwendung der Gegenwartsstufe (Präsens, Perfekt …)
Sprache/Stil	sachlich, knapp, prägnant, informierend, anschaulich, Einsatz von Fachwortschatz
Schreibhandlungen	zusammenfassen, beschreiben, erläutern

Analyse von Sachtexten — BEISPIEL

„HALLO" ZWISCHEN ALMEN UND OLMEN

*Über die Grußkultur in den Bergen –
Die Krisenkolumne von Christoph Winder*

Griaß eich! Vergangenen Samstag bin ich mit Sohn und Schwiegertochter in den Bergen gewandert. Bergwandern ist großartig, aber grußintensiv. Auf dem Weg von der Jausenstation „Zum guten Hirten" bis zum „Teichalmwirt" begegneten wir fünfhundert Mitwanderern und Mitwanderinnen, die wir allesamt herzlich grüßten. Danach waren unsere Münder so trocken, dass wir beim Teichalmwirt eine Extramischung (den Spritzer kennt der Steirer ja nicht) zu uns nehmen mussten.

In der Stadt kommen nur wenige auf die Idee, jeden Entgegenkommenden zu grüßen. Dies aus guten Gründen. Das Unterfangen, sich in der touristischen Hochsaison der Länge nach die ganze Mariahilfer Straße hindurchzugrüßen, hätte etwas Überforderndes, ja Perverses.

Die Alm hingegen provoziert zuverlässig Grußimpulse. Wohl deshalb, weil man in freier Natur menschlich gegen die Wildnis zusammenrückt. So schwebt denn im sommerlichen Österreich eine Permanent-Klangwolke von einander Begrüßenden über den Latschen und Graten, über den Almen und Olmen: „Hallo!", „Griaß di!", „Griaß eich!", „Seas!", „Hallodrio!", „Servas!" (am Ulrichsberg kommt noch „Sieg Heil!" hinzu). Nur einige wenige vom alpinen Grußzwang genervte Grantscherm ziehen stumm wie Mufflons vorüber, während alle andern einander grüßen wie die Bösen.

Eine Frage, die sich auf dem Berg ständig stellt: Welcher Gruß ist der richtige? Die Etikette sagt: Über tausend Meter sind alle per Du, darunter alle per Sie. Das heißt: Auf dem Leopoldsberg (425 m) grüßt man korrekt mit „Grüssi", auf dem Mount Everest (8 848 m) korrekt mit „Griaß di".

Immer ist die Grußwahl nicht so einfach. In der Gegend zwischen, sagen wir, 970 und 1 030 Metern über dem Meeresspiegel kann man sich leicht vertun. Dann passiert es schon einmal, dass man von einem völlig Unbekannten auf dem Asylzapfen in den Kitzbüheler Alpen (990 m) mit „Griaß di" gegrüßt wird, als habe man seit Jahren miteinander Schweine gehütet!

Natürlich: Die Unter-Tausend-Meter-Duzer (oder Über-Tausend-Meter-Siezer) meinen es selten böse. Es geschieht aus Uninformiertheit und Gedankenlosigkeit, dass sie sich im Ton vergreifen und unterlassen, was sie eigentlich tun müssten: Erst der Blick auf den Höhenmesser, dann grüßen. Ist doch ganz einfach. Nur daran denken müsste man halt.

CHRISTOPH WINDER, DER STANDARD

Arbeitsauftrag

Lesen Sie die Textvorlage „,Hallo' zwischen Almen und Olmen" und verfassen Sie eine Textanalyse.

- **Beschreiben** Sie den inhaltlichen Aufbau der Glosse.
- **Erklären** Sie den Zusammenhang zwischen dem Grußverhalten und der Meereshöhe.
- **Untersuchen** Sie, wo und auf welche Art und Weise Ironie in diesem Text eingesetzt wird.

Analyse von Sachtexten   SCHREIBZEUG

Arbeitsplan, Vorgehensweise:

1. Verschaffen Sie sich einen **Überblick,** indem Sie die Textvorlage und die Aufgabenstellungen durchlesen. Klären Sie Ihnen unbekannte Wörter.
2. Klären Sie, um welche **Textsorte** es sich bei der Textvorlage handelt. Einen Hinweis dazu finden Sie üblicherweise in der Angabe („Lesen Sie den Bericht/den Kommentar …"). Verdeutlichen Sie sich die Merkmale der jeweiligen Textsorte. Wenn Sie z. B. eine Glosse bearbeiten, wissen Sie nun bereits, dass viele Aussagen ironisch gemeint sein können.
3. Analysieren Sie noch einmal die **Arbeitsaufträge.** Machen Sie sich bewusst, was von Ihnen erwartet wird. Ordnen Sie jedem Arbeitsauftrag eine Farbe zu.
4. Konzentrieren Sie sich auf den ersten Arbeitsauftrag und lesen Sie die Textvorlage noch einmal, **markieren** Sie Textstellen, die wesentliche Informationen zur Lösung des Arbeitsauftrages beinhalten, mit der dem Arbeitsauftrag zugeordneten Farbe.
5. **Sammeln** und **sortieren** Sie die Textstellen.
6. **Verfassen** Sie die Textanalyse.
7. **Lesen** Sie Ihre Textanalyse **Korrektur.** Bitten Sie eine Mitschülerin/einen Mitschüler um ein **Feedback** und **überarbeiten** Sie Ihren Text.

FORMULIERUNGSHILFEN

Analyse von Inhalt, Aufbau und Argumentation:

- Der Bericht/Kommentar … thematisiert …
- Die Autorin/Der Autor setzt sich mit der Frage/dem Problem … auseinander, ob …/erörtert die Frage nach …
- Die Autorin/Der Autor kritisiert/zeigt sich befremdet darüber, dass …
- Die zentrale These ist …
- In diesem Zusammenhang geht die Autorin/der Autor auf folgende Sachverhalte ein: …
- Der Sachverhalt wird mithilfe von … erklärt/erläutert/illustriert
- Die Autorin/der Autor untermauert/erläutert/veranschaulicht ihre/seine Forderung nach …/Position, indem …
- An folgendem Beispiel verdeutlicht sie/er, …
- Diese Textstelle belegt/veranschaulicht, dass …
- Die Thesen werden von Experten gestützt/in Frage gestellt, …

Analyse der sprachlichen Gestaltung:

- Die Glosse/Der Kommentar etc. ist sprachlich anspruchsvoll/leicht verständlich/betont einfach gehalten. (Beispiel anführen!)
- Die Ausdrucksweise ist insgesamt sachlich/emotional/ironisch formuliert …
- Die Argumentation wird/Die Gedanken werden in Form umfangreicher Hypotaxen/Parataxen entwickelt. Das bewirkt …
- Der Bericht etc. ist mit vielen Fremdwörtern/Fachvokabeln … gespickt (Beleg nicht vergessen!), was den Eindruck erweckt, …
- Häufig wird auf rhetorische Figuren wie … zurückgegriffen, was … wirkt/verstärkt, dass …/deutlich macht, dass …
- Auffällig ist die Verwendung von Begriffen aus dem Wortfeld …, was … unterstreicht.
- Die Autorin/Der Autor verwendet häufig (rhetorisches Mittel und Textbeleg einsetzen). Dies wirkt …/erweckt den Eindruck, dass …

Textanalyse/Sprache und Stil — BEISPIEL

Wortwahl — Beispiele

Konkretheit vs. **Abstraktion**
Wohnung vs. Bleibe
Job, Lohn vs. Broterwerb

Regionalität vs. **Überregionalität**
Watsche vs. Ohrfeige
Wimmerl vs. Pickel

Einfachheit vs. **Komplexität**
Geschichte vs. Historie
Klettern vs. Alpinistik

Historizität vs. **Modernität**
Katheder vs. Lehrertisch
verargen vs. übel nehmen

Bildhaftigkeit vs. **Sachlichkeit**
siehe Metaphern/Metaphorik

Einfachheit: Sprache des Alltags
Komplexität: Fremdwörter, Fachbegriffe etc.
Historizität: veraltete Begriffe

Parataktischer Stil — Beispiel

Hans trat auch an diesem Morgen auf den Balkon hinaus, räkelte sich und atmete die frische Morgenluft ein. Er kniff ein Auge zu und fixierte mit dem anderen das seinem Balkon gegenüberliegende Wohnhaus. Etwa 80 oder 100 Meter war es entfernt. Plötzlich spürte er einen Stich, hörte noch – weit entfernt – einen Knall. Dunkelheit.

Hypotaktischer Stil — Beispiel

Hans trat auch an diesem Morgen auf den Balkon hinaus, so wie er dies schon seit Jahren tat, wenn er des Morgens in der eigenen Wohnung aufwachte. Er räkelte sich und atmete die frische Morgenluft ein. Ein Auge zugekniffen, fixierte er mit dem anderen das seinem Balkon gegenüberliegende Wohnhaus, in dem seine Exfrau mit ihrem neuen Lebenspartner wohnte. Etwa 80 oder 100 Meter war es entfernt und es drängte sich Hans die Frage auf, wie weit sie sich wohl voneinander entfernt hatten. Plötzlich spürte er einen Stich, hörte noch einen Knall und – Dunkelheit.

Stil — Beispiele

Gehobener, standardsprachlicher Stil
Sie forderte ihn auf, er möge zwei neue Sommerdrinks besorgen, und dies bitte schnell, denn sie sei schon am Verdursten.

Umgangssprachlicher, salopper Stil
Sie forderte ihn auf, er möge zwei neue Sommerdrinks checken, und dies bitte zackig, denn sie sei schon am Verdursten.

Historisierender, antiquierter Stil
Sie bat ihn, ob es nicht möglich sei, dass er ihr mit Verlaub ein volles Glas des hier bevorzugt eingenommenen Getränkes serviere. Sie meinte zudem, sie werde seiner harren, denn sie sei dem Verdursten nahe.

Vulgärstil
Sie forderte ihn auf, er solle das Dreckszeug einschenken, mit dem man sich hier wegtat, dies aber flott, denn sie habe Durst.

Textanalyse/Sprache und Stil   WERKZEUG

Analysiert man Texte, so soll sowohl bei fiktionalen als auch bei nicht fiktionalen Texten ein erster Blick auf die **verwendete Sprache** geworfen werden. Wer einen Text verfasst, entscheidet, welche Wörter und Strukturen er wie einsetzt, um seinen Inhalt darzustellen. Die **Summe** der eingesetzten **sprachlichen Mittel** ergibt den **Stil** eines Textes. Für Verfasser/innen kann zudem wichtig sein, zu wissen, welche Wirkung erzielt werden kann. Analysierenden ermöglicht die eingehende **Betrachtung des Wortschatzes** und der Satzstrukturen, einen ersten Zugang zum Text zu finden.

Wortebene

Folgende Gegensätze lassen sich bezüglich **Wortwahl** formulieren:
- Konkretheit versus Abstraktion
- Einfachheit versus Komplexität
- Regionalität versus Überregionalität
- Historizität versus Modernität
- Bildhaftigkeit (Metaphorik) versus Sachlichkeit
- von Verben versus von Nomen versus von Adjektiven geprägter Text

Satzebene

Der gezielte Einsatz von Satzstrukturen kann den Stil eines Textes wesentlich verändern.

Gestaltung der Sätze: Länge, Komplexität (eingeschobene Sätze, Satzfragmente ...), Ellipsen (Auslassungen), rhetorische Figuren auf der Satzebene etc.

Parataxe oder Hypotaxe
- Man spricht von einer **Parataxe,** wenn **Hauptsätze gleichwertig** aneinandergereiht werden. Mit parataktischen Konstruktionen erreicht man einen klaren, direkten Stil, mit dem Aussagen auf den Punkt gebracht werden.
- Man spricht von einer **Hypotaxe,** wenn **Gliedsätze Hauptsätzen untergeordnet** werden. Der hypotaktische Stil schmückt durch Nebensatzkonstruktionen aus, erklärt und wirkt bei Weitem „langsamer". Zusammenhänge können verdeutlicht und Details erläutert werden.

para = neben

hypo = unter

Wiederholung von Wörtern und Strukturen: Hierzu zählt man auch rhetorische Figuren, die das Moment der Wiederholung nutzen: Anapher, Chiasmus etc.

Aussagemodus: Verwendung des Indikativs oder des Konjunktivs.
Der Konjunktiv wird beispielsweise verwendet,
- um klarzustellen, dass die Rede einer/eines anderen wiedergegeben wird;
- um die Aussagen anderer infrage zu stellen.

Dialog: Anteil Figurenrede bzw. Erzählerrede. Dialoge können beim Lesen den Eindruck erwecken, direkt am Geschehen beteiligt zu sein.

Stilebene

Je nach Wortwahl und Komplexität von sprachlichen Strukturen kann man von unterschiedlichen Stilebenen sprechen. Beispielhaft seien genannt:
- Gehobener, standardsprachlicher Stil
- Umgangssprachlicher, salopper Stil
- Historisierender, antiquierter Stil
- Vulgärstil

Untersuchen – Analysieren – Erschließen

Textanalyse/Form und Inhalt   WERKZEUG

Neben der **Analyse** des **Stils** lässt sich ein Text auch auf seine **Form** hin **untersuchen.** Zur Frage, ob die Form nur einen gewissen Inhalt ermögliche bzw. der Inhalt eine gewisse Form erzwinge, gibt es einen jahrhundertealten Streit, der bis heute noch nicht beigelegt wurde. Dass die Form, wie ein Inhalt präsentiert wird, für einen Text zentral ist, steht ebenso schon immer außer Frage.

Textsorte

 Einen Überblick über die wichtigsten **literarischen Textsorten** finden Sie unter www.tauner.at/literarische_textsorten.aspx.

Der möglicherweise **wichtigste Formaspekt** ist die **Textsorte,** mit welcher die Inhalte dargestellt werden. Nicht nur bei fiktionalen, sondern ebenso bei nicht fiktionalen Texten kann der jeweiligen Textgattung eine entscheidende Rolle zukommen. Textanalytiker/innen müssen sich die Frage stellen, warum Verfasser/innen für den Inhalt eines Werkes genau diese Textsorte gewählt haben.

Textaufbau und Arrangement

Wie werden einzelne **inhaltliche Teile** zueinander in **Beziehung** gesetzt? Werden die Zuhörer/innen einer Rede zuerst begrüßt oder gibt es einen unmittelbaren Einstieg in die Thematik vor der Begrüßung? Bei fiktionalen Texten spielen hier die erzähltechnischen Kunstgriffe eine große Rolle: Vorausdeutungen, Rückblenden, Rahmenerzählungen etc.

Titelei – Textbeiwerk

Zur **Titelei** gehören:
- Titel(blatt), Untertitel
- Genrebezeichnung
- Vorwort, Prolog
- Widmung
- Inhaltsverzeichnis
- Kapitel-, Teilüberschriften
- Referenzen
- etc.

Unter **Titelei** versteht man all jene Informationen, die dem **eigentlichen Text vorangestellt sind**. Der Blick kann sich diesbezüglich auf von der Norm Abweichendes konzentrieren und die Frage lautet dann: Warum genau so? Findet sich eine Widmung, ein Zitat oder ein kurzer lyrischer Text vor dem Beginn des eigentlichen Textes, kann die Wirkung dieser Zeilen analysiert und zum Text in Beziehung gesetzt werden.

Themen

Unter Thema versteht man den **jeweiligen Gegenstand,** der in einem **Text behandelt** wird. Das Thema ist die Antwort auf die Frage: Wovon handelt der Text? Sachtexte und kurze erzählende Texte haben meistens ein Thema, längere epische Formen, vor allem der Roman, oft mehrere.

Adressat

Vor allem Sachtexte sind oft für ein bestimmtes **Ziel- bzw. Lesepublikum** verfasst, was einen wesentlichen Einfluss auf die sprachliche Gestaltung hat.

Anfang und Ende

Textanfänge sind oft sehr **ausgeklügelt** und können eine wichtige Funktion für die folgenden Textabschnitte übernehmen. Der **Schluss** kann manches, das noch im Dunkeln liegt, **erhellen,** kann aber auch **irritieren,** neue **Fragen aufwerfen,** in Sachtexten appellieren oder einfach nur zusammenfassen etc.

Übergänge

Wie wird von einem **Textabschnitt** auf den nächsten **übergeleitet?** Hängen die beiden Textabschnitte/Kapitel zusammen? Werden Bezüge hergestellt? Weist der Text eine entsprechende Konsistenz auf, indem das Nächste inhaltlich und strukturell auf das Vorangehende bezogen wird? In literarischen Texten ist es oft aufschlussreich zu überprüfen, warum und wann welche Zeitsprünge und Ortswechsel eingebaut werden.

Sachtexte

ANALYSEBOGEN

Analyse von Sachtexten

Kategorie	Ergebnis der Analyse
1. Quellenangaben	
2. Textsorte	
3. Thematik	
4. Titelei	
5. Inhalte/ Argumentationen	
6. Formale Gestaltung/Textaufbau Einleitung/Hauptteil/Schluss	
7. Sprachliche Gestaltung: Wortverwendung Satzstrukturen Stilebenen	

Untersuchen – Analysieren – Erschließen

Textanalyse

TEXTWERK

Auf den folgenden Seiten finden Sie Zeitungs-, Prosa- und lyrische Texte, die sich als Grundlage für **Textanalysen** eignen.

Analysebogen zum Ausdrucken finden Sie unter www.trauner.at/analysebogen.aspx.

Text 1

DER KATER IST FETT WIE EIN SCHWEIN

Vom Umgang mit dicken Tieren

Höchste Zeit, wieder einmal etwas Unpolitisches zu schreiben: Der Kater ist zu fett. Und zwar viel zu fett. Die Tierärztin schlägt die Hände über dem Kopf zusammen und rät zu Diät, sonst drohen Herzinfarkt, Hirnschlag usf.

5 *Wir hatten schon vermutet, dass Balu in letzter Zeit zu tief in den Napf geguckt hat, als er kürzlich mit dem Geräusch einer auf dem Boden aufklatschenden Butterkugel vom Sessel unter den Tisch rollte. Jetzt haben wir es amtlich. Der Kater ist zu dick. Sein Übergewicht hat fellsprengende Dimensionen. Wir können von Glück reden, dass er noch nicht zu grunzen angefangen hat.*

10 *Balu ist kein Einzelfall. In unserer Gesellschaft ist das übergewichtige Haustier eine Massenerscheinung. Tierärzte klagen über das Überhandnehmen dicker Dackel in ihren Praxen, über mollige Möpse, feiste Frettchen, ausgefressene Asseln, blade Biber, ölige Otter und wamperte Wellensittiche, die es gerade mit Ach und Krach von einem Sprießerl zum andern derhüpfen.*

15 *Ursachen für die ausufernde animalische Adipositas gibt es viele: falsche Vorbilder (alle zehn Minuten füttert eine bildhübsche junge Frau im Werbefernsehen ihre Pussy), Frustfresserei und sentimentale Herrlis und Fraulis, die dem Tier unbedacht eine Extraportion um die andere in Maul, Schnabel oder Schnauze schoppen.*

20 *Die frei lebende brasilianische Anakonda, die höchstens jedes Dreivierteljahr einen Trekker zwischen die Zähne bekommt, ist schlank, rank und topfit vom Scheitel bis zur Sohle. Die in österreichischen Badewannen gehaltene Anakonda leidet unter Zivilisationskrankheiten (Karies, Schwanzverfettung) und ist aufgebläht bis unter die letzte Schuppe. Nicht einmal ein Becher „Activia"*
25 *könnte da helfen.*

Doch zurück zu Balu. Bei dem ist jetzt Schmalhans Küchenmeister. Wo sich früher Berge von lecker Trocken- und Nassfutter in den Näpfen wölbten, da gibt es heute Portionen wie aus der Molekularküche.

Natürlich ist der Kater sauer. Die Maunz-und-Raunz-Frequenz nimmt zu, er
30 *scheint tierisch enttäuscht, dass man ihm seine gewohnten Rationen vorenthält. Umgekehrt sind wir menschlich enttäuscht, weil wir von ihm lediglich als Futtergeber betrachtet werden und nicht als vollwertige, intellektuell anregende Persönlichkeiten. Doch sei's, wie es sei: Die fetten Jahre sind vorbei. Und heute Abend gibt es wieder keine Katzenstange.*

CHRISTOPH WINDER, DER STANDARD

Für ein Literaturportfolio sollen Sie zur Glosse „Der Kater ist fett wie ein Schwein" eine Textanalyse verfassen. Lesen Sie die Glosse „Der Kater ist fett wie ein Schwein". Verfassen Sie die **Textanalyse** und bearbeiten Sie die folgenden Arbeitsaufträge:

- **Geben** Sie Thematik und Inhalt des Textes **wieder.**
- **Erschließen** Sie die sprachlichen Besonderheiten und rhetorischen Figuren.
- **Untersuchen** Sie im Besonderen die ironischen Passagen.
- **Überprüfen** Sie folgende Interpretationshypothese: „Die Glosse „Der Kater ist fett wie ein Schwein" thematisiert nicht nur die Fettleibigkeit von Haustieren, sondern thematisiert ebenso die Fettleibigkeit von Menschen."

Schreiben Sie zwischen 405 und 495 Wörter. Markieren Sie Absätze mittels Leerzeilen.

Text 2

„RUNNING SUSHIS" DER LIEBE

Anatol, Schnitzlers Beziehungs-Junkie, der hatte noch Stil beim Gemeinsein. Sein zu entsorgendes G'spusi lud er ins Séparée zum Abschiedssouper ein – zu Champagner und Filets aux truffes. Und hoffte inbrünstig, dass die zukünftige Ex-Annie nicht in Schluchzen ausbrechen würde: „Ich kann das Weinen nicht
5 *vertragen – ich verlieb' mich am Ende von neuem in sie, wenn sie weint." Rund 120 Jahre später haben die digitalen Technologien die Partnerselektion zu einer Art „running sushi"-Veranstaltung verwandelt. Vom Spähposten seines Laptops kann man in Häschenpantoffeln beobachten, wie ständig neue Personen-Angebote auf den Fließbändern von „Tinder", „Facebook" oder*
10 *sonstigen Menschenfischerportalen eintrudeln. Diese Form eines neuen emotionalen Kapitalismus beschert uns frostige Begleiterscheinungen: „Ghosting" zum Beispiel. So bezeichnen Soziologen jenes neue Phänomen, dass amouröser Frischfang nach zwei, drei Dates kommentarlos im Nirwana verschwindet. Und wahrscheinlich längst wieder sondierend am Fließband der Liebe steht.*
15 *Bedauerlicherweise tendieren besonders Frauen dazu, ein solches Fluchtverhalten dann auch gleich persönlich zu nehmen. Männer sind da prinzipiell viel pragmatischer. Sie tun sich ja bekanntlich schon schwer damit, über ihre Gefühle zu reden. Noch mühsamer erscheint es ihnen, jene, die sie nicht mehr haben, zu bemurmeln. Z hängt auf meinem Sofa, sie betrauert gerade einen*
20 *solchen Tinder-Geist. Ich fische ihr im Netz ein Gedicht: „Laß mein Aug den Abschied sagen, den mein Mund nicht nehmen kann. Schwer, wie schwer ist er zu tragen. Und ich bin doch sonst ein Mann." – „Wer hat diesen Schrott geschrieben?" – „Goethe hieß die Kanaille." – „Auch völlig überschätzt, der Typ", antwortet sie, „so ein Weichei. Sein Werther hatte sich wenigstens noch*
25 *erschossen. Das nenne ich Manieren."*

POLLY ADLER, KURIER

Verfassen Sie eine **Textanalyse** zur oben angeführten Glosse und bearbeiten Sie die folgenden Arbeitsaufträge.

- **Geben** Sie den Inhalt der Glosse sowie die Intention der Verfasserin knapp **wieder.**
- **Erläutern** Sie die von der Autorin hergestellten literarischen Bezüge zur Thematik.
- **Untersuchen** Sie, inwiefern die Begriffe „running sushi", fischen und Netzportale zur Partnerselektion miteinander in Beziehung gesetzt werden.
- **Beurteilen** Sie die sprachliche Darstellung und inhaltliche Gestaltung des Textes anhand einzelner Passagen.

Schreiben Sie zwischen 405 und 495 Wörter. Markieren Sie Absätze mittels Leerzeilen.

Untersuchen – Analysieren – Erschließen

Text 3

DER NACHBAR

Wie hätten wir ihn denn gern? Aussuchen können wir ihn ja nicht

Einer der Sündenböcke der vergangenen Tage, da das Geschäft der Medien mit dem Horror des Alltags blühte, war der Nachbar. Seine Attribute: blind, taub, feig, naiv, asozial, abgestumpft, roh.

Frage, abseits der Verlies-Aufwühlungen: Wie hätten wir ihn denn gern? Aussuchen können wir ihn ja nicht. Auch wenn er uns so gar nicht zu Gesicht steht: Zum freundlichen Grüßen im Stiegenhaus sollte es reichen. Sein Packerl von der Post übernehmen wir gerne (zweimal im Jahr). Was er beruflich macht, wollen wir gar nicht so genau wissen. Im Aufzug sinnieren wir mit ihm übers Wetter. Beim Haustor trennen sich unsere Wege. („Wo müssen S' hin? Ah so, ich muss leider in die andere Richtung.") Was er daheim tut, interessiert uns nicht. Stöhn- und Schnarchgeräusche überhören wir. Plärren die Kinder, drehen wir das Radio lauter. Schlägt er sie – nein, das würde er nicht tun. Klopft er an unsere Wand, nur weil wir feiern, verwünschen wir ihn (um uns am nächsten Tag zu entschuldigen). Nie würden wir ihm nachspionieren. Was er in seinem Keller aufbewahrt? – Das geht uns nichts an und ist uns auch so was von wurscht.

DANIEL GLATTAUER, DER STANDARD

Der Text von DANIEL GLATTAUER spielt auf den Fall JOSEF FRITZL an, der seine Tochter 24 Jahre lang in einer Kellerwohnung gefangen gehalten, sie missbraucht und mit ihr sieben Kinder gezeugt hat.

Im Zuge einer Deutschschularbeit sollen Sie zur Glosse „Der Nachbar" eine Textanalyse verfassen.
Lesen Sie die Glosse „Der Nachbar".
Verfassen Sie die **Textanalyse** und bearbeiten Sie die folgenden Arbeitsaufträge:

- **Geben** Sie Thematik und Inhalt des Textes **wieder.**
- **Analysieren** Sie das dargestellte nachbarschaftliche Verhältnis.
- **Kommentieren** Sie einerseits die nachbarschaftliche Neugierde und andererseits das konsequente Wegsehen in unserer Gesellschaft.

Schreiben Sie zwischen 405 und 495 Wörter. Markieren Sie Absätze mittels Leerzeilen.

Text 4

KORRUPT, ABER SOZIAL

Kolumnist Alfred Dorfer meint, Korruption sollte salonfähig werden.

Der Vorschlag zeigt durchaus charmanten Mut zum Risiko. Die Finanzministerin möchte künftig den Steuerzahlern die Entscheidung darüber überlassen, wofür der Staat das Geld ausgeben soll, das er zuvor bei ihnen eingetrieben hat. Wer weiß, welch verrückte Ideen dann demnächst im Budget Platz finden.

So sieht serviceorientierte Regierungsarbeit aus. Überhaupt wird jetzt dem Dienst am Kunden in den Ministerien viel größerer Wert beigemessen als in früheren Jahren. So gibt das Finanzressort im Steuerjahrbuch nun auch Tipps für den gesetzeskonformen Umgang mit Schmiergeldern. Auch wenn Vorteilsannahme strafrechtlich verboten ist, so bedeutet das also keineswegs, dass der schändliche Mehrwert von der Steuer befreit wäre. Im Gegenteil: Er zählt als Bestandteil des Einkommens und muss daher deklariert werden.

Diese interessante Beziehung von Fiskus und Verbrechen fasziniert den Normalbürger, der bisher meinte, lediglich Steuerhinterziehung sei mit kriminellen Aktivitäten in Verbindung zu bringen. Jede illegale Einnahme zu versteuern scheint generell der Königsweg für künftige Budgetsanierungen zu sein. Bald dürften für alle mafiösen Organisationen harte Zeiten hereinbrechen. Einnahmen aus Geldwäsche können dann nicht mehr so leicht in chinesischen Restaurants verschleiert werden. Drogengeschäfte in Milliardenhöhe werfen so auch für den Staat riesige Gewinne ab. Man mag nun einwenden, dass dies längst gängige Praxis sei. Man denke nur an die Alkohol- oder Tabaksteuer. Doch das ist ein schmallippiges Argument. Verbrechen wird durch Versteuerung erst richtig sinnvoll. Kriminelle Energie wird so dem Gemeinwohl zugeführt und ist nicht mehr bloß Ausdruck asozialen Gewinnstrebens.

Kindergärten, aus Drogensteuern finanziert, Obdachlosenheime, errichtet durch besteuerte Schmiergelder aus der Immobilienbranche – das ist die Zukunft. Es findet auf diese Weise nicht nur eine monetäre, sondern auch eine ethische Umverteilung statt. Das Kriminelle entwickelt sich bei diesem Modell zu einer tragenden Säule des Sozialstaats. Und verliert dadurch hoffentlich auch etwas von seinem anrüchigen Image, das erst entstehen konnte, weil Einnahmen aus politischen Korruptionsgeschäften nicht zum Finanzhaushalt beitragen. Nun muss rasch eine weitere Reform durchgesetzt werden: Das Anfütterungsverbot widerspricht ganz offensichtlich dem Staatsinteresse.

ALFRED DORFER, DIE ZEIT

Im Zuge einer Deutschschularbeit sollen Sie zur Kolumne „Korrupt, aber sozial" eine Textanalyse verfassen.
Lesen Sie die Kolumne „Korrupt, aber sozial".
Verfassen Sie die **Textanalyse** und bearbeiten Sie die folgenden Arbeitsaufträge:

- **Geben** Sie Thematik und Inhalt des Textes **wieder.**
- **Analysieren** Sie den inhaltlichen Aufbau des Textes.
- **Untersuchen** Sie Sprache und Stil der Kolumne.
- **Erklären** Sie das Zustandekommen der ironischen Passagen.

Schreiben Sie zwischen 405 und 495 Wörter. Markieren Sie Absätze mittels Leerzeilen.

Text 5

ACH, SCHNUCKI – DAS ÖSTERREICHISCHE SCHWINDET

Wissen Sie noch, dass – zumindest in Wien – Tomaten einst Paradeiser und Kartoffeln Erdäpfel hießen? Und würden Sie auch nie „lecker" sagen, auch wenn die (unsynchronisierte deutsche) Werbung voll davon ist? Dann sind Sie wahrscheinlich über 50 und ohne deutsche Privatsender groß geworden.
5 *Vielleicht kennen sie sogar den „Pfrnak" (die österreichisch-böhmische Version der Nase).*
„Kurier"-Leser machen oft Bahöl wegen zu vieler Germanismen und Anglizismen in der Zeitung. Tatsächlich rutscht uns hin und wieder Unverzeihliches wie „an Weihnachten" durch. Oder wir verwenden gedankenlos englische Wor-
10 *te, wo es auch deutsche gäbe (Hauptquartier statt Headquarter). Manchmal jedoch gibt es sie nicht oder nur mit kabarettistischer Note, etwa wenn Guido Tartarotti über das „Stuhl-Gewitter" (Shitstorm) schreibt.*

Französisch am Hofe
Die Wahrer des österreichischen Sprachguts neigen ja gelegentlich zur Über-
15 *treibung. Let´s face it (okay, das war jetzt eine Provokation): Sprache verändert sich und unterliegt Modeerscheinungen. In der Goethe-Zeit redete man ein anderes Deutsch als jetzt (auch wenn wir uns möglicherweise in diese Zeit zurückentwickeln, wo nur die Elite ernsthaft lesen konnte). Und am österreichischen Hofe sprach man vornehmlich Französisch – daher sickerten französi-*
20 *sche Vokabeln ein, wie Trottoir.*
Mittlerweile ist Englisch Weltsprache und „BSE" (Bad Simple English) alltäglich. Selbst die Regierung schreckt davor nicht zurück. [...] Das können wir im „Kurier" aber auch ganz gut, wie ein aktuelles Interview mit unserem Online-Geschäftsführer diese Woche zeigte, wo von „Content Repository" und „Back
25 *End" die Rede war (auf leadersnet.at übrigens).*
In Wirtschaft und Wissenschaft ist Englisch allgegenwärtig, aber das ist in einem globalen Business, äh, Geschäft, logisch. Und weil Jugendliche die ganze Welt auf Knopfdruck in ihrem Handy (ist nicht englisch) haben und gern in Kurzformeln kommunizieren, schwindet das Österreichische ebenfalls.
30 *„Die Zeit" bezeichnet übrigens die Kommunikation mit „Emojis" als raschest wachsende Sprache der Welt. Die Kinder der neuen Zuwanderungsgruppen wiederum sitzen viel zu oft vor den Fernsehsendern ihrer Muttersprache. Das erschwert das Deutsch- geschweige denn Österreichisch-Lernen. (Und welche Inhalte da sonst noch transportiert werden, sollte man auch genauer beach-*
35 *ten.)*

Burgtheater-Deutsch, ade
Schade, dass nicht einmal das Burgtheater ein Hort österreichischer Sprachfärbung ist. Da amtieren schon zu lange deutsche Direktoren mit ihren Lieblingsschauspielern. Aber wenn die dann Nestroy oder Schnitzler spielen ... Der
40 *spezifisch altösterreichische Ton stirbt aus, bald kann man ihn nur noch auf analogen Schallplatten von André Heller hören. Viele werden die Texte aber gar nicht verstehen. Ach, Schnucki, ...*

MARTINA SALOMON, KURIER

Bahöl = großer Lärm, Tumult

Verfassen Sie eine **Textanalyse** und bearbeiten Sie dabei die folgenden Arbeitsaufträge:

- **Geben** Sie die Thematik und den Inhalt des Kommentars wieder.
- **Untersuchen** Sie den inhaltlichen Aufbau der Textsorte.
- **Erschließen** Sie Frau Salomons Einstellung zum Verschwinden des Österreichischen.
- **Kommentieren** Sie die Aussage, dass das Österreichische schwinde.

Schreiben Sie zwischen 405 und 495 Wörter. Markieren Sie Absätze mittels Leerzeilen.

Textanalyse – Korrigieren Sie!

Nebenstehend finden Sie einen Arbeitsauftrag zur Textsorte **„Textanalyse"** und gleich darunter einen Text, der aufgrund dieses Arbeitsauftrages erstellt wurde. Inhaltlich weist er Passagen unterschiedlicher Qualität auf. **Überprüfen** Sie, inwiefern die Arbeitsaufträge erfüllt und die Kriterien der Textsorte eingehalten werden. **Diskutieren** Sie in der Klasse, ob die Anordnung der Inhalte (Reihenfolge) passt, welche Passagen warum gelungen und welche weniger gelungen sind, und erstellen Sie eine korrekte Version auf einem Blatt in Ihrer Mappe.

ALLE TUN ES, IMMER!
(Textanalyse)

Die Glosse „Alle tun es, immer!", veröffentlicht am 8. November 20.. in den Nürnberger Nachrichten, handelt davon, dass Jugendliche unablässig in all ihren Lebensbereichen „chillen". Der Autor stellt in seiner Glosse Situationen dar, in denen das Wort „chillen" gegenwärtig Gebrauch findet.

5 Der Titel des Textes lässt keinen Rückschluss auf seinen Inhalt zu, sondern verweist auf Handlungen, die Menschen ständig ausführen: atmen, schlafen, essen etc.

Auf der sprachlichen Ebene des Textes finden sich unterschiedliche Mittel, mit denen der Autor Humor und Komik zu erzeugen versucht. Zuallererst ist
10 zu erwähnen, dass die Ironie im Text vor allem durch Übertreibung und die Verbindung unüblicher Vorstellungsbereiche entsteht.

Mit Wortneuschöpfungen stellt der Verfasser einen Bezug zu typischen körperlichen Fehlfunktionen oder gesellschaftlich negativem Verhalten Jugendlicher her. Auch ergibt sich durch die unübliche Verbindung des Begrif-
15 fes „chillen" mit bekannten Namen wiederum Humor bzw. Komik. Ironie entsteht beispielsweise in dieser Glosse dadurch, dass der Autor an unterschiedlichen Stellen maßlos übertreibt.

Die Glosse beginnt damit, dass verschiedene Lebenssituationen angeführt werden, in denen das Wort „chillen" pausenlos verwendet wird, beispielswei-
20 se nach Feierabend, in der Mittagspause oder im Urlaub am Strand. Zudem führt der Autor an, dass Jugendliche nichts anderes mehr im Kopf hätten, außer zu chillen, worunter auch die Eltern der Kinder leiden.

Dem folgt ein Absatz, in dem der Autor den Begriff „chillen" mit ähnlich klingenden Namen kombiniert. Zudem führt er noch an, dass es bereits Buchti-
25 tel mit dem Wort „chillen" gebe und Babys dieses Wort in Kombination mit dem „Stillen" schon mit der Muttermilch konsumieren würden. Gegen Ende des Textes parallelisiert der Autor die Verwendung des Wortes „chillen" mit körperlichen Erkrankungen bzw. gesellschaftlichem Fehlverhalten.

Wenn ich mein eigenes sprachliches Verhalten unter die Lupe nehme und
30 mit dem Text des Inhaltes vergleiche, merke ich, dass ich Begriffe wie „chillen", „heast" oder „oida" auch ständig benutze. Oft passiert das unüberlegt und manchmal auch in Situationen, in denen die Verwendung dieser Wörter vollkommen unangebracht ist. Aber nicht nur mir ergeht es so, sondern genauso meinen Freunden. Auch weiß ich von Mitschülern mit anderer Mutter-
35 sprache, dass Sie ebenso ständig jugendsprachliche Wörter wie zum Beispiel „lan", das im Türkischen so viel wie „heast" bedeutet, einbauen.

Ich finde den Text außerordentlich gelungen, da ich den Inhalt gut nachvollziehen kann und immer wieder komische Passagen enthalten sind.

Arbeitsauftrag

Auf einer Tagung mit dem Thema „Das moderne Lehrer-Schüler-Verhältnis" sind Sie als Schulsprecher/in eingeladen, Ihre Meinung zur Thematik „Lob und Tadel im Unterricht" vor Publikum kundzutun. Schreiben Sie Ihre **Meinungsrede** und bearbeiten Sie die folgenden Arbeitsaufträge:

- **Geben** Sie Thema und Inhalt der Glosse **wieder.**
- **Analysieren** Sie den inhaltlichen Aufbau und die sprachlichen Besonderheiten (Wortneuschöpfungen, ironische Passagen etc.) der Glosse.
- **Setzen** Sie das im Text aufs Korn Genommene mit dem gegenwärtigen Sprachverhalten Jugendlicher (Verwendung von Modewörtern, jugendsprachlichen Begriffen etc.) in Ihrem Umfeld **in Beziehung.**
- **Beurteilen** Sie die sprachliche und inhaltliche Gestaltung des Textes.

Die **Textvorlage** „Alle tun es, immer!" und die **korrigierte Textanalyse** finden Sie unter www.trauner.at/textanalyse.aspx

Analyse von Sachtexten

Untersuchen – Analysieren – Erschließen

 Ziele erreicht? – „Untersuchen – Analysieren – Erschließen"

Selbstevaluation

Schätzen Sie sich selbst ein und beurteilen Sie Ihr eigenes Können. (Nehmen Sie dazu Ihre selbst verfassten Texte zur Hand und analysieren Sie sie.)

Feedback

Holen Sie Feedback über Ihre Kompetenz von einer Kollegin/einem Kollegen ein. (Geben Sie Ihre Texte an eine Kollegin/einen Kollegen weiter.)

Selbsteinschätzung kann ich	☺	😐	☹	Feedback kann sie/er	☺	😐	☹
Einleitung				**Anmerkungen**			
Angaben zum Werk (so detailliert wie möglich)							
Kurzzusammenfassung des Textes/der Textstelle							
Hauptteil				**Anmerkungen**			
Darstellung analytischer Aspekte (Textanalyse)							
Bezugnahme auf außerhalb des Textes liegende Erklärungsmöglichkeiten (optional)							
Intertextualität (optional)							
Gliederung: Einzelne Aspekte finden sich in eigenen Absätzen.							
Schluss				**Anmerkungen**			
Zusammenfassende Darstellung der Besonderheiten							
Abschließende Wertung							
Formale/Sprachliche Kriterien				**Anmerkungen**			
Gliederung: Untergliederung von Einleitung, Hauptteil und Schluss							
Zeit: Gegenwartsstufe (Präsens, Perfekt ...)							
Sprache: sachlich, anschaulich, informierend, vergleichend etc.							
Rechtschreibung: viele, wenige, fast gar keine Fehler							
Grammatik: viele, wenige, beinahe gar keine Fehler							

☺ = kann ich/sie/er sehr gut   😐 = kann ich/sie/er   ☹ = kann ich/sie/er noch nicht

Ästhetik – Ideal – Antike

Einblick in die Literatur der Weimarer Klassik (ca. 1786–1805/1832)

GOETHE-SCHILLER-DENKMAL IN WEIMAR

Das Ende der Weimarer Klassik wird unterschiedlich angesetzt:
- mit 1805, dem Sterbejahr SCHILLERS oder
- mit 1832, dem Sterbejahr GOETHES.

Alles Gescheite ist schon gedacht worden, man muss nur versuchen, es noch einmal zu denken.

JOHANN WOLFGANG VON GOETHE

1 Weimarer Klassik — BEISPIEL

Johann Wolfgang von Goethe
ITALIENISCHE REISE Neapel, den 17. Mai 1787

Was den Homer betrifft, ist mir wie eine Decke von den Augen gefallen. Die Beschreibungen, die Gleichnisse etc. kommen uns poetisch vor und sind doch unsäglich natürlich, aber freilich mit einer Reinheit und Innigkeit gezeichnet, vor der man erschrickt. Selbst die sonderbarsten erlogenen Be-
5 gebenheiten haben eine Natürlichkeit, die ich nie so gefühlt habe als in der Nähe der beschriebenen Gegenstände. Laß mich meinen Gedanken kurz so ausdrücken: *sie* stellten die Existenz dar, *wir* gewöhnlich den Effekt; *sie* schilderten das Fürchterliche, *wir* schildern fürchterlich; *sie* das Angenehme, *wir* angenehm u.s.w. Daher kommt alles Übertriebene, alles Manierierte, alle
10 falsche Grazie, aller Schwulst. Denn wenn man den Effekt und auf den Effekt arbeitet, so glaubt man ihn nicht fühlbar genug machen zu können.

IN: ERNST GRUMACH (HG.): GOETHE UND DIE ANTIKE. EINE SAMMLUNG, BD. 1, DE GRUYTER – ALTE RECHTSCHREIBUNG

a) **Erläutern** Sie, wie ein Kunstwerk nach GOETHE beschaffen sein muss, damit es den idealistischen Ansprüchen der Klassik genügt.

Heinrich von Kleist
BETRACHTUNGEN ÜBER DEN WELTLAUF (1810)

Es gibt Leute, die sich die Epochen, in welchen die Bildung einer Nation fortschreitet, in einer gar wunderlichen Ordnung vorstellen. Sie bilden sich ein, daß ein Volk zuerst in tierischer Roheit und Wildheit daniederläge; daß man nach Verlauf einiger Zeit, das Bedürfnis einer Sittenverbesserung
5 empfinden, und somit die Wissenschaft von der Tugend aufstellen müsse; daß man, um den Lehren derselben Eingang zu verschaffen, daran denken würde, sie in schönen Beispielen zu versinnlichen, und daß somit die Ästhetik erfunden werden würde: daß man nunmehr, nach den Vorschriften derselben, schöne Versinnlichungen verfertigen, und somit die Kunst selbst
10 ihren Ursprung nehmen würde: und daß vermittelst der Kunst endlich das Volk auf die höchste Stufe menschlicher Kultur hinaufgeführt werden würde. Diesen Leuten dient zur Nachricht, daß alles, wenigstens bei den Griechen und Römern, in ganz umgekehrter Ordnung erfolgt ist. Diese Völker machten mit der heroischen Epoche, welches ohne Zweifel die höchste ist, die
15 erschwungen werden kann, den Anfang; als sie in keiner menschlichen und bürgerlichen Tugend mehr Helden hatten, dichteten sie welche; als sie keine mehr dichten konnten, erfanden sie dafür die Regeln; als sie sich in den Regeln verwirrten, abstrahierten sie die Weltweisheit selbst; und als sie damit fertig waren, wurden sie schlecht.

HEINRICH V. KLEIST: WERKE UND BRIEFE IN VIER BÄNDEN, AUFBAU – ALTE RECHTSCHREIBUNG

b) **Nehmen** Sie kritisch **Stellung** zu HEINRICH VON KLEISTS Zugang zu Kunst und Ästhetik in einer Gesellschaft, indem Sie die These – „Am Beginn einer Kultur ist Kunst in seiner Reinform vorhanden" – hinterfragen.

Weimarer Klassik (1786–1805/1832) WERKZEUG

Als Weimarer Klassik bezeichnet man eine kurze Epoche um 1800, die man vor allem mit den Dichtern JOHANN WOLFGANG VON GOETHE (1749–1832), FRIEDRICH SCHILLER (1759–1805), JOHANN GOTTFRIED HERDER (1744–1803) und CHRISTOPH MARTIN WIELAND (1733–1813) in Verbindung bringt. Zusammen werden sie als **Weimarer Viergestirn** oder auch als **Weimarer Titanen** bezeichnet. Diese vier Dichter und Denker leben und arbeiten allesamt zur gleichen Zeit in Weimar, kennen sich und tauschen sich untereinander aus. Die **antike Kultur** der Griechen und Römer ist für sie Vorbild, Sehnsuchtsort und ideelle Heimat.

HEINRICH VON KLEIST (1777–1811), FRIEDRICH HÖLDERLIN (1770–1843) und JEAN PAUL (1763–1825) lassen sich weder eindeutig in die Weimarer Klassik noch in die Epoche der Romantik einordnen.

Kunstprogramm

Wird in der Aufklärung der Verstand, die Ratio, als zentral angesehen, so zählt im Sturm und Drang das Gefühl, die Emotion. In der Klassik versucht man nun, **Gefühl und Verstand zu verbinden** und im Kunstwerk, das sich an ästhetischen Kriterien der Antike orientiert, ein harmonisches Ganzes zu erschaffen. Man ist bemüht, sich einem Ideal anzunähern, ist sich aber bewusst, dieses Ideal nie ganz erreichen zu können – die **Philosophie IMMANUEL KANTS** (1724–1804) ist für dieses Kunstverständnis zentral. Dennoch existieren nach Auffassung der Klassiker **Kunstwerke in ihrer Idealform** – man sieht sie in den Werken der **klassischen Antike** realisiert. JOHANN JOACHIM WINCKELMANN (1717–1768) hat mit seinem Werk „Geschichte der Kunst des Altertums" eine Basis für dieses idealisierte Bild der antiken griechischen und römischen Welt geliefert.

IMMANUEL KANT, deutscher Philosoph (1724–1804)

IMMANUEL KANT ist der wichtigste deutsche Philosoph der Aufklärung und gilt als Begründer der modernen Philosophie. Eines seiner wichtigsten Werke ist die „Kritik der reinen Vernunft".

Ästhetische Erziehung – „Edel sei der Mensch, hilfreich und gut": Die Dichter wollen den Menschen mittels der Literatur zu einem besseren, einem humanen Wesen erziehen und ihn im **Wahren, Schönen** und **Guten** belehren. Begriffe wie **Harmonie, Toleranz, Gewaltlosigkeit, Gewissensfreiheit** etc. stehen dabei im Zentrum der ästhetischen Erziehung des Menschen und sollen letztlich das menschliche Dasein – auch durch gesellschaftliche Veränderungen – verbessern.

Einen weiteren theoretischen Rahmen für die Ideen der Weimarer Klassik schafft JOHANN GOTTFRIED HERDER, Dichter, Theologe und Philosoph, mit seinem vierbändigen Hauptwerk **„Ideen zur Philosophie der Geschichte der Menschheit"** (1784–1791). Seinen darin formulierten Thesen zu Gesellschaft, Kunst und Kultur, Geschichte, Eigenarten von Völkern, Religionen etc. legt er den Begriff der menschlichen **Humanität** zugrunde. Diese Humanität spricht er allen Völkern und Menschen gleichermaßen zu und das Medium der Dichtung erscheint ihm zur dahingehenden Bildung des Menschen geeignet.

Auch CHRISTOPH MARTIN WIELAND erlangt in der Zeit der Weimarer Klassik große Bedeutung. Neben seiner Kritikertätigkeit und seinen Übersetzungen von griechischen und römischen Dramen betätigt er sich auch als Dichter. Als Herausgeber der Zeitschrift **„Der Teutsche Merkur"** (1773–1789) publiziert er darin zum Teil seine eigenen Werke, nutzt dieses Medium aber auch zur Kritik an der literarischen Produktionen seiner Kollegen. Den Stürmern und Drängern und den Romantikern steht er ablehnend gegenüber, weil er in seinen Idealen ganz der Aufklärung und später auch der Klassik zugetan ist.

1786 entscheidet sich JOHANN WOLFGANG VON GOETHE nach Italien zu reisen, um sich neu zu orientieren und um die **Kultur der römischen Antike** direkt in Augenschein zu nehmen. Im Herzogtum Weimar ist GOETHE seit 1776 als Beamter bzw. Minister tätig und seine politischen Aufgaben hindern ihn daran, seinen literarischen und kulturellen Interessen in gewünschter Intensität nachzugehen.

Deshalb beschließt er im Geheimen, Weimar für ein paar Monate für eine Italienreise zu verlassen. Aus wenigen Monaten werden aber ganze zwei Jahre, bis er wieder nach Weimar zurückkehrt. Die gesammelten Eindrücke, die Beschäftigung mit HOMER und den römischen Klassikern der Antike haben große Auswirkungen auf die Stoffe und dichterischen Formen seiner Werke.

FRIEDRICH SCHILLER wird 1788 Professor an der Universität zu Jena, das im Herzogtum Weimar liegt. Er beschäftigt sich intensiv mit IMMANUEL KANTS aufklärerischem und humanistischem Gedankengut. Ab 1795 gibt SCHILLER die Literaturzeitschrift **„Die Horen"** heraus. GOETHE kann er neben anderen Gelehrten zur Mitarbeit gewinnen, wodurch sich die Beziehung zwischen den beiden Dichtern vertieft. In seinem Werk „Über Anmut und Würde" (1793) versucht SCHILLER Begriffe wie Schönheit, Harmonie, Humanität und Toleranz im Sinne einer idealistischen Herangehensweise zu bestimmen und schafft damit ebenso eine theoretische Grundlage für die Weimarer Klassik.

Literatur
Lyrik

In der Lyrik finden sich unterschiedliche Formen, die großteils aus der klassischen Antike übernommen und im Zuge der Weimarer Klassik verstärkt wiederbelebt werden. Besonders zu erwähnen sind die Ode, die Hymne, die Elegie und die Ballade. In der Weimarer Klassik wird auf die **Metrik,** die auch in der griechischen wie römischen Dichtung hohe Relevanz hatte, großer Wert gelegt. Als Beispiel sei hier das Distichon angeführt, eine zweizeilige Versform, bestehend aus einem (daktylischen) Hexameter und einem Pentameter.

GOETHES „Römische Elegien" wurden im **Distichon** verfasst. Die Fünfte Elegie ist auf Seite 51 abgedruckt.

Unter einer **Ode** versteht man ein liedhaft strophisches Gedicht, das in hohem Stil verfasst ist und zumeist als Lied vorgetragen wird. Eine **Elegie** stellt ein schwermütiges Klagegedicht dar. Die lyrische Form der **Hymne** unterliegt keinen strikten formalen Regeln, weder Reim noch Versmaß sind zwingend vorgegeben. Ursprünglich und auch heute wird in einer Hymne meist die Lobpreisung eines Höheren (z. B. eines Staates) oder auch Göttlichen thematisiert.

Die **Ballade** ist jene Textform, die alle drei Naturformen der Dichtung – Epik, Lyrik, Dramatik – miteinander vereint. Mit einer Ballade wird eine Geschichte erzählt, dieser Plot bzw. diese Handlung repräsentiert die erzählende Dichtung, die **Epik**. Weiters weisen Balladen im Sinne der **Lyrik** ein Reimschema innerhalb der Strophen sowie ein festgelegtes Versmaß auf. Rede und Gegenrede bzw. Dialoge, die der **Dramatik** zuzuordnen sind, sind ebenfalls ein Merkmal der Ballade. 1797 wird gemeinhin als Balladenjahr bezeichnet, da SCHILLER wie GOETHE viele ihrer berühmten Balladen in diesem Jahr verfassen.

Dramatik

Den meisten Autoren der Weimarer Klassik, und auch jenen, die sich mit ihrem Programm nur bis zu einem gewissen Grad dieser Epoche zuordnen lassen, ist gemein, dass sie sich mit der **Übersetzung von Dramen** aus der griechischen und römischen Antike (AISCHYLOS, SOPHOKLES, EURIPIDES – alle drei 5. Jh. v. Chr.) beschäftigen. Diese antike Kultur ist in der Weimarer Klassik allgegenwärtig. So greift auch GOETHE in seinen Dramen immer wieder **Stoffe aus der Antike** auf und transformiert sie im Kontext des damaligen Literaturprogramms. SCHILLER widmet sich in seinen Dramen vermehrt auch **zeithistorischen Stoffen.**

Hinsichtlich Form und Inhalt ist man einerseits bemüht, die **Vorgaben des antiken Theaters** einzuhalten, andererseits geht man im Zuge der künstlerischen Freiheit aber auch weit darüber hinaus. Um eine ästhetische Erziehung des Menschen zu bewirken, strebt man im wahrnehmenden Subjekt einen **Katharsis-Effekt,** eine psychische Reinigung, an. Die Zuschauer/innen sollen im Zuge des Miterlebens der inneren Konflikte der Figuren und deren tiefen Falls zu moralisch besseren Menschen erzogen werden.

1 Weimarer Klassik

Epik

Mit „Wilhelm Meisters Lehrjahre" (1795/96) legt Goethe einen prototypischen **Bildungs- und Entwicklungsroman** vor. Der bürgerliche Protagonist Wilhelm Meister soll wie sein Vater Kaufmann werden, ist aber fasziniert von der Welt des Theaters. Daher verlässt er das Elternhaus und wendet sich von der Berufung ab, um mit einer Theatergruppe durchs Land zu ziehen. Am Ende seiner Lehrjahre erscheint Wilhelm als gebildete, vernunftgeleitete Persönlichkeit. Der Weg dorthin ist mit vielen Umwegen, mysteriösen Erfahrungen, Irrwegen, nicht aufklärbaren Ereignissen etc. gepflastert, was diesen Roman auch zum **Vorbild für die Romantiker** werden lässt.

> Als prototypisch bezeichnet man eine Grundform, die als Vorbild wirkt.

Weder Klassiker noch Romantiker – zwischen den Epochen

HEINRICH VON KLEIST ist ein höchst sensibler und empfindsamer Charakter, der in seinen Werken die vielfältigen Möglichkeiten, die Sprache bietet, auslotet. Mit der Sprache stößt der Schreibende aber an Grenzen, wenn er die komplexe Wirklichkeit abbilden will; was droht, ist Sprachlosigkeit. KLEIST erkennt diese Problematik und leidet darunter. Er zweifelt am Medium der Sprache zur Darstellung der Wirklichkeit, versucht aber dennoch, diese Probleme zu überwinden. Schon KLEISTS Zeitgenossen, vor allem WIELAND und GOETHE, erkennen in ihm ein Genie der Sprachkunst, einen Dichter, dessen Sensibilität und empfindsame Seele besser zur Empfindsamkeit der 1770er-Jahre gepasst hätten.

FRIEDRICH HÖLDERLIN zählt ebenso zu jenen Dichtern, die der klassischen Antike breiten Raum in ihrem Schaffen einräumen, die literarisch aber weder eindeutig der Weimarer Klassik noch der Romantik zugeordnet werden können. HÖLDERLIN bewundert FRIEDRICH SCHILLER, der auch als Herausgeber einiger seiner Gedichte fungiert. Eine intensive Beziehung zwischen den Dichtern existiert aber nicht. HÖLDERLIN ist bekannt für seine Lyrik (Elegien, Hymnen, Oden, Epigramme etc.), die sich oftmals durch eine kraftvolle Sprache und einen eindringlichen Ton auszeichnet.

In epischer Hinsicht stellt der Briefroman „Hyperion" ein zentrales Werk seines Schaffens dar. Die Handlung spielt in der Mitte des 18. Jahrhunderts in Griechenland und Deutschland. Hyperion, der Protagonist, berichtet seinem Freund Bellamarin in Briefen von seinen Idealen, seinen Kriegserfahrungen, dem Verlust seiner Geliebten Diotima und seinem letztendlich einsamen Leben.

Wie soll ich es möglich machen, in einem Brief etwas so Zartes, als ein Gedanke ist, auszuprägen? Ja wenn man Thränen schreiben könnte – doch so – –

HEINRICH VON KLEIST

Wichtige Autoren der Weimarer Klassik	
Johann Wolfgang von Goethe	Iphigenie auf Tauris (1787), Egmont (1788), Torquato Tasso (1790) (Tragödien) Wilhelm Meisters Lehrjahre (1795/96, Bildungsroman) Der Erlkönig (1782), Der Schatzgräber (1797) (Balladen) Faust I (1808), Faust II (1832) (Dramen)
Friedrich Schiller	An die Freude (1785, Lyrik) Der Handschuh (1797), Die Bürgschaft (1798) (Balladen) Maria Stuart (1800), Die Jungfrau von Orleans (1801) (Tragödien) Wilhelm Tell (1803/04, Drama)
Christoph Martin Wieland	Geschichte der Abderiten (1774–1780, Roman) Das Hexameron von Rosenhain (1803–1805, Erzählungen)
Heinrich von Kleist	Penthesilea (1808, Tragödie) Der zerbrochne Krug (1808, Komödie) Prinz Friedrich von Homburg (1821, Drama)
Friedrich Hölderlin	Gedichte Hyperion oder Der Eremit in Griechenland (1797–1799, Briefroman)

Arbeitsaufgaben „Weimarer Klassik"

1. **Das Verhältnis zwischen Natur und Kunst**

   Johann Wolfgang von Goethe
   NATUR UND KUNST (ca. 1800)

   Natur und Kunst, sie scheinen sich zu fliehen,
   Und haben sich, eh' man es denkt, gefunden;
   Der Widerwille ist auch mir verschwunden,
   4 Und beide scheinen gleich mich anzuziehen.

   Es gilt wohl nur ein redliches Bemühen!
   Und wenn wir erst in abgemeßnen Stunden
   Mit Geist und Fleiß uns an die Kunst gebunden,
   8 Mag frei Natur im Herzen wieder glühen.

   So ist's mit aller Bildung auch beschaffen:
   Vergebens werden ungebundne Geister
   Nach der Vollendung reiner Höhe streben.

   12 Wer Großes will, muß sich zusammenraffen;
   In der Beschränkung zeigt sich erst der Meister,
   Und das Gesetz nur kann uns Freiheit geben.

   JOHANN WOLFGANG V. GOETHE: POETISCHE WERKE IN DREI BÄNDEN,
AUFBAU – ALTE RECHTSCHREIBUNG

   a) **Analysieren** Sie das Sonett hinsichtlich Reimschema und Versmaß.

   b) **Ordnen** Sie die folgenden kurzen Erklärungen den einzelnen Strophen zu. Achtung, eine Aussage passt nicht.
   - Ungebildete Köpfe werden keine echte Kunst erschaffen können.
   - Natur und Kunst sind von gleicher Anziehungskraft, wenn dies dem lyrischen Ich auch nicht von Anfang an klar ist.
   - Wer Großes schaffen will, muss sich auf das Wesentliche, auf die Einhaltung der Gesetze beschränken, erst dann ist der Schaffende frei in seinem Tun.
   - Die Natur wird durch ein schöpferisches Ich zur Kunst verfremdet.
   - Nur wer die Kategorien der Kunst, des Schönen kennt, erkennt diese auch in der Natur.

   c) **Formulieren** Sie die für das Sonett typische These, die Antithese und die Synthese.

2. **Erotische Bekenntnisse**

   Die „Römischen Elegien" entstehen nach GOETHES Rückkehr von seiner Italienreise. Er verarbeitet darin die Begegnung mit der und die Liebe zur römisch-antiken Kultur und parallelisiert diese Liebe mit einem tatsächlich gemachten oder fiktiven erotischen Abenteuer.

Johann Wolfgang von Goethe
RÖMISCHE ELEGIEN (1795)

5 (Fünfte Elegie)
Froh empfind ich mich nun auf klassischem Boden begeistert,
Vor- und Mitwelt spricht lauter und reizender mir.
Hier befolg ich den Rat, durchblättre die Werke der Alten
5 Mit geschäftiger Hand, täglich mit neuem Genuß.
Aber die Nächte hindurch hält Amor mich anders beschäftigt;
Werd ich auch halb nur gelehrt, bin ich doch doppelt beglückt.
Und belehr ich mich nicht, indem ich des lieblichen Busens
Formen spähe, die Hand leite die Hüften hinab?
10 Dann versteh ich den Marmor erst recht: ich denk und vergleiche,
Sehe mit fühlendem Aug, fühle mit sehender Hand.
Raubt die Liebste denn gleich mir einige Stunden des Tages,
Gibt sie Stunden der Nacht mir zur Entschädigung hin.
Wird doch nicht immer geküßt, es wird vernünftig gesprochen,
15 Überfällt sie der Schlaf, lieg ich und denke mir viel.
Oftmals hab ich auch schon in ihren Armen gedichtet
Und des Hexameters Maß leise mit fingernder Hand
Ihr auf den Rücken gezählt. Sie atmet in lieblichem Schlummer,
Und es durchglühet ihr Hauch mir bis ins Tiefste die Brust.
20 Amor schüret die Lamp' indes und gedenket der Zeiten,
Da er den nämlichen Dienst seinen Triumvirn getan.

JOHANN WOLFGANG V. GOETHE: POETISCHE WERKE IN DREI BÄNDEN,
AUFBAU – ALTE RECHTSCHREIBUNG

die Elegie = Klagelied, wehmütiges Gedicht mit einem traurigen, sehnsuchtsvollen Inhalt

das Triumvirat = ein Bündnis von drei Personen: Hier sind die römischen Dichter CATULL, PROPERZ und TIBULL gemeint, die ebenso Elegien verfasst haben.

a) **Recherchieren** Sie das antike Versmaß des „Hexameters" und weisen Sie es im Textausschnitt nach.

b) **Markieren** Sie die beiden Passagen, in denen Kunst und Erotik (Natur) eine Verbindung eingehen.

c) **Deuten** Sie den Vers *„Hier befolg ich den Rat, durchblättre die Werke der Alten"* im Zusammenhang mit dem Inhalt der Elegie sowie dem Inhalt des Sonetts „Natur und Kunst".

3. **Das Paradies in greifbarer Nähe?**

Friedrich Schiller
SEHNSUCHT (1802)

Ach, aus dieses Tales Gründen,
Die der kalte Nebel drückt,
Könnt ich doch den Ausgang finden,
4 Ach, wie fühlt ich mich beglückt!
Dort erblick ich schöne Hügel,
Ewig jung und ewig grün!
Hätt ich Schwingen, hätt ich Flügel,
8 Nach den Hügeln zög ich hin.

Harmonieen hör ich klingen,
Töne süßer Himmelsruh,
Und die leichten Winde bringen
12 Mir der Düfte Balsam zu,

Goldne Früchte seh ich glühen,
Winkend zwischen dunkelm Laub,
Und die Blumen, die dort blühen,
16 Werden keines Winters Raub.

Ach wie schön muß sich's ergehen
Dort im ew'gen Sonnenschein,
Und die Luft auf jenen Höhen,
20 O wie labend muß sie sein!
Doch mir wehrt des Stromes Toben,
Der ergrimmt dazwischen braust,
Seine Wellen sind gehoben,
24 Daß die Seele mir ergraust.

Einen Nachen seh ich schwanken,
Aber ach! Der Fährmann fehlt.
Frisch hinein und ohne Wanken!
28 Seine Segel sind beseelt.
Du mußt glauben, du mußt wagen,
Denn die Götter leihn kein Pfand,
Nur ein Wunder kann dich tragen
32 In das schöne Wunderland.

IN: STEPHAN HERMLIN: DEUTSCHES LESEBUCH.
VON LUTHER BIS LIEBKNECHT, RECLAM – ALTE RECHTSCHREIBUNG

a) Das lyrische Ich in SCHILLERS Gedicht beschreibt einen Sehnsuchtsort, der jedoch unerreichbar erscheint. – **Beschreiben** Sie diesen Ort mit eigenen Worten.

b) Deuten Sie, warum der Sehnsuchtsort in SCHILLERS Gedicht unerreichbar bleibt, nach klassischem Kunstkonzept auch unerreichbar bleiben muss.

c) Verfassen Sie eine Beschreibung, ein Gedicht, worin Ihr eigenes Wunderland Thema ist. Geben Sie auch an, wodurch es unerreichbar bleibt.

4. Die Balladen – Kunstfertigkeiten

1797 wird gemeinhin als das Balladenjahr bezeichnet – GOETHE und SCHILLER erfüllen in diesem Jahr ihr Vorhaben, Kunstballaden zu verfassen, die ihren literarisch-ästhetischen Kriterien entsprechen und in denen den Lesern ein mögliches moralisches Handeln vor Augen geführt wird.

Text 1

Friedrich Schiller
DER HANDSCHUH (1797)

Vor seinem Löwengarten,
Das Kampfspiel zu erwarten,
Saß König Franz,
Und um ihn die Großen der Krone,
5 Und rings auf hohem Balkone
Die Damen in schönem Kranz.

Und wie er winkt mit dem Finger,
Auf tut sich der weite Zwinger,
Und hinein mit bedächtigem Schritt

10 Ein Löwe tritt,
Und sieht sich stumm
Rings um,
Mit langem Gähnen,
Und schüttelt die Mähnen,
15 Und streckt die Glieder,
Und legt sich nieder.

Und der König winkt wieder,
Da öffnet sich behend
Ein zweites Tor,
20 Daraus rennt
Mit wildem Sprunge
Ein Tiger hervor.
Wie der den Löwen erschaut,
Brüllt er laut,
25 Schlägt mit dem Schweif
Einen furchtbaren Reif,
Und recket die Zunge,
Und im Kreise scheu
Umgeht er den Leu
30 Grimmig schnurrend;
Drauf streckt er sich murrend
Zur Seite nieder.

Und der König winkt wieder,
Da speit das doppelt geöffnete Haus
35 Zwei Leoparden auf einmal aus,
Die stürzen mit mutiger Kampfbegier
Auf das Tigertier,
Das packt sie mit seinen grimmigen Tatzen,
Und der Leu mit Gebrüll
40 Richtet sich auf, da wirds still,
Und herum im Kreis,
Von Mordsucht heiß,
Lagern die greulichen Katzen.

Da fällt von des Altans Rand
45 Ein Handschuh von schöner Hand
Zwischen den Tiger und den Leun
Mitten hinein.

Und zu Ritter Delorges spottenderweis
Wendet sich Fräulein Kunigund:
50 „Herr Ritter, ist Eure Lieb so heiß,
Wie Ihr mirs schwört zu jeder Stund,
Ei, so hebt mir den Handschuh auf."

Und der Ritter in schnellem Lauf
Steigt hinab in den furchtbarn Zwinger
55 Mit festem Schritte,
Und aus der Ungeheuer Mitte
Nimmt er den Handschuh mit keckem Finger.

Und mit Erstaunen und mit Grauen
Sehens die Ritter und Edelfrauen,
60 Und gelassen bringt er den Handschuh zurück.

Da schallt ihm sein Lob aus jedem Munde,
Aber mit zärtlichem Liebesblick –
Er verheißt ihm sein nahes Glück –
Empfängt ihn Fräulein Kunigunde.
65 Und er wirft ihr den Handschuh ins Gesicht:
„Den Dank, Dame, begehr ich nicht",
Und verläßt sie zur selben Stunde.

FRIEDRICH SCHILLER: SÄMTLICHE WERKE, BD. 1, HANSER –
ALTE RECHTSCHREIBUNG

a) **Geben** Sie den Inhalt der Ballade **wieder**.

b) **Analysieren** Sie die Ballade nach Reimschemata, Versmaß etc. und dokumentieren Sie, welche Besonderheiten Ihnen auffallen.

c) **Diskutieren** Sie, inwiefern folgende (Un-)Tugenden bzw. Motive in dieser Ballade eingearbeitet sind: Mutprobe, Spott, Liebesbeweis, Ehre, Minne.

d) Bei der Recherche nach Parodien zu dieser Ballade stößt man auf zwei Versionen: „Das Schnupftuch" und „Der BH". – Machen Sie sich auf die Suche nach diesen Balladen und **geben** Sie deren Inhalt **wieder**.

Text 2

Johann Wolfgang von Goethe
DER SCHATZGRÄBER (1798)

Arm am Beutel, krank am Herzen,
Schleppt' ich meine langen Tage.
Armut ist die größte Plage,
4 Reichtum ist das höchste Gut!
Und, zu enden meine Schmerzen,
Ging ich, einen Schatz zu graben.
Meine Seele sollst Du haben!
8 Schrieb ich hin mit eignem Blut.

Und so zog ich Kreis' um Kreise,
Stellte wunderbare Flammen,
Kraut und Knochenwerk zusammen:
12 Die Beschwörung war vollbracht.
Und auf die gelernte Weise
Grub ich nach dem alten Schatze
Auf dem angezeigten Platze.
16 Schwarz und stürmisch war die Nacht.

Und ich sah ein Licht von weiten,
Und es kam gleich einem Sterne
Hinten aus der fernsten Ferne,
20 Eben als es zwölfe schlug.
Und da galt kein Vorbereiten.
Heller ward's mit einem Male
Von dem Glanz der vollen Schale,
24 Die ein schöner Knabe trug.

Holde Augen sah ich blinken
Unter dichtem Blumenkranze;
In des Trankes Himmelsglanze
28 Trat er in den Kreis hinein.

Und er hieß mich freundlich trinken;
Und ich dacht': Es kann der Knabe
Mit der schönen lichten Gabe
32 Wahrlich nicht der Böse sein.

„Trinke Mut des reinen Lebens!
Dann verstehst Du die Belehrung,
Kommst mit ängstlicher Beschwörung
36 Nicht zurück an diesen Ort.
Grabe hier nicht mehr vergebens!
Tages Arbeit, abends Gäste!
Saure Wochen, frohe Feste!
40 Sei Dein künftig Zauberwort."

JOHANN WOLFGANG V. GOETHE: POETISCHE WERKE IN DREI BÄNDEN,
AUFBAU

a) Geben Sie den Inhalt der Ballade **wieder.**

b) Untersuchen Sie, welche Bedeutung dem Trunk, den der Knabe freundlich anbietet, zugemessen werden kann.

c) Diskutieren Sie den Auftrag bzw. die Moral, der/die sich im letzten Absatz dieser Ballade verbirgt.

5. **Charaktergröße**

Das Drama „Wilhelm Tell" von FRIEDRICH SCHILLER handelt von der Befreiung der Schweiz, deren Kantone von den Habsburgern und deren Landvogt und gleichzeitigem Tyrannen Geßler unterdrückt und erniedrigt werden. Wilhelm Tell übernimmt in diesem Drama, das zeitlich im 13. Jahrhundert angesiedelt ist, eine zentrale Rolle, da er sowohl seinen Landsleuten hilft als auch Unbeugsamkeit der Obrigkeit gegenüber zeigt.

Im zweiten Aufzug kommt es zum sogenannten Rütlischwur auf der am Vierwaldstättersee gelegenen Rütliwiese, mit dem der Widerstand von Landsleuten aus unterschiedlichen Schweizer Kantonen gegen die verhassten Vogte besiegelt wird.

Friedrich Schiller
WILHELM TELL (1804)

2. Aufzug, 2. Szene

STAUFFACHER: [...] Nein, eine Grenze hat Tyrannenmacht,
Wenn der Gedrückte nirgends Recht kann finden,
Wenn unerträglich wird die Last – greift er
5 Hinauf getrosten Mutes in den Himmel,
Und holt herunter seine ew'gen Rechte,
Die droben hangen unveräußerlich
Und unzerbrechlich wie die Sterne selbst –
Der alte Urstand der Natur kehrt wieder,
10 Wo Mensch dem Menschen gegenübersteht –
Zum letzten Mittel, wenn kein andres mehr
Verfangen will, ist ihm das Schwert gegeben –
Der Güter höchstes dürfen wir verteid'gen
Gegen Gewalt – Wir stehn vor unser Land,
15 Wir stehn vor unsre Weiber, unsre Kinder! [...]

Jean Renggli der Ältere:
Der Rütlischwur (1891)

	WALTHER FÜRST:	Wenn am bestimmten Tag die Burgen fallen,
		So geben wir von einem Berg zum andern
		Das Zeichen mit dem Rauch, der Landsturm wird
20		Aufgeboten, schnell, im Hauptort jedes Landes,
		Wenn dann die Vögte sehn der Waffen Ernst,
		Glaubt mir, sie werden sich des Streits begeben
		Und gern ergreifen friedliches Geleit,
		Aus unsern Landesmarken zu entweichen.
	STAUFFACHER:	Nur mit dem Geßler fürcht ich schweren Stand:
25		Furchtbar ist er mit Reisigen umgeben,
		Nicht ohne Blut räumt er das Feld, ja selbst
		Vertrieben bleibt er furchtbar noch dem Land;
		Schwer ist's und fast gefährlich, ihn zu schonen.
	BAUMGARTEN:	Wo's halsgefährlich ist, da stellt *mich* hin,
30		Dem Tell verdank ich mein gerettet Leben,
		Gern schlag ich's in die Schanze für das Land:
		Mein' Ehr' hab ich beschützt, mein Herz befriedigt. [...]
	WALTHER FÜRST:	Sorgt nicht, die Nacht weicht langsam aus den Tälern.

(Alle haben unwillkürlich die Hüte abgenommen und betrachten mit stiller
35 *Sammlung die Morgenröte.)*

	RÖSSELMANN:	Bei diesem Licht, das uns zuerst begrüßt
		Von allen Völkern, die tief unter uns
		Schwer atmend wohnen in dem Qualm der Städte,
		Lasst uns den Eid des neuen Bundes schwören. –
40		Wir wollen sein ein einzig Volk von Brüdern,
		In keiner Not uns trennen und Gefahr.
		(Alle sprechen es nach mit erhobenen drei Fingern.)
		– Wir wollen frei sein, wie die Väter waren,
		Eher den Tod, als in der Knechtschaft leben.
45		*(Wie oben.)*
		– Wir wollen trauen auf den höchsten Gott
		Und uns nicht fürchten vor der Macht der Menschen.
		(Wie oben. Die Landleute umarmen einander.)
	STAUFFACHER:	Jetzt gehe jeder seines Weges still
50		Zu seiner Freundschaft und Genoßsame,
		Wer Hirt ist, wintre ruhig seine Herde
		Und werb' im stillen Freunde für den Bund.
		– Was noch bis dahin muß erduldet werden,
		Erduldet's! Lasst die Rechnung der Tyrannen
55		Anwachsen, bis ein Tag die allgemeine
		Und die besondre Schuld auf einmal zahlt.
		Bezähme jeder die gerechte Wut
		Und spare für das Ganze seine Rache:
		Denn Raub begeht am allgemeinen Gut,
60		Wer selbst sich hilft in seiner eignen Sache.

(Indem sie zu drei verschiednen Seiten in größter Ruhe abgehen, fällt das Orchester mit einem prachtvollen Schwung ein, die leere Szene bleibt noch eine Zeitlang offen und zeigt das Schauspiel der aufgehenden Sonne über den Eisgebirgen.)

a) **Geben** Sie mit eigenen Worten den Inhalt des Rütlischwurs **wieder**.

b) **Diskutieren** Sie die Begriffe „ewige Rechte" und „Rache", wie SCHILLER sie im oben angeführten Ausschnitt thematisiert.

4. Aufzug, 3. Szene

Die hohle Gasse bei Küssnacht.
Man steigt von hinten zwischen Felsen herunter und die Wanderer werden, ehe sie auf der Szene erscheinen, schon von der Höhe gesehen. Felsen umschließen die ganze Szene, auf einem der vordersten ist ein Vorsprung mit Gesträuch bewachsen.

TELL *(tritt auf mit der Armbrust):*
  Durch diese hohle Gasse muss er kommen,
  Es führt kein andrer Weg nach Küssnacht – Hier
  Vollend ich's – Die Gelegenheit ist günstig.
  Dort der Holunderstrauch verbirgt mich ihm,
  Von dort herab kann ihn mein Pfeil erlangen,
  Des Weges Enge wehret den Verfolgern.
  Mach deine Rechnung mit dem Himmel, Vogt,
  Fort musst du, deine Uhr ist abgelaufen.

  Ich lebte still und harmlos – Das Geschoss
  War auf des Waldes Tiere nur gerichtet,
  Meine Gedanken waren rein von Mord –
  Du hast aus meinem Frieden mich heraus
  Geschreckt, in gärend Drachengift hast du
  Die Milch der frommen Denkart mir verwandelt,
  Zum Ungeheuren hast du mich gewöhnt –
  Wer sich des Kindes Haupt zum Ziele setzte,
  Der kann auch treffen in das Herz des Feinds.

  Die armen Kindlein, die unschuldigen,
  Das treue Weib muss ich vor deiner Wut
  Beschützen, Landvogt – Da, als ich den Bogenstrang
  Anzog – als mir die Hand erzitterte –
  Als du mit grausam teufelischer Lust
  Mich zwangst, aufs Haupt des Kindes anzulegen –
  Als ich ohnmächtig flehend rang vor dir,
  Damals gelobt ich mir in meinem Innern
  Mit furchtbarm Eidschwur, den nur Gott gehört,
  Dass meines *nächsten Schusses erstes* Ziel
  Dein Herz sein sollte – Was ich mir gelobt
  In jenes Augenblickes Höllenqualen,
  Ist eine heil'ge Schuld – ich will sie zahlen.

  Du bist mein Herr und meines Kaisers Vogt,
  Doch nicht der Kaiser hätte sich erlaubt,
  Was *du* – Er sandte dich in diese Lande,
  Um Recht zu sprechen – strenges, denn er zürnet –
  Doch nicht, um mit der mörderischen Lust
  Dich jedes Greuels straflos zu erfrechen:
  Es lebt ein Gott, zu strafen und zu rächen. [...]

	Sonst wenn der Vater auszog, liebe Kinder,
45	Da war ein Freuen, wenn er wiederkam,
	Denn niemals kehrt' er heim, er bracht euch etwas,
	War's eine schöne Alpenblume, war's
	Ein seltner Vogel oder Ammonshorn,
	Wie es der Wandrer findet auf den Bergen –
50	Jetzt geht er einem andern Weidwerk nach,
	Am wilden Weg sitzt er mit Mordgedanken.
	Des Feindes Leben ist's, worauf er lauert.
	– Und doch an euch nur denkt er, lieben Kinder,
	Auch jetzt – Euch zu verteid'gen, eure holde Unschuld
55	Zu schützen vor der Rache des Tyrannen
	Will er zum Morde jetzt den Bogen spannen! *(Steht auf.)*

Ich laure auf ein edles Wild – Lässt sich's
Der Jäger nicht verdrießen, tagelang
Umherzustreifen in des Winters Strenge,
60 Von Fels zu Fels den Wagesprung zu tun,
Hinanzuklimmen an den glatten Wänden,
Wo er sich anleimt mit dem eignen Blut,
– Um ein armselig Grattier zu erjagen.
Hier gilt es einen köstlicheren Preis,
65 Das Herz des Todfeinds, der mich will verderben.
[...] Mein ganzes Leben lang hab' ich den Bogen
Gehandhabt, mich geübt nach Schützenregel,
Ich habe oft geschossen in das Schwarze,
Und manchen schönen Preis mir heimgebracht
70 Vom Freudenschießen – Aber heute will ich
Den Meisterschuss tun und das Beste mir
Im ganzen Umkreis des Gebirgs gewinnen. [...]

GEßLER: Ein allzu milder Herrscher bin ich noch
Gegen dies Volk – die Zungen sind noch frei,
75 Es ist noch nicht ganz, wie es soll, gebändigt –
Doch es soll anders werden, ich gelob' es,
Ich will ihn brechen diesen starren Sinn,
Den kecken Geist der Freiheit will ich beugen.
Ein neu Gesetz will ich in diesen Landen
80 Verkünden – Ich will –
*(Ein Pfeil durchbohrt ihn, er fährt mit der Hand ans Herz
und will sinken. Mit matter Stimme:)*
Gott sei mir gnädig! [...]

GEßLER: Das ist Tells Geschoss.
85 *(Ist vom Pferde herab dem Rudolf Harras in den Arm
gegleitet und wird auf der Bank niedergelassen.)*

TELL *(erscheint oben auf der Höhe des Felsen):*
Du kennst den Schützen, suche keinen andern!
Frei sind die Hütten, sicher ist die Unschuld
Vor dir, du wirst dem Lande nicht mehr schaden.
90 *(Verschwindet von der Höhe. Volk stürzt herein.)*

FRIEDRICH SCHILLER: WILHELM TELL, RECLAM

Osmar Schindler: Gesslers Tod (1921)

1 Weimarer Klassik

c) **Geben** Sie **wieder,** wozu Wilhelm Tell bisher seine ihm so sehr vertraute Armbrust gebraucht hat.

d) **Recherchieren** Sie, warum Geßler Tell dazu zwingt, mit der Armbrust auf einen Apfel, der auf Walter Tells Kopf liegt, zu schießen.

e) Bei „Wilhelm Tell" handelt es sich um einen klassischen Dramenaufbau der Tragödie, der fünf Akte umfasst. – **Nennen** Sie die beiden Teile aus der folgenden Auflistung, die in einem klassischen Drama nicht enthalten sind:
- Lösung des Konflikts
- Steigende Handlung mit erregendem Moment
- Bühnenvorspiel
- Fallende Handlung
- Zuspitzung der Handlung
- Exposition – Einführung
- Höhepunkt. Die entscheidende Auseinandersetzung findet statt.

f) **Ordnen** Sie die fünf Aussagen den fünf Akten des klassischen Dramas zu:
- Tell kann entkommen, lauert Geßler auf und tötet ihn mit seiner Armbrust.
- Das Land ist von der habsburgischen Zwangsunterjochung befreit, Wilhelm Tell wird vom Volk als Befreier der Schweiz bejubelt.
- Die Aufständischen (Reding, Stauffacher, Melchthal, Fürst und viele andere) versammeln sich und legen den nach der Rütliwiese benannten „Rütlischwur" ab, der besagt, dass die Habsburger – und mit ihnen Hermann Geßler, der verhasste Landvogt – aus der Schwyz vertrieben werden sollen.
- Wilhelm Tell verweigert dem auf einer Stange aufgesteckten Hut des Landvogts Hermann Geßler den Gruß, wird verhaftet und von Geßler gezwungen, vom Kopf seines Sohnes mit der Armbrust einen Apfel zu schießen. Tell trifft den Apfel, Geßler lässt ihn dennoch einsperren.
- Wilhelm Tell und andere Schweizer wehren sich gegen die habsburgische Tyrannei. Sie schützen einen Mann, der, um seine Frau vor Schändung zu bewahren, einen habsburgischen Burgvogt erschlagen hat. Einige Gesinnungsgenossen verbünden sich daraufhin und bereiten einen Aufstand vor.

g) **Erläutern** Sie Tells Rechtfertigung des bevorstehenden Mordes am tyrannischen Geßler und **diskutieren** Sie die Legitimität dieser Tat aufgrund der in den Textstellen thematisierten Motive.

6. **Im Bunde mit dem Teufel**

„Faust" von JOHANN WOLFGANG VON GOETHE ist eines der berühmtesten Theaterstücke der deutschen Literaturgeschichte. Doch eine Erfindung von GOETHE ist die Figur Faust nicht, denn der Autor stützt sich auf unterschiedliche Überlieferungen zu einer Person aus dem 15. bzw. 16. Jahrhundert.

a) **Recherchieren** Sie Informationen zur historischen Person des JOHANN GEORG FAUST und führen Sie an, welche Elemente seiner Biografie Anlass zum Entstehen des Faust-Stoffes gegeben haben.

b) **Notieren** Sie auch mindestens zwei Versionen des „Faust" (Verfasser, Titel, Entstehungszeit, Inhalt), die vor GOETHES „Faust" entstanden sind.

Das Drama nach Goethe

Gott und Mephistopheles schließen am Beginn des Werkes eine Wette ab – der Wettgegenstand ist Heinrich Faust und dessen Seele. Mephisto ist überzeugt davon, dass er Faust verführen kann und dieser sich von Gott abwendet. Der Gelehrte und Wissenschaftler Faust ist deshalb für diese Wette ein geeigneter Charakter, weil er hinsichtlich (wissenschaftlicher) Erkenntnis an die Grenzen des Möglichen stößt und deshalb mit seinem Leben sehr, sehr unzufrieden ist und beinahe Selbstmord begeht.

Johann Wolfgang von Goethe
FAUST. DER TRAGÖDIE ERSTER TEIL (1808)

Nacht
(In einem hochgewölbten, engen gotischen Zimmer; Faust, unruhig auf seinem Sessel am Pulte.)

FAUST:
Habe nun, ach! Philosophie,
5 Juristerei und Medizin,
Und leider auch Theologie
Durchaus studiert, mit heißem Bemühn.
Da steh ich nun, ich armer Tor!
Und bin so klug als wie zuvor;
10 Heiße Magister, heiße Doktor gar,
Und ziehe schon an die zehen Jahr
Herauf, herab und quer und krumm,
Meine Schüler an der Nase herum –
Und sehe, daß wir nichts wissen können!
15 Das will mir schier das Herz verbrennen.
Zwar bin ich gescheiter als all die Laffen,
Doktoren, Magister, Schreiber und Pfaffen;
Mich plagen keine Skrupel noch Zweifel,
Fürchte mich weder vor Hölle noch Teufel –
20 Dafür ist mir auch alle Freud entrissen,
Bilde mir nicht ein, was Rechts zu wissen,
Bilde mir nicht ein, ich könnte was lehren,
Die Menschen zu bessern und zu bekehren.
Auch hab ich weder Gut noch Geld,
25 Noch Ehr und Herrlichkeit der Welt;
Es möchte kein Hund so länger leben!
Drum hab ich mich der Magie ergeben,
Ob mir, durch Geistes Kraft und Mund
Nicht manch Geheimnis würde kund;
30 Daß ich nicht mehr mit saurem Schweiß,
Zu sagen brauche, was ich nicht weiß;
Daß ich erkenne, was die Welt
Im Innersten zusammenhält,
Schau alle Wirkenskraft und Samen,
35 Und tu nicht mehr in Worten kramen.

a) Fassen Sie **zusammen,** worüber Faust in seinem Monolog Klage führt.

b) Welcher Begriff von Bildung wird in diesem Ausschnitt aus „Faust I" von JOHANN WOLFGANG VON GOETHE dargestellt? – **Diskutieren** Sie.

Der Pakt

Studierzimmer
(Faust, Mephistopheles)

MEPHISTOPHELES: Ich will mich hier zu deinem Dienst verbinden,
Auf deinen Wink nicht rasten und nicht ruhn;
Wenn wir uns drüben wieder finden,
So sollst du mir das Gleiche thun.

FAUST: Das Drüben kann mich wenig kümmern,
Schlägst du erst diese Welt zu Trümmern,
Die andre mag darnach entstehn.
Aus dieser Erde quillen meine Freuden,
Und diese Sonne scheinet meinen Leiden;
Kann ich mich erst von ihnen scheiden,
Dann mag was will und kann geschehn. [...]

MEPHISTOPHELES: In diesem Sinne kannst du's wagen.
Verbinde dich; du sollst, in diesen Tagen,
Mit Freuden meine Künste sehn,
Ich gebe dir was noch kein Mensch gesehn.

FAUST: Was willst du armer Teufel geben?
Ward eines Menschen Geist, in seinem hohen Streben,
Von deines Gleichen je gefaßt?
Doch hast du Speise, die nicht sättigt, hast
Du rothes Gold, das ohne Rast,
Quecksilber gleich, dir in der Hand zerrinnt,
Ein Spiel, bey dem man nie gewinnt,
Ein Mädchen, das an meiner Brust
Mit Aeugeln schon dem Nachbar sich verbindet,
Der Ehre schöne Götterlust,
Die, wie ein Meteor, verschwindet.
Zeig mir die Frucht, die fault, eh' man sie bricht,
Und Bäume, die sich täglich neu begrünen!

MEPHISTOPHELES: Ein solcher Auftrag schreckt mich nicht,
Mit solchen Schätzen kann ich dienen.
Doch, guter Freund, die Zeit kommt auch heran
Wo wir was Gut's in Ruhe schmausen mögen.

FAUST: Werd' ich beruhigt je mich auf ein Faulbett legen;
So sey es gleich um mich gethan!
Kannst du mich schmeichelnd je belügen,
Daß ich mir selbst gefallen mag,
Kannst du mich mit Genuß betrügen;
Das sey für mich der letzte Tag!
Die Wette biet' ich!

MEPHISTOPHELES: Topp!

	FAUST:	Und Schlag auf Schlag!
		Werd' ich zum Augenblicke sagen:
		Verweile doch! du bist so schön!
		Dann magst du mich in Fesseln schlagen,
45		Dann will ich gern zu Grunde gehn!
		Dann mag die Todtenglocke schallen,
		Dann bist du deines Dienstes frey,
		Die Uhr mag stehn, der Zeiger fallen,
		Es sey die Zeit für mich vorbey!
50	MEPHISTOPHELES:	Bedenk' es wohl, wir werden's nicht vergessen.
	FAUST:	Dazu hast du ein volles Recht;
		Ich habe mich nicht freventlich vermessen.
		Wie ich beharre, bin ich Knecht,
		Ob dein, was frag' ich, oder wessen.
55	MEPHISTOPHELES:	Ich werde heute gleich, beym Doctorschmaus,
		Als Diener, meine Pflicht erfüllen.
		Nur eins! – um Lebens oder Sterbens willen,
		Bitt' ich mir ein Paar Zeilen aus.
	FAUST:	Auch was Geschriebnes forderst du Pedant?
60		Hast du noch keinen Mann, nicht Mannes-Wort gekannt?
		[...] Was willst du böser Geist von mir?
		Erz, Marmor, Pergament, Papier?
		Soll ich mit Griffel, Meißel, Feder schreiben?
		Ich gebe jede Wahl dir frey.
65	MEPHISTOPHELES:	Wie magst du deine Rednerey
		Nur gleich so hitzig übertreiben?
		Ist doch ein jedes Blättchen gut.
		Du unterzeichnest dich mit einem Tröpfchen Blut.
	FAUST:	Wenn dieß dir völlig G'nüge thut,
70		So mag es bey der Fratze bleiben.
	MEPHISTOPHELES:	Blut ist ein ganz besondrer Saft.
	FAUST:	Nur keine Furcht, daß ich dieß Bündniß breche!
		Das Streben meiner ganzen Kraft
		Ist g'rade das, was ich verspreche. [...]

a) Geben Sie die wesentlichen Aspekte des berühmten Paktes zwischen Heinrich Faust und Mephistopheles **wieder.**
 ▪ Was verspricht Mephistopheles Heinrich und was will er dafür haben?
 ▪ Was verspricht sich Heinrich Faust von diesem Pakt?
 ▪ Wann kehrt sich das Verhältnis (Herr und Knecht) um?

b) Angenommen, der Teufel würde sich Ihnen zu erkennen geben und Ihnen einen ähnlichen Pakt anbieten. Wie würden Sie entscheiden und was wären Ihre Aufgaben und Forderungen an Mephistopheles?

c) „Mein schönes Fräulein, darf ich wagen, meinen Arm und Geleit Ihr anzutragen?" Mit diesem Satz und der vorangehenden Verjüngung von Faust in der Hexenküche beginnt die „Gretchentragödie". – **Recherchieren** Sie den Inhalt dieses Teiles der Tragödie und **geben** Sie ihn **wieder.**

Hexenküche
(Faust, Mephistopheles)

FAUST: Mir widersteht das tolle Zauberwesen!
Versprichst du mir, ich soll genesen
In diesem Wust von Raserei?
Verlang ich Rat von einem alten Weibe?
Und schafft die Sudelköcherei
Wohl dreißig Jahre mir vom Leibe?
Weh mir, wenn du nichts Bessers weißt!
Schon ist die Hoffnung mir verschwunden.
Hat die Natur und hat ein edler Geist
Nicht irgendeinen Balsam ausgefunden?

MEPHISTOPHELES: Mein Freund, nun sprichst du wieder klug!
Dich zu verjüngen, gibt's auch ein natürlich Mittel;
Allein es steht in einem andern Buch,
Und ist ein wunderlich Kapitel.

FAUST: Ich will es wissen.

MEPHISTOPHELES: Gut! Ein Mittel, ohne Geld
Und Arzt und Zauberei zu haben:
Begib dich gleich hinaus aufs Feld,
Fang an zu hacken und zu graben
Erhalte dich und deinen Sinn
In einem ganz beschränkten Kreise,
Ernähre dich mit ungemischter Speise,
Leb mit dem Vieh als Vieh, und acht es nicht für Raub,
Den Acker, den du erntest, selbst zu düngen;
Das ist das beste Mittel, glaub,
Auf achtzig Jahr dich zu verjüngen!

FAUST: Das bin ich nicht gewöhnt, ich kann mich nicht bequemen,
Den Spaten in die Hand zu nehmen.
Das enge Leben steht mir gar nicht an.

MEPHISTOPHELES: So muß denn doch die Hexe dran.

d) Als Redakteur/in der Schulzeitung verfassen Sie zum Schwerpunktthema „Schönheit – Trends, Kult, Wahn?" einen **Kommentar**. Bearbeiten Sie die folgenden Arbeitsaufträge unter Berücksichtigung der angeführten Szene „Hexenküche" des Dramas „Faust I" von JOHANN WOLFGANG VON GOETHE.

- **Beschreiben** Sie Ihre Wahrnehmungen zum gegenwärtigen Schönheitskult in Gesellschaft und Medien.
- **Setzen** Sie einzelne Passagen der angegebenen Textstelle aus GOETHES „Faust I" mit den gegenwärtigen Bemühungen der Menschen, ihren Körper zu verändern bzw. verändern zu lassen, **in Beziehung.**
- **Erörtern** Sie die Chancen und Gefahren chirurgischer Eingriffe zur Veränderung des Aussehens.
- **Beurteilen** Sie gegenwärtige Schönheitstrends und -ideale.

Schreiben Sie zwischen **405** und **495 Wörter.** Markieren Sie die Absätze mittels Leerzeilen.

Literaturepochen

Arbeitsaufgabe

- **Verfassen** Sie die unten angegebenen Texte aus der Perspektive von Margarete nach folgenden Erlebnissen (Wählen Sie einen Text):
  - Verliebtsein in Faust nach anfänglichem Kennenlernen: Liebesbrief
  - Tod der Mutter: Grabrede
  - Tod des Bruders Valentin: Zeitungsbericht
  - _____ : Tagebucheintrag

Kerker

MARGARETE *(zu ihm gewendet):*
Und bist du's denn? Und bist du's auch gewiß?

FAUST: Ich bin's! Komm mit!

MARGARETE: Du machst die Fesseln los,
5 Nimmst wieder mich in deinen Schoß.
Wie kommt es, daß du dich vor mir nicht scheust?
Und weißt du denn, mein Freund, wen du befreist?

FAUST: Komm! komm! schon weicht die tiefe Nacht.

MARGARETE: Meine Mutter hab ich umgebracht,
10 Mein Kind hab ich ertränkt.
War es nicht dir und mir geschenkt?
Dir auch. – Du bist's! ich glaub es kaum.
Gib deine Hand! Es ist kein Traum!
Deine liebe Hand! – Ach, aber sie ist feucht!
15 Wische sie ab! Wie mich deucht,
Ist Blut dran.
Ach Gott! was hast du getan!
Stecke den Degen ein,
Ich bitte dich drum!

MARGARETE: Meine Mutter hab ich umgebracht,
10 Mein Kind hab ich ertränkt.
War es nicht dir und mir geschenkt?
Dir auch. – Du bist's! ich glaub es kaum.
Gib deine Hand! Es ist kein Traum!
Deine liebe Hand! – Ach, aber sie ist feucht!
15 Wische sie ab! Wie mich deucht,
Ist Blut dran.
Ach Gott! was hast du getan!
Stecke den Degen ein,
Ich bitte dich drum!

20 FAUST: Laß das Vergangne vergangen sein,
Du bringst mich um.

MARGARETE: Nein, du mußt übrigbleiben!
Ich will dir die Gräber beschreiben,
Für die mußt du sorgen
25 Gleich morgen;
Der Mutter den besten Platz geben,
Meinen Bruder sogleich darneben,
Mich ein wenig beiseit',
Nur nicht gar zu weit!
30 Und das Kleine mir an die rechte Brust.
Niemand wird sonst bei mir liegen! –
Mich an deine Seite zu schmiegen,
Das war ein süßes, ein holdes Glück!
Aber es will mir nicht mehr gelingen;
35 Mir ist's, als müßt ich mich zu dir zwingen,
Als stießest du mich von dir zurück;
Und doch bist du's und blickst so gut, so fromm.

FAUST: Fühlst du, daß ich es bin, so komm! [...]

MEPHISTOPHELES *(erscheint draußen):*
Auf! oder ihr seid verloren.
40 Unnützes Zagen! Zaudern und Plaudern!

	Mein Pferde schaudern,
	Der Morgen dämmert auf.
MARGARETE:	Was steigt aus dem Boden herauf?
	Der! der! Schick ihn fort!
	Was will der an dem heiligen Ort?
	Er will mich!
FAUST:	Du sollst leben!
MARGARETE:	Gericht Gottes! dir hab ich mich übergeben!
MEPHISTOPHELES *(zu Faust):*	
	Komm! komm! Ich lasse dich mit ihr im Stich.
MARGARETE:	Dein bin ich, Vater! Rette mich!
	Ihr Engel! Ihr heiligen Scharen,
	Lagert euch umher, mich zu bewahren!
	Heinrich! Mir graut's vor dir.
MEPHISTOPHELES:	Sie ist gerichtet!
STIMME *(von oben):*	Ist gerettet!
MEPHISTOPHELES *(zu Faust):*	
	Her zu mir!
	(Verschwindet mit Faust.)
STIMME *(von innen, verhallend):*	
	Heinrich! Heinrich!

JOHANN WOLFGANG V. GOETHE: FAUST. DER TRAGÖDIE ERSTER TEIL.
IN: POETISCHE WERKE IN DREI BÄNDEN, AUFBAU –
ALTE RECHTSCHREIBUNG

Seite aus GOETHES „Faust"
(München: Bruckmann 1874)
mit einer Illustration von
AUGUST VON KRELING

a) **Geben** Sie den Inhalt der „Schlussszene" aus dem „Faust I" **wieder.**

b) **Deuten** Sie den Schluss dieser Szene, indem Sie eine der beiden Interpretationshypothesen untermauern.
   - „Margarete ist gerettet, da sie von Natur aus ein gläubiges Wesen ist und sich letztlich Gott zuwendet."
   - „Margarete wird in der Hölle schmoren, da sie abscheuliche Taten begangen hat, die absolut unverzeihlich sind."

c) **Recherchieren** Sie nach Umsetzungen des Faust-Stoffes in der Gegenwart und jüngeren Vergangenheit in den Bereichen Comic, Kabarett, Musical, Musik und **bewerten** Sie diese nach Ihren eigenen ästhetischen Kriterien.

Faust, der Tragödie zweiter Teil

Der zweite Teil der Tragödie, „Faust II", wird von GOETHE erst kurz vor seinem Tod (1832) fertiggestellt und gilt lange Zeit als nicht aufführbar; einzelne Regisseure haben in der Vergangenheit dennoch Gegenteiliges bewiesen.

In „Faust II" ist weiterhin die dem Mittelalter immanente Hinwendung zu Alchemie und Magie präsent, zudem wird der Forderung nach der Begegnung mit der griechischen und römischen Kultur innerhalb der Literatur dadurch nachgekommen, dass Faust mit Hilfe von Mephistopheles durch diese Epochen reist. „Faust II" weist nicht – wie „Faust I" – einen durchgängigen Handlungsstrang auf, sondern besteht aus einzelnen Episoden.

Arbeitsaufgabe

- **Recherchieren** Sie nach Inszenierungen des gesamten „Faust" (I und II) und notieren Sie den/die Regisseur/in, die Premiere der Inszenierung und die Aufführungsdauer.

Literaturepochen

die Phiole = in der Chemie verwendete bauchige Glasflasche mit langem Hals

Im Folgenden ist ein Ausschnitt aus der Szene **„Laboratorium"** angeführt, in der Wagner im Beisein von Mephistopheles versucht, einen künstlichen Menschen – Homunculus – zu erschaffen, was ihm auch gelingt, jedoch mit der Einschränkung, dass dieses Wesen nur in einer Phiole lebensfähig ist.

Johann Wolfgang von Goethe
FAUST. DER TRAGÖDIE ZWEITER TEIL (1832)

WAGNER: Es wird ein Mensch gemacht.

MEPHISTOPHELES: Ein Mensch? Und welch verliebtes Paar
Habt ihr ins Rauchloch eingeschlossen?

WAGNER: Behüte Gott! wie sonst das Zeugen Mode war,
5 Erklären wir für eitel Possen.
Der zarte Punkt, aus dem das Leben sprang,
Die holde Kraft, die aus dem Innern drang
Und nahm und gab, bestimmt sich selbst zu zeichnen,
Erst Nächstes, dann sich Fremdes anzueignen,
10 Die ist von ihrer Würde nun entsetzt;
Wenn sich das Tier noch weiter dran ergetzt,
So muß der Mensch mit seinen großen Gaben
Doch künftig höhern, höhern Ursprung haben.
Es leuchtet! seht! – Nun läßt sich wirklich hoffen,
15 Daß, wenn wir aus viel hundert Stoffen
Durch Mischung – denn auf Mischung kommt es an –
Den Menschenstoff gemächlich komponieren,
In einen Kolben verlutieren
Und ihn gehörig kohobieren,
20 So ist das Werk im stillen abgetan.
Es wird! die Masse regt sich klarer!
Die überzeugung wahrer, wahrer:
Was man an der Natur Geheimnisvolles pries,
Das wagen wir verständig zu probieren,
25 Und was sie sonst organisieren ließ,
Das lassen wir kristallisieren.

Briefmarke von 1979: Johannes Faust mit Homunculus und Mephistopheles

Auf seiner Reise in die Welt der Antike begegnet Faust in der Szene **„Innerer Burghof"** Helena, der schönsten Frau der antiken griechischen Welt.

HELENA: Das übel, das ich brachte, darf ich nicht
Bestrafen. Wehe mir! Welch streng Geschick
Verfolgt mich, überall der Männer Busen
So zu betören, daß sie weder sich
5 Noch sonst ein Würdiges verschonen. Raubend jetzt,
Verführend, fechtend, hin und her entrückend,
Halbgötter, Helden, Götter, ja Dämonen,
Sie führten mich im Irren her und hin.
Einfach die Welt verwirrt' ich, dopplet mehr;
10 Nun dreifach, vierfach bring' ich Not auf Not.
Entferne diesen Guten, laß ihn frei;
Den Gottbetörten treffe keine Schmach.

| FAUST: | Erstaunt, o Königin, seh' ich zugleich |
| | Die sicher Treffende, hier den Getroffnen; |
15 | | Ich seh' den Bogen, der den Pfeil entsandt, |
	Verwundet jenen. Pfeile folgen Pfeilen,
	Mich treffend. Allwärts ahn' ich überquer
	Gefiedert schwirrend sie in Burg und Raum.
	Was bin ich nun? Auf einmal machst du mir
20		Rebellisch die Getreusten, meine Mauern
	Unsicher. Also fürcht' ich schon, mein Heer
	Gehorcht der siegend unbesiegten Frau.
	Was bleibt mir übrig, als mich selbst und alles,
	Im Wahn des Meine, dir anheimzugeben?
25		Zu deinen Füßen laß mich, frei und treu,
	Dich Herrin anerkennen, die sogleich
	Auftretend sich Besitz und Thron erwarb.

Gegen Ende des Dramas wird Faust zum Herrn über ein Stück Land, das er vom Kaiser als Lohn für Kriegsdienste erhält, und kann nun politisch wie auch gesellschaftlich gestalten. Nur Philemon und Baucis – ein altes Ehepaar, das eine Hütte in den Dünen auf Fausts Grund bewohnt und nicht weichen will – stehen Faust im Wege und er fordert von Mephistopheles, dass sie in ein neues Haus umgesiedelt werden. Beim Versuch, sie wegzuführen, geht das Haus in Flammen auf und die beiden sterben. Einerseits ist Faust der Abgang der beiden recht, da er sein Heim nun auf diesem von ihm begehrten Platz errichten kann, andererseits wollte er deren Tod nicht und erteilt Mephistopheles deshalb eine Rüge.

Am Ende seines Lebens wendet Faust sich gänzlich von Mephistopheles ab und setzt sein Streben mehr und mehr für die Allgemeinheit ein, indem er durch die Deichbauten Lebensraum schafft und diesen den Menschen zur Verfügung stellt. Kurz vor seinem Tod sagt er dann doch den Satz, der Gegenstand des ehemals mit Mephistopheles geschlossenen Paktes war, jedoch in einer etwas abgewandelten Form:

> Zum Augenblicke dürft' ich sagen:
> 2 Verweile doch, du bist so schön!
> Es kann die Spur von meinen Erdentagen
> 4 Nicht in Äonen untergehn. –
> Im Vorgefühl von solchem hohen Glück
> 6 Genieß' ich jetzt den höchsten Augenblick.

Faust stirbt, aber seine Seele geht nicht in den Besitz von Mephistopheles über, sondern wird von Engeln hinweggeführt. Als Erklärung für Fausts Errettung vor Hölle und Verderben wird folgende Begründung angeführt:

> Wer immer strebend sich bemüht,
> den können wir erlösen.

JOHANN WOLFGANG V. GOETHE: FAUST. DER TRAGÖDIE ZWEITER TEIL,
RECLAM – ALTE RECHTSCHREIBUNG

a) Wagner erschafft den künstlichen Menschen „Homunculus". Reisen Sie recherchierend durch die Literaturepochen und machen Sie sich auf die Suche nach dem künstlich geschaffenen Menschen. – **Stellen** Sie Ihre Funde gesammelt **dar.**

Literaturepochen

Faust-Festival München in den „Fünf Höfen" 2018

b) **Erschließen** Sie, worüber Helena in der angeführten Szene, in der Heinrich ihr verfällt, um ihr letztlich zu Füßen zu liegen, Klage führt. **Recherchieren** Sie dazu den Mythos, der sich um die angeblich schönste Frau des antiken Griechenlands rankt.

c) **Vergleichen** Sie den Pakt zwischen Heinrich und Mephistopheles im „Faust I" und die Textstelle aus „Faust II", in der Heinrich nun die vereinbarten Worte spricht. Wodurch unterscheiden sich die beiden Versionen? Äußern Sie auch Ihre Vermutung, weshalb die Vereinbarung zwischen den beiden letztlich nicht mehr gilt.

d) Einer der wichtigsten Aspekte der Weimarer Klassik ist die Rückbesinnung auf die Kultur der klassischen Antike. Eine Forderung besteht darin, dass der Mensch tätig wird und er handelnd das Gute, Wahre und Schöne befördert. – **Untersuchen** Sie anhand der inhaltlichen Darstellungen zu „Faust I" und „Faust II" im vorliegenden Buch, inwiefern das Werk sich diesem Ideal annähert. Sammeln Sie entsprechende Beispiele.

e) **Diskutieren** Sie anhand Ihres gegenwärtigen Wissens zum Werk „Faust I" und „Faust II", ob Faust Ihrer Meinung nach die am Ende stehende Begnadigung tatsächlich verdient.

7. Redewendungen aus „Faust I" von JOHANN WOLFGANG VON GOETHE

„WAS GLÄNZT, IST FÜR DEN AUGENBLICK GEBOREN."
Vorspiel auf dem Theater: Der Dichter antwortet dem Theaterdirektor, der Stücke fordert, bei denen ihm die Zuseher/innen die Türen einrennen, Stücke, die die Kasse klingeln lassen.

„ES IRRT DER MENSCH, SOLANG ER STREBT."
Prolog im Himmel: Gott spricht diesen Satz, während er mit Mephistopheles die Bedingungen ihrer Wette aushandelt.

„MICH DÜNKT, ICH HÖR EIN GANZES CHOR VON HUNDERTTAUSEND NARREN SPRECHEN."
Hexenküche: Faust äußert sich zu den wirren Aussagen der Hexe, die ihm in Anwesenheit von Mephistopheles einen Zaubertrank für seine Verjüngung brauen soll.

„DAS ALSO WAR DES PUDELS KERN."
Studierzimmer: Faust spricht diesen Satz, nachdem sich der Pudel, der ihm nach einem Spaziergang in sein Studierzimmer gefolgt ist, in Mephistopheles verwandelt hat.

„ZWEI SEELEN WOHNEN, ACH! IN MEINER BRUST!"
Vor dem Tor: Faust erklärt Wagner, seinem Schüler, dass er zwischen einem Leben als Gelehrter und einem Leben als Mensch, der irdische und überirdische Erfahrungen sammeln will, hin- und hergerissen ist.

„DIE BOTSCHAFT HÖR ICH WOHL, ALLEIN MIR FEHLT DER GLAUBE."
Nacht: Faust spricht diesen Satz, nachdem er von seinem geplanten Selbstmord absieht, da er die Osterglocken zur Auferstehung Jesu Christi und Geisterstimmen hört, die von dessen Auferstehung berichten.

■ **Erklären** Sie die angeführten Zitate in ihrem heutigen Alltagsgebrauch.

Sehnsucht – Natur – Phantastisches

Einblick in die Literatur der Romantik (ca. 1790–1830)

CASPAR DAVID FRIEDRICH: DER WANDERER ÜBER DEM NEBELMEER (UM 1818)

Das Dunkelste und damit Tiefste der menschlichen Natur ist die Sehnsucht ...

FRIEDRICH WILHELM SCHELLING

2 Romantik

BEISPIEL

Friedrich Schlegel
ATHENÄUMS-FRAGMENT NR. 116 (1798)

Die romantische Poesie ist eine progressive Universalpoesie. Ihre Bestimmung ist nicht bloß, alle getrennte Gattungen der Poesie wieder zu vereinigen, und die Poesie mit der Philosophie und Rhetorik in Berührung zu setzen. Sie will, und soll auch Poesie und Prosa, Genialität und Kritik,
5 Kunstpoesie und Naturpoesie bald mischen, bald verschmelzen, die Poesie lebendig und gesellig, und das Leben und die Gesellschaft poetisch machen, den Witz poetisieren, und die Formen der Kunst mit gediegnem Bildungsstoff jeder Art anfüllen und sättigen, und durch die Schwingungen des Humors beseelen. Sie umfasst alles, was nur poetisch ist, vom größten wieder
10 mehrere Systeme in sich enthaltenden Systeme der Kunst, bis zu dem Seufzer, dem Kuss, den das dichtende Kind aushaucht in kunstlosen Gesang. [...] Die romantische Poesie ist unter den Künsten was der Witz der Philosophie, und die Gesellschaft, Umgang, Freundschaft und Liebe im Leben ist. Andre Dichtarten sind fertig, und können nun vollständig zergliedert werden. Die
15 romantische Dichtart ist noch im Werden; ja das ist ihr eigentliches Wesen, dass sie ewig nur werden, nie vollendet sein kann. Sie kann durch keine Theorie erschöpft werden, und nur eine divinatorische Kritik dürfte es wagen, ihr Ideal charakterisieren zu wollen. Sie allein ist unendlich, wie sie allein frei ist, und das als ihr erstes Gesetz anerkennt, dass die Willkür des Dichters kein
20 Gesetz über sich leide. Die romantische Dichtart ist die einzige, die mehr als Art, und gleichsam die Dichtkunst selbst ist: denn in einem gewissen Sinn ist oder soll alle Poesie romantisch sein.

FRIEDRICH SCHLEGEL: ATHENÄUMS-FRAGMENT NR. 116, SCHÖNINGH

a) **Nennen** Sie wesentliche Merkmale der progressiven Universalpoesie, wie FRIEDRICH SCHLEGEL sie sieht.

Novalis
WENN NICHT MEHR ZAHLEN UND FIGUREN (1800)

Wenn nicht mehr Zahlen und Figuren
sind Schlüssel aller Kreaturen,
wenn die, so singen oder küssen,
4 mehr als die Tiefgelehrten wissen,
wenn sich die Welt ins freie Leben
und in die Welt wird zurückbegeben,
wenn dann sich wieder Licht und Schatten
8 zu echter Klarheit werden gatten
und man in Märchen und Gedichten
erkennt die wahren Weltgeschichten,
dann fliegt vor Einem geheimen Wort
12 das ganze verkehrte Wesen fort.

IN: CONRADY. DAS BUCH DER GEDICHTE, CORNELSEN

b) **Erschließen** Sie die Aussage des Gedichts.

c) **Begründen** Sie, warum dieses Gedicht als programmatisch für die Epoche der Romantik gelten kann.

Romantik (1790–1830)   WERKZEUG

Die Romantik entsteht an der Schwelle des 19. Jahrhunderts einerseits als Reaktion auf die Aufklärung, die den Romantikern das Rationale zu sehr betont, andererseits als Gegenentwurf zur Strenge der Klassik. Klassik und Romantik entwickeln sich nahezu parallel. Zum zentralen politischen Ereignis, der Französischen Revolution, haben die Romantiker zwar eine ähnliche Einstellung wie die Klassiker, sie lehnen sie nach anfänglicher Begeisterung ab. In vielen anderen Bereichen ist die Romantik aber eine **Antithese zur Klassik:** Propagieren die Klassiker z. B. die Reinheit der Gattungen, wollen die Romantiker die Grenzen verwischen („Universalpoesie"); der Vernunft setzen sie **Übersinnliches** und **Irrationales** entgegen; statt der Antike wenden sie sich dem **Mittelalter** zu.

> 💡 Manche Germanistinnen und Germanisten sprechen sich dafür aus, dass Klassik und Romantik nicht als eigene Epochen betrachtet werden können, sondern nur zwei gegensätzliche Tendenzen innerhalb einer Epoche seien, da nicht zwei Epochen zeitgleich existieren können.

Kritik der Romantiker

Die Romantiker üben Kritik an der **Dominanz des Rationalen** im aufklärerischen Denken und erheben den Vorwurf, dass damit alles auf seine Nützlichkeit und Verwertbarkeit reduziert wird.

Sie kritisieren auch die Entfremdung durch das vorherrschende **mechanistische Weltbild,** die Dominanz der Maschinen: Das beginnende industrielle Zeitalter befördert in ihren Augen das Nützlichkeitsdenken und Gewinnstreben.

Sie üben außerdem Kritik am **Philistertum:** Philister sind „Gegenfiguren" der romantischen Künstler/innen. Sie haben keinen Sinn für das Wunderbare und Geheimnisvolle in der Welt, sondern beurteilen nach Nützlichkeit und verzichten zugunsten eines „bürgerlichen Alltags" auf Freiheit und Kunst. Ihr Streben gilt dem Wohlstand und dem einfachen Familienglück.

> der Philister = kleinbürgerlicher, engstirniger Mensch

Phasen der Romantik

Anders als in anderen Epochen wechseln in der Romantik die Zentren des literarischen Lebens. Die Phasen der Romantik unterscheiden sich auch teilweise in der Betrachtungsweise der Kunst.

Phasen der Romantik

Phase	Zentrum	Autoren	Schwerpunkte
Frühromantik	Jena	Ludwig Tieck, Brüder Schlegel, Novalis (Friedrich von Hardenberg), Friedrich Wilhelm Schelling	vorwiegend theoretisch-philosophisch ausgerichtet, programmatische Schriften
Hochromantik	Heidelberg	Achim von Arnim, Clemens Brentano, Joseph von Eichendorff, Joseph Görres	vorwiegend volkstümliche Themen und Motive
Spätromantik	Berlin	Ludwig Uhland, Wilhelm Hauff, Gustav Schwab; E. T. A. Hoffmann, Ludwig Tieck	vorwiegend historische Themen und Motive; schwarze Romantik: Schauerromane

Literaturtheorie der Romantik

Ideal der (Früh-)Romantiker ist die **„progressive Universalpoesie",** die das Wunderbare wieder in die Welt bringt. „Progressiv" steht in diesem Zusammenhang für den Fortschritt, der auch bedeutet, dass ein Werk niemals vollendet ist. Demgemäß bleiben die Werke der Romantiker häufig **Fragmente.** „Universal" meint, dass die **Grenzen** zwischen den Gattungen und den Künsten **aufgehoben** werden. Ein Kennzeichen ist die **romantische Ironie:** Die Autorinnen und Autoren distanzieren sich von ihrem Werk und zeigen auf, dass subjektive Wahrnehmungen und objektive Tatsachen nicht zur Deckung gebracht werden können. Den Leserinnen und Lesern wird vor Augen geführt, dass sie es nur mit einer Fiktion zu tun haben. Erreicht wird die romantische Ironie z. B. durch Kommentare während der Handlung.

Caroline Schlegel-Schelling, deutsche Schriftstellerin (1763–1809)

Fanny von Arnstein, österreichische Salonière (1758–1818)

🔗 Zur **Erlebnislyrik** siehe Lyrik im Sturm und Drang in „Blattwerk Deutsch – Texte, 5/6 AHS"

🔗 Zur **Hymne** siehe Lyrik in der Weimarer Klassik

Frauen und Literatur

In den vorhergehenden Epochen haben nur wenige Frauen in der deutschen Literaturgeschichte eine Rolle gespielt. In der Romantik treten sie zum ersten Mal aktiv auf. Gefördert wird das dadurch, dass besonders in der Frühromantik eine progressive **Auffassung der Geschlechterrollen** propagiert wird: Frauen sollen gleichberechtigt sein und ihr Leben aktiv gestalten können. Einige tun dies auch, wie z. B. Caroline Schlegel-Schelling (1763–1809): Sie geht ein Verhältnis mit einem französischen Offizier ein, mit dem sie einen unehelichen Sohn hat. Später heiratet sie August Wilhelm Schlegel (1767–1845), von dem sie sich wieder scheiden lässt, um den zwölf Jahre jüngeren Philosophen Friedrich Wilhelm Schelling zu ehelichen. Sie engagiert sich für demokratische Ideen, schreibt Rezensionen und übersetzt gemeinsam mit Schlegel Werke Shakespeares. Von der überwiegenden Mehrheit der Bevölkerung wird die Emanzipation der Frauen jedoch vehement abgelehnt.

Trotzdem schreiben und publizieren Frauen (manche unter männlichem Pseudonym), z. B. Bettina von Arnim (1785–1859), Sophie Mereau (1770–1806), Karoline von Günderrode (1780–1806) und Dorothea Schlegel (1764–1839).

Gebildete bürgerliche Frauen führen auch literarische **Salons.** Diese sind Begegnungsstätten von Adeligen, Vertreterinnen/Vertretern des Großbürgertums und Intellektuellen, denen das Interesse an Dichtung und Kunst gemeinsam ist. Berühmte Salons sind jene von Rahel Varnhagen (1771–1833) und Henriette Herz (1764–1847) in Berlin, von Caroline Schlegel-Schelling in Jena und von Johanna Schopenhauer (1766–1838, Mutter des Philosophen Arthur Schopenhauer, 1788–1860) in Weimar. In Wien gilt Fanny von Arnstein (1758–1818) als Begründerin der großbürgerlichen Salons.

Literatur

Lyrik

Die vorherrschende literarische Gattung ist die Lyrik, häufig die von Goethe eingeleitete Natur- und Erlebnislyrik. Beliebte Textsorten sind die Hymne und das Volkslied.

Den Begriff **„Volkslied"** prägt Johann Gottfried Herder (1744–1803). Typisch sind ein einprägsamer Inhalt, ein einfacher Ausdruck und eine (zumeist) gereimte Form. In der Romantik werden einerseits ursprünglich mündlich überlieferte Volkslieder gesammelt. Was heute zum Volkslied gezählt wird, entstammt oft den Sammlungen der Romantiker wie **„Des Knaben Wunderhorn"** (1806–1808) von Achim von Arnim (1781–1831) und Clemens Brentano (1778–1842). Andererseits schreiben Romantiker volksliedhafte Lyrik, d. h., sie bemühen sich um Einfachheit und den Anschein von Spontaneität. Viele dieser Kunstlieder haben sich im Laufe der Zeit zu echten Volksliedern entwickelt, z. B. Joseph von Eichendorffs „In einem kühlen Grunde" (1813).

Epik

Im **Roman** lässt sich der Anspruch auf Universalität erfüllen, so werden z. B. Gedichte und Lieder eingefügt. In der Frühromantik werden hauptsächlich Bildungs- und Entwicklungsromane verfasst, in der Spätromantik wächst das Interesse am Schauerroman.

Der **Schauerroman** entwickelt sich in England in der zweiten Hälfte des 18. Jahrhunderts, seine Blütezeit ist die Romantik. Drei weltberühmte Werke sind Mary Shelleys „Frankenstein" (1818), Robert Louis Stevensons „Der seltsame Fall des Dr. Jekyll und Mr. Hyde" (1886) und Bram Stokers „Dracula" (1897). In der deutschsprachigen Literatur werden in der **schwarzen Romantik** Motive der Schauerromane aufgegriffen: Wahnsinn und das Unheimliche der menschlichen Psyche, unerklärliche Erscheinungen, das Doppelgänger-Motiv etc. Aber auch Versatzstücke wie unheimliche Gemäuer, wilde Landschaften oder Familienflüche lassen sich ausmachen. Beispiele sind LUDWIG TIECKS „Der Runenberg" (1804) oder E. T. A. HOFFMANNS „Sandmann" (1816/17) und „Die Elixiere des Teufels" (1815/16). Hier dient die phantastische Wirklichkeit nicht nur dem Gruseleffekt, sondern stellt das nach außen projizierte Unterbewusste dar.

Vorherrschende **epische Kurzformen** sind die Erzählung, die Novelle und das Märchen. Das **Märchen** ist auch deshalb in der Romantik beliebt, weil darin die Grenzen zwischen Realität und Wunderbarem verschwimmen. Wichtige Kennzeichen von Märchen sind, dass sie frei erfunden sind, zeitlich und räumlich nicht definiert sind und phantastische Begebenheiten eine Rolle spielen. Die Konflikte entstehen aus gegensätzlichen Charaktereigenschaften der handelnden Personen (z. B. gut – böse).
Unterschieden werden Volksmärchen und Kunstmärchen. Merkmale des **Volksmärchens** sind, dass dessen Verfasser/in unbekannt ist und es über einen längeren Zeitraum mündlich tradiert wird. Den heute bekannten Märchenton verdankt es den Brüdern JACOB (1785–1863) und WILHELM GRIMM (1786–1859), die Volksmärchen gesammelt und als „Kinder- und Hausmärchen" herausgegeben haben (erstmals 1812). Es heißt, dass die Gebrüder GRIMM durch die Lande gezogen sind und das von sogenannten „Märchenfrauen" Erzählte aufgeschrieben haben. Mittlerweile weiß man aber, dass sie einerseits durchaus auf schriftliche Quellen zurückgegriffen haben, andererseits die Erzählerinnen zumeist junge, gebildete bürgerliche Frauen gewesen sind, die ihrerseits das weitergegeben haben, was sie gelesen haben. Die Leistung der Gebrüder GRIMM ist vor allem, dass sie das Material vereinheitlicht haben und somit die Form des Volksmärchens, wie wir es kennen, bestimmt haben: dreigliedriges Handlungsschema (Notsituation – Bewährung – Lösung), optimistische Moral (das Gute gewinnt immer) und feststehende Anfangs- und Schlussformeln („Es war einmal ...", „Und wenn sie nicht gestorben sind ..."). Mit jeder neuen Auflage ihrer „Kinder- und Hausmärchen" haben sie auch vermehrt in Inhaltliches eingegriffen, z. B. wurden sexuelle oder sozialkritische Motive zunehmend getilgt, wodurch Texte, die ursprünglich der Unterhaltung Erwachsener gedient haben, zur Lektüre für Kinder wurden.
Kunstmärchen unterscheiden sich von Volksmärchen am offensichtlichsten dadurch, dass sie einer Autorin/einem Autor eindeutig zugeschrieben werden können. Oft besitzen sie – im Gegensatz zum Volksmärchen – zwei Handlungsstränge. Die Figuren sind nicht typisiert, sondern weisen einen eigenen Charakter auf. In vielen Kunstmärchen ist ein innerer Konflikt der Protagonistin/des Protagonisten Auslöser der Handlung. Kunstmärchen erscheinen in der Romantik je nach Intention der Autorin/des Autors durchaus gegensätzlich, in manchen dominiert das Unheimliche, andere zeigen den Weg der Hauptperson zu sich selbst etc. Berühmte Beispiele für Kunstmärchen sind „Der blonde Eckbert" (1797) und „Der Runenberg" (1804) von LUDWIG TIECK, „Der goldne Topf" (sic!, 1814) von E. T. A. HOFFMANN, „Das kalte Herz" (1827) von WILHELM HAUFF, „Peter Schlehmils wundersame Geschichte" (1813) von ADELBERT VON CHAMISSO und die Märchensammlung „Italienische Märchen" (1805–1811) von CLEMENS BRENTANO.

Grimm-Denkmal in Hanau

Die Sammlung von Märchen ist nicht die einzige Leistung, für die die Brüder GRIMM bekannt sind. Sie geben 1819 die erste **„Deutsche Grammatik"** heraus und beginnen 1838 mit der Arbeit am **„Deutschen Wörterbuch"**. Sie können ihr Werk nicht vollenden, andere Sprachwissenschaftler/innen setzen es fort. Der letzte Band erscheint 1961.

Dramatik
Das Drama spielt in der Romantik nur eine geringe Rolle, da in ihm die Vermischung der Gattungen schwierig zu verwirklichen ist. Die entstandenen Werke sind häufig aufgrund der Länge und Komplexität nicht zur Aufführung geeignet, sind also als **Lesedramen** konzipiert. Ein Vorbild sind die Dramen SHAKESPEARES. Beliebt sind **Geschichtsdramen,** wie z. B. „Die Gründung Prags" (1815) von CLEMENS BRENTANO, und Komödien. Nach wie vor aufgeführt wird die romantische **Komödie** „Der gestiefelte Kater. Ein Kindermärchen in drei Akten, mit Zwischenspielen, einem Prologe und Epiloge" (1797) von LUDWIG TIECK.

Arbeitsaufgaben „Romantik"

1. Philister und Romantiker

Text 1

Novalis (1800)

77. Unser Alltagsleben besteht aus lauter erhaltenden, immer wiederkehrenden Verrichtungen. Dieser Zirkel von Gewohnheiten ist nur Mittel zu einem Hauptmittel, unserm irdischen Dasein überhaupt, das aus mannigfaltigen Arten zu existieren gemischt ist.

Philister leben nur ein Alltagsleben. Das Hauptmittel scheint ihr einziger Zweck zu sein. Sie tun das alles, um des irdischen Lebens willen; wie es scheint und nach ihren eignen Äußerungen scheinen muß. Poesie mischen sie nur zur Notdurft unter, weil sie nun einmal an eine gewisse Unterbrechung ihres täglichen Laufs gewöhnt sind. In der Regel erfolgt diese Unterbrechung alle sieben Tage, und könnte ein poetisches Septanfieber heißen. Sonntags ruht die Arbeit, sie leben ein bißchen besser als gewöhnlich und dieser Sonntagsrausch endigt sich mit einem etwas tiefern Schlafe als sonst; daher auch Montags alles noch einen raschern Gang hat. Ihre parties de plaisir müssen konventionell, gewöhnlich, modisch sein, aber auch ihr Vergnügen verarbeiten sie, wie alles, mühsam und förmlich.

Den höchsten Grad seines poetischen Daseins erreicht der Philister bei einer Reise, Hochzeit, Kindstaufe, und in der Kirche. Hier werden seine kühnsten Wünsche befriedigt, und oft übertroffen.

Ihre sogenannte Religion wirkt bloß wie ein Opiat: reizend, betäubend, Schmerzen aus Schwäche stillend. Ihre Früh- und Abendgebete sind ihnen, wie Frühstück und Abendbrot, notwendig. Sie können's nicht mehr lassen. Der derbe Philister stellt sich die Freuden des Himmels unter dem Bilde einer Kirmeß, einer Hochzeit, einer Reise oder eines Balls vor: der sublimierte macht aus dem Himmel eine prächtige Kirche mit schöner Musik, vielem Gepränge, mit Stühlen für das gemeine Volk parterre, und Kapellen und Emporkirchen für die Vornehmern.

Die schlechtesten unter ihnen sind die revolutionären Philister, wozu auch der Hefen der fortgehenden Köpfe, die habsüchtige Rasse gehört.

Grober Eigennutz ist das notwendige Resultat armseliger Beschränktheit. Die gegenwärtige Sensation ist die lebhafteste, die höchste eines Jämmerlings. Über diese kennt er nichts höheres. Kein Wunder, daß der durch die äußern Verhältnisse par force dressierte Verstand nur der listige Sklav eines solchen stumpfen Herrn ist, und nur für dessen Lüste sinnt und sorgt.

<small>Novalis: Gesammelte Werke, Jazzybee – alte Rechtschreibung</small>

Randglossar:
- **das Septanfieber** = hier: Fieber, das alle sieben Tage auftritt
- **parties de plaisir** = vergnügliche Veranstaltung
- **derb** = grob, ohne Feinheit
- **die Kirmes** = Jahrmarkt, Volksfest, Kirchweih
- **sublimiert** = hier: verfeinert, veredelt
- **par force** = unter allen Umständen, mit aller Gewalt

a) **Nennen** Sie im Text dargestellte Beispiele für das Alltagsleben eines Philisters.

b) **Beschreiben** Sie, was Novalis unter einem Philister versteht.

c) **Diskutieren** Sie mit Ihren Kolleginnen/Kollegen: Was kennzeichnet einen Philister unserer Zeit?

2 Romantik

Text 2

Der Roman „Aus dem Leben eines Taugenichts" beginnt wie folgt:

Joseph von Eichendorff
AUS DEM LEBEN EINES TAUGENICHTS (1826)

Das Rad an meines Vaters Mühle brauste und rauschte schon wieder recht lustig, der Schnee tröpfelte emsig vom Dache, die Sperlinge zwitscherten und tummelten sich dazwischen; ich saß auf der Türschwelle und wischte mir den Schlaf aus den Augen, mir war so recht wohl in dem warmen Sonnenscheine. Da trat der Vater aus dem Hause; er hatte schon seit Tagesanbruch in der Mühle rumort und die Schlafmütze schief auf dem Kopfe, der sagte zu mir: „Du Taugenichts! Da sonnst du dich schon wieder und dehnst und reckst dir die Knochen müde und lässt mich alle Arbeit allein tun. Ich kann dich hier nicht länger füttern. Der Frühling ist vor der Türe, geh auch einmal hinaus in die Welt und erwirb dir selber dein Brot." – „Nun", sagte ich, „wenn ich ein Taugenichts bin, so ist's gut, so will ich in die Welt gehen und mein Glück machen." Und eigentlich war mir das recht lieb, denn es war mir kurz vorher selber eingefallen, auf Reisen zu gehen, [...] – Ich ging also in das Haus hinein und holte meine Geige, die ich recht artig spielte, von der Wand, mein Vater gab mir noch einige Groschen Geld mit auf den Weg, und so schlenderte ich durch das lange Dorf hinaus. Ich hatte recht meine heimliche Freude, als ich da alle meine alten Bekannten und Kameraden rechts und links, wie gestern und vorgestern und immerdar, zur Arbeit hinausziehen, graben und pflügen sah, während ich so in die freie Welt hinausstrich. Ich rief den armen Leuten nach allen Seiten stolz und zufrieden Adjes zu, aber es kümmerte sich eben keiner sehr darum. Mir war es wie ein ewiger Sonntag im Gemüte. Und als ich endlich ins freie Feld hinauskam, da nahm ich meine liebe Geige vor und spielte und sang, auf der Landstraße fortgehend:

„Wem Gott will rechte Gunst erweisen,
Den schickt er in die weite Welt,
Dem will er seine Wunder weisen
In Berg und Wald und Strom und Feld.

Die Trägen, die zu Hause liegen,
Erquicket nicht das Morgenrot,
Sie wissen nur vom Kinderwiegen,
Von Sorgen, Last und Not um Brot.

Die Bächlein von den Bergen springen,
Die Lerchen schwirren hoch vor Lust,
Was sollt ich nicht mit ihnen singen
Aus voller Kehl und frischer Brust?

Den lieben Gott lass ich nur walten;
Der Bächlein, Lerchen, Wald und Feld
Und Erd und Himmel will erhalten,
Hat auch mein' Sach' aufs best bestellt!"

JOSEPH VON EICHENDORFF:
AUS DEM LEBEN EINES TAUGENICHTS, RECLAM

💡 Die **Wanderschaft** ist ein häufiges Motiv in der Romantik und symbolisiert Naturerfahrung, Ungebundenheit und Selbstverwirklichung.

recht artig = recht gut

 **Arbeitsaufgaben**

a) Untersuchen Sie den Textauszug nach charakteristischen Zügen eines Philisters.

b) Erschließen Sie das Verhältnis des Taugenichts zur Natur.

c) Entwerfen Sie die Handlungsstruktur einer möglichen Fortsetzung. Beachten Sie dabei, dass der Taugenichts einen Romantiker darstellt.

d) Recherchieren Sie die Handlung des Werks, **vergleichen** Sie sie mit Ihrem Entwurf einer Handlungsstruktur.

> Die **blaue Blume ist** das bekannteste Motiv der Romantik und wird manchmal sogar als Symbol für die Romantik gebraucht. Sie steht für Sehnsucht, Liebe und das Streben nach Unendlichkeit.

2. Die blaue Blume

Das Romanfragment „Heinrich von Ofterdingen" ist zeitlich im Mittelalter angesiedelt. Erzählt wird von einem jungen Minnesänger und dessen Heranreifen zum Helden des Sängerwettstreits auf der Wartburg. Zu Beginn erscheint Heinrich im Traum eine blaue Blume, von deren Existenz ihm davor ein Reisender erzählt hat.

Text 1

Novalis
HEINRICH VON OFTERDINGEN (1802)

Der Gang führte ihn gemächlich eine Zeit lang eben fort, bis zu einer großen Weitung, aus der ihm schon von fern ein helles Licht entgegenglänzte: Wie er hineintrat, ward er einen mächtigen Strahl gewahr, der wie aus einem Springquell bis an die Decke des Gewölbes stieg und
5 oben in unzählige Funken zerstäubte, die sich unten in einem großen Becken sammelten; der Strahl glänzte wie entzündetes Gold; nicht das mindeste Geräusch war zu hören, eine heilige Stille umgab das herrliche Schauspiel. Er näherte sich dem Becken, das mit unendlichen Farben wogte und zitterte. Die Wände der Höhle waren mit dieser Flüs-
10 sigkeit überzogen, die nicht heiß, sondern kühl war und an den Wänden nur ein mattes, bläuliches Licht von sich warf. Er tauchte seine Hand in das Becken und benetzte seine Lippen. Es war, als durchdränge ihn ein geistiger Hauch, und er fühlte sich innigst gestärkt und erfrischt. Ein unwiderstehliches Verlangen ergriff ihn, sich zu baden, er entklei-
15 dete sich und stieg in das Becken. Es dünkte ihn, als umflösse ihn eine Wolke des Abendrots; eine himmlische Empfindung überströmte sein Inneres; mit inniger Wollust strebten unzählbare Gedanken in ihm sich zu vermischen; neue, nie gesehene Bilder entstanden, die auch ineinanderflossen und zu sichtbaren Wesen um ihn wurden, und jede Welle
20 des lieblichen Elements schmiegte sich wie ein zarter Busen an ihn. Die Flut schien eine Auflösung reizender Mädchen, die an dem Jünglinge sich augenblicklich verkörperten.

Berauscht von Entzücken und doch jedes Eindrucks bewusst, schwamm er gemach dem leuchtenden Strome nach, der aus dem Becken in den
25 Felsen hineinfloss. Eine Art von süßem Schlummer befiel ihn, in welchem er unbeschreibliche Begebenheiten träumte und woraus ihn eine andere Erleuchtung weckte. Er fand sich auf einem weichen Rasen am Rande einer Quelle, die in die Luft hinausquoll und sich darin zu verzehren schien. Dunkelblaue Felsen mit bunten Adern erhoben sich in
30 einiger Entfernung; das Tageslicht, das ihn umgab, war heller und milder als das gewöhnliche, der Himmel war schwarzblau und völlig rein. Was ihn aber mit voller Macht anzog, war eine hohe lichtblaue Blume, die zunächst an der Quelle stand, und ihn mit ihren breiten, glänzenden Blättern berührte. Rund um sie her standen unzählige Blumen von
35 allen Farben, und der köstliche Geruch erfüllte die Luft. Er sah nichts als die blaue Blume und betrachtete sie lange mit unnennbarer Zärtlichkeit. Endlich wollte er sich ihr nähern, als sie auf einmal sich zu bewegen und zu verändern anfing; die Blätter wurden glänzender und schmiegten sich an den wachsenden Stengel, die Blume neigte sich nach ihm
40 zu und die Blütenblätter zeigten einen blauen ausgebreiteten Kragen, in welchem ein zartes Gesicht schwebte. Sein süßes Staunen wuchs mit

der sonderbaren Verwandlung, als ihn plötzlich die Stimme seiner Mutter weckte und er sich in der elterlichen Stube fand, die schon die Morgensonne vergoldete.

NOVALIS: HEINRICH VON OFTERDINGEN, RECLAM

Um Heinrich abzulenken, nimmt ihn seine Mutter auf eine Reise mit, in deren Verlauf ihm allerhand Menschen begegnen, deren Geschichten und Lieder einen großen Eindruck bei ihm hinterlassen. In der Person der Mathilde, der Tochter des Dichters Klingsohr, findet er jenes Mädchen, das er mit der blauen Blume identifiziert. Er heiratet es.

Der zweite Teil des Romans blieb unvollendet und ist nur in Bruchstücken vorhanden. Daraus ist unter anderem zu entnehmen, dass Mathilde mit Heinrichs Kind stirbt.

a) **Gliedern** Sie die äußere Handlung des Traumes in Sinnabschnitte.

b) **Ordnen** Sie den einzelnen Sinnabschnitten die innere Handlung zu.

c) **Untersuchen** Sie den Textausschnitt nach Hinweisen auf romantisches Denken.

d) **Erklären** Sie, was die blaue Blume symbolisiert.

e) An einer anderen Stelle des „Heinrich von Ofterdingen" heißt es: „*Die Welt wird Traum, der Traum wird Welt. Und was man glaubt, es sei geschehn, kann man von weitem erst kommen sehn.*" – **Diskutieren** Sie den Zusammenhang zwischen diesem Zitat und oben angeführtem Textausschnitt.

Text 2

Joseph von Eichendorff
DIE BLAUE BLUME (1818)

Ich suche die blaue Blume,
Ich suche und finde sie nie,
Mir träumt, dass in der Blume
4   Mein gutes Glück mir blüh.

Ich wandre mit meiner Harfe
Durch Länder, Städt und Au'n,
Ob nirgends in der Runde
8   Die blaue Blume zu schaun.

Ich wandre schon seit lange,
Hab lang gehofft, vertraut,
Doch ach, noch nirgends hab ich
12   Die blaue Blum geschaut.

JOSEPH VON EICHENDORFF:
SÄMTLICHE GEDICHTE UND VERSEPEN, INSEL

a) **Geben** Sie den Inhalt des Gedichts in einem Satz **wieder.**

b) **Bestimmen** Sie die von EICHENDORFF in diesem Gedicht verwendeten Motive und Metaphern.

c) **Vergleichen** Sie EICHENDORFFS Gedicht mit dem Ausschnitt aus „Heinrich von Ofterdingen" hinsichtlich gemeinsamer Motive und der Bedeutung der blauen Blume.

Literaturepochen

der Advokat = Rechtsanwalt

💡 Das **Motiv des Automatenmenschen** findet sich in vielen romantischen Werken. Zumeist repräsentiert es Negatives: Fremdbestimmung, zwanghaftes Verhalten. Kritisiert werden damit aber auch das in der Aufklärung aufgekommene wissenschaftliche Erklären der Welt und ein Menschenbild, in dem der Mensch mit einem Uhrwerk gleichgesetzt wird.

3. **Schwarze Romantik – Der Automatenmensch**

„Der Sandmann" von E. T. A. HOFFMANN handelt von dem Studenten Nathanael, der glaubt, in einem Hausierer den Advokaten Coppelius wiedererkannt zu haben. Dieser hat ihm als Kind Angst gemacht, da er ihn als den Sandmann wahrgenommen hat, von dem die Kinderfrau erzählt hat, dass er den Kindern die Augen ausreiße. Tatsächlich hat er gemeinsam mit Nathanaels Vater alchemistische Experimente durchgeführt, in deren Folge der Vater verstorben ist.

Nathanaels Angst flammt wieder auf. Seine Freundin Clara, eine rationale Frau, meint, dass es sich nur um eine in seinem Unterbewusstsein vorhandene Phantasie handele, die er zügeln müsse.

Um Abstand zu gewinnen, reist er nach Hause, wo er einen Streit mit Clara hat (siehe Textausschnitt 1). Er kehrt wieder an seinen Studienort zurück, findet sein Wohnhaus verbrannt vor und muss sich eine neue Wohnung suchen.

Er trifft auf Coppola, dem er ein Fernrohr abkauft. Mit diesem beobachtet er Olimpia, die er schließlich persönlich kennenlernt und in die er sich verliebt. Doch er muss erkennen, dass sie ein Automat ist, woraufhin er einen Wahnanfall erleidet.

Er genest zwar, verfällt aber abermals dem Irrsinn, als er bei einem Ausflug mit Clara von einem Turm durch ein Fernrohr blickt und wieder Coppola zu erblicken meint. Dass er Clara vom Turm stößt, kann gerade noch verhindert werden. Er stürzt sich daraufhin selbst in die Tiefe.

E. T. A. Hoffmann
DER SANDMANN (1816)

Textausschnitt 1
Da fiel dem Nathanael erst ein, dass er ja die Dichtung in der Tasche trage, die er habe vorlesen wollen. Er zog auch sogleich die Blätter hervor und fing an zu lesen: Clara, etwas Langweiliges wie gewöhnlich vermutend und sich darein ergebend, fing an, ruhig zu stricken. Aber
5 so wie immer schwärzer und schwärzer das düstre Gewölk aufstieg, ließ sie den Strickstrumpf sinken und blickte starr dem Nathanael ins Auge. Den riss seine Dichtung unaufhaltsam fort, hochrot färbte seine Wangen die innere Glut, Tränen quollen ihm aus den Augen – Endlich hatte er geschlossen, er stöhnte in tiefer Ermattung – er fasste Claras
10 Hand und seufzte wie aufgelöst in trostlosem Jammer: „Ach! – Clara – Clara" – Clara drückte ihn sanft an ihren Busen und sagte leise, aber sehr langsam und ernst: „Nathanael – mein herzlieber Nathanael! – wirf das tolle – unsinnige – wahnsinnige Märchen ins Feuer." Da sprang Nathanael entrüstet auf und rief, Clara von sich stoßend: „Du lebloses,
15 verdammtes Automat!"

Textausschnitt 2
„Tu mir den Gefallen, Bruder", sprach eines Tages Siegmund, „tu mir den Gefallen und sage, wie es dir gescheuten Kerl möglich war, dich in das Wachsgesicht, in die Holzpuppe da drüben zu vergaffen?" Nathanael wollte zornig auffahren, doch schnell besann er sich und
5 erwiderte: „Sage du mir, Siegmund, wie deinem, sonst alles Schöne klar auffassenden Blick, deinem regen Sinn, Olimpias himmlischer Liebreiz entgehen konnte? Doch eben deshalb habe ich, Dank sei es dem

Geschick, dich nicht zum Nebenbuhler, denn sonst müsste einer von uns blutend fallen." Siegmund merkte wohl, wie es mit dem Freunde stand, lenkte geschickt ein und fügte, nachdem er geäußert, dass in der Liebe niemals über den Gegenstand zu richten sei, hinzu: „Wunderlich ist es doch, dass viele von uns über Olimpia ziemlich gleich urteilen. Sie ist uns – nimm es nicht übel, Bruder! – auf seltsame Weise starr und seelenlos erschienen. Ihr Wuchs ist regelmäßig, so wie ihr Gesicht, das ist wahr! Sie könnte für schön gelten, wenn ihr Blick nicht so ganz ohne Lebensstrahl, ich möchte sagen, ohne Sehkraft wäre. Ihr Schritt ist sonderbar abgemessen, jede Bewegung scheint durch den Gang eines aufgezogenen Räderwerks bedingt. Ihr Spiel, ihr Singen hat den unangenehm richtigen geistlosen Takt der singenden Maschine und ebenso ist ihr Tanz. Uns ist diese Olimpia ganz unheimlich geworden, wir mochten nichts mit ihr zu schaffen haben, es war uns als tue sie nur so wie ein lebendiges Wesen und doch habe es mit ihr eine eigne Bewandtnis." – Nathanael gab sich dem bittern Gefühl, das ihn bei diesen Worten Siegmunds ergreifen wollte, durchaus nicht hin, er wurde Herr seines Unmuts und sagte bloß sehr ernst: „Wohl mag euch, ihr kalten prosaischen Menschen, Olimpia unheimlich sein. Nur dem poetischen Gemüt entfaltet sich das gleich organisierte! – Nur mir ging ihr Liebesblick auf und durchstrahlte Sinn und Gedanken, nur in Olimpias Liebe finde ich mein Selbst wieder. Auch mag es nicht recht sein, dass sie nicht in platter Konversation faselt, wie die andern flachen Gemüter. Sie spricht wenig Worte, das ist wahr, aber diese wenigen Worte erscheinen als echte Hieroglyphe der innern Welt voll Liebe und hoher Erkenntnis des geistigen Lebens in der Anschauung des ewigen Jenseits. Doch für all das habt ihr keinen Sinn und alles sind verlorne Worte."

Textausschnitt 3
Aber viele hochzuverehrende Herren beruhigten sich nicht dabei; die Geschichte mit dem Automat hatte tief in ihrer Seele Wurzel gefasst und es schlich sich in der Tat abscheuliches Misstrauen gegen menschliche Figuren ein. Um nun ganz überzeugt zu werden, dass man keine Holzpuppe liebe, wurde von mehrern Liebhabern verlangt, dass die Geliebte etwas taktlos singe und tanze, dass sie beim Vorlesen sticke, stricke, mit dem Möpschen spiele usw., vor allen Dingen aber, dass sie nicht bloß höre, sondern auch manchmal in der Art spreche, dass dies Sprechen wirklich ein Denken und Empfindungen voraussetze.

E. T. A. HOFFMANN: DER SANDMANN, RECLAM

Spalanzani und Olimpia. Szene aus der Oper „Hoffmanns Erzählungen", Volksoper Wien, 2016

a) **Analysieren** Sie Nathanaels Verständnis von einem Automaten.

b) **Beschreiben** Sie Nathanaels und Siegmunds unterschiedliche Wahrnehmung von Olimpia.

c) Der Automat kann auch als satirisches Sinnbild der Gesellschaft gesehen werden. – **Untersuchen** Sie Textausschnitt 3 nach Stilmitteln, die darauf hinweisen.

d) Das Thema des künstlichen Menschen ist vor und nach der Epoche der Romantik immer wieder aufgegriffen worden. – **Recherchieren** Sie nach einem literarischen Werk oder einem Spielfilm, das/der dieses Thema behandelt. **Erklären** Sie, ob der künstliche Mensch darin positiv oder negativ gezeichnet ist.

e) Die Spannung zwischen Rationalität und Emotionalität ist in der Romantik zentral. – **Untersuchen** Sie, inwiefern diese Spannung in den Textausschnitten präsentiert wird.

Diskutieren Sie: Gleicht eher der einseitig rational denkende Mensch oder der von seinen Emotionen bestimmte Mensch einem Automaten?

4. „Das kalte Herz"

WILHELM HAUFFS „Das kalte Herz" ist in zwei Teilen als Binnenerzählung in die Erzählung „Das Wirtshaus im Spessart" eingebettet. Märchenatypisch beginnt das Werk mit einer Beschreibung des Handlungsortes und dessen Bewohnern.

Protagonist ist der arme Köhler Peter Munk, der mit seinem Leben unzufrieden ist und davon träumt, mehr Geld zu haben und angesehen zu sein. Daher wendet er sich an das Glasmännlein, einen „guten Geist", der ihm drei Wünsche gewährt. Mit dem ersten erbittet er sich, gut tanzen zu können und so viel Geld wie Ezechiel in der Tasche zu haben, mit dem zweiten eine Glashütte mit dazugehörigem Pferdegespann. Zornig ob der dummen, oberflächlichen Wünsche, verweigert das Glasmännlein die Erfüllung eines dritten Wunsches. Peter ist dennoch zufrieden, er ist nun ein angesehener Bürger. Allerdings versteht er sich nicht auf das Führen einer Glashütte und vertreibt sich seine Zeit eher beim Spielen im Wirtshaus als bei der Arbeit. Bei einem Spiel besiegt er Ezechiel, sodass dieser kein Geld mehr in der Tasche hat und somit auch Peter nicht. Als er auch die Glashütte verpfänden muss, ist er wieder so arm wie zuvor, noch dazu droht ihm eine Gefängnisstrafe. In seiner Not wendet er sich an den bösen Waldgeist, den Holländer-Michel.

Wilhelm Hauff
DAS KALTE HERZ – EIN MÄRCHEN (1827)

Er lief dem Tannenbühel zu, so schnell, als ob die Gerichtsdiener ihm auf den Fersen wären, es war ihm, als er an dem Platz vorbeirannte, wo er das Glasmännlein zuerst gesprochen, als halte ihn eine unsichtbare Hand auf, aber er riss sich los und lief weiter bis an die Grenze, und
5 kaum hatte er „Holländer-Michel, Herr Holländer-Michel!" gerufen, als auch schon der riesengroße Flözer mit seiner Stange vor ihm stand.

„Kommst du?", sprach dieser lachend, „haben sie dir die Haut abziehen und deinen Gläubigern verkaufen wollen? Nu, sei ruhig! Dein ganzer Jammer kommt, wie gesagt, von dem kleinen Glasmännlein, von
10 dem Separatisten und Frömmler her. Wenn man schenkt, muss man gleich recht schenken, und nicht wie dieser Knauser. Doch komm, folge mir in mein Haus, dort wollen wir sehen, ob wir handelseinig werden."

„Handelseinig?", dachte Peter. „Was kann er denn von mir verlangen, was kann ich an ihn verhandeln? Soll ich ihm etwa dienen, oder was will
15 er?" Sie gingen zuerst über einen steilen Waldsteig hinan und standen dann mit einem Mal an einer dunklen, tiefen, abschüssigen Schlucht; Holländer-Michel sprang den Felsen hinab, wie wenn er eine sanfte Marmortreppe wäre; aber bald wäre Peter in Ohnmacht gesunken, denn als jener unten angekommen war, machte er sich so groß wie ein
20 Kirchturm und reichte ihm einen Arm, so lang als ein Weberbaum, und eine Hand daran, so breit als der Tisch im Wirtshaus, und rief mit einer Stimme, die heraufschallte wie eine tiefe Totenglocke, „setz dich nur auf meine Hand und halte dich an den Fingern, so wirst du nicht fallen!" Peter tat zitternd, wie jener befohlen, nahm Platz auf der Hand und
25 hielt sich am Daumen des Riesen.

Er ging weit und tief hinab, aber dennoch ward es zu Peters Verwunderung nicht dunkler, im Gegenteil, die Tageshelle schien sogar zuzunehmen in der Schlucht, aber er konnte sie lange in den Augen nicht ertragen. Der Holländer-Michel hatte sich, je weiter Peter herabkam,
30 wieder kleiner gemacht und stand nun in seiner früheren Gestalt vor

einem Haus, so gering oder gut, als es reiche Bauern auf dem Schwarzwald haben. Die Stube, worein Peter geführt wurde, unterschied sich durch nichts von den Stuben anderer Leute als dadurch, dass sie einsam schien.

Die hölzerne Wanduhr, der ungeheure Kachelofen, die breiten Bänke, die Gerätschaften auf den Gesimsen waren hier wie überall. Michel wies ihm einen Platz hinter dem großen Tisch an, ging dann hinaus und kam bald mit einem Krug Wein und Gläsern wieder. Er goss ein, und nun schwatzten sie, und Holländer-Michel erzählte von den Freuden der Welt, von fremden Ländern, schönen Städten und Flüssen, dass Peter, am Ende große Sehnsucht danach bekommend, dies auch offen dem Holländer sagte.

„Wenn du im ganzen Körper Mut und Kraft, etwas zu unternehmen, hattest, da konnten ein paar Schläge des dummen Herzens dich zittern machen; und dann die Kränkungen der Ehre, das Unglück, wozu soll sich ein vernünftiger Kerl um dergleichen bekümmern? Hast du's im Kopfe empfunden, als dich letzthin einer einen Betrüger und schlechten Kerl nannte? Hat es dir im Magen wehe getan, als der Amtmann kam, dich aus dem Haus zu werfen? Was, sag an, was hat dir wehe getan?"

„Mein Herz", sprach Peter, indem er die Hand auf die pochende Brust presste, denn es war ihm, als ob sein Herz sich ängstlich hin und her wendete.

„Du hast, nimm es mir nicht übel, hundert Gulden an schlechte Bettler und anderes Gesindel weggeworfen; was hat es dir genützt? Sie haben dir dafür Segen und einen gesunden Leib gewünscht; ja, bist du deswegen gesünder geworden? Um die Hälfte des verschleuderten Geldes hättest du einen Arzt gehalten. Segen, ja ein schöner Segen, wenn man ausgepfändet und ausgestoßen wird! Und was war es, das dich getrieben, in die Tasche zu fahren, so oft ein Bettelmann seinen zerlumpten Hut hinstreckte? Dein Herz, auch wieder dein Herz, und weder deine Augen noch deine Zunge, deine Arme noch deine Beine, sondern dein Herz; du hast dir es, wie man richtig sagt, zu sehr zu Herzen genommen."

„Aber wie kann man sich denn angewöhnen, dass es nicht mehr so ist? Ich gebe mir jetzt alle Mühe, es zu unterdrücken, und dennoch pocht mein Herz und tut mir wehe."

„Du freilich", rief jener mit Lachen, „du armer Schelm, kannst nichts dagegen tun, aber gib mir das kaum pochende Ding, und du wirst sehen, wie gut du es dann hast."

„Euch, mein Herz?", schrie Peter mit Entsetzen, „da müsste ich ja sterben auf der Stelle! Nimmermehr!"

„Ja, wenn dir einer Eurer Herren Chirurgen das Herz aus dem Leibe operieren wollte, da müsstest du wohl sterben, bei mir ist dies ein anderes Ding; doch komm herein und überzeuge dich selbst!" Er stand bei diesen Worten auf, öffnete eine Kammertüre und führte Peter hinein. Sein Herz zog sich krampfhaft zusammen, als er über die Schwelle trat; aber er achtete es nicht; denn der Anblick, der sich ihm bot, war sonderbar und überraschend. Auf mehreren Gesimsen von Holz standen Gläser, mit durchsichtiger Flüssigkeit gefüllt, und in jedem dieser Gläser lag ein Herz; auch waren an den Gläsern Zettel angeklebt und Namen darauf geschrieben, die Peter neugierig las; da war das Herz des Amtmanns in E., das Herz des dicken Ezechiels, das Herz des

Tanzbodenkönigs, das Herz des Oberförsters; da waren sechs Herzen von Kornwucherern, acht von Werbeoffizieren, drei von Geldmaklern, kurz, es war eine Sammlung der angesehensten Herzen in der Umgebung von zwanzig Stunden.

„Schau!", sprach Holländer-Michel, „diese alle haben des Lebens Ängste und Sorgen weggeworfen, keines dieser Herzen schlägt mehr ängstlich und besorgt, und ihre ehemaligen Besitzer befinden sich wohl dabei, dass sie den unruhigen Gast aus dem Hause haben."

„Aber was tragen sie denn jetzt dafür in der Brust?", fragte Peter, den dies alles, was er gesehen, beinahe schwindeln machte.

„Dies", antwortete jener und reichte ihm aus einem Schubfach ein steinernes Herz.

„So?", erwiderte er und konnte sich eines Schauers, der ihm über die Haut ging, nicht erwehren. „Ein Herz von Marmelstein? Aber, horch einmal, Herr Holländer-Michel, das muss doch gar kalt sein in der Brust."

„Freilich, aber ganz angenehm kühl. Warum soll denn ein Herz warm sein? Im Winter nützt dir die Wärme nichts, da hilft ein guter Kirschgeist mehr als ein warmes Herz, und im Sommer, wenn alles schwül und heiß ist, du glaubst nicht, wie dann ein solches Herz abkühlt. Und wie gesagt, weder Angst noch Schrecken, weder törichtes Mitleiden noch anderer Jammer pocht an solch ein Herz."

„Und das ist alles, was ihr mir geben könnet?", fragte Peter unmutig, „ich hoff' auf Geld, und Ihr wollt mir einen Stein geben!"

„Nun, ich denke, an hunderttausend Gulden hättest du fürs erste genug. Wenn du es geschickt umtreibst, kannst du bald ein Millionär werden."

„Hunderttausend?", rief der arme Köhler freudig. „Nun, so poche doch nicht so ungestüm in meiner Brust! Wir werden bald fertig sein miteinander. Gut, Michel, gebt mir den Stein und das Geld, und die Unruh könnet Ihr aus dem Gehäuse nehmen!"

„Ich dachte es doch, dass du ein vernünftiger Bursche seiest", antwortete der Holländer, freundlich lächelnd, „komm, lass uns noch eins trinken, und dann will ich das Geld auszahlen." So setzten sie sich wieder in die Stube zum Wein, tranken und tranken wieder, bis Peter in einen tiefen Schlaf verfiel.

Kohlenmunk-Peter erwachte beim fröhlichen Schmettern eines Posthorns, und siehe da, er saß in einem schönen Wagen, fuhr auf einer breiten Straße dahin, und als er sich aus dem Wagen bog, sah er in blauer Ferne hinter sich den Schwarzwald liegen. Anfänglich wollte er gar nicht glauben, dass er es selbst sei, der in diesem Wagen sitze; denn auch seine Kleider waren gar nicht mehr dieselben, die er gestern getragen; aber er erinnerte sich doch an alles so deutlich, dass er endlich sein Nachsinnen aufgab und rief: „Der Kohlenmunk-Peter bin ich, das ist ausgemacht, und kein anderer." Er wunderte sich über sich selbst, dass er gar nicht wehmütig werden konnte, als er jetzt zum ersten Mal aus der stillen Heimat, aus den Wäldern, wo er so lange gelebt, auszog; selbst nicht, als er an seine Mutter dachte, die jetzt wohl hilflos und im Elend saß, konnte er eine Träne aus dem Auge pressen oder nur seufzen; denn es war ihm alles so gleichgültig. „Ach, freilich", sagte er dann, „Tränen und Seufzer, Heimweh und Wehmut kommen ja aus dem Herzen, und Dank dem Holländer-Michel, – das meine ist kalt und von Stein."

Er legte seine Hand auf die Brust, und es war ganz ruhig dort und rührte sich nichts. „Wenn er mit den Hunderttausenden so gut Wort hielt wie mit dem Herz, so soll es mich freuen", sprach er und fing an, seinen Wagen zu untersuchen. Er fand Kleidungsstücke von aller Art, wie er sie nur wünschen konnte, aber kein Geld. Endlich stieß er auf eine Tasche und fand viele tausend Taler in Gold und Scheinen auf Handlungshäuser in allen großen Städten. „Jetzt hab' ich's, wie ich's wollte", dachte er, setzte sich bequem in die Ecke des Wagens und fuhr in die weite Welt.

Er fuhr zwei Jahre in der Welt umher und schaute aus seinem Wagen links und rechts an den Häusern hinauf, schaute, wenn er anhielt, nichts als das Schild seines Wirtshauses an, lief dann in der Stadt umher und ließ sich die schönsten Merkwürdigkeiten zeigen. Aber es freute ihn nichts, kein Bild, kein Haus, keine Musik, kein Tanz, sein Herz von Stein nahm an nichts Anteil, und seine Augen, seine Ohren waren abgestumpft für alles Schöne. Nichts war ihm mehr geblieben als die Freude an Essen und Trinken und der Schlaf, und so lebte er, indem er ohne Zweck durch die Welt reiste, zu seiner Unterhaltung speiste und aus Langeweile schlief. Hier und da erinnerte er sich zwar, dass er fröhlicher, glücklicher gewesen sei, als er noch arm war und arbeiten musste, um sein Leben zu fristen. Da hatte ihn jede schöne Aussicht ins Tal, Musik und Gesang hatten ihn ergötzt, da hatte er sich stundenlang auf die einfache Kost, die ihm die Mutter zu dem Meiler bringen sollte, gefreut. Wenn er so über die Vergangenheit nachdachte, so kam es ihm ganz sonderbar vor, dass er jetzt nicht einmal lachen konnte, und sonst hatte er über den kleinsten Scherz gelacht. Wenn andere lachten, so verzog er nur aus Höflichkeit den Mund, aber sein Herz lächelte nicht mit. Er fühlte dann, dass er zwar überaus ruhig sei; aber zufrieden fühlte er sich doch nicht. Es war nicht Heimweh oder Wehmut, sondern Öde, Überdruss, freudenloses Leben, was ihn endlich wieder zur Heimat trieb.

Als er von Straßburg herüberfuhr und den dunklen Wald seiner Heimat erblickte, als er zum ersten Mal wieder jene kräftigen Gestalten, jene freundlichen, treuen Gesichter der Schwarzwälder sah, als sein Ohr die heimatlichen Klänge, stark, tief, aber wohltönend vernahm, da fühlte er schnell an sein Herz; denn Blut wallte stärker, und er glaubte, er müsse sich freuen und müsse weinen zugleich, aber wie konnte er nur so töricht sein, er hatte ja ein Herz von Stein; und Steine sind tot und lächeln und weinen nicht.

Sein erster Gang war zum Holländer-Michel, der ihn mit alter Freundlichkeit aufnahm. „Michel", sagte er zu ihm, „gereist bin ich nun und habe alles gesehen, ist aber alles dummes Zeug, und ich hatte nur Langeweile. Überhaupt, Euer steinernes Ding, das ich nun in der Brust trage, schützt mich zwar vor manchem; ich erzürne mich nie, bin nie traurig; aber ich freue mich auch nie, und es ist mir, als wenn ich nur halb lebe. Könnet Ihr das Steinherz nicht ein wenig beweglicher machen? Oder gebt mir lieber mein altes Herz; ich hatte mich in fünfundzwanzig Jahren daran gewöhnt, und wenn es zuweilen auch einen dummen Streich machte, so war es doch munter und ein fröhliches Herz."

Der Waldgeist lachte grimmig und bitter: „Wenn du einmal tot bist, Peter Munk", antwortete er, „dann soll es dir nicht fehlen, dann sollst du dein weiches, rührbares Herz wiederhaben, und du kannst dann fühlen, was kommt, Freud' oder Leid; aber hier oben kann es nicht mehr dein werden! Doch Peter, gereist bist du wohl, aber, so wie du lebtest, konnte es dir nichts nützen. Setze dich hier irgendwo im Wald, bau' ein Haus, heirate, treibe dein Vermögen um, es hat dir nur an Arbeit gefehlt, weil du müßig warst, hattest du Langeweile, und schiebst jetzt alles auf dieses unschuldige Herz." Peter sah ein, dass Michel recht habe, was den Müßiggang beträfe, und nahm sich vor, reich und immer reicher zu werden. Michel schenkte ihm noch einmal hunderttausend Gulden und entließ ihn als seinen guten Freund.

<small>190</small>

WILHELM HAUFF: DAS KALTE HERZ UND ANDERE MÄRCHEN, RECLAM

Peter setzt den Rat des Holländer-Michel in die Tat um, er heiratet Lisbeth, das schönste Mädchen des Schwarzwalds, und wird Geldverleiher. Er verlangt Wucherzinsen und pfändet jene Schuldner/innen, die nicht zahlungsfähig sind, ohne Mitleid. Auch verbietet er seiner Frau, Armen zu helfen. Als er sie eines Tages dabei beobachtet, wie sie einem alten Mann zu essen und trinken gibt, erschlägt er sie außer sich vor Zorn mit dem Holzgriff seiner Peitsche. Der Alte entpuppt sich als Glasmännlein. Peter wirft ihm vor, an allem die Schuld zu tragen, da er ihm seinerzeit die Erfüllung eines dritten Wunsches verweigert hat. Zornig droht das Glasmännlein, Peter zu vernichten, wenn er nicht innerhalb von acht Tagen zu einem besseren Menschen werde. Peter schläft schlecht und hört im Traum Stimmen, die ihm raten, sich ein wärmeres Herz zu verschaffen. Daraufhin sucht er das Glasmännlein im Wald auf und bittet es, ihm als Erfüllung des dritten Wunsches sein warmes Herz wieder zu beschaffen. Dazu ist es nicht in der Lage, es verrät Peter aber eine List. Peter geht zum Holländer-Michel und behauptet, dass dieser gar keine Herzen austauschen könne. Davon provoziert setzt dieser Peter das echte Herz zum Beweis wieder ein. Nun streckt Peter dem Holländer-Michel ein Kreuz, das er vom Glasmännlein erhalten hat, entgegen, hält ihn damit fern und kann fliehen.

Wieder im Besitz des warmen Herzens erkennt und bereut Peter die Schuld, die er auf sich geladen hat. Er hat nun nur mehr einen Wunsch an das Glasmännlein: Er will sterben. Da dieses aber die aufrichtige Reue erkennt, erweckt er Lisbeth wieder zum Leben. Peter wird wieder Köhler, wird auch ohne Geld zu einem anerkannten Mann und führt mit seiner Frau und einem Kind ein zufriedenes Leben. Das Märchen endet mit den Worten Peter Munks: „Es ist doch besser, zufrieden zu sein mit wenigem, als Gold und Güter zu haben und ein kaltes Herz."

a) **Untersuchen** Sie den Textausschnitt nach Merkmalen von Märchen.

b) **Ordnen** Sie Ihnen bekannten Märchen oder Sagen Motive aus „Das kalte Herz" (z. B. die drei Wünsche) zu.

c) **Analysieren** Sie den Märchenausschnitt hinsichtlich Merkmalen der Romantik.

d) Das Glasmännlein verkörpert Fleiß, Ehrlichkeit, Humanität. – **Bestimmen** Sie, was der Holländer-Michel symbolisiert.

e) Das „Herz aus Stein" ist ein Dingsymbol in diesem Märchen. **Erschließen** Sie, was es symbolisiert.

f) Die Handlung spielt im ersten Drittel des 19. Jahrhunderts. – **Recherchieren** Sie die gesellschaftliche und wirtschaftliche Situation dieser Zeit und **setzen** Sie sie mit der „Moral" des Märchens **in Beziehung**.

Als **Dingsymbol** werden Gegenstände, Tiere oder Pflanzen bezeichnet, die von symbolhafter Bedeutung sind und eine leitmotivische Rolle spielen.

5. Die Loreley – ein deutscher Mythos im Laufe der Zeit

Text 1

Durch eine Reise auf dem Rhein inspiriert, schuf CLEMENS BRENTANO seinen Roman „Godwi oder das steinerne Bild der Mutter". In diesem kommt das Gedicht „Lore Lay" vor. BRENTANO folgt dem SCHLEGELSCHEN Anspruch der Universalpoesie, indem er das Thema des Romans in der eingefügten Ballade widerspiegelt. Die Lore Lay ist also entgegen der landläufigen Meinung kein althergebrachtes Märchen, das BRENTANO aufgegriffen hat, sondern eine von BRENTANO geschaffene Kunstfigur.

Clemens Brentano
LORE LAY (1801)

Zu Bacharach am Rheine
Wohnt eine Zauberin,
Sie war so schön und feine
4 Und riß viel Herzen hin.

Und brachte viel zu schanden
Der Männer rings umher,
Aus ihren Liebesbanden
8 War keine Rettung mehr.

Der Bischof ließ sie laden
Vor geistliche Gewalt –
Und mußte sie begnaden,
12 So schön war ihr Gestalt.

Er sprach zu ihr gerühret:
„Du arme Lore Lay!
Wer hat dich denn verführet
16 Zu böser Zauberei?"

„Herr Bischof laßt mich sterben,
Ich bin des Lebens müd,
Weil jeder muß verderben,
20 Der meine Augen sieht.

Die Augen sind zwei Flammen,
Mein Arm ein Zauberstab –
O legt mich in die Flammen!
24 O brechet mir den Stab!"

„Ich kann dich nicht verdammen,
Bis du mir erst bekennt,
Warum in diesen Flammen
28 Mein eigen Herz schon brennt.

Den Stab kann ich nicht brechen,
Du schöne Lore Lay!
Ich müßte dann zerbrechen
32 Mein eigen Herz entzwei."

„Herr Bischof mit mir Armen
Treibt nicht so bösen Spott,
Und bittet um Erbarmen,
36 Für mich den lieben Gott.

Ich darf nicht länger leben,
Ich liebe keinen mehr –
Den Tod sollt Ihr mir geben,
40 Drum kam ich zu Euch her. –

Mein Schatz hat mich betrogen,
Hat sich von mir gewandt,
Ist fort von hier gezogen,
44 Fort in ein fremdes Land.

Die Augen sanft und wilde,
Die Wangen rot und weiß,
Die Worte still und milde
48 Das ist mein Zauberkreis.

Ich selbst muß drin verderben,
Das Herz tut mir so weh,
Vor Schmerzen möcht ich sterben,
52 Wenn ich mein Bildnis seh.

Drum laßt mein Recht mich finden,
Mich sterben, wie ein Christ,
Denn alles muß verschwinden,
56 Weil er nicht bei mir ist."

Drei Ritter läßt er holen:
„Bringt sie ins Kloster hin,
Geh Lore! – Gott befohlen
60 Sei dein berückter Sinn.

Du sollst ein Nönnchen werden,
Ein Nönnchen schwarz und weiß,
Bereite dich auf Erden
64 Zu deines Todes Reis'."

Zum Kloster sie nun ritten,
Die Ritter alle drei,
Und traurig in der Mitten
68 Die schöne Lore Lay.

„O Ritter laßt mich gehen,
Auf diesen Felsen groß,
Ich will noch einmal sehen
72 Nach meines Lieben Schloß.

Literaturepochen

Blick vom linken Rheinufer bei St. Goar auf die Loreley

Ich will noch einmal sehen
Wohl in den tiefen Rhein,
Und dann ins Kloster gehen
76 Und Gottes Jungfrau sein."

Der Felsen ist so jähe,
So steil ist seine Wand,
Doch klimmt sie in die Höhe,
80 Bis daß sie oben stand.

Es binden die drei Ritter,
Die Rosse unten an,
Und klettern immer weiter,
84 Zum Felsen auch hinan.

Die Jungfrau sprach: „da gehet
Ein Schifflein auf dem Rhein,
Der in dem Schifflein stehet,
88 Der soll mein Liebster sein.

Mein Herz wird mir so munter,
Er muß mein Liebster sein!" –
Da lehnt sie sich hinunter
92 Und stürzet in den Rhein.

Die Ritter mußten sterben,
Sie konnten nicht hinab,
Sie mußten all verderben,
96 Ohn Priester und ohn Grab.

Wer hat dies Lied gesungen?
Ein Schiffer auf dem Rhein,
Und immer hats geklungen
100 Von dem drei Ritterstein:

    Lore Lay
    Lore Lay
    Lore Lay
104 Als wären es meiner drei.

CLEMENS BRENTANO: GEDICHTE. SAMMLUNG AUS DEM PROJEKT GUTENBERG 2017, GUTENBERG.SPIEGEL.DE – ALTE RECHTSCHREIBUNG

a) Beschreiben Sie Lore Lay.

b) Analysieren Sie die Ballade nach Merkmalen des Romantischen.

c) Bestimmen Sie volksliedhafte Elemente.

Text 2

Heinrich Heine
LORELEI (1824)

Ich weiß nicht, was soll es bedeuten,
daß ich so traurig bin;
ein Märchen aus alten Zeiten,
4 das kommt mir nicht aus dem Sinn.

Die Luft ist kühl und es dunkelt,
und ruhig fließt der Rhein;
der Gipfel des Berges funkelt
8 im Abendsonnenschein.

Die schönste Jungfrau sitzet
dort oben wunderbar,
ihr goldnes Geschmeide blitzet,
12 sie kämmet ihr goldenes Haar.

Sie kämmt es mit goldenem Kamme
und singt ein Lied dabei;
es hat eine wundersame,
16 gewaltige Melodei.

Den Schiffer im kleinen Schiffe
ergreift es mit wildem Weh,
er schaut nicht die Felsenriffe,
er schaut nur hinauf in die Höh.

Ich glaube, die Wellen verschlingen
am Ende Schiffer und Kahn;
und das hat mit ihrem Singen
die Lorelei getan.

In: Wolfgang Frühwald (Hg.): Gedichte der Romantik, Reclam – alte Rechtschreibung

a) **Vergleichen** Sie Heines Darstellung der Lorelei mit Brentanos.

b) **Erklären** Sie die Traurigkeit des lyrischen Ich (Zeile 2).

c) **Bestimmen** Sie volksliedhafte Stilelemente.

d) Heines „Lorelei" wurde mehrfach vertont, die berühmteste Version stammt von Friedrich Silcher (1789–1860). Hören Sie sich diese und mindestens eine weitere an. – **Diskutieren** Sie mit Ihren Mitschülerinnen/Mitschülern, warum gerade Silchers Vertonung so bekannt geworden und geblieben ist.

e) Suchen Sie zwei der folgenden Gedichte in einer Bibliothek oder im Internet. – **Vergleichen** Sie die Darstellung der Figur der Lorelei mit Brentanos oder Heines.

Weitere Lorelei-Gedichte
- Joseph von Eichendorff: Waldgespräch (1815)
- Erich Kästner: Der Handstand auf der Loreley (1932)
- Peter Rühmkorf: Hochseil (1975)
- Ulla Hahn: Meine Loreley (ca. 1980)

Text 3

Daniel Kehlmann
DIE TRICKS DER SCHRIFTSTELLEREI

Literatur besteht aus Tricks, aus Technik, Komposition, genau geplanten Effekten. Und ebendort, wo sie am zartesten scheint, am tiefsten gefühlt, ist das Handwerk am wirksamsten; aus reiner Unmittelbarkeit entsteht keine Poesie.

Ganz besonders gilt das für das scheinbar volksliedhafteste deutsche Gedicht, die Loreley, die eigentlich nichts anderes ist als die Auseinandersetzung des modernen Kunstgedichts mit dem Volkslied an sich. Ein „Märchen aus alten Zeiten" wird hier ja nur auf den ersten Blick erzählt, schon der zweite verrät, dass ebendies nicht geschieht, vielmehr wird eine Legende bruchstückhaft herbeizitiert und scheinbar achtlos wieder fallen gelassen. Die Verbindung von Intellekt und Gefühl, von Romantik und Distanz, um die es Heine so sehr zu tun ist, dass sie ihm oft zum nur mehr routiniert beschworenen Topos wird (des berühmten Fräuleins Rührung über den Sonnenuntergang enthält weniger Klischee als Heines Spott über ihre Gefühle), in diesem Fall ist sie ganz und gar gelungen.

Daniel Kehlmann, deutscher Schriftsteller (geboren 1975)

Es geht um das alte Deutschland, jenes sagendurchwirkte Reich voller Geister, Hexen, Kobolde und goldhaariger Feen, wie es nur die beiden Grimms und die Träume der Romantik erschaffen konnten, um das mythische Mittelalter der deutschen Sehnsucht. Der wahre Tempus des Mythischen aber ist die Vergangenheit, sein geziemender Erzählton die Melancholie; selbst in Homers Troja wird schon mit Trauer und Sehnsucht auf die ferne Zeit zurückgeblickt, in der Götter unverhüllt unter den Menschen wandelten. Die Vermischung der Welten, das Ineinanderfließen von Magie, Wunder und alltäglicher Realität ist immer nur als fern zurückliegender Zustand denkbar – vergegenwärtigt, als Historienfilm sozusagen, wird das Mythische albern, ja kindisch. Heine weiß das genau, deshalb kann sein lyrischer Erzähler das Märchen aus alten Zeiten kaum mehr erinnern; die Loreley ist ein Gedicht über eine fast vergessene Ballade, in deren Mittelpunkt die „gewaltige Melodei" eines großen, verlorenen Liedes steht.

Denn was ist es eigentlich, das den Sprecher so traurig macht? Doch nicht das Schicksal des namenlosen Schiffers, sondern der Umstand, dass er an die Fee, die diesen verzaubert, nicht mehr glauben, dass er nicht mehr naiv sein kann und für ihn solch gewaltige Melodien nie erklingen werden. Nur im alten Märchen lebt die Erinnerung an das Lied weiter, das die goldhaarige Jungfrau auf ihrem Felsen gesungen hat – eine Melodie von wahrer, ursprünglicher Magie, von einer unmittelbaren Macht zu binden und zu lösen, wie sie sich der moderne Lyriker bloß noch erträumen kann. Schließlich ist es ja diese Melodie, weit mehr noch als die Schönheit der Fee, die den Fischer mit wildem Weh ergreift; ausdrücklich heißt es, die Loreley habe ihn „mit ihrem Singen" getötet.

Und schon lässt Heine, als Vertreter einer Modernität, der solche Kraft nicht mehr zu Gebote steht, die kunstvoll geschürzten Fäden wieder fallen. Eine wohlkalkulierte Geste der Resignation, keine Klimax, kein Wendepunkt, ja nicht einmal die Sicherheit, wie es nun eigentlich ausgegangen ist. „Ich glaube, die Wellen verschlingen am Ende Schiffer und Kahn." Vielleicht ja auch nicht, womöglich hatte die Geschichte ein anderes Ende, oder auch gar keines, und letztlich ist es ja auch nicht wichtig, dies alles ist erstens lange her und zweitens nie passiert; denn natürlich hat es das Märchen aus alten Zeiten ebensowenig gegeben wie die schönste Jungfrau oder ihre Melodie. Es gibt nur uns, die wir modern sind und gern wieder naiv wären, mit unserem aufgeklärten, unglücklichen Bewusstsein. Und eine Dichtung, deren raffiniertes Arrangement aus Anklängen, Ahnungen und Anspielungen uns für Momente bewusstmachen kann, was wir verloren haben.

DANIEL KEHLMANN, DIE ZEIT

a) **Geben** Sie KEHLMANNS Analyse in Form eines Thesenblatts **wieder**.

b) **Beurteilen** Sie KEHLMANNS Thesen.

Rückzug – Natur – Idylle

Einblick in die Literatur des Biedermeier (ca. 1815–1848)

Ferdinand Georg Waldmüller: Seifenblasende Kinder (1843)

JOHANN NEPOMUK NESTROY: ZITATE ZUM THEMA „ZENSUR"

Die Zensur ist die jüngere von zwei schändlichen Schwestern, die ältere heißt Inquisition.

Die Zensur ist das lebendige Geständnis der Großen, daß sie nur verdummte Sklaven treten, aber keine freien Völker regieren können.

Der Zensor ist ein Mensch gewordener Bleistift oder ein bleistiftgewordener Mensch, ein fleischgewordener Strich über die Erzeugung des Geistes, ein Krokodil, das an den Ufern des Ideenstromes lauert und den darin schwimmenden Literaten die Köpf abbeißt.

Johann Nepomuk Nestroy

3 Biedermeier — BEISPIEL

Ludwig Pfau (1821–1894) ist ein deutscher Schriftsteller, Publizist und politischer Aktivist, der literarisch vor allem mit seiner Lyrik Bekanntheit erlangte.

Ludwig Pfau
HERR BIEDERMEIER (1847)

Mitglied der „besitzenden und gebildeten Klasse"

Schau, dort spaziert Herr Biedermeier
Und seine Frau, den Sohn am Arm;
Sein Tritt ist sachte wie auf Eier,
5 Sein Wahlspruch: Weder kalt noch warm.
Das ist ein Bürger hochgeachtet,
Der geistlich spricht und weltlich trachtet;
Er wohnt in jenem schönen Haus
Und – leiht sein Geld auf Wucher aus.

10 Gemäßigt stimmt er bei den Wahlen,
Denn er missbilligt allen Streit;
Obwohl kein Freund vom Steuerzahlen,
Verehrt er sehr die Obrigkeit.
Aufs Rathaus und vor Amt gerufen,
15 Zieht er den Hut schon auf den Stufen;
Dann aber geht er stolz nach Haus
Und – leiht sein Geld auf Wucher aus.

Am Sonntag in der Kirche fehlen,
Das wäre gegen Christenpflicht;
20 Da holt er Labung seiner Seelen –
Und schlummert, wenn der Pfarrer spricht.
Das führt ihn lieblich bis zum Segen,
Den nimmt der Wackre fromm entgegen.
Dann geht er ganz erbaut nach Haus
25 Und – leiht sein Geld auf Wucher aus. [...]

O edles Haus! O feine Sitten!
Wo jedes Gift im Keim erstickt,
Wo nur gepflegt wird und gelitten,
Was gern sich duckt und wohl sich schickt.
30 O wahre Bildung ohne Spitzen!
Nur der Besitz kann dich besitzen –
Anstand muss sein in Staat und Haus,
Sonst – geht dem Geld der Wucher aus.

Ludwig Pfau: Gedichte, Bonz

a) Geben Sie die Charaktereigenschaften **wieder,** die „Herrn Biedermeier" zugeschrieben werden.

b) Erschließen Sie, wogegen sich die Kritik in diesem Gedicht richtet.

c) Diskutieren Sie, wie weit diese biedermeierliche Denk- und Lebensweise heutzutage in unserer Gesellschaft existiert.

Biedermeier (1815–1848)   WERKZEUG

Historische Einordnung

Die Epoche des Biedermeier, auch als Restaurationszeit bezeichnet, ist politisch gekennzeichnet durch die Wiederherstellung der **absolutistischen Ordnung** Europas vor NAPOLEON (1769–1821). Fürst METTERNICH gelingt es, auf dem **Wiener Kongress** (1815) ein „Gleichgewicht der politischen Kräfte bzw. Staaten" zu verhandeln, das einerseits die Vorherrschaft Österreichs und andererseits den Frieden auf dem europäischen Kontinent sichern sollte. Die positiven Aspekte dieser Neuordnung nach 1815 sind das zwischenzeitliche Ausbleiben militärischer Auseinandersetzungen und der damit einhergehende wirtschaftliche Aufschwung. Handwerk und Handel erleben eine Blütezeit, der allgemeine Wohlstand steigt.

KLEMENS WENZEL LOTHAR VON METTERNICH, österreichischer Politiker (1773–1859)

Überwachung – Spitzelapparat und Zensur

Das Bürgertum ist von jeglicher politischen Mitbestimmung ausgeschlossen. In Vereinen, Burschenschaften etc. sieht METTERNICH eine Gefahr für den Vielvölkerstaat Österreich, weshalb er ein **Spitzelwesen** installiert, um alle dem staatlichen Gebilde feindlichen Regungen im Keim zu ersticken.
Nicht nur die Bürger/innen werden bespitzelt, auch die literarischen Werke und journalistischen Texte werden genauestens von der **Zensur** überwacht, damit staatsfeindliches Gedankengut von den Menschen ferngehalten wird.

Epochenbegriff – die Figur des „Biedermeier"

Pate für den Epochenbegriff des Biedermeier steht die fiktive Figur des Gottlieb Biedermaier, unter dessen Namen in den Münchner „Fliegenden Blättern" Gedichte veröffentlicht werden. Diese Figur, Dorfschullehrer von Beruf, wird als **spießbürgerlicher Kleingeist** charakterisiert, der angepasst, zufrieden und unpolitisch in der dörflichen Idylle seinen Berufungen – dem Lehren und dem Schreiben – nachgeht. In Wirklichkeit sind seine Gedichte aber von dem Dichter LUDWIG EICHRODT (1827–1892) und dem Arzt ADOLF KUSSMAUL (1822–1902) erfundene Parodien, die sich auf ein reales Vorbild, den Dichter SAMUEL FRIEDRICH SAUTER (1766–1846), und auf das **unpolitische und angepasste Verhalten des Bürgertums** beziehen.
Der Begriff des Biedermeier wird auch für den damals typischen Wohnstil, Möbel und die bildende Kunst (Landschaftsmalerei, Familienidyll, Innenraum- und Zimmerbilder) verwendet.
Erst seit dem 20. Jahrhundert wird der Begriff „Biedermeier" auch zur Bezeichnung der damaligen Literaturepoche herangezogen.

Carl Spitzweg: Sonntagsspaziergang (1841)

Literatur

Alle schon genannten Attribute können auch der Literatur dieser Epoche beigefügt werden. Nicht die Revolution oder Selbstverwirklichung stehen im Zentrum der Texte, sondern **das kleine Glück, die familiäre Geborgenheit** im kleinbürgerlichen oder auch gutshöflichen Gartenidyll etc. Dies bildet die Folie, auf der sich jene – oftmals ins Unheimliche tendierenden – Konflikte abspielen, die durch den wirren Geist, die verderbte Seele des Einzelnen ausgelöst werden.

Viele Texte sind geprägt von einer **melancholischen Grundhaltung,** dem wehmütigen Rückblick auf eine verlorene Vergangenheit; einsame, eigenbrötlerische Herzen schwelgen schwermütig in Erinnerungen. Die Darstellungen sind meist sachlich, **präzise und detailverliebt.** Sprachlich herrscht oftmals ein verhaltener, leiser Ton. Der inhaltlichen Darstellung des Kleinen wird sprachlich beispielsweise mit der Verwendung von Diminutiven Rechnung getragen.

Literaturepochen

die literarische Skizze = Darstellung von Stimmungen, kurzen Handlungen, oft nur grob umrissen und nicht im Detail ausgeführt

Epik
Das Biedermeier wird auch als die Epoche der geselligen Kleinkunst bezeichnet, in der **Erzählungen** und **Novellen** eine bedeutende Rolle spielen und sich auch **Kleinformen** wie Märchen, Stimmungsbilder, Kalendergeschichten und literarische Skizzen großer Beliebtheit erfreuen.

ADALBERT STIFTER (1805–1868) ist Maler und Dichter zugleich. Seine Texte erscheinen manchmal wie Gemälde, da er den wahrgenommenen Augenblick detailreich festzuhalten und sprachlich akribisch genau zu beschreiben versucht. Die laut polternde äußere Welt ist in seinen Texten nicht abgebildet. Er versucht die **inneren Stimmungen,** die kleinen inneren Bewegungen einzufangen. Denn seiner Ansicht nach können diese kleinen, oft unsichtbaren Veränderungen auf die äußere Welt eine große Auswirkung haben.

Die **Natur** wird in der Literatur des Biedermeier einerseits als friedliche, den Menschen umgebende Idylle dargestellt, andererseits wird sie aber auch als bedrohliche über den Menschen hereinbrechende Macht wahrgenommen.

In ihrer Novelle „Die Judenbuche" (1842) stellt ANNETTE VON DROSTE-HÜLSHOFF (1797–1848) das Irritierende und Bedrohliche von Natur und Mensch ins Zentrum. Zwar erscheint die Natur bzw. das menschliche Naturell oberflächlich als harmonisch, bei genauerem Hinsehen zerbricht dieses idyllische Bild jedoch und das wahre Wesen der Dinge tritt in Erscheinung.

Mit Kunst, Dichtung im Allgemeinen und Poesie sowie Prosa im Besonderen setzt sich GRILLPARZER in seinen „Ästhetischen Studien" auseinander:

> *Wissenschaft und Kunst oder, wenn man will: Poesie und Prosa, unterscheiden sich voneinander, wie eine Reise und eine Spazierfahrt. Der Zweck der Reise liegt im Ziel, der Zweck der Spazierfahrt im Weg. Die prosaische Wahrheit ist die Wahrheit des Verstandes, des Denkens. Die poetische ist dieselbe Wahrheit, aber in dem Kleide, der Form, der Gestalt, die sie im Gemüte annimmt.*
>
> FRANZ GRILLPARZER

Lyrik
Auch in der Lyrik finden sich zahlreiche **idealisierte Naturdarstellungen** und Stimmungsbilder, in denen das lyrische Ich intensiv mit der es umgebenden Natur in Kontakt tritt. Schwingt bei ANNETTE VON DROSTE-HÜLSHOFF immer wieder leise Dramatik oder auch Unbehagen hinsichtlich der Naturerscheinungen mit („Der Knabe im Moor", 1842), so stehen bei EDUARD MÖRIKE (1804–1875) und NIKOLAUS LENAU (1802–1850) eher melancholische und sehnsuchtsvolle Stimmungen im Vordergrund. Gesellschaftskritik oder politisches Engagement ist in den Gedichten kein Thema.

Dramatik
Erfüllt FRANZ GRILLPARZER (1791–1872) mit seinen Dramen die Ansprüche des (gehobenen) Bürgertums, so bedienen FERDINAND RAIMUND (1790–1836) und JOHANN NEPOMUK NESTROY (1801–1862) mit ihren Volksstücken das einfachere Gemüt. Das heißt aber nicht, dass das gehobenere Publikum die Aufführungen ihrer Stücke nicht besucht.

FRANZ GRILLPARZER gilt als „der Klassiker" des österreichischen Dramas. Er bearbeitet in seinen Stücken ähnlich wie die Weimarer Klassiker Stoffe der klassischen Antike oder nimmt historisch-politisches Geschehen zum Anlass für seine Dramen.

Alt-Wiener Volkstheater – Zaubermärchen und Posse

Mit JOHANN NEPOMUK NESTROY und FERDINAND RAIMUND erlebt das **Volksstück** einen ersten Höhepunkt in der österreichischen Literatur. Durch die Autoren LUDWIG ANZENGRUBER (1839–1889), ÖDÖN VON HORVÁTH (1901–1938), PETER TURRINI (geb. 1944), FELIX MITTERER (geb. 1948) u. a. wird das Volksstück über die Zeiten hinweg immer wieder neu belebt.

Zum **Volksstück** siehe auch WERKZEUG-Blätter der Kapitel „Realismus", „Zwischenkriegszeit" und „Drama nach 1945"

FERDINAND RAIMUND verfasst sogenannte **Zaubermärchen** bzw. Zauberstücke, in denen sich ein Individuum durch persönliche Einsicht zu einem besseren, bescheidenen und zufriedenen Wesen entwickelt. Seine Protagonistinnen und Protagonisten sind meist mit Lastern und Fehlern behaftete Menschen oder Wesen aus anderen Sphären (Feen, Nymphen, Zwerge, Geister etc.). Die menschlichen Helden stammen vornehmlich aus einfachen Verhältnissen, sie sind Bauern,

Handwerker, Dienstboten etc. Die den Konflikt auslösenden Figuren sind unangepasste Feentöchter oder nach Reichtum strebende einfache Leute, die in diesen **„Besserungsstücken"** moralisch belehrt und auf den richtigen, der überirdischen oder irdischen Gesellschaft entsprechenden Weg gebracht werden.

Ein wesentliches Stilmittel in den Stücken RAIMUNDS ist die Personifikation. So treten beispielsweise der Neid, die Hoffnung, die Jahreszeiten oder die Jugend als Figuren auf und greifen in die jeweilige Handlung ein.

Ganz der Epoche des Biedermeier getreu, geht es RAIMUND aber nicht um die Anprangerung oder Veränderung gesellschaftspolitischer Verhältnisse. In seinen Stücken beugen sich die handelnden Figuren der jeweils übergeordneten Macht.

Auch JOHANN NEPOMUK NESTROY beginnt seine Karriere mit Zauberstücken, entwickelt seine **Possen** aber dahingehend weiter, dass er auf den Einfluss überirdischer Wesen und Mächte verzichtet. Im Zentrum stehen auch bei ihm Figuren aus dem einfachen Volk. Durch Verwechslungen, Verkleidungen oder das Vortäuschen anderer Identitäten entstehen die Konfliktsituationen und die Komik in seinen Stücken.

NESTROY ist ein **Meister der Ironie und des Witzes.** Seine Protagonistinnen und Protagonisten sind zumeist ungebildete Dummköpfe (sie entstammen oft ländlichen Gegenden), die sich für klug und intelligent halten, letztlich aber an der eigenen Naivität scheitern. Damit steht NESTROY mit seinen Helden ganz in der **Tradition des „Hanswurst",** der Jahrzehnte zuvor von den Theaterbühnen verbannt worden ist, aber in Form von Thaddädl, Kasperl und Staberl in den Volksstücken weiter eine stehende Rolle besetzt.

Ein weiterer Aspekt der Komik in seinen Stücken ist der NESTROY'SCHE **Sprachwitz.** Der aus einfachen sozialen Verhältnissen stammende Dummkopf eignet sich die Sprache der Gebildeten an, will vornehm sprechen, ist aber nicht in der Lage dazu und verwendet die Begriffe falsch und unpassend. Zudem sind Doppeldeutigkeiten und überraschende Vergleiche in NESTROYS Stücken Auslöser für Witz und Ironie.

Im Gegensatz zu RAIMUND nimmt sich NESTROY kein Blatt vor den Mund und stellt in seinen Stücken die Obrigkeit oftmals an den Pranger. So kommt er immer wieder in **Konflikt mit dem METTERNICH'SCHEN Zensursystem,** dem er ebenso mit Polemik und Sprachwitz begegnet. Um diese Zensur zu umgehen, finden sich in seinen Stücken Couplets, auf der Bühne gesungene Gedichte, die aktuelle und politische Geschehen zum Inhalt haben. Sie werden ständig modifiziert und im geschriebenen Stück, das der Zensur vorzulegen ist, nicht abgedruckt.

die Posse = Theaterstück, dessen Handlung durch Verwechslungen, unwahrscheinliche Zufälle, Übertreibungen etc. und eine oft derbe Sprache komisch wirkt

Zum **Hanswurst** siehe auch WERKZEUG des Kapitels „Aufklärung" in „Blattwerk Deutsch – Texte, 5/6 AHS"

die stehende Rolle = Figur, die in unterschiedlichen Stücken immer wieder in Erscheinung tritt

Wichtige Autorinnen/Autoren und Werke des Biedermeier	
Franz Grillparzer	Die Ahnfrau (1817), Sappho (1818), Das goldene Vlies (1819), König Ottokars Glück und Ende (1825), Der Traum ein Leben (1834), Libussa (1848) (Dramen)
Ferdinand Raimund	Das Mädchen aus der Feenwelt oder Der Bauer als Millionär (1826), Der Alpenkönig und der Menschenfeind (1828), Der Verschwender (1834) (Zauberspiele)
Johann Nepomuk Nestroy	Der böse Geist Lumpazivagabundus oder Das liederliche Kleeblatt (1833, Zauberposse) Der Talisman (1840), Der Zerrissene (1844) (Possen)
Adalbert Stifter	Bunte Steine (1853), Der Nachsommer (1857) (Erzählungen, Novellen)
Annette von Droste-Hülshoff	Gedichte, Balladen Die Judenbuche (1842, Novelle)
Eduard Mörike	Gedichte Maler Nolten (1832, Roman) Mozart auf der Reise nach Prag (1855, Novelle)
Nikolaus Lenau	Gedichte
Jeremias Gotthelf	Die schwarze Spinne (1842), Elsi, die seltsame Magd (1843) (Novellen)

Literaturepochen

Arbeitsaufgaben „Biedermeier"

1. **Idylle – Melancholie – Liebe**

   NIKOLAUS LENAU ist ein bedeutender österreichischer Lyriker des 19. Jahrhunderts und des Biedermeier. Oftmals steht die Natur im Zentrum seiner Gedichte, die in vielen Fällen eine traurige und melancholische Grundhaltung aufweisen.

   Nikolaus Lenau
   AUF DEM TEICH, DEM REGUNGSLOSEN (1832)

   Auf dem Teich, dem Regungslosen,
   Weilt des Mondes holder Glanz,
   Flechtend seine bleichen Rosen
   4   In des Schilfes grünen Kranz.

   Hirsche wandeln dort am Hügel,
   Blicken durch die Nacht empor;
   Manchmal regt sich das Geflügel
   8   Träumerisch im tiefen Rohr.

   Weinend muß mein Blick sich senken;
   Durch die tiefste Seele geht
   Mir ein süßes Dein gedenken,
   12 Wie ein stilles Nachtgebet.

   NIKOLAUS LENAU: SÄMTLICHE WERKE UND BRIEFE, BD. 1, INSEL – ALTE RECHTSCHREIBUNG

   a) **Unterstreichen** Sie alle Wörter und Wendungen, denen das Attribut „sanft" zugeordnet werden kann.

   b) **Diskutieren** Sie, wessen das lyrische Ich gedenkt – lebt diese Person oder ist sie bereits verstorben?

   c) **Fertigen** Sie eine Skizze, eine Zeichnung, ein Gemälde **an,** welche/s den im Gedicht präsentierten Inhalt darstellt.

2. **Das sanfte Gesetz – die Gewalt der Erscheinungen**

   ADALBERT STIFTER ist wohl einer der bekanntesten österreichischen Autoren des Biedermeier und auch einer der umstrittensten. Von den einen wird er als jener gefeiert, der die Natur in seinem Wesen zu erkennen und bis ins letzte Detail darzustellen vermag, von den anderen wird er abgetan als rückwärtsgewandter und biederer Dichter.

   Text 1

   Adalbert Stifter
   DIE SONNENFINSTERNIS (1847)

   [...] Nie und nie in meinem ganzen Leben war ich so erschüttert, von Schauer und Erhabenheit so erschüttert, wie in diesen zwei Minuten, es war nicht anders, als hätte Gott auf einmal ein deutliches Wort gesprochen und ich hätte es verstanden. Ich stieg von der Warte herab, wie vor
   5   tausend und tausend Jahren etwa Moses von dem brennenden Berge herabgestiegen sein mochte, verwirrten und betäubten Herzens.

   Es war ein so einfach Ding. Ein Körper leuchtet einen andern an, und dieser wirft seinen Schatten auf einen dritten: aber die Körper stehen in solchen Abständen, daß wir in unserer Vorstellung kein Maß mehr

Adalbert Stifter: Partie aus den westungarischen Donauauen mit aufsteigendem Gewitter (um 1841)

dafür haben, sie sind so riesengroß, daß sie über alles, was wir groß heißen, hinausschwellen – ein solcher Komplex von Erscheinungen ist mit diesem einfachen Dinge verbunden, eine solche moralische Gewalt ist in diesen physischen Hergang gelegt, daß er sich unserem Herzen zum unbegreiflichen Wunder auftürmt.

[...] Seltsam war es, daß dies unheimliche, klumpenhafte, tief schwarze, vorrückende Ding, das langsam die Sonne wegfraß, unser Mond sein sollte, der schöne sanfte Mond, der sonst die Nächte so florig silbern beglänzte; aber doch war er es, und im Sternenrohr erschienen auch seine Ränder mit Zacken und Wulsten besetzt, den furchtbaren Bergen, die sich auf dem uns so freundlich lächelnden Runde türmen.

Wir hatten uns das Eindämmern wie etwa ein Abendwerden vorgestellt, nur ohne Abendröte; wie geisterhaft ein Abendwerden ohne Abendröte sei, hatten wir uns nicht vorgestellt, aber auch außerdem war dies Dämmern ein ganz anderes, es war ein lastend unheimliches Entfremden unserer Natur; gegen Südost lag eine fremde, gelbrote Finsternis, und die Berge und selbst das Belvedere wurden von ihr eingetrunken – die Stadt sank zu unsern Füßen immer tiefer, wie ein wesenloses Schattenspiel hinab, das Fahren und Gehen und Reiten über die Brücke geschah, als sähe man es in einem schwarzen Spiegel – die Spannung stieg aufs höchste – einen Blick tat ich noch in das Sternrohr, er war der letzte; so schmal wie mit der Schneide eines Federmessers in das Dunkel geritzt, stand nur mehr die glühende Sichel da, jeden Augenblick zum Erlöschen, und wie ich das freie Auge hob, sah ich auch, daß bereits alle andern die Sonnengläser weggetan und bloßen Auges hinaufschauten – sie hatten auch keines mehr nötig; denn nicht anders als wie der letzte Funke eines erlöschenden Dochtes schmolz eben auch der letzte Sonnenfunken weg, wahrscheinlich durch die Schlucht zwischen zwei Mondbergen zurück – es war ein überaus trauriger Augenblick – deckend stand nun Scheibe auf Scheibe – und dieser Moment war es eigentlich, der wahrhaft herzzermalmend wirkte – das hatte keiner geahnt – ein einstimmiges „Ah" aus aller Munde, und dann Totenstille, es war der Moment, da Gott redete und die Menschen horchten.

[...] Der Mond stand mitten in der Sonne, aber nicht mehr als schwarze Scheibe, sondern gleichsam halb transparent wie mit einem leichten Stahlschimmer überlaufen, rings um ihn kein Sonnenrand, sondern ein wundervoller, schöner Kreis von Schimmer, bläulich, rötlich, in Strahlen auseinanderbrechend, nicht anders, als gösse die obenstehende Sonne ihre Lichtflut auf die Mondeskugel nieder, daß es rings auseinanderspritzte – das Holdeste, was ich je an Lichtwirkung sah!

Draußen weit über das Marchfeld hin lag schief eine lange, spitze Lichtpyramide gräßlich gelb, in Schwefelfarbe flammend und unnatürlich blau gesäumt; es war die jenseits des Schattens beleuchtete Atmosphäre, aber nie schien ein Licht so wenig irdisch und so furchtbar, und von ihm floß das aus, mittels dessen wir sahen. Hatte uns die frühere Eintönigkeit verödet, so waren wir jetzt erdrückt von Kraft und Glanz und Massen – unsere eigenen Gestalten hafteten darinnen wie schwarze, hohle Gespenster, die keine Tiefe haben; das Phantom der Stephanskirche hing in der Luft, die andere Stadt war ein Schatten, alles Rasseln hatte aufgehört, über die Brücke war keine Bewegung mehr; denn jeder Wagen und Reiter stand und jedes Auge schaute zum Himmel.

Nie, nie werde ich jene zwei Minuten vergessen – es war die Ohnmacht eines Riesenkörpers, unserer Erde.

Wie heilig, wie unbegreiflich und wie furchtbar ist jenes Ding, das uns stets umflutet, das wir seelenlos genießen und das unseren Erdball
65 mit solchen Schaudern zittern macht, wenn es sich entzieht, das Licht, wenn es sich nur kurz entzieht.

IN: STEPHAN HERMLIN (HG.): DEUTSCHES LESEBUCH. VON LUTHER BIS LIEBKNECHT, RECLAM – ALTE RECHTSCHREIBUNG

a) **Untersuchen** Sie den Text auf seine sprachliche Gestaltung hin. Wodurch entsteht die Spannung, die STIFTER Zeile für Zeile aufzubauen vermag bzw. aufzubauen versucht?

b) **Unterstreichen** Sie alle Wendungen mit Adjektiven in diesem Textausschnitt und beschreiben Sie deren Wirkung.

c) **Setzen** Sie obige Textstelle mit ADALBERT STIFTERS literarischem Programm des sanften Gesetzes (siehe Text 2) **in Beziehung**. Trifft dieses Gesetz auf die oben angeführte Textstelle zu?

Text 2

Adalbert Stifter
BUNTE STEINE (Auszüge aus der Vorrede, 1853)

Weil wir aber schon einmal von dem Großen und Kleinen reden, so will ich meine Ansichten darlegen, die wahrscheinlich von denen vieler anderer Menschen abweichen. Das Wehen der Luft, das Rieseln des Wassers, das Wachsen der Getreide, das Wogen des Meeres, das Grünen
5 der Erde, das Glänzen des Himmels, das Schimmern der Gestirne halte ich für groß: das prächtig einherziehende Gewitter, den Blitz, welcher Häuser spaltet, den Sturm, der die Brandung treibt, den feuerspeienden Berg, das Erdbeben, welches Länder verschüttet, halte ich nicht für größer als obige Erscheinungen, ja ich halte sie für kleiner, weil sie nur
10 Wirkungen viel höherer Gesetze sind. Sie kommen auf einzelnen Stellen vor und sind die Ergebnisse einseitiger Ursachen. [...]

So wie es in der äußeren Natur ist, so ist es auch in der inneren, in der des menschlichen Geschlechtes. Ein ganzes Leben voll Gerechtigkeit, Einfachheit, Bezwingung seiner selbst, Verstandesmäßigkeit, Wirksam-
15 keit in seinem Kreis, Bewunderung des Schönen, verbunden mit einem heiteren gelassenen Sterben, halte ich für groß: mächtige Bewegungen des Gemütes, furchtbar einherrollenden Zorn, die Begier nach Rache, den entzündeten Geist, der nach Tätigkeit strebt, umreißt, ändert, zerstört und in der Erregung oft das eigene Leben hinwirft, halte ich nicht
20 für größer, sondern für kleiner, da diese Dinge so gut nur Hervorbringungen einzelner und einseitiger Kräfte sind, wie Stürme, feuerspeiende Berge, Erdbeben. Wir wollen das sanfte Gesetz zu erblicken suchen, wodurch das menschliche Geschlecht geleitet wird. Es gibt Kräfte, die nach dem Bestehen des Einzelnen zielen. Sie nehmen alles und verwen-
25 den es, was zum Bestehen und zum Entwickeln desselben notwendig ist. Sie sichern den Bestand des Einen und dadurch den aller.

ADALBERT STIFTER: GESAMMELTE WERKE IN SECHS BÄNDEN, BD. 3, INSEL

Im Folgenden finden Sie zwei kritische Stimmen zu ADALBERT STIFTER und dessen Art zu schreiben. Der erste Text stammt von FRIEDRICH HEBBEL (1813–1863), einem Zeitgenossen STIFTERS, der zweite von THOMAS BERNHARD (1931–1989), der in seinem Werk „Alte Meister" dem Protagonisten Reger die weiter unten angeführte Kritik in den Mund legt.

Text 3

Friedrich Hebbel
DIE ALTEN NATURDICHTER UND DIE NEUEN. (1849)

Wißt ihr, warum euch die Käfer, die Butterblumen so glücken?
2 Weil ihr die Menschen nicht kennt, weil ihr die Sterne nicht seht!
Schautet ihr tief in die Herzen, wie könntet ihr schwärmen für Käfer?
4 Säht ihr das Sonnensystem, sagt doch, was wär' euch ein Strauß?
Aber das mußte so sein; damit ihr das Kleine vortrefflich
6 Liefertet, hat die Natur klug euch das Große entrückt.

FRIEDRICH HEBBEL: SÄMTLICHE WERKE, 1. ABTEILUNG, BD. 1,
BEHR – ALTE RECHTSCHREIBUNG

Text 4

Thomas Bernhard
ALTE MEISTER (1985)

Stifter ist, alles in allem, sagte er [Reger], geradezu eine meiner größten künstlerischen Lebensenttäuschungen. Jeder dritte oder wenigstens jeder vierte Satz von Stifter ist falsch, jedes zweite oder dritte Bild in
4 seiner Prosa ist verunglückt, und der Geist Stifters überhaupt ist, wenigstens in seinen literarischen Schriften, ein durchschnittlicher. Stifter ist in Wahrheit einer der phantasielosesten Schriftsteller, die jemals geschrieben haben und einer der anti- und unpoetischsten zugleich. Aber
8 die Leser und die literarischen Wissenschaftler sind auf diesen Stifter immer hereingefallen.

THOMAS BERNHARD: ALTE MEISTER, SUHRKAMP

Arbeitsaufgaben

a) **Geben** Sie die wesentlichen Kritikpunkte an ADALBERT STIFTERS literarischem Programm und Schreiben **wieder**.

b) **Überprüfen** Sie die Kritik an ADALBERT STIFTERS Schreiben anhand des Textes „Die Sonnenfinsternis" und des Auszugs aus der Vorrede zu „Bunte Steine".

3. Gerechtigkeit – Vorurteile

Die Novelle „Die Judenbuche" von ANNETTE VON DROSTE-HÜLSHOFF handelt von einem jungen Mann namens Friedrich Mergel, der in ungeordneten und armen Verhältnissen (Vater war Alkoholiker und verstirbt früh) aufwächst. Er verschuldet sich aufgrund von Geltungssucht bei einem Juden, wird zum Mörder an diesem, flieht und gerät auf der Flucht in jahrelange Gefangenschaft. Letztendlich kehrt er in seine Heimat zurück, um sich zum Schluss am Ort des ehemals begangenen Mordes, der Judenbuche, zu erhängen. Eine Nebenhandlung stellt der Holzdiebstahl im beschriebenen Dorf dar, der von den Einwohnern selbst betrieben bzw. geduldet wird.

DROSTE-HÜLSHOFF verarbeitet in ihrer Novelle einen tatsächlich an einem Juden begangenen Mord. Neben der „Kriminalgeschichte" treten aber vor allem die Milieuschilderung und die Gerichtsbarkeit bzw. Rechtsprechung in den Vordergrund.

Annette von Droste-Hülshoff
DIE JUDENBUCHE (1842)

In seinem achtzehnten Jahre hatte Friedrich sich bereits einen bedeutenden Ruf in der jungen Dorfwelt gesichert durch den Ausgang einer Wette, infolge deren er einen erlegten Eber über zwei Meilen weit auf seinem Rücken trug, ohne abzusetzen. Indessen war der Mitgenuß des
5 Ruhms auch so ziemlich der einzige Vorteil, den Margreth [Friedrichs Mutter] aus diesen günstigen Umständen zog, da Friedrich immer mehr auf sein Äußeres verwandte und allmählich anfing, es schwer zu verdauen, wenn Geldmangel ihn zwang, irgend jemand im Dorf darin nachzustehen. Zudem waren alle seine Kräfte auf den auswärtigen
10 Erwerb gerichtet; zu Hause schien ihm, ganz im Widerspiel mit seinem sonstigen Rufe, jede anhaltende Beschäftigung lästig, und er unterzog sich lieber einer harten, aber kurzen Anstrengung, die ihm bald erlaubte

seinem früheren Hirtenamte wieder nachzugehen, was bereits begann, seinem Alter unpassend zu werden, und ihm gelegentlichen Spott
15 zuzog, vor dem er sich aber durch ein paar derbe Zurechtweisungen mit der Faust Ruhe verschaffte. So gewöhnte man sich daran, ihn bald geputzt und fröhlich als anerkannten Dorfelegant an der Spitze des jungen Volks zu sehen, bald wieder als zerlumpten Hirtenbuben einsam und träumerisch hinter den Kühen herschleichend oder in einer
20 Waldlichtung liegend, scheinbar gedankenlos und das Moos von den Bäumen rupfend. [...]

„Eine prächtige Uhr!" sagte der Schweinehirt und schob sein Gesicht in ehrfurchtsvoller Neugier vor. – „Was hat sie gekostet?" rief Wilm Hülsmeyer, Friedrichs Nebenbuhler. – „Willst du sie bezahlen?" fragte
25 Friedrich. – „Hast du sie bezahlt?" antwortete Wilm. Friedrich warf einen stolzen Blick auf ihn und griff in schweigender Majestät zum Fiedelbogen. – „Nun, nun", sagte Hülsmeyer, „dergleichen hat man schon erlebt. Du weißt wohl, der Franz Ebel hatte auch eine schöne Uhr, bis der Jude Aaron sie ihm wieder abnahm." – Friedrich antwortete nicht,
30 sondern winkte stolz der ersten Violine, und sie begannen aus Leibeskräften zu streichen.

Friedrich war nicht mehr dort [auf der Hochzeitsfeier]. Eine große, unerträgliche Schmach hatte ihn getroffen, da der Jude Aaron, ein Schlächter und gelegentlicher Althändler aus dem nächsten Städtchen,
35 plötzlich erschienen war und nach einem kurzen, unbefriedigenden Zwiegespräch ihn laut vor allen Leuten um den Betrag von zehn Talern für eine schon um Ostern gelieferte Uhr gemahnt hatte. Friedrich war wie vernichtet fortgegangen und der Jude ihm gefolgt, immer schreiend: „O weh mir! Warum hab ich nicht gehört auf vernünftige Leute!
40 Haben sie mir nicht hundertmal gesagt, Ihr hättet all Eu'r Gut am Leibe und kein Brot im Schranke!" – Die Tenne tobte von Gelächter; manche hatten sich auf den Hof nachgedrängt. – „Packt den Juden! Wiegt ihn gegen ein Schwein!" riefen einige; andere waren ernst geworden. – „Der Friedrich sah so blaß aus wie ein Tuch", sagte eine alte Frau, und die
45 Menge teilte sich, wie der Wagen des Gutsherrn in den Hof lenkte. [...]

Die Juden der Umgegend hatten großen Anteil gezeigt. Das Haus der Witwe ward nie leer von Jammernden und Ratenden. Seit Menschengedenken waren nicht so viel Juden beisammen in L. gesehen worden. Durch den Mord ihres Glaubensgenossen aufs äußerste erbittert, hatten
50 sie weder Mühe noch Geld gespart, dem Täter auf die Spur zu kommen. Man weiß sogar, daß einer derselben, gemeinhin der Wucherjoel einem seiner Kunden, der ihm mehrere Hunderte schuldete und den er für einen besonders listigen Kerl hielt, Erlaß der ganzen Summe angeboten hatte, falls er ihm zur Verhaftung des Mergel verhelfen wolle; [...] Als
55 dennoch alles nichts half und die gerichtliche Verhandlung für beendet erklärt worden war, erschien am nächsten Morgen eine Anzahl der angesehensten Israeliten im Schlosse, um dem gnädigen Herrn einen Handel anzutragen. Der Gegenstand war die Buche, unter der Aarons Stab gefunden und wo der Mord wahrscheinlich verübt worden war. –
60 „Wollt ihr sie fällen? So mitten im vollen Laube?" fragte der Gutsherr. – „Nein, Ihro Gnaden, sie muß stehenbleiben im Winter und Sommer, solange ein Span daran ist." – „Aber, wenn ich nun den Wald hauen lasse, so schadet es dem jungen Aufschlag." – „Wollen wir sie doch nicht um gewöhnlichen Preis." Sie boten zweihundert Taler. Der Handel ward
65 geschlossen und allen Förstern streng eingeschärft, die Judenbuche

auf keine Weise zu schädigen. – Darauf sah man an einem Abende wohl gegen sechzig Juden, ihren Rabbiner an der Spitze, in das Brederholz ziehen, alle schweigend und mit gesenkten Augen. – Sie blieben über eine Stunde im Walde und kehrten dann ebenso ernst und feierlich zurück, durch das Dorf B. bis in das Zellerfeld, wo sie sich zerstreuten und jeder seines Weges ging. – Am nächsten Morgen stand an der Buche mit dem Beil eingehauen:

אם תעמוד מקום תות יפגי כר כאשר אתה תשיע לי

[...] Dies hat sich nach allen Hauptumständen wirklich so begeben im September des Jahres 1789. – Die hebräische Schrift an dem Baume heißt: [...]

ANETTE VON DROSTE-HÜLSHOFF: SÄMTLICHE WERKE IN ZWEI BÄNDEN, BD. 1, WINKLER – ALTE RECHTSCHREIBUNG

a) Bilden Sie Gruppen und **formulieren** Sie mehrere Sätze, die in die Buche eingeritzt worden sein könnten. **Vergleichen** Sie Ihr Ergebnis mit dem „echten" Satz.

b) Markieren Sie all jene Stellen, an denen Vorurteile Juden gegenüber erwähnt werden, und **setzen** Sie das hier gezeichnete Bild mit jenem in unserer heutigen Gesellschaft **in Beziehung.**

c) **Charakterisieren** Sie Friedrich anhand der angeführten Textstellen.

d) **Diskutieren** Sie, aufgrund welcher Aspekte Friedrich zum Selbstmörder wird.

4. Sprachwitz – Gesellschaftskritik – Vorurteile

Mit den Possen von JOHANN NEPOMUK NESTROY halten Sprachwitz, Gesellschaftskritik und durchaus auch Kritik am politischen System – welche in der Biedermeierzeit oft gar nicht oder nur hinter vorgehaltener Hand geübt wird – Einzug in das Wiener Theater der ersten Hälfte des 19. Jahrhunderts. Schreibt er zu Beginn seiner Karriere als Dramatiker noch Zauberstücke, wendet er sich sehr bald schon der Posse zu. Neben den Stücken „Der böse Geist Lumpacivagabundus oder Das liederliche Kleeblatt" (Zauberposse), „Der Zerrissene" (Posse), „Zu ebener Erde und erster Stock oder Die Launen des Glücks" (Posse) ist wohl „Der Talisman" die bekannteste Posse NESTROYS.

„Der Talisman" – Inhalt

Salome Pockerl (Gänsemagd) und Titus Feuerfuchs (Friseurgeselle), zwei rothaarige junge Menschen, haben aufgrund ihrer Haarfarbe mit Vorurteilen zu kämpfen.
Titus stoppt ein durchgehendes Pferdegespann, in dessen Kutsche sich der Friseur Marquis befindet, der dem Retter zum Dank eine schwarze Perücke schenkt. Diese veränderte Haarfarbe bringt Titus über mehrere Stationen die Stellung als Leibsekretär bei der Frau von Cypressenburg ein, einer verwitweten Adeligen, die auf einem Landgut lebt. Titus wird aber durch den Marquis entlarvt und er verliert seine Stellung.
Auf der Straße trifft er, eine graue Perücke tragend, auf seinen Onkel Spund, der ihn als Universalerben einsetzen will. Titus gibt sich dem Onkel jedoch mit seiner wahren Haarfarbe zu erkennen und schlägt damit das Erbe aus. Nun bemerkt er, dass Salome als Einzige immer zu ihm gestanden hat, und bittet sie, ihn zu heiraten. Den Onkel bittet er um finanzielle Unterstützung, damit er sich ein Friseurgeschäft einrichten kann.

JOHANN NEPOMUK NESTROY, österreichischer Dramatiker, Schauspieler und Opernsänger (1801–1862)

Vegetabilien = veraltet für Gemüse, Nahrungsmittel

Johann Nepomuk Nestroy
DER TALISMAN (1840)

Erster Akt, dritte Szene

SALOME: Ich bleib halt wieder allein z'ruck! Und warum? Weil ich die rotkopfete Salome bin. Rot ist doch g'wiß a schöne Farb', die schönsten Blumen sein die Rosen, und die Rosen sein rot. Das Schönste in der Natur ist der Morgen, und der kündigt sich an durch das prächtigste Rot. Die Wolken sind doch g'wiß keine schöne Erfindung, und sogar die Wolken sein schön, wann s' in der Abendsonn' brennrot dastehn au'm Himmel; drum sag' ich: wer gegen die rote Farb' was hat, der weiß nit, was schön is. Aber was nutzt mich das alles, ich hab doch kein', der mich auf'n Kirtag führt! – Ich könnt' allein hingehn – da spotten wieder die Madeln über mich, lachen und schnattern. Ich geh zu meine Gäns', die schnattern doch nicht aus Bosheit, wann s' mich sehn, und wann ich ihnen 's Futter bring, schaun s' mir auf d' Händ' und nit auf'n Kopf. *(Sie geht rechts im Vordergrunde ab.)*

Erster Akt, siebzehnte Szene

TITUS: Sehr gut! Wer Menschen kennt, der kennt auch die Vegetabilien, weil nur sehr wenig Menschen leben – und viele, unzählige aber nur vegetieren. Wer in der Fruh aufsteht, in die Kanzlei geht, nacher essen geht, nacher präferanzeln geht und nacher schlafen geht, der vegetiert; wer in der Fruh ins G'wölb' geht und nacher auf die Maut geht und nacher essen geht und nacher wieder ins G'wölb' geht, der vegetiert; wer in der Fruh aufsteht, nacher a Roll' durchgeht, nacher in die Prob' geht, nacher essen geht, nacher ins Kaffeehaus geht, nacher Komödie spieln geht, und wenn das alle Tag' so fortgeht, der vegetiert. Zum Leben gehört sich, billig berechnet, eine Million, und das is nicht genug; auch ein geistiger Aufschwung g'hört dazu, und das find't man höchst selten beisammen! Wenigstens, was ich von die Millionär' weiß, so führen fast alle aus millionärrischer Gewinnvermehrungspassion ein so fades, trockenes Geschäftsleben, was kaum den blühenden Namen „Vegetation" verdient.

Dritter Akt, vierte Szene

Spund, Salome (von links auftretend)

Salome: Sie hab'n aber g'wiß nix Übles vor mit ihm?

SPUND: Wann ich schon sag': Nein! Ich tu' ja nur das, was mir der Bräumeister g'sagt hat, denn das ist der einzige Mann, der auf meinen Geist Einfluß hat.

SALOME: Und was hat denn der g'sagt?

SPUND: Er hat g'sagt: „Das haben S' davon, weil S' Ihnen von Jugend auf net um ihn umg'schaut haben! Jetzt geht er durch und macht der Familie vielleicht Schand' und Spott in der Welt!" Drum bin ich ihm nach.

SALOME: Und woll'n ihn etwa gar einsperren lassen?

SPUND: Ich? Für mein Leben gern! Aber der Bräumeister hat gesagt: „Das wär' auch eine Schmach für die Familie."

SALOME: Ah, gengen S', auf'n leiblichen Vettern so bös –

SPUND: O, es kann einem ein leiblicher Vetter in der Seel' z'wider sein, wenn er rote Haar' hat.

SALOME: Is denn das ein Verbrechen?

SPUND: Rote Haar' zeigen immer von ein' fuchsigen Gemüt, von einem hinterlistigen – und dann verschandelt er ja die ganze Freundschaft! Es sein freilich schon alle tot, bis auf mich, aber wie sie waren in unserer Familie, haben wir alle braune Haar' g'habt, lauter dunkle Köpf', kein lichter Kopf zu finden, soweit die Freundschaft reicht, und der Bub' untersteht sich und kommt rotschädlet auf d' Welt.

SALOME: Deßtwegen soll man aber ein' Verwandten nit darben lassen, wenn man anders selber was hat.

SPUND: Was ich hab', verdank' ich bloß meinem Verstand.

SALOME: Und haben Sie wirklich was?

SPUND: Na, ich hoff'! Meine Eltern haben mir keinen Kreuzer hinterlassen. Ich war bloß auf meinen Verstand beschränkt, das is eine kuriose Beschränkung, das!

SALOME: Ich glaub's, aber –

SPUND: Da is nachher eine Godl g'storben und hat mir zehntausend Gulden vermacht. Denk' ich mir, wann jetzt noch a paar sterbeten von der Freundschaft, nachher könnt's es tun. Richtig! Vier Wochen drauf stirbt ein Vetter, vermacht mir dreißigtausend Gulden, den nächsten Sommer steht ein Vetter am kalten Fieber ab, ich erb' zwanzigtausend Gulden. Gleich den Winter drauf schnappt eine Mahm am hitzigen Fieber auf und hinterläßt mir vierzigtausend Gulden; a paar Jahre drauf noch eine Mahm, und dann wieder eine Godl, alles, wie ich mir's denkt hab'! Na, und dann in der Lotterie hab' ich auch achtzehntausend Gulden g'wonnen.

SALOME: Das auch noch?

SPUND: Ja, man muß nit glauben, mit 'm Erben allein is es schon abgetan; man muß was andres auch versuchen; kurzum, ich kann sagen: was ich hab', das hab' ich durch meinen Verstand.

SALOME: Na, so g'scheit wird der Mussi Titus wohl auch sein, daß er Ihnen beerbt, wann S' einmal sterben. [...]

Dritter Akt, einundzwanzigste Szene

Salome; die Vorigen

SPUND *(gerührt):* So alt ist noch kein Bierversilberer wor'n! Bist doch a guter Kerl, trotz die rot'n Haar'!

TITUS: Daß ich nun ohne Erbschaft keine von denen heiraten kann, die die roten Haar' bloß an einem Universalerben verzeihlich finden, das ergibt sich von selbst. Ich heirat', die dem Titus sein' Titus nicht zum Vorwurf machen kann, die schon auf den rotkopfeten pauvre diable a bißl a Schneid g'habt, und das, glaub' ich, war bei dieser da der Fall! *(Schließt die erstaunte Salome in die Arme.)*

SALOME: Was –! Der Mussi Titus –?

TITUS: Wird der deinige! [...]

SPUND *(zu Titus):* Du tust aber, als wenn ich da gar nix dreinz'reden hätt'!

TITUS *(mit Beziehung auf Salome):* Ich weiß, Herr Vetter, die roten Haar'
ⁱ⁵ mißfallen Ihnen, sie mißfallen fast allgemein. Warum aber? Weil der Anblick zu ungewöhnlich is; wann's recht viel' gäbet, käm' die Sach' in Schwung, und daß wir zu dieser Vervielfältigung das unsrige beitragen werden, da kann sich der Herr Vetter verlassen drauf. *(Umarmt Salome.)*

(Während einiger Takte Musik fällt der Vorhang.)

JOHANN NEPOMUK NESTROY: DER TALISMAN, RECLAM

a) **Untersuchen** Sie die Textstelle „Erster Akt, siebzehnte Szene", in der Titus über das (Alltags-)Leben der Menschen philosophiert, auf ihre besondere sprachliche wie inhaltliche Gestaltung anhand des Begriffes „Vegetation".

b) **Analysieren** Sie, wodurch auf der inhaltlichen Ebene die Komik in der vierten Szene des dritten Aktes entsteht.

c) Salome spricht in ihrem Monolog (Erster Akt, dritte Szene) vor den Gänsen über Vorurteile und endet mit folgendem Satz: *„Ich geh' zu meine Gäns', die schnattern doch nicht aus Bosheit, wann s' mich sehn, und wann ich ihnen 's Futter bring', schaun s' mir auf d' Händ' und nit auf'n Kopf."* – **Diskutieren** Sie, welche Aspekte von Vorurteilen sich in dieser Szene und speziell in diesem Satz zeigen.

d) **Vergleichen** Sie die Darstellung von Vorurteilen in den beiden Werken „Die Judenbuche" und „Der Talisman" anhand der angeführten Textstellen.

5. **Große Träume – beschauliches Leben**

FRANZ GRILLPARZER gilt als einer der wichtigsten österreichischen Dramatiker. Er behandelt in seinen Stücken ganz unterschiedliche Stoffe und Themen. So bearbeitet er beispielsweise Stoffe der klassischen Antike (z. B. „Sappho", „Das goldene Vlies"), widmet sich mit dem Stück „König Ottokars Glück und Ende" der habsburgischen Geschichte oder verfasst mit „Weh dem, der lügt" ein Lustspiel.

Im dramatischen Märchen „Der Traum ein Leben" wird in eine Rahmenhandlung eine phantastische Traumhandlung mit vielen Märchenmotiven eingebettet. Rustan, ein nach Abenteuer dürstender Jäger, ist mit Mirza, der Tochter eines reichen Landmannes, verlobt. Nach der Rückkehr von einer Jagd möchte Rustan unbedingt die Welt bereisen, um Abenteuer zu erleben. So bittet er Mirzas Vater, ihn gehen zu lassen. Man überzeugt ihn jedoch, noch eine Nacht zuzuwarten.

Franz Grillparzer
DER TRAUM EIN LEBEN (1834)

Erster Aufzug

RUSTAN: Seht, mich duldet's hier nicht länger.
Diese Ruhe, diese Stille,
Lastend drückt sie meine Brust.
⁵ Ich muß fort, ich muß hinaus,
Muß die Flammen, die hier toben,
Strömen in den freien Äther,
Drücken diesen heißen Busen
An des Feindes heiße Brust,

10 Daß er in gewalt'gem Anstoß
Breche, oder sich entlade;
Muß der aufgeregten Kraft
Einen würd'gen Gegner suchen,
Eh' sie gen sich selber kehrt
15 Und den eignen Herrn verzehrt.
Seht Ihr mich verwundert an?
„Nur ein Tor verhehlt den Brand",
Spracht Ihr selber, laßt mich löschen.
Gebt mir Urlaub und entlaßt mich. [...]

20 MASSUD: Wozu diese hast'ge Eile?
Halt! Es ist jetzt dunkle Nacht.
Ungebahnet sind die Pfade
Und gefahrvoll jeder Schritt.
Davor wahr ich dich zum mindsten.
25 Schlaf noch einmal hier im Hause,
Denk noch einmal, was du willst,
Trifft der Tag dich gleichen Sinnes,
Nun, wohlan, so ziehe hin!
Mirza, komm! wir lassen ihn. [...]

30 *(Alle drei ab.) [...]*

RUSTAN: Sie sind fort! – Es pocht doch ängstlich!
Sie ist gar zu lieb und gut. –
Ob auch! – Fort! – Ich bin erhört,
Und was lang als Wunsch geschlummert,
35 Tritt nun wachend vor mich hin.
Seid gegrüßt, ihr holden Bilder,
Seid mit Jubel mir gegrüßt!
Ich bin müd, die Stirne drückt,
Mattigkeit beschleicht die Glieder.
40 *(Nach dem Lager blickend.)*
Nun, wohlan! Noch einmal ruhn
In dem dumpfen Raum der Hütte,
Kräfte sammeln künft'gen Taten,
Dann befreit auf immerdar.
45 *(Er sitzt auf dem Ruhebette, Harfenklänge erklingen von außen.)*
Horch! Was ist das? Harfentöne?
Wohl der alte Klimprer nah?

(In halb liegender Stellung, mit dem Oberleibe aufgerichtet. Er spricht die Worte des Gesanges nach, die sich jetzt mit den Har-
50 *fentönen verbinden.)*

„Schatten sind des Lebens Güter,
Schatten seiner Freuden Schar,
Schatten Worte, Wünsche, Taten;
Die Gedanken nur sind wahr.

55 Und die Liebe, die du fühlest,
Und das Gute, das du tust,
Und kein Wachen als im Schlafe,
Wenn du einst im Grabe ruhst."

Possen! Possen! Andre Bilder
60 Werden hier im Innern wach.

(Er sinkt zurück. Die Harfentöne währen fort.) [...]

a) Hier setzt die Traumhandlung ein. – Bilden Sie Gruppen und **entwerfen** Sie einen Plot, in dem möglichst viele märchenhafte und phantastische Elemente vorkommen. **Präsentieren** Sie diesen und **vergleichen** Sie Ihr Ergebnis im Anschluss mit dem Original.

MASSUD: Eine Nacht. Es war ein Traum.
    Schau, die Sonne, sie, dieselbe,
    Älter nur um einen Tag,
    Die beim Scheiden deinem Trotze,
5   Deiner Härte Zeugnis gab,
    Schau in ihren ew'gen Gleisen
    Steigt sie dort den Berg hinan,
    Scheint erstaunt auf dich zu weisen,
    Der so träg in neuer Bahn;
10 Und mein Sohn auch, willst du reisen,
    Es ist Zeit, schick nur dich an!

(Die durch das Fenster sichtbare Gegend, die schon früher alle Stufen des kommenden Tages gezeigt hat, strahlt jetzt im vollen Glanze des Sonnenaufganges.)

RUSTAN *(auf die Knie stürzend):*
15 Sei gegrüßt, du heil'ge Frühe,
    Ew'ge Sonne, sel'ges Heut!
    Wie dein Strahl das nächt'ge Dunkel
    Und der Nebel Schar zerstreut,
    Dringt er auch in diesen Busen,
20 Siegend ob der Dunkelheit.

    Was verworren war, wird helle,
    Was geheim, ist's fürder nicht.
    Die Erleuchtung wird zur Wärme,
    Und die Wärme, sie ist Licht.

25 Dank dir, Dank! daß jene Schrecken,
    Die die Hand mit Blut besäumt,
    Daß sie Warnung nur, nicht Wahrheit,
    Nicht geschehen, nur geträumt;
    Daß dein Strahl in seiner Klarheit,
30 Du Erleuchterin der Welt,
    Nicht auf mich, den blut'gen Frevler,
    Nein, auf mich, den Reinen fällt.

    Breit es aus mit deinen Strahlen,
    Senk es tief in jede Brust:
35 Eines nur ist Glück hienieden,
    Eins, des Innern stiller Frieden,
    Und die schuldbefreite Brust.
    Und die Größe ist gefährlich,
    Und der Ruhm ein leeres Spiel;
40 Was er gibt, sind nicht'ge Schatten,
    Was er nimmt, es ist so viel. [...]

FRANZ GRILLPARZER: SÄMTLICHE WERKE, BD. 2, HANSER – ALTE RECHTSCHREIBUNG

b) Geläutert erwacht Rustan am nächsten Morgen, er will die Reise nun doch nicht antreten. – **Begründen** Sie, warum dieses Werk ein „Kind" der Biedermeierzeit ist.

Politisierung – Revolution – Freiheit

Einblick in die Literatur des Vormärz (ca. 1815–1848)

DER DENKER CLUB (DEUTSCHE KARIKATUR VON 1819)

GEORG BÜCHNER: ZITATE ZUM THEMA „TYRANNEI"

Soweit ein Tyrann blicket, verdorret Land und Volk.

Die Unterdrücker der Menschheit bestrafen ist Gnade, ihnen verzeihen ist Barbarei.

Weil wir im Kerker geboren und großgezogen sind, merken wir nicht mehr, daß wir im Loch stecken mit angeschmiedeten Händen und Füßen und einem Knebel im Munde.

GEORG BÜCHNER

4 Vormärz

BEISPIEL

Georg Büchner
DANTONS TOD (1835)

CAMILLE: Ich sage euch, wenn sie nicht alles in hölzernen Kopien bekommen, verzettelt in Theatern, Konzerten und Kunstausstellungen, so haben sie weder Augen noch Ohren dafür. Schnitzt einer eine Marionette, wo man den Strick hereinhängen sieht, an dem gezerrt wird und deren Gelenke bei
5 jedem Schritt in fünffüßigen Jamben krachen – welch ein Charakter, welche Konsequenz! Nimmt einer ein Gefühlchen, eine Sentenz, einen Begriff, und zieht ihm Rock und Hosen an, macht ihm Hände und Füße, färbt ihm das Gesicht und läßt das Ding sich drei Akte hindurch herumquälen, bis es sich zuletzt verheiratet oder sich totschießt – ein Ideal! [...]

10 Setzt die Leute aus dem Theater auf die Gasse: die erbärmliche Wirklichkeit! – Sie vergessen ihren Herrgott über seinen schlechten Kopisten. Von der Schöpfung, die glühend, brausend und leuchtend, um und in ihnen, sich jeden Augenblick neu gebiert, hören und sehen sie nichts. Sie gehen ins Theater, lesen Gedichte und Romane, schneiden den Fratzen darin die
15 Gesichter nach und sagen zu Gottes Geschöpfen: wie gewöhnlich!

GEORG BÜCHNER: DANTONS TOD, RECLAM – ALTE RECHTSCHREIBUNG

die Sentenz = Sinnspruch

Georg Büchner
LENZ (1835)

Er [Lenz] sagte: Der liebe Gott hat die Welt wohl gemacht wie sie sein soll, und wir können wohl nicht was Besseres klecksen, unser einziges Bestreben soll sein, ihm ein wenig nachzuschaffen. Ich verlange in allem Leben, Möglichkeit des Daseins, und dann ist's gut; wir haben dann nicht zu fragen,
5 ob es schön, ob es häßlich ist, das Gefühl, daß, was geschaffen sei, Leben habe, stehe über diesen beiden, und sei das einzige Kriterium in Kunstsachen. Übrigens begegne es uns nur selten, in Shakespeare finden wir es und in den Volksliedern tönt es einem ganz, in Göthe manchmal entgegen; alles übrige kann man ins Feuer werfen. Die Leute können auch keinen Hunds-
10 stall zeichnen. Da wolle man idealistische Gestalten, aber alles, was ich davon gesehen, sind Holzpuppen. Dieser Idealismus ist die schmählichste Verachtung der menschlichen Natur. Man versuche es einmal und senke sich in das Leben des Geringsten und gebe es wieder, in den Zuckungen, den Andeutungen, dem ganzen feinen, kaum bemerkten Mienenspiel; er
15 hätte dergleichen versucht im Hofmeister und den Soldaten. Es sind die prosaischsten Menschen unter der Sonne; aber die Gefühlsader ist in fast allen Menschen gleich, nur ist die Hülle mehr oder weniger dicht, durch die sie brechen muß. Man muß nur Aug und Ohren dafür haben.

GEORG BÜCHNER: LENZ, RECLAM – ALTE RECHTSCHREIBUNG

a) **Geben** Sie die wichtigsten Aussagen der beiden Textausschnitte **wieder.**

b) **Erläutern** Sie die Kritik, die BÜCHNER am idealistischen Konzept der Klassik und Romantik übt, das eine Veränderung der Welt über die Kunst als „ästhetische Erziehung" (SCHILLER) erreichen will.

c) **Diskutieren** Sie mit Ihren Mitschülerinnen/Mitschülern: Stimmen Sie BÜCHNER aus Ihrer gegenwärtigen Perspektive in seiner Kritik zu?

Siehe WERKZEUG der Kapitel „Weimarer Klassik" und „Romantik"

Vormärz (1815–1848)   WERKZEUG

Mit dem Begriff „Vormärz" wird die **Zeit vor der bürgerlichen Revolution** im März 1848 bezeichnet. In der Literatur steht dieser Begriff für eine **Gruppe oppositioneller politischer Dichter/innen.**
Die Problematik der Epocheneinteilung zeigt sich hier besonders stark. In den Literaturgeschichten findet sich auch der Begriff **„Früherrealismus"** alternativ zu Vormärz als Sammelbegriff für die verschiedenen Strömungen. Unterschieden wird die Literatur des Jungen Deutschland von der des literarischen Vormärz. Eine genaue Unterteilung der Merkmale der beiden Gruppierungen ist schwierig, weil es Überlagerungen gibt. Zudem sind viele Autorinnen und Autoren beiden Strömungen zuzuordnen.
Beide Strömungen treten zeitgleich mit dem Biedermeier auf und sind demgemäß auch **Reaktionen** auf die gleiche **gesellschaftliche und politische Situation.** Allerdings sind diese Reaktionen unterschiedlich. Begegnen die Künstler/innen des Biedermeier der Überwachung und Unterdrückung mit Rückzug, setzen sich die Vertreter des Jungen Deutschland und des Vormärz für eine **politische Veränderung** ein.

Junges Deutschland

„Junges Deutschland" ist die Bezeichnung einer literarischen Bewegung der damaligen Zeit (kein Epochenbegriff). Geprägt hat den Begriff der Privatdozent LUDOLF WIENBARG (1802–1872), der seine Sammlung von Vorlesungen mit dem Titel „Ästhetische Feldzüge" (1834) mit den Worten *„Dir, junges Deutschland, widme ich diese Reden, nicht dem alten"* einleitet.

1835 **verbietet** der Bundestag in Frankfurt die Verbreitung der Schriften der Jungdeutschen, denen der Angriff auf die christliche Religion und die Moral sowie die Verunglimpfung der politischen Verhältnisse vorgeworfen wird. Namentlich genannt werden HEINRICH HEINE (1797–1856), KARL GUTZKOW (1811–1878), HEINRICH LAUBE (1806–1884), LUDOLF WIENBARG und THEODOR MUNDT (1808–1861). Allerdings organisieren sich nicht alle Autorinnen und Autoren dieser Gruppierung, sie kennen einander zum Teil nicht einmal, sondern werden von der Zensur dieser Strömung zugeordnet. Häufig kritisieren die Jungdeutschen einander sogar. HEINRICH HEINE hat zum Beispiel immer wieder betont, nicht zum Jungen Deutschland zu gehören.

HEINRICH HEINE nimmt eine Sonderstellung ein. Er gilt sowohl als letzter Dichter der Romantik wie auch als deren Überwinder und Mitbegründer der Literatur des Vormärz.

Gemeinsam ist den Schriftstellerinnen/Schriftstellern, die zu den Jungdeutschen gezählt werden, die **Kritik an der unpolitischen Haltung** früherer und zeitgenössischer Autorinnen und Autoren, die Forderung nach der Widerspiegelung der jeweiligen Gesellschaftszustände in den Texten und die Überzeugung, mit Literatur zur **Verbesserung der Welt** beitragen zu können. **Themen** der Jungdeutschen sind vor allem die Abschaffung der Zensur, die Meinungs- und Pressefreiheit, der Kampf gegen religiöse Bevormundung und die Emanzipation der Frau.

Im Nachhinein werden auch LUDWIG BÖRNE (1786–1837) und GEORG BÜCHNER (1813–1837) den Jungdeutschen zugerechnet. BÜCHNER hat sich allerdings stets vom Jungen Deutschland distanziert. Er teilt zwar viele der Überzeugungen, glaubt aber nicht an eine Veränderung der Gesellschaft durch die Literatur, sondern sieht den Ausweg in einem gewaltsamen revolutionären Umsturz. Somit teilt er eher die Ansichten der Autorinnen und Autoren des literarischen Vormärz.

Den Jungdeutschen kommt die Aufteilung Deutschlands in Kleinstaaten zugute: Jedes Land handhabt die Zensurgesetze anders, und so lassen manche die Werke zu.

Die Revolutionäre des literarischen Vormärz

Einigen Schriftstellerinnen und Schriftstellern sind die Jungdeutschen zu wenig radikal und revolutionär. Sie zeigen dezidert politisches Engagement, setzen Literatur als Mittel politischer Agitation ein und wollen den revolutionären Umsturz. Zu den wichtigsten Vertretern gehören AUGUST HEINRICH HOFFMANN VON FALLERSLEBEN (1798–1874), FERDINAND FREILIGRATH (1810–1876) und GEORG HERWEGH (1817–1875).

Viele Dichter/innen – und zwar sowohl Vertreter/innen des Jungen Deutschland als auch des literarischen Vormärz – werden entweder **verhaftet** (z. B. GUTZKOW und LAUBE) oder gehen ins **Exil** (z. B. HEINE, BÜCHNER, HERWEGH und VON FALLERSLEBEN).

Frauen, die schreiben und um ihre Rechte kämpfen

Zum ersten Mal in der Geschichte der deutschsprachigen Literatur schreibt und publiziert eine größere Zahl von Frauen. Zwar tun sie dies anfangs noch unter einem (z. T. männlichen) Pseudonym, mit zunehmendem Erfolg verzichten sie aber auf die Anonymität. Viele der Schriftstellerinnen gelten als Begründerinnen der **Frauenemanzipation** in Deutschland. Ihre **Themen** sind vor allem die Forderung nach schulischer Bildung für Mädchen – in der mangelnden Bildung sehen sie den Hauptgrund für die Unterdrückung der Frauen –, das Recht auf Berufstätigkeit der Frauen, das Aufbegehren gegen männliche Bevormundung und eine Absage an die Versorgungsehe. Beispielhaft seien FANNY LEWALD (1811–1889), LOUISE ASTON (1814–1871) und IDA HAHN-HAHN (1805–1880) erwähnt.

FANNY LEWALD gilt als erste Schriftstellerin, die von ihrem Beruf leben kann. Neben ihren epischen Werken (z. B. „Wandlungen", 1853; „Von Geschlecht zu Geschlecht", 1864–1866) verfasst sie auch Aufsätze zur Gleichberechtigung (z. B. „Osterbriefe für die Frauen", 1863).

LOUISE ASTON ist die radikalste dieser Schriftstellerinnen. Sie trägt nach dem Vorbild GEORGE SANDS Männerkleidung, hat uneheliche Beziehungen und sagt sich von der Kirche los. Das geht sogar den emanzipierten Frauen ihrer Zeit zu weit. Sie wird angefeindet, angezeigt und des Landes verwiesen. Ihre Werke tragen diese Thematik bereits im Titel, z. B. „Meine Emanzipation, Verweisung und Rechtfertigung" (1846) und „Aus dem Leben einer Frau" (1847).

IDA HAHN-HAHN ist die zu ihrer Zeit bekannteste Schriftstellerin. Vor allem ihre Gesellschaftsromane erfreuen sich großer Beliebtheit. Der Roman „Gräfin Faustine" (1840) gilt als skandalös, verkauft sich aber gut. Nachdem sie 1850 vom jüdischen zum katholischen Glauben übergetreten ist, propagiert sie in ihren Romanen nunmehr das traditionelle Bild der Frau.

Literatur

Bevorzugte Gattungen und Formen

Ein wesentliches literarisches Medium dieser Zeit sind **Zeitschriften** und **Zeitungen,** die auch steigende Auflagenzahlen verzeichnen. Daher werden neben Texten der traditionellen Gattungen vermehrt solche der Pressepublizistik, wie z. B. Flugschriften, Pamphlete und satirische Feuilletons, verfasst.

Als besonders bedeutend gilt die Flugschrift **„Der Hessische Landbote"** (1834) von GEORG BÜCHNER. Mit diesem Pamphlet will er die Bauern und Handwerker zur Revolution aufrütteln. Bis heute bekannt ist der Wahlspruch *„Friede den Hütten! Krieg den Palästen!"*. Die Behörden stufen den „Landboten" als gefährlich ein, einige von BÜCHNERS Mitstreitern werden verhaftet, der erhoffte Umsturz bleibt aber aus.

An der Grenze zur Publizistik befinden sich auch die in der Zeit populären **Reiseberichte** und die **politische Lyrik.** Eine weitere wichtige Gattung ist die politische **Satire.**

FANNY LEWALD, deutsche Schriftstellerin (1811–1889)

das Pamphlet = Streitschrift, Schmähschrift

Lyrik

Die **politische Lyrik** erlebt eine Blütezeit. Ihr Ziel ist es, die Menschen dazu zu bringen, bestimmte politische Positionen einzunehmen und somit auf Staat und Gesellschaft einzuwirken. Aufgegriffen werden Themen wie die Einheit Deutschlands, die Erlangung von Freiheit und Demokratie und der Kampf gegen die Fürstenwillkür. Der Einsatz von Lyrik als politisches Instrument ist unter den Schriftstellerinnen/Schriftstellern allerdings keineswegs unumstritten.

Bedeutende Verfasser von politischer Lyrik sind GEORG HERWEGH (z. B. „Wiegenlied", 1843) und GEORG WEERTH (z. B. „Hungerlied", 1844). Auch AUGUST HEINRICH HOFFMANN VON FALLERSLEBEN wird dazugezählt. Sein bekanntester Text ist „Das Lied der Deutschen" (1841), das seit 1922 die Nationalhymne Deutschlands ist, wenn auch seit dem Ende des Zweiten Weltkriegs bei offiziellen Anlässen nur mehr die dritte Strophe gesungen wird.

Einer der wichtigsten Lyriker ist HEINRICH HEINE. Er verfasst auch politische Lyrik (z. B. „Die schlesischen Weber", 1844), sein literarischer Ruhm ist aber zuvor durch sein „Buch der Lieder", das erstmals 1827 erschienen ist, begründet worden. Es gehört zu den meistgedruckten Gedichtbänden deutscher Sprache. In vielen der darin enthaltenen Gedichte geht es um (unerfüllte) Liebe. HEINES früheste Gedichte sind aber auch der Schauerromantik nahe. Die für HEINE typische Ironie fehlt ihnen.

Dramatik

Wenn heute vom Vormärzdrama gesprochen wird, fällt zumeist als erster Name jener GEORG BÜCHNERS. Von seinen Zeitgenossinnen und Zeitgenossen wird er jedoch kaum beachtet. Sein 1835 erschienenes Drama „Dantons Tod" wird z. B. erst 1902 uraufgeführt. BÜCHNERS „Woyzeck" (1836/37), ein Stück, das Fragment geblieben ist, gilt als erstes soziales Drama der deutschen Literatur. Dass seine Theaterstücke genauso wie jene von CHRISTIAN DIETRICH GRABBE (1801–1836) die Modernisierung des deutschen Dramas vorangetrieben haben, gilt in der Literaturwissenschaft als unumstritten. GRABBES Dramen, vor allem Geschichtsdramen, sind allerdings großteils zu seiner Zeit technisch nicht spielbar. Es wird auch nur eines zu seinen Lebzeiten aufgeführt („Don Juan und Faust", 1829). Gründe dafür sind einerseits die Massenszenen, die er als Erster in seine Dramen einbaut, andererseits schnell wechselnde, unverbundene Szenen. GRABBES bekannteste Werke sind „Napoleon oder Die hundert Tage" (1831), „Die Hermannsschlacht" (1835/36) und die Komödie „Scherz, Satire, Ironie und tiefere Bedeutung" (1822).

Zu seiner Zeit sind auch KARL GUTZKOWS Tragödien populär und nehmen Einfluss auf tagespolitische Diskussionen. Spätere Generationen zeigen daran allerdings kein Interesse mehr und bevorzugen seine Komödien (z. B. „Das Urbild des Tartüffe", 1844).

Epik

Eine besondere Rolle spielt der **Reisebericht.** In ihm können die politischen und gesellschaftlichen Verhältnisse abgebildet und kritisiert werden. Auch dafür ist HEINRICH HEINE ein Vorreiter, er verfasst zahlreiche Reiseschilderungen wie z. B. „Die Harzreise" (1826).

KARL GUTZKOWS **Roman** „Wally, die Zweiflerin" (1835) gilt als einer der Auslöser für das Verbot der Schriften der Jungdeutschen, da er als blasphemisch und pornografisch betrachtet wird.

> Viele Autorinnen/Autoren und Werke dieser Zeit gerieten mit der Überwindung der Epoche schnell in Vergessenheit.

Wichtige Autoren des Vormärz/Jungen Deutschland		
Georg Büchner	Ludwig Börne	Ludolf Wienbarg
Georg Herwegh	August Heinrich Hoffmann von Fallersleben	Georg Weerth
Ferdinand Freiligrath	Karl Gutzkow	Heinrich Heine

Literaturepochen

💡 Als Vorlage diente BÜCHNER der Fall des Leipziger Perückenmachers JOHANN CHRISTIAN WOYZECK, der des Mordes an seiner Geliebten angeklagt war. WOYZECK gestand die Tat. Es entbrannte aber ein Streit darüber, ob er zum Tode verurteilt werden könne, da Zweifel an seiner psychischen Gesundheit angemeldet wurden. BÜCHNER verfolgte diesen Fall, der schließlich mit der Hinrichtung des Delinquenten endete.

Arbeitsaufgaben „Vormärz"

1. Der unfreie Mensch: „Woyzeck"

Der Protagonist Franz Woyzeck ist ein einfacher Soldat. Mit seiner Freundin Marie hat er ein uneheliches Kind. Um seine Familie zu erhalten, arbeitet er nicht nur für einen Hauptmann als Bursche, sondern nimmt auch an einem medizinischen Experiment teil. Die Erbsendiät, die er dafür hält, hat zur Folge, dass er unter Wahnvorstellungen leidet. Sowohl der Hauptmann als auch der Doktor nutzen ihn aus und erniedrigen ihn. Als Marie, sein einziger Halt, sich mit einem Tambourmajor einlässt, verliert Woyzeck den Verstand. Er hört Stimmen, die ihm befehlen, Marie zu töten, was er letztlich auch tut.

Das Drama „Woyzeck" ist ein Fragment geblieben, überliefert sind handschriftliche Fassungen ohne feste Szenenabfolge. Das ist der Grund, warum in unterschiedlichen Ausgaben auch die Abfolge der einzelnen Szenen variieren kann. Eine mögliche Einstiegsszene ist folgende:

Georg Büchner
WOYZECK (1836/1837 verfasst)

Szene: Der Hauptmann. Woyzeck.
(Hauptmann auf dem Stuhl, Woyzeck rasiert ihn.)

HAUPTMANN: Langsam, Woyzeck, langsam; ein's nach dem andern. Es macht mir ganz schwindlich. Was soll ich dann mit den zehn Minuten
5 anfangen, die er heut zu früh fertig wird? Woyzeck, bedenk' er, er hat noch seine schöne dreißig Jahr zu leben, dreißig Jahr! macht 360 Monate, und Tage, Stunden, Minuten! Was will er denn mit der ungeheuren Zeit all anfangen? Teil er sich ein, Woyzeck.

WOYZECK: Ja wohl, Herr Hauptmann.

10 HAUPTMANN: Es wird mir ganz angst um die Welt, wenn ich an die Ewigkeit denke. Beschäftigung, Woyzeck, Beschäftigung! ewig das ist ewig, das ist ewig, das siehst du ein; nun ist es aber wieder nicht ewig und das ist ein Augenblick, ja, ein Augenblick – Woyzeck, es schaudert mich, wenn ich denk, dass sich die Welt in einem Tag herumdreht, was
15 eine Zeitverschwendung, wo soll das hinaus? Woyzeck, ich kann kein Mühlrad mehr sehn, oder ich werd' melancholisch.

WOYZECK: Ja wohl, Herr Hauptmann.

HAUPTMANN: Woyzeck, Er sieht immer so verhetzt aus! Ein guter Mensch tut das nicht, ein guter Mensch, der sein gutes Gewissen hat. –
20 Red er doch was Woyzeck! Was ist heut für Wetter?

WOYZECK: Schlimm, Herr Hauptmann, schlimm: Wind!

HAUPTMANN: Ich spür's schon. 's ist so was Geschwindes draußen: so ein Wind macht mir den Effekt wie eine Maus. – *(pfiffig)* Ich glaub', wir haben so was aus Süd-Nord?

25 WOYZECK: Ja wohl, Herr Hauptmann.

HAUPTMANN: Ha, ha, ha! Süd-Nord! Ha, ha, ha! Oh, Er ist dumm, ganz abscheulich dumm! – *(gerührt)* Woyzeck, Er ist ein guter Mensch – aber *(mit Würde)* Woyzeck, Er hat keine Moral! Moral, das ist, wenn man moralisch ist, versteht Er. Es ist ein gutes Wort. Er hat ein Kind ohne den
30 Segen der Kirche, wie unser hochehrwürdiger Herr Garnisonsprediger sagt – ohne den Segen der Kirche, es ist nicht von mir.

WOYZECK: Herr Hauptmann, der liebe Gott wird den armen Wurm nicht drum ansehen, ob das Amen drüber gesagt ist, eh' er gemacht wurde. Der Herr sprach: Lasset die Kleinen zu mir kommen.

HAUPTMANN: Was sagt er da? Was ist das für eine kuriose Antwort? Er macht mich ganz konfus mit seiner Antwort. Wenn ich sag': Er, so mein ich Ihn, Ihn –

WOYZECK: Wir arme Leut – Sehn Sie, Herr Hauptmann: Geld, Geld! Wer kein Geld hat – Da setz einmal eines seinesgleichen auf die Moral in die Welt! Man hat auch sein Fleisch und Blut. Unsereins ist doch einmal unselig in der und der andern Welt. Ich glaub', wenn wir in Himmel kämen, so müssten wir donnern helfen.

HAUPTMANN: Woyzeck, Er hat keine Tugend! Er ist kein tugendhafter Mensch! Fleisch und Blut? Wenn ich am Fenster lieg', wenn's geregnet hat, und den weißen Strümpfen nachseh', wie sie über die Gassen springen – verdammt Woyzeck, da kommt mir die Liebe! Ich hab auch Fleisch und Blut. Aber Woyzeck, die Tugend! Die Tugend! Wie sollte ich dann die Zeit rumbringen? Ich sag' mir immer: du bist ein tugendhafter Mensch *(gerührt)*, ein guter Mensch, ein guter Mensch.

WOYZECK: Ja, Herr Hauptmann, die Tugend – ich hab's noch nit so aus. Sehn Sie: wir gemeine Leut, das hat keine Tugend, es kommt einem nur so die Natur; aber wenn ich ein Herr wär und hätt' ein Hut und eine Uhr und eine Anglaise und könnt' vornehm rede, ich wollt' schon tugendhaft sein. Es muss was Schönes sein um die Tugend, Herr Hauptmann. Aber ich bin ein armer Kerl!

HAUPTMANN: Gut Woyzeck. Du bist ein guter Mensch, ein guter Mensch. Aber du denkst zu viel, das zehrt; du siehst immer so verhetzt aus. – Der Diskurs hat mich ganz angegriffen. Geh Er jetzt, und renn nicht so; langsam, hübsch langsam die Straße hinunter!

GEORG BÜCHNER: WOYZECK, RECLAM

die Anglaise = hier: Anzug, der zu einer Tanzveranstaltung getragen wird

a) **Analysieren** Sie die Bedeutungen, die Woyzeck und der Hauptmann Moral jeweils zusprechen.

b) **Erklären** Sie, inwiefern BÜCHNER den Hauptmann in dieser Szene als lächerlich darstellt. Erschließen Sie daraus BÜCHNERS Beurteilung der gesellschaftlichen Rangordnung.

2. Der ausgelieferte Mensch: „Woyzeck"

In einer Szene des „Woyzeck" wird die Großmutter (wessen Großmutter, wird nicht ausgeführt) aufgefordert, ein Märchen zu erzählen. Für viele Literaturwissenschaftler/innen gilt, dass sich die Grundidee des Dramas aus diesem Märchen deuten lässt.

Georg Büchner
WOYZECK

Szene: Marie mit Mädchen vor der Haustür (Ausschnitt)

Es war einmal ein arm Kind und hat kein Vater und keine Mutter, war alles tot, und war niemand mehr auf der Welt. Alles tot, und es is hingangen und hat gerrt Tag und Nacht. Und weil auf der Erde niemand mehr war, wollt's in Himmel gehen, und der Mond guckt es so freundlich an; und wie es endlich zum Mond kam, war's ein Stück faul Holz. Und da is es zur Sonn gangen, und wie es zur Sonn kam, war's ein

gerren = laut weinen

Literaturepochen

der Neuntöter = Vogel, der seine Beute auf Dornen spießt

der Hafen = Nachttopf

verwelkt Sonneblum. Und wie's zu den Sternen kam, waren's kleine goldne Mücken, die waren angesteckt, wie der Neuntöter sie auf die
10 Schlehen steckt. Und wie's wieder auf die Erde wollt, war die Erde ein umgestürzter Hafen. Und es war ganz allein. Und hat's sich hingesetzt und gerrt, und da sitzt es noch und is ganz allein.

GEORG BÜCHNER: WOYZECK, RECLAM

a) **Erschließen** Sie die Weltanschauung, die mit diesem (Anti-)Märchen übermittelt wird.

b) **Untersuchen** Sie den Textausschnitt nach typischen Merkmalen von Märchen und nach Elementen, die in Märchen üblicherweise nicht vorkommen.

c) Das Märchen der Großmutter wird häufig mit GRIMMS Märchen „Der Sterntaler" verglichen. – **Lesen** Sie dieses Märchen und **untersuchen** Sie es hinsichtlich der Unterschiede in der Darstellung des Mädchens im Vergleich zu jener bei BÜCHNER.

💡 Die Musik von TOM WAITS zu „Woyzeck" ist unter dem Titel „Blood Money" erschienen.

d) „Woyzeck" ist auch für die Bühne und den Film adaptiert worden. Die bekanntesten Werke sind ALBAN BERGS Oper „Wozzek" (1924) und WERNER HERZOGS Verfilmung (1979). Im Jahr 2002 feierte das art musical „Woyzeck", eine Zusammenarbeit von Regisseur ROBERT WILSON und Songwriter TOM WAITS, Premiere. – Sehen Sie sich in einer der genannten Adaptionen die „Hauptmann-Szene" an. **Diskutieren** Sie, inwiefern die Darstellung Ihren Vorstellungen entspricht.

🔗 Weitere Aufgabenstellungen zu BÜCHNERS „Woyzeck" finden Sie im Kapitel „Literaturportfolio".

e) Anlässlich des 200. Geburtstages von BÜCHNER im Jahr 2013 wurde „Woyzeck" als Fernsehfilm verarbeitet. Regisseur NURAN DAVID CALIS verlegte die Handlung ins Kiez-Milieu des heutigen Berlin-Wedding. Der Tambourmajor wird zum Zuhälter, der Hauptmann zum Cafébesitzer, die Erbsendiät zum Pillenmix aus Wachmachern. – **Diskutieren** Sie, ob ein historischer Stoff wie „Woyzeck" in die jeweilige Gegenwart übertragen werden sollte.

3. Satirische Kritik: HEINRICH HEINES „Deutschland. Ein Wintermärchen"

1843 reiste HEINE nach 13 Jahren des Exils in Paris erstmals wieder nach Deutschland. Diese Reise verarbeitet er in seinem Versepos „Deutschland. Ein Wintermärchen", in dem er Kritik an den Auswirkungen der Restauration übt.

Heinrich Heine
DEUTSCHLAND. EIN WINTERMÄRCHEN (1844)

Caput I

Im traurigen Monat November war's,
Die Tage wurden trüber,
Der Wind riß von den Bäumen das Laub,
4 Da reist ich nach Deutschland hinüber.

Und als ich an die Grenze kam,
Da fühlt ich ein stärkeres Klopfen
In meiner Brust, ich glaube sogar
8 Die Augen begunnen zu tropfen.

das Caput = Kapitel

Und als ich die deutsche Sprache vernahm,
Da ward mir seltsam zumute;
Ich meinte nicht anders, als ob das Herz
Recht angenehm verblute.

Ein kleines Harfenmädchen sang.
Sie sang mit wahrem Gefühle
Und falscher Stimme, doch ward ich sehr
Gerühret von ihrem Spiele.

Sie sang von Liebe und Liebesgram,
Aufopfrung und Wiederfinden
Dort oben, in jener besseren Welt,
Wo alle Leiden schwinden.

Sie sang vom irdischen Jammertal,
Von Freuden, die bald zerronnen,
Vom Jenseits, wo die Seele schwelgt
Verklärt in ew'gen Wonnen.

Sie sang das alte Entsagungslied,
Das Eiapopeia vom Himmel,
Womit man einlullt, wenn es greint,
Das Volk, den großen Lümmel.

Ich kenne die Weise, ich kenne den Text,
Ich kenn auch die Herren Verfasser;
Ich weiß, sie tranken heimlich Wein
Und predigten öffentlich Wasser.

Ein neues Lied, ein besseres Lied,
O Freunde, will ich euch dichten!
Wir wollen hier auf Erden schon
Das Himmelreich errichten.

Wir wollen auf Erden glücklich sein,
Und wollen nicht mehr darben;
Verschlemmen soll nicht der faule Bauch,
Was fleißige Hände erwarben.

Es wächst hienieden Brot genug
Für alle Menschenkinder,
Auch Rosen und Myrten, Schönheit und Lust,
Und Zuckererbsen nicht minder.

Ja, Zuckererbsen für jedermann,
Sobald die Schoten platzen!
Den Himmel überlassen wir
Den Engeln und den Spatzen.

Und wachsen uns Flügel nach dem Tod,
So wollen wir euch besuchen
Dort oben, und wir, wir essen mit euch
Die seligsten Torten und Kuchen.

Ein neues Lied, ein besseres Lied!
Es klingt wie Flöten und Geigen!
Das Miserere ist vorbei,
Die Sterbeglocken schweigen.

Die Jungfer Europa ist verlobt
Mit dem schönen Geniusse
Der Freiheit, sie liegen einander im Arm,
60 Sie schwelgen im ersten Kusse.

Und fehlt der Pfaffensegen dabei,
Die Ehe wird gültig nicht minder –
Es lebe Bräutigam und Braut,
64 Und ihre zukünftigen Kinder!

Ein Hochzeitskarmen ist mein Lied,
Das bessere, das neue!
In meiner Seele gehen auf
68 Die Sterne der höchsten Weihe –

Begeisterte Sterne, sie lodern wild,
Zerfließen in Flammenbächen –
Ich fühle mich wunderbar erstarkt,
72 Ich könnte Eichen zerbrechen!

Seit ich auf deutsche Erde trat,
Durchströmen mich Zaubersäfte –
Der Riese hat wieder die Mutter berührt,
76 Und es wuchsen ihm neu die Kräfte.

HEINRICH HEINE: DEUTSCHLAND. EIN WINTERMÄRCHEN, INSEL

a) **Erklären** Sie, was mit folgenden Bildern gemeint ist:

	Zeile	
Eiapopeia vom Himmel	26	
sie tranken heimlich Wein und predigten öffentlich Wasser	31–32	
der faule Bauch	39	
die Jungfer Europa ist verlobt mit dem schönen Geniusse der Freiheit	57	
Eichen	72	

b) **Bestimmen** Sie, wovon das Harfenmädchen in seinem Entsagungslied singt.

c) **Erklären** Sie die Forderungen, die mit dem „besseren Lied" erhoben werden.

d) **Deuten** Sie, warum HEINE die Handlung in den November setzt, obwohl sie tatsächlich im Oktober stattgefunden hat.

e) Informieren Sie sich über die politische Situation Deutschlands im Vormärz. **Setzen** Sie Ihre Informationen mit den Vorstellungen HEINES von Deutschland **in Beziehung**.

4. Im Exil: Heinrich Heine und Mascha Kaléko

Text 1

Heinrich Heine
IN DER FREMDE III (1833)

Ich hatte einst ein schönes Vaterland.
Der Eichenbaum
Wuchs dort so hoch, die Veilchen nickten sanft.
4 Es war ein Traum.

Das küßte mich auf deutsch, und sprach auf deutsch
(Man glaubt es kaum,
Wie gut es klang) das Wort: „ich liebe dich!"
8 Es war ein Traum.

Heinrich Heine: In der Fremde III, staff.uni-mainz.de – alte Rechtschreibung

Text 2

Mascha Kaléko
EMIGRANTEN-MONOLOG (1945)

Ich hatte einst ein schönes Vaterland –
so sang schon der Flüchtling Heine.
Das seine stand am Rheine,
4 das meine auf märkischem Sand.

Wir alle hatten einst ein (siehe oben!).
Das fraß die Pest, das ist im Sturz zerstoben.
O Röslein auf der Heide,
8 dich brach die Kraftdurchfreude.

Die Nachtigallen wurden stumm,
sahn sich nach sicherm Wohnsitz um,
und nur die Geier schreien
12 hoch über Gräberreihen.

Das wird nie wieder, wie es war,
wenn es auch anders wird.
Auch wenn das liebe Glöcklein tönt,
16 auch wenn kein Schwert mehr klirrt.

Mir ist zuweilen so, als ob
das Herz in mir zerbrach.
Ich habe manchmal Heimweh.
20 Ich weiß nur nicht, wonach.

Mascha Kaléko: Verse für Zeitgenossen, Rowohlt

a) **Erschließen** Sie Heines Einstellung zu Deutschland.

b) **Recherchieren** Sie Informationen zu Heine und Kaléko im Hinblick auf ihre Exilerfahrungen.

c) **Stellen** Sie **Vermutungen an,** warum Kaléko Anspielungen auf Heine macht.

5. Protestgedicht: Aufruf von Georg Herwegh

Georg Herwegh
AUFRUF (1841)

Reißt die Kreuze aus der Erden!
Alle sollen Schwerter werden,
3 Gott im Himmel wird's verzeih'n.
Lasst, o lasst das Verseschweißen!
Auf den Amboss legt das Eisen!
6 Heiland soll das Eisen sein.

Eure Tannen, eure Eichen –
Habt die grünen Fragezeichen
9 Deutscher Freiheit ihr gewahrt?
Nein, sie soll nicht untergehen!
Doch ihr fröhlich Auferstehen
12 Kostet eine Höllenfahrt.

Deutsche, glaubet euren Sehern,
Unsre Tage werden ehern,
15 Unsre Zukunft klirrt in Erz;
Schwarzer Tod ist unser Sold nur,
Unser Gold ein Abendgold nur,
18 Unser Rot ein blutend Herz!

Reißt die Kreuze aus der Erden!
Alle sollen Schwerter werden,
21 Gott im Himmel wird's verzeih'n.
Hört er unser Feuer brausen
Und sein heilig Eisen sausen,
24 Spricht er wohl den Segen drein.

Vor der Freiheit sei kein Frieden,
Sei dem Mann kein Weib beschieden
27 Und kein golden Korn dem Feld;
Vor der Freiheit, vor dem Siege
Seh' kein Säugling aus der Wiege
30 Frohen Blickes in die Welt!

In den Städten sei nur Trauern,
Bis die Freiheit von den Mauern
33 Schwingt die Fahnen in das Land;
Bis du, Rhein, durch freie Bogen
Donnerst, lass die letzten Wogen
36 Fluchend knirschen in den Sand.

Reißt die Kreuze aus der Erden!
Alle sollen Schwerter werden,
39 Gott im Himmel wird's verzeih'n.
Gen Tyrannen und Philister!
Auch das Schwert hat seine Priester,
42 Und wir wollen Priester sein!

GEORG HERWEGH: WERKE UND BRIEFE,
BD. 1: GEDICHTE 1835–1848, AISTHESIS

a) Erschließen Sie, wogegen sich HERWEGHS Gedicht richtet.

b) Erklären Sie, warum dieses Gedicht typisch für die Literatur des Vormärz ist.

Deuten – Interpretieren – Bewerten

I. Die Welt ist alles, was der Fall ist.
I.1 Die Welt ist die Gesamtheit der Tatsachen, nicht der Dinge.

LUDWIG WITTGENSTEIN, österreichisch-britischer Philosoph
(1889–1951)

Es gibt keine Tatsachen,
es gibt nur Interpretationen.

FRIEDRICH NIETZSCHE,
deutscher Philosoph
(1844–1900)

 Meine Ziele

Nach Bearbeitung dieses Kapitels kann ich
- Stil- und Sprachebenen unterscheiden;
- verschiedene Techniken der Texterfassung und Textanalyse einsetzen;
- Texte hinsichtlich ihrer Inhalte und Gedankenführung analysieren;
- die Korrelation der formalen Aspekte mit dem Textinhalt erkennen;
- typische Merkmale von Gattungen und Stilrichtungen anhand von exemplarischen Werken herausarbeiten sowie die daraus erkennbaren Haltungen und Intentionen erfassen;
- für die Adressatin/den Adressaten notwendige Informationen in sinnvoller Reihenfolge anordnen;
- Texte mit beschreibender Intention verfassen und die spezifischen Textmerkmale gezielt einsetzen;
- Texte bewerten;
- Texte adressatenadäquat produzieren;
- eigene bzw. fremde Texte formal und inhaltlich über- und bearbeiten.

Diskutieren Sie folgende Fragen zu den Statements:

- Wer hat Ihrer Meinung nach recht? Begründen Sie Ihre Entscheidung.
- Auf Basis welcher Informationen kommen Sie zu Ihrer Entscheidung?

Deuten – Interpretieren – Bewerten

Textinterpretation   BEISPIEL

In Herbert Eisenreichs Kurzgeschichte „Ein Augenblick der Liebe" betritt ein junger Herr gut gelaunt und selbstsicher eine Bar, unterhält sich, trinkt und tanzt mit einer älteren Dame. Beide, durch Alkohol etwas angeheitert, geben sich dieser Unterhaltung hin. Schon während des Tanzes wissen sie jedoch, dass es keine gemeinsame Zukunft geben kann, da der Altersunterschied eine unüberwindbare Hürde darstellt.

Die vorliegende Kurzgeschichte erfüllt sämtliche Kriterien dieser Textsorte; in besonderem Maße inhaltlich, da der Autor einen kurzen Lebensmoment aus dem Fluss der Zeit herausnimmt, intensiv im Detail betrachtet, um ihn letztlich wieder diesem Dahinfließen zu überantworten.

Die Kurzgeschichte beginnt an ihrem Ende, an dem eine Frau wieder tief in ihrer Einsamkeit versinkt, doch schon nach wenigen Zeilen wechselt der personale Erzähler die Perspektive und die Leserin/der Leser begleitet nun über eine längere Passage hinweg einen jungen Herrn, der gut aufgelegt und vor Selbstbewusstsein strotzend in einem Vorstadtviertel eine Bar betritt, um den Tag dort bei Musik und Amüsement ausklingen zu lassen.

Der Zeitraum der Kurzgeschichte ist so klar wie unklar definiert, er dauert vom Aufblicken der Dame von ihrem Glas bis zum Wiederversinken darin. Sie wagt einen Blick hinein in eine Welt, die nicht mehr die ihrige ist und an diesem Abend noch um ein kleines Stückchen weiter von ihr fortrückt. Sie wirkt vom Leben gezeichnet, enttäuscht, einsam und verkörpert das Motiv der nicht wieder herstellbaren Jugendlichkeit, der Vergänglichkeit.

Im Zentrum steht aber dieser Augenblick der Liebe, beide Protagonisten erspüren ihn auf eine je unterschiedliche Art und Weise, beide wissen aber auch um die Vergänglichkeit dieses Augenblicks. Dadurch, dass der personale Erzähler nicht einseitig die Gedanken eines der beiden Protagonisten darstellt, sondern zwischen der Präsentation der Gedanken von Frau und Mann wechselt, erhalten Leserin und Leser einen tiefen Einblick in die Gefühlswelten beider.

Sprachlich zeichnet sich der Text durch einen etwas antiquierten, aber höchst poetischen Stil aus, wobei ab und an unübliche Wendungen zum Einsatz kommen. Der hypotaktische Stil lässt genügend Raum, um neben der schnell erzählten Handlung einzelne Augenblicke näher auszuführen, sogar in verdoppelter Perspektive. Je weiter die Geschichte voranschreitet, desto schneller springt der Erzähler zwischen den Perspektiven beider Protagonisten hin und her.

Mittels vieler Vergleiche – die in diesem Text das am häufigsten eingesetzte rhetorische Mittel darstellen – werden wunderbare sprachliche Bilder geschaffen, die das Dargestellte intensivieren. Ein Beispiel: „Sie tanzte zurück um all die Jahre, die in ihrem Gesicht verzeichnet standen wie Einnahmen und Ausgaben in den Papieren eines getreuen Buchhalters."

Der Text „Ein Augenblick der Liebe" hält, was sein Titel verspricht: Auf engstem Raum wird ein zufälliges Sich-Erkennen zweier Menschen dargestellt, aber dieses Erkennen währt nur einen kurzen, verschwommenen Augenblick, so verschwommen wie ein Blick, wenn man nur kurz aufsieht, um gleich wieder die Augen zu schließen. Eisenreich gelingt es, dieses verschwommene Wissen der beiden Protagonisten in unglaublicher Klarheit darzustellen.

🔗 Die Textvorlage „Ein Augenblick der Liebe" und den Arbeitsauftrag zu dieser Textinterpretation finden Sie auf S. 120.

Textinterpretation **WERKZEUG**

Unter „**Interpretation**" eines Textes versteht man die Erklärung, Einordnung und Wertung eines Textinhaltes. Was sagt mir der/die Autor/in mit seinem/ihrem Werk? Im schulischen Bereich ist es oft so, dass eine **Interpretationshypothese** vorgegeben wird und Schüler/innen die Aufgabe erhalten, diese Hypothese zu bestätigen oder nachzuweisen, dass sie nicht haltbar ist.

> Sehr oft werden die Begriffe „**Textanalyse**" und „**Textinterpretation**" synonym verwendet. Im „Blattwerk" jedoch versteht sich eine Textanalyse immer als **dienendes Element** für die Textinterpretation.

Teile einer Interpretation

Einleitung
Autor/in, Textsorte, Titel des Werks, biografische Angaben, Entstehungszeit und inhaltliche Kurzzusammenfassung oder Darstellung jener Inhalte, die der Textstelle vorausgehen bzw. dieser folgen.

Hauptteil
Neben **textinternen, analytischen Aspekten,** die einen wesentlichen Teil einer Textinterpretation darstellen können, werden im Gegensatz zur Textanalyse auch **außerhalb des Textes liegende Erklärungsmöglichkeiten** mit einbezogen. Darunter versteht man, dass man beispielsweise Informationen über den/die Autor/in und die **Lebenswelt bzw. gesellschaftliche Realität** einholt, in der er/sie gelebt hat, während der Text geschrieben wurde, und diese mit den Inhalten des Textes sowie der Interpretationshypothese in Beziehung setzt.

Soziologische Aspekte

Zudem besteht die Möglichkeit zu überprüfen, ob das Vorhandensein sprachlicher und inhaltlicher Aspekte durch **historische und literaturgeschichtliche Aspekte** erklärt werden kann.

Historische/Literaturgeschichtliche Aspekte

Ebenso können in einer Interpretation **biografische Details** eines Autors/einer Autorin für die Erklärung von Inhalten herangezogen werden.

Biografische Aspekte

Möglicherweise beziehen sich **Stellen** des gelesenen Textes **auf andere literarische Texte** und es lohnt sich, die Inhalte in Beziehung zu setzen. Schritt für Schritt versucht man, durch die Einbindung oben dargestellter Informationen einer objektivierten, aber letztlich dennoch subjektiven Wertung, die aber aufgrund der vorab dargestellten Aspekte nachvollziehbar ist, näher zu kommen.

Intertextualität

Schluss
Zusammenfassend wird dargestellt, inwiefern aufgrund der Darstellungen die **Interpretationshypothese aufrechterhalten** werden kann. Zudem ist es möglich, im Schlussteil **nochmals auf Besonderheiten** des Textes, seine spannenden, überraschenden oder auch langweiligen Passagen einzugehen. **Sprachliche, stilistische und inhaltliche Aspekte** können zusammenfassend abermals erwähnt werden. Die Darstellung einer möglichen **Schreibintention** kann den Schluss einer Textinterpretation bilden.

Formale/Sprachliche Kriterien

Gliederung	Einleitung, Hauptteil und Schluss werden durch Absätze getrennt. Innerhalb des Hauptteils wird bei der Darstellung jeder neuen Argumentationskette ein Absatz gemacht.
Zeit	Verwendung der Gegenwartsstufe (Präsens, Perfekt …)
Sprache/Stil	sachlich, knapp, prägnant, informierend, vergleichend, wertend, Einsatz von Fachwortschatz
Schreibhandlungen	zusammenfassen, argumentieren, kommentieren, interpretieren

Deuten – Interpretieren – Bewerten

Textinterpretation

BEISPIEL

Arbeitsauftrag

Lesen Sie die Kurzgeschichte „Ein Augenblick der Liebe" und bearbeiten Sie die folgenden Arbeitsaufträge:

- **Geben** Sie den Inhalt der Kurzgeschickte knapp **wieder.**
- **Analysieren** Sie den Text hinsichtlich
  ▸ Einhaltung der Textsortenkriterien (Kurzgeschichte)
  ▸ sprachlicher und
  ▸ zeitlicher Gestaltung
- **Beurteilen** Sie, ob der Titel „Ein Augenblick der Liebe" dem Geschehen gerecht wird.

Herbert Eisenreich
EIN AUGENBLICK DER LIEBE (1954)

Sie schaute schon nicht mehr hoch, als er aufstand und das Lokal verließ. Sie wußte, daß es zu spät war, hochzuschauen, ihm einen Augenblick zu widmen; dafür war es zu spät, und es war zu spät für alles. Das wußte sie jetzt wieder, als er aufstand und fortging.

5 Zwei Stunden vorher, da hatte ihn der nächtliche Müßiggang in dieses Viertel getrieben und schließlich hier abgesetzt, und er war ohne alle Absicht gewesen, ohne Ziel und bestimmte Vorstellung, ohne Gedanken. Nicht einmal die eine Absicht, einen erfreulichen Tag auf erfreuliche Weise zu beschließen, hatte er gehabt. Und nicht einmal fühlen hatte er müssen, daß er gut in Form
10 war; er war es eben, nachdem er es vorher nicht gewesen war. [...]

Er war voll von jener Heiterkeit, die durch nichts weiter verursacht ist als durch das Fehlen all jener winzigen, mikroskopisch kleinen Peinlichkeiten, die gemeinhin das Leben trüben wie Kalk das Wasser. Er war voll von solcher Heiterkeit, voll davon bis in die letzte Muskelfaser seines dreißigjährigen
15 Körpers, und also beschwingt zum würdigsten Ausdruck des Glückes: zur Eleganz. Und eben davon bewegt, trat er ein in das Lokal – doch das ist nur ein armes, blasses, brustkrankes Wort für die Abfolge untrennbarer Bewegungen, die ihn hineinbefördert hatten in das Lokal, etwa so, wie in nobelsten Restaurants der Kellner eine Speise serviert; oder eigentlich noch weniger
20 materiell, denn sozusagen servierte doch er sich selber. Vielmehr war es so gewesen, als sei er im Hereingehen erst entstanden, wie ein Satz sich erst unterm Sprechen bildet. So war er in das Lokal gekommen: getragen von der Gewißheit, des eigenen Schwerpunkts unverlierbar innezusein und nicht aus dem Raum seiner Selbstbeherrschung zu kippen. Und er hatte noch Wein
25 dazugetrunken zu dem, den er anderswo schon getrunken hatte, und einmal, als er den Blick mit dem an die Lippen gesetzten Glas anhob, sah er in ihr Gesicht.

Sie, auch sie hatte Wein getrunken, weniger freilich, aber getrunken mit anderem Zugriff; und wenn sie ihr Glas zurück auf die hölzerne Tischplatte
30 setzte, scheinbar sanft, doch nur müde: da wünschte sie zuweilen, das Glas zerspränge. Und sie blickte hinüber zu dem Tisch, wo er saß unter Freunden, mitunter die laute Runde verlassend, um ein Geldstück in den Musikautomaten zu stecken, und irgendwann später kam es, daß er mit ihr tanzte; drei- oder fünfmal tanzte er mit ihr, drehte und bog und wirbelte sie herum
35 auf den wenigen Fußbreit Boden zwischen der Theke, den Tischen und der offenstehenden Doppeltüre, durch welche die Mitternacht schimmerte gleich einem Stubenlicht durch das Schlüsselloch. Und er sprach mit ihr, sprach Worte ohne Belang, ohne Absicht, ohne Zweck; unbeladene Wörter; Worte so elegant wie er selber, wie jede seiner Bewegungen, mit denen er sie in den
40 Bann geschlagen hatte, in den Bann seines Glücks.

Und für diese kurze Weile vergaß sie alles; sie tanzte zurück um all die Jahre, die in ihrem Gesicht verzeichnet standen wie Einnahmen und Ausgaben in den Papieren eines getreuen Buchhalters, zurück bis in irgendein kaum mehr erinnerbares Kinderland, und noch weiter, noch tiefer zurück; und sie vergaß,
45 daß es längst schon zu spät war für irgendein Leben der Art, wie der Mann, der sie tanzend dahin entführte, es anbot; zu spät, doch zu spät seit wann?

Irgendeinmal mußte etwas geschehen sein in ihrem Leben, irgend etwas das nicht mehr rückgängig, nicht mehr ungeschehen zu machen war; irgend etwas, das damals gewiß noch kein Geschehen war, sondern erst ein unkenntlicher Anfang eines Geschehens, aber eben doch schon der Anfang, nur noch nicht offenbar: eine erste schadhafte Stelle entstand im Geweb' des Glücks; jene Stelle, wo es viel später einmal reißen wird, das Geweb'. [...]

Und so sah er in ihrem Gesicht denn auch nicht nur ihr Leben, über welches wer weiß schon viele fremde Menschenleben ihren Weg genommen hatten, Spuren in ihrem Leben als Spuren in ihrem Gesicht hinterlassend wie Räder auf blanker Erde; sondern er sah darin auch, was ungelebt hatte bleiben sollen, wer weiß warum ... Viele Gesichter hatte er so schon gesehen, meist nachts in Schenken, Kaschemmen, an Hausecken, unter Torbögen, wo der Abend sein Strandgut ablädt und einem ungnädigen Morgen überantwortet. [...]

die Kaschemme = Kneipe

Unter all den verworrenen Zeichen und Chiffren, die ihrem Gesichte unauslöschlich eingegraben waren, stand unversehrt ihre Schönheit; und ihm schien, als brauche er nur diesen Vorhang, gewebt aus Harm und Elend und hundertfacher Erniedrigung, beiseitezuschieben, um diese Schönheit für immer ans Licht zu bringen. Und so, wie sie zurück- und heraustanzte aus dem Leben, welches sie gar nicht mehr wegdenken konnte von sich: so vergaß nun er für eine kurze Weile, daß die Welt eine Scheibe ist, eine Scheibe, mit einer Oberseite und einer Unterseite, zwischen denen es keine Verbindung gibt, denen gar nichts gemeinsam ist, die einander entfremdet sind vom Anbeginn an durch ein undurchschaubares Verhängnis.

Er wollte nicht wahrhaben, daß auch dieses Gesicht, das schon hundertfältig gezeichnet war, einmal verwüstet sein würde und er wandte all seine beschwingte Kraft gegen diese Befürchtung; und er fühlte sich fähig, alles zu tun und alles zu lassen, um dieses Gesicht zu retten vor dem Ruin. Aber es gab keine Rettung. Noch wehrte er sich gegen dieses bittere Wissen, und als er am nächsten Morgen, mit dem Geschmack von Kupfer auf der Zunge, erwachte, da war sein erster Gedanke: wie sich wehren dagegen, und ob es der Liebe nicht doch gelänge, die Welt so rund zu machen, wie sie sein sollte.

Doch er wußte, was den Abend zuvor geschehen war: daß er sie, an deren Rettung er jetzt dachte, nur hochgehoben hatte und daß sie jetzt nur umso tiefer fallen würde. Er hörte auf, sich Rechenschaft darüber zu geben. Er erinnerte sich gerade noch ihres Gesichts, in dem die Schönheit noch einmal aufgeleuchtet hatte wie die Architektur eines Hauses, wenn das Feuer darin wütet und alles verzehrt hat bis auf die nackten Mauern, zwischen die der Dachstuhl funkenstiebend niederbricht; ihres Gesichts mit den ohne jedes Begehren auf ihn gerichteten Augen, unter denen, herabgelassenen Portieren gleich, ungemein groß und schwarz und fein gefältelt die Tränensäcke bis auf die Backenknochen heruntergesunken waren, oder gleich dem Kleid, das eine Frau hat fallen lassen.

Sie aber wußte, noch ehe er aufstand und das Lokal verließ, daß es zu spät war für alles, zu spät auch dafür, sich zu erinnern, wann es begonnen hatte, was hier nun so enden mußte. Und wenn er sich, ehe er ging, noch einmal umgedreht hätte, so hätte er ihr Gesicht schon nicht mehr gesehen; denn sie saß am Tisch und beugte den Kopf übers Weinglas und blickte hinein wie ein Blinder in einen blinden Spiegel.

HERBERT EISENREICH: EIN AUGENBLICK DER LIEBE (KURZGESCHICHTE), ZEIT.DE – ALTE RECHTSCHREIBUNG, GEKÜRZT

Analyse literarischer Texte   WERKZEUG

Der erste Schritt zum Interpretieren eines literarischen Textes ist die Analyse desselben.

Wie schon angeführt, versteht man unter Textanalyse die methodische und strukturierte **Beschreibung formaler, sprachlicher und inhaltlicher Elemente** eines Sachtextes oder eines fiktionalen Textes.

Im Folgenden finden Sie zusammengefasst jene Aspekte, die bei einer Analyse fiktionaler Texte eingehend betrachtet und erörtert werden können.

Die formalen Teile einer Textanalyse decken sich bei einem literarischen Text mit jenen des Sachtextes und wurden schon weiter vorne in diesem Kapitel angeführt. Weiter unten finden Sie also nur jene **Merkmale,** die für **literarische** bzw. fiktionale **Texte zentral** sind.

Analyse formaler und inhaltlicher Aspekte eines literarischen Textes

Im Folgenden finden Sie die wichtigsten Aspekte, die sich an einem literarischen Text eingehend betrachten lassen.

Analysebogen zum Ausdrucken und eine Liste an **rhetorischen Stilfiguren** finden Sie unter www.trauner.at/ analysebogen_rhetorik.aspx

Epische Texte	■ Textsorte: Kriterien werden eingehalten oder modifiziert ■ Einbeziehen textexterner Faktoren („Titelei") ■ Absatzgestaltung, Strukturierung des Textes ■ Stoff, Motiv, Leitmotive ■ Räume, zeitliche Strukturen ■ Figuren, Charaktere ■ Text und Kontext ■ Beschreiben, schildern, erzählen ■ Erzählperspektiven: Ich-Erzähler/in; personale, auktoriale Erzählsituation
Lyrische Texte	■ Vers ■ Rhythmus, Metrum ■ Strophengestaltung ■ Reim und Klang ■ Lyrische Motive ■ Lyrisches Ich ■ Konkrete bzw. abstrakte Inhalte
Dramatische Texte	■ Aufbau des Dramas ■ Handlungskonzeption ■ Räume ■ Figurenkonstellationen ■ Inhaltliche Aspekte: Irritationen, Verwechslungen

Analyse sprachlicher und stilistischer Besonderheiten eines Textes

- Im Text eingesetzter Wortschatz
- Verwendete Satzstrukturen, Wiederholungen
- Aussagemodus: Indikativ, Konjunktiv
- Zum Einsatz kommende Stilebene(n)
- Rhetorische Figuren, sprachliche Metaphorik
- Auffällige Besonderheiten im Vergleich zu ähnlichen anderen Texten

Textinterpretation

Arbeitsaufgabe „Textinterpretation"

Aktivieren Sie Ihr Wissen zum Analysieren von epischen Texten und führen Sie eine Textanalyse zu „Ein Augenblick der Liebe" durch. Verwenden Sie dazu folgenden Analysebogen.

Der Analysebogen für epische Texte dient dazu, einen detaillierten Überblick über formale, inhaltliche und sprachliche Aspekte eines Textes zu gewinnen.

Kategorie	Ergebnis der Analyse
1. Quellenangaben	
2. Textsorte	
3. Inhalt	
4. Titelei	
5. Thematik/Stoff/ (Leit-)Motive	
6. Erzählperspektiven	
7. Erzählweise	
8. Figuren/ Charaktere	
9. Räume	
10. Sprachliche Gestaltung	

123

Deuten – Interpretieren – Bewerten

- ... (Stilmittel nennen) dient der Verstärkung von ...
- ... veranschaulicht ...
- ... lässt das Bild entstehen, dass ...
- Die Aussage wird durch ... gestützt
- Diese inhaltliche Wende spiegelt sich in ... wider
- ... macht deutlich, dass ...
- Die Aussage ... wird durch ... untermauert/abgeschwächt.
- Die Verben/Adjektive enthalten eine negative/positive Wertung
- In dieser Szene veranschaulicht die wiederholte Verwendung von ..., dass ...
- Zur Betonung ihrer/seiner Aussage verwendet sie/er folgende Stilmittel

Interpretieren SCHREIBZEUG

Wie Sie Ihre Analyseergebnisse formulieren, wissen Sie bereits, und auch, dass sprachliche/stilistische Merkmale stets ein Transportmittel für eine Botschaft sind. In der Randspalte finden Sie ein paar Hilfen, wie Sie Zusammenhänge zwischen Ihren Analyseergebnissen und dem Inhalt herstellen können.

Vorübungen zum Interpretieren

1. **Ein Gedicht erschließen**

> Rainer Maria Rilke
> **DER PANTHER** (1903)
>
> Im Jardin des Plantes, Paris
>
> Sein Blick ist vom Vorübergehn der Stäbe
> so müd geworden, daß er nichts mehr hält.
> 4 Ihm ist, als ob es tausend Stäbe gäbe
> und hinter tausend Stäben keine Welt.
>
> Der weiche Gang geschmeidig starker Schritte,
> der sich im allerkleinsten Kreise dreht,
> 8 ist wie ein Tanz von Kraft um eine Mitte,
> in der betäubt ein großer Wille steht.
>
> Nur manchmal schiebt der Vorhang der Pupille
> sich lautlos auf –. Dann geht ein Bild hinein,
> 12 geht durch der Glieder angespannte Stille –
> und hört im Herzen auf zu sein.
>
> RAINER MARIA RILKE: DIE SCHÖNSTEN GEDICHTE, INSEL – ALTE RECHTSCHREIBUNG

a) Klären Sie den Inhalt. **Notieren** Sie Ihre Erkenntnisse stichwortartig.
   - 1. Strophe: Blick des Panthers: Was nimmt der Panther wahr? Warum erscheint es dem Panther, als gäbe es hinter den Stäben keine Welt?
   - 2. Strophe: Gang des Panthers: Wie bewegt sich der Panther? – Warum?
   - 3. Strophe: Wahrnehmung des Panthers: Wie reagiert der Panther auf äußere Reize? Warum ist der Wille des Panthers betäubt?
   - gesamt: Wie ist die Verfassung des Panthers?

b) Schreiben Sie nun einen zusammenhängenden Text zum Arbeitsauftrag: **Geben** Sie den Inhalt des Gedichts **wieder.**

c) **Untersuchen** Sie die Struktur des Gedichtes (Anzahl der Strophen, Verszeilen pro Strophe, Metrum, Reim) und **überprüfen** Sie folgende Schlussfolgerung: „Das Gedicht weist eine monotone Struktur auf."

d) Schreiben Sie nun einen zusammenhängenden Text zum Arbeitsauftrag: **Setzen** Sie Inhalt und Struktur des Gedichts zueinander **in Beziehung.**

e) **Überprüfen** Sie die Gültigkeit folgender Interpretationshypothesen:
   - „Die Käfigstäbe stehen für das Gefangensein in der Monotonie des Alltags, das die Phantasie und die schöpferischen Fähigkeiten des Menschen einschränkt."
   - „Das Gedicht führt vor Augen, wie die Gefangenschaft ein Tier innerlich zugrunde richtet, und kritisiert somit menschliche Eingriffe in die Natur."

2. Eine Erzählung erschließen

Thomas Bernhard
VORURTEIL (1978)

Nahe Großgmain, wohin wir an den Wochenenden sehr oft mit unseren Eltern in einem sogenannten Landauer, welcher noch aus dem vorigen Jahrhundert stammte und der in einer für den Bau von Landauern berühmten Werkstätte in Elixhausen hergestellt worden war, unterwegs gewesen waren, hatten wir auf einmal mitten im Wald einen ungefähr vierzig- bis fünfundvierzigjährigen Mann gesehen, der uns, die wir ziemlich schnell bergab gefahren waren, um noch rechtzeitig zu unserem schwerkranken Onkel, der in jener Jagdhütte zuhause gewesen war, die unser Großvater Anfang des Jahrhunderts einem Fürsten Liechtenstein abgekauft und für seine, wie er sich immer ausgedrückt hatte, *philosophischen Zwecke* ausgebaut hatte, aufzuhalten versuchte, indem er sich vor uns mitten auf die Straße gestellt und die Kühnheit gehabt hatte, selbst den Pferden in das Geschirr zu greifen, um unseren Landauer zum Halten zu zwingen, was ihm natürlich nicht gelungen war. Der Mann hatte tatsächlich nur im letzten Moment auf die Seite springen und sich, mehrmals überschlagend, wie ich in der gerade hereinbrechenden Finsternis nur undeutlich festgestellt hatte, in Sicherheit bringen können. Tatsache war, daß wir der Meinung gewesen waren, auf eines jener gerade hier an der bayrisch-österreichischen Grenze ihr Unwesen treibenden Subjekte gekommen zu sein, die einer unserer zahlreichen Strafanstalten, wie die Justizsprache sagt, entsprungen sind, was auch der Grund gewesen war, warum wir nicht stehengeblieben sind. Wir hätten es tatsächlich darauf ankommen lassen und hätten den so urplötzlich vor uns aufgetauchten Fremden auch überfahren, um nicht Opfer eines Verbrechens sein zu müssen, wie wir gedacht haben. Am nächsten Tag hatte uns ein bei meinem Onkel im Dienst stehender Holzarbeiter darauf aufmerksam gemacht, daß in dem Wald, durch welchen wir am Vorabend mit dem Landauer gefahren waren, ein Mann erfroren und schwer verletzt aufgefunden worden war, welcher, wie sich bald herausgestellt hatte, der beste Arbeiter und der treueste Mensch, den mein Onkel jemals gehabt hatte, gewesen ist. Wir hatten naturgemäß nichts von unserem vorabendlichen Erlebnis verlauten lassen und bedauerten die Witwe des auf so tragische Weise ums Leben Gekommenen.

THOMAS BERNHARD: DER STIMMENIMITATOR, INSEL
– ALTE RECHTSCHREIBUNG

a) Überprüfen Sie, ob sich folgende Aussagen am Text belegen lassen.

		ja/nein
1.	Der Ich-Erzähler erzählt emotionslos, wie ein Holzarbeiter ums Leben gekommen ist.	
2.	Thomas Bernhard erzählt ein Erlebnis aus seiner Kindheit, das ihn geprägt hat.	
3.	Den größten Teil nimmt die Beschreibung des Landauers und der Jagdhütte ein.	
4.	Den größten Teil nimmt die Begegnung mit dem Holzarbeiter ein.	
5.	Auffallend ist die Verwendung von Parataxen.	

Deuten – Interpretieren – Bewerten

6.	Lange, verschachtelte Sätze verdeutlichen das sich schnell bewegende Fahrzeug.
7.	Dass die Familie des Ich-Erzählers den Holzfäller für einen aus dem Gefängnis Entflohenen hält, liegt an dessen Aussehen und Auftreten.
8.	Dem Protagonisten ist Materielles wichtiger als Menschen, was sich u. a. daran zeigt, dass nur der Landauer und die Jagdhütte detailliert beschrieben werden.
9.	Zu Vorurteilen kommt es, weil sich die Menschen zu wenig Zeit nehmen, um Situationen zu hinterfragen.
10.	Der letzte Satz verdeutlicht noch einmal die Gefühlskälte des Ich-Erzählers.

b) **Belegen** Sie nun schriftlich Ihre ausgewählten Aussagen zum Text. **Führen** Sie dazu auch Textzitate **an**.

c) Markieren Sie die Aussagen, die sich belegen lassen, mit unterschiedlichen Farben, je nachdem, welchen Arbeitsaufträgen Sie sich zuordnen ließen. Achtung: Nicht alle Aussagen lassen sich zuordnen.
- **Untersuchen** Sie Erzählhaltung und Sprache hinsichtlich ihrer Wirkung.
- **Analysieren** Sie, wie Vorurteile BERNHARDS Text zufolge entstehen.

3. **Eine Parabel erschließen**

Bertolt Brecht
HERR KEUNER UND DIE FLUT

Herr Keuner ging durch ein Tal, als er plötzlich bemerkte, dass seine Füße im Wasser gingen. Da erkannte er, dass sein Tal in Wirklichkeit ein Meeresarm war und dass die Zeit der Flut herannahte. Er blieb sofort stehen, um sich nach einem Kahn umzusehen, und solange er auf einen Kahn hoffte, blieb er stehen. Als aber kein Kahn in Sicht kam, gab er diese Hoffnung auf und hoffte, dass sein Wasser nicht mehr steigen möchte. Erst als ihm das Wasser bis ans Kinn gingt, gab er auch diese Hoffnung auf und schwamm. Er hatte erkannt, dass er selber ein Kahn war.

IN: FRANZ HOHLER (HG.): 112 EINSEITIGE GESCHICHTEN

a) **Setzen** Sie äußere und innere Handlung miteinander **in Beziehung**. Erstellen Sie dazu eine Tabelle. Tragen Sie in die Spalte „Äußere Handlung" alle Erzählschritte ein, in die Spalte „Innere Handlung" alles, was über die Gefühle und Gedanken von Herrn Keuner während des jeweiligen Erzählschritts zu erfahren ist.

⚠ Achtung: Nicht zu jedem Erzählschritt lässt sich eine innere Handlung erschließen.

Äußere Handlung	Innere Handlung
Spaziergang	
Füße im Wasser	

b) **Untersuchen** Sie die Stilmittel hinsichtlich ihrer Funktion für die Parabel.
- Unterstreichen Sie **Wiederholungen**, die sich in der Parabel finden lassen.
- Häufig haben Wiederholungen die Aufgabe, bestimmte Aussagen zu betonen bzw. hervorzuheben. – Überprüfen Sie, ob dies auch bei Ihren aufgefundenen Beispielen zutrifft.

c) **Deuten** Sie die Parabel hinsichtlich ihrer „Lehre". Um eine Parabel zu entschlüsseln, ist es unabdingbar, die Bildebene auf eine Sachebene zu übertragen.
- **Erklären** Sie im Vorfeld die Redewendung „jemandem steht das Wasser bis zum Hals".
- **Notieren** Sie, wofür folgende Bilder stehen könnten: Tal, Flut, Kahn.
- **Erklären** Sie nun die Aussage, dass Herr Keuner erkannte „selbst ein Kahn zu sein".

d) **Überprüfen** Sie, ob folgende Interpretationshypothesen zutreffen. Begründen Sie Ihre Entscheidung, indem Sie sie am Text belegen.
- „Jeder sollte schwimmen lernen."
- „Vertrau auf dich selbst und verlass dich nicht auf die Hilfe anderer."
- „Hilf dir selbst, dann hilft dir Gott."

Eine Interpretation vorbereiten

Der erste Schritt auf dem Weg zu einer Interpretation ist immer das sorgfältige, mehrmalige Lesen der Textvorlage. Lesen Sie folgende Kurzgeschichte mindestens zweimal: Im ersten Durchgang verschaffen Sie sich einen Überblick, nach dem zweiten notieren Sie Ihren Spontaneindruck (Was irritiert sie? – Was fällt Ihnen spontan auf? – Welche Aussage fällt Ihnen ad hoc ein? …) – Notieren Sie diese Eindrücke in der Randspalte.

Georg Britting
BRUDERMORD IM ALTWASSER (1929)

Das sind grünschwarze Tümpel, von Weiden überhangen, von Wasserjungfern übersurrt, das heißt, wie Tümpel und kleine Weiher, und auch große Weiher, ist es anzusehen, und es ist doch nur Donauwasser, durch Steindämme abgesondert, vom großen, grünen Strom, Altwasser, wie man es in der
5 Gegend nennt. Fische gibt es im Altwasser viele; Fischkönig ist der Bürstling, ein Raubtier mit zackiger, kratzender Rückenflosse, mit bösen Augen, einem gefräßigen Maul, grünschwarz schillernd wie das Wasser, darin er jagt. Und wie heiß es hier im Sommer ist! Die Weiden schlucken den Wind, der draußen über den Strom immer geht. Und aus dem Schlamm steigt ein Geruch
10 wie Fäulnis und Kot und Tod. Kein besserer Ort ist zu finden für Knabenspiele als dieses gründämmrige Gebiet. Und hier geschah, was ich jetzt erzähle. Die drei Hofberger Buben, elfjährig, zwölfjährig, dreizehnjährig, waren damals im August jeden Tag auf den heißen Steindämmen, hockten unter den Weiden, waren Indianer im Dickicht und Wurzelgeflecht, pflückten
15 Brombeeren, die schwarz-feucht, stachlig geschützt glänzten, schlichen durch das Schilf, das in hohen Stangen wuchs, schnitten sich Weidenruten, rauften, schlugen auch wohl einmal dem Jüngsten, dem Elfjährigen, eine tiefe Schramme, dass sein Gesicht rot beschmiert war wie eine Menschenfressermaske, brachen wie Hirsche und schreiend durch Buschwerk und
20 Graben zur breit fließenden Donau vor, wuschen den blutigen Kopf, und die Haare deckten die Wunde dann, und waren gleich wieder versöhnt. Die Eltern durften natürlich nichts erfahren von solchen bösen Streichen, und sie lachten alle drei und vereinbarten wie immer: „Zu Hause sagen wir aber nichts davon."

25 Die Altwässer ziehen sich stundenweit die Donau entlang. Bei einem Streifzug einmal waren die drei tief in die Wildnis vorgedrungen, tiefer als je zuvor, bis zu einem Weiher, größer, als sie je einen gesehen hatten, schwarz der Wasserspiegel, und am Ufer lag ein Fischerboot angekettet. Den Pfahl, an dem die Kette hing, rissen sie aus dem schlammigen Boden, warfen Kette
30 und Pfahl ins Boot, stiegen ein, ein Ruder lag auch dabei, und ruderten in

der Bürstling = Barsch

der Weiher = kleines, stehendes Gewässer

Staunze = Stechmücke

die Binse = grasartige Pflanze, Schilfrohr

die Mitte des Weihers hinaus. Nun waren sie Seeräuber und träumten und brüteten wilde Pläne. Die Sonne schien auf ihre bloßen Köpfe, das Boot lag unbeweglich, unbeweglich stand das Schilf am jenseitigen Ufer, Staunzen fuhren leise summend durch die Luft, kleine Blutsauger, aber die abgehärte-
35 ten Knaben spürten die Stiche nicht mehr. Der Dreizehnjährige begann das Boot leicht zu schaukeln. Gleich wiegten die beiden anderen sich mit, auf und nieder, Wasserringe liefen über den Weiher, Wellen schlugen platschend ans Ufer, die Binsen schwankten und wackelten. Die Knaben schaukelten heftiger, dass der Bootsrand bis zum Wasserspiegel sich neigte und das auf
40 geregte Wasser ins Boot hineinschwappte. Der Kleinste, der Elfjährige, hatte einen Fuß auf den Bootsrand gesetzt und tat jauchzend seine Schaukelarbeit. Da gab der Älteste dem Zwölfjährigen ein Zeichen, den Kleinen zu erschrecken, und plötzlich warfen sich beide auf die Bootsseite, wo der Kleine stand, und das Boot neigte sich tief, und dann lag der Jüngste im Wasser und
45 schrie, und ging unter und schlug von unten gegen das Boot, und schrie nicht mehr und pochte nicht mehr und kam auch nicht mehr unter dem Boot hervor, unter dem Boot nicht mehr hervor, nie mehr. Die beiden Brüder saßen stumm und käsegelb auf den Ruderbänken in der prallen Sonne, ein Fisch schnappte und sprang über das Wasser hinaus. Die Wasserringe
50 hatten sich verlaufen, die Binsen standen wieder unbeweglich, die Staunzen summten bös und stachen. Die Brüder ruderten das Boot wieder ans Ufer, trieben den Pfahl mit der Kette wieder in den Uferschlamm, stiegen aus, trabten auf dem langen Steindamm dahin, trabten stadtwärts, wagten nicht sich anzusehen, liefen hintereinander, achteten der Weiden nicht, die ihnen
55 ins Gesicht schlugen, nicht der Brombeersträucherstachel, die an ihnen rissen, stolperten über Wurzelschlangen, liefen, liefen und liefen.
Die Altwässer blieben zurück, die grüne Donau kam, breit und behäbig, rauschte der Stadt zu, die ersten Häuser sahen sie, sie sahen den Dom, sie sahen das Dach des Vaterhauses. Sie hielten, schweißüberronnen, zitterten
60 verstört, die Knaben, die Mörder, und dann sagte der Ältere wie immer nach einem Streich: „Zu Hause sagen wir aber nichts davon!" Der andere nickte, von wilder Hoffnung überwuchert, und sie gingen, entschlossen, ewig zu schweigen, auf die Haustüre zu, die sie wie ein schwarzes Loch verschluckte.

GEORG BRITTING: BRUDERMORD IM ALTWASSER, WWW.BRITTING.DE

Mögliche Arbeitsaufträge bei einer Interpretation dieser Kurzgeschichte könnten folgende sein:

■ **Untersuchen Sie, wie die Darstellung der Natur das Verhalten der Burschen und deren innere Verfassung widerspiegelt.**

Wie gehen Sie vor? – Als ersten Schritt wählen Sie eine Farbe, mit der Sie alle Hinweise in der Textvorlage, die Sie für die Bearbeitung dieses Arbeitsauftrags verwenden können, markieren. Lesen Sie nun die Kurzgeschichte nochmals und markieren Sie alle **Textstellen,** in der die **Natur** beschrieben wird. Notieren Sie in der Randspalte, wie diese Darstellung auf Sie wirkt.

In einem nächsten Schritt markieren Sie alle **Textstellen** (mit einer anderen Farbe), die das **Verhalten der Buben** bzw. deren **innere Verfassung** darstellen. Die innere Verfassung werden Sie erschließen müssen, da sie nicht immer explizit dargestellt ist. Notieren Sie auch dazu Stichwörter in der Randspalte.

Nun müssen Sie – so dies nicht bereits eine Aufgabe war, die Sie in einem vorhergehenden Arbeitsauftrag zu erfüllen hatten – die **Textvorlage inhaltlich gliedern.**

⚠ TIPP: Wenn Sie zu Hause arbeiten, kann es sich lohnen, die Textvorlage so oft zu kopieren, wie Sie Arbeitsaufträge zu bearbeiten haben.

Führen Sie nun Ihre Ergebnisse in einer Tabelle zusammen. Diese könnte in etwa so aussehen:

	Natur	Buben
Beschreibung des Altwassers		
Spiele der Buben		
Unfall/Tat		
Reaktion der Buben		

Stellen Sie **Vergleiche** an und **Zusammenhänge** fest. Formulieren Sie diese in ganzen Sätzen, belegen Sie dabei Ihre Ausführungen mit **Zitaten**.

Nun haben Sie diesen Arbeitsauftrag bewältigt. Diese Vorgehensweise erscheint Ihnen aufwendig? – Halten Sie sich immer vor Augen, dass eine Interpretation zwar eine persönliche Auseinandersetzung mit einer Kurzgeschichte, einem Gedicht … ist, die zu **unterschiedlichen Ergebnissen** führen kann, aber immer eine gründliche, **aufmerksame Auseinandersetzung mit der Textvorlage** erfordert. Nur so können Sie zu fundierten Ergebnissen kommen, die Sie auch belegen können. Die „Vorarbeiten" stellen die Hauptarbeit dar, für die Sie gut die Hälfte der Ihnen zur Verfügung stehenden Arbeitszeit einplanen sollten.

- **Beurteilen Sie, ob der im Titel formulierte Vorwurf der dargestellten Tat gerecht wird.**

Wie gehen Sie vor? – Für die Vorarbeiten für diesen Auftrag empfiehlt sich ein **Mindmap** oder eine **Wortsonne**. Der **Titel** dieser Kurzgeschichte ist eindeutig, der Vorwurf, der erhoben wird, ist **„Brudermord"**. Schreiben Sie diesen Begriff in die Mitte Ihres Konzeptpapiers und **assoziieren** Sie anschließend frei. Im nächsten Arbeitsschritt legen Sie **stichwortartig** den **Ablauf** dar, der zum Ertrinken des jüngsten Bruders geführt hat. Um Ihr abschließendes Urteil später auch belegen zu können, sollten Sie dazu wieder entsprechende **Textstellen** (mit jener Farbe, die Sie diesem Arbeitsauftrag zugeordnet haben) **unterstreichen**.
Für Ihr Urteil ist auch die **Reaktion der beiden älteren Brüder auf den Tod** des jüngsten von Belang. Markieren Sie Textstellen, die auf diese verweisen. Nun müssen Sie Ihre **Erkenntnisse zusammenführen**: Beachten Sie, Sie müssen zu einem **eindeutigen Urteil** kommen! Überlegen Sie anhand Ihrer Aufzeichnungen: Was spricht dafür, dass es sich um Mord handelt, was dagegen? Beachten Sie dabei: Es geht nicht um ein Gerichtsurteil. Im juristischen Sinne ist der dargestellte Vorfall kein Mord. Der Autor betitelt ihn aber trotzdem so und hat seine Gründe.
Wägen Sie ab und entscheiden Sie. Die Fakten, die Sie für Ihre Entscheidung gefunden haben, **begründen Sie ausführlich.** Was gegen Ihre Entscheidung spricht, lassen Sie nicht einfach unter den Tisch fallen. Begründen Sie, warum diese weniger Relevanz haben. Formulieren Sie nun Ihre **Erkenntnisse in ganzen Sätzen,** zusammenhängend und **mit Textbelegen** aus.

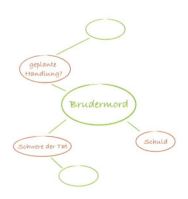

Wenn Sie die einzelnen Arbeitsaufträge ausgeführt haben, müssen Sie sie nur mehr **zu einem Textganzen zusammensetzen** (Übergänge, Konnektoren …). Bei einer Schularbeit/bei der Matura haben Sie drei oder vier Arbeitsaufträge zu bearbeiten. Beachten Sie, dass diese **nicht in der angeführten Reihenfolge** in Ihr „Textganzes" Eingang finden müssen (manchmal ist dies auch gar nicht sinnvoll). Ihre Kompetenz im Interpretieren können Sie besonders unter Beweis stellen, wenn Sie die Erkenntnisse zu den einzelnen Arbeitsaufträgen in Ihren Ausführungen zusammenführen.

Deuten – Interpretieren – Bewerten

Textinterpretation — TEXTWERK

Text 1

Robert Musil
DAS FLIEGENPAPIER (verfasst 1913, erschienen 1936)

Das Fliegenpapier Tangle-foot ist ungefähr sechsunddreißig Zentimeter lang und einundzwanzig Zentimeter breit; es ist mit einem gelben, vergifteten Leim bestrichen und kommt aus Kanada. Wenn sich eine Fliege darauf niederläßt – nicht besonders gierig, mehr aus Konvention, weil schon so
5 viele andere da sind –, klebt sie zuerst nur mit den äußersten, umgebogenen Gliedern aller ihrer Beinchen fest. Eine ganz leise, befremdliche Empfindung, wie wenn wir im Dunkel gingen und mit nackten Sohlen auf etwas träten, das noch nichts ist als ein weicher, warmer, unübersichtlicher Widerstand und schon etwas, in das allmählich das grauenhaft Menschliche hineinflutet, das
10 Erkanntwerden als eine Hand, die da irgendwie liegt und uns mit fünf immer deutlicher werdenden Fingern festhält!
Dann stehen sie alle forciert aufrecht, wie Tabiker, die sich nichts anmerken lassen wollen, oder wie klapprige alte Militärs (und ein wenig o-beinig, wie wenn man auf einem scharfen Grat steht). Sie geben sich Haltung und
15 sammeln Kraft und Überlegung. Nach wenigen Sekunden sind sie entschlossen und beginnen, was sie vermögen, zu schwirren und sich abzuheben. Sie führen diese wütende Handlung so lange durch, bis die Erschöpfung sie zum Einhalten zwingt. Es folgt eine Atempause und ein neuer Versuch. Aber die Intervalle werden immer länger. Sie stehen da, und ich fühle, wie ratlos sie
20 sind. Von unten steigen verwirrende Dünste auf. Wie ein kleiner Hammer tastet ihre Zunge heraus. Ihr Kopf ist braun und haarig, wie aus einer Kokosnuß gemacht [...]. Sie biegen sich vor und zurück auf ihren festgeschlungenen Beinchen, beugen sich in den Knien und stemmen sich empor, wie Menschen es machen, die auf alle Weise versuchen, eine zu schwere Last zu
25 bewegen; tragischer als Arbeiter es tun, wahrer im sportlichen Ausdruck der äußersten Anstrengung als Laokoon. Und dann kommt der immer gleich seltsame Augenblick, wo das Bedürfnis einer gegenwärtigen Sekunde über alle mächtigen Dauergefühle des Daseins siegt.
Es ist der Augenblick, wo ein Kletterer wegen des Schmerzes in den Fingern
30 freiwillig den Griff der Hand öffnet, wo ein Verirrter im Schnee sich hinlegt wie ein Kind, wo ein Verfolgter mit brennenden Flanken stehen bleibt. Sie halten sich nicht mehr mit aller Kraft ab von unten, sie sinken ein wenig ein und sind in diesem Augenblick ganz menschlich. Sofort werden sie an einer neuen Stelle gefaßt, höher oben am Bein oder hinten am Leib oder am Ende
35 eines Flügels.
Wenn sie die seelische Erschöpfung überwunden haben und nach einer kleinen Weile den Kampf um ihr Leben wieder aufnehmen, sind sie bereits in einer ungünstigen Lage fixiert, und ihre Bewegungen werden unnatürlich. Dann liegen sie mit gestreckten Hinterbeinen auf den Ellbogen gestemmt
40 und suchen sich zu heben. Oder sie sitzen auf der Erde, aufgebäumt, mit ausgestreckten Armen, wie Frauen, die vergeblich ihre Hände aus den Fäusten eines Mannes winden wollen. Oder sie liegen auf dem Bauch, mit Kopf und Armen voraus, wie im Lauf gefallen, und halten nur noch das Gesicht hoch. Immer aber ist der Feind bloß passiv und gewinnt bloß von ihren
45 verzweifelten, verwirrten Augenblicken. Ein Nichts, ein Es zieht sie hinein. So langsam, daß man dem kaum zu folgen vermag, und meist mit einer jähen Beschleunigung am Ende, wenn der letzte innere Zusammenbruch über sie kommt. Sie lassen sich dann plötzlich fallen, nach vorne aufs Gesicht, über die Beine weg; oder seitlich, alle Beine von sich gestreckt; oft auch auf die

---

Tabiker = jemand, der an Rückenmarksschwindsucht (Tabes) erkrankt ist

Im Zuge einer Deutschschularbeit sollen Sie zur literarischen Miniatur „Das Fliegenpapier" eine Textinterpretation verfassen. Der Text entstammt dem „Nachlass zu Lebzeiten" von ROBERT MUSIL und wurde 1913 verfasst. Lesen Sie die literarische Miniatur „Das Fliegenpapier". Verfassen Sie Ihre **Textinterpretation** und bearbeiten Sie die folgenden Arbeitsaufträge:

- **Geben** Sie Thematik und Inhalt des Textes **wieder.**
- **Untersuchen** Sie, mit welchen Wörtern und Wendungen der Kampf gegen den Tod beschrieben wird.
- **Überprüfen** Sie, mit welchen Bereichen des menschlichen Lebens das langsame Sterben der Fliegen assoziiert werden kann.

Schreiben Sie zwischen 405 und 495 Wörter. Markieren Sie Absätze mittels Leerzeilen.

Seite, mit den Beinen rückwärts rudernd. So liegen sie da. Wie gestürzte Aeroplane, die mit einem Flügel in die Luft ragen. Oder wie krepierte Pferde. Oder mit unendlichen Gebärden der Verzweiflung. Oder wie Schläfer. Noch am nächsten Tag wacht manchmal eine auf, tastet eine Weile mit einem Bein oder schwirrt mit dem Flügel. Manchmal geht solch eine Bewegung über das ganze Feld, dann sinken sie alle noch ein wenig tiefer in ihren Tod. Und nur an der Seite des Leibs, in der Gegend des Beinansatzes, haben sie irgend ein ganz kleines, flimmerndes Organ, das lebt noch lange. Es geht auf und zu, man kann es ohne Vergrößerungsglas nicht bezeichnen, es sieht wie ein winziges Menschenauge aus, das sich unaufhörlich öffnet und schließt.

ROBERT MUSIL: NACHLASS ZU LEBZEITEN, ROWOHLT – ALTE RECHTSCHREIBUNG

Text 2

Arik Brauer
SEIN KÖPFERL IM SAND (1971)

Gesprochen: „Das ist ein beinhartes Protestlied. Allerdings richtet sich die Kritik nicht gegen eine bestimmte Gruppe, sondern gegen jedermann, der sich betroffen fühlt. Auch gegen mich selbst."

Er hod a klanes Häusl in der greanen Au
Er hod an guten Posten und a dicke süße Frau
Er tut si bei der Arbeit net de Händ verstauchen
Er kaun an jeden Sundog a Virginia rauchen
Do sogt da, mir gehts guat, auf de aundan hau i in huat

Do sogt da:
Hinter meiner, vorder meiner, links, rechts güts nix
Ober meiner, unter meiner siach i nix
Spür nix, hear nix und i riach nix.
Denk i nix und red i nix und tu i nix
Waun da Wind wahd in de Gossn
Waun da Wind wahd am Land
Waun da Wind wahd, do steckt da
Sein Köpferl in Sand

Do zeig i earm a Stodt aus lauter Fetzen und Scherbn
An Plotz wo de Krankn im Rinnsäu sterbm
Gras in der Schüssl, im Gsicht de Fliegn
De Kinder haum an Wosserbauch und Kretzn am Hirn
Sie stinken wie der Mist, damits das net vergißt

Do sogt da:
Hinter meiner, vorder meiner …

I was an Plotz do traut sie kana wos sogn
Und rührn sie sich a bisserl, sans dawischt beim Krogn
Do holns de Kiwara um vieri in da fruah
Eini ins Hefen, de Tür fest zua
Sie brechn erna de Händ und tretns in de Zähnt

Do sogt da:
Hinter meiner, vorder meiner …

Es pfeifn de Kranaten, es donnert und kracht
Sie hockn in der Grubn de gaunze Nocht
Sie schiaßn auf olles wos sie rührt
Sie schiaßn dass de Krachn glüht
Da Mutter ihre Buam fallen um als wia de Ruam

Do sogt da:
Hinter meiner, vorder meiner …

ARIK BRAUER: SEIN KÖPFERL IM SAND, UNIVERSAL MUSIC AUSTRIA

Für ein Literaturportfolio sollen Sie zum Liedtext „Sein Köpferl im Sand" eine Textinterpretation verfassen. Lesen Sie den Liedtext bzw. hören Sie sich das Lied „Sein Köpferl im Sand" bei Verfügbarkeit an.
Verfassen Sie die **Textinterpretation** und bearbeiten Sie die folgenden Arbeitsaufträge:

- **Geben** Sie Thematik und Inhalt des Liedtextes **wieder.**
- **Erläutern** Sie die Wirkung des Dialektes, indem Sie den Liedtext auch in deutscher Standardsprache lesen bzw. sprechen.
- **Diskutieren** Sie die Aussage, dass es sich hier um ein „beinhartes Protestlied" handelt.

Schreiben Sie zwischen 405 und 495 Wörter. Markieren Sie Absätze mittels Leerzeilen.

Text 3

Eleonore Zuzak
UNS, DIE WIR SCHREIBEN (1998)

Uns, die wir schreiben,
ist es bestimmt,
aus gesprungenen Krügen
zu trinken,
5 leere Kelche zu füllen,
vor Rissen zu warnen,
die Hunde zurückzupfeifen,
eine Erklärung
für ihr Gebell zu suchen,
10 auf dem Papier
die Welt aus den
Angeln zu heben
oder nur einen Gedanken
zurechtzurücken,
15 für das Versiegen von Quellen,
das Platzen von Seifenblasen,
für das unpassende Stichwort
eine Erklärung zu finden,
auch wenn sie um einen Schmerz
20 schmerzhafter ist für uns,
die wir schreiben.

Uns, die wir schreiben,
genügt eine Kurve,
genügen Konturen,
25 genügt eine Spur,
schon eine Spalte Licht,
um uns zu öffnen.
Wenn wir Glück haben,
werden wir
30 um des Schreibens willen
geliebt.

IN: ELEONORE ZUZAK (HG.): VOM WORT ZUM BUCH. LYRIK-ANTHOLOGIE DES ÖSTERREICHISCHEN SCHRIFTSTELLERVERBANDES, EDITION DOPPELPUNKT

Im Zuge einer Deutschschularbeit sollen Sie zum Gedicht „Uns, die wir schreiben" eine Textinterpretation verfassen.
Lesen Sie das Gedicht „Uns, die wir schreiben".
Verfassen Sie die **Textinterpretation** und bearbeiten Sie die folgenden Arbeitsaufträge:

- **Geben** Sie **wieder,** was laut Gedicht die Bestimmung der Schreibenden ist.
- **Erläutern** Sie die Bilder, Vergleiche und Metaphern, die Sie im Gedicht auffinden.
- **Deuten** Sie den letzten Satz des Gedichtes „Wenn wir Glück haben, werden wir um des Schreibens willen geliebt" im Zusammenhang mit den vorher dargestellten Inhalten.

Schreiben Sie zwischen 405 und 495 Wörter. Markieren Sie Absätze mittels Leerzeilen.

Text 4

Ingeborg Bachmann
ERKLÄR MIR, LIEBE (1956)

Dein Hut lüftet sich leis, grüßt, schwebt im Wind,
dein unbedeckter Kopf hat's Wolken angetan,
dein Herz hat anderswo zu tun,
dein Mund verleibt sich neue Sprachen ein,
5 das Zittergras im Land nimmt überhand,
Sternblumen bläst der Sommer an und aus,
von Flocken blind erhebst du dein Gesicht,
du lachst und weinst und gehst an dir zugrund,
was soll dir noch geschehen –

Erklär mir, Liebe!

Der Pfau, in feierlichem Staunen, schlägt sein Rad,
die Taube stellt den Federkragen hoch,
vom Gurren überfüllt, dehnt sich die Luft,
der Entrich schreit, vom wilden Honig nimmt
das ganze Land, auch im gesetzten Park
hat jedes Beet ein goldner Staub umsäumt.

Der Fisch errötet, überholt den Schwarm
und stürzt durch Grotten ins Korallenbett.
Zur Silbersandmusik tanzt scheu der Skorpion.
Der Käfer riecht die Herrlichste von weit;
hätt ich nur seinen Sinn, ich fühlte auch,
daß Flügel unter ihrem Panzer schimmern,
und nähm den Weg zum fernen Erdbeerstrauch!

Erklär mir, Liebe!

Wasser weiß zu reden,
die Welle nimmt die Welle an der Hand,
im Weinberg schwillt die Traube, springt und fällt.
So arglos tritt die Schnecke aus dem Haus!
Ein Stein weiß einen andern zu erweichen!

Erklär mir, Liebe, was ich nicht erklären kann:
sollt ich die kurze schauerliche Zeit
nur mit Gedanken Umgang haben und allein
nichts Liebes kennen und nichts Liebes tun?
Muß einer denken? Wird er nicht vermißt?

Du sagst: es zählt ein andrer Geist auf ihn ...
Erklär mir nichts. Ich seh den Salamander
durch jedes Feuer gehen.
Kein Schauer jagt ihn, und es schmerzt ihn nichts.

INGEBORG BACHMANN: GEDICHTE, HÖRSPIELE, ERZÄHLUNGEN, PIPER

INGEBORG BACHMANN,
österreichische Schriftstellerin
(1926–1973)

Für ein Literaturportfolio sollen Sie zum Gedicht „Erklär mir, Liebe" von INGEBORG BACHMANN eine Textinterpretation verfassen.
Lesen Sie das Gedicht „Erklär mir, Liebe".
Verfassen Sie die **Textinterpretation** und bearbeiten Sie die folgenden Arbeitsaufträge:

- **Beschreiben** Sie, was der Titel des Gedichtes, der sich im Text auch mehrmals wiederholt, mit dem Inhalt zu tun hat.
- **Analysieren** Sie das Gedicht hinsichtlich der sprachlichen Mittel, mit denen der Begriff der Liebe darzustellen versucht wird.
- **Erörtern** Sie den Begriff von Liebe, der dem Gedicht zugrunde liegt.

Schreiben Sie zwischen 540 und 660 Wörter. Markieren Sie Absätze mittels Leerzeilen.

Deuten – Interpretieren – Bewerten

DANIIL CHARMS wird zu den Dichtern der russischen Avantgarde der 1930er-Jahre gezählt und hat mit seinen Kurztexten einerseits neue literarische Wege zu beschreiten versucht, andererseits immer wieder das Groteske evoziert und gezielt eingesetzt.

Das **Groteske** (von italienisch grottesco zu grotta ‚Höhle') bezeichnet bildkünstlerische und literarische Darstellungsweisen, in denen Gegensätze wie Grauen und Komik, Lächerlichkeit und Bedrohung, Zierlichkeit und Monstrosität in eine Einheit gebracht werden. Entstanden als Bezeichnung für bestimmte antike und daraus abgeleitete neuzeitliche Ornamentformen, wird der Begriff inzwischen in vielen Kunstgattungen und auch für alltäglichere Ausdrucksmittel angewendet.

WIKIPEDIA

Text 5

Daniil Charms
DIE HERAUSFALLENDEN ALTEN FRAUEN

Eine alte Frau fiel vor lauter Neugier aus dem Fenster, schlug auf und brach
2 sich das Genick.

Aus dem Fenster lehnte sich eine zweite alte Frau und schaute zu der Genick-
4 brüchigen hinunter, aber vor lauter Neugier fiel sie auch aus dem Fenster, schlug auf und brach sich das Genick.

6 Dann fiel die dritte alte Frau aus dem Fenster, dann die vierte, dann die fünfte.

Als die sechste alte Frau herausgefallen war, hatte ich keine Lust mehr, ihnen
8 zuzusehen, und ging zum Malzewski-Markt, wo, wie man hörte, einem Blinden ein Wollschal geschenkt worden war.

DANIIL CHARMS: ZWISCHENFÄLLE, FISCHER

Für ein Literaturportfolio sollen Sie zur literarischen Miniatur „Die herausfallenden alten Frauen" eine Textinterpretation verfassen.
Lesen Sie die literarische Miniatur „Die herausfallenden alten Frauen".
Verfassen Sie die **Textinterpretation** und bearbeiten Sie die folgenden Arbeitsaufträge:

- **Geben** Sie Thematik und Inhalt des Textes **wieder.**
- **Untersuchen** Sie die Bedeutung der sich wiederholenden Passagen im Text.
- **Überprüfen** Sie, ob der Text dem Grotesken zuzuordnen ist.

Schreiben Sie zwischen 270 und 330 Wörter. Markieren Sie Absätze mittels Leerzeilen.

Text 6

Friedrich Dürrenmatt
DIE PHYSIKER (1962)

Es gibt Risiken, die man nie eingehen darf: der Untergang der Menschheit ist ein solches. Was die Welt mit den Waffen anrichtet, die sie schon besitzt, wissen wir, was sie mit jenen anrichten würde, die ich ermögliche, können wir uns denken. Dieser Einsicht habe ich mein Denken untergeordnet.
5 Ich war arm. Ich besaß eine Frau und drei Kinder. An der Universität winkte Ruhm, in der Industrie Geld. Beide Wege waren zu gefährlich. Ich hätte meine Arbeiten veröffentlichen müssen, der Umsturz unserer Wissenschaft und das Zusammenbrechen des wirtschaftlichen Gefüges wären die Folgen gewesen. Die Verantwortung zwang mir einen anderen Weg auf. Ich ließ meine
10 akademische Karriere fahren, die Industrie fallen und überließ meine Familie ihrem Schicksal. Ich wählte die Narrenkappe. Ich gab vor, der König Salomo erscheine mir, und schon sperrte man mich in ein Irrenhaus.
[...]
Die Vernunft forderte diesen Schritt. Wir sind in unserer Wissenschaft an
15 die Grenzen des Erkennbaren gestoßen. Wir wissen einige genau erfaßbare Gesetze, einige Grundbeziehungen zwischen unbegreiflichen Erscheinungen, das ist alles, der gewaltige Rest bleibt Geheimnis, dem Verstande unzugänglich. Wir haben das Ende unseres Weges erreicht. Aber die Menschheit ist noch nicht soweit. Wir haben uns vorgekämpft, nun folgt uns niemand nach,
20 wir sind ins Leere gestoßen.

Unsere Wissenschaft ist schrecklich geworden, unsere Forschung gefährlich, unsere Erkenntnis tödlich. Es gibt für uns Physiker nur noch die Kapitulation vor der Wirklichkeit. Sie ist uns nicht gewachsen. Sie geht an uns zugrunde. Wir müssen unser Wissen zurücknehmen, und ich habe es zurückgenommen. Es gibt keine andere Lösung, auch für euch nicht.

FRIEDRICH DÜRRENMATT: DIE PHYSIKER, DIOGENES – ALTE RECHTSCHREIBUNG

Text 7

Bertolt Brecht
LEBEN DES GALILEI (1943)

Wofür arbeitet ihr [die Wissenschaftler, die Physiker]? Ich halte dafür, daß das einzige Ziel der Wissenschaft darin besteht, die Mühseligkeit der menschlichen Existenz zu erleichtern. Wenn Wissenschaftler, eingeschüchtert durch selbstsüchtige Machthaber, sich damit begnügen, Wissen um des Wissens willen aufzuhäufen, kann die Wissenschaft zum Krüppel gemacht werden, und eure neuen Maschinen mögen nur neue Drangsale bedeuten. Ihr mögt mit der Zeit alles entdecken, was es zu entdecken gibt, und euer Fortschritt wird doch nur ein Fortschreiten von der Menschheit weg sein. Die Kluft zwischen euch und ihr kann eines Tages so groß werden, daß euer Jubelschrei über irgendeine neue Errungenschaft von einem universalen Entsetzensschrei beantwortet werden könnte. – Ich hatte als Wissenschaftler eine einzigartige Möglichkeit. In meiner Zeit erreichte die Astronomie die Marktplätze. Unter diesen ganz besonderen Umständen hätte die Standhaftigkeit eines Mannes große Erschütterungen hervorrufen können. Hätte ich widerstanden, hätten die Naturwissenschaftler etwas wie den hippokratischen Eid der Ärzte entwickeln können, das Gelöbnis, ihr Wissen einzig zum Wohle der Menschheit anzuwenden! Wie es nun steht, ist das Höchste, was man erhoffen kann, ein Geschlecht erfinderischer Zwerge, die für alles gemietet werden können. Ich habe zudem die Überzeugung gewonnen, Sarti, daß ich niemals in wirklicher Gefahr schwebte. Einige Jahre lang war ich ebenso stark wie die Obrigkeit. Und ich überlieferte mein Wissen den Machthabern, es zu gebrauchen, es nicht zu gebrauchen, es zu mißbrauchen, ganz, wie es ihren Zwecken diente.

BERTOLT BRECHT: LEBEN DES GALILEI, SUHRKAMP – ALTE RECHTSCHREIBUNG

Vergleichen Sie die beiden Textstellen der Werke „Leben des Galilei" und „Die Physiker" in Form einer **Textinterpretation** und bearbeiten Sie dabei die folgenden Arbeitsaufträge:

- **Geben** Sie die Standpunkte der beiden Forscher **wieder.**
- **Vergleichen** Sie die Haltung der beiden Forscher der Menschheit gegenüber. Was eint, was trennt sie?
- **Diskutieren** Sie sowohl Übereinstimmungen als auch Unterschiede in der Beschreibung der Aufgaben der Wissenschaft.

Schreiben Sie zwischen 540 und 660 Wörter. Markieren Sie Absätze mittels Leerzeilen.

Deuten – Interpretieren – Bewerten

Ziele erreicht? – „Deuten – Interpretieren – Bewerten"

Selbstevaluation

Schätzen Sie sich selbst ein und beurteilen Sie Ihr eigenes Können. (Nehmen Sie dazu Ihre selbst verfassten Texte zur Hand und analysieren Sie sie.)

Feedback

Holen Sie Feedback über Ihre Kompetenz von einer Kollegin/einem Kollegen ein. (Geben Sie Ihre Texte an eine Kollegin/einen Kollegen weiter.)

	Selbsteinschätzung kann ich				Feedback kann sie/er		
Einleitung	☺	😐	☹	**Anmerkungen**	☺	😐	☹
Angaben zum Werk (so detailliert wie möglich)							
Kurzzusammenfassung des Textes/der Textstelle							
Hauptteil	☺	😐	☹	**Anmerkungen**	☺	😐	☹
Darstellung analytischer Aspekte (Textanalyse)							
Bezugnahme auf außerhalb des Textes liegende Erklärungsmöglichkeiten (optional)							
Intertextualität (optional)							
Gliederung: Einzelne Aspekte finden sich in eigenen Absätzen.							
Schluss	☺	😐	☹	**Anmerkungen**	☺	😐	☹
Bezugnahme auf die Interpretationshypothese							
Zusammenfassende Darstellung der Besonderheiten							
Abschließende Wertung							
Formale/Sprachliche Kriterien	☺	😐	☹	**Anmerkungen**	☺	😐	☹
Gliederung: Untergliederung von Einleitung, Hauptteil und Schluss							
Zeit: Gegenwartsstufe (Präsens, Perfekt …)							
Sprache: sachlich, anschaulich, informierend, vergleichend etc.							
Rechtschreibung: viele, wenige, fast gar keine Fehler							
Grammatik: viele, wenige, beinahe gar keine Fehler							

☺ = kann ich/sie/er sehr gut 😐 = kann ich/sie/er ☹ = kann ich/sie/er noch nicht

Werbung

Wir kaufen nicht, was wir haben wollen, wir konsumieren, was wir sein möchten.

JOHN HEGARTY, britische Werbelegende

Die Werbung ist die Kunst, auf den Kopf zu zielen und die Brieftasche zu treffen.

VANCE PACKARD, US-Publizist

 Meine Ziele

Nach Bearbeitung dieses Kapitels kann ich
- verschiedene Techniken der Texterfassung und Textanalyse anwenden;
- Stil- und Sprachebenen unterscheiden;
- Werbungen hinsichtlich ihrer Inhalte und Werbestrategien analysieren;
- die Korrelation von grafischen und sprachlichen Elementen erkennen;
- für die Adressatin/den Adressaten notwendige Informationen in sinnvoller Reihenfolge anordnen;
- Texte mit beschreibender und bewertender Intention verfassen und die spezifischen Textmerkmale gezielt einsetzen;
- Texte interpretieren;
- Texte bewerten;
- eigene bzw. fremde Texte formal und inhaltlich über- und bearbeiten.

Werbung — EINFÜHRUNG

Werbung galt in den 70er-Jahren als großer Verführer, heute haben wir sie in unser Leben integriert

HERBERT, LIES DAS! – JA, NATÜRLICH!

- Werbung beeinflusst, aber der Konsument ist sich dessen bewusst.
- Gallup-Studie: Mehr als zwei Drittel der Österreicher mögen Werbung.

WIEN. Wenn man sich bereits Sorgen macht, ob es Oma Lutz eh gut geht, und man beginnt, seiner Stehlampe im Wohnzimmer mehr Beachtung zu schenken, als es zuträglich ist, dann ist bereits einiges passiert. Dann hat sich Werbung im Gehirn festgesetzt und man wird sie nicht mehr los.

„Weg mit dem Sp..." – äh, Werbung im öffentlich-rechtlichen Rundfunk? Die kritischen Töne der Neil-Postman-Generation in den 80er-Jahren sind verstummt, der ORF mit Werbung ist zur Gewohnheit geworden und Gewohnheiten gibt der Österreicher ungern auf – auch, wenn viele andere Länder bereits werbefrei sind oder sich gerade auf den Weg dazu machen.

Ist es gut, so wie es ist? Abgesehen davon, dass die Privatsender stöhnen, deren Stimme aber aufgrund der Marktlage zu schwach ist, ist ein ORF ohne Werbung für den Österreicher kaum vorstellbar. Im Gegenteil, bietet er doch trotz Werbung eine Ruheoase im Gegensatz zu den Privaten, die oft zum Trash-TV abgleiten. Und die Österreicher lieben ihre Werbung. Eine aktuelle Studie des Gallup-Instituts zeigt, dass 69 Prozent der Österreicher Werbung mögen. Zwei Drittel sagen, dass die Wirtschaft ohne Werbung nicht mehr funktionieren würde. 70 Prozent werden durch Werbung auf neue Produkte aufmerksam gemacht.

Der Konsument hat gelernt, kritisch mit Werbung umzugehen. Er ist sich bewusst, dass Werbung beeinflusst, und lässt dies auch zu. Solange ihn keine unterschwellige Werbung bedroht, wie die Iss-Popcorn-trink-Cola-Studie in den 50er-Jahren, bei der Botschaften für einen Bruchteil von Sekunden in Filmen eingeblendet wurden, ohne dass es bewusst wahrnehmbar war. Doch seitdem ist viel Werbezeit vergangen. An prägende Werbungen erinnert man sich zurück wie an einen Urlaub oder an ein Konzert. Werbungen setzen Zeitstempel im persönlichen Lebenslauf. Für einen heute 50-Jährigen ist es „der Tiger im Tank" von Esso, der ihn noch immer schmunzeln lässt, für die Mitte-Dreißigjährigen haben sich die Werbespots der Bawag besonders eingeprägt. Die Familie, die glücklich eine Wiese hinunterläuft, oder die zwei Kinder, die sich am Boden im Wohnzimmer eines schönen, großen Hauses um einen Spar-Hamster streiten. Der Bausparer hatte damals Hochsaison. Die einen haben diese Spots geliebt, die anderen haben sie gehasst, aber vergessen hat sie niemand.

Werbung vermittelt mehr als je ein Lebensgefühl. Die Trendscouter der großen Werbeagenturen sind gefragt. Stand in den 50er-Jahren noch das Produkt im Vordergrund, wird heute ein bestimmter Lifestyle suggeriert. Werbung reflektiert den Zeitgeist, ruft Vorstellungen und Wünsche wach. Welche Frau träumt nicht von einer faltenglättenden Wundercreme, den Bauch flach machendem Joghurt – am besten bei einer Tasse Nespresso auf der Terrasse im Eigentum? Konservativ liegt voll im Trend, und das eben nicht nur in der Werbung.

Nostalgie-Werbetafel

Diskutieren Sie:
- Sollte Werbung im öffentlich-rechtlichen Rundfunk erlaubt oder verboten sein?
- Wirkt Werbung wirklich?
- Führen Sie Ihren Lieblingswerbespruch an und erklären Sie in der Klasse, warum genau dieser Spruch Ihr Favorit ist.
- Kaufen Sie Produkte aufgrund von Werbung?

Werbung kann aber auch fürchterlich nerven. Wenn Kinder am Spielplatz „Kkkkampf dem Preis" trällern und „Geiz als geil" idealisieren, geht das an die Grenze der Geschmacklosigkeit. Sie hebt aber auch die Stimmung: Der
50 Jugendliche, der ungeschickt mit einem Dosenöffner hantiert, dabei etwas wegfliegt, das den Vater trifft, der wiederum hinfällt, sich dabei am Vorhang festhält, diesen hinunterreißt und die Leuchte mitnimmt.

Wenn Sie sich bei einer Gehaltsverhandlung mit Ihrem Chef sagen hören: „Could we make an arrangement", auf alles mit „Ja, natürlich" antworten,
55 ihren Nespresso verliebt anstarren, dann heißt es Vorsicht: Werbung kann ihr Leben beeinflussen.

Werbung
Seit 1959 gibt es Werbesendungen im öffentlich-rechtlichen Fernsehen in Österreich und sie darf pro Tag maximal 20 Prozent der Sendezeit ausma-
60 chen. Die Werbung soll stets als Block und zwischen einzelnen Sendungen stattfinden. Sendungen dürfen unterbrochen werden, wenn es „die Dramaturgie" zulässt. Pro Tag dürfen nur 43 Minuten Werbung gesendet werden.

Für Privatfernsehen gilt, dass zwischen zwei Werbeblocks mindestens 20 Minuten Abstand gehalten werden muss. Pro Tag dürfen 216 Minuten
65 für Spots, 72 Minuten für sonstige Werbung, etwa Sponsorhinweise, und 180 Minuten für Teleshopping gesendet werden.

INA WEBER, WIENER ZEITUNG

 Fassen Sie den Text anhand folgender Aspekte in Stichworten **zusammen:**
- Regelung der Werbung im öffentlich-rechtlichen Rundfunk
- Zugänge der Konsumentin/des Konsumenten zu Werbung

Textlänge: 270 bis 330 Wörter

Arbeitsaufgaben „Werbung"

1. a) **Erarbeiten** Sie die **Inhalte** des folgenden Textes, indem Sie die Tabelle auf einem Blatt Ihrer Mappe weiterführen bzw. vervollständigen:

Marke	Produkt	Technischer Effekt	Werbebotschaft

b) **Erörtern** Sie in Form einzelner (eigener) **Thesensätze,** wie eine Werbung gestaltet sein muss, damit Sie sie als „genial" bezeichnen.
Trifft dies auf eine der im Folgenden dargestellten Werbungen zu? Wenn ja, warum?

WIE WERBUNG SO RICHTIG SPASS MACHEN KANN

Moderne Technik bringt Spannung in die Werbung: Autos werden unsichtbar, Engel tanzen mit Passanten, der Flaschenöffner lädt Facebook-Freunde zum Feiern ein. Die Grenzen zur realen Welt verschwimmen.

5 An Bushaltestellen können Wartende schon einige Überraschungen erleben. Chiphersteller Qualcomm hatte Plakate dort angebracht mit Werbung für seine Mobiltechnik und seiner Website-Adresse. Besuchte ein Passant die Website per Smartphone, konnte er wählen, ob es schneller

gehen solle. Tippte er auf „Ja", wurde der Passant ganz einfach abgeholt: entweder von einer Frau in einem gelben Lamborghini, einem Musher mit einem Hundeschlitten auf Rollen oder einem mit Gauklern besetzten Sonderbus. Die Darsteller warteten mit ihren Fahrzeugen in einer Seitenstraße in der Nähe der Bushaltestelle.

Etwas für die Nase bot McCain an einigen britischen Bushaltestellen: Wer die dort angebrachte, aus Fiberglas gefertigte Kartoffel berührte, wärmte sie auf und konnte den Geruch frisch gebackener Kartoffeln wahrnehmen. Und als Coca-Cola für seine griffigen Flaschen werben wollte, bauten sie Plakate in französische Bushaltestellen ein, an deren Oberfläche Kleidung haften blieb wie an einem Klettverschluss.

Moderne Technik ermöglicht ganz neue Werbeformen, zum Teil mit einfachsten Mitteln oder indem die Werbung geschickt in soziale Medien eingebunden wird. „Wer eine Werbe-Idee hat, denkt auch immer gleich die Anwendung dafür mit, das gehört unmittelbar zusammen. Die Technik ist ein Transportmittel für die Idee. Das kann mal mit Lowtech oder mit viel Hightech verbunden sein", sagt Alexander Wipf, Chefstratege bei der Werbeagentur-Gruppe Leo Burnett.

Mercedes macht Autos unsichtbar
Ganz auf Hightech hat dagegen Mercedes-Benz gesetzt, um seine umweltfreundliche Technologie F-Cell zu bewerben, die keinerlei Emissionen verursacht. Damit ausgestattete Wagen seien gleichsam unsichtbar der Umwelt gegenüber. Techniker haben das Werbeauto komplett mit LED-Matten abgedeckt. Kameras einer Seite zeichneten das Bild auf und leiteten die Daten zu den LEDS auf der gegenüberliegenden Seite, die es dort abgebildet haben. Da umstehende Passanten beim Blick auf das Auto immer das Bild hinter dem Wagen sehen, erscheint ihnen das Auto nahezu unsichtbar.

Der Werbe-Mercedes ist nahezu unsichtbar

Ähnlich aufwendig war die Werbung von BMW: Wenn ein klappriger Dodge die New Yorker 6th Avenue entlangruckelte, spiegelte sich der Wagen in einer viele Meter langen Schaufensterscheibe. Zu sehen war jedoch nicht die Rostlaube, sondern ein Concept Car, eine Auto-Studie von BMW. Das Schaufenster war eine digitale Leinwand, Bewegungssensoren erfassten, wenn ein Wagen sich näherte, und Laserbeamer projizierten synchron zur realen Vorbeifahrt die virtuellen Fahrzeuge der Zukunft auf das große Display. Dazu gab es Informationen, wie viel Geld der Fahrer mit dem Auto der Zukunft im Vergleich zu seiner Spritschleuder sparen könnte.

„Die Leute wollen keine Werbebotschaften, sondern Erlebnisse. Heute zu werben heißt daher, entweder Probleme zu lösen – zum Beispiel wenn eine Versicherung deutlich macht, dass sie den Menschen lästige Dinge im Leben abnimmt. Oder es heißt, ihnen intensive Erlebnisse zu bieten bei Themen, für die sie Leidenschaft empfinden – zum Beispiel wenn eine Spiegelreflexkamera einen neuen Weg findet, wie Fotoenthusiasten Bilder miteinander teilen können. Oder die Marke bereitet den Menschen ganz einfach Spaß, sie unterhält sie", sagt Wipf.

Werbung fordert Passanten zum Mitmachen auf

Das gelingt recht oft, vor allem durch Interaktion zwischen Werbung und Konsument. Manchmal ist der technische Aufwand gering: In einem Tipp-Ex-Video zum Beispiel konnte der Zuschauer entscheiden, wie der Clip zu Ende geht, ob der Protagonist zum Beispiel einen beim Zelten auftretenden Bären erschießt oder nicht.

Ein anderes Beispiel waren die digitalen Werbeplakate zum Mercedes Viano im Berliner S-Bahnhof Friedrichstraße. Wer davor stand und seinen Funk-Autoschlüssel betätigte, aktivierte den Projektor an der Decke: Der bislang geschlossene Viano öffnete seine Tür, und es kamen mal brasilianische Tänzerinnen, mal Sumo-Ringer aus dem Wageninnern heraus.

„Es geht nicht mehr so sehr darum, den anderen zu zeigen, was man durch ein beworbenes Produkt besitzt, sondern darum, was man mit einer Marke erlebt – so wie User auf Facebook anderen mitteilen, wohin sie in den Urlaub gefahren sind und was sie dort machen, und nicht damit angeben, was sie sich gekauft haben", sagt Wipf. Tatsächlich spielen soziale Medien mittlerweile eine bedeutende Rolle in der Werbung. Mit der Volkswagen-App „Smileage" zum Beispiel lässt sich der Verlauf der eigenen Autofahrt per Smartphone-GPS aufzeichnen und anderen mitteilen.

Getränkeautomaten verbinden die Menschen

Fiat warb für seinen Punto mit einer regelrechten Schnitzeljagd über viele digitale Medien hinweg. Um zu gewinnen, mussten Nutzer Codes sammeln – die mal in einer SMS, mal auf einem Foto auf der Plattform Flickr und mal beim Fiat-Händler um die Ecke zu finden waren.

Einen ganz besonderen Effekt erzielt Technik, wenn sie Menschen auf überraschende und unterhaltsame Weise über große Entfernung hinweg miteinander verbindet. Coca-Cola hat dazu eine App entwickeln lassen, die Nutzern eine Karte mit über die Welt verteilten ausgewählten Getränkeautomaten anzeigt. Steuert der Anwender einen aus der Liste an, spuckt dieser Automat – samt in die passende Sprache übersetzter Textbotschaft – eine Cola aus, die ein vorübergehender Passant entgegennehmen kann. So kann jeder vom Badesee aus jemandem zum Beispiel in Kapstadt ein kühlendes Getränk spendieren. Da der Automat mit Tastatur und Kamera ausgestattet ist, kann sich der Empfänger per Textbotschaft oder Video bedanken. Vor allem gelingt es dank moderner Technik, die Unterschiede zwischen realer und virtueller Welt aufzuheben, die Werbung rückt damit immer näher und greift in das tatsächliche Leben ein.

Technik lässt sich in der Werbung jedoch auch geschickt so einsetzen, dass sie die Wirksamkeit moderner Technik beschränkt. Für ihre Pausenzonen in Innenstädten haben Werbeexperten für Kit Kat in einem Radius von fünf Metern alle Funksignale geblockt – eine WiFi-Verbindung ins Internet war dadurch nicht mehr möglich. So sollten die Passanten in der Lage sein, in Ruhe eine Zeitung zu lesen – oder vielleicht auch, einen Schokoriegel zu essen.

THOMAS JÜNGLING, DIE WELT

Werbung

Begriffe der Werbung

2. **Ordnen** Sie die im Kasten angegebenen Begriffe aus dem Themenbereich Werbung den einzelnen Definitionen **zu.**

- Teaser
- Relaunch
- Self-Mailer
- Eyecatcher
- Unique Selling Proposition
- Recall
- Subline
- Wildanschlag
- Stuffer
- Early Bird
- Tonality
- Launch
- Litfaßsäule
- Marketing
- CRM
- Banner
- DRTV

a)	Ein Mailing, das ohne Kuvert versandt wird.
b)	Er liegt dem Werbebrief bei und hebt einen ausgewählten Aspekt des Angebotes nochmals hervor (z. B. Garantieversprechen).
c)	Untergeordnete Überschrift
d)	Werbefläche auf Webseiten
e)	Customer Relationship Management: Kundenbeziehungsmanagement
f)	Direct Response TV. Fernsehwerbeform, die Kunden zur sofortigen Aktion (Anruf bei eingeblendeter Telefonnummer) auffordert.
g)	Dies ist ein kaufanregender, einzigartiger Vorteil, durch den sich ein Produkt von Konkurrenzprodukten abgrenzt.
h)	So werden Plakatierungen bezeichnet, die ohne Genehmigung an z. B. Zäunen, leer stehenden Häusern, Bäumen, Masten angebracht werden. Sie sind nicht erlaubt!
i)	Aufdruck – meist eine Headline – auf dem Umschlag eines Werbebriefes. Soll den Empfänger neugierig machen und ihn veranlassen, das Mailing anzuschauen.
j)	Ton oder Stil einer Werbung. Sie muss der gewünschten Zielgruppe gerecht werden.
k)	Mediabegriff, der die Erinnerung an bestimmte Werbemittel oder deren Inhalte wie Markennamen, Slogan oder Produktnutzen misst.
l)	Darunter versteht man die Überarbeitung eines Produkts, Unternehmens oder Werbeauftrittes.
m)	Zugabe für Schnellreagierer. Bewährtes Mittel zur Erhöhung der Response. Dem Begriff liegt das Sprichwort „The early bird catches the worm" zugrunde.
n)	Die Gesamtheit aller Maßnahmen zur Ausrichtung wirtschaftlicher Unternehmungen an den Erfordernissen des Absatzmarktes.
o)	So wird die Einführung eines neuen Produktes oder einer neuen Marke bezeichnet.
p)	Dabei handelt es sich um einen zylindrischen Werbeträger und die älteste Form der Außenwerbung. Sie ist benannt nach einem Berliner Drucker.
q)	Blickfang. Gestaltungselement wie z. B. Foto, Grafik oder große Schrift

1 Werbeanalyse

BEISPIEL

Mit dem IntelliLink-Infotainmentsystem hast du nicht nur dein Navigationsgerät immer dabei, sondern auch deine ganz persönliche Lieblingsplaylist. Ob vom Smartphone, MP3-Player, iPod oder Tablet-PC – du bestimmst, was gespielt wird.

Werbeanalyse BEISPIEL

**ANALYSE DER WERBUNG
„MEHR STEREO, WENIGER STEREOTYP" VON OPEL**

Mit der Werbung „Mehr Stereo, weniger Stereotyp" wird das neue Auto „Adam" der Marke Opel beworben. Die Werbung richtet sich an junge, musikbegeisterte Menschen, die vor dem Kauf eines (ersten) Neuwagens stehen.

Die Werbung kann in vier wesentliche Bildelemente gegliedert werden: Den Hintergrund bilden unzählige an einer Betonwand hochgestapelte Kassettenrekorder. Ein Stück weit davor und auf der rechten Seite des Bildes befindet sich das beworbene Produkt, das Auto. Noch ein Stück weiter vorne befindet sich auf der linken Seite des Bildes eine auf einem Stuhl sitzende junge Dame. Der untere Teil des Bildes wird von einem Textblock, der sich in mehrere Abschnitte gliedert, eingenommen. Farblich ist die Werbung beinahe gänzlich in Schwarz- und Grauabstufungen gestaltet, nur die Schrift, das Auto selbst und das Top der Dame sind zum größten Teil in goldgelber Farbe gehalten.

Der Textblock ist ähnlich einem klassischen Zeitungsbericht bzw. einer Kurzmeldung aufgebaut. Der Teaser lautet: „Mehr Stereo, weniger Stereotyp." und spielt auf den Wunsch vieler junger Erwachsener nach Individualität, aber auch nach uneingeschränktem Musikgenuss an. Die Kopfzeile enthält den Produktnamen. Rechts neben dem Textblock findet sich das Logo von Opel und darunter der gegenwärtige Leitspruch der Marke: „Wir leben Autos".

Text und Bild sind auf mehreren Ebenen miteinander verknüpft. Das Bild ist ganz auf jugendlichen Musikgenuss ausgerichtet, wirkt ungeordnet, die Haltung der abgebildeten jungen Frau wirkt auffordernd, und sie scheint mit einem angedeuteten Klatschen einen musikalischen Rhythmus zu interpretieren. Der Teaser stellt eine Kombination von These und Antithese dar und beinhaltet zudem ein Wortspiel. Stereo spielt auf die Qualität der Musikwiedergabe an, „weniger Stereotyp" auf den Wert der Individualität und Ungleichheit zu allem und allen anderen.

Der neue Wagen heißt Adam, soll also das erste Auto sein, welches sich ein Führerscheinneuling zulegt. Ob erster Freund oder Mann, ob als männliches Identifikationsobjekt, beide Male geht das Konzept auf. Wichtig sind auch nicht die PS, nicht die technischen Daten, nicht der Preis, nein, im Zentrum der Werbung stehen das Lebensgefühl und die Kompatibilität des Wagens mit dem Leben der jungen Menschen. Und Kompatibilität mit dem Leben heißt Kompatibilität mit den modernen Kommunikationsmitteln.

Bemerkenswert ist, dass das Kleingedruckte am unteren Ende der Werbung keine Einschränkungen, Klauseln, Angebotsdetails beinhaltet, sondern dass hier nochmals aktiv geworben und auf die Nachhaltigkeit des Wagens hingewiesen wird.

Beeindruckend an dieser Werbung ist, wie wenig hier von einem Auto zu lesen ist und wie intensiv an das Lebensgefühl der Zielgruppe appelliert wird. Die Werbebotschaft, dass dieser Wagen den Rhythmus, die Individualität, das Ungestüm etc. der Jugend repräsentiert, ist beinahe in jedem sprachlichen und grafischen Detail eingearbeitet.

Werbeanalyse   WERKZEUG

Wer **wirbt, will informieren, manipulieren und verkaufen** – und dies mit allen ihm/ihr zur Verfügung stehenden Mitteln. Je nach **Werbeträger unterscheiden** sich diese **Mittel**. Sie gleichen sich aber darin, wie **Bilder** und **Sprache** eingesetzt bzw. miteinander verknüpft werden, um eine **Botschaft** so zu gestalten, dass sie in erster Linie in der vorgesehenen Art und Weise **rezipiert** wird.

Exemplarisch für die unterschiedlichsten Formen von Werbung wird in diesem Kapitel näher auf die **Werbeanalyse von Printmedien** eingegangen. Die dargestellten Kriterien eignen sich aber ebenso zur **Analyse von audiovisuellen Werbebeiträgen.**

Aufbau einer Werbeanalyse

Einleitung
In der Einleitung werden **wesentliche W-Fragen** geklärt: Was wird beworben? Wer wirbt? Wann und wo wird die Werbung publiziert? Welche Zielgruppe soll angesprochen werden?

Beschreibung der Annonce
Kurz und prägnant wird geklärt, was in der Werbung zu sehen ist. Die Beschreibung der **Bildelemente** steht dabei im **Vordergrund**. Textelemente werden ebenso als Bild aufgefasst und es ist deren Farbe, Position im Bild und Größe relevant. Folgende Fragen können dabei unterstützen: Wie ist das Bild aufgebaut? Sind einzelne Elemente in unterschiedlichen Größendimensionen dargestellt? Wo ist welcher (relevante) Text in welcher Schriftgröße positioniert?

Textanalyse/Analyse sprachlicher Mittel
Die Beantwortung folgender Fragen kann beim Verfassen einer Werbeanalyse hilfreich sein: Welche **Textteile** stehen im **Vordergrund?** Steht ein **Werbeslogan** oder eine **Headline** im **Zentrum** der Werbung? Mit welchen sprachlichen Mitteln wird gearbeitet? Werden **rhetorische Mittel** eingesetzt? Ist ein sprachlicher Teaser vorhanden? Wird mit Reim und Klang gearbeitet? Werden Fremdwörter eingesetzt, Umgangssprache, Dialekt? Wird mit **Sprache gespielt,** werden Inhalte erklärt oder **verschlüsselt dargestellt?**

Bewertung/Interpretation
Im abschließenden Teil einer **Werbeanalyse** geht es darum, die in den Teilen „Beschreibung" und „Textanalyse" erarbeiteten Aspekte einer Werbung miteinander zu verknüpfen und zu einer abschließenden Bewertung einer Werbung zu gelangen.

Formale/Sprachliche Kriterien

Gliederung	Einleitung, Hauptteil und Schluss werden durch Absätze voneinander getrennt. Auch innerhalb des Hauptteils wird bei der Darstellung jedes neuen Teiles (Einleitung, Beschreibung etc.) sowie jeder neuen Argumentationskette ein Absatz gemacht.
Zeit	Verwendung der Gegenwartsstufe (Präsens, Perfekt ...)
Sprache/Stil	sachlich, knapp, prägnant, informierend, anschaulich, Einsatz von Fachwortschatz
Schreibhaltungen	zusammenfassen, beschreiben, erläutern

prägnant = in knapper Form genau treffend

2 Werbungen analysieren — BEISPIEL

Analysieren Sie in der Klasse jene Aspekte von Werbung, die auf dem WERKZEUG-Blatt gegenüber beschrieben sind.

Notieren Sie hier die besprochenen Aspekte.

PAMPERS BABY DRY

Produktbeschreibung

Die Pampers Baby Dry gehört hierzulande zu den meistverkauften Windeln. Seit vielen Jahren bereits vertrauen Eltern und Hebammen dieser Windel, die sich vor allem durch ihre gründliche Trockenheit und die guten Anpassungs-
5 fähigkeiten an das Baby auszeichnet. Dabei wurde und wird die Pampers Baby Dry permanent weiterentwickelt und verbessert. Mit der Wahl für eine Windel wie die Pampers Baby Dry fühlen sich die meisten Eltern und ihre Babys seit Generationen wohl.

Pampers Schutz für Babyhaut von Anfang an

10 Bereits für Neugeborene sind Pampers Baby Dry geeignet, denn diese Windeln sind nicht nur in einer kleinen Größe erhältlich, sie sind auch besonders zart zu der jungen und noch beinahe schutzlosen Haut. Damit Babys Haut gut umsorgt ist, leitet die Baby-Dry-Windel die Nässe möglichst schnell weg vom Kind und hinein in den starken Saugkern. Das sorgt für einen guten
15 Schutz des empfindlichen Baby-Popos – und das Tag und Nacht.

Damit dieser Schutz auch bei längeren Schlafphasen gewährleistet werden kann, ist die Pampers Baby Dry so konzipiert, dass sie durch eine extra Schlaflage die Feuchtigkeit von der zarten Babyhaut fernhält. So geschützt kann das Baby sogar bis zu zwölf Stunden Schlaf in der Pampers Baby Dry
20 genießen. Dabei ist die Pampers Baby Dry keineswegs luftdicht, sie verfügt über eine weiche Außenschicht, die atmungsaktiv ist und dem Baby dadurch einen angenehmen Tragekomfort bietet.

Durch die elastischen Bündchen an den Seiten mit „Raupi-Flex" passen sich die Pampers Baby-Dry-Windeln zum einen an die Körperform des Babys an,
25 zum anderen macht die Windel auch die Bewegungen des Babys mit, was den Tragekomfort deutlich erhöht. Dabei ist natürlich auch wichtig, dass die Windel an den Beinchen einen guten Schutz bietet. Um dort einen besseren Schutz gegen Auslaufen zu gewährleisten, sind die Baby-Dry-Windeln mit Beinbündchen versehen.

30 Dank lustiger kindgerechter Figuren auf jeder einzelnen Windel macht das Wickeln auch dem Baby Spaß, denn es hat immer wieder eine kleine Entdeckung dabei zu machen. Das regt die Sinne an und kann sich zudem positiv auf die Geduld des Babys auswirken. So haben Eltern und Kinder mehr vom Wechsel der Windel.

WWW.WINDELN.DE/PAMPERS-BABY-DRY.HTML

Werbungen analysieren WERKZEUG

Um Werbungen im Detail **analysieren** zu können, müssen sie in ihre **Bestandteile zerlegt werden.** Gerade Werbungen eignen sich zur Analyse, da die miteinander kombinierten Bereiche Bild, Wort und Ton getrennt voneinander betrachtet werden können.

Ziele von Werbung

Klären Sie immer, welches Ziel im Zentrum der Werbung steht!
- **Information:** Mit Werbung können und sollen Konsumentinnen und Konsumenten informiert werden.
- **Motivation:** Kundinnen und Kunden sollen motiviert werden, ein Produkt zu kaufen bzw. sich intensiv(er) damit zu beschäftigen.
- **Sozialisation:** Die Vermittlung von Werten oder sozialen Regeln kann im Zentrum einer Werbung stehen. (Kein Alkohol am Steuer ...)
- **Verstärkung:** Kundinnen und Kunden, die eine Kaufabsicht hegen oder schon gekauft haben, sollen in ihrer Absicht oder in ihrer Handlung bestärkt werden.
- **Unterhaltung:** Immer mehr rückt der Unterhaltungswert von Werbung in den Vordergrund. Konsumentinnen und Konsumenten kennen den Zweck von Werbung und wollen durch sie unterhalten werden.

Zielgruppe

Jede Werbung richtet sich an eine **bestimmte Gruppe von Personen,** die in ihrem Konsumverhalten ähnliche Merkmale aufweist (Singles zwischen 20 und 30 Jahren, Familien mit Kleinkindern, Hauseigentümer/innen, Sommer- bzw. Wintersportler/innen etc.). Je mehr Merkmale einer Zielgruppe bekannt sind, desto fokussierter kann eine Werbung gestaltet werden.

Werbebotschaft

Die inhaltliche Kernaussage einer Werbung, die **Werbebotschaft,** sollte exakt auf die **Bedürfnisse** der jeweiligen Zielgruppe **abgestimmt** sein. Welche Aspekte sind für die jeweilige Zielgruppe von großer Relevanz?

Werbemittel: Bild, Ton und Sprache

Der gezielte **Einsatz von Bildern, Textelementen, Liedern etc.** ergibt sich aus den oben angeführten Aspekten, die einer Werbung zugrunde gelegt werden können: An wen richtet sich die Werbung? Was soll vermittelt werden? Steht das Produkt im Zentrum der Aufmerksamkeit oder die Zielgruppe?

Werbemodelle

Für die **inhaltliche Analyse einer Werbung** kann man sich in einem ersten Schritt an unterschiedlichen Modellen orientieren, die je nach Werbestrategie die Basis für eine Annonce bilden.
- Das **AIDA-Modell** ist ein klassisches **Überzeugungsmodell,** welches die Produkteigenschaften in den Vordergrund rückt und die Kundin/den Kunden zur Kaufentscheidung leiten soll.
- Das **Einbeziehungsmodell** setzt auf die Identifikation der Zielgruppe mit der Marke bzw. dem Markenimage.
- Vom **Unterscheidungsmodell** spricht man, wenn die Individualität der Kundin/des Kunden im Zentrum steht. Das Ungewöhnliche und Individuelle einer Marke bildet den Kern der Werbebotschaft und suggeriert dem/der Käufer/in, so ungewöhnlich und individuell wie die jeweilige Marke zu sein.

AIDA:
Attention (Aufmerksamkeit)
Interest (Interesse)
Desire (Verlangen)
Action (Handlung)

Werbung

2.1 Werbesprache BEISPIEL

Analysieren Sie den Werbetext, die Headlines und Slogans dieser Seite anhand jener sprachlichen Analysekriterien, die auf dem WERKZEUG-Blatt angeführt sind.

Werbetext

NIVEA CELLULAR ANTI-AGE

Die NIVEA Cellular Anti-Age Pflegelinie bringt das Gesicht zum Strahlen
2 und verjüngt die Haut tiefenwirksam. Die innovative Anti-Age-Formel beschleunigt die hauteigene Zellerneuerung, mildert Falten und sorgt für ein
4 jugendlicheres Aussehen. Zell-aktivierende Wirkstoffe steigern die Vitalität der Hautzellen für ein sichtbar gestrafftes Hautbild. Ein Powercocktail aus
6 kurzkettiger Hyaluronsäure, Magnolia-Extrakt sowie Kreatin lässt die Haut jugendlich erstrahlen und zaubert ein seidig-glattes Hautgefühl.
8 Schön gepflegt durch den Tag.

Headlines

- „Jetzt auch für Linkshänder!"
- „Männer pflegen ihren Körper von innen."
- „Zuerst voll gut, dann Leergut"
- „Ausgesprochen gut. Ausgetrunken besser."
- „Ich kenne meine Rechte – Sie hält mein Bier."
- „Es ist in Ordnung, mehrere gleichzeitig zu haben."
- „Ist die Stimmung im Keller, muss man sie raufholen."

OTTAKRINGER-PLAKATSLOGANS

Bekannte Werbeslogans

- „Actimel activiert Abwehrkräfte." – *Actimel*
- „Billa, sagt der Hausverstand." – *Billa*
- „Crisan ist sauteuer, aber es wirkt." – *Lornamead GmbH*
- „Der Klügere liest nach." – *Der Standard*
- „Die zarteste Versuchung, seit es Schokolade gibt." – *Suchard*
- „Für das Beste im Mann." – *Gillette*
- „Geiz ist geil!" – *Saturn*
- „Haribo macht Kinder froh und Erwachsene ebenso." – *Haribo*
- „Hier bin ich Mensch, hier kauf ich ein!" – *DM*
- „Ist der/die/das neu? – Nein, mit Fewa Wolle gewaschen!" – *Henkel*
- „Manner mag man eben." – *Manner*
- „Ö1 gehört gehört." – *Ö1*
- „Prefa – das Dach, stark wie ein Stier!" – *Prefa*
- „Red Bull verleiht Flügel!" – *Red Bull*
- „Soo! muss Technik!" – *Saturn*
- „Warum erfrischt mich das Ottakringer bloß so? Bloß so." – *Ottakringer Brauerei*
- „We love to entertain you" – *ProSieben*

Werbesprache — WERKZEUG

Neben den **rhetorischen Figuren** spielen in der **Werbesprache** folgende sprachliche Figuren eine wesentliche Rolle:

Eine Liste an **rhetorischen Stilfiguren** finden Sie im Anhang des Blattwerks 5/6 AHS und unter www.trauner.at/rhetorik.aspx.

- **Superlativ – die Meiststufe:** hat natürlich erhöhende, verstärkende Wirkung. Beispiele: *die größte Versuchung, für das Beste im Mann, für höchsten Genuss.*
- **Absoluter Komparativ:** Wird der Komparativ verwendet, ohne dass eine Referenz vorhanden ist, wird er „absolut" verwendet. Beispiel: *„Garantiert eine höhere Leistung!"* (Hier wird nicht gesagt, gegenüber welchem anderen Produkt die Leistung höher liegt.)
- **Imperativ:** Dieser stellt eine Handlungsanleitung dar. Kann zum Erwerb eines Produktes animieren, aber auch ein vermitteltes Lebensgefühl zum Inhalt haben. Beispiel: *„Raunz nicht, kauf!"*
- **Fremdwörter:** werden eingesetzt, um Exklusivität des Produktes, wissenschaftliche Fundiertheit, Niveau der Konsumierenden etc. zu unterstreichen. Beispiele: *permanent, dermatologisch, Raffinesse, Innovation.*
- **Ad-hoc-Bildungen:** verweisen darauf, dass das Produkt im Trend liegt, Zukunftspotenzial hat, eine Neuheit darstellt, finden sich als Begriffe meist (noch) nicht im Wörterbuch. Beispiel: *Formsprache* (Autowerbung)
- **Neologismen:** sind neu gebildete sprachliche Ausdrücke und werden auch als neu empfunden, worin ihr Potenzial für die Werbesprache liegt. Beispiele: *chillen, simsen, Modezar, Literaturpapst, Nervenkostüm.*
- **Schlüsselwörter:** In der Kfz-Werbung sind dies gegenwärtig beispielsweise „Komfort, Sicherheit, Technik", in der Lebensmittelwerbung „natürlich, Bio-, probiotisch, Protein".
- **Plastikwörter:** sind zuweilen Schlüsselwörter, die den Eindruck von Fundiertheit und hoher Qualität erwecken, letztlich aber nichtssagend sind und Leerformeln darstellen. Beispiele: *Energie, Strategie, Struktur*
- **Sprach-, Wortspiele:** erregen Aufmerksamkeit, indem sie von der sprachlichen Norm abweichen. Oft ergibt sich durch die absichtliche Abweichung eine witzige Wirkung. Beispiele: *„Wir schreiben, womit Sie rechnen müssen.", „Sehen Sie auf Nummer sicher"* (Rodenstock-Brille), *„Wir möchten Sie auf die Palme bringen"* (L'TUR)
- **Redewendungen:** werden aufgrund ihres Erinnerungsfaktors, auch wenn sie leicht verändert sind, eingesetzt. Sie werden oft sprachspielerisch verändert und überraschen durch Mehrdeutigkeit. Beispiele: *„Der Klügere liest nach!", „Ente gut, alles gut!", „Ein starker Rücken kennt keinen Schmerz!"*
- **Rhetorische Mittel:** Vielfach werden in der Werbung rhetorische Mittel eingesetzt, um auf der Wort- und Satzebene unterschiedliche Wirkungen hervorzurufen. Im Anhang finden Sie eine detaillierte Auflistung der wichtigsten rhetorischen Mittel. Beispiel: *„Actimel activiert Abwehrkräfte."* (Alliteration)

Der Werbeslogan

Dieser kurze **Textteil einer Werbung** kann auch als Marktschrei bezeichnet werden, bleibt oft über Jahre hinweg unverändert und dient zur **Wiedererkennung** eines Unternehmens, einer Marke bzw. eines Produktes. Zudem soll ein Werbeslogan Aufmerksamkeit erregen, Bedürfnisse wecken, als Visitenkarte dienen und kann auch die Werbebotschaft kurz und bündig zum Inhalt haben.

Für die inhaltliche Analyse von Werbeslogans kann gefragt werden, was mit dem Slogan thematisiert wird und ob der Produzent, das Produkt oder der Konsument im Zentrum des Slogans steht.

Mit Slogans kann man
- auffordern,
- argumentieren,
- behaupten,
- befehlen,
- empfehlen,
- beurteilen,
- präsentieren.

Werbung

2.2 Bild und Sprache BEISPIEL

Arbeitsaufgaben

a) **Analysieren** Sie die Werbungen anhand der Kriterien auf dem WERKZEUG-Blatt.

b) **Diskutieren** Sie Ihr Ergebnis in der Klasse. Halten Sie Ihre Ergebnisse in Form eines **Thesenblattes** fest.

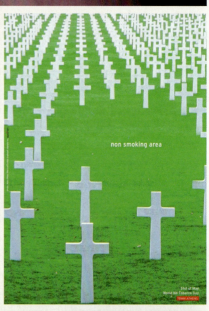

Wer seine Jobchancen optimal nutzen will, braucht das nötige Fachwissen. Das WIFI bietet Ihnen die besten Ausbildungsmöglichkeiten dazu.
Jetzt Kursbuch bestellen und anmelden auf www.wifi.at

WIFI. Wissen ist für immer.

Kommen Sie doch näher.

Bergemann & Sohn Bestattungskultur

2 Werbungen analysieren

Bild und Sprache WERKZEUG

Werbung **spielt mit Sprache,** aber vor allem arbeitet sie auch mit **Bildern.** Eine Werbeschaltung legt – je nach Werbestrategie – in den präsentierten Bildern ihr Augenmerk meist mehr auf ein **bestimmtes Lebensgefühl,** welches mit dem **Kauf und Konsum des Produktes miterworben wird,** als auf die besonders hervorhebenswerten Eigenschaften eines Produktes.

Für die **Werbeanalyse** ist zu fragen, **mit welchen Bildern** welche Aspekte in den Vordergrund gerückt werden. Welche Eigenschaften des Produktes werden auf welche Art und Weise mit Emotionen oder einem bestimmten Lebensgefühl verknüpft?

- **Slice of Life:** Es wird ein Stück alltägliches Leben dargestellt, in dem das beworbene Produkt vorkommt. Beispiel: *Lutz-Familie*
- **Lifestyle-Werbung:** Mit der Werbung werden Lebensstile und -gefühle evoziert und idealisiert, die für die jeweilige Zielgruppe als erstrebenswert gelten. Beispiel: *„Römerquelle – belebt die Sinne"*
- **Werte:** Der jeweiligen Zielgruppe zugesprochene Werthaltungen stehen im Zentrum. Beispiele: *Gösser Bier – Freundschaft, Miele – Verlässlichkeit*
- **Traumwelt(en):** Der Konsum des Produktes entführt die Konsumierenden in eine irreale Traumwelt. Beispiel: *Mozartkugeln – Genießer des Produktes verwandelt sich in Mozart*
- **Symbolfiguren, Helden:** Neu geschaffene Figuren, die über Jahre hinweg beibehalten werden, präsentieren das Produkt. Beispiel: *Börserl* (Spar), *Hausverstand* (Billa)
- **Wissenschaft/Technik als Garant:** Wissenschafter/innen treten auf, um die Qualität des Produktes unter Beweis zu stellen. Beispiel: *Blend-a-med-Forschung*
- **Testimonialwerbung/Identifikation:** Werbung mit bekannten Persönlichkeiten, die als Vorbild fungieren können und hohes Identifikationspotenzial besitzen. Beispiele: *George Clooney – Nespresso, Hermann Maier – Raiffeisen*
- **Computeranimierte Werbung:** Oft werden mittels Computeranimation Eigenschaften von Produkten dargestellt, die in der Realität nicht existieren oder lediglich physikalische Animationen sind. Beispiele: *Auto-, Waschmittelwerbung*
- **Bildsprache/Metonymie:** Dargestellte Objekte stehen für einen anderen Sachverhalt. Beispiel: *Antarktiseis für frischen Atem* (Gletschereis-Bonbons)

Kombination von Bild und Sprache	
Bildakzentuierte Werbung	**Textakzentuierte Werbung**
■ Im Vordergrund steht das Bild, mit ihm wird die zentrale Werbebotschaft dargestellt. ■ Das Bild weist eine hohe inhaltliche Eindeutigkeit auf. ■ Die Sprache dient zur Angabe der Marke, des Slogans, des Produktnamens und erläutert das Bild mittels kleiner Textteile.	■ Der Text steht im Vordergrund und funktioniert meist auch ohne Bild. ■ Das Bild dient zur Verdeutlichung des beschriebenen Inhaltes. ■ Das Bild kann illustrative, veranschaulichende Funktion haben. ■ Vielfach werden Produkteigenschaften bis ins Detail genannt.

 Bilder ...

... erregen die **Aufmerksamkeit** des/der Wahrnehmenden

... ermöglichen eine **schnelle Hinführung** zur Thematik bzw. **Darstellung** der Thematik

... können den **Fokus** auf einzelne Produkteigenschaften und Details legen

Werbung

Arbeitsaufgaben „Werbungen analysieren"

1. Lesen Sie den unten angeführten Werbetext und bearbeiten Sie die Aufgaben.

    a) **Analysieren** Sie mithilfe des WERKZEUG-Blattes „Werbesprache" Schritt für Schritt die im Text verwendete Sprache.
    Halten Sie wichtige Ergebnisse auf den Notizzeilen am Ende dieser Seite fest.

    b) **Unterstreichen** Sie in einem nächsten Schritt sämtliche **Adjektive** des Textes.
    Überlegen Sie auch, zu welchen positiv besetzten Nomen Sie Antonyme finden.
    Verfassen Sie mit den gefundenen Begriffen eine sogenannte „Antiwerbung".

antonym = eine entgegengesetzte Bedeutung habend

SIE WERDEN SEINE FAHRDYNAMIK SCHÄTZEN.
2 **EIN BLICK GENÜGT.**

Der Audi A5 Sportback. Die Kraft des Designs.

4 Emotionales Design und Funktionalität hervorragend miteinander zu verknüpfen ist die große Stärke des Audi A5 Sportback. Mit einem
6 kraftvollen Design, das sein sportliches Versprechen auf nahezu jeder Strecke einlöst, besticht er zudem noch mit Raum und Effizienz.
8 Optional bietet der permanente Allradantrieb „quattro" mit Sportdifferenzial eine deutliche Steigerung der Fahrdynamik, die seinem
10 Design absolut ebenbürtig ist.
Aber das haben Sie vermutlich gleich gesehen.

Notizen

2. Im Zuge einer Deutschschularbeit haben Sie eine **Werbeanalyse** zu folgendem Werbesujet zu verfassen und die folgenden Arbeitsaufträge zu bearbeiten:

- **Beschreiben** Sie die Annonce, indem Sie die Figuren, die Objekte, räumliche Beziehungen zueinander etc. benennen.
- **Setzen** Sie Zielgruppe, Werbebotschaft und das beworbene Produkt miteinander **in Beziehung.**
- **Bewerten** Sie das Werbesujet.

Schreiben Sie zwischen 270 und 330 Wörter. Markieren Sie Absätze mittels Leerzeilen.

3. Im Zuge einer Deutschschularbeit haben Sie eine **Werbeanalyse** zu folgender Werbung zu verfassen und die folgenden Arbeitsaufträge zu bearbeiten:

- **Beschreiben** Sie die Annonce, indem Sie die Figuren, die Objekte, sprachliche Elemente, räumliche Beziehungen zueinander etc. benennen.
- **Setzen** Sie Zielgruppe, Werbebotschaft und das beworbene Produkt miteinander **in Beziehung.**
- **Analysieren** Sie die Textteile der Werbung und setzen Sie diese mit den grafischen Elementen in Beziehung.
- **Bewerten** Sie das Werbesujet.

Schreiben Sie zwischen 405 und 495 Wörter. Markieren Sie Absätze mittels Leerzeilen.

Gentlemen, machen Sie Ihr Spiel: jeden ersten Dienstag im Monat – beim Herrenabend im Casino Wien. Mit jedem Besuch steigt Ihre Chance auf den Hauptgewinn bei der großen Schlussverlosung am 2. Dezember 20..: einer Raymond Weil Freelancer von Juwelier Köck!

Werbung

💬 **Was darf Werbung?**
Wo liegen die Grenzen des „guten" Geschmacks?
Ist politische Korrektheit ein Muss oder darf sich Werbung „aller" Mittel bedienen, damit wir Produktnamen, Slogans und dgl. nicht so schnell wieder vergessen?

4. Verfassen Sie aus der Perspektive eines Menschen, der sich für die Gleichbehandlung und Gleichberechtigung von Frauen einsetzt, einen offenen Brief an IWC und kritisieren Sie darin die versteckte Frauenfeindlichkeit in deren Werbebotschaften. Lesen Sie den Bericht „Ironie oder nicht? Das ist hier die Frage". Schreiben Sie Ihren **offenen Brief** und bearbeiten Sie die folgenden Arbeitsaufträge:

- **Nennen** Sie einzelne Headlines von IWC, in denen die Beziehung zwischen Mann und Frau thematisiert wird.
- **Analysieren** Sie diese Headlines hinsichtlich frauenfeindlicher Aspekte.
- **Nehmen** Sie kritisch zur Darstellung der Frau innerhalb dieser Headlines bzw. Slogans **Stellung.**
- **Bewerten** Sie diese Art von Werbebotschaften in marketingtechnischer Hinsicht.

Schreiben Sie zwischen 540 und 660 Wörter.

IRONIE ODER NICHT? DAS IST HIER DIE FRAGE.

Eine Werbekampagne für einen Herren-Chronographen des Uhrenherstellers IWC ist einer Zeitungsleserin ins Auge gestochen. Sie machte geltend, die Aussage auf der Anzeige sei geschlechterdiskriminierend. Die Lauterkeitskommission hat die Beschwerde und
5 *dann auch den Rekurs abgewiesen.*

Die Beschwerdeführerin machte geltend, der Werbespruch „Fast so kompliziert wie eine Frau. Aber pünktlich" widerspreche dem Grundsatz Nr. 3.11 der Schweizerischen Lauterkeitskommission. IWC International Watch argumentierte dagegen, bei der Aussage handle es sich um eine ironische
10 Pointe, welche von der Mehrheit der Bevölkerung als solche wahrgenommen worden sei. Im Übrigen sei die Schlagzeile nicht frauenfeindlich, sondern vielmehr männerfreundlich. Schliesslich handle es sich bei dem beworbenen Modell „da Vinci" um eine ausgesprochene Männeruhr.
In diesem Sinn hat auch die Dritte Kammer der Lauterkeitskommission
15 entschieden. Laut konstanter Praxis der Kommission sind Werbeaussagen, die im Rahmen von zusammenhängenden Kampagnen gemacht werden, gesamthaft zu betrachten. Die werbliche Übertreibung sei evident, und von einer Tatsachenbehauptung könne ernstlich nicht gesprochen werden. Gegen diesen Entscheid hat die Beschwerdeführerin Rekurs erhoben.
20 Begründung: Die Kommission habe in solchen „frauendiskriminierenden" Fällen in der Mehrheit aus Frauen zusammengesetzt zu sein. Die Argumentation, man müsse die ganze Serie einer Kampagne betrachten, erlaube es, die Richtlinien der Lauterkeit zu unterlaufen. Auch dem Argument der ironischen Darstellung konnte die Rekurrentin nicht folgen.
25 Das Plenum der Lauterkeitskommission als Rekursinstanz wies den Rekurs aber ab: Die Anzeige könne nicht einseitig diskriminierend sein, weil ein anderes Sujet der Kampagne („IWC. Seit 1868. Und so lange es noch Männer gibt") die Männer ironisch aufs Korn nimmt. Im Gegensatz zur Rekurrentin qualifizierte das Plenum den Text zudem durchaus als
30 ironisch. Betreffend Zusammensetzung der Kommission ist die Rekursinstanz nicht der Meinung, sie müsse in der Mehrheit von Frauen besetzt sein. Es genüge, wenn beide Geschlechter vertreten seien, und das war bei der Behandlung der Beschwerde der Fall gewesen.
Aus diesen Gründen hat die Rekursinstanz der Lauterkeitskommission
35 den Vorwurf der Willkür zurückgewiesen und den Rekurs abgewiesen.

WWW.FAIRE-WERBUNG.CH – TEXT NACH SCHWEIZER RECHTSCHREIBUNG

Jede Person ist befugt und legitimiert, kommerzielle Kommunikation, die ihrer Meinung nach unlauter ist, bei der Schweizerischen Lauterkeitskommission zu beanstanden.
Tel. 044 211 79 22,
info@lauterkeit.ch

5. **Analysieren** Sie den folgenden Werbetext mithilfe der WERKZEUG-Blätter. Halten Sie Ihre Erkenntnisse in Form einer Mindmap fest.

IWC UHR DER NATIONALMANNSCHAFT

Die **Deutsche Nationalmannschaft** wird von der Schweizer Uhrenmanufaktur IWC mit einer zeitgemäßen **Uhr** in den Farben des Nationalteams ausgestattet. Wie jeder weiß, lieben Fußballer, besonders die deutsche Mannschaft, **ausgefeilte Technik** – nicht nur auf dem Platz,
5 sondern auch außerhalb. Der Schweizer Uhrenhersteller **IWC** launcht jetzt die **offizielle Uhr** der deutschen Kicker. Das **Besondere** daran ist eine quadratische Markierung, diese signalisiert die Spieldauer von 45 Minuten und zusätzlich zeigen die roten Ziffern eine mögliche Nachspielzeit an.
10 Das Ziffernblatt ist dementsprechend in den Farben des Heimtrikots der DFB-Elf gehalten und zwar in Weiß. Auf dem Stahlboden der Uhr ist eine Gravur eingearbeitet, die diesen **IWC Chronographen** als „Offizielle Uhr" der Deutschen Nationalmannschaft kennzeichnet. Wenn ihr diese Uhr in euren Besitz nehmen wollt, müsst ihr euch beeilen, denn dieser
15 Chronograph ist auf 500 Stück limitiert. **Preisauskunft erfolgt auf Anfrage** beim Schweizer Uhrenhersteller **IWC**.

DELUXE-LABEL.DE – ADAPTIERT

6. Folgende Headlines stammen aus den Werbekampagnen der Uhrenmarke IWC. Im Zuge der Deutschschularbeit haben Sie eine **Textinterpretation** zu verfassen. Bearbeiten Sie die Aufgabenstellungen:

- **Benennen** Sie das jeweilige Thema einzelner Werbeslogans.
- **Analysieren** Sie im Detail, mit welchen sprachlichen Mitteln hier geworben wird und worauf einzelne Slogans anspielen.
- **Diskutieren** Sie die Werbewirksamkeit dieser Headlines unter Berücksichtigung geschlechterspezifischer Aspekte.
- **Bewerten** Sie einzelne Slogans.

Schreiben Sie zwischen 540 und 660 Wörter. Markieren Sie Absätze mittels Leerzeilen.

IWC – AUSGEWÄHLTE HEADLINES

- „Immerhin etwas, worauf sich Männer verlassen können."
- „Wir machen Uhren für eine Minderheit. Männer."
- „So tief können nur Männer sinken: bis 2 000 Meter u. d. M."
- „Männer haben mehr Tiefgang als Frauen. Jetzt bis 2 000 Meter."
- „Viel zu schade zum Einkaufen, Waschen, Putzen und Wickeln."
- „Wer hat bei Ihnen zu Hause die IWC an?"
- „Pünktlich, perfekt gebaut und von unvergleichlicher Schönheit. Das kann nur eine Uhr sein."
- „Hinter jedem erfolgreichen Mann steht jemand, der keine IWC trägt."
- „Auch Werberinnen tragen diese IWC. Was haben wir nur wieder falsch gemacht?"

Ziele erreicht? – „Werbung"

Selbstevaluation

Schätzen Sie sich selbst ein und beurteilen Sie Ihr eigenes Können. (Nehmen Sie dazu Ihre selbst verfassten Texte zur Hand und analysieren Sie sie.)

Feedback

Holen Sie Feedback über Ihre Kompetenz von einer Kollegin/einem Kollegen ein. (Geben Sie Ihre Texte an eine Kollegin/einen Kollegen weiter.)

Selbsteinschätzung – kann ich

Feedback – kann sie/er

Einleitung	☺	😐	☹	Anmerkungen	☺	😐	☹
Einleitung: W-Fragen zum Werbegegenstand werden geklärt.							

Hauptteil	☺	😐	☹	Anmerkungen	☺	😐	☹
Bildanalyse/Beschreibung ■ des grafischen Aufbaus ■ von Bildelementen ■ der Darstellung des Textes							
Analyse sprachlicher Mittel – wird Bezug genommen auf: ■ Slogan, Teaser und Headline ■ rhetorische Mittel ■ Reim und Klang ■ Sprachebene							

Schluss	☺	😐	☹	Anmerkungen	☺	😐	☹
Zusammenführung der in der Analyse erarbeiteten Aspekte							
Abschließende **Bewertung und Interpretation**							

Formale/Sprachliche Kriterien	☺	😐	☹	Anmerkungen	☺	😐	☹
Gliederung: Einleitung, Hauptteil, Schluss; innerhalb des Hauptteils wird nach jedem neuen Informationsblock ein Absatz eingefügt.							
Zeit: Präsens/Perfekt							
Sprache: sachlich, knapp, genau; übersichtlicher Satzbau; Fachbegriffe werden verwendet							
Rechtschreibung: viele, wenige, fast gar keine Fehler							
Grammatik: viele, wenige, beinahe gar keine Fehler							

☺ = kann ich/sie/er sehr gut   😐 = kann ich/sie/er   ☹ = kann ich/sie/er noch nicht

Erfahrung – Realität – Kunst

Einblick in die Literatur des Realismus (ca. 1850–1890)

Adolph Menzel: Das Balkonzimmer (1845)

Immer die kleinen Freuden aufpicken, bis das große Glück kommt. Und wenn es nicht kommt, dann hat man wenigstens die kleinen Glücke gehabt.

Theodor Fontane

Literaturepochen

1 Realismus

BEISPIEL

Theodor Fontane
WAS IST REALISMUS? (1853)

Dieser Realismus unserer Zeit findet in der Kunst nicht nur sein entschiedenstes Echo, sondern äußert sich vielleicht auf keinem Gebiete unseres Lebens so augenscheinlich wie gerade in ihr. [Er] ist so alt als die Kunst selbst, ja, noch mehr: Er ist die Kunst. [...] Beide, Goethe wie Schiller, waren
5 entschiedene Vertreter des Realismus, solange sie „ungekränkt von der Blässe des Gedankens" lediglich aus einem vollen Dichterherzen heraus ihre Werke schufen. „Werther", „Götz von Berlichingen" und die wunderbarschönen, im Volkstone gehaltenen Lieder der Goetheschen Jugendperiode, so viele ihrer sind, sind ebenso viele Beispiele für unsere Behauptungen,
10 und Schiller nicht minder (dessen Lyrik freilich den Mund zu voll zu nehmen pflegte) stand mit seinen ersten Dramen völlig auf jenem Felde, auf dem auch wir wieder, sei's über kurz oder lang, einer neuen reichen Ernte entgegensehen. [...]

Vor allen Dingen verstehen wir nicht darunter das nackte Wiedergeben
15 alltäglichen Lebens, am wenigsten seines Elends und seiner Schattenseiten. Traurig genug, dass es nötig ist, derlei sich von selbst verstehende Dinge noch erst versichern zu müssen. Aber es ist noch nicht allzu lange her, dass man (namentlich in der Malerei) Misere mit Realismus verwechselte und bei Darstellung eines sterbenden Proletariers, den hungernde Kinder
20 umstehen, oder gar bei Produktionen jener sogenannten Tendenzbilder (schlesische Weber, das Jagdrecht u. dgl. m.) sich einbildete, der Kunst eine glänzende Richtung vorgezeichnet zu haben. Diese Richtung verhält sich zum echten Realismus wie das rohe Erz zum Metall: die Läuterung fehlt. Wohl ist das Motto des Realismus der Goethesche Zuruf:

25   Greif nur hinein ins volle Menschenleben,
    Wo du es packst, da ist's interessant;

aber freilich, die Hand, die diesen Griff tut, muss eine künstlerische sein. Das Leben ist doch immer nur der Marmorsteinbruch, der den Stoff zu unendlichen Bildwerken in sich trägt; sie schlummern darin, aber nur dem
30 Auge des Geweihten sichtbar und nur durch seine Hand zu erwecken. Der Block an sich, nur herausgerissen aus einem größeren Ganzen, ist noch kein Kunstwerk, und dennoch haben wir die Erkenntnis als einen unbedingten Fortschritt zu begrüßen, dass es zunächst des Stoffes, oder sagen wir lieber des Wirklichen, zu allem künstlerischen Schaffen bedarf. Diese Erkenntnis,
35 sonst nur im einzelnen mehr oder minder lebendig, ist in einem Jahrzehnt zu fast universeller Herrschaft in den Anschauungen und Produktionen unserer Dichter gelangt und bezeichnet einen abermaligen Wendepunkt in unserer Literatur. [...]

Der Realismus will nicht die bloße Sinnenwelt und nichts als diese; er
40 will am allerwenigsten das bloß Handgreifliche, aber er will das Wahre. Er schließt nichts aus als die Lüge, das Forcierte, das Nebelhafte, das Abgestorbene – vier Dinge, mit denen wir glauben, eine ganze Literaturepoche bezeichnet zu haben.

In: Andreas Huyssen (Hg.): Die deutsche Literatur in Text und Darstellung, Bd. 11: Bürgerlicher Realismus, Reclam

---

Theodor Fontane,
deutscher Schriftsteller
(1819–1898)

Arbeitsaufgaben „Realismus"

a) **Untersuchen** Sie den Begriff „Realismus" in seinen unterschiedlichen Ausprägungen und Verwendungsarten. Erstellen Sie hierzu eine Mindmap auf einem Blatt in Ihrer Mappe, in deren Zentrum sich die Begriffe „real, realistisch, Realismus" befinden.

b) **Erläutern** Sie, auf welche Epoche Theodor Fontane anspielt, wenn er über Goethe und Schiller spricht, und inwiefern sich in dieser der Realismus zeigt.

c) Fontane definiert im nebenstehenden Text den Begriff des „poetischen Realismus". – **Diskutieren** Sie, worauf er anspielt, wenn er schreibt, dass der Realismus nichts ausschließe außer der Lüge, dem Forcierten, dem Nebelhaften und dem Abgestorbenen.

Realismus (1850–1890)   WERKZEUG

Historische Einordnung

Das **Revolutionsjahr 1848** markiert einen **Bruch** in der bürgerlichen Gesellschaft und damit auch in der Literatur. Das Bürgertum begehrt gegen die absolutistischen Regime auf und ist federführend an den Revolutionen beteiligt. Es muss aber erkennen, dass dieser Veränderungswille wiederum in **absolutistischen Systemen** mündet – dem Fortbestand des Habsburgerreiches und der Gründung des Deutschen Kaiserreichs 1871 unter der Vorherrschaft Preußens.

Gesellschaft und Utopie

In wirtschaftlicher und gesellschaftlicher Hinsicht ist das **Aufkeimen des Kapitalismus** ein entscheidender Faktor. Adel und Bürgertum übernehmen die Rolle der Wirtschaftstreibenden und beschäftigen Arbeiter/innen unter teilweise menschenunwürdigen Bedingungen. Diese fristen ihr Dasein im Zuge der **Industrialisierung** als Arbeitssklaven zu niedrigsten Löhnen und verarmt in eigenen Stadtvierteln.

Noch im Revolutionsjahr 1848 publizieren Karl Marx (1818–1883) und Friedrich Engels (1820–1895) das **„Manifest der Kommunistischen Partei"** und legen darin bereits wesentliche Elemente ihrer kommunistischen Gesellschaftsutopie fest. Sie hat im Wesentlichen zum Inhalt, dass das Proletariat, die Arbeiterschaft, zur herrschenden Klasse im Staat werden soll. Dazu bedürfe es mehrerer Revolutionen, der Enteignung bzw. Verstaatlichung von Grund und Boden, der Abschaffung des Erbrechtes und der Kinderarbeit sowie der öffentlichen Erziehung und Bildung aller Kinder etc. Diese Anliegen der Kommunisten finden aber innerhalb der bürgerlichen Revolutionsbewegung noch kein Gehör, obwohl gerade sie nach dem „Manifest der Kommunistischen Partei" den ersten Schritt in Richtung einer neuen Gesellschaftsordnung darstellen solle. Ganz im Gegenteil: Da auch die bürgerliche Revolution von 1848 scheitert, können die absolutistischen Regierungen und Monarchien ihre Macht stärken.

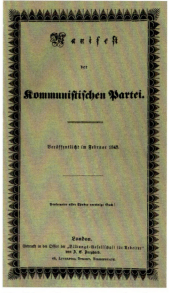

Titelblatt der Erstausgabe des „Manifests der Kommunistischen Partei" (1848)

Epochenbegriff und Programm

Der Epochenbegriff „Realismus" oder auch „poetischer" bzw. „bürgerlicher Realismus" entwickelt sich Ende des 19. Jahrhunderts. In den vorhergehenden Jahrzehnten haben sich maßgebliche Stil- und Darstellungsweisen mit dem Anspruch etabliert, die Wirklichkeit aus einer bürgerlichen Perspektive **ohne idealistische und romantische Verfälschungen** „realistisch" darzustellen.

Die zentralen Aspekte der Literatur dieser Epoche sind die Verarbeitung des real Erfahrbaren, die Betonung der **wirklichkeitsgetreuen Darstellung** und das Einbeziehen der wissenschaftlichen Erkenntnis in die Literatur. Im Gegensatz dazu lehnt man alles Idealistische (Klassik) und Phantastische (Romantik) ab.

Literatur

Epik: Poetisierung der Realität – mit Vorbehalt

In der Prosa sind vor allem **Erzählungen, Novellen** sowie gesellschaftskritische Romane und **Entwicklungsromane** vorherrschend. Realistische Erzählkunst entnimmt ihre Inhalte direkt aus der **erfahrbaren Wirklichkeit,** präsentiert sie aber **ästhetisch bearbeitet.** Die biedere Welt des Bürgertums mit seinem engen moralischen Korsett und das oftmalige Scheitern der Figuren daran wird poetisiert dargestellt. Das heißt, dass die wahrgenommene Wirklichkeit mit sprachlichen Mitteln gezielt gestaltet wird und genau durch diesen Akt das Kunstwerk entsteht.

Die Werke handeln zumeist in der Kleinstadt oder einer dörflichen, überschaubaren Umgebung und passend dazu sind die Figuren Kaufleute, Wirtschaftstreibende, Handwerker, Bauern etc.

Aufgrund der Verarmung breiter Bevölkerungsschichten rücken vermehrt auch die Themen der untersten Gesellschaftsschichten in den Fokus der Autorinnen und Autoren. Die Perspektive in den erzählenden Texten bleibt aber eine bürgerliche. Auch der Anspruch, die Wirklichkeit nicht bloß abzubilden, sondern sie auf eine sprachlich ästhetische Weise innerhalb literarischer Texte zu gestalten, bleibt Programm.

Im Sinne des **kritischen Realismus,** der als Übergangsphase zum Naturalismus verstanden werden kann, verändert sich diese Ästhetisierung des Wahrgenommenen aber immer weiter in Richtung Abbildung der realen Verhältnisse ohne beschönigenden Eingriff der/des Schreibenden.

Dramatik

🔗 Zum **Volksstück** siehe auch WERKZEUG-Blätter der Kapitel „Biedermeier", „Zwischenkriegszeit" und „Drama nach 1945"

Mit Ludwig Anzengrubers (1839–1889) Dramen findet das **Volksstück** nach der Epoche des Biedermeier seine Fortsetzung. Anzengrubers Stücke sind im bäuerlichen Milieu angesiedelt und behandeln u. a. die Themen Standesunterschiede (Bauern – Mägde/Knechte), Erbschaft, Religiosität und Aberglaube. Weder die Raimund'schen Zauberwesen noch die tölpelhaften Helden Nestroys stehen im Zentrum der Stücke, sondern Menschen aus bäuerlichem Umfeld mit ihren realen Lebensverhältnissen, Problemen und Glaubensansichten. Die Stücke sind allesamt im Dialekt verfasst, womit Anzengruber schon über den Realismus hinausgeht und sich dem naturalistischen Drama annähert.

Lyrik

🔗 Ein Gedicht von Theodor Fontane finden Sie im Thementeil auf S. 428.

In der Lyrik wird teilweise die Tradition der Romantik fortgesetzt – **Erlebnis- und Stimmungslyrik** sind besonders beliebte Formen. Bei der Wahl der Themen werden aber andere Schwerpunkte gesetzt. Es finden vermehrt das alltägliche Leben (Dinggedichte) und die veränderte Umwelt (technische Entwicklungen) Eingang in die lyrischen Texte, wie beispielsweise in Balladen von Theodor Fontane (1819–1898). Auch in der Gestaltung scheint die Sprache weniger den poetischen Ansprüchen genügen zu wollen als der Abbildung real möglicher Wahrnehmungen.

Wichtige Autorinnen/Autoren und Werke des (poetischen) Realismus		
Deutschland	Theodor Storm	Gedichte Immensee (1849), Pole Poppenspäler (1874), Der Schimmelreiter (1888) (Novellen)
	Theodor Fontane	Gedichte Die Brück' am Tay (1880), John Maynard (1885) (Balladen) Frau Jenny Treibel (1893), Effi Briest (1896) (Romane)
	Wilhelm Busch	Max und Moritz (1865), Die fromme Helene (1872) (Bildergeschichten)
Schweiz	Conrad Ferdinand Meyer	Gedichte Das Amulett (1873), Der Schuß von der Kanzel (1878) (Novellen) Die Füße im Feuer (1882, Ballade)
	Gottfried Keller	Gedichte Der grüne Heinrich (1854/55, Roman) Die Leute von Seldwyla (1856, 1873/74, Novellenzyklus)
Österreich	Marie von Ebner-Eschenbach	Aphorismen Dorf- und Schloßgeschichten (1883, Erzählungen) Das Gemeindekind (1887, Roman)
	Ludwig Anzengruber	Der Meineidbauer (1871), Der Kreuzelschreiber (1872), Das vierte Gebot (1877) (Volksstücke, Dramen)
	Peter Rosegger	Gedichte Die Schriften des Waldschulmeisters (1875), Jakob der Letzte (1888) (Romane) Waldheimat (1877, autobiografische Erzählungen)

Arbeitsaufgaben „Poetischer und bürgerlicher Realismus"

1. **Realismus – verlorene, überwundene Romantik?**

   Text 1

   Theodor Fontane
   ES KRIBBELT UND WIBBELT WEITER

   Die Flut steigt bis an den Ararat
   Und es hilft keine Rettungsleiter,
   Da bringt die Taube Zweig und Blatt –
   4 Und es kribbelt und wibbelt weiter.

   Es sicheln und mähen von Ost nach West
   Die apokalyptischen Reiter,
   Aber ob Hunger, ob Krieg, ob Pest,
   8 Es kribbelt und wibbelt weiter.

   Ein Gott wird gekreuzigt auf Golgatha,
   Es brennen Millionen Scheiter,
   Märtyrer hier und Hexen da,
   12 Doch es kribbelt und wibbelt weiter.

   So banne Dein Ich in Dich zurück
   Und ergib Dich und sei heiter;
   Was liegt an Dir und Deinem Glück?
   16 Es kribbelt und wibbelt weiter.

   In: Heinrich Detering (Hg.): Reclams Buch der deutschen Gedichte, Bd. 1, Reclam

   wibbeln = sich lebhaft bewegen

   Ararat: Auf dem Berg Ararat soll Noah mit seiner Arche nach der Sintflut gelandet sein. Er lässt daraufhin eine Taube fliegen, die mit einem Olivenzweig zurückkommt.

   apokalyptische Reiter = vier menschenähnliche, auf Pferden reitende Geschöpfe, die die Apokalypse, den Untergang der „sündigen Welt", ankündigen

   Golgatha = der Hügel, auf dem Jesus gekreuzigt worden sein soll

   Verfassen Sie eine **Textinterpretation** zum Gedicht „Es kribbelt und wibbelt weiter" und bearbeiten Sie die folgenden Arbeitsaufträge:

   - **Geben** Sie den Inhalt des Gedichtes **wieder.**
   - **Analysieren** Sie die formale und sprachliche Gestaltung des Gedichtes.
   - **Deuten** Sie den Titel bzw. den Refrain des Gedichtes.
   - **Beurteilen** Sie die Aktualität der Aussage des Gedichtes.

   Schreiben Sie zwischen 405 und 495 Wörter. Markieren Sie Absätze mittels Leerzeilen.

   Notizen:

Text 2

Gottfried Keller
WINTERNACHT (1847)

Nicht ein Flügelschlag ging durch die Welt,
Still und blendend lag der weiße Schnee.
Nicht ein Wölklein hing am Sternenzelt,
4 Keine Welle schlug im starren See.

Aus der Tiefe stieg der Seebaum auf,
Bis sein Wipfel in dem Eis gefror;
An den Ästen klomm die Nix herauf,
8 Schaute durch das grüne Eis empor.

Auf dem dünnen Glase stand ich da,
Das die schwarze Tiefe von mir schied;
Dicht ich unter meinen Füßen sah
12 Ihre weiße Schönheit Glied um Glied.

Mit ersticktem Jammer tastet' sie
An der harten Decke her und hin –
Ich vergeß das dunkle Antlitz nie,
16 Immer, immer liegt es mir im Sinn!

IN: STEPHAN HERMLIN (HG.): DEUTSCHES LESEBUCH, RECLAM –
ALTE RECHTSCHREIBUNG

Text 3

Conrad Ferdinand Meyer
EINGELEGTE RUDER (1869)

Meine eingelegten Ruder triefen,
2 Tropfen fallen langsam in die Tiefen.

Nichts, das mich verdroß! Nichts, das mich freute!
4 Niederrinnt ein schmerzenloses Heute!

Unter mir – ach, aus dem Licht verschwunden –
6 Träumen schon die schönern meiner Stunden.

Aus der blauen Tiefe ruft das Gestern:
8 Sind im Licht noch manche meiner Schwestern?

IN: CONRADY: DAS BUCH DER GEDICHTE, CORNELSEN –
ALTE RECHTSCHREIBUNG

a) **Geben** Sie den Inhalt der Gedichte 2 und 3 **wieder.**

b) **Erschließen** Sie die Stimmung der beiden Gedichte.

c) **Vergleichen** Sie die beiden Gedichte in formaler Hinsicht.

d) Das lyrische Ich des Gedichtes „Eingelegte Ruder" erscheint desillusioniert und deprimiert. – **Interpretieren** Sie das „schmerzlose Heute" unter Bezugnahme auf die literarische Epoche des Realismus.

e) **Setzen** Sie die Gedichte 2 und 3 hinsichtlich des Motivs der „Wassernixen" miteinander **in Beziehung.**

2. „Immensee" von Theodor Storm

Die Novelle „Immensee" besitzt die Form einer Rahmenhandlung. Reinhard, der gealterte Protagonist, erinnert sich an seine erste Liebe Elisabeth, als ein Mondstrahl in seinem Zimmer auf ein Bild von ihr fällt.

Reinhard, der mit Elisabeth von Kindesbeinen an befreundet ist, verbringt viel Zeit mit ihr und trägt ihr seine selbst verfassten Märchen und Geschichten vor, die er auch in einem Buch sammelt.

In späteren Jahren verlässt Reinhard Elisabeth und seine Heimat, um zu studieren. Während seiner Abwesenheiten geht Elisabeth, vor allem auch durch das Einwirken vonseiten ihrer Mutter, immer weiter zu ihm auf Distanz, da er seine Versprechen, unter anderem Märchen für sie zu verfassen und ihr zu schicken, nicht einhält.

Während einer letzten zweijährigen Abwesenheit heiratet Elisabeth Erich, einen Jugendfreund Reinhards, der den Hof seines Vaters am Immensee übernommen hat.

Jahre später erhält Reinhard eine Einladung von Erich an den Hof, sein Besuch soll eine Überraschung für Elisabeth werden, was auch gelingt. Reinhard ist damit beschäftigt, Volkslieder zu sammeln, und an einem Abend wird er gebeten, Lieder aus seiner Sammlung vorzutragen.

Theodor Storm
MEINE MUTTER HAT'S GEWOLLT (1951)

Einige Tage nachher, es ging schon gegen Abend, saß die Familie, wie gewöhnlich um diese Zeit, im Gartensaal zusammen. Die Thüren standen offen; die Sonne war schon hinter den Wäldern jenseits des Sees.

Reinhardt wurde um die Mittheilung einiger Volkslieder gebeten, welche er am Nachmittage von einem auf dem Lande wohnenden Freunde geschickt bekommen hatte. Er ging auf sein Zimmer, und kam gleich darauf mit einer Papierrolle zurück, welche aus einzelnen sauber geschriebenen Blättern zu bestehen schien.

Man setzte sich an den Tisch, Elisabeth an Reinhardts Seite. Wir lesen auf gut Glück; sagte er, ich habe sie selber noch nicht durchgesehen.

Elisabeth rollte das Manuscript auf. Hier sind Noten; sagte sie, das mußt du singen, Reinhardt.

Und dieser las nun zuerst einige Tyroler Schnaderhüpferl, indem er beim Lesen je zuweilen die lustige Melodie mit halber Stimme anklingen ließ. Eine allgemeine Heiterkeit bemächtigte sich der kleinen Gesellschaft. Wer hat doch aber die schönen Lieder gemacht? fragte Elisabeth.

Ei, sagte Erich, das hört man den Dingern schon an; Schneidergesellen und Friseure, und derlei luftiges Gesindel.

Reinhardt sagte: Sie werden gar nicht gemacht; sie wachsen, sie fallen aus der Luft, sie fliegen über Land wie Mariengarn, hierhin und dorthin, und werden an tausend Stellen zugleich gesungen. Unser eigenstes Thun und Leiden finden wir in diesen Liedern; es ist, als ob wir alle an ihnen mitgeholfen hätten.

Er nahm ein anderes Blatt: Ich stand auf hohen Bergen ....

Das kenne ich! rief Elisabeth. Stimme nur an, Reinhardt; ich will dir helfen.

Und nun sangen sie jene Melodie, die so räthselhaft ist, daß man nicht glauben kann, sie sei von Menschen erdacht worden; Elisabeth mit ihrer etwas verdeckten Altstimme dem Tenor secondirend.

Die Mutter saß inzwischen emsig an ihrer Näherei, Erich hatte die Hände in einander gelegt und hörte andächtig zu. Als das Lied zu Ende war, legte Reinhardt das Blatt schweigend bei Seite. – Vom Ufer des Sees herauf kam durch die Abendstille das Geläute der Heerdenglocken; sie horchten unwillkürlich; da hörten sie eine klare Knabenstimme singen:

Ich stand auf hohen Bergen,
Und sah ins tiefe Thal ....

Reinhardt lächelte: Hört ihr es wohl? So geht's von Mund zu Mund.

Es wird oft in dieser Gegend gesungen; sagte Elisabeth.

Ja, sagte Erich, es ist der Hirtenkaspar; er treibt die Starken heim.

Sie horchten noch eine Weile, bis das Geläute oben hinter den Wirthschaftsgebäuden verschwunden war. Das sind Urtöne; sagte Reinhardt, sie schlafen in Waldesgründen; Gott weiß, wer sie gefunden hat.

Er zog ein neues Blatt heraus.

Es war schon dunkler geworden; ein rother Abendschein lag wie Schaum auf den Wäldern jenseit des Sees. Reinhardt rollte das Blatt auf, Elisabeth legte an der einen Seite ihre Hand darauf, und sah mit hinein. Dann las Reinhardt:

Meine Mutter hat's gewollt,
Den Andern ich nehmen sollt';
Was ich zuvor besessen,
Mein Herz sollt' es vergessen;
Das hat es nicht gewollt.

Meine Mutter klag' ich an,
Sie hat nicht wohlgethan;
Was sonst in Ehren stünde,
Nun ist es worden Sünde.
Was fang' ich an!

Für all mein Stolz und Freud'
Gewonnen hab' ich Leid.
Ach, wär' das nicht geschehen,
Ach, Könnt' ich betteln gehen
Ueber die braune Haid!

Während des Lesens hatte Reinhardt ein unmerkliches Zittern des Papiers empfunden; als er zu Ende war, schob Elisabeth leise ihren Stuhl zurück, und ging schweigend in den Garten hinab. Ein Blick der Mutter folgte ihr. Erich wollte nachgehen; doch die Mutter sagte: Elisabeth hat draußen zu thun. So unterblieb es. [...]

Nachdem er hiermit fertig war, nahm er Hut und Stock, und das Papier zurücklassend, öffnete er behutsam die Tür und stieg in den Flur hinab. Die Morgendämmerung ruhte noch in allen Winkeln; die große Hauskatze dehnte sich auf der Strohmatte und sträubte den Rücken gegen seine Hand, die er ihr gedankenlos entgegenhielt. Draußen im Garten aber priesterten schon die Sperlinge von den Zweigen und sagten es

75 allen, daß die Nacht vorbei sei. Da hörte er oben im Hause eine Tür gehen; es kam die Treppe herunter, und als er aufsah stand Elisabeth vor ihm. Sie legte die Hand auf seinen Arm, sie bewegte die Lippen, aber er hörte keine Worte. „Du kommst nicht wieder", sagte sie endlich. „Ich weiß es, lüge nicht; du kommst nie wieder."

80 „Nie", sagte er. Sie ließ die Hand sinken und sagte nichts mehr. Er ging über den Flur der Tür zu; dann wandte er sich noch einmal. Sie stand bewegungslos an derselben Stelle und sah ihn mit toten Augen an. Er tat einen Schritt vorwärts und streckte die Arme nach ihr aus. Dann kehrte er sich gewaltsam ab und ging zur Tür hinaus. – Draußen lag die
85 Welt im frischen Morgenlichte, die Tauperlen, die in den Spinngeweben hingen, blitzten in den ersten Sonnenstrahlen. Er sah nicht rückwärts; er wanderte rasch hinaus; und mehr und mehr versank hinter ihm das stille Gehöft, und vor ihm auf stieg die große, weite Welt. – –

THEODOR STORM: IMMENSEE, RECLAM – ALTE RECHTSCHREIBUNG

a) In der Romantik werden Volkslied und Märchen wiederentdeckt und zu zentralen Textsorten dieser Epoche. – **Überprüfen** Sie die vorangestellte Inhaltsangabe und die angegebenen Textstellen daraufhin, welche Funktion Volkslied und Märchen in dieser Novelle übernehmen.

b) Elisabeth wünscht sich als Kind von Reinhard, dass er Märchen für sie verfasst. – **Beschreiben** Sie die Eigenheiten eines Märchens, vor allem wie ein solches endet, und **setzen** Sie dies mit Elisabeths Leben **in Beziehung.**

c) **Setzen** Sie die Funktion der Mutter Elisabeths in dieser Novelle mit den gesellschaftlichen Konventionen und Werten der damaligen Zeit in **Beziehung.**

d) Reinhard verlässt beschwingt das Haus seines Freundes und seine Jugendliebe. Elisabeth ist todtraurig und scheint an unerfüllter Liebe zu zerbrechen. – **Deuten** Sie das Ende der Novelle.

3. „Effi Briest" von THEODOR FONTANE

THEODOR FONTANE greift in dem Roman „Effi Briest" ein zentrales Thema der damaligen bürgerlichen Gesellschaft auf: Der Mensch, der zwischen dem Bedürfnis nach Freiheit und Selbstbestimmung und den Zwängen der bürgerlichen bzw. adeligen Gesellschaft hin- und hergerissen ist, scheitert an dieser engen Welt mit ihren unverrückbar erscheinenden Normen und moralischen Kodizes.

Effi Briest, ein Mädchen von 17 Jahren, wird mit dem 21 Jahre älteren Baron von Innstetten verheiratet, der zwanzig Jahre zuvor schon in Effis Mutter verliebt gewesen ist. Effi gebiert neun Monate nach der Hochzeit das Mädchen Annie, beginnt sich aber auf dem Gut des Herrn Baron sehr schnell zu langweilen. Mit dem Major von Crampas, der gemeinsam mit Innstetten beim Militär gedient hat, unterhält Effi eine Affäre, die erst Jahre nach ihrer Beendigung auffliegt. Innstetten fordert Crampas dann jedoch zum Duell, bei dem der Major stirbt.

Effi wird nun von Innstetten sowie von ihren Eltern aufgrund der gesellschaftlichen Konventionen verstoßen und lebt verarmt für Jahre in einer Wohnung in Berlin. Erst als Effi einen Zusammenbruch erleidet, nehmen die Eltern sie wieder in ihrem Haus auf. Physisches wie auch psychisches Leid lassen Effi, die vor ihrem Tod Innstetten und ihren Eltern vergibt, zugrunde gehen.

Theodor Fontane
EFFI BRIEST (1896)

Erstes Kapitel

[...] Effi trug ein blau und weiß gestreiftes, halb kittelartiges Leinwandkleid, dem erst ein fest zusammengezogener, bronzefarbener Ledergürtel die Taille gab; der Hals war frei, und über Schulter und Nacken fiel ein breiter Matrosenkragen. In allem, was sie tat, paarten sich Übermut und Grazie, während ihre lachenden braunen Augen eine große, natürliche Klugheit und viel Lebenslust und Herzensgüte verrieten. Man nannte sie die „Kleine", was sie sich nur gefallen lassen mußte, weil die schöne, schlanke Mama noch um eine Handbreit höher war.

Eben hatte sich Effi wieder erhoben, um abwechselnd nach links und rechts ihre turnerischen Drehungen zu machen, als die von ihrer Stickerei gerade wieder aufblickende Mama ihr zurief: „Effi, eigentlich hättest du doch wohl Kunstreiterin werden müssen. Immer am Trapez, immer Tochter der Luft. Ich glaube beinah, daß du so was möchtest."

„Vielleicht, Mama. Aber wenn es so wäre, wer wäre schuld? Von wem hab ich es? Doch nur von dir. Oder meinst du, von Papa? Da mußt du nun selber lachen. Und dann, warum steckst du mich in diesen Hänger, in diesen Jungenkittel? Mitunter denk ich, ich komme noch wieder in kurze Kleider. Und wenn ich die erst wiederhabe, dann knicks ich auch wieder wie ein Backfisch, und wenn dann die Rathenower herüberkommen, setze ich mich auf Oberst Goetzes Schoß und reite hopp, hopp. Warum auch nicht? Drei Viertel ist er Onkel und nur ein Viertel Courmacher. Du bist schuld. Warum kriege ich keine Staatskleider? Warum machst du keine Dame aus mir?"

„Möchtest du's?"

„Nein." Und dabei lief sie auf die Mama zu und umarmte sie stürmisch und küßte sie.

„Nicht so wild, Effi, nicht so leidenschaftlich. Ich beunruhige mich immer, wenn ich dich so sehe ..." [...]

a) **Charakterisieren** Sie Effi Briest, soweit dies anhand der oben angeführten Textstelle möglich ist.

b) **Analysieren** Sie den Beginn der Textstelle in sprachlicher Hinsicht.
- Wodurch entsteht der positive und belebte Eindruck?
- Wie unterscheidet sich die Sprache des Erzählers von jener, die in den Dialogen verwendet wird?

Siebenundzwanzigstes Kapitel

[...] „Innstetten, Ihre Lage ist furchtbar, und Ihr Lebensglück ist hin. Aber wenn Sie den Liebhaber totschießen, ist Ihr Lebensglück sozusagen doppelt hin, und zu dem Schmerz über empfangenes Leid kommt noch der Schmerz über getanes Leid. Alles dreht sich um die Frage, müssen Sie's durchaus tun? Fühlen Sie sich so verletzt, beleidigt, empört, daß einer weg muß, er oder Sie? Steht es so?"

„Ich weiß es nicht."

„Sie müssen es wissen."

10 Innstetten war aufgesprungen, trat ans Fenster und tippte voll nervöser Erregung an die Scheiben. Dann wandte er sich rasch wieder, ging auf Wüllersdorf zu und sagte: „Nein, so steht es nicht."

„Wie steht es denn?"

„Es steht so, daß ich unendlich unglücklich bin; ich bin gekränkt,
15 schändlich hintergangen, aber trotzdem, ich bin ohne jedes Gefühl von Haß oder gar von Durst nach Rache. Und wenn ich mich frage, warum nicht, so kann ich zunächst nichts anderes finden als die Jahre. Man spricht immer von unsühnbarer Schuld; vor Gott ist es gewiß falsch, aber vor den Menschen auch. Ich hätte nie geglaubt, daß die Zeit, rein
20 als Zeit, so wirken könne. Und dann als zweites: Ich liebe meine Frau, ja, seltsam zu sagen, ich liebe sie noch, und so furchtbar ich alles finde, was geschehen, ich bin so sehr im Bann ihrer Liebenswürdigkeit, eines ihr eigenen heiteren Scharmes, daß ich mich, mir selbst zum Trotz, in meinem letzten Herzenswinkel zum Verzeihen geneigt fühle."

25 Wüllersdorf nickte. „Kann ganz folgen, Innstetten, würde mir vielleicht ebenso gehen. Aber wenn Sie so zu der Sache stehen und mir sagen: ‚Ich liebe diese Frau so sehr, daß ich ihr alles verzeihen kann', und wenn wir dann das andere hinzunehmen, daß alles weit, weit zurückliegt, wie ein Geschehnis auf einem andern Stern, ja, wenn es so liegt,
30 Innstetten, so frage ich, wozu die ganze Geschichte?"

„Weil es trotzdem sein muß. Ich habe mir's hin und her überlegt. Man ist nicht bloß ein einzelner Mensch, man gehört einem Ganzen an, und auf das Ganze haben wir beständig Rücksicht zu nehmen, wir sind durchaus abhängig von ihm. [...] Also noch einmal, nichts von Haß oder
35 dergleichen, und um eines Glückes willen, das mir genommen wurde, mag ich nicht Blut an den Händen haben; aber jenes, wenn Sie wollen, uns tyrannisierende Gesellschafts-Etwas, das fragt nicht nach Scharm und nicht nach Liebe und nicht nach Verjährung. Ich habe keine Wahl. Ich muß." [...]

a) **Recherchieren** Sie zum Begriff „Satisfaktion" und **dokumentieren** Sie, unter welchen Umständen eine solche eingefordert wurde oder auch heute noch eingefordert wird.

b) **Charakterisieren** Sie Baron von Innstetten anhand der Textstelle.

c) Baron von Innstetten ist der Meinung, dass das Unrecht nur durch Satisfaktion ausgeglichen werden könne, Wüllersdorf ist anderer Meinung. – **Entwerfen** Sie unterschiedliche Handlungsmöglichkeiten von Innstetten, die er auch damals wahrscheinlich schon gehabt hätte.

Sechsunddreißigstes Kapitel

[...] Auf dem Rondell hatte sich eine kleine Veränderung vollzogen, die Sonnenuhr war fort, und an der Stelle, wo sie gestanden hatte, lag seit gestern eine weiße Marmorplatte, darauf stand nichts als „Effi Briest"
5 und darunter ein Kreuz. Das war Effis letzte Bitte gewesen: „Ich möchte auf meinem Stein meinen alten Namen wiederhaben; ich habe dem andern keine Ehre gemacht." Und es war ihr versprochen worden. Ja, gestern war die Marmorplatte gekommen und aufgelegt worden, und angesichts der Stelle saßen nun wieder Briest und Frau und sahen da-
10 rauf hin und auf den Heliotrop, den man geschont und der den Stein jetzt einrahmte. Rollo lag daneben, den Kopf in die Pfoten gesteckt.

das Heliotrop = Pflanze mit kleinen violetten Blüten

Wilke, dessen Gamaschen immer weiter wurden, brachte das Frühstück und die Post, und der alte Briest sagte: „Wilke, bestelle den kleinen Wagen. Ich will mit der Frau über Land fahren."

Frau von Briest hatte mittlerweile den Kaffee eingeschenkt und sah nach dem Rondell und seinem Blumenbeet. „Sieh, Briest, Rollo liegt wieder vor dem Stein. Es ist ihm doch noch tiefer gegangen als uns. Er frißt auch nicht mehr."

„Ja, Luise, die Kreatur. Das ist ja, was ich immer sage. Es ist nicht so viel mit uns, wie wir glauben. Da reden wir immer von Instinkt. Am Ende ist es doch das beste."

„Sprich nicht so. Wenn du so philosophierst ... nimm es mir nicht übel, Briest, dazu reicht es bei dir nicht aus. Du hast deinen guten Verstand, aber du kannst doch nicht an solche Fragen ..."

„Eigentlich nicht."

„Und wenn denn schon überhaupt Fragen gestellt werden sollen, da gibt es ganz andere, Briest, und ich kann dir sagen, es vergeht kein Tag, seit das arme Kind da liegt, wo mir solche Fragen nicht gekommen waren ..."

„Welche Fragen?"

„Ob wir nicht doch vielleicht schuld sind?"

„Unsinn, Luise. Wie meinst du das?"

„Ob wir sie nicht anders in Zucht hätten nehmen müssen. Gerade wir. Denn Niemeyer ist doch eigentlich eine Null, weil er alles in Zweifel läßt. Und dann, Briest, so leid es mir tut ... deine beständigen Zweideutigkeiten ... und zuletzt, womit ich mich selbst anklage, denn ich will nicht schadlos ausgehen in dieser Sache, ob sie nicht doch vielleicht zu jung war?"

Rollo, der bei diesen Worten aufwachte, schüttelte den Kopf langsam hin und her, und Briest sagte ruhig: „Ach, Luise, laß ... das ist ein zu weites Feld."

<small>THEODOR FONTANE: ROMANE UND ERZÄHLUNGEN IN ACHT BÄNDEN, BD. 7, AUFBAU – ALTE RECHTSCHREIBUNG</small>

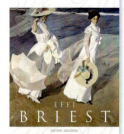

a) **Setzen** Sie das emotionale Verhalten der Eltern kurz nach dem Tod ihrer Tochter mit dem Verhalten des Hundes Rollo **in Beziehung**.

b) **Überprüfen** Sie den folgenden Interpretationsansatz:
„Anhand der Fragen von Frau Briest ist zu erkennen, dass die gesellschaftlichen Normen bereits im Umbruch sind, da die Schuldfrage schon gestellt werden kann. Die Antwort auf diese Frage, die Herr Briest gibt und mit der der Roman sein Ende findet, lautet aber, dass in so einer Sache die Schuldfrage nie eindeutig beantwortet werden kann und sie aufgrund dessen auch nicht gestellt zu werden braucht."

c) **Entwerfen** Sie ein anderes Ende des Romans. Nehmen wir an, Effi gesundet wieder – wie könnte ihr weiterer Lebensweg verlaufen?

d) „Madame Bovary" (1856) von GUSTAVE FLAUBERT und „Anna Karenina" (1877/78) von LEO TOLSTOI sind zwei Romane, in denen Frauen ein ähnliches Schicksal wie Effi Briest erleiden. – **Recherchieren** Sie den Inhalt dieser Werke und **vergleichen** Sie die Schicksale dieser drei Frauenfiguren.

4. „Jakob der Letzte" von PETER ROSEGGER

PETER ROSEGGERS Texte sind in erster Linie im bäuerlichen Milieu angesiedelt, aus dem er selbst stammt.

Jakob Steinreuter, der letzte Bauer zu Altenmoos, will nicht wie alle anderen Bauern in seinem Dorf seinen Hof verkaufen. Er beharrt darauf, dass die Heimat bewahrt werden müsse und das Land in den Händen der es bewirtschaftenden Bauern bleiben solle. Sein Wunsch bleibt ungehört.

Peter Rosegger
JAKOB DER LETZTE (1887)

Das Fest der Auswanderer

[...] Der Waldstuber und der Zwieselbaumer hatten sich dem alten Sandler zugewendet und stellten ihm vor, wie es nun werden müsse in Altenmoos und mit dem Sandlerhause. – Die Nachbarn haben verkauft. Die
5 Bauern in dieser Gegend sind aber auf gegenseitiges Zusammenhalten angewiesen. Die Leute weniger. Auch kaum Dienstboten mehr. Alles weiß sich draußen besseren Erwerb, und der Mensch will von der Welt was haben. Die Wege werden verwildern, der einzelne kann sie nicht imstand halten. Auf den brachliegenden Feldern wird Wald wachsen,
10 im Walde Wild, das frißt den Einödbauer auf. Da ist kein Bestehen. Der Hof schützt auch nicht mehr vor dem Soldatenleben. Das neue Gesetz! Wenn der Sandler einen Haufen Kinder hätte, die den Heimgang ins Elternhaus haben wollten. Ja. Aber das ist nicht. Der einzige Sebast. Und der lebe hundertmal besser draußen mit Bargeld. Und was würde
15 es dem Alten wohltun, nicht allemal, wenn er eine Kirchenglocke hören will, den weiten Weg machen zu müssen! Beim Treidler in Sandeben ist ein Stübel zu haben, vor dem Fenster die Kirche, untenauf der Weinkeller. Für einen mühseligen Menschen ist das was wert.

Das Glück meldet sich selten zu Altenmoos, aber wenn es sich meldet,
20 da sollt' man's nicht mit dem Fuße von sich stoßen.

Während die Bauern als Auswanderer so sprachen, hielt der Waldmeister die dreitausend Gulden bereit auf dem Tisch. Der alte Sandler zitterte eine Weile mit dem Haupt, mit der Hand, dann schlug er ein. Sein Haus war verkauft.

25 „Also wieder eine Leiche!" rief der Waldmeister und schlug dem Reuthofer höhnend die Hand auf die Achsel.

„Laß mich in Fried', Aasgeier!" gab der empörte Bauer zurück.

„Und jetzt, Jakob!" rief der Sepp in der Grub lachend, „jetzt schlag' auch du los. Schlag' los, es geht auf eins!"

30 „Und der Aasgeier", setzte der Waldmeister bei, „legt dir bare viertausend Gulden auf die Hand." „Wofür?" fragte der Jakob.

„Für den Reuthof."

„Für den Reuthof?" sagte der Jakob, „der ist nie mehr als an zweitausend Gulden wert gewesen. Oder wäre das Geld für mein und meiner
35 Familie Heimatshaus? Das ist mit Geld nicht zu bezahlen. – Heute", so fuhr er fort, ernst, aber ganz ruhig, „heute habe ich nachgeschlagen draußen im Pfarrbuch. Das Pfarrbuch ist vor dreihundertundsechzig Jahren angelegt worden, und dazumal ist schon von den Steinreutern die Rede gewesen, die auf dem Reuthof in Altenmoos gehaust haben.
40 Noch ältere von diesem Stamm werden auf dem Grund die Steine

PETER ROSEGGER,
österreichischer Schriftsteller
(1843–1918)

ausgereutet haben, und davon wird – so meint auch der Pfarrer – der Name Steinreuter herrühren. Von den neun Steinreutern, die im Pfarrbuche stehen, ist, so viel ich weiß, keiner reich gewesen und keiner arm. Einmal ist der Reuthof niedergebrannt, die Steinreuter haben auf Gott vertraut und ihn wieder aufgebaut. Oft hat uns der Hagel die Feldfrucht vernichtet und das wilde Wasser die Wiesen mit Steinen überschüttet, die Steinreuter haben gearbeitet und Mut gehabt. Sie sind dem Unglück nicht ausgewichen und nicht entgegengegangen; sie sind ihm gestanden, wie der Tannenbaum dem Sturm, möcht' ich sagen. Die Kinder sind beim Haus verblieben oder haben an andere Höfe geheiratet, ich habe von keinem gehört, das nicht rechtschaffen gewesen wäre. Nur von meinem Großvater ein Bruder, der ist Soldat geworden, ist nachher geflüchtet, hat oben im Felsloch gehaust, ist wieder eingefangen und zu tot geschlagen worden. Sonst haben fast alle ein langes Leben gehabt. Freiwillig fortgehen, in die Fremde gehen, gar ein Herr werden, das ist im Reuthof, so lang' er steht, nicht gedacht worden."

„So magst jetzt du dran denken", sagte der Zwieselbaumer.

„Wir sind ein Bauernstamm", fuhr der Jakob fort, und seine Stimme hob sich und zitterte ein wenig. „Wir hören vielleicht einmal etwas läuten von Reichtum und Herrlichkeit draußen in der weiten Welt. Wir gönnen es jedem, der dran glücklich wird. Wir brauchen es nicht. Wir haben nie davon geredet, aber jetzt – jetzt müssen wir davon reden, weil sie die Heimat und die Fremde zueinander wägen. Ich tu's nicht.

Wie soll ich die Erdscholle und die Wolke miteinander wägen? – Es gehen Häuserschächer um, und ihr verkauft den Boden, auf dem ihr steht. Nachbarn! Wenn sich die Welt zerstört, so fängt es an. Die Menschen werden zuerst treulos gegen die Heimat, treulos gegen die Vorfahren, treulos gegen das Vaterland. Sie werden treulos gegen die guten alten Sitten, gegen den Nächsten, gegen das Weib und gegen das Kind. Sonst ist das Kind in der Heimat geboren worden, hat in der Heimat seine Jugendzeit verlebt, ihr setzt es in die Fremde, auf Sand."

„Natürlich", bemerkte nun der Waldmeister, „wer von dem großen deutschen Vaterland noch nichts gehört hat, der ist freilich fremd, sobald er aus seiner Wiege steigt."

„Großes deutsches Vaterland!" sagte Jakob, „ein gutes Schlagwort für die Bauernabtrenner, und schon gar, wenn sie aus Polen kommen. Ich aber sage: Wo keine Liebe zur festständigen Heimat ist, da ist auch keine zum Vaterland. Ein Blatt, das vom Baume gerissen ist, flattert noch eine Weile raschelnd im Herbstwind hin und her, ehe es sinkt und verwest. Jetzt ist so ein Wind gekommen, Nachbarn! Ihr raschelt, aber ihr werdet nimmer grün. Ihr seid feige, lauft dem Bauernstand davon, weil er hart und ernsthaft ist. Ihr seid hoffärtig, und weil euch der Wind trägt, so glaubt ihr, ihr wäret Vögel und könntet fliegen."

„Lieber Vögel als Maulwürfe!" schrie einer drein.

„Der Maulwurf ist ein nützliches Tier", sagte der Jakob, „wenn er aber Flügel haben und eine Lerche sein wolle! Pfui Teufel!"

„Schön kann er predigen", lachte der Waldmeister.

„Wenn ein Abschiedsfest ist, meine Herren, so muß auch eine Abschiedsrede sein", sprach der Jakob, nun halb launig, „sie ist gehalten. Ihr seid draußen, ich mache die Tür zu. Helf' euch Gott!"

PETER ROSEGGER: JAKOB DER LETZTE, ULLSTEIN – ALTE RECHTSCHREIBUNG

a) **Listen** Sie die Argumente **auf,** mit denen die Bauern es rechtfertigen, ihren Hof zu verkaufen. Listen Sie daneben jene Gründe auf, die Jakob anführt, warum er seinen Hof nicht verkauft.

b) **Setzen** Sie die Redensart „Schuster bleib bei deinen Leisten" mit dem Inhalt des Textausschnittes **in Beziehung.** Hat diese Redensart heutzutage noch Relevanz?

c) Jakob verwendet zweimal in dieser Textstelle den Begriff „Heimat". – **Erläutern** Sie Jakobs Definition von Heimat und auch Ihren eigenen Zugang zu diesem Begriff.

5. „Das Gemeindekind" von MARIE VON EBNER-ESCHENBACH

Pavel Holub, dessen Vater aufgrund eines Raubmordes gehängt wird und dessen Mutter wegen der Weigerung, gegen ihren Mann auszusagen, für zehn Jahre eingesperrt wird, wird zum Gemeindekind. Die Gemeinde muss nun für den Unterhalt des heranwachsenden Knaben aufkommen. Seine Schwester Milada wird von der Baronin aufgenommen, aber bald in ein Kloster gesteckt. Pavel kommt zur Hirtenfamilie Virgil, die in der Gemeinde verachtetet ist, und wächst dort unter den erbärmlichsten Umständen auf.

Nach einem Besuch bei seiner Schwester im Kloster beschließt Pavel auf ihr Bitten hin, ein besserer Mensch zu werden. Er wendet sich an den Lehrer Habrecht, der ihn dabei unterstützt. Pavel verändert sich zum Positiven, knüpft soziale Kontakte und wird umgänglicher sowie gesprächiger.

Aufgrund kleinerer Diebstähle, die er zu Beginn seines Gemeindekind-Daseins begangen hat, fungiert er für die Gemeinde als Sündenbock. Als der Bürgermeister stirbt, bezichtigt man Pavel, diesen vergiftet zu haben. Pavel kann aber seine Unschuld beweisen.

Ein anderes Mal rettet er Peter, dem Sohn des Bürgermeisters, das Leben, indem er Pferde unter Kontrolle bringt. Aufgrund der Rettungsaktion wird der Zaun des Wirtes beschädigt, für dessen Reparatur Pavel aufkommen muss.

Marie von Ebner-Eschenbach
DAS GEMEINDEKIND (1887)

„Hund!" ertönte es vom andern Ende des Tisches. Peter hatte geredet, und in seiner Umgebung erhob sich ein beifälliges Gemurmel. Pavel jedoch drückte stärker, als er wußte und wollte, die Schulter des alten Rates.

5 „Ob ich zahlen muß, frag ich Euch, frag ich die Bauern, frag ich den dort", rief er zu Peter hinüber.

„Ja! ja! ja!" wetterten ihm alle unter einer Flut von Flüchen entgegen. Peschek wand und krümmte sich; ihm war der Schlaf vergangen: so wach hatte er sich lange nicht gefühlt und kaum je so hellsehend. „Laß
10 mich los", drohte er zu Pavel hinaus und dachte bei sich: An dem Menschen wird ein Unrecht begangen. – „Ich kann dir nicht helfen", fuhr er fort, „auch wenn ich möchte ... Du mußt zahlen."

Pavel wechselte die Farbe und zog seine Hand zurück. „Gut", knirschte er, „gut also." Langsam, mit einer feierlichen Gebärde, griff er in die
15 Brusttasche, entnahm einem Umschlage, den er bedächtig öffnete, eine Zehnguldennote, reichte sie samt der Rechnung dem Wirt und sprach: „Saldier und gib heraus."

Eine Pause des Erstaunens entstand: das hatte niemand erwartet. Schadenfreude und Enttäuschung teilten sich in die Herrschaft über die Gemüter, nur der Wirt war eitel Entzücken. Bereitwilligst legte er, nachdem er die Banknote eingesteckt, einen Gulden vor Pavel hin.

Dieser nahm ihn in Empfang, kreuzte die Arme und warf einen kühnen, herausfordernden, einen wahren Feldherrnblick über die ganze Gesellschaft. „So", sagte er; seine Stimme war nicht mehr umschleiert; sie klang laut und mächtig, und mit einem wahren Genuß ließ er sie zu den Worten erschallen: „Und jetzt sag ich dem Gemeinderat und den Bauern, daß sie alle zusammen eine Lumpenbagage sind."

Ein einziger Aufschrei beantwortete diesen unerhörten Schimpf, den der Geringste im Dorf den Reichen, den Machthabern zugeschleudert. Die Nächststehenden stürzten sich auf ihn und hätten ihn niedergerissen ohne Arnost und Anton, die ihm zu Hilfe kamen. Als in dem furchtbaren Lärm die Worte „undankbare Kanaille", die Peter ausgestoßen, an Pavels Ohr schlugen, bäumte er sich auf, und mit der Bewegung eines Schwimmers, der mit beiden Armen die auf ihn eindringenden Wellen der Flut teilt, hielt er sich die Menge, die ihn bedrohte, vom Leibe.

„Undankbar!" donnerte er, und durch die Empörung hindurch, von welcher er glühte und bebte, klang erschütternd eine Klage lang erlittenen Schmerzes. „Undankbar? Und was verdank ich euch? Für den Bettel, den ihr zu meinem Unterhalt hergegeben, hab ich mit meiner Arbeit tausendfach bezahlt. Den Unterricht in der Schul hat mir der Lehrer umsonst erteilt. Keine Hose, kein Hemd, keinen Schuh hab ich von euch bekommen. Den Grund, auf dem mein Haus steht, habt ihr mir doppelt so teuer verkauft, als er wert ist. Wie der Bürgermeister gestorben ist, habt ihr mir die Schuld gegeben an seinem Tod; eure Kinder hätten mich beinah gesteinigt, und wie ich freigesprochen war, da hat es geheißen: Bist doch ein Giftmischer! Jetzt rette ich dem Peter sein Leben, und weil ich dabei dem Wirt seinen Zaun umgerissen hab, muß ich den Zaun bezahlen ... Bagage!" Er warf ihnen zum zweiten Male das Wort ins Gesicht wie eine ungeheure Ohrfeige, die allen galt und für alle ausreichte, und – war's die elementare Macht des Zornes, der ihm aus den Augen loderte, war es die halb unbewußte Empfindung der Berechtigung dieses Zornes – trotz des Aufruhrs, den jenes Wort hervorrief, konnte Pavel fortfahren: „Warum wart ihr so mit mir? Weil ich als Kind ein Dieb gewesen bin? – Wie viele von euch sind denn ehrlich? ... Weil mein Vater am Galgen gestorben ist? – Kann ich dafür? ... Bagage ..." und jetzt übermannte ihn die Wut; betäubend, racheheischend stieg die Erinnerung an alles, was er erduldet hatte und was ungesühnt geblieben war, in ihm auf. Er fand keine Worte mehr für eine Anklage; er fand nur noch Worte für eine Drohung, und die stieß er heraus: „Wenn ich aber heute etwas tue, was auch mich an den Galgen bringt, dann ist es eure Schuld!"

MARIE VON EBNER-ESCHENBACH: GESAMMELTE WERKE IN DREI BÄNDEN, BD. 1, WINKLER – ALTE RECHTSCHREIBUNG

Zehn Jahre nachdem Pavel zum Gemeindekind geworden ist, hat er es geschafft, ein Grundstück zu erwerben und darauf ein kleines Haus zu bauen, in dem er seine aus dem Gefängnis kommende Mutter aufnehmen kann. Die Schwester Milada ist in der Zwischenzeit im Kloster verstorben.

a) **Recherchieren** Sie, warum in Gesellschaften Menschen zu Sündenböcken gemacht werden und welche Funktionen sie in diesen erfüllen.

b) Ende des 19. Jahrhunderts – und vor allem im Zuge des Naturalismus – diskutiert man intensiv die Frage, ob wir Menschen in unserem Handeln durch unsere Herkunft, die Gesellschaft etc. determiniert seien oder ob der Mensch sein Handeln durch seinen freien Willen bestimmen könne. – **Überprüfen** Sie, welche Position MARIE VON EBNER-ESCHENBACH in diesem Diskurs einnimmt. Formulieren Sie auch Ihre eigene Position zu dieser Frage.

6. „Max und Moritz" von WILHELM BUSCH

„Komisch, grotesk, makaber" – dies sind die Attribute, die WILHELM BUSCH und seiner Literatur zugeschrieben werden. BUSCH kann als Urvater der Comics bezeichnet werden, zu denen er auch eine entsprechende Sprache entwickelt hat.

Siehe WERKZEUG des Kapitels „Naturalismus"

Max und Moritz

Wilhelm Busch
MAX UND MORITZ (1865)

Vorwort
Ach was muß man oft von bösen
Kindern hören oder lesen!
Wie zum Beispiel hier von diesen,
5 Welche Max und Moritz hießen.
Die, anstatt durch weise Lehren
Sich zum Guten zu bekehren,
Oftmals noch darüber lachten
Und sich heimlich lustig machten.
10 Ja, zur Übeltätigkeit,
Ja, dazu ist man bereit!
Menschen necken, Tiere quälen,
Äpfel, Birnen, Zwetschen stehlen
Das ist freilich angenehmer
15 Und dazu auch viel bequemer,
Als in Kirche oder Schule
Festzusitzen auf dem Stuhle.
Aber wehe, wehe, wehe,
Wenn ich auf das Ende sehe!!
20 Ach, das war ein schlimmes Ding,
Wie es Max und Moritz ging.
Drum ist hier, was sie getrieben,
Abgemalt und aufgeschrieben.

[Streiche 1–6]

25 **Siebter Streich**
[…] Hei! Da sieht er voller Freude
Max und Moritz im Getreide.
Rabs! – In seinen großen Sack
Schaufelt er das Lumpenpack.
30 Max und Moritz wird es schwüle;
Denn nun geht es nach der Mühle.
„Meister Müller, he, heran!

Mahl er das, so schnell er kann!"
„Her damit!" und in den Trichter
35 Schüttelt er die Bösewichter.
Rickeracke! Rickeracke!
Geht die Mühle mit Geknacke.
Hier kann man sie noch erblicken
Fein geschroten und in Stücken.
40 Doch sogleich verzehrt sie
Meister Müllers Federvieh.

Schluß
Als man dies im Dorf erfuhr,
War von Trauer keine Spur.
45 Witwe Bolte, mild und weich,
Sprach: „Sieh da, ich dacht es gleich!"
„Jajaja!" rief Meister Böck,
„Bosheit ist kein Lebenszweck!"
Drauf so sprach Herr Lehrer Lämpel:
50 „Dies ist wieder ein Exempel!"
„Freilich", meint der Zuckerbäcker,
„Warum ist der Mensch so lecker!"
Selbst der gute Onkel Fritze
Sprach: „Das kommt von dumme Witze!"
55 Doch der brave Bauersmann
Dachte: „Wat geiht meck dat an!"
Kurz, im ganzen Ort herum
Ging ein freudiges Gebrumm
„Gott sei Dank! Nun ist's vorbei
60 Mit der Übeltäterei!!"

Wilhelm Busch: Das grosse Wilhelm Busch Album,
Bassermann – alte Rechtschreibung

Lehrer Lämpel nach einer Zeichnung von Wilhelm Busch

a) Max und Moritz (ver)ärgern die Erwachsenen mit ihren Streichen. Nicht alle unten Angegebenen sind jedoch Opfer. – **Recherchieren** Sie den Inhalt der Streiche und kennzeichnen Sie die beiden falschen „Opfer":

| ■ Witwe | ■ Pfarrer | ■ Schuster | ■ Bäcker |
| ■ Lehrer | ■ Schreiner | ■ Bauer | ■ Onkel |

b) **Vergleichen** Sie die Ahndung des moralischen Fehlverhaltens der beiden Lausbuben mit dem Umgang mit moralischem Fehlverhalten heute.

c) **Beurteilen** Sie den Umgang der Erwachsenenwelt mit dem Tod der beiden Buben.

d) **Recherchieren** Sie nach weiteren Comics (oder Bildgeschichten) von Wilhelm Busch und achten Sie vor allem darauf, wie die Protagonistinnen und Protagonisten ihr Ende finden.

Sozialkritik – Determination – Abgründiges

Einblick in die Literatur des Naturalismus (ca. 1880–1900)

Emil Orlik: Lithographisches Poster für Hauptmanns Theaterstück „Die Weber" (1897)

> *Dem Menschen sind nur die Erde und das kurze Leben auf ihr gegeben. Er ist eingespannt in einen naturgesetzlichen Ablauf der Dinge. Die Willensfreiheit ist eine Illusion.*
>
> Hippolyte Taine

2 Naturalismus — BEISPIEL

Otto Brahm
ZUM BEGINN (1890)

Eine freie Bühne für das moderne Leben schlagen wir auf.

Im Mittelpunkt unserer Bestrebungen soll die Kunst stehen; die neue Kunst, die die Wirklichkeit anschaut und das gegenwärtige Dasein.

Einst gab es eine Kunst, die vor dem Tage auswich, die nur im Dämmer-
5 schein der Vergangenheit Poesie suchte und mit scheuer Wirklichkeitsflucht zu jenen idealen Fernen strebte, wo in ewiger Jugend blüht, was sich nie und nirgends hat begeben. Die Kunst der Heutigen umfaßt mit klammernden Organen alles, was lebt, Natur und Gesellschaft; darum knüpfen die engsten und die feinsten Wechselwirkungen moderne Kunst und modernes Leben
10 aneinander, und wer jene ergreifen will, muß streben, auch dieses zu durchdringen in seinen tausend verfließenden Linien, seinen sich kreuzenden und bekämpfenden Daseinstrieben.

Der Bannerspruch der neuen Kunst, mit goldenen Lettern von den führenden Geistern aufgezeichnet, ist das eine Wort: Wahrheit; und Wahrheit,
15 Wahrheit auf jedem Lehrpfade ist es, die auch wir erstreben und fordern. Nicht die objective Wahrheit, die dem Kämpfenden entgeht, sondern die individuelle Wahrheit, welche aus der innersten Überzeugung frei geschöpft ist und frei ausgesprochen: die Wahrheit des unabhängigen Geistes, der nichts zu beschönigen und nichts zu vertuschen hat. Und der darum nur
20 einen Gegner kennt, seinen Erbfeind und Todfeind: die Lüge in jeglicher Gestalt.

Kein anderes Programm zeichnen wir in diese Blätter ein. Wir schwören auf keine Formel und wollen nicht wagen, was in ewiger Bewegung ist, Leben und Kunst, an starren Zwang der Regel anzuketten. Dem Werdenden gilt
25 unser Streben, und aufmerksamer richtet sich der Blick auf das, was kommen will, als auf jenes ewig Gestrige, das sich vermißt, in Conventionen und Satzungen unendliche Möglichkeiten der Menschheit, einmal für immer, festzuhalten. Wir neigen uns in Ehrfurcht vor allem Großen, was gewesene Epochen uns überliefert haben, aber nicht aus ihnen gewinnen wir uns
30 Richtschnur und Normen des Daseins; denn nicht, wer den Anschauungen einer versunkenen Welt sich zu eigen giebt, nur wer die Forderungen der gegenwärtigen Stunde im Innern frei empfindet, wird die bewegenden geistigen Mächte der Zeit durchdringen, als ein moderner Mensch.

In: Freie Bühne für modernes Leben, Jg. 1, 1890 – alte Rechtschreibung

Arno Holz
PROGRAMM (1886)

Kein rückwärts schauender Prophet,
2 geblendet durch unfaßliche Idole,
modern sei der Poet,
4 modern vom Scheitel bis zur Sohle.

In: Walter Schmähling: Die deutsche Literatur in Text und Darstellung, Bd. 12: Naturalismus, Reclam – alte Rechtschreibung

a) **Listen** Sie die Forderungen Brahms an naturalistische Künstler **auf.**

b) Welche von Brahms Forderungen unterstützt Holz mit seinem Gedicht?

Naturalismus (1880–1900) WERKZEUG

Die Epoche des Naturalismus ist eng an jene des Realismus angelehnt, die Naturalistinnen und Naturalisten betrachten sich jedoch als radikaler und konsequenter. Einerseits ist der deutsche Naturalismus eine Reaktion auf die Auseinandersetzung mit den Werken **ausländischer Literatinnen und Literaten,** wie z. B. Émile Zola (1840–1902), Henrik Ibsen (1828–1906), Fjodor Dostojewski (1821–1881) oder Leo Tolstoi (1828–1910), die schon früher Beachtung gefunden haben. Andererseits beeinflussen **Theorien,** die sich im 19. Jahrhundert entwickelt haben, das naturalistische Menschenbild.

Hippolyte Taine, französischer Philosoph und Historiker (1828–1893)

Einflüsse auf das Menschenbild der Naturalisten

Die Naturalisten sehen den Menschen durch das biologische Erbe, die sozioökonomischen Verhältnisse und Milieueinflüsse determiniert. Beeinflusst ist ihr Menschenbild von den modernen Naturwissenschaften, besonders von den Theorien Hippolyte Taines (1828–1893) und Charles Darwins (1809–1882). Der **„Milieutheorie"** Hippolyte Taines nach sind die Faktoren, die einen Menschen bestimmen, die **„Rasse"** (Anlagen einer bestimmten ethnischen Gruppe), das **„Milieu"** (das Umfeld, in das er geboren worden ist und in dem er lebt) und der **„Moment"** (die jeweiligen Zeitumstände). Der Mensch habe demnach keinen freien Willen, seine Handlungen seien immer direkt von seiner Umgebung bestimmt. Somit könne er für seine Taten nicht verantwortlich gemacht werden. Von Charles Darwin übernehmen die Naturalistinnen und Naturalisten vor allem die Idee der Vererbung und der Selektion (Prinzip des Stärkeren). Der Mensch wird nicht mehr als geistiges, göttliches Lebewesen gesehen, sondern als **Produkt von Vererbung und Umwelt.**

Einfluss haben aber auch die sozialkritischen Arbeiten von Karl Marx (1818–1883) und Friedrich Engels (1820–1895), in denen sie auf die soziale Verelendung und unmenschlichen Lebensbedingungen der Arbeiterschaft aufmerksam machen und die bürgerliche Gesellschaft kritisieren.

Die Grundlage für die Arbeiten der Naturalisten ist der vom Glauben an die Naturwissenschaften geprägte Wille, die **Zustände exakt abzubilden.** Dass aus dieser schonungslosen Schilderung von Lebensbedingungen bei Lesern oft der Gedanke entsteht, die Welt verändern zu wollen, ist beabsichtigt, auch wenn sich die Naturalisten nicht als politische Protestbewegung verstehen.

Für dieses Kunstverständnis zeichnet auch der Einfluss des **Positivismus** verantwortlich. Diese philosophische Strömung wurde von August Comte (1798–1857) begründet. Sie besagt, dass nur Naturwissenschaften echte Wissenschaften seien, da nur sie beobachtbar und durch Experimente belegbar seien.

Literatur

Literaturtheorie des Naturalismus

„**Kunst = Natur – x".** Auf diese Formel bringt Arno Holz (1863–1929) die Idee des Naturalismus: Die Realität soll möglichst exakt dargestellt werden, der Faktor „x" (das Individuelle der Autorin/des Autors, Kunstmittel) soll also so klein wie möglich gehalten werden. Im Idealfall wären Kunst und Natur identisch.
Um dies zu erreichen, werden bestimmte Mittel eingesetzt, wie z. B.:
- Sekundenstil: Jedes kleinste Detail eines Ablaufs wird in annähernd zeitdeckender Erzählung dargestellt.
- phonographische Wiedergabe (Alltagssprache/Dialekt, Ausrufe, Ellipsen)
- Verzicht auf künstlerische Gestaltungsmittel wie sprachliche Bilder und Symbole

Dargestellt wird demgemäß auch das Hässliche in der Gesellschaft, bislang tabuisierte **Themen** wie z. B. Alkoholismus, Prostitution, Ausbeutung, psychische Krankheiten oder auch die Großstadt als feindlicher Lebensraum.

Literaturepochen

Das Drama hat vor allem Charaktere zu zeichnen, die Handlung ist nur Mittel.
ARNO HOLZ

der vierte Stand = Arbeiterschaft, Proletariat

Giuseppe Pellizza da Volpedo: Der vierte Stand (1898–1901)

💡 Das analytische Drama steht im Gegensatz zum synthetischen Drama (Zieldrama), das dem klassischen drei-/fünfaktigem Drama (mit Exposition, Peripetie und Katastrophe) entspricht.

Dramatik
Da auch das naturalistische Drama der möglichst genauen Abbildung der Realität verpflichtet ist, hat es eine sozialkritische Ausrichtung **(soziales Drama)**. Ausschlaggebend dafür ist die Verschärfung der sozialen Probleme durch die industrielle Revolution. Demgemäß stehen soziale Missstände und die Lebensverhältnisse der einfachen Menschen häufig im Mittelpunkt. Die Protagonistinnen und Protagonisten zeigen meistens keine innere Entwicklung. Sie werden – der Milieutheorie folgend – von äußeren Faktoren beherrscht.

Ist die Ständeklausel bereits mit dem bürgerlichen Trauerspiel aufgeweicht worden, verliert sie im Naturalismus vollends an Bedeutung, da der vierte Stand in ernsten Stücken auf der Bühne dargestellt wird. Sehr wohl halten sich die Autorinnen/Autoren jedoch zumeist an die drei Einheiten (Einheit von Ort, Zeit und Handlung), weil ihnen dies als realistisch erscheint. Der Authentizität des Dargestellten dient auch die Sprache: Die Figurensprache passt zum sozialen Stand der Protagonistinnen und Protagonisten, d. h., dass auch Dialekt und Umgangssprache verwendet werden.
Es dominieren **analytische Dramen** (Enthüllungsdramen). Die Ereignisse, die zur Katastrophe führen, liegen hier zeitlich vor dem Beginn der Bühnenhandlung und werden nach und nach aufgedeckt. Das analytische Drama ist keine Erfindung des Naturalismus, sondern es existiert bereits in der Antike. Es wird aber von den Naturalistinnen und Naturalisten besonders geschätzt, weil die sich anbahnende Katastrophe als Folge von Tatbeständen erscheint, die den Figuren weder bekannt sind noch von ihnen beeinflusst werden können. Dadurch wird die Determiniertheit des Menschen betont. Dies wird noch verstärkt, indem darauf verzichtet wird, einen Ausweg aufzuzeigen.
Kennzeichnend für naturalistische Dramen sind der **Sekundenstil** und die ausführlichen **szenischen Bemerkungen** (Regieanweisungen), in denen die Figuren, ihre Beziehung zueinander, die Atmosphäre etc. genau beschrieben sind.

Zu den wichtigsten deutschsprachigen Dramatikern des Naturalismus zählt GERHART HAUPTMANN (1862–1946; „Vor Sonnenaufgang", 1889; „Die Weber", 1892; „Die Ratten", 1911).

Epik
Auch in der Epik finden sich die „neuen" **Themen** wie Sexualität, die Lebenswirklichkeit der Industriearbeiter/innen, die Industrialisierung, die Großstadt etc. Dabei wird eine pessimistische Sicht auf die Welt dargestellt.
Ebenso wie im Drama spielen der Sekundenstil und die Verwendung von Dialekt bzw. Umgangssprache eine große Rolle.

Es dominieren **epische Kleinformen** wie die Novelle, die Skizze, die Studie etc. In der **Prosaskizze** werden Momentaufnahmen dargestellt. Der Akzent liegt auf den Wahrnehmungen der Erzählinstanz, die Handlung tritt in den Hintergrund. Damit ist die Skizze eine geeignete Form, um einen Ausschnitt der Wirklichkeit wiederzugeben. Ein Beispiel ist „Papa Hamlet" von ARNO HOLZ und JOHANNES SCHLAF (1862–1941). Die **novellistische Studie „Bahnwärter Thiel"** von GERHART HAUPTMANN gilt als eines der bedeutendsten Werke des Naturalismus.

Der naturalistische **Roman** knüpft an ausländische Vorbilder an, insbesondere an ÉMILE ZOLA. Die Protagonistin/Der Protagonist wird als Produkt ihrer/seiner Anlagen und des Milieus dargestellt. Dass somit auch dem Triebleben und dem Unsittlichen Platz eingeräumt wird, führt teilweise zu heftiger Kritik. Im Zentrum der psychologischen Romane stehen die Beweggründe für das Handeln und die Milieubeobachtung. Die sozialkritischen Großstadtromane (z. B. MAX KRETZERS „Die beiden Genossen", 1880) befassen sich mit dem sozialen Elend der Arbeiter/innen.

Lyrik

Der Lyrik des Naturalismus wird eine geringere Bedeutung zugesprochen als dem Drama oder den epischen Formen, weil die Sprache der Lyrik in den Augen der Naturalistinnen und Naturalisten nicht der Wirklichkeit entspricht. Als wichtigster Vertreter der naturalistischen Lyrik gilt Arno Holz.
In der Lyrik sollte laut Holz auf Verse, Reime und Strophen verzichtet werden. Typisch ist die äußerliche Zentrierung der Verse auf eine Mittelachse.
Auch die naturalistische Lyrik ist sozialkritisch ausgerichtet. Die wesentlichen behandelten Themen sind die soziale Frage und die Großstadt – sehr oft kommen sie gemeinsam vor.

Naturalismus in Österreich

Der Naturalismus kommt in Österreich mit Zeitverzögerung an und fasst kaum Fuß. Vielmehr reagieren Künstler/innen in Gegenströmungen auf Werke und Programme dieser Epoche.
Naturalistisch gefärbte Texte schaffen Ada Christen (1839–1901), Bertha von Suttner (1843–1914) und Karl Schönherr (1867–1943).

Ada Christen (eigentlich Christiane von Breden) schreibt u. a. sozialkritische Lyrik, z. B. „Lieder einer Verlorenen" (1868), die als vornaturalistisch gilt. Ihre Erzählungen, Novellen und Romane haben Einfluss auf den Naturalismus und zeichnen für diese Epoche typische Sittenbilder. In ihrem bekanntesten Werk, der Vorstadtgeschichte „Jungfer Mutter" (1892), schildert sie das Schicksal des städtischen Proletariats, wie der Heimarbeiterin, des Laternenanzünders oder der Prostituierten. Während Ferdinand von Saar (1833–1906) sie schätzt und fördert, ist der Großteil der Leserschaft schockiert. Trotzdem oder deswegen erreichen viele ihrer Werke eine hohe Auflagenzahl.
Sie ist Gründungsmitglied des **„Vereines der Schriftstellerinnen und Künstlerinnen"**, dessen Ziel die Vernetzung und die Absicherung des Lebensabends für nicht mehr arbeitsfähige Künstlerinnen ist. Viele namhafte Schriftstellerinnen, wie z. B. Marie von Ebner-Eschenbach (1830–1916), Paula Preradović (1887–1951), Selma Lagerlöf (1858–1940) oder Ricarda Huch (1864–1947) sind Mitglieder.

Bertha von Suttner gilt als Symbolfigur der Friedensidee. Sie wird 1905 als erste Frau mit dem Friedensnobelpreis ausgezeichnet. Berühmt geworden ist auch ihr Roman „Die Waffen nieder!" (1889), ein Plädoyer für den Frieden. Weniger bekannt ist, dass sie darüber hinaus ein umfangreiches, stark vom Naturalismus geprägtes Werk hinterlassen hat, das neben der Friedensfrage und Gedanken zur Politik auch Frauenfragen thematisiert.

Bertha von Suttner, österreichische Schriftstellerin und Friedensnobelpreisträgerin (1843–1914)

Karl Schönherr ist ein Tiroler Arzt und Schriftsteller. Er gilt zu seiner Zeit als bedeutendster österreichischer Dramatiker neben Arthur Schnitzler (1862–1931). Dem Naturalismus zugerechnet werden seine Einakter „Die Bildschnitzer" (1900) und „Karrnerleut" (1904) sowie die Dramen „Der Sonnwendtag" (1902), „Glaube und Heimat" (1910), „Frau Suitner" (1917) und „Herr Doktor, haben Sie zu essen?" (1930). In den 1930er-Jahren werden seine Werke für die „Blut-und-Boden-Literatur" reklamiert, wogegen er sich nie auflehnt.

Wichtige Autoren des Naturalismus	
deutschsprachig	international
Gerhart Hauptmann	Émile Zola
Arno Holz	Henrik Ibsen
Johannes Schlaf	Fjodor Dostojewski
	August Strindberg

Titelblatt Bjarne P. Holmsen: Papa Hamlet mit Foto von ARNO HOLZ

Arbeitsaufgaben „Naturalismus"

1. „Papa Hamlet"

ARNO HOLZ und JOHANNES SCHLAF veröffentlichten unter dem Pseudonym BJARNE P. HOLMSEN die Erzählung „Papa Hamlet".

Einst ein großer Hamlet-Darsteller, lebt der arbeitslose Schauspieler Niels Thienwiebel nun mit seiner Frau Amalie und seinem Sohn Fortinbras in einem ärmlichen Mansardenzimmer. Er fühlt sich eingesperrt, da er die Wohnung nicht verlassen kann, weil außer einem Schlafrock alle Kleidungsstücke verpfändet sind. Immer wieder schieben einander Niels und Amalie die Schuld an der Situation zu, ihr Kind vernachlässigen sie. Der Alltag ist auch von Alkoholexzessen vor allem des Vaters geprägt. Amalie, die lungenkrank ist, nimmt letztendlich eine Stelle als Näherin an, Niels schlägt eine Anstellung bei einem Wandertheater aus, da ihm diese nicht niveauvoll genug erscheint. Mit wachsender Armut reagiert Thienwiebel immer aggressiver, er schlägt seinen Sohn. Die Situation spitzt sich zu, als die Vermieterin die Miete, die die Thienwiebels nicht zahlen können, einfordert oder sie kündigen will. Daraufhin verlässt Niels nach langer Zeit die Wohnung, um im Hafenviertel einen Job zu suchen. Stattdessen trinkt er aber mit den Hafenarbeitern und kehrt betrunken nach Hause zurück (siehe Textausschnitt). Letztendlich tötet er in einem Wutanfall seinen Sohn. Er selbst wird eine Woche später erfroren aufgefunden.

Arno Holz, Johannes Schlaf
PAPA HAMLET (1889)

Er hatte mit dem Fuß in die kleine, hohle Kiste mit dem Nähzeug gestoßen. Die Flasche war auf den Boden geschlagen, das Licht bis unters Bett gekullert.

„Lächerlich!"

5 Er hatte jetzt auch noch die Flasche druntergestoßen. „Lächerlich!! ... Wirst du wohl still sein?!!"

Der kleine Fortinbras hatte wieder laut zu schreien angefangen.

„Bestie!!"

Mit einem Satz war er auf den Korb zu.

10 „Bestie!!"

Das Geschrei war wieder wie abgeschnitten.

„Alberne Komödie!"

Er hatte sich jetzt wieder nach dem Bett zu gedreht. Seine Fäuste waren geballt. Unter dem Kissen hervor hatte es deutlich geschluchzt.

15 „Alte Heulsuse!"

Die beiden dicken Falten um seine Nase waren jetzt noch tiefer geworden, zwischen seinen verzerrten Lippen blitzten seine breiten Zähne auf.

„Ae!!"

Über seinen Rücken war ein Frösteln gelaufen.

20 „So 'ne Kälte!"

Er rückte sich jetzt geräuschvoll den Stuhl zurecht.

„So 'ne Kälte!! Nich mal 'n paar lumpige Kohlen hat das! So 'ne Wirtschaft!"

Seine Socken hatte er jetzt runtergestreift, der eine war mitten auf den
25 Tisch unter das Geschirr geflogen.

„Na?! Willste so gut sein?!"

Sie drückte sich noch weiter gegen die Wand.

„Na! Endlich!"

Er war jetzt zu ihr unter die Decke gekrochen, die Unterhosen hatte er
30 anbehalten.

„Nicht mal Platz genug zum Schlafen hat man!"

Er reckte und dehnte sich.

„So 'n Hundeleben! Nich mal schlafen kann man!"

Er hatte sich wieder auf die andre Seite gewälzt. Die Decke von ihrer
35 Schulter hatte er mit sich gedreht, sie lag jetzt fast bloß da....................
....

Das Nachtlämpchen auf dem Tisch hatte jetzt zu zittern aufgehört. [...]
Der kleine Fortinbras röchelte, nebenan hatte es wieder zu schnarchen
angefangen.

40 „So 'n Leben! So 'n Leben!"

Er hatte sich wieder zu ihr gedreht. Seine Stimme klang jetzt weich,
weinerlich.

„Du sagst ja gar nichts!"

Sie schluchzte nur wieder.

45 „Ach Gott, ja! So 'n ... Ae!! ..."

Er hatte sich jetzt noch mehr auf die Kante zu gerückt.

„Is ja noch Platz da! Was drückste dich denn so an die Wand! Hast du
ja gar nicht nötig!"

Sie schüttelte sich. Ein fader Schnapsgeruch hatte sich allmählich über
50 das ganze Bett hin verbreitet.

„So ein Leben! Man hat's wirklich weit gebracht! ... Nu sich noch von so
'ner alten Hexe rausschmeißen lassen! Reizend!! Na, was macht man
nu? Liegt man morgen auf der Straße! ... Nu sag doch?"

Sie hatte sich jetzt noch fester gegen die Wand gedrückt. Ihr Schluchzen
55 hatte aufgehört, sie drehte ihm den Rücken zu.

„Ich weiß ja! Du bist ja am Ende auch nicht schuld dran! Nu sag doch!"

Er war jetzt wieder auf sie zugerückt.

„Nu sag doch! ... Man kann doch nicht so – verhungern?!"

Er lag jetzt dicht hinter ihr.

60 „Ich kann ja auch nicht dafür! ... Ich bin ja gar nicht so! Is auch wahr!
Man wird ganz zum Vieh bei solchem Leben! ... Du schläfst doch nicht
schon?"

Sie hustete.

„Ach Gott, ja! Und nu bist du auch noch so krank! Und das Kind! Dies
65 viele Nähen ... Aber du schonst dich ja auch gar nicht ... ich sag's ja!"

Sie hatte wieder zu schluchzen angefangen.

„Du ... hättest – doch lieber, – Niels ...!"

„Ja ... ja! Ich seh's ja jetzt ein! Ich hätt's annehmen sollen! Ich hätt'
ja später immer noch ... ich seh's ja ein! Es war unüberlegt! Ich hätte
70 zugreifen sollen! Aber – nu sag doch!!"

„Hast du ihn – denn nicht ... denn nicht – wenigstens zu – Haus
getroffen?"

„Ach Gott, ja, aber ... aber, du weißt ja! Er hat ja auch nichts! Was macht
man nu bloß? Man kann sich doch nicht das Leben nehmen?!"

75 Er hatte jetzt ebenfalls zu weinen angefangen.

„Ach Gott! Ach Gott!"

Sein Gesicht lag jetzt mitten auf ihrer Brust. Sie zuckte!

„Ach Gott! Ach Gott!!"

Der dunkle Rand des Glases oben quer über der Decke hatte wieder
80 unruhig zu zittern begonnen, die Schatten, die das Geschirr warf, schwankten, dazwischen glitzerten die Wasserstreifen............................

....

„Ach, nich doch, Niels! Nich doch! Das Kind – ist ja schon wieder auf! Das – Kind schreit ja! Das – Kind, Niels! ... Geh doch mal hin! Um
85 Gottes willen!!" Ihre Ellbogen hinten hatte sie jetzt fest in die Kissen gestemmt, ihre Nachtjacke vorn stand weit auf.

Durch das dumpfe Gegurgel drüben war es jetzt wie ein dünnes, heisres Gebell gebrochen. Aus den Lappen her wühlte es, der ganze Korb war in ein Knacken geraten.

90 „Sieh doch mal nach!!"

„Natürlich! Das hat auch grade noch gefehlt! Wenn das Balg doch der Deuwel holte! ..."

Er war jetzt wieder in die Pantoffeln gefahren.

„Nicht mal die Nacht mehr hat man Ruhe! Nicht mal die Nacht mehr!!"

95 Das Geschirr auf dem Tisch hatte wieder zu klirren begonnen, die Schatten oben über die Wand hin schaukelten. –

„Na? Du!! Was gibt's denn nu schon wieder? Na? ... Wo ist er denn? ... Ae, Schweinerei!"

Er hatte den Lutschpropfen gefunden und wischte ihn sich nun an den
100 Unterhosen ab.

„So'ne Kälte! Na? Wird's nu bald? Na? Nimm's doch, Kamel! Nimm's doch! Na?!"

Der kleine Fortinbras jappte!

Sein Köpfchen hatte sich ihm hinten ins Genick gekrampft, er bohrte es
105 jetzt verzweifelt nach allen Seiten.

„Na? Willst du nu, oder nich?! – Bestie!!"

„Aber – Niels! Um Gottes willen! Er hat ja wieder den – Anfall!"

„Ach was! Anfall! – Da! Friß!"

„Herrgott, Niels ..."

110 „Friß!!!"

„Niels!"

„Na? Bist du – nu still? Na? – Bist du – nu still? Na?! Na?!"

„Ach Gott! Ach Gott, Niels, was, was – machst du denn bloß?! Er, er – schreit ja gar nicht mehr! Er ... Niels!!"

115 Sie war unwillkürlich zurückgeprallt. Seine ganze Gestalt war vornüber geduckt, seine knackenden Finger hatten sich krumm in den Korbrand gekrallt. Er stierte sie an. Sein Gesicht war aschfahl.

„Die ... L – ampe! Die ... L – ampe! Die ... L – ampe!"

„Niels!!!"

120 Sie war rücklings vor ihm gegen die Wand getaumelt.

„Still! Still!! K – lopft da nicht wer?"

Ihre beiden Hände hinten hatten sich platt über die Tapete gespreizt, ihre Knie schlotterten.

„K – lopft da nicht wer?"

Er hatte sich jetzt noch tiefer geduckt. Sein Schatten über ihm pendelte, seine Augen sahen jetzt plötzlich weiß aus.

Eine Diele knackte, das Öl knisterte, draußen auf die Dachrinne tropfte das Tauwetter.

Tipp.................................Tipp...................
..........Tipp...............................Tipp........

ARNO HOLZ, JOHANNES SCHLAF: PAPA HAMLET, RECLAM

a) **Beschreiben** Sie Niels Thienwiebel, soweit Sie ihn in diesem Textausschnitt kennengelernt haben.

b) **Erklären** Sie, inwieweit „Papa Hamlet" inhaltlich als typisch für den Naturalismus gelten kann, soweit dies mittels der einleitenden Inhaltsangabe und der angeführten Textstelle möglich ist.

c) In der Erzählung wird gesprochene Sprache nachgeahmt. – **Nennen** Sie einige Beispiele aus dem Textausschnitt.

d) Mit „Papa Hamlet" wurde der Sekundenstil in die Literatur eingeführt. – **Erklären** Sie, mit welchen Mitteln SCHLAF/HOLZ ihn realisieren.

e) **Schreiben** Sie einen Teil des Textausschnitts (z. B. die Ermordung Fortinbras') so um, dass er nun eine aus Sicht der Naturalisten „konventionelle" Erzählweise aufweist.

2. „Bahnwärter Thiel"

Bahnwärter Thiel ist ein ruhiger und gewissenhafter Mensch. Seine Frau Minna stirbt bei der Geburt des ersten Kindes, Tobias. Um seinen Sohn versorgt zu wissen, heiratet Thiel nach dem Trauerjahr Lene, eine grobschlächtige und herrschsüchtige Frau, die Tobias keine Liebe entgegenbringt. Nach der Geburt eines gemeinsamen Kindes vernachlässigt und misshandelt Lene Tobias. Thiel, sexuell von seiner Frau abhängig, hat zwar ein schlechtes Gewissen, vor allem seiner toten Frau gegenüber, ist aber nicht in der Lage, seinen Sohn zu beschützen. Seine Zuflucht ist sein Arbeitsplatz, das Wärterhäuschen, wo er mit seiner toten Frau kommuniziert.

Doch als die Thiels in der Nähe des Wärterhäuschens ein Stück Land zum Anbauen von Kartoffeln erhalten, dringt Lene auch an seinen Zufluchtsort vor. Als Tobias, von Lene nicht beaufsichtigt, von einem Zug angefahren wird und schließlich stirbt, verfällt Thiel dem Wahnsinn und bringt seine Frau und den gemeinsamen Sohn um.

Zentrales Dingsymbol der novellistischen Studie ist die Eisenbahn, die im 19. Jahrhundert die Pferdekutsche als Transportmittel ablöste, als Revolution gesehen und zu einem wichtigen Symbol in der Kunst wurde.

GERHART HAUPTMANN, deutscher Schriftsteller und Literaturnobelpreisträger (1862–1946)

Gerhart Hauptmann
BAHNWÄRTER THIEL (1988)

Die Sonne, welche soeben unter dem Rande mächtiger Wolken herabhing, um in das schwarzgrüne Wipfelmeer zu versinken, goss Ströme von Purpur über den Forst. Die Säulenarkaden der Kiefernstämme jenseits des Dammes entzündeten sich gleichsam von innen heraus und glühten wie Eisen.

Literaturepochen

Arbeitsaufgaben

a) **Vergleichen** Sie die Darstellung von Natur und jene von Technik in Form der Eisenbahn miteinander.

b) **Erklären** Sie, warum „Bahnwärter Thiel" im Allgemeinen und der Textauszug im Besonderen als typisch naturalistisch bezeichnet werden können.

Auch die Geleise begannen zu glühen, feurigen Schlangen gleich; aber sie erloschen zuerst. Und nun stieg die Glut langsam vom Erdboden in die Höhe, erst die Schäfte der Kiefern, weiter den größten Teil ihrer Kronen in kaltem Verwesungslichte zurücklassend, zuletzt nur noch den äußeren Rand der Wipfel mit einem rötlichen Licht streifend. Lautlos und feierlich vollzog sich das erhabene Schauspiel. Der Wärter stand noch immer regungslos an der Barriere. Endlich trat er einen Schritt vor. Ein dunkler Punkt am Horizont, da wo die Geleise sich trafen, vergrößerte sich. Von Sekunde zu Sekunde wachsend, schien er doch auf einer Stelle zu stehen. Plötzlich bekam er Bewegung und näherte sich. Durch die Geleise ging ein Vibrieren und Summen, ein rhythmisches Geklirr, ein dumpfes Getöse, das, lauter und lauter werdend, zuletzt den Hufschlägen eines heranbrausenden Reitergeschwaders nicht unähnlich war.

Ein Keuchen und Brausen schwoll stoßweise fernher durch die Luft. Dann plötzlich zerriss die Stille. Ein rasendes Tosen und Toben erfüllte den Raum, die Geleise bogen sich, die Erde zitterte – ein starker Luftdruck – eine Wolke von Staub, Dampf und Qualm, und das schwarze, schnaubende Ungetüm war vorüber. So wie sie anwuchsen, starben nach und nach die Geräusche. Der Dunst verzog sich. Zum Punkte eingeschrumpft, schwand der Zug in der Ferne, und das alte heil'ge Schweigen schlug über dem Waldwinkel zusammen.

GERHARD HAUPTMANN: BAHNWÄRTER THIEL, RECLAM

3. „Die Weber"

Das Thema des Dramas „Die Weber" von GERHART HAUPTMANN ist der Aufstand der schlesischen Weber/innen, ausgelöst von den unmenschlichen Lebensbedingungen in Folge der Industrialisierung.

Im Haus des Fabrikanten Dreißiger liefern Weber/innen ihre Heimarbeit ab und warten auf ihren Lohn. Entgegengenommen wird diese von Expedient Pfeifer, der sie genau untersucht und die Löhne drückt. Alle lassen sich einschüchtern außer der Weber Bäcker, der lautstark protestiert, schließlich den geforderten Lohn erhält und postwendend entlassen wird.

Als die Löhne noch weiter gedrückt werden sollen, kommt es zum Aufstand. Die Weber/innen plündern Dreißigers Villa, vertreiben die Bewohner/innen und ziehen durch die Straßen. Schließlich wird der Aufstand vom Militär gewaltsam niedergeschlagen. Auch der alte Weber Hilse, der sich wegen seiner religiösen Überzeugung nicht an dem Aufstand beteiligt hat, wird durch einen Querschläger getötet.

Gerhart Hauptmann
DIE WEBER (1892)

Ein geräumiges, graugetünchtes Zimmer in Dreißigers Haus zu Peterswaldau. Der Raum, wo die Weber das fertige Gewebe abzuliefern haben. Linker Hand sind Fenster ohne Gardinen, in der Hinterwand eine Glastür, rechts eine ebensolche Glastür, durch welche fortwährend Weber, Weberfrauen und Kinder ab- und zugehen. Längs der rechten Wand, die wie die übrigen größtenteils von Holzgestellen für Parchent verdeckt wird, zieht sich eine Bank, auf der die angekommenen Weber ihre Ware ausgebreitet haben. In der Reihenfolge der Ankunft treten sie vor und bieten ihre Ware zur Musterung. Expedient Pfeifer steht hinter einem großen Tisch, auf welchen die zu musternde Ware vom Weber gelegt wird. Er bedient sich bei der Schau eines Zirkels und einer Lupe. Ist er zu Ende mit der Untersuchung, so legt

der Parchent/Barchent = Baumwollgewebe

der Weber den Parchent auf die Waage, wo ein Kontorlehrling sein Gewicht prüft. Die abgenommene Ware schiebt derselbe Lehrling ins Repositorium. Den zu zahlenden Lohnbetrag ruft Expedient Pfeifer dem an einem kleinen Tischchen sitzenden Kassierer Neumann jedes Mal laut zu.

das Repositorium = Lagerregal

Es ist ein schwüler Tag gegen Ende Mai. Die Uhr zeigt zwölf. Die meisten der harrenden Webersleute gleichen Menschen, die vor die Schranken des Gerichts gestellt sind, wo sie in peinigender Gespanntheit eine Entscheidung über Tod und Leben zu erwarten haben. Hinwiederum haftet allen etwas Gedrücktes, dem Almosenempfänger Eigentümliches an, der, von Demütigung zu Demütigung schreitend, im Bewusstsein, nur geduldet zu sein, sich so klein als möglich zu machen gewohnt ist. Dazu kommt ein starrer Zug resultatlosen, bohrenden Grübelns in aller Mienen. Die Männer, einander ähnelnd, halb zwerghaft, halb schulmeisterlich, sind in der Mehrzahl flachbrüstige, hüstelnde, ärmliche Menschen mit schmutzigblasser Gesichtsfarbe: Geschöpfe des Webstuhls, deren Knie infolge vielen Sitzens gekrümmt sind. Ihre Weiber zeigen weniger Typisches auf den ersten Blick; sie sind aufgelöst, gehetzt, abgetrieben – während die Männer eine gewisse klägliche Gravität noch zur Schau tragen – und zerlumpt, wo die Männer geflickt sind. Die jungen Mädchen sind mitunter nicht ohne Reiz; wächserne Blässe, zarte Formen, große, hervorstehende, melancholische Augen sind ihnen dann eigen.

abgetrieben = ermüdet
die Gravität = Würde

KASSIERER NEUMANN *Geld aufzählend.* Bleibt sechzehn Silbergroschen, zwei Pfennig.

ERSTE WEBERSFRAU *dreißigjährig, sehr abgezehrt, streicht das Geld ein mit zitternden Fingern.* Sind Se bedankt.

NEUMANN *als die Frau stehenbleibt.* Nu? stimmt's etwa wieder nich?

ERSTE WEBERSFRAU: *bewegt, flehentlich.* A paar Fenniche uf Vorschuss hätt' ich doch halt aso neetig.

NEUMANN. Ich hab' a paar hundert Taler neetig. Wenn's ufs Neetighaben ankäm' –! *Schon mit Auszahlen an einen andern Weber beschäftigt, kurz.* Ieber den Vorschuss hat Herr Dreißiger selbst zu bestimmen.

ERSTE WEBERSFRAU. Kennt' ich da vielleicht amal mit'n Herrn Dreißiger selber red'n?

EXPEDIENT PFEIFER *ehemaliger Weber. Das Typische an ihm ist unverkennbar; nur ist er wohlgenährt, gepflegt gekleidet, glattrasiert, auch ein starker Schnupfer. Er ruft barsch herüber.* Da hätte Herr Dreißiger weeß Gott viel zu tun, wenn er sich um jede Kleenigkeit selber bekimmern sollte. Dazu sind wir da. *Er zirkelt und untersucht mit der Lupe.* Schwerenot! Das zieht. *Er packt sich einen dicken Schal um den Hals.* Macht de Tiere zu, wer reinkommt.

DER LEHRLING *laut zu Pfeifer.* Das is, wie wenn man mit Kletzen red'te.

Kletzen = Klötze

PFEIFER. Abgemacht sela! – Waage! *Der Weber legt das Webe auf die Waage.* Wenn Ihr ock Eure Sache besser verstehn tät't. Trepp'n hat's wieder drinne ... ich seh' gar nich hin. A guter Weber verschiebt's Aufbäumen nich wer weeß wie lange.

sela! = Schluss!, fertig!
Treppen = Unregelmäßigkeiten im Gewebe

BÄCKER *ist gekommen. Ein junger, ausnahmsweise starker Weber, dessen Gebaren ungezwungen, fast frech ist. Pfeifer, Neumann und der Lehrling werfen sich bei seinem Eintritt Blicke des Einvernehmens zu.* Schwerenot ja! Da soll eener wieder schwitz'n wie a Laugensack.

ERSTER WEBER, *halblaut.* 's sticht gar sehr nach Regen.

DER ALTE BAUMERT *drängt sich durch die Glastür rechts. Hinter der Tür gewahrt man die Schulter an Schulter gedrängt zusammengepfercht wartenden Weberslute. Der Alte ist nach vorn gehumpelt und hat sein Pack in der Nähe des Bäcker auf die Bank gelegt. Er setzt sich daneben und wischt sich den Schweiß.* Hier is 'ne Ruh' verdient.

BÄCKER. Ruhe is besser wie a Beehmen Geld.

Beehmen = Geldstück von mittlerem Wert

DER ALTE BAUMERT. A Beehmen Geld mechte ooch sein. Gu'n Tag ooch, Bäcker!

BÄCKER. Tag ooch, Vater Baumert! Ma muss wieder lauern wer weeß wie lange!

ERSTER WEBER. Das kommt nich druf an. A Weber wart't an Stunde oder an'n Tag. A Weber is ock 'ne Sache.

PFEIFER. Gebt Ruhe dahinten! Man versteht ja sei eegenes Wort nich.

tälsch'n = schlechten

BÄCKER *leise.* A hat heute wieder sein'n tälsch'n Tag. [...]

ERSTE WEBERSFRAU *welche nur wenig vom Kassentisch zurückgetreten war und sich von Zeit zu Zeit mit starren Augen hilfesuchend umgesehen hat, ohne von der Stelle zu gehen, fasst sich ein Herz und wendet sich von neuem flehentlich an den Kassierer.* Ich kann halt balde ... ich weeß gar nich, wenn Se mir dasmal und geb'n mir keen'n Vorschuss ... o Jesis, Jesis.

Gejesere = Gejammere (von: Jesus anrufen)

PFEIFER *ruft herüber.* Das is a Gejesere. Lasst bloß a Herr Jesus in Frieden. Ihr habt's ja sonst nich so ängstlich um a Herr Jesus. Passt lieber auf Euern Mann uf, dass und man sieht'n nich aller Augenblicke hinterm Kretschamfenster sitz'n. Wir kenn kein'n Vorschuss geb'n. Wir miss'n Rechenschaft ablegen dahier. 's is auch nich unser Geld. Von uns wird's nachher verlangt. Wer fleißig is und seine Sache versteht und in der Furcht Gottes seine Arbeit verricht't, der braucht ieberhaupt nie keen'n Vorschuss nich. Abgemacht Seefe.

Seefe = wie Sela!

NEUMANN. Und wenn a Bielauer Weber 's vierfache Lohn kriegt, da verfumfeit er's vierfache und macht noch Schulden. [...]

verfumfeit = verschwendet

WEBER REIMANN, *das Geld nicht anrührend, das der Kassierer ihm aufgezählt hat.* Mer hab'n doch jetzt immer dreizehntehalb Beehmen kriegt fer a Webe.

PFEIFER *ruft herüber.* Wenn's Euch nich passt, Reimann, da braucht er bloß ein Wort sag'n. Weber hat's genug. Vollens solche, wie Ihr seid. Für'n volles Gewichte gibt's auch'n vollen Lohn.

WEBER REIMANN. Dass hier was fehln sollte an'n Gewichte ...

PFEIFER. Bringt ein fehlerfreies Stick Parchent, da wird auch am Lohn nichts fehln.

Placker = Knoten, Fehler

WEBER REIMANN. Dass 's hier und sollte zu viel Placker drinnehab'n, das kann doch reen gar nich meeglich sein.

PFEIFER *im Untersuchen.* Wer gut webt, der gut lebt. [...]

WEBER HEIBER. Was hast d'nn da eingepackt in dem Tiechl?...

DER ALTE BAUMERT. Mir sein halt gar blank derheeme. Da hab' ich halt unser Hundl schlacht'n lassen. Viel is ni dran, a war o halb d'rhungert. 's war a klee, nettes Hundl. Selber abstechen mocht' ich'n nich. Ich könnt' mer eemal kee Herze nich fass'n.

PFEIFER *hat Bäckers Webe untersucht, ruft.* Bäcker dreizehntehalb Silbergroschen.

BÄCKER. Das is a schäbiges Almosen, aber kee Lohn.

PFEIFER. Wer abgefertigt is, hat's Lokal zu verlassen. Wir kenn uns vorhero nich rihren.

BÄCKER *zu den Umstehenden, ohne seine Stimme zu dämpfen.* Das is a schäbiges Trinkgeld, weiter niescht. Da soll eens treten vom friehen

Morg'n bis in die sinkende Nacht. Und wenn man achtz'n Tage ieberm Stuhle geleg'n hat, Abend fer Abend wie ausgewund'n, halb drehnig vor Staub und Gluthitze, da hat man sich glicklich dreiz'ntehalb Beehmen erschind't.

PFEIFER. Hier wird nich gemault!

120 BÄCKER. Vo Ihn lass' ich mersch Maul noch lange nich verbiet'n.

PFEIFER *springt mit dem Ausruf.* Das mecht' ich doch amal sehn! *nach der Glastür und ruft ins Kontor.* Herr Dreißicher, Herr Dreißicher, mechten Sie amal so freundlich sein!

DREISSIGER *kommt. Junger Vierziger. Fettleibig, asthmatisch. Mit strenger*
125 *Miene.* Was – gibt's denn, Pfeifer?

PFEIFER, *glupsch.* Bäcker will sich's Maul nich verbieten lassen.

DREISSIGER *gibt sich Haltung, wirft den Kopf zurück, fixiert Bäcker mit zuckenden Nasenflügeln.* Ach so – Bäcker! – *Zu Pfeifer.* Is das der? *Die Beamten nicken.*

130 BÄCKER *frech.* Ja, ja, Herr Dreißicher! *Auf sich zeigend.* Das is der, – *auf Dreißiger zeigend* – und das is der.

DREISSIGER *indigniert.* Was erlaubt sich denn der Mensch!?

PFEIFER. Dem geht's zu gutt! Der geht aso lange aufs Eis tanzen, bis a's amal versehen hat.

135 BÄCKER *brutal.* O du Fennigmanndl, halt ock du deine Fresse. Deine Mutter mag sich woll ei a Neumonden beim Besenreit'n am Luzifer versehn hab'n, dass aso a Teiwel aus dir geworn is.

GERHART HAUPTMANN: DIE WEBER, CORNELSEN

drehnig = schwindelig

glupsch = böse

es versehen haben = einen Fehler gemacht haben

a) Besonders ausführliche Bühnenanweisungen sind typisch für den Naturalismus. – **Lesen** Sie die Bühnenanweisung genau und **markieren** Sie jene Passagen, die über übliche Bühnenanweisungen hinausgehen.

b) **Skizzieren** Sie anhand der Regieanweisung das Bühnenbild.

c) **Beschreiben** Sie die (Lebens-)Situation der Weber/innen, wie sie in diesem Textausschnitt dargestellt ist.

Arbeitsaufgabe

- Auch heute findet man Berichte über katastrophale Arbeitsbedingungen von Näherinnen und Nähern (vor allem aus Asien). – **Recherchieren** Sie danach, fassen Sie die Ergebnisse zusammen und **vergleichen** Sie sie mit den in dem Drama dargestellten.

4. Phantasus

Arno Holz
IHR DACH STIESS FAST BIS AN DIE STERNE (1886)

Ihr Dach stieß fast bis an die Sterne,
Vom Hof her stampfte die Fabrik,
Es war die richtige Mietskaserne
4 Mit Flur und Leiermannsmusik!
Im Keller nistete die Ratte,
Parterre gab's Branntwein, Grog und Bier,
Und bis ins fünfte Stockwerk hatte
8 Das Vorstadtelend sein Quartier.

Dort saß er nachts vor seinem Lichte
– Duck nieder, nieder, wilder Hohn! –
Und fieberte und schrieb Gedichte,
12 Ein Träumer, ein verlorner Sohn!
Sein Stübchen konnte grade fassen
Ein Tischchen und ein schmales Bett;

Arbeitsaufgaben

a) **Beschreiben** Sie die Großstadt, wie sie in diesem Gedicht dargestellt wird.

b) **Charakterisieren** Sie den im Gedicht beschriebenen Dichter.

c) **Analysieren** Sie, welche Themen des Naturalismus in diesem Gedicht angesprochen werden.

d) Angenommen, Sie würden ein Bild (Gemälde, Foto) zu diesem Gedicht anfertigen. Welche Farben würden Ihr Werk dominieren? – **Begründen** Sie Ihre Entscheidung.

Er war so arm und so verlassen
16 Wie jener Gott aus Nazareth!

Doch pfiff auch dreist die feile Dirne,
Die Welt, ihn aus: „Er ist verrückt!"
Ihm hatte leuchtend auf die Stirne
20 Der Genius seinen Kuss gedrückt.
Und wenn vom holden Wahnsinn trunken
Er zitternd Vers an Vers gereiht,
Dann schien auf ewig ihm versunken
24 Die Welt und ihre Nüchternheit.

In Fetzen hing ihm seine Bluse,
Sein Nachbar lieh ihm trocknes Brot,
Er aber stammelte: O Muse!
28 Und wusste nichts von seiner Not.
Er saß nur still vor seinem Lichte,
Allnächtlich, wenn der Tag entflohn,
Und fieberte und schrieb Gedichte,
32 Ein Träumer, ein verlorner Sohn!

In: Wilhelm Emrich, Anita Holz (Hg.): Werke, Luchterhand

5. Mittelachsenlyrik

Arno Holz
IM THIERGARTEN (1898)

Im Thiergarten, auf einer Bank, sitz ich und rauche;
und freue mich über die schöne Vormittagssonne.

Vor mir, glitzernd, der Kanal:
den Himmel spiegelnd, beide Ufer leise schaukelnd.

Über die Brücke, langsam Schritt, reitet ein Leutnant.

Unter ihm,
zwischen den dunklen, schwimmenden Kastanienkronen,
propfenzieherartig ins Wasser gedreht,
– den Kragen siegellackrot –
sein Spiegelbild.

Ein Kukuk
ruft.

In: Harald Hartung (Hg.): Gedichte und Interpretationen, Bd. 5, Reclam

a) **Beschreiben** Sie etwaige Zusammenhänge zwischen Inhalt und Schriftbild des Gedichtes. Lassen Sie Ihre Phantasie walten, es gibt hier kein Richtig oder Falsch.

b) **Beschreiben** Sie, wodurch sich dieses Gedicht von einem Prosatext unterscheidet.

c) **Überprüfen** Sie, ob Arno Holz sich in diesem Gedicht an seine Forderungen hält (siehe WERKZEUG-Blatt).

d) Häufig wird angemerkt, dass dieses Gedicht inhaltlich nicht „typisch naturalistisch" sei. – **Nehmen** Sie zu dieser Aussage **Stellung.**

e) **Erstellen** Sie ein Parallelgedicht (z. B.: In der U-Bahn/Im Kaffeehaus …).

Impression – Symbol – Ästhetik

Einblick in die Literatur des „Fin de Siècle" – Gegenströmungen zum Naturalismus (ca. 1890–1925)

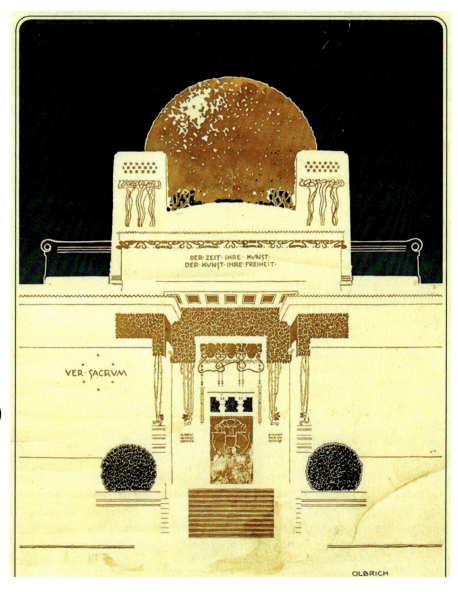

POSTER: WIENER SECESSION

Das Beste, was Liebende im Laufe der Zeit einander werden können, das ist: Surrogate ihrer Träume oder Symbole ihrer Sehnsucht.

ARTHUR SCHNITZLER

Literaturepochen

3 Fin de Siècle

BEISPIEL

Oscar Wilde
DAS BILDNIS DES DORIAN GRAY (1890)

Vorbekenntnis
Der Künstler ist der Schöpfer schöner Dinge.
Kunst zu offenbaren und den Künstler zu verbergen, ist die Aufgabe der Kunst.
5 Ein Kritiker ist, wer seinen Eindruck von schönen Dingen in eine andere Form oder in einen anderen Stoff zu übertragen vermag.
Die höchste wie die niederste Form der Kritik ist eine Art Autobiographie.
Wer in schönen Dingen einen häßlichen Sinn findet, ist verderbt, ohne anmutig zu sein. Das ist ein Fehler.
10 Wer in schönen Dingen einen schönen Sinn findet, hat Kultur. Er berechtigt zu Hoffnungen.
Das sind die Auserwählten, für die schöne Dinge lediglich Schönheit bedeuten.
Ein moralisches oder unmoralisches Buch gibt's überhaupt nicht. Bücher
15 sind gut oder schlecht geschrieben. Sonst nichts.
Die Abneigung des neunzehnten Jahrhunderts gegen den Realismus ist die Wut Calibans, der sein eigenes Gesicht im Spiegel erblickt.
Die Abneigung des neunzehnten Jahrhunderts gegen die Romantik ist die Wut Calibans, der sein eigenes Gesicht im Spiegel nicht sieht.
20 Das sittliche Dasein des Menschen liefert dem Künstler einen Teil des Stoffgebietes, aber die Sittlichkeit der Kunst besteht im vollkommenen Gebrauch eines unvollkommenen Mittels.
Kein Künstler empfindet das Verlangen, etwas zu beweisen. Selbst Wahrheiten können bewiesen werden.
25 Kein Künstler hat ethische Neigungen. Eine ethische Neigung beim Künstler ist eine unverzeihliche Manieriertheit des Stils.
Kein Künstler ist an sich krankhaft. Der Künstler kann alles aussprechen.
Gedanken und Sprache sind für den Künstler Werkzeuge einer Kunst.
Laster und Tugend sind für den Künstler Stoffe einer Kunst.
30 Was die Form betrifft, so ist die Kunst des Musikers die Urform aller Künste.
Was das Gefühl betrifft, so ist der Beruf des Schauspielers diese Urform.
Alle Kunst ist gleichzeitig Oberfläche und Symbol.
Wer unter der Oberfläche schürft, tut es auf eigene Gefahr.
Wer das Symbol herausdeutet, tut es auf eigene Gefahr.
35 In Wahrheit wird der Betrachter und nicht das Leben abgespiegelt.
Meinungsunterschiede über ein Kunstwerk beweisen seine Neuheit, Vielfältigkeit und Lebenskraft.
Sind die Kritiker uneinig, so ist der Künstler einig mit sich selbst.
Man kann einem Menschen verzeihen, daß er etwas Nützliches schafft,
40 solang er es nicht bewundert. Die einzige Entschuldigung für den, der etwas Nutzloses schuf, besteht darin, daß es äußerst bewundert wird.
Alle Kunst ist völlig nutzlos.

OSCAR WILDE: DAS BILDNIS DES DORIAN GRAY, RECLAM

Caliban = Figur aus SHAKESPEARES „Der Sturm" (1611)

💡 Viele der Aussagen in OSCAR WILDES Vorrede zu seinem Roman „Das Bildnis des Dorian Gray" können als Programm für Kunst und Kultur des Fin de Siècle verstanden werden.

💬 Wer bestimmt, was schön ist? Woran erkennt man Schönheit? – **Diskutieren** Sie mit Ihren Mitschülerinnen/Mitschülern Ihr Verständnis von „Schönheit" und jenes von OSCAR WILDE.

a) Was ist nach OSCAR WILDE Kunst, was nicht? – **Untersuchen** Sie WILDES Kunstbegriff in dieser Vorrede.

b) **Erklären** Sie, warum der Satz „Alle Kunst ist gleichzeitig Oberfläche und Symbol" eine gegensätzliche Aussage zum Programm des Naturalismus darstellt.

c) „Alle nutzlose Kunst ist zutiefst bewundernswert." – **Nehmen** Sie unter Bezugnahme auf die Vorrede WILDES **Stellung** zu dieser Aussage.

Fin de Siècle (1890–1925)   WERKZEUG

Fin de Siècle – Dekadenz – Moderne

Das 19. Jahrhundert neigt sich seinem Ende zu und **Endzeitstimmung** macht sich breit. Die österreichisch-ungarische Monarchie erscheint als staatliches Gebilde nicht mehr zeitgemäß, wirkt schwerfällig, morsch und zerbrechlich. Die am gesellschaftlichen und künstlerischen Leben Teilhabenden sind vielfach der Meinung, sie seien am **kulturellen Zenit** angekommen, der nicht mehr überschritten werden könne. Intellektuelle und Kunstschaffende entwickeln mehr und mehr das Gefühl, dass das Erreichte zu verfallen drohe und dass die gesellschaftlichen Normen und Werte überkommen und dekadent seien.

Viele Künstlerinnen und Künstler dieser Epoche lehnen die literaturtheoretischen und ästhetischen Positionen des Naturalismus ab. Sie fordern eine (neue) Kunst, die nicht in Geiselhaft der gesellschaftlichen Verhältnisse steht, die den Blick nicht nur auf die sozial Schwachen oder die gesellschaftlichen Ungerechtigkeiten lenkt, sondern eine **Kunst, in deren Zentrum die Kunst selbst steht,** ohne ein erzieherisches, belehrendes oder die gesellschaftlichen Moralvorstellungen anprangerndes Engagement.

Moderne Sichtweisen – Psychologie, Philosophie, Naturwissenschaften

Die **Psychoanalyse** nach SIGMUND FREUD (1856–1939) fördert zutage, dass im Unbewussten völlig andere Persönlichkeitselemente schlummern als jene, derer wir im Alltagsleben ansichtig werden. Nur zum Teil bewusste oder gänzlich **unbewusste Triebe** steuern unser Verhalten, was die Frage aufwirft, wer wir in Wirklichkeit sind. FREUD entwickelt für diesen Aufbau der menschlichen Psyche unterschiedliche Erklärungsansätze. Beispielsweise kann die **Struktur der Psyche** laut FREUD durch drei Instanzen bestimmt werden: Es, Ich und Über-Ich. Das Ich repräsentiert den sichtbar handelnden Menschen, in FREUDS Strukturmodell ist es die vermittelnde Instanz zwischen dem Es (Triebe) und dem Über-Ich (gesellschaftliche Normen). Außerdem entwickelt FREUD die **Traumtheorie,** worin der Traum den Königsweg zum Unbewussten, zu versteckten Wünschen, verdrängten Inhalten etc. darstellt.

> Zu SIGMUND FREUD siehe auch WERKZEUG des Kapitels „Expressionismus"

ERNST MACH (1838–1916), einer der einflussreichsten Theoretiker und Naturwissenschaftler dieser Zeit, spricht von der **„Unrettbarkeit des Ichs"** und meint, dass gegenwärtig noch keine bessere Bezeichnung als das Wort „ich" existiere, um das sich ständig verändernde Individuum zu benennen. Ähnlich definiert er im Kontext der Naturwissenschaften die **Unbeständigkeit von Körpern,** die in Hinsicht auf die Farbe oder die Schwere zutage trete, wenn man nur ihre Lage im Raum ändere oder sie zu unterschiedlichen Zeiten betrachte.
Körper sind plötzlich nicht mehr fest und starr; das „Ich" als Pronomen zur Bezeichnung einer Person erscheint zu ungenau – auch hier wird der Eindruck des Zerfalls, der sich auflösenden alten Ordnung spürbar.

„Gott ist tot! Gott bleibt tot! Und wir haben ihn getötet!" – Dies lässt FRIEDRICH NIETZSCHE (1844–1900) den tollen Menschen aus „Die fröhliche Wissenschaft" (1882/1887) verkünden. Und diese Aussage hat es in sich: Der Sinn des Lebens ist seit Menschengedenken an ein göttliches Prinzip geknüpft, dessen Existenz plötzlich in Abrede gestellt wird. Existiert Gott nicht, so muss das Leben nicht in Demut, Armut und Gottgefälligkeit geführt werden, sondern der Fokus kann auf das Leben selbst gerichtet werden. Diese Diesseitsfreude verkörpert für NIETZSCHE am besten Dionysos, der griechische Gott der Ekstase, des Rausches, des Weines. Wenn es dem Menschen gelingt, den Verlust Gottes positiv umzudeuten, dann ist er bereit für NIETZSCHES **„Übermenschen",** der sein Leben selbstbestimmt, kraftvoll und ausschließlich diesseitsbezogen führt.

> Zu FRIEDRICH NIETZSCHE siehe auch WERKZEUG des Kapitels „Expressionismus"

> ⚠ Das Konzept des „Übermenschen" wurde vor allem während des Nationalsozialismus missinterpretiert und zur Legitimation des arischen Menschen als Herrscher über andere Völker und Ethnien herangezogen.

Sprachskepsis

Das Misstrauen gegenüber dem Medium Sprache und ihr Potenzial, Wirklichkeit abbilden zu können, erreicht zur Jahrhundertwende einen ersten Höhepunkt. Dies zeigt sich einerseits in der Philosophie des **Wiener Kreises** und andererseits in der Literatur. Ein zentraler Text dafür ist der „Brief des Lord Chandos an Francis Bacon" (1902) von HUGO VON HOFMANNSTHAL (1874–1929).

Auch in der Philosophie der Jahrhundertwende ist diese Sprachskepsis ein zentrales Thema. LUDWIG WITTGENSTEIN (1889–1951) versucht in seinem „Tractatus logico-philosophicus" (1921) das Denken und dadurch mögliche Aussagen mit den Mitteln der Logik zu formalisieren, um Uneindeutigkeiten sowohl von einfachen Aussagen als auch von komplexen logischen Begründungen von vornherein zu vermeiden. Sein „Tractatus" endet mit dem Satz: *„Wovon man nicht sprechen kann, darüber muss man schweigen."* Genau dieses Unsagbare oder Unaussprechliche steht oftmals im Zentrum der Dichtung des Fin de Siècle.

Gegenströmungen zum Naturalismus – Impressionismus, Symbolismus, Ästhetizismus

Der unwiederbringliche Moment sowie die Sinneseindrücke des wahrnehmenden Ichs, dargestellt mit den Mitteln der Kunst, spielen in den Gegenströmungen zum Naturalismus, im **Impressionismus, Symbolismus** und **Ästhetizismus,** eine herausragende Rolle. Die **„Poésie pure"** steht im klaren Widerspruch zum Naturalismus und seinem Anspruch, Wirklichkeit so genau und so schonungslos wie möglich abzubilden und Literatur in den Dienst gesellschaftspolitischer Zwecke zu stellen. Nicht die Wirklichkeit selbst soll im Fin de Siècle so genau wie möglich abgebildet werden, sondern die **Wahrnehmung** dieser Wirklichkeit unter den jeweils gegebenen Bedingungen.

Lyrik

Alles Engagement in der Kunst bzw. in der Literatur – Erziehung, Bildung, Sozialkritik etc. – wird im Sinne des **Ästhetizismus** abgelehnt. Die Parole lautet **„L'art pour l'art",** die Kunst für die Kunst. Übertragen auf die Dichtung wird die pure Poesie, die „Poésie pure", gefordert. Der Suche nach der absoluten Ästhetik, nach dem durch Kunst geformten Schönen wird alles untergeordnet.
Der Lyriker STEFAN GEORGE ist einer der wichtigsten deutschsprachigen Vertreter des Ästhetizismus, CHARLES BAUDELAIRE (1821–1867) oder STÉPHANE MALLARMÉ (1842–1898) sind beispielhaft für Frankreich zu nennen.
Ästhetizismus und **Symbolismus** überlagern sich, da der Ästhetizismus gewissermaßen den Anspruch und der Symbolismus eine mögliche Realisation dieses Anspruches darstellen. Für die Literatur bedeutet dies, dass mittels Sprache „Symbole" bzw. „Sinnbilder" geschaffen werden. Die Bedeutung, der Sinn eines Wortes wird durch Gerüche, Klänge und Farben erweitert, um eine ganzheitliche, vollkommene poetische Darstellung des Erfahrenen (Synästhesie) zu erreichen. Eine ästhetische Wahrheit kann nicht benannt werden, sie kann nur durch kunstfertige Sprachverwendung hervorgebracht werden.

In der Stilrichtung des **Impressionismus** stehen das Besondere des Augenblicks, das individuell Wahrgenommene und die Wirkung auf das wahrnehmende Subjekt im Zentrum der Kunst. Ihren Ausgangspunkt findet dieses Kunstverständnis in den Werken der impressionistischen Maler, etwa bei CLAUDE MONET (1840–1926), PIERRE-AUGUSTE RENOIR (1841–1919) und PAUL CÉZANNE (1839–1906). Wie in impressionistischen Bildern ist auch in der Lyrik ein gewisses Maß des Ineinanderfließens bzw. der Konturlosigkeit erkennbar. Momentane Sinneseindrücke, dadurch evozierte seelische Stimmungen und die Kurzlebigkeit des Augenblicks sollen im Medium der Sprache wiedergegeben werden. Intendierter Sinn und Interpretation bilden eine Einheit und liegen in der subjektiven Wahrnehmung der Kunstschaffenden bzw. der Rezipienten.

💡 Die genannten Stilrichtungen sind in unterschiedlicher Ausprägung z. B. bei STEFAN GEORGE (1868–1933), HUGO VON HOFMANNSTHAL, RAINER MARIA RILKE (1875–1926), ARTHUR SCHNITZLER (1862–1931) und GEORG TRAKL (1887–1914) anzutreffen.

die Ästhetik = das stilvoll Schöne; Schönheitssinn; Lehre vom Schönen

💡 Beispiele für den **Symbolismus** sind die **Dinggedichte** „Der Panther" (1903) oder „Das Karussell" (1907) von RAINER MARIA RILKE.

Epik

ARTHUR SCHNITZLER setzt sich in seinen literarischen Werken parallel zu SIGMUND FREUDS wissenschaftlicher Forschung mit der **menschlichen Psyche** auseinander. Er nimmt so manche Erkenntnis FREUDS in seinen literarischen Texten vorweg. In den Novellen „Leutnant Gustl" (1900) und „Fräulein Else" (1924), in denen SCHNITZLER die Introspektion mittels des inneren Monologs intensiviert, beschäftigt er sich mit Themen wie Ehrbegriff, Sexualmoral und Verdrängung. In seiner „Traumnovelle" (1926) behandelt er unterschiedliche, nicht kommunizierte und unterdrückte sexuelle Wünsche eines Ehepaares.

Mit dem Roman **„Die Verwirrungen des Zöglings Törleß"** (1906) gibt ROBERT MUSIL (1880–1942) einen Einblick in die psychische Verfasstheit von pubertären Jugendlichen, die in einem Militärinternat autoritäre Strukturen aufbauen und einen in ihrer Abhängigkeit stehenden Mitschüler quälen.

Die Erzählung **„Unterm Rad"** (1906) von HERMANN HESSE (1877–1962) gilt zwar als konventionell erzählt, schlägt aber in eine ähnliche Kerbe. HESSE beschreibt ebenso die Entwicklung eines Jungen, der mit den an ihn gestellten gesellschaftlichen Anforderungen nicht zurande kommt.

Das Werk **„Buddenbrooks. Verfall einer Familie"** (1901) von THOMAS MANN (1875–1955) hat den Niedergang einer Familiendynastie im Verlauf des 19. Jahrhunderts zum Inhalt. Dieses dargestellte Scheitern ist Ausdruck des Dekadenzgefühls.

HEINRICH MANN (1871–1950) stellt in seinem Roman **„Der Untertan"** (1914) die gesellschaftlichen und politischen Zustände anhand des kaisertreuen Diederich Heßling dar.

RAINER MARIA RILKE unternimmt mit seinem Prosawerk **„Die Aufzeichnungen des Malte Laurids Brigge"** (1908) den Versuch, ein impressionistisches Erzählwerk zu schaffen. Indem er tagebuchähnliche Notizen aneinanderreiht, verfasst er einen sich dem realistischen Erzählen verweigernden Prosatext. Weder folgen die Eintragungen einer Chronologie noch gibt es einen stringenten Handlungsverlauf. Detaillierte Beschreibungen wechseln sich mit Erinnerungen ab und komplementieren sich gegenseitig.

Dramatik

Im ersten Jahrzehnt vor und nach der Jahrhundertwende wird ARTHUR SCHNITZLER mit Stücken wie „Anatol" (1893), „Liebelei" (1895) und „Das weite Land" (1910) zu einem der bedeutendsten Dramatiker des deutschen Sprachraumes. Die Themen kreisen um die eheliche Liebe, Liebesaffären und um den Liebesbegriff schlechthin, an dem vor allem die weiblichen Figuren scheitern.

Mit seinem Stück **„Jedermann"** (1911) belebt HUGO VON HOFMANNSTHAL das Mysterienspiel wieder. Wesentlich bei HOFMANNSTHAL ist der Begriff des Welttheaters, der besagt, dass der Mensch auf der Bühne des Lebens seine jeweilige Rolle spiele, sich zuweilen überrascht dabei zusehe, aber dieser Rolle nicht entfliehen könne.

Schriftstellerinnen zur Zeit des Fin de Siècle

Eine zentrale Frauenfigur des Fin de Siècle und darüber hinaus stellt LOU ANDREAS-SALOMÉ (1861–1937) dar. Ihr literarisches Schaffen, das aus Romanen, Erzählungen, Texten über Philosophie, Psychologie und die damalige Kulturszene besteht, wird von ihrer Lebensgeschichte überdeckt. Diese ist geprägt von ihren Beziehungen zu FRIEDRICH NIETZSCHE, SIGMUND FREUD, RAINER MARIA RILKE und anderen Persönlichkeiten aus dem Kunst- und Kulturbereich. Als Frau, die eine zur damaligen Zeit moderne und unkonventionelle Lebensweise wählt, behandelt sie dieses Thema auch in ihren literarischen Texten.

Beim inneren Monolog werden Gedanken, Assoziationen, Gefühle etc. wiedergegeben, wobei die Außenwelt die Gedanken immer wieder neu aktiviert und verändert. Die Sätze sind oft unvollständig und grammatikalisch nicht korrekt.

Für alle hier angeführten Autoren epischer Texte gilt, dass sie aufgrund ihrer Schaffensbreite nicht ausschließlich einer bestimmten Stilrichtung bzw. literarischen Epoche zugeordnet werden können.

Einen Ausschnitt aus RILKES „Die Aufzeichnungen des Malte Laurids Brigge" finden Sie im Thementeil auf S. 479.

komplementieren = ergänzen, vervollständigen

„Jedermann" wird jedes Jahr bei den Salzburger Festspielen auf dem Domplatz aufgeführt.

Weitere Autorinnen, die dem Fin de Siècle zugeordnet werden können, sind u. a. RICARDA HUCH (1864–1947), MARGARETE BÖHME (1867–1939) und MARIA JANITSCHEK (1859–1927).

Literaturepochen

> HOFMANNSTHALS „Brief des Lord Chandos an Francis Bacon" wird auch bezeichnet als
> - „Ein Brief"
> - „Chandos-Brief"

Arbeitsaufgaben „Fin de Siècle"

1. **Kein Wort mehr aus der Feder des Dichters**

Im „Brief des Lord Chandos an Francis Bacon" legt HUGO VON HOFMANNSTHAL seiner Figur, einem englischen Lord namens Chandos, die zurzeit der Jahrhundertwende vorherrschende Skepsis gegenüber der menschlichen Wahrnehmung und der (literarischen) Sprache in den Mund.

Hugo von Hofmannsthal
BRIEF DES LORD CHANDOS AN FRANCIS BACON (1902)

[...] Um mich kurz zu fassen: Mir erschien damals in einer Art von andauernder Trunkenheit das ganze Dasein als eine große Einheit: geistige und körperliche Welt schien mir keinen Gegensatz zu bilden, ebensowenig höfisches und tierisches Wesen, Kunst und Unkunst, Ein-
5 samkeit und Gesellschaft; in allem fühlte ich Natur, in den Verirrungen des Wahnsinns ebensowohl wie in den äußersten Verfeinerungen eines spanischen Zeremoniells; in den Tölpelhaftigkeiten junger Bauern nicht minder als in den süßesten Allegorien; und in aller Natur fühlte ich mich selber; wenn ich auf meiner Jagdhütte die schäumende laue Milch
10 in mich hineintrank, die ein struppiges Mensch einer schönen sanftäugigen Kuh aus dem strotzenden Euter in einen Holzeimer niedermolk, so war mir das nichts anderes, als wenn ich, in der dem Fenster eingebauten Bank meines Studio sitzend, aus einem Folianten süße und schäumende Nahrung des Geistes in mich sog. [...]

15 Aber, mein verehrter Freund, auch die irdischen Begriffe entziehen sich mir in der gleichen Weise. Wie soll ich es versuchen, Ihnen diese seltsamen geistigen Qualen zu schildern, dies Emporschnellen der Fruchtzweige über meinen ausgereckten Händen, dies Zurückweichen des murmelnden Wassers vor meinen dürstenden Lippen? Mein Fall ist, in
20 Kürze, dieser: Es ist mir völlig die Fähigkeit abhanden gekommen, über irgend etwas zusammenhängend zu denken oder zu sprechen.

Zuerst wurde es mir allmählich unmöglich, ein höheres oder allgemeineres Thema zu besprechen und dabei jene Worte in den Mund zu nehmen, deren sich doch alle Menschen ohne Bedenken geläufig zu be-
25 dienen pflegen. Ich empfand ein unerklärliches Unbehagen, die Worte „Geist", „Seele" oder „Körper" nur auszusprechen. Ich fand es innerlich unmöglich, über die Angelegenheiten des Hofes, die Vorkommnisse im Parlament oder was Sie sonst wollen, ein Urtheil herauszubringen. Und dies nicht etwa aus Rücksichten irgendwelcher Art, denn Sie kennen
30 meinen bis zur Leichtfertigkeit gehenden Freimut: sondern die abstrakten Worte, deren sich doch die Zunge naturgemäß bedienen muß, um irgendwelches Urtheil an den Tag zu geben, zerfielen mir im Munde wie modrige Pilze. [...]

Sie waren so gütig, Ihre Unzufriedenheit darüber zu äußern, daß kein
35 von mir verfaßtes Buch mehr zu Ihnen kommt, „Sie für das Entbehren meines Umgangs zu entschädigen". Ich fühlte in diesem Augenblick mit einer Bestimmtheit, die nicht ganz ohne ein schmerzliches Beigefühl war, daß ich auch im kommenden und im folgenden und in allen Jahren dieses meines Lebens kein englisches und kein lateinisches
40 Buch schreiben werde: und dies aus dem einen Grund, dessen mir peinliche Seltsamkeit mit ungeblendetem Blick dem vor Ihnen harmonisch ausgebreiteten Reiche der geistigen und leiblichen Erscheinungen

an seiner Stelle einzuordnen ich Ihrer unendlichen geistigen Überlegenheit überlasse: nämlich weil die Sprache, in welcher nicht nur zu schreiben, sondern auch zu denken mir vielleicht gegeben wäre, weder die lateinische noch die englische, noch die italienische oder spanische ist, sondern eine Sprache, in welcher die stummen Dinge zuweilen zu mir sprechen, und in welcher ich vielleicht einst im Grabe vor einem unbekannten Richter mich verantworten werde.

Hugo v. Hofmannsthal: Gesammelte Werke in zehn Einzelbänden, Bd. 7, Fischer – alte Rechtschreibung

a) Lord Chandos misstraut der Sprache, sie genügt seinen Ansprüchen, das Erfahrene und Empfundene darzustellen, nicht mehr. – **Erklären** Sie anhand der Textstellen, worin dieses Misstrauen der Sprache gegenüber liegt.

b) **Überprüfen** Sie, inwiefern diese sprachkritische Haltung symptomatisch für die Epoche ist, indem Sie Recherchen zu den Begriffen „Sprachskepsis und Sprachkrise" durchführen. Suchen Sie nach Psychologinnen/Psychologen, Philosophinnen/Philosophen und Literaturschaffenden, die diese Haltung einnehmen.

c) Denken Sie an einen der schönsten, gefährlichsten oder Angst einflößendsten Augenblicke Ihres Lebens und **stellen** Sie die Gefühlsqualitäten, die diesen Augenblick begleiten, so detailliert wie möglich **dar**. **Überprüfen** Sie nach der Fertigstellung Ihres Textes, ob die sprachliche Darstellung Ihre Wahrnehmung des Augenblicks verändert hat.

2. Psychologische Erkundungen – emotionale Irritationen

Robert Musil gelingt mit seinem Roman „Die Verwirrungen des Zöglings Törleß" ein literarischer Erfolg in noch recht jungen Jahren.

In diesem Roman geht es vordergründig um pubertierende Jugendliche in einem Burscheninternat, die einen „schwächeren" Schüler und Dieb namens Basini drangsalieren und erniedrigen. Törleß gehört einerseits zu diesen Peinigern – vor allem in psychischer Hinsicht –, andererseits verharrt er in der Beobachterrolle, aus der heraus er zu verstehen versucht, warum seine Kollegen (Beineberg und Reiting) diesen von ihnen abhängigen Schüler psychisch wie physisch erniedrigen und vergewaltigen. Als Motto bzw. Epigraph findet sich dem Roman vorangestellt folgendes Zitat von Maurice Maeterlinck, einem Zeitgenossen Musils:

Robert Musil
DIE VERWIRRUNGEN DES ZÖGLINGS TÖRLESS (1906)

Textausschnitt 1:

„Sobald wir etwas aussprechen, entwerten wir es seltsam. Wir glauben in die Tiefe der Abgründe hinabgetaucht zu sein, und wenn wir wieder an die Oberfläche kommen, gleicht der Wassertropfen an unseren bleichen Fingerspitzen nicht mehr dem Meere, dem er entstammt. Wir wähnen eine Schatzgrube wunderbarer Schätze entdeckt zu haben, und wenn wir wieder ans Tageslicht kommen, haben wir nur falsche Steine und Glasscherben mitgebracht; und trotzdem schimmert der Schatz im Finstern unverändert." Maeterlinck [...]

- **Erläutern** Sie anhand des WERKZEUG-Blattes, warum dieses Zitat die Haltung der Künstler/innen des Fin de Siècle vor allem der Sprache gegenüber repräsentiert.

In der folgenden Textstelle breitet Beineberg vor Törleß einen Plan aus, wie er mit dem Dieb Basini weiter verfahren möchte.

Textausschnitt 2:

„Meinst du noch immer, daß wir Basini anzeigen sollen?" Aber Törleß gab keine Antwort. Er wollte Beineberg sprechen hören, dessen Worte klangen ihm wie das Hallen von Schritten auf hohlem, untergrabenem Erdreich, und er wollte diesen Zustand auskosten. [...]

5 „Für mich hat Basini einen Wert, – einen sehr großen sogar. Denn sieh, – du ließest ihn einfach laufen und würdest dich ganz damit beruhigen, daß er ein schlechter Mensch war." Törleß unterdrückte ein Lächeln. „Damit bist du fertig, weil du kein Talent oder kein Interesse hast, dich selbst an einem solchen Fall zu schulen. Ich aber habe dieses Interesse.
10 Wenn man meinen Weg vor sich hat, muß man die Menschen ganz anders auffassen. Deswegen will ich mir Basini erhalten, um an ihm zu lernen."

„Wie willst du ihn aber bestrafen?"

Beineberg hielt einen Augenblick mit der Antwort aus, als überlegte
15 er noch die zu erwartende Wirkung. Dann sagte er zögernd: „Du irrst, wenn du glaubst, daß mir so sehr um das Strafen zu tun ist. Freilich wird man es ja am Ende auch eine Strafe für ihn nennen können, ... aber, um nicht lange Worte zu machen, ich habe etwas anderes im Sinn, ich will ihn ... nun sagen wir einmal ...: quälen ..."

20 Törleß hütete sich ein Wort zu sagen. Er sah noch durchaus nicht klar, aber er fühlte, daß dies alles so kam, wie es für ihn – innerlich – kommen mußte. Beineberg, der nicht entnehmen konnte, wie seine Worte gewirkt hatten, fuhr fort: „... Du brauchst nicht zu erschrecken, es ist nicht so arg. Denn zunächst auf Basini ist doch, wie ich dir ausführte,
25 keine Rücksicht zu nehmen. Die Entscheidung, ob wir ihn quälen oder etwa schonen sollen, ist nur in unserem Bedürfnisse nach dem einen oder dem anderen zu suchen. In inneren Gründen. Hast du solche? Das mit Moral, Gesellschaft und so weiter, was du damals vorgebracht hast, kann natürlich nicht zählen; du hast hoffentlich selbst nie daran
30 geglaubt. Du bist also vermutlich indifferent. Aber immerhin kannst du dich ja noch von der ganzen Sache zurückziehen, falls du nichts aufs Spiel setzen willst. [...]

Beineberg sprach völlig ernsthaft, mit verhaltener Erregung. Törleß hielt noch immer fast ununterbrochen die Augen geschlossen; er fühlte
35 Beinebergs Atem zu sich herüberdringen und sog ihn wie ein beklemmendes Betäubungsmittel ein. Indessen beendete Beineberg seine Rede:

„Du kannst also sehen, worum es sich mir handelt. Was mir einredet, Basini laufen zu lassen, ist von niederer, äußerlicher Herkunft. Du
40 magst dem folgen. Für mich ist es ein Vorurteil, von dem ich los muß wie von allem, das von dem Wege zu meinem Innersten ablenkt.

Gerade daß es mir schwer fällt, Basini zu quälen, – ich meine, ihn zu demütigen, herabzudrücken, von mir zu entfernen, – ist gut. Es erfordert ein Opfer. Es wird reinigend wirken. Ich bin mir schuldig, täglich an ihm
45 zu lernen, daß das bloße Menschsein gar nichts bedeutet, – eine bloße äffende, äußerliche Ähnlichkeit."

Törleß verstand nicht alles. Er hatte nur wieder die Vorstellung, daß sich eine unsichtbare Schlinge plötzlich zu einem greifbaren, tödlichen Knoten zusammengezogen habe.

ROBERT MUSIL: DIE VERWIRRUNGEN DES ZÖGLINGS TÖRLESS, ROWOHLT – ALTE RECHTSCHREIBUNG

a) **Erschließen** Sie aus der Textstelle die Motivation Beinebergs, Basini zu quälen bzw. sich an ihm zu schulen.

b) Stellen Sie Recherchen zum „Moralbegriff" an und **setzen** Sie gefundene Definitionen mit jenem Moralbegriff **in Beziehung,** den Beineberg in seiner Rede vor Törleß ausbreitet.

c) **Entwickeln** Sie in der Gruppe mögliche Fortsetzungen der Handlung und entwerfen Sie den Plot eines Schlusses, der darüber informiert, wie der Roman für die Figuren Törleß, Basini und Beineberg endet.

3. Seelische Erkundungen – Fräulein Else

ARTHUR SCHNITZLER wird gerne auch als Sigmund Freud der Literatur bezeichnet, da es dem Wiener Arzt und Schriftsteller in erster Linie um das psychische Innenleben und die psychologische Durchdringung seiner Figuren zu tun ist. Die Heldinnen und Helden seiner Texte entstammen der bürgerlichen Gesellschaft des Wiens der damaligen Zeit. Anhand der lebensweltlichen und psychischen Nöte seiner Figuren zeichnet er sein Gesellschafts- und Sittenbild des Wiens der Jahrhundertwende.

„Fräulein Else" ist eine Novelle, die in Form eines inneren Monologs verfasst ist. Elses Vater, ein Wiener Rechtsanwalt, ist aufgrund seiner Spielsucht hoch verschuldet. Else, die in den italienischen Alpen urlaubt, muss den Kunsthändler Dorsday um ein Darlehen von 50.000 Gulden bitten. Dieser verlangt von ihr als Gegenleistung, sie für einen kurzen Zeitraum nackt betrachten zu dürfen. Zu Beginn der Novelle ergeht sich Else in harmlosen erotischen Phantasien, aufgrund der Forderung von Dorsday gerät sie jedoch in einen unauflösbaren moralischen Konflikt. Einerseits fühlt sie sich für die Familie verantwortlich, andererseits sieht sie sich in ihrem selbstbestimmten Umgang mit ihrer Weiblichkeit eingeschränkt. Sie beschließt, auf Dorsdays Forderung einzugehen, nicht aber im privaten Rahmen, sondern vor aller Augen im Musikzimmer des Hotels.

Egon Schiele: Sitzende Frau mit hochgezogenem Knie (1917)

Artur Schnitzler
FRÄULEIN ELSE (1924)

Ich will ihm nur ein Zeichen mit den Augen geben, dann werde ich den Mantel ein wenig lüften, das ist genug. Ich bin ja ein junges Mädchen. Bin ein anständiges junges Mädchen aus guter Familie. Bin ja keine Dirne . . . Ich will fort. Ich will Veronal nehmen und schlafen. Sie haben
5 sich geirrt, Herr von Dorsday, ich bin keine Dirne. Adieu, adieu! . . . Ha, er schaut auf. Da bin ich, Herr von Dorsday. Was für Augen er macht. Seine Lippen zittern. Er bohrt seine Augen in meine Stirn. Er ahnt nicht, daß ich nackt bin unter dem Mantel. Lassen Sie mich fort, lassen Sie mich fort! Seine Augen glühen. Seine Augen drohen. Was wollen Sie
10 von mir? Sie sind ein Schuft. Keiner sieht mich als er. Sie hören zu. So kommen Sie doch, Herr von Dorsday! Merken Sie nichts? Dort im Fauteuil – Herrgott, im Fauteuil – das ist ja der Filou! Himmel, ich danke dir. Er ist wieder da, er ist wieder da! Er war nur auf einer Tour!

Jetzt ist er wieder da. Der Römerkopf ist wieder da. Mein Bräutigam, mein Geliebter. Aber er sieht mich nicht. Er soll mich auch nicht sehen. Was wollen Sie, Herr von Dorsday? Sie schauen mich an, als wenn ich Ihre Sklavin wäre. Ich bin nicht Ihre Sklavin. Fünfzigtausend! Bleibt es bei unserer Abmachung, Herr von Dorsday? Ich bin bereit. Da bin ich. Ich bin ganz ruhig. Ich lächle. Verstehen Sie meinen Blick? Sein Auge spricht zu mir: komm! Sein Auge spricht: ich will dich nackt sehen. Nun, du Schuft, ich bin ja nackt. Was willst du denn noch? Schick die Depesche ab . . . Sofort . . . Es rieselt durch meine Haut. Die Dame spielt weiter.

Köstlich rieselt es durch meine Haut. Wie wundervoll ist es nackt zu sein. Die Dame spielt weiter, sie weiß nicht, was hier geschieht. Niemand weiß es. Keiner noch sieht mich. Filou, Filou! Nackt stehe ich da. Dorsday reißt die Augen auf. Jetzt endlich glaubt er es. Der Filou steht auf. Seine Augen leuchten. Du verstehst mich, schöner Jüngling. „Haha!" Die Dame spielt nicht mehr. Der Papa ist gerettet. Fünfzigtausend! Adresse bleibt Fiala! „Ha, ha, ha!" Wer lacht denn da? Ich selber? „Ha, ha, ha!" Was sind denn das für Gesichter um mich? „Ha, ha, ha!" Zu dumm, daß ich lache. Ich will nicht lachen, ich will nicht. „Haha!" – „Else!" – Wer ruft Else? Das ist Paul. Er muß hinter mir sein. Ich spüre einen Luftzug über meinen nackten Rücken. Es saust in meinen Ohren. Vielleicht bin ich schon tot? Was wollen Sie, Herr von Dorsday? Warum sind Sie so groß und stürzen über mich her? „Ha, ha, ha!"

Was habe ich denn getan? Was habe ich getan? Was habe ich getan? Ich falle um. Alles ist vorbei. Warum ist denn keine Musik mehr? Ein Arm schlingt sich um meinen Nacken. Das ist Paul. Wo ist denn der Filou? Da lieg ich . . . „Ha, ha, ha!" Der Mantel fliegt auf mich herab. Und ich liege da. Die Leute halten mich für ohnmächtig. Nein, ich bin nicht ohnmächtig. Ich bin bei vollem Bewußtsein. Ich bin hundertmal wach, ich bin tausendmal wach. Ich muß nur immer lachen. „Ha, ha, ha!" Jetzt haben Sie Ihren Willen, Herr von Dorsday, Sie müssen das Geld für Papa schicken. Sofort. „Haaaah!" Ich will nicht schreien, und ich muß immer schreien. Warum muß ich denn schreien. – Meine Augen sind zu. Niemand kann mich sehen. Papa ist gerettet. – „Else!" – Das ist die Tante. – „Else! Else!" – „Ein Arzt, ein Arzt!" – „Geschwind zum Portier!" – „Was ist denn passiert?" – „Das ist ja nicht möglich." – „Das arme Kind." – Was reden sie denn da? Was murmeln sie denn da? Ich bin kein armes Kind. Ich bin glücklich. Der Filou hat mich nackt gesehen. O, ich schäme mich so. Was habe ich getan? Nie wieder werde ich die Augen öffnen. – „Bitte, die Türe schließen." – Warum soll man die Türe schließen? Was für Gemurmel. Tausend Leute sind um mich. Sie halten mich alle für ohnmächtig. Ich bin nicht ohnmächtig. Ich träume nur. – „Beruhigen Sie sich doch, gnädige Frau." – „Ist schon um den Arzt geschickt?" – „Es ist ein Ohnmachtsanfall." – Wie weit sie alle weg sind.

ARTUR SCHNITZLER: FRÄULEIN ELSE, FISCHER – ALTE RECHTSCHREIBUNG

a) Welche besonderen sprachlichen und stilistischen Merkmale ermöglicht der innere Monolog? Sammeln Sie diese anhand der Textstelle und **vergleichen** Sie Ihr Ergebnis in der Gruppe.

b) Else erleidet nach ihrem exhibitionistischen Akt im Musikzimmer einen Ohnmachtsanfall und wird auf ihr Zimmer gebracht. Wie endet die Novelle? – **Verfassen** Sie ein Ende des Textes und setzen Sie den inneren Monolog aus Elses Perspektive fort.

c) **Verfassen** Sie einen Leserbrief an ARTHUR SCHNITZLER und bearbeiten Sie die folgenden Arbeitsaufträge:
- **Geben** Sie Ihre Lektüre-Eindrücke **wieder.**
- **Setzen** Sie die moralischen Ansichten Elses mit gegenwärtigen moralischen Kategorien **in Beziehung.**
- **Beurteilen** Sie, wie das Fräulein Else mit Dorsdays Forderung umgeht.

4. **Künstler- oder Bürgertum**

   THOMAS MANN ist einer der ganz großen Erzähler der Jahrhundertwende und der ersten Hälfte des zwanzigsten Jahrhunderts.
   In seiner Novelle „Tonio Kröger" geht es um den gleichnamigen Protagonisten, der zwei konträre Erfahrungswelten in sich vereint: die Welt des Bürgertums und die Welt des Künstlertums. Tonio, aufgrund seiner Mutter ein südländischer Typus, wird im Laufe der Novelle zu einem berühmten, aber introvertierten Schriftsteller. Seine blonden und blauäugigen Freunde (Hans Hansen, Ingeborg Holm) verkörpern die dem Leben zugewandte, natürlich fröhliche Mittelmäßigkeit, von der er sich magisch angezogen fühlt, die ihm aber aufgrund seines reflexiven Künstlernaturells verschlossen bleibt. Lisaweta Iwanowna ist eine befreundete Malerin, die Tonio versteht, aber auch durchschaut. Ihr schreibt er am Ende der Novelle folgenden Brief:

THOMAS MANN, deutscher Schriftsteller und Literaturnobelpreisträger (1875–1955)

Thomas Mann
TONIO KRÖGER (1903)

Liebe Lisaweta dort unten in Arkadien, wohin ich bald zurückkehren werde, schrieb er. Hier ist nun also so etwas wie ein Brief, aber er wird Sie wohl enttäuschen, denn ich denke, ihn ein wenig allgemein zu halten. Nicht, dass ich so gar nichts zu erzählen, auf meine Weise nicht
5 dies und das erlebt hätte.

Zu Hause, in meiner Vaterstadt, wollte man mich sogar verhaften ... aber davon sollen Sie mündlich hören. Ich habe jetzt manchmal Tage, an denen ich es vorziehe, auf gute Art etwas Allgemeines zu sagen, anstatt Geschichten zu erzählen.

10 Wissen Sie wohl noch, Lisaweta, dass Sie mich einmal einen Bürger, einen verirrten Bürger nannten? Sie nannten mich so in einer Stunde, da ich Ihnen, verführt durch andere Geständnisse, die ich mir vorher hatte entschlüpfen lassen, meine Liebe zu dem gestand, was ich das ‚Leben' nenne; und ich frage mich, ob Sie wohl wussten, wie sehr Sie
15 damit die Wahrheit trafen, wie sehr mein Bürgertum und meine Liebe zum ‚Leben' eins und dasselbe sind. Diese Reise hat mir Veranlassung gegeben, darüber nachzudenken ...

Mein Vater, wissen Sie, war ein nordisches Temperament: betrachtsam, gründlich, korrekt aus Puritanismus und zur Wehmut geneigt; meine
20 Mutter von unbestimmt exotischem Blut, schön, sinnlich, naiv, zugleich fahrlässig und leidenschaftlich und von einer impulsiven Liederlichkeit. Ganz ohne Zweifel war dies eine Mischung, die außerordentliche Möglichkeiten – und außerordentliche Gefahren in sich schloss. Was herauskam, war dies: ein Bürger, der sich in der Kunst verirrte, ein
25 Bohemien mit Heimweh nach der guten Kinderstube, ein Künstler mit schlechtem Gewissen. Denn mein bürgerliches Gewissen ist es ja, was mich in allem Künstlertum, aller Außerordentlichkeit und allem Genie etwas tief Zweideutiges, tief Anrüchiges, tief Zweifelhaftes erblicken lässt, was mich mit dieser verliebten Schwäche für das Simple, Treuher-
30 zige und Angenehm-Normale, das Ungeniale und Anständige erfüllt.

Ich stehe zwischen zwei Welten, bin in keiner daheim und habe es infolgedessen ein wenig schwer. Ihr Künstler nennt mich einen Bürger, und die Bürger sind versucht, mich zu verhaften ... ich weiß nicht, was von beidem mich bitterer kränkt. Die Bürger sind dumm; ihr Anbeter der Schönheit aber, die ihr mich phlegmatisch und ohne Sehnsucht heißt, solltet bedenken, dass es ein Künstlertum gibt, so tief, so von Anbeginn und Schicksals wegen, dass keine Sehnsucht ihm süßer und empfindenswerter erscheint als die nach den Wonnen der Gewöhnlichkeit.

Ich bewundere die Stolzen und Kalten, die auf den Pfaden der großen, der dämonischen Schönheit abenteuern und den ‚Menschen' verachten, – aber ich beneide sie nicht. Denn wenn irgend etwas imstande ist, aus einem Literaten einen Dichter zu machen, so ist es diese meine Bürgerliebe zum Menschlichen, Lebendigen und Gewöhnlichen. Alle Wärme, alle Güte, aller Humor kommt aus ihr, und fast will mir scheinen, als sei sie jene Liebe selbst, von der geschrieben steht, dass einer mit Menschen- und Engelszungen reden könnte und ohne sie doch nur ein tönendes Erz und eine klingende Schelle sei.

Was ich getan habe, ist nichts, nicht viel, so gut wie nichts. Ich werde Besseres machen, Lisaweta, – dies ist ein Versprechen. Während ich schreibe, rauscht das Meer zu mir herauf, und ich schließe die Augen. Ich schaue in eine ungeborene und schemenhafte Welt hinein, die geordnet und gebildet sein will, ich sehe in ein Gewimmel von Schatten menschlicher Gestalten, die mir winken, dass ich sie banne und erlöse: tragische und lächerliche und solche, die beides zugleich sind, – und diesen bin ich sehr zugetan. Aber meine tiefste und verstohlenste Liebe gehört den Blonden und Blauäugigen, den hellen Lebendigen, den Glücklichen, Liebenswürdigen und Gewöhnlichen.

Schelten Sie diese Liebe nicht, Lisaweta; sie ist gut und fruchtbar. Sehnsucht ist darin und schwermütiger Neid und ein klein wenig Verachtung und eine ganze keusche Seligkeit.

THOMAS MANN: TONIO KRÖGER, FISCHER

a) **Recherchieren** Sie THOMAS MANNS Biografie und **vergleichen** Sie diese mit Tonio Krögers Leben.

b) **Charakterisieren** Sie einerseits das Bürgertum und andererseits die Welt der Kunst und Künstler/innen, so wie Tonio Kröger sie in seinem Brief darstellt. Fertigen Sie hierzu eine Tabelle mit zwei Spalten an, in denen Sie die jeweiligen Zuschreibungen notieren.

c) **Recherchieren** Sie nach weiteren Werken in der Literaturgeschichte, die sich mit der Unvereinbarkeit des Lebens einer/eines Kunstschaffenden mit jenem eines konservativ Bürgerlichen auseinandersetzen.

5. Der schnelle Lauf des Lebens

Text 1

Rainer Maria Rilke
DAS KARUSSELL – JARDIN DU LUXEMBOURG (1907)

Mit einem Dach und seinem Schatten dreht
sich eine kleine Weile der Bestand
von bunten Pferden, alle aus dem Land,
das lange zögert, eh es untergeht.
Zwar manche sind an Wagen angespannt,
doch alle haben Mut in ihren Mienen;

Leonid Ossipowitsch Pasternak: R. M. Rilke in Moskau (1928)

ein böser Löwe geht mit ihnen
und dann und wann ein weißer Elefant.

Sogar ein Hirsch ist da, ganz wie im Wald,
nur daß er einen Sattel trägt und drüber
ein kleines blaues Mädchen aufgeschnallt.
Und auf dem Löwen reitet weiß ein Junge
und hält sich mit der kleinen heißen Hand
dieweil der Löwe Zähne zeigt und Zunge.

Und dann und wann ein weißer Elefant.

Und auf den Pferden kommen sie vorüber,
auch Mädchen, helle, diesem Pferdesprunge
fast schon entwachsen; mitten in dem Schwunge
schauen sie auf, irgend wohin, herüber –

Und dann und wann ein weißer Elefant.

Und das geht hin und eilt sich, daß es endet,
und kreist und dreht sich nur und hat kein Ziel.
Ein Rot, ein Grün, ein Grau vorbeigesendet,
ein kleines kaum begonnenes Profil -.
Und manchesmal ein Lächeln, hergewendet,
ein seliges, das blendet und verschwendet
an dieses atemlose blinde Spiel ...

RAINER MARIA RILKE: SÄMTLICHE WERKE, BD. 1, INSEL –
ALTE RECHTSCHREIBUNG

Lovis Corinth: Karussell (1903)

a) **Analysieren** Sie das Gedicht hinsichtlich seiner formalen Aspekte.

b) **Weisen** Sie im Gedicht folgende rhetorische Mittel **nach,** indem Sie diese unterstreichen: Enjambement, Metapher, Anapher

c) **Überprüfen** Sie den folgenden Interpretationsansatz:
„Das Karussell dreht sich mit jeder Strophe schneller und ist damit ein Symbol für die menschliche Lebenszeit, die mit ansteigendem Alter als immer schneller vergehend empfunden wird."

Text 2

Hugo von Hofmannsthal
DIE BEIDEN (1896)

Sie trug den Becher in der Hand
– Ihr Kinn und Mund glich seinem Rand –,
So leicht und sicher war ihr Gang,
Kein Tropfen aus dem Becher sprang.

So leicht und fest war seine Hand:
Er ritt auf einem jungen Pferde,
Und mit nachlässiger Gebärde
Erzwang er, daß es zitternd stand.

Jedoch, wenn er aus ihrer Hand
Den leichten Becher nehmen sollte,
So war es beiden allzu schwer:
Denn beide bebten sie so sehr,
Daß keine Hand die andre fand
Und dunkler Wein am Boden rollte.

HUGO V. HOFMANNSTHAL: GESAMMELTE WERKE IN ZEHN
EINZELBÄNDEN, BD. 1, FISCHER – ALTE RECHTSCHREIBUNG

Ein weiteres Gedicht von HUGO VON HOFMANNSTHAL finden Sie im Thementeil auf S. 486.

Ein weiteres Gedicht von Rainer Maria Rilke finden Sie im Kapitel „Deuten – Interpretieren – Bewerten" auf S. 124.

a) **Geben** Sie den Inhalt des Gedichtes **wieder.**

b) **Bestimmen** Sie sowohl das Reimschema als auch das Versmaß.

c) **Vergleichen** Sie Frau und Mann aus den ersten beiden Strophen mit der letzten Strophe in Hinsicht auf ihren Charakter und ihr Handeln.

d) **Deuten** Sie, wofür der vergossene Wein und die sich nicht findenden Hände in diesem Gedicht stehen.

Text 3

Rainer Maria Rilke
LIEBESLIED (1907)

Wie soll ich meine Seele halten, daß
sie nicht an deine rührt? Wie soll ich sie
hinheben über dich zu andern Dingen?
4 Ach gerne möcht ich sie bei irgendwas
Verlorenem im Dunkel unterbringen
an einer fremden stillen Stelle, die
nicht weiterschwingt, wenn deine Tiefen schwingen.
8 Doch alles, was uns anrührt, dich und mich,
nimmt uns zusammen wie ein Bogenstrich,
der aus zwei Saiten eine Stimme zieht.
Auf welches Instrument sind wir gespannt?
12 Und welcher Spieler hat uns in der Hand?
O süßes Lied.

Rainer Maria Rilke: Sämtliche Werke, Bd. 1, Insel – alte Rechtschreibung

a) **Erläutern** Sie das Verständnis von einer „Seele", das das lyrische Ich in diesem Gedicht besitzt.

b) **Setzen** Sie die Begriffe „Harmonie" und „Solistin" mit dem Inhalt des Gedichtes in **Beziehung.**

c) **Entwickeln** Sie Interpretationshypothesen, indem Sie die folgenden Satzanfänge zu Ende führen und Ihre jeweiligen Lösungen mit anderen diskutieren:
- „Das Verwahren, Verstecken und Hinwegheben der eigenen Seele über die andere bedeutet, dass ..."
- „Mit dem Spieler ist ... gemeint. ..."
- „Im letzten Vers „O süßes Lied" kann man die Gewissheit des lyrischen Ichs erkennen, dass ..."

6. Literatur und Kaffeehaus

Zur Zeit der Jahrhundertwende ist das Wiener Kaffeehaus jener Ort, an dem sich Kunstschaffende, vor allem aber auch Literatinnen und Literaten, treffen, ihre Ansichten über Politik, Gesellschaft und Kunst diskutieren und sich gegenseitig ihre Texte (Gedichte, Anekdoten, Prosaskizzen etc.) präsentieren.

Alfred Polgar sei hier mit einer seiner humoristischen Prosaskizzen stellvertretend für viele andere (Peter Altenberg, Egon Friedell etc.) angeführt, die zur damaligen Zeit die Wiener Kaffeehäuser frequentierten.

Statue von Peter Altenberg im Café Central in Wien

Alfred Polgar
DREI UNNÜTZE DINGE (1912)

I.

Ich besitze einen Browning.

Seit ich ihn besitze, fühle ich mich von Mordbereitschaft, Blut und Männlichkeit umwittert. Ich spanne Muskeln, die ich nicht habe, und stürze mich ohne Hemmungen in mancherlei Haß, den ich nicht empfinde. Seit ich eine ungeheure Energie in meines Schreibtischs Lade schlummern weiß, lache ich der Ohnmacht in meines Herzens Schrein.

Mein Browning ist gedrungen, grauschwarz glänzend. Ich ließ ihn beim Waffenhändler tüchtig einfetten; er sieht seither viel jünger und unternehmungslustiger aus. Sechs messinggelbe Patronen hat er stets in seiner stählernen Backentasche. Wenn man ihn mit dem entsprechenden Griff angeht, schnappt er zu, eine messinggelbe springt in den Schlund ... Ich erklärte einmal dem Freunde am ungeladenen Revolver den Mechanismus. Als der Schuß in die Mauer fuhr, erbleichte er. Aber nicht so, wie man in Altenbergschen Skizzen erbleicht, sondern vor Angst. Sein Tod hätte mich sehr betrübt. Er hält mich für ein Genie.

Manchmal setze ich den geladenen Browning, Finger am Hahn, an die Schläfe.

Wollüstig erfühltes Mißverhältnis: zwischen der Winzigkeit der Bewegung, die jetzt genügte, ... und der Größe der Gewißheit, daß ich diese Bewegung nicht tun werde.

Mein Browning schläft, mit vollen Backentaschen, auf einem Stoß von Briefen der geliebten Freundin. Tückisch schweigend ruht er auf seinem zusammengedrückten, papiernen Kissen, fettglänzend vor Selbstzufriedenheit mit seiner Kälte, seinem Eisengrau und seiner Härte. Und träumt doch gewiß Warmes, Rotes, dicktropfig Sickerndes.

Durch das kleine, runde Loch, das ihm Auge, Maul und After in einem ist, sieht man in seine Seele. Sie ist schwarz, leer, kalt und eng.

Oft spielen meine Gedanken um die zierliche Todesmaschine. Ich gehe nachts auf einsamer Straße. Ein unheimlicher Mensch nähert sich, böser Pläne voll. Ich lasse ihn herankommen; dann hebe ich blitzrasch die Hand, und das Auge meines Browning stiert den Kerl an. Wie er läuft! Aber wenn er nicht liefe? ... Wenn er doch näher käme? Würde ich schießen? Ich glaube fast, eine Hand ohne Browning, aber zum Schuß entschlossen, ist eine bessere Waffe, als ein Browning in zögernder Hand.

Oft kommt mir der Verdacht, mein Browning sei wirklich nur ein Briefbeschwerer – weil er eben *mein* Browning ist.

II.

Ich besitze eine Geliebte.

Die schenkte mir mein Freund, der Buchhändler, der ohnehin schwer magenleidend ist. Aber mir tut eine Geliebte not. Von Geldsorgen allein kann ein Mensch nicht sein ganzes Elend bestreiten. Meine Geliebte hat außerordentlich viel Ähnlichkeit mit meinem Browning. Sie ist klein, blank und gefährlich. Sie liebt es, sich einzufetten, und sieht dann viel jünger und unternehmungslustiger aus. Sechs Projektile hat sie stets parat, zum Teil ebenfalls in ihren Backentaschen. „Selbstmord" heißt

Browning = Pistole

das eine, „Verlassenheit" das andere, „Träne" das dritte, „Du liebst mich nicht" das vierte, „Ich tue, was ich will" das fünfte, „Und die Opfer, die ich dir gebracht habe?" das sechste. Ihr Auge ist dunkelglänzend wie Pistolenmündung. Ich erklärte sie einmal meinem Freunde. Da ging der Schuß los und traf ihn in den Unterleib. Er erbleichte, wie man in Altenbergschen Skizzen erbleicht. Heute kennt er den Mechanismus schon besser als ich.

Manchmal ziehe ich meine Geliebte ans Herz und küsse sie auf den Mund. Wollüstig erfühltes Mißverhältnis: zwischen der Empfindung unendlicher Liebe ... und dem sicheren Bewußtsein ihrer Endlichkeit!

III.

Ich besitze einen Willen.

Den habe ich von meinem Vater, der ein edler Mann war, nie seine Chance nützte, Recht tat und Unrecht duldete, sein Talent verdorren ließ und denen diente, die nicht wert waren, ihm zu dienen.

Mein Wille macht einen invaliden Eindruck. Aber das ist begreiflich. Kaum eine Niederlage meines Lebens, bei der er nicht dabei war, in den hintersten Reihen fechtend, als erster auf der Flucht, am längsten im Spital, am eiligsten bei der Kapitulation.

Das sind drei nichtsnutzige Dinge: mein Browning, meine Geliebte, mein Wille.

Aber, wenn sie einmal im richtigen Augenblick zusammenträfen, könnte es doch ein Feiertag werden!

ALFRED POLGAR: DAS GROSSE LESEBUCH, KEIN & ABER – ALTE RECHTSCHREIBUNG

a) **Markieren** Sie Passagen, in denen das Stilmittel der Ironie zur Anwendung kommt.

b) **Weisen** Sie im ersten Textabschnitt das rhetorische Mittel der Personifikation **nach** und **diskutieren** Sie dessen Wirkung.

c) **Listen** Sie die Parallelisierungen des Brownings mit der Geliebten tabellarisch **auf**.

d) **Deuten** Sie das Ende des Textes und **erklären** Sie im Speziellen, warum das Zusammentreffen der „drei nutzlosen Dinge" zu einem Feiertag werden könnte.

e) Verfassen Sie eine **Textinterpretation** zur Prosaskizze „Drei unnütze Dinge" und bearbeiten Sie die folgenden Arbeitsaufträge:
- **Geben** Sie den inhaltlichen Aufbau der Prosaskizze wieder.
- **Untersuchen** Sie die Prosaskizze hinsichtlich sprachlicher Gestaltung und rhetorischer Figuren.
- **Erschließen** Sie die Bedeutung, die der Autor den drei unnützen Dingen zuspricht, auf Basis der Länge der einzelnen Textabschnitte.
- **Deuten** Sie die Prosaskizze. Gehen Sie im Besonderen auf die Auswahl der drei unnützen Dinge ein.

Schreiben Sie zwischen 405 und 495 Wörter. Markieren Sie Absätze mittels Leerzeilen.

4 Expressionismus

Zerfall – Apokalypse – Innere Erneuerung

Einblick in die Literatur des Expressionismus (ca. 1905–1925)

Franz Marc: Blaues Pferd (1911)

Hoffen heißt: vom Leben falsche Vorstellungen haben.

Gottfried Benn

Literaturepochen

4 Expressionismus — BEISPIEL

„Weltende" ist nicht nur das berühmteste Gedicht von JAKOB VAN HODDIS, es steht auch für den Beginn der expressionistischen Lyrik. Die jungen Expressionistinnen und Expressionisten sehen in dem Gedicht den Ausdruck eines neuen Weltgefühls. Die 1919 von KURT PINTHUS herausgegebene Lyrikanthologie „Menschheitsdämmerung" wird sogar von diesem Gedicht eingeleitet.

Jakob van Hoddis
WELTENDE (1911)

Dem Bürger fliegt vom spitzen Kopf der Hut,
In allen Lüften hallt es wie Geschrei,
Dachdecker stürzen ab und gehen entzwei
4 Und an den Küsten – liest man – steigt die Flut.

Der Sturm ist da, die wilden Meere hupfen
An Land, um dicke Dämme zu zerdrücken.
Die meisten Menschen haben einen Schnupfen.
8 Die Eisenbahnen fallen von den Brücken.

IN: OTTO F. BEST: DIE DEUTSCHE LITERATUR IN TEXT UND DARSTELLUNG, BD. 14, RECLAM

a) **Bestimmen** Sie, welche der folgenden Merkmale auf das Gedicht „Weltende" zutreffen: Kreuzen Sie die richtigen Aussagen an.
- ☐ Es werden althergebrachte Vers-, Reim- und Strophenformen verwendet.
- ☐ Auf die Einhaltung der metrischen Regeln wird verzichtet.
- ☐ Es werden Metaphern verwendet.
- ☐ Das Gedicht weist den Zeilenstil auf.
- ☐ Der Satzbau ist parataktisch.
- ☐ Die Verse bestehen aus Ellipsen und unverbundenen Einzelwörtern.
- ☐ Hauptsätze, die weder syntaktisch noch logisch miteinander verbunden sind, werden aneinandergereiht.
- ☐ Es finden sich Neologismen.

b) **Erstellen** Sie eine Wortsonne mit Ihren Assoziationen zum Thema „Weltende".

c) **Analysieren** Sie, welche Verse zum Titel „Weltende" passen und welche eher nicht.

d) **Bestimmen** Sie das Thema des Gedichts.

e) Für viele Künstler/innen des Frühexpressionismus bedeutet eine Katastrophe/das Weltende den Zusammenbruch der bürgerlichen Welt, den sie begrüßen. – **Erschließen** Sie, ob sich diese Ansicht auch im Gedicht „Weltende" belegen lässt.

f) 2014 schuf der Künstler BALDWIN ZETTL den Kupferstich „Weltende für Jakob van Hoddis". Sie können ihn über den nebenstehenden QR-Code in höherer Auflösung aufrufen. – **Diskutieren** Sie mit Ihren Mitschülerinnen und Mitschülern, welche Zusammenhänge zwischen den beiden Werken bestehen.

Baldwin Zettl: Weltende für Jakob van Hoddis (2014)

www.trauner.at/weltende.aspx

Expressionismus (1905–1925)   WERKZEUG

Der Expressionismus ist eine Strömung, die nicht auf die Literatur beschränkt ist, sondern auch Musik und bildende Kunst betrifft. Der Begriff „Expressionismus" (von lat. expressio = Ausdruck) wird ursprünglich in der bildenden Kunst verwendet und von Kurt Hiller (1885–1972) auf die Literatur übertragen.

Unterteilt wird die Epoche des Expressionismus in drei **Phasen:**
- Frühexpressionismus (ca. 1905–1914)
- Kriegsexpressionismus (1914–1918)
- Spätexpressionismus (1918–1925)

Wissenschaftlich-philosophischer Hintergrund

Die Schriftsteller/innen des Expressionismus werden von zwei wichtigen Denkrichtungen beeinflusst:
- Friedrich Nietzsche (1844–1900) kritisiert in seinen Werken Autoritätshörigkeit und fordert eine komplette Wandlung aller bestehenden Werte. Er argumentiert kein philosophisches Denkmodell, sondern legt seine Ideen als Aphorismen dar. So gilt er auch als Mittler zwischen Literatur und Philosophie. Philosophie versteht er nicht als Wissenschaft, sie ist für ihn Kunst, die keine objektiven Wahrheiten hervorbringt, sondern nur die persönliche Meinung einer/eines Einzelnen. Als eines seiner Hauptwerke gilt „Also sprach Zarathustra" (1883), aus dem noch heute häufig zitiert wird. Darin findet sich z. B. das Konzept vom **„Übermenschen"** (später von den Nationalsozialisten für sich vereinnahmt), der aus dem schwachen fremdbestimmten Menschen entsteht – *„Der Mensch ist etwas, das überwunden werden soll."*
- Sigmund Freud (1856–1939) beeinflusst die Künstler/innen durch seine Theorien von der Dominanz der Triebe und des Unbewussten über unser bewusstes Handeln sowie vom **Es – Ich – Über-Ich.** Stark vereinfacht folgt das Es dem Lustprinzip und vereinigt die Forderungen der Triebe und Affekte; das Ich folgt dem Realitätsprinzip und muss zwischen den Forderungen des Es und des Über-Ichs, das die moralische Instanz ist, vermitteln. Freuds Erkenntnisse von den Abgründen der menschlichen Seele verunsichern viele Zeitgenossinnen und Zeitgenossen, dienen den Expressionistinnen und Expressionisten aber als Anregung.

Zu Sigmund Freud und Friedrich Nietzsche siehe auch WERKZEUG des Kapitels „Fin de Siècle"

Literatur

Es gibt zwar kein einheitliches Programm, sondern nur viele einzelne Grundsatzerklärungen, gemeinsam sind den (durchwegs jungen) Künstlerinnen und Künstlern aber das Ziel einer inneren Erneuerung des Menschen und die **Ablehnung jeder Sachlichkeit** (somit auch der dichterischen Grundsätze des Naturalismus). Entscheidend soll allein das **Ich-Erlebnis** sein, das schließlich ins Allgemeingültige führt. Die äußere Wirklichkeit ist nicht Gegenstand der Auseinandersetzung. Demgemäß zeigen sich in den Werken immer wieder der Protest, der Bruch mit den Traditionen und Konventionen und der Wunsch nach einem Neubeginn.

Die erste expressionistische Literaturvereinigung, „Der neue Club", wird 1909 von Kurt Hiller und Erwin Loewenson (1888–1963) gegründet. Davon spaltet sich das „Literarische Cabaret Gnu" ab.
Veröffentlicht werden die Werke zumeist in expressionistischen **Zeitschriften,** deren einflussreichste „Der Sturm" (1910–1932, hg. v. Herwarth Walden) und „Die Aktion" (1911–1932, hg. v. Franz Pfemfert) sind. Letztere steht vornehmlich für den politisch engagierten Expressionismus, „Der Sturm" hingegen für eine neue Ästhetik, die **„Wortkunst".** Der Begriff „Wortkunst" dient der Abgrenzung zur „Tonkunst" (Musik). Unter einem „Wortkunstwerk" ist eine rhythmische Komposition von Einzelwörtern und Sätzen zu verstehen. Die Einhaltung grammatikalischer Regeln ist dabei nicht notwendig. Besonders deutlich lässt sich dieses ästhetische Verfahren in August Stramms (1874–1915) Gedichten sehen, die Ein-Wort-Zeilen, Wortverkürzungen und Neologismen aufweisen.

Wichtige Themen
- Das **Hässliche, Kranke** wird zum Thema.
- Die **Großstadt** – häufig in der Lyrik thematisiert – wird oft als bedrohlich und hektisch dargestellt, Menschen verlieren sich in ihrer Anonymität. Hintergrund ist das rasante Wachstum der Städte und die fortschreitende Industrialisierung.
- **Generationenkonflikt:** Es kommt zum Bruch mit der Werteorientierung der älteren Generation, der Kriegsbegeisterung, Profitgier und generell moralische Verkommenheit vorgeworfen wird.
- **Krieg:** Im Frühexpressionismus steht der Krieg für Veränderung, wird also durchaus positiv gesehen. Mit Ausbruch des Ersten Weltkriegs (1914–1918) und der Fronterfahrung einiger Schriftsteller dominieren Texte, in denen diese Erfahrungen verarbeitet werden. Somit kommt es auch zu stark pazifistischen Strömungen.
- **Tod** und das **Ende der Welt:** Das Weltende wird oft als Untergang der bürgerlichen Welt interpretiert bzw. als Aufbruch in eine neue, bessere Zeit.
- **Ich-Zerfall:** Das Ich erlebt sich nicht als eigenständiges Individuum, sondern fühlt sich der Objektwelt hilflos ausgeliefert.
- „**Messianischer Expressionismus**": Ein „neuer" Mensch wird verkündet, der die gegenwärtige Wirklichkeit überwindet und neue Werte verkörpert.

Lyrik
Die Lyrik ist vor allem im **Frühexpressionismus** die dominierende Gattung. Die metrische Gestaltung weist große Unterschiede auf: Einerseits werden althergebrachte Vers-, Reim- und Strophenformen verwendet (z. B. das Sonett). Andererseits werden Werke bar aller konventionellen metrischen Regeln geschaffen bis hin zur **Wortkunst,** bei der das Gedicht auf seine wesentlichen Bestandteile reduziert wird und oft nur mehr ein Wort pro Vers enthält.

Charakteristisch für expressionistische Lyrik ist z. B. der Gebrauch von:
- Metaphern, Chiffren und Farbsymbolik
- Neologismen (Wortneuschöpfungen)
- Simultaneität (Darstellung verschiedener Sinneseindrücke nebeneinander)
- Reihungsstil (aneinandergereihte kurze Hauptsätze, die weder syntaktisch noch logisch miteinander verbunden sind)
- Zeilenstil und Parataxe
- Telegrammstil (Ellipsen, Einzelwörter, die unverbunden bleiben)

In den Jahren vor dem Ersten Weltkrieg entstehen häufig Gedichte, die die Technik und die Großstadt sowie die **Utopie des „neuen Menschen"** thematisieren. Mit den Kriegserfahrungen ergibt sich eine Wendung hin zur **politischen Lyrik,** die natürlich nicht alle Autorinnen und Autoren mitmachen.

Dramatik
Im **Spätexpressionismus** wird das Drama zur dominierenden Gattung. Vorbilder sind FRANK WEDEKIND (1864–1918) und AUGUST STRINDBERG (1849–1912). WEDEKINDS Kindertragödie „**Frühlings Erwachen**" (1891) ist formal und sprachlich nicht „neu", thematisiert aber nicht nur veraltete Erziehungsmethoden und Selbstmord, sondern auch jugendliche Sexualität und gilt damit als pornografisch. Erst 1906, 15 Jahre nach seiner Erscheinung, wird das Stück in Berlin mit großem Erfolg uraufgeführt – allerdings stark zensuriert, z. B. werden Szenen gestrichen, in denen Homosexualität oder Onanie gezeigt werden.

Mit seinem 1909 uraufgeführten Drama „**Mörder, Hoffnung der Frauen**"**,** das die Geschlechterproblematik thematisiert, geht der als Maler berühmt gewordene OSKAR KOKOSCHKA (1886–1980) dramaturgisch und formal neue Wege.

---

die Chiffre = verrätseltes, autorbezogenes Symbol

💡 Bedeutende expressionistische Lyriker/innen sind JAKOB VAN HODDIS (1887–1942), GOTTFRIED BENN (1886–1956), ERNST STADLER (1883–1914), GEORG HEYM (1887–1912), GEORG TRAKL (1887–1914), ELSE LASKER-SCHÜLER (1869–1945), FRANZ WERFEL (1890–1945), ALFRED LIECHTENSTEIN (1889–1914), JOHANNES R. BECHER (1891–1958) und AUGUST STRAMM.

Es gibt keine stringente Handlung, die Schauspieler/innen erhalten keinen ausformulierten Text, sondern nur Stichwörter zu ihren Rollen. Das Drama soll ein Gesamtkunstwerk mit Tanz und Musik sein. 1921 wird es von Paul Hindemith (1895–1963) vertont.

Das expressionistische Drama ist zumeist ein **Ideendrama,** es soll eine allgemeingültige Idee als Weltanschauung vermitteln. Die am häufigsten verwendete Form ist das **Stationendrama,** das sich aus einzelnen, meist unverbundenen Stationen zusammensetzt. Die Verknüpfung der Elemente erfolgt durch die Hauptfigur.
Die Figuren bleiben im expressionistischen Drama zumeist **Typen,** d. h., sie sind nicht individualisiert, oft sind sie sogar namenlos (z. B. „Mann", „Tochter"). Damit soll die Allgemeingültigkeit betont werden.
Häufig gibt es in expressionistischen Dramen abstrakte, auf das Wesentliche reduzierte Bühnenbilder. Gebärden und Tanz werden eingesetzt.

> Weitere bedeutende Dramatiker, deren Werke auch heute noch aufgeführt werden, sind
> Georg Kaiser (1878–1945), Carl Sternheim (1878–1942), Ernst Toller (1893–1939) und Walter Hasenclever (1890–1940).

Epik
Die Epik des Expressionismus findet in der Nachwelt wenig Beachtung, viele Werke zeigen nur einen kurzfristigen Publikumserfolg. Allerdings sind expressionistische Tendenzen in vielen Werken des 20. Jahrhunderts zu finden.

Auch in epischen Texten zeigen sich die für den Expressionismus typische **Verknappung der Sprache** und ein hohes Erzähltempo. Dem kommen eher epische Kleinformen als Romane entgegen. Zudem bedienen sich die Künstler/innen des **Kinostils,** bei dem die plötzliche Aufeinanderfolge und die Simultaneität der Ereignisse gezeigt werden können.
Auffallend ist der Verzicht auf eine psychologische Motivation des Geschehens sowie das Fehlen einer kommentierenden Erzählinstanz.

Ein Beispiel für ein Werk, das zu seiner Zeit (zwar auch nur in den expressionistischen Kreisen) geschätzt wird und dann in Vergessenheit geraten ist, ist der (Anti)Roman **„Bebuquin oder Die Dilettanten des Wunders"** (1912) von Carl Einstein (1885–1940). Er weist keine zusammenhängende Handlung auf, sondern eine Abfolge von im Kinostil montierten Szenen, in denen der junge Mann Bebuquin in phantastische Ereignisse gerät. Der Protagonist bleibt dabei nur schemenhaft skizziert, eine Vorgeschichte oder Erklärungen gibt es nicht.

> ⚠️ Was für viele Epochen gilt, gilt insbesondere für den Expressionismus: Nicht alle Autorinnen/Autoren lassen sich eindeutig und ausschließlich dieser Epoche zuordnen. Zu nennen sind hier z. B. Franz Werfel und Alfred Döblin.

Wichtige Autorinnen/Autoren und Werke des Expressionismus	
Jakob van Hoddis	Weltende (1918, Gedichtsammlung)
Ernst Stadler	Präludien (1904), Der Aufbruch (1914) (Gedichtsammlungen)
Else Lasker-Schüler	Die Wupper (1909, Drama) Mein Herz (1920, Briefroman) Hebräische Balladen (1920), Mein blaues Klavier (1943) (Gedichtsammlungen)
Alfred Döblin	Die Ermordung der Butterblume und andere Erzählungen (1913) Berlin Alexanderplatz (1929, Roman)
Georg Heym	Umbra vitae (1912, Gedichtsammlung) Der Dieb. Ein Novellenbuch (1913)
Gottfried Benn	Morgue und andere Gedichte (1912)
Georg Kaiser	Von morgens bis mitternachts (1912), Die Bürger von Calais (1912/13), Gas (1918) (Dramen)
Georg Trakl	Gedichte (1913), Sebastian im Traum (1915) (Gedichtsammlungen)
Franz Werfel	Der Weltfreund (1911), Wir sind (1913), Einander (1915), Der Gerichtstag (1919) (Gedichtsammlungen)
Ernst Toller	Die Wandlung (1919, Drama)

Arbeitsaufgaben „Expressionismus"

1. Großstadt

Georg Heym
DER GOTT DER STADT (1911)

Auf einem Häuserblocke sitzt er breit.
Die Winde lagern schwarz um seine Stirn.
Er schaut voll Wut, wo fern in Einsamkeit
4 Die letzten Häuser in das Land verirrn.

Vom Abend glänzt der rote Bauch dem Baal,
Die großen Städte knien um ihn her.
Der Kirchenglocken ungeheure Zahl
8 Wogt auf zu ihm aus schwarzer Türme Meer.

Wie Korybanten-Tanz dröhnt die Musik
Der Millionen durch die Straßen laut.
Der Schlote Rauch, die Wolken der Fabrik
12 Ziehn auf zu ihm, wie Duft von Weihrauch blaut.

Das Wetter schwelt in seinen Augenbrauen.
Der dunkle Abend wird in Nacht betäubt.
Die Stürme flattern, die wie Geier schauen
16 Von seinem Haupthaar, das im Zorne sträubt.

Er streckt ins Dunkel seine Fleischerfaust.
Er schüttelt sie. Ein Meer von Feuer jagt
Durch eine Straße. Und der Glutqualm braust
20 Und frißt sie auf, bis spät der Morgen tagt.

IN: OTTO F. BEST: DIE DEUTSCHE LITERATUR IN TEXT UND
DARSTELLUNG, BD. 14, RECLAM

Baal = babylonischer Wettergott, der Menschenopfer fordert

Korybanten = Priester der Muttergöttin Kybele, die ihr mit orgiastischen Ausschweifungen huldigen

a) **Beschreiben** Sie, wie Gott Baal, der als Symbol für den Moloch Stadt steht, gezeigt wird.

b) **Analysieren** Sie das Bild des Menschen, wie es sich in diesem Gedicht darstellt.

c) **Recherchieren** Sie, wie sich die Entwicklung der Großstädte damals vollzogen hat und welche Probleme damit einhergingen. **Vergleichen** Sie Ihre Ergebnisse mit der Darstellung in HEYMS Gedicht.

d) **Untersuchen** Sie das Gedicht nach typischen Merkmalen expressionistischer Lyrik.

e) Fotografieren oder filmen Sie Orte in einer/„Ihrer" Stadt, die die Stimmung in HEYMS Gedicht widerspiegeln, und montieren Sie sie zu einem Kurzfilm oder einer PowerPoint-Präsentation. Alternativ dazu können Sie auch ein Bild zeichnen, das das Gedicht veranschaulicht.

f) Heute verbinden wir nicht nur Negatives mit „Stadt". – **Zeigen** Sie positive Aspekte einer Stadt, indem Sie ein Gedicht verfassen, einen Film oder ein Bild erstellen.

2. Ideal und Wirklichkeit/Entfremdung

Gottfried Benn
NACHTCAFÉ (1912)

824: Der Frauen Liebe und Leben.
Das Cello trinkt rasch mal. Die Flöte
rülpst tief drei Takte lang: das schöne Abendbrot.
4 Die Trommel liest den Kriminalroman zu Ende.

Grüne Zähne, Pickel im Gesicht
winkt einer Lidrandentzündung.

Fett im Haar
8 spricht zu offenem Mund mit Rachenmandel
Glaube Liebe Hoffnung um den Hals.

Junger Kropf ist Sattelnase gut.
Er bezahlt für sie drei Biere.

12 Bartflechte kauft Nelken,
Doppelkinn zu erweichen.

b-moll: die 35. Sonate.
Zwei Augen brüllen auf:
16 Spritzt nicht das Blut von Chopin in den Saal,
damit das Pack drauf rumlatscht!
Schluß! He, Gigi! –

Die Tür fließt hin: ein Weib.
20 Wüste ausgedörrt. Kanaanitisch braun.
Keusch. Höhlenreich. Ein Duft kommt mit. Kaum Duft.
Es ist nur eine süße Verwölbung der Luft
gegen mein Gehirn.

24 Eine Fettleibigkeit trippelt hinterher.

<small>GOTTFRIED BENN: GEDICHTE, RECLAM</small>

George Grosz: Dr. Benns
Nachtcafé (1918)

a) **Erschließen** Sie epochentypische Merkmale.
b) Auffällig ist an diesem Gedicht BENNS das Stilmittel der Synekdoche. –
   Markieren Sie im Text Beispiele dafür.
c) **Beschreiben** Sie die Wirkung der Synekdochen auf Sie.
d) **Verfassen** Sie ein Parallelgedicht, z. B. „In unserer Klasse" oder „In der
   Bar", in dem Sie das Stilmittel der Synekdoche verwenden. Achten Sie
   darauf, nicht verletzend zu sein – das Detail, das Sie in den Vordergrund stellen, darf durchaus auch positiv sein.

die Synekdoche = rhetorisches Stilmittel, bei dem der eigentliche Begriff durch einen anderen ersetzt wird, der jedoch zum selben Bedeutungsfeld gehört, z. B. Dach für Haus, Eisen für Schwert, Brot für Nahrung

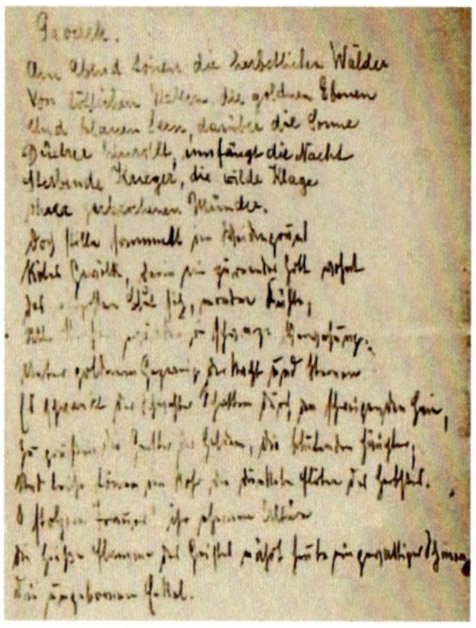

Literaturepochen

Grodek, 2. Fassung

3. **Krieg**

Das Gedicht „Grodek" schrieb Trakl anlässlich der Schlacht bei Grodek in Galizien, nach der er viele Schwerstverwundete zu betreuen hatte. Es ist sein letztes Gedicht.

Text 1

Georg Trakl
GRODEK (2. Fassung, 1915)

Am Abend tönen die herbstlichen Wälder
Von tödlichen Waffen, die goldnen Ebenen
Und blauen Seen, darüber die Sonne
4 Düster hinrollt; umfängt die Nacht
Sterbende Krieger, die wilde Klage
Ihrer zerbrochenen Münder.
Doch stille sammelt im Weidengrund
8 Rotes Gewölk, darin ein zürnender Gott wohnt,
Das vergossne Blut sich, mondne Kühle;
Alle Straßen münden in schwarze Verwesung.
Unter goldnem Gezweig der Nacht und Sternen
12 Es schwankt der Schwester Schatten durch den schweigenden Hain,
Zu grüßen die Geister der Helden, die blutenden Häupter;
Und leise tönen im Rohr die dunkeln Flöten des Herbstes.
O stolzere Trauer! ihr ehernen Altäre
16 Die heiße Flamme des Geistes nährt heute ein gewaltiger Schmerz,
Die ungebornen Enkel.

In: Otto F. Best: Die deutsche Literatur in Text und
Darstellung, Bd. 14, Reclam

Text 2

Auch August Stramm hat seine Kriegserfahrungen in etlichen Gedichten verarbeitet, eines der bekanntesten ist „Patrouille".

August Stramm
PATROUILLE (1919)

Die Steine feinden
2 Fenster grinst Verrat
Äste würgen
4 Berge Sträucher blättern raschlig
Gellen
6 Tod.

In: Otto F. Best: Die deutsche Literatur in Text und
Darstellung, Bd. 14, Reclam

a) **Erklären** Sie, welche Stimmung die Farben in Trakls Gedicht hervorrufen.

b) In Stramms Gedicht finden sich etliche Personifizierungen. – **Erläutern** Sie, wofür diese stehen.

c) **Untersuchen** Sie beide Gedichte nach epochentypischen Merkmalen.

d) **Erschließen** Sie Trakls und Stramms Auffassung von Krieg.

e) Welches der beiden Gedichte wirkt auf Sie eindrücklicher? **Begründen** Sie Ihre Auffassung.

4. Liebe

Else Lasker-Schüler
HÖRE! (1917)

Ich raube in den Nächten
Die Rosen deines Mundes
3   Dass keine Weibin Trinken findet.

Die dich umarmt,
Stiehlt mir von meinen Schauern,
6   Die ich um deine Glieder malte.

Ich bin dein Wegrand.
Die dich streift,
9   Stürzt ab.

Fühlst du mein Lebtum
Überall
12 Wie ferner Saum?

ELSE LASKER-SCHÜLER: LIEBESGEDICHTE, INSEL

ELSE LASKER-SCHÜLER,
deutsche Schriftstellerin
(1869–1945)

a) ELSE LASKER-SCHÜLER gilt nicht nur als bedeutende Künstlerin des Expressionismus, sie war auch eine schillernde Persönlichkeit mit einem bewegten Leben. – **Recherchieren** Sie im Internet (verwenden Sie unterschiedliche Quellen), **erstellen** Sie eine Kurzbiografie mit den wichtigsten Stationen ihres Lebens und versuchen Sie sich anschließend in einer Charakteristik der Künstlerin.

b) **Erschließen** Sie die emotionale Situation, in der sich das lyrische Ich befindet.

c) **Untersuchen** Sie das Gedicht nach epochentypischen Merkmalen.

d) In ihrem Lyrikband „Gesammelte Gedichte" hat ELSE LASKER-SCHÜLER dieses Gedicht unter einem anderen Titel, nämlich „Letztes Lied an Giselheer", veröffentlicht. Giselheer nannte sie GOTTFRIED BENN, mit dem sie eine (zumindest) künstlerische Beziehung verband. – **Begründen** Sie, welcher Titel Sie mehr anspricht.

e) „Höre!" wird häufig mit GOTTFRIED BENNS Gedicht „Hier ist kein Trost" (1912/13) in Beziehung gesetzt. – Suchen und lesen Sie das Gedicht. **Diskutieren** Sie anschließend mit Ihren Mitschülerinnen/Mitschülern, inwiefern ein Zusammenhang zwischen den beiden Werken besteht und welches Gedicht Sie als „Aktion", welches als „Reaktion" sehen.

f) Verfassen Sie eine **Textinterpretation** zum Gedicht „Höre!" und bearbeiten Sie die folgenden Arbeitsaufträge:
- **Beschreiben** Sie die Situation, in der sich das lyrische Ich befindet.
- **Analysieren** Sie die formale und sprachliche Gestaltung des Gedichts.
- **Setzen** Sie Form und Inhalt zueinander **in Beziehung.**
- **Interpretieren** Sie den Inhalt des Gedichtes im Hinblick auf den Titel.

Schreiben Sie zwischen 405 und 495 Wörter. Markieren Sie Absätze mittels Leerzeilen.

Herr Fischer, ein Firmeninhaber, köpft bei einem Spaziergang mit seinem Spazierstock eine Butterblume. In der Folge denkt er über diese Tat nach und verheddert sich in Schuldgefühlen.

5. Erzählter Wahnsinn: „Die Ermordung einer Butterblume"

Alfred Döblin
DIE ERMORDUNG EINER BUTTERBLUME (1912)

Textausschnitt 1:

[...] Die Luft laut von sich blasend, mit blitzenden Augen ging der Herr weiter. Die Bäume schritten rasch an ihm vorbei; der Herr achtete auf nichts. Er hatte eine aufgestellte Nase und ein plattes bartloses Gesicht, ein ältliches Kindergesicht mit süßem Mündchen.

5 Bei einer scharfen Biegung des Weges nach oben galt es aufzuachten. Als er ruhiger marschierte und sich mit der Hand gereizt den Schweiß von der Nase wischte, tastete er, daß sein Gesicht sich ganz verzerrt hatte, daß seine Brust heftig keuchte. Er erschrak bei dem Gedanken, daß ihn jemand sehen könnte, etwa von seinen Geschäftsfreunden
10 oder eine Dame. Er strich sein Gesicht und überzeugte sich mit einer verstohlenen Handbewegung, daß es glatt war.

Er ging ruhig. Warum keuchte er? Er lächelte verschämt. Vor die Blumen war er gesprungen und hatte mit dem Spazierstöckchen gemetzelt, ja, mit jenen heftigen aber wohlgezielten Handbewegungen geschlagen,
15 mit denen er seine Lehrlinge zu ohrfeigen gewohnt war, wenn sie nicht gewandt genug die Fliegen im Kontor fingen und nach der Größe sortiert ihm vorzeigten.

Häufig schüttelte der ernste Mann den Kopf über das sonderbare Vorkommnis. „Man wird nervös in der Stadt. Die Stadt macht mich
20 nervös", wiegte sich nachdenklich in den Hüften, nahm den steifen englischen Hut und fächelte die Tannenluft auf seinen Schopf.

Nach kurzer Zeit war er wieder dabei, seine Schritte zu zählen, eins, zwei, drei. Fuß trat vor Fuß, die Arme schlenkerten an den Schultern. Plötzlich sah Herr Michael Fischer, während sein Blick leer über den
25 Wegrand strich, wie eine untersetzte Gestalt, er selbst, von dem Rasen zurücktrat, auf die Blumen stürzte und einer Butterblume den Kopf glatt abschlug. Greifbar geschah vor ihm, was sich vorhin begeben hatte an dem dunklen Weg. Diese Blume dort glich den andern auf ein Haar. Diese eine lockte seinen Blick, seine Hand, seinen Stock. Sein
30 Arm hob sich, das Stöckchen sauste, wupp, flog der Kopf ab. Der Kopf überstürzte sich in der Luft, verschwand im Gras. Wild schlug das Herz des Kaufmanns. Plump sank jetzt der gelöste Pflanzenkopf und wühlte sich in das Gras. Tiefer, immer tiefer, durch die Grasdecke hindurch, in den Boden hinein. Jetzt fing er an zu sausen, in das Erdinnere, daß
35 keine Hände ihn mehr halten konnten. Und von oben, aus dem Körperstumpf, tropfte es, quoll aus dem Halse weißes Blut, nach in das Loch, erst wenig, wie einem Gelähmten, dem der Speichel aus dem Mundwinkel läuft, dann in dickem Strom, rann schleimig, mit gelbem Schaum auf Herrn Michael zu, der vergeblich zu entfliehen suchte,
40 nach rechts hüpfte, nach links hüpfte, der drüber wegspringen wollte, gegen dessen Füße es schon anbrandete.

Mechanisch setzte Herr Michael den Hut auf den schweißbedeckten Kopf, preßte die Hände mit dem Stöckchen gegen die Brust. „Was ist geschehen?", fragte er nach einer Weile. „Ich bin nicht berauscht. Der
45 Kopf darf nicht fallen, er muß liegen bleiben, er muß im Gras liegen bleiben. Ich bin überzeugt, daß er jetzt ruhig im Gras liegt. Und das Blut –. Ich erinnere mich dieser Blume nicht, ich bin mir absolut nichts bewußt."

Er staunte, verstört, mißtrauisch gegen sich selbst. In ihm starrte alles auf die wilde Erregung, sann entsetzt über die Blume, den gesunkenen Kopf, den blutenden Stiel. Er sprang noch immer über den schleimigen Fluß. Wenn ihn jemand sähe, von seinen Geschäftsfreunden oder eine Dame.

In die Brust warf sich Herr Michael Fischer, umklammerte den Stock mit der Rechten. Er blickte auf seinen Rock und stärkte sich an seiner Haltung. Die eigenwilligen Gedanken wollte er schon unterkriegen: Selbstbeherrschung. Diesem Mangel an Gehorsam würde er, der Chef, energisch steuern. Man muß diesem Volk bestimmt entgegentreten: „Was steht zu Diensten? In meiner Firma ist solch Benehmen nicht üblich. Hausdiener, raus mit dem Kerl." Dabei fuchtelte er stehen bleibend mit dem Stöckchen in der Luft herum. Eine kühle, ablehnende Miene hatte Herr Fischer aufgesetzt; nun wollte er einmal sehen. Seine Überlegenheit ging sogar soweit, daß er oben auf der breiten Fahrstraße seine Furchtsamkeit bespöttelte. Wie würde es sich komisch machen, wenn an allen Anschlagsäulen Freiburgs am nächsten Morgen ein rotes Plakat hinge: „Mord begangen an einer erwachsenen Butterblume, auf dem Wege vom Immental nach St. Ottilien, zwischen sieben und neun Uhr abends. Des Mordes verdächtig" et cetera. So spöttelte der schlaffe Herr in Schwarz und freute sich über die kühle Abendluft. Da unten würden die Kindermädchen, die Pärchen finden, was von seiner Hand geschehen war. Geschrei wird es geben und entsetztes Nachhauselaufen. An ihn würden die Kriminalbeamten denken, an den Mörder, der sich schlau ins Fäustchen lachte. Herr Michael erschauerte wüst über seine eigne Tollkühnheit, er hätte sich nie für so verworfen gehalten. Da unten lag aber sichtbar für die ganze Stadt ein Beweis seiner raschen Energie.

Der Rumpf ragt starr in die Luft, weißes Blut sickert aus dem Hals.

Herr Michael streckte leicht abwehrend die Hände vor.

Es gerinnt oben ganz dick und klebrig, so daß die Ameisen hängen bleiben.

Herr Michael strich sich die Schläfen und blies laut die Luft von sich.

Und daneben im Rasen fault der Kopf. Er wird zerquetscht, aufgelöst vom Regen, verwest. Ein gelber stinkender Matsch wird aus ihm, grünlich, gelblich schillernd, schleimartig wie Erbrochenes. Das hebt sich lebendig, rinnt auf ihn zu, gerade auf Herrn Michael zu, will ihn ersäufen, strömt klatschend gegen seinen Leib an, spritzt an seine Nase. Er springt, hüpft nur noch auf den Zehen.

Der feinfühlige Herr fuhr zusammen. Einen scheußlichen Geschmack fühlte er im Munde. Er konnte nicht schlucken vor Ekel, spie unaufhörlich. Häufig stolperte er, hüpfte unruhig, mit blaubleichen Lippen weiter.

„Ich weigere mich, ich weigere mich auf das entschiedenste, mit Ihrer Firma irgendwelche Beziehung anzuknüpfen."

Das Taschentuch drückte er an die Nase. Der Kopf musste fort, der Stiel zugedeckt werden, eingestampft, verscharrt. Der Wald roch nach der Pflanzenleiche. Der Geruch ging neben Herrn Michael einher, wurde immer intensiver. Eine andere Blume mußte an jene Stelle gepflanzt werden, eine wohlriechende, ein Nelkengarten. Der Kadaver mitten im Walde mußte fort. Fort.

Er versucht, die Butterblume zu „retten", findet sie aber nicht mehr. Am Nachhauseweg hat er den Eindruck, dass sich die Natur an ihm rächen will. Er entkommt aber. In der Folge versucht er sein Schuldgefühl loszuwerden, indem er ein Konto für die Butterblume, der er den Namen Ellen gibt, eröffnet, auf das er Geld überweist, für sie ein Gedeck beim Abendessen auflegen lässt, sie beweint usw. Zwischendurch betrügt er sie trotzig um die Speiseopfer oder gibt in einem Gespräch Butterblumen als seine Lieblingsspeise an.

Schließlich meint er, eine Lösung für sein Problem zu sehen. Er gräbt eine Butterblume im Wald aus, setzt sie in einen goldenen Blumentopf und nimmt sie bei sich auf. In seiner Vorstellung sühnt er seine Tat, indem er diese Butterblume rettet. Eines Abends zerbricht die Haushälterin den Topf und wirft ihn samt Butterblume weg.

Textausschnitt 2:

Der runde Herr Michael warf die Tür ins Schloß, schlug die kurzen Hände zusammen, quiekte laut vor Glück und hob die überraschte Weibsperson an den Hüften in die Höhe, so weit es seine Kräfte und die Deckenlänge der Person erlaubten. Dann schwänzelte er aus dem Korridor
5 in sein Schlafzimmer, mit flackernden Augen, aufs höchste erregt; laut schnaufte er und stampften seine Beine; seine Lippen zitterten.

Es konnte ihm niemand etwas nachsagen; er hatte nicht mit dem geheimsten Gedanken den Tod dieser Blume gewünscht, nicht die Fingerspitze eines Gedankens dazu geboten. Die alte, die Schwiegermutter,
10 konnte jetzt fluchen und sagen, was sie wollte. Er hatte mit ihr nichts zu schaffen. Sie waren geschiedene Leute. Nun war er die ganze Butterblumensippschaft los. Das Recht und das Glück standen auf seiner Seite. Es war keine Frage.

Er hatte den Wald übertölpelt.

15 Gleich wollte er nach St. Ottilien, in diesen brummigen, dummen Wald hinauf. In Gedanken schwang er schon sein schwarzes Stöckchen. Blumen, Kaulquappen, auch Kröten sollten daran glauben. Er konnte morden, so viel er wollte. Er pfiff auf sämtliche Butterblumen.

Vor Schadenfreude und Lachen wälzte sich der dicke, korrekt gekleidete
20 Kaufmann Herr Michael Fischer auf seiner Chaiselongue.

Dann sprang er auf, stülpte seinen Hut auf den Schädel und stürmte an der verblüfften Haushälterin vorbei aus dem Hause auf die Straße.

Laut lachte und prustete er. Und so verschwand er in dem Dunkel des Bergwaldes.

<small>ALFRED DÖBLIN: DAS LESEBUCH, FISCHER – ALTE RECHTSCHREIBUNG</small>

a) Bereits der Titel, den die Erzählung trägt, erregt Aufmerksamkeit und irritiert zugleich. – **Erklären** Sie, warum dies so ist.

b) **Charakterisieren** Sie Michael Fischer. – Weisen Sie in der Charakteristik nach, dass DÖBLIN Kritik am Bürgertum übt.

c) Einige Literaturwissenschaftler/innen bezeichnen „Die Ermordung einer Butterblume" eher als Novelle denn als Erzählung. – **Überprüfen** Sie, welche Merkmale einer Novelle zu finden sind, welche nicht.

d) **Diskutieren** Sie mit Ihren Mitschülerinnen/Mitschülern, wofür die Butterblume stehen könnte.

6. Ein expressionistisches Drama: „Von morgens bis mitternachts"

Zu Beginn von Georg Kaisers Stationendrama „Von morgens bis mitternachts" sieht man den namenlos bleibenden Protagonisten, den Kassierer einer Bank, beim Geldzählen. Als einer schönen Frau die Auszahlung einer größeren Summe Geldes aus formalen Gründen verweigert wird, veruntreut er 60.000 Mark. Er sucht die Dame im Hotel auf und will mit ihr ins Ausland fliehen, was diese aber ablehnt. Der Kassierer flüchtet, trifft auf ein skelettartiges Gebilde, das ihm als „Polizei des Daseins" erscheint und dem er einen Monolog hält. Mit zerrissener Kleidung kommt er bei seiner Familie an, wo seine Mutter ob seines Aussehens und seiner Verwirrtheit stirbt. Von der Tristesse des Alltags bedrückt, eilt er davon auf der Suche nach dem „wirklichen Leben". Seine erste Station ist das Sechstagerennen in einer Großstadt.

Georg Kaiser
VON MORGENS BIS MITTERNACHTS (1912)

Sportpalast. Sechstagerennen. Bogenlampenlicht. Im Dunstraum rohgezimmerte freischwebende Holzbrücke.

[...] *(Ein Herr kommt mit Kassierer. Kassierer im Frack, Frackumhang, Zylinder, Glacés; Bart ist spitz zugestutzt; Haar tief gescheitelt.)*

5 Kassierer: Erklären Sie mir den Sinn –

Der Herr: Ich stelle Sie vor.

Kassierer: Mein Name tut nichts zur Sache.

Der Herr: Sie haben ein Recht, daß ich Sie mit dem Präsidium bekannt mache.

10 Kassierer: Ich bleibe inkognito.

Der Herr: Sie sind ein Freund unseres Sports.

Kassierer: Ich verstehe nicht das mindeste davon. Was machen die Kerle da unten? Ich sehe einen Kreis und die bunte Schlangenlinie. Manchmal mischt sich ein anderer ein und ein anderer hört auf.
15 Warum?

Der Herr: Die Fahrer liegen paarweise im Rennen. Während ein Partner fährt –

Kassierer: Schläft sich der andere Bengel aus?

Der Herr: Er wird massiert.

20 Kassierer: Und das nennen Sie Sechstagerennen?

Der Herr: Wieso?

Kassierer: Ebenso könnte es Sechstageschlafen heißen. Geschlafen wird ja fortwährend von einem Partner.

Ein Herr *kommt:* Die Brücke ist nur für die Leitung des Rennens
25 erlaubt.

Der erste Herr: Eine Stiftung von tausend Mark dieses Herrn.

Der andere Herr: Gestatten Sie mir, daß ich mich vorstelle.

Kassierer: Keineswegs.

Der erste Herr: Der Herr wünscht sein Inkognito zu wahren.

30 Kassierer: Undurchsichtig.

Der erste Herr: Ich habe Erklärungen gegeben.

Kassierer: Ja, finden Sie es nicht komisch?

DER ZWEITE HERR: Inwiefern?

KASSIERER: Dies Sechstageschlafen.

35 DER ZWEITE HERR: Also tausend Mark über wieviel Runden?

KASSIERER: Nach Belieben.

DER ZWEITE HERR: Wieviel dem ersten?

KASSIERER: Nach Belieben.

DER ZWEITE HERR: Achthundert und zweihundert. *Durch Megaphon*
40 Preisstiftung eines ungenannt bleiben wollenden Herrn über zehn Runden sofort auszufahren: dem ersten achthundert – dem zweiten zweihundert. Zusammen tausend Mark.

Gewaltiger Lärm

DER ERSTE HERR: Dann sagen Sie mir, wenn die Veranstaltung für Sie
45 nur Gegenstand der Ironie ist, weshalb machen Sie eine Preisstiftung in der Höhe von tausend Mark?

KASSIERER: Weil die Wirkung fabelhaft ist.

DER ERSTE HERR: Auf das Tempo der Fahrer?

KASSIERER: Unsinn. [...]

50 EIN HERR *mit der roten Fahne:* Den Start gebe ich.

EIN HERR: Jetzt werden die Großen ins Zeug gehen.

EIN HERR: Die Flieger liegen sämtlich im Rennen.

DER HERR *die Fahne schwingend:* Der Start. *Er senkt die Fahne.*

Heulendes Getöse entsteht.

55 KASSIERER *zwei Herren im Nacken packend und ihre Köpfe nach hinten biegend:* Jetzt will ich Ihnen die Antwort auf Ihre Frage geben. Hinaufgeschaut!

EIN HERR: Verfolgen Sie doch die wechselnden Phasen des Kampfes unten auf der Bahn.

60 KASSIERER: Kindisch. Einer muß der erste werden, weil die andern schlechter fahren. – Oben entblößt sich der Zauber. In dreifach übereinandergelegten Ringen – vollgepfropft mit Zuschauern – tobt Wirkung. Im ersten Rang – anscheinend das bessere Publikum tut sich noch Zwang an. Nur Blicke, aber weit – rund – stierend. Höher schon Leiber
65 in Bewegung. Schon Ausrufe. Mittlerer Rang! – Ganz oben fallen die letzten Hüllen. Fanatisiertes Geschrei. Brüllende Nacktheit. Die Galerie der Leidenschaft! – Sehen Sie doch die Gruppe. Fünffach verschränkt. Fünf Köpfe auf einer Schulter. Um eine heulende Brust gespreizt fünf Armpaare. Einer ist der Kern. Er wird erdrückt – hinausgeschoben – da
70 purzelt sein steifer Hut – im Dunst träge sinkend – zum mittleren Rang nieder. Einer Dame auf den Busen. Sie kapiert es nicht. Da ruht er köstlich. Köstlich. Sie wird den Hut nie bemerken, sie geht mit ihm zu Bett, zeitlebenslang trägt sie den steifen Hut auf ihrem Busen!

DER HERR: Der Belgier setzt zum Spurt an.

75 KASSIERER: Der mittlere Rang kommt ins Heulen. Der Hut hat die Verbindung geschlossen. Die Dame hat ihn gegen die Brüstung zertrümmert. Ihr Busen entwickelt breite Schwielen. Schöne Dame, du mußt hier an die Brüstung und deine Brüste brandmarken. Du mußt unweigerlich. Es ist sinnlos, sich zu sträuben. Mitten im Knäuel verkrallt wirst
80 du an die Wand gepreßt und mußt hergeben, was du bist. Was du bist – ohne Winseln!

DER HERR: Kennen Sie die Dame?

KASSIERER: Sehen Sie jetzt: oben die fünf drängen ihren Kern über die Barriere – er schwebt frei – er stürzt – da – in den ersten Rang segelt er hinein. Wo ist er? Wo erstickt er? Ausgelöscht – spurlos vergraben. Interesselos. Ein Zuschauer – ein Zufallender – ein Zufall, nicht mehr unter Abertausenden!

EIN HERR: Der Deutsche rückt auf.

KASSIERER: Der erste Rang rast. Der Kerl hat den Kontakt geschaffen. Die Beherrschung ist zum Teufel. Die Fräcke beben. Die Hemden reißen. Knöpfe prasseln in alle Richtungen. Bärte verschoben von zersprengten Lippen, Gebisse klappern. Oben und mitten und unten vermischt. Ein Heulen aus allen Ringen – unterschiedlos. Unterschiedlos. Das ist erreicht!

DER HERR *sich umwendend:* Der Deutsche hat's. Was sagen Sie nun?

KASSIERER: Albernes Zeug.

Furchtbarer Lärm.

Händeklatschen.

EIN HERR: Fabelhafter Spurt.

KASSIERER: Fabelhafter Blödsinn.

EIN HERR: Wir stellen das Resultat im Büro fest.

Alle ab.

GEORG KAISER: VON MORGENS BIS MITTERNACHTS, RECLAM – ALTE RECHTSCHREIBUNG

 Zu diesem Drama entstand 1920 der Stummfilm „Von morgens bis mitternachts" von KARLHEINZ MARTIN.

Einem Mädchen von der Heilsarmee verweigert er im Sportpalast eine Spende. Bei seiner nächsten Station, einem Ballhaus, wo er ausgiebig konsumiert, weist er es erneut ab. Vor einem Streit flüchtet der Kassierer erneut, diesmal ins Vereinslokal der Heilsarmee, wo Menschen ihre Verfehlungen beichten. Davon angesteckt gesteht auch er die Unterschlagung und wirft das Geld in die Menge, die darum rauft. Das Mädchen, das er zweimal abgewiesen hat, ruft die Polizei, um in den Besitz der Belohnung zu kommen. Bevor der Kassierer verhaftet werden kann, erschießt er sich.

a) Die Protagonistinnen/Protagonisten expressionistischer Dramen sind häufig gegen bestehende Verhältnisse, vor allem gegen die bürgerliche Gesellschaft Rebellierende, die einen Wandlungsprozess durchleben. – **Analysieren** Sie, ob dies auf den Kassierer zutrifft.

b) Zum Schluss seiner Suche sagt der Kassierer:

„Mit keinem Geld aus allen Bankkassen der Welt kann man irgendetwas von Wert kaufen [...] Wo winkt nun der Tausch, um den ich buhlte – im Fieber der Arbeit – in der Wut des Erwerbs – auf dem Berg meines ungezählten Goldes?! In wen gehe ich unter und verliere diese Angst und tobenden Aufruhr?"

Diskutieren Sie mit Ihren Mitschülerinnen/Mitschülern, ob sich daraus Kapitalismuskritik als Thema des Dramas ableiten lässt.

c) **Untersuchen** Sie den Dramenausschnitt nach epochentypischen Merkmalen.

Zum Weiterlesen

- FRANZ WERFEL: Nicht der Mörder, der Ermordete ist schuldig (1920, Vater-Sohn-Konflikt)
- FRANZ WERFEL: Spiegelmensch (1920, „expressionistischer Faust")
- FRANK WEDEKIND: Frühlings Erwachen (1891, Anklage von Eltern und Erziehenden)

Aus der Zeit gefallen: Franz Kafka (1883–1924)

Franz Kafkas Werke lassen sich keiner literarischen Strömung eindeutig zuordnen. Er wirkte zwar in der Zeit des Expressionismus, griff auch Themen auf, die dem Expressionismus zugeschrieben werden (z. B. Vater-Sohn-Konflikt, Macht und Autorität, Entfremdung), er lehnte aber den expressionistischen Stil ab.

„Kafkaesk"

Die Einzigartigkeit von Kafkas Werken zeigt sich auch darin, dass zur Beschreibung der Situationen, in denen sich seine Figuren befinden, ein eigenes Adjektiv gebildet wurde: **Kafkaesk** bedeutet „auf unergründliche Weise bedrohlich" und beschreibt das Gefühl, einer undurchschaubaren Macht ausgeliefert zu sein.

Typisch Kafka?

Franz Kafkas Werke gehören zu den meistinterpretierten Texten der Weltliteratur. Sie lassen sich als Parabeln für die Bedrohung durch Entfremdung, für die Ohnmacht und das Gefangensein in den eigenen Ängsten lesen.
„Typisch" ist auch die Kombination von alptraumhaftem Geschehen, surrealen Zügen und einem nüchternen, sachlichen Erzählstil. Zudem wird fast alles aus der Perspektive der Hauptfigur geschildert (personaler Erzähler).

Franz Kafka (1883–1924)

Arbeitsaufgaben „Franz Kafka"

1. „Brief an den Vater"

    Der „Brief an den Vater" ist eine Gelenkstelle zwischen dem Privatmann und dem Schriftsteller Kafka. Kafkas Vater erhielt den Brief nie, er war auch nicht für die Veröffentlichung gedacht, wurde aber nach Kafkas Tod von seinem Freund und Nachlassverwalter Max Brod veröffentlicht.

    Franz Kafka
    BRIEF AN DEN VATER (verfasst 1919, erschienen 1952)

    Liebster Vater,

    Du hast mich letzthin einmal gefragt, warum ich behaupte, ich hätte Furcht vor Dir. Ich wußte Dir, wie gewöhnlich, nichts zu antworten, zum Teil eben aus der Furcht, die ich vor Dir habe, zum Teil deshalb,
    5 weil zur Begründung dieser Furcht zu viele Einzelheiten gehören, als daß ich sie im Reden halbwegs zusammenhalten könnte. Und wenn ich hier versuche, Dir schriftlich zu antworten, so wird es doch nur sehr unvollständig sein, weil auch im Schreiben die Furcht und ihre Folgen mich Dir gegenüber behindern und weil die Größe des Stoffs über mein
    10 Gedächtnis und meinen Verstand weit hinausgeht. [...]

    Ich sage ja natürlich nicht, daß ich das, was ich bin, nur durch Deine Einwirkung geworden bin. Das wäre sehr übertrieben (und ich neige sogar zu dieser Übertreibung). Es ist sehr leicht möglich, daß ich, selbst wenn ich ganz frei von Deinem Einfluß aufgewachsen wäre, doch kein
    15 Mensch nach Deinem Herzen hätte werden können. Ich wäre wahrscheinlich doch ein schwächlicher, ängstlicher, zögernder, unruhiger Mensch geworden, weder Robert Kafka noch Karl Kafka, aber doch ganz anders, als ich wirklich bin und wir hätten uns ausgezeichnet miteinander vertragen können. Ich wäre glücklicher gewesen, Dich als Freund,

💡 Kafka hat testamentarisch festgelegt, dass seine zu Lebzeiten nicht veröffentlichten Werke vernichtet werden sollten. Diesem Wunsch hat sich Max Brod (1884–1968) widersetzt.

Die handschriftliche erste Seite von Kafkas „Brief an den Vater" (1919)

als Chef, als Onkel, als Großvater, ja selbst (wenn auch zögernder) als Schwiegervater zu haben. Nur eben als Vater warst Du zu stark für mich, besonders da meine Brüder klein starben, die Schwestern erst lange nachher kamen, ich also den ersten Stoß ganz allein aushalten mußte, dazu war ich viel zu schwach.

[...] Jedenfalls waren wir so verschieden und in dieser Verschiedenheit einander so gefährlich, daß, wenn man es hätte etwa im voraus ausrechnen wollen, wie ich, das langsam sich entwickelnde Kind, und Du, der fertige Mann, sich zueinander verhalten werden, man hätte annehmen können, daß Du mich niederstampfen wirst, daß nichts von mir übrigbleibt. Das ist nun nicht geschehen, das Lebendige läßt sich nicht ausrechnen, aber vielleicht ist Ärgeres geschehn. Wobei ich Dich immerfort bitte, nicht zu vergessen, daß ich niemals im entferntesten an eine Schuld Deinerseits glaube. Du wirktest so auf mich, wie Du wirken mußtest, nur sollst Du aufhören, es für eine besondere Bosheit meinerseits zu halten, daß ich dieser Wirkung erlegen bin.

Ich war ein ängstliches Kind, trotzdem war ich gewiß auch störrisch, wie Kinder sind, gewiß verwöhnte mich die Mutter auch, aber ich kann nicht glauben, daß ich besonders schwer lenkbar war, ich kann nicht glauben, daß ein freundliches Wort, ein stilles Bei-der-Hand-Nehmen, ein guter Blick mir nicht alles hätten einfordern können, was man wollte. [...]

Direkt erinnere ich mich nur an einen Vorfall aus den ersten Jahren, Du erinnerst Dich vielleicht auch daran. Ich winselte einmal in der Nacht immerfort um Wasser, gewiß nicht aus Durst, sondern wahrscheinlich teils um zu ärgern, teils um mich zu unterhalten. Nachdem einige starke Drohungen nicht geholfen hatten, nahmst Du mich aus dem Bett, trugst mich auf die Pawlatsche und ließest mich dort allein vor der geschlossenen Tür ein Weilchen im Hemd stehn. Ich will nicht sagen, daß das unrichtig war, vielleicht war damals die Nachtruhe auf andere Weise wirklich nicht zu verschaffen, ich will aber damit Deine Erziehungsmittel und ihre Wirkung auf mich charakterisieren. Ich war damals nachher wohl schon folgsam, aber ich hatte einen innern Schaden davon. Das für mich Selbstverständliche des sinnlosen Ums-Wasser-Bittens und das außerordentlich Schreckliche des Hinausgetragen-Werdens konnte ich meiner Natur nach niemals in die richtige Verbindung bringen. Noch nach Jahren litt ich unter der quälenden Vorstellung, daß der riesige Mann, mein Vater, die letzte Instanz fast ohne Grund kommen und mich in der Nacht aus dem Bett auf die Pawlatsche tragen konnte und daß ich also ein solches Nichts für ihn war.

FRANZ KAFKA: BRIEF AN DEN VATER, HOLZINGER – ALTE RECHTSCHREIBUNG

die Pawlatsche = offener Gang an der Hofseite eines Hauses

a) **Erschließen** Sie den Grund, den KAFKA für die „Unstimmigkeiten" zwischen Vater und Sohn sieht.

b) Versetzen Sie sich in die Situation des kleinen FRANZ KAFKA, der auf die Pawlatsche getragen wird. – **Verfassen** Sie einen kurzen inneren Monolog, in dem Sie Ihre Gedanken schildern.

c) **Beschreiben** Sie, wie die Erziehungsmethoden des Vaters bei KAFKA zeit seines Lebens ein Trauma hinterlassen haben.

d) Häufig werden KAFKAS Werke autobiografisch interpretiert und deren Themen auf seine Probleme mit seinem Vater zurückgeführt. – **Lesen** Sie die folgenden Textausschnitte und **diskutieren** Sie mit Ihren Mitschülerinnen/Mitschülern, inwiefern dies nachvollziehbar ist.

2. „Die Verwandlung"

Franz Kafka
DIE VERWANDLUNG (1915)

Als Gregor Samsa eines Morgens aus unruhigen Träumen erwachte, fand er sich in seinem Bett zu einem ungeheuren Ungeziefer verwandelt. Er lag auf seinem panzerartig harten Rücken und sah, wenn er den Kopf ein wenig hob, seinen gewölbten, braunen, von bogenförmigen
5 Versteifungen geteilten Bauch, auf dessen Höhe sich die Bettdecke, zum gänzlichen Niedergleiten bereit, kaum noch erhalten konnte. Seine vielen, im Vergleich zu seinem sonstigen Umfang kläglich dünnen Beine flimmerten ihm hilflos vor den Augen.

„Was ist mit mir geschehen?" dachte er. Es war kein Traum. Sein Zim-
10 mer, ein richtiges, nur etwas zu kleines Menschenzimmer, lag ruhig zwischen den vier wohlbekannten Wänden. [...]

Und er sah zur Weckuhr hinüber, die auf dem Kasten tickte. „Himmlischer Vater!" dachte er. Es war halb sieben Uhr, und die Zeiger gingen ruhig vorwärts, es war sogar halb vorüber, es näherte sich schon drei
15 Viertel. Sollte der Wecker nicht geläutet haben? Man sah vom Bett aus, daß er auf vier Uhr richtig eingestellt war; gewiß hatte er auch geläutet. Ja, aber war es möglich, dieses möbelschütternde Läuten ruhig zu verschlafen? Nun, ruhig hatte er ja nicht geschlafen, aber wahrscheinlich desto fester. Was aber sollte er jetzt tun? Der nächste Zug ging um
20 sieben Uhr; um den einzuholen, hätte er sich unsinnig beeilen müssen, und die Kollektion war noch nicht eingepackt, und er selbst fühlte sich durchaus nicht besonders frisch und beweglich. Und selbst wenn er den Zug einholte, ein Donnerwetter des Chefs war nicht zu vermeiden, denn der Geschäftsdiener hatte beim Fünfuhrzug gewartet und die
25 Meldung von seiner Versäumnis längst erstattet.

FRANZ KAFKA: DAS URTEIL UND ANDERE ERZÄHLUNGEN, FISCHER – ALTE RECHTSCHREIBUNG

Gregor Samsas Besorgnis, dass er seiner beruflichen Tätigkeit nicht mehr nachkommen kann, besteht zurecht. Da er – bislang der Familienerhalter – nun die Familie (Vater, Mutter und Schwester) nicht mehr ernähren kann, ist er für sie wertlos. Anfangs lässt ihm seine Schwester noch einige Fürsorge zukommen, später wird er immer mehr als Belastung empfunden und er verwahrlost. In einem Wutausbruch bewirft ihn der Vater mit Äpfeln, einer davon durchdringt den Panzer und verletzt Gregor schwer. Letztendlich stirbt er an der Verletzung und der zunehmenden Isolation.

a) **Beschreiben** Sie Gregor Samsas Reaktion, als er entdeckt, dass er zu einem Ungeziefer geworden ist. – Stellen Sie Vermutungen an, wie Sie selbst in so einer Situation reagieren würden und welche Gedanken Ihnen durch den Kopf gehen würden.

b) In „Die Verwandlung" ist – wie in vielen Werken KAFKAS – kein Ursache-Wirkung-Kontext gegeben, d. h., es geschieht etwas, dessen Ursachen ungenannt bleiben. – **Erklären** Sie die Wirkung, die das auf Sie hat.

c) **Bestimmen** Sie das Kafkaeske an diesem Textausschnitt.

d) **Bestimmen** Sie die Erzählperspektive.

3. „Vor dem Gesetz" – Türhüterlegende

Die Parabel „Vor dem Gesetz", von KAFKA als Legende bezeichnet, ist einerseits in KAFKAS Sammelband „Der Landarzt" veröffentlicht, andererseits ist sie Teil seines Romans „Der Prozeß". Dort fasst sie als Binnenerzählung die Problematik des Romans gewissermaßen zusammen.

Franz Kafka
VOR DEM GESETZ (1915)

Vor dem Gesetz steht ein Türhüter. Zu diesem Türhüter kommt ein Mann vom Lande und bittet um Eintritt in das Gesetz. Aber der Türhüter sagt, daß er ihm jetzt den Eintritt nicht gewähren könne. Der Mann überlegt und fragt dann, ob er also später werde eintreten dürfen. „Es ist möglich", sagt der Türhüter, „jetzt aber nicht." Da das Tor zum Gesetz offensteht wie immer und der Türhüter beiseite tritt, bückt sich der Mann, um durch das Tor in das Innere zu sehn. Als der Türhüter das merkt, lacht er und sagt: „Wenn es dich so lockt, versuche es doch, trotz meines Verbotes hineinzugehn. Merke aber: Ich bin mächtig. Und ich bin nur der unterste Türhüter. Von Saal zu Saal stehn aber Türhüter, einer mächtiger als der andere. Schon den Anblick des dritten kann nicht einmal ich mehr ertragen." Solche Schwierigkeiten hat der Mann vom Lande nicht erwartet; das Gesetz soll doch jedem und immer zugänglich sein, denkt er, aber als er jetzt den Türhüter in seinem Pelzmantel genauer ansieht, seine große Spitznase, den langen, dünnen, schwarzen tartarischen Bart, entschließt er sich, doch lieber zu warten, bis er die Erlaubnis zum Eintritt bekommt. Der Türhüter gibt ihm einen Schemel und läßt ihn seitwärts von der Tür sich niedersetzen. Dort sitzt er Tage und Jahre. Er macht viele Versuche, eingelassen zu werden, und ermüdet den Türhüter durch seine Bitten. Der Türhüter stellt öfters kleine Verhöre mit ihm an, fragt ihn über seine Heimat aus und nach vielem andern, es sind aber teilnahmslose Fragen, wie sie große Herren stellen, und zum Schlusse sagt er ihm immer wieder, daß er ihn noch nicht einlassen könne. Der Mann, der sich für seine Reise mit vielem ausgerüstet hat, verwendet alles, und sei es noch so wertvoll, um den Türhüter zu bestechen. Dieser nimmt zwar alles an, aber sagt dabei: „Ich nehme es nur an, damit du nicht glaubst, etwas versäumt zu haben." Während der vielen Jahre beobachtet der Mann den Türhüter fast ununterbrochen. Er vergißt die andern Türhüter und dieser erste scheint ihm das einzige Hindernis für den Eintritt in das Gesetz. Er verflucht den unglücklichen Zufall, in den ersten Jahren laut, später, als er alt wird, brummt er nur noch vor sich hin. Er wird kindisch, und, da er in dem jahrelangen Studium des Türhüters auch die Flöhe in seinem Pelzkragen erkannt hat, bittet er auch die Flöhe, ihm zu helfen und den Türhüter umzustimmen. Schließlich wird sein Augenlicht schwach, und er weiß nicht, ob es um ihn wirklich dunkler wird, oder ob ihn nur seine Augen täuschen. Wohl aber erkennt er jetzt im Dunkel einen Glanz, der unverlöschlich aus der Türe des Gesetzes bricht. Nun lebt er nicht mehr lange. Vor seinem Tode sammeln sich in seinem Kopfe alle Erfahrungen der ganzen Zeit zu einer Frage, die er bisher an den Türhüter noch nicht gestellt hat. Er winkt ihm zu, da er seinen erstarrenden Körper nicht mehr aufrichten kann. Der Türhüter muß sich tief zu ihm hinunterneigen, denn die Größenunterschiede haben sich sehr zuungunsten des Mannes verändert. „Was willst du denn jetzt noch wissen?", fragt der Türhüter, „du bist unersättlich." „Alle streben doch nach dem Gesetz", sagt der Mann, „wieso kommt es, daß in den vielen Jahren niemand außer mir Einlaß verlangt hat." Der Türhüter erkennt, daß der Mann

Franz Kafka Statue (2003) von JAROSLAV RÓNA in Prag

schon am Ende ist, und, um sein vergehendes Gehör noch zu erreichen, brüllt er ihn an: „Hier konnte niemand sonst Einlaß erhalten, denn dieser Eingang war nur für dich bestimmt. Ich gehe jetzt und schließe ihn."

FRANZ KAFKA: VOR DEM GESETZ. IN: EIN LANDARZT, FISCHER – ALTE RECHTSCHREIBUNG

a) Typisch für KAFKAS Texte sind „Ungereimtheiten", (vermeintliche) Widersprüche. Zum Beispiel lautet der erste Satz von „Vor dem Gesetz": „*Vor dem Gesetz steht ein Türhüter*", man fragt sich aber, wie dies möglich sein soll, da doch das Gesetz kein Gebäude ist. – **Untersuchen** Sie den Text nach weiteren Beispielen.

b) „Vor dem Gesetz" wird unterschiedlichen Textsorten zugeordnet, u. a. der Parabel und von KAFKA selbst der Legende. – **Untersuchen** Sie den Text nach (fehlenden) Merkmalen dieser Textsorten.

c) HEINZ POLITZER (1910–1978), ein österreichisch-US-amerikanischer Autor und Literaturwissenschaftler, illustriert die Vielfalt der Deutungsmöglichkeiten von KAFKAS Parabeln durch einen Vergleich mit Rorschach-Tests: Alle Interpretationen sagen seiner Meinung nach somit mehr über den Interpreten aus als über den Text. Es gebe keine allgemeingültige Wahrheit, KAFKAS Parabeln würden so viele Deutungsmöglichkeiten wie Leser/innen finden. – **Entwerfen** Sie „Ihre" Deutungshypothese und vergleichen Sie diese mit jenen Ihrer Mitschüler/innen.

4. „Der Prozeß" – ein (unvollendeter) Roman

„Der Prozeß" beginnt wie folgend:

Franz Kafka
DER PROZESS (verfasst 1914/1915, erschienen 1925)

Textausschnitt 1:

Jemand mußte Josef K. verleumdet haben, denn ohne daß er etwas Böses getan hätte, wurde er eines Morgens verhaftet. Die Köchin der Frau Grubach, seiner Zimmervermieterin, die ihm jeden Tag gegen acht Uhr früh das Frühstück brachte, kam diesmal nicht. Das war noch niemals geschehn. K. wartete noch ein Weilchen, sah von seinem Kopfkissen aus die alte Frau, die ihm gegenüber wohnte und die ihn mit einer an ihr ganz ungewöhnlichen Neugierde beobachtete, dann aber, gleichzeitig befremdet und hungrig, läutete er. Sofort klopfte es und ein Mann, den er in dieser Wohnung noch niemals gesehen hatte, trat ein. Er war schlank und doch fest gebaut, er trug ein anliegendes schwarzes Kleid, das ähnlich den Reiseanzügen mit verschiedenen Falten, Taschen, Schnallen, Knöpfen und einem Gürtel versehen war und infolgedessen, ohne daß man sich darüber klar wurde, wozu es dienen sollte, besonders praktisch erschien. „Wer sind Sie?" fragte K. und saß gleich halb aufrecht im Bett. Der Mann aber ging über die Frage hinweg, als müsse man seine Erscheinung hinnehmen und sagte bloß seinerseits: „Sie haben geläutet?" „Anna soll mir das Frühstück bringen", sagte K. und versuchte zunächst stillschweigend durch Aufmerksamkeit und Überlegung festzustellen, wer der Mann eigentlich war. Aber dieser setzte sich nicht allzulange seinen Blicken aus, sondern wandte sich zur Tür, die er ein wenig öffnete, um jemandem, der offenbar knapp hinter der Tür stand, zu sagen: „Er will, daß Anna ihm das Frühstück bringt." Ein kleines Gelächter im Nebenzimmer folgte, es war nach dem Klang nicht sicher, ob nicht mehrere Personen daran beteiligt waren.

Anfang des Manuskripts von „Der Prozeß" (1914/15)

Josef K. wird in der Folge von zwei Männern verhaftet und verhört, er weiß allerdings nicht, wessen er beschuldigt wird. Er darf sich zwar frei bewegen und auch seiner Arbeit als Prokurist bei einer Bank nachgehen, doch läuft ein Prozess. Da er keine Ahnung hat, wogegen er sich verteidigen könnte, engagiert er einen Anwalt. Doch auch dieser erhält keinen Einblick in eine Anklageschrift.

In weiteren Kapiteln werden Josef Ks. vergebliche, teils groteske Versuche geschildert, Erkenntnisse zu gegen ihn erhobenen Vorwürfen zu gewinnen. Auch wird der Einfluss des Prozesses auf sein Leben beleuchtet. Schließlich wird Josef K. von zwei Herren zu einem Steinbruch gebracht.

Textausschnitt 2:
Wieder begannen die widerlichen Höflichkeiten, einer reichte über K. hinweg das Messer dem anderen, dieser reichte es wieder über K. zurück. K. wußte jetzt genau, daß es seine Pflicht gewesen wäre, das Messer, als es von Hand zu Hand über ihm schwebte, selbst zu fassen
5 und sich einzubohren. Aber er tat es nicht, sondern drehte den noch freien Hals und sah umher. Vollständig konnte er sich nicht bewähren, alle Arbeit den Behörden nicht abnehmen, die Verantwortung für diesen letzten Fehler trug der, der ihm den Rest der dazu nötigen Kraft versagt hatte. Seine Blicke fielen auf das letzte Stockwerk des an den Steinbruch
10 angrenzenden Hauses. Wie ein Licht aufzuckt, so fuhren die Fensterflügel eines Fensters dort auseinander, ein Mensch, schwach und dünn in der Ferne und Höhe, beugte sich mit einem Ruck weit vor und streckte die Arme noch weiter aus. Wer war es? Ein Freund? Ein guter Mensch? Einer, der teilnahm? Einer, der helfen wollte? War es ein einzelner?
15 Waren es alle? War noch Hilfe? Gab es Einwände, die man vergessen hatte? Gewiß gab es solche. Die Logik ist zwar unerschütterlich, aber einem Menschen, der leben will, widersteht sie nicht. Wo war der Richter, den er nie gesehen hatte? Wo war das hohe Gericht, bis zu dem er nie gekommen war? Er hob die Hände und spreizte alle Finger. Aber an
20 K.s Gurgel legten sich die Hände des einen Herrn, während der andere das Messer ihm tief ins Herz stieß und zweimal dort drehte. Mit brechenden Augen sah noch K., wie die Herren, nahe vor seinem Gesicht, Wange an Wange aneinandergelehnt, die Entscheidung beobachteten. „Wie ein Hund!" sagte er, es war, als sollte die Scham ihn überleben.

FRANZ KAFKA: DER PROZEß, RECLAM – ALTE RECHTSCHREIBUNG

a) **Vergleichen** Sie den Anfang des Romans mit dem Anfang von „Die Verwandlung" hinsichtlich ihrer Gemeinsamkeiten.

b) **Beschreiben** Sie die Gedanken/Gefühle, die der Beginn und der Schluss des Romans in Ihnen auslösen.

c) In einer Interpretation des letzten Satzes von JOACHIM KALKA in der „Frankfurter Allgemeinen" heißt es:

„Wenn die Scham so groß ist, dass sie uns überlebt, bedeutet sie Hoffnung. Hoffnung auf Weiterleben. Es muss schließlich jemanden geben, der die Scham empfindet."

Vergleichen Sie diese Interpretation mit Ihrem Eindruck.

5. „Heimkehr"

Franz Kafka
HEIMKEHR (verfasst 1920, erschienen 1936)

Ich bin zurückgekehrt, ich habe den Flur durchschritten und blicke mich um. Es ist meines Vaters alter Hof. Die Pfütze in der Mitte. Altes, unbrauchbares Gerät; ineinander verfahren, verstellt den Weg zur Bodentreppe. Die Katze lauert auf dem Geländer. Ein zerrissenes Tuch, einmal im Spiel um eine Stange gewunden, hebt sich im Wind. Ich bin angekommen. Wer wird mich empfangen? Wer wartet hinter der Tür zur Küche? Rauch kommt aus dem Schornstein, der Kaffee zum Abendessen wird gekocht. Ist dir heimlich, fühlst du dich zu Hause? Ich weiß es nicht, ich bin sehr unsicher. Meines Vaters Haus ist es, aber kalt steht Stück neben Stück, als wäre jedes mit seinen eigenen Angelegenheiten beschäftigt, die ich teils vergessen habe, teils niemals kannte. Was kann ich ihnen nützen, was bin ich ihnen und sei ich auch des Vaters, des alten Landwirts Sohn. Und ich wage nicht, an der Küchentür zu klopfen, nur von der Ferne horche ich, nur von der Ferne horche ich stehend, nicht so, dass ich als Horcher überrascht werden könnte. Und weil ich von der Ferne horche, erhorche ich nichts, nur einen leichten Uhrenschlag höre ich oder glaube ihn vielleicht nur zu hören, herüber aus den Kindertagen. Was sonst in der Küche geschieht, ist das Geheimnis der dort Sitzenden, das sie vor mir wahren. Je länger man vor der Tür zögert, desto fremder wird man. Wie wäre es, wenn jetzt jemand die Tür öffnete und mich etwas fragte. Wäre ich dann nicht selbst wie einer, der sein Geheimnis wahren will.

FRANZ KAFKA: SÄMTLICHE ERZÄHLUNGEN, FISCHER

a) **Geben** Sie die in der Parabel dargestellte Situation **wieder.**

b) **Beschreiben** Sie die Empfindungen des Ich-Erzählers bei seiner Ankunft und deren Veränderung.

c) **Untersuchen** Sie die Parabel nach Merkmalen, die „typisch" für KAFKA sind.

6. „Kleine Fabel"

Franz Kafka
KLEINE FABEL (verfasst 1920, erschienen 1936)

„Ach", sagte die Maus, „die Welt wird enger mit jedem Tag. Zuerst war sie so breit, dass ich Angst hatte, ich lief weiter und war glücklich, dass ich endlich rechts und links in der Ferne Mauern sah, aber diese langen Mauern eilen so schnell aufeinander zu, dass ich schon im letzten Zimmer bin, und dort im Winkel steht die Falle, in die ich laufe." – „Du musst nur die Laufrichtung ändern", sagte die Katze und fraß sie.

FRANZ KAFKA: KLEINE FABEL, PROJEKT-GUTENBERG.ORG

- **Untersuchen** Sie KAFKAS „Kleine Fabel" hinsichtlich sprachlicher und textsortenspezifischer Merkmale.
- **Deuten** Sie das Gefühl der Angst, als die Welt „so breit" gewesen ist, und das Glücksgefühl über das Auftauchen von Mauern.
- **Entwerfen** Sie eine sogenannte „Lehre" („Epimythion").

Schreiben Sie zwischen 405 und 495 Wörter. Markieren Sie Absätze mittels Leerzeilen.

Rezensieren – Kritisieren

Adler fliegen alleine, Schafe gehen in Herden.

Chinesisches Sprichwort

Meine Ziele

Nach Bearbeitung dieses Kapitels kann ich

- still und sinnerfassend lesen;
- relevante von irrelevanten Informationen unterscheiden;
- für die Adressatin/den Adressaten notwendige Informationen in sinnvoller Reihenfolge anordnen;
- Stil- und Sprachebenen unterscheiden;
- Texte hinsichtlich ihrer Inhalte und Gedankenführung analysieren;
- Textsorten und ihre strukturellen Merkmale unterscheiden;
- zu künstlerischen, insbesondere zu literarischen Werken sowie Entwicklungen Stellung nehmen;
- Texte mit beschreibender und bewertender Intention verfassen und die spezifischen Textmerkmale gezielt einsetzen;
- Texte interpretieren;
- Texte adressatenadäquat produzieren;
- eigene bzw. fremde Texte formal und inhaltlich über- und bearbeiten.

Rezension/Kritik   BEISPIEL

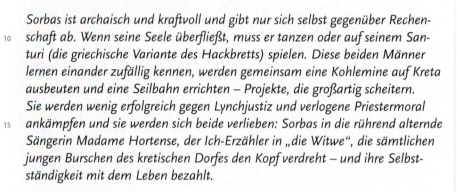

ALEXIS SORBAS: VON NIKOS KAZANTZAKIS

Mit „Alexis Sorbas" betrat 1946 der moderne griechische Roman die Bühne der Weltliteratur. Das Buch lebt von seinen zwei ungleichen Hauptcharakteren: Auf der einen Seite der schriftstellerische Ich-Erzähler, jung, wohlhabend, an Büchern und Kunst geschult, dem Buddhismus anhängend und von seinen Freunden „papierverschlingende Maus" genannt (von seinen Feinden verächtlich „Zierbengel"). Auf der anderen Seite eben er, Alexis Sorbas, dessen Gesichtszüge aufgrund der berühmten Verfilmung wohl ewig mit jenen Anthony Quinns verbunden sein werden.

Sorbas ist archaisch und kraftvoll und gibt nur sich selbst gegenüber Rechenschaft ab. Wenn seine Seele überfließt, muss er tanzen oder auf seinem Santuri (die griechische Variante des Hackbretts) spielen. Diese beiden Männer lernen einander zufällig kennen, werden gemeinsam eine Kohlemine auf Kreta ausbeuten und eine Seilbahn errichten – Projekte, die großartig scheitern. Sie werden wenig erfolgreich gegen Lynchjustiz und verlogene Priestermoral ankämpfen und sie werden sich beide verlieben: Sorbas in die rührend alternde Sängerin Madame Hortense, der Ich-Erzähler in „die Witwe", die sämtlichen jungen Burschen des kretischen Dorfes den Kopf verdreht – und ihre Selbstständigkeit mit dem Leben bezahlt.

Der Ich-Erzähler und Alexis Sorbas: Sie lernen voneinander, spiegeln sich, sind sich gegenseitig Sancho Pansa und Don Quijote. Die Polarität dieser beiden wirkt sich bis in die Sprache aus: Hier Sorbas' einfache und derbe Worte, dort ausgefeilte Gedanken, die sich mit „Dem Mann mit dem Goldhelm" von (damals noch) Rembrandt ebenso beschäftigen wie mit Dantes „Göttlicher Komödie". Die Sprache fließt zwischen den beiden Charakteren hin und her, erschafft so ein einziges griechisches Wesen und zeichnet auf verzaubernde Weise die Landschaft Kretas. Ein großer Roman, ein feinfühliges und warmherziges Buch. Geschrieben hat es Nikos Kazantzakis, der 1883 auf Kreta geboren wurde und 1957 in Freiburg im Breisgau starb. Der Kosmopolit Kazantzakis schrieb eine Doktorarbeit über Friedrich Nietzsche, lebte u. a. in Österreich, Japan, Ägypten, Russland oder Palästina und lernte 1915 auf dem Berg Athos Georgios Sarbos kennen – jenen ob seiner Ursprünglichkeit beeindruckenden Mann, der Kazantzakis 30 Jahre später zu seiner berühmten Romanfigur inspirieren sollte. Wie im Buch versuchten Kazantzakis und Sarbos sich an einer Mine und scheiterten mit ihrem Vorhaben.

Archaisch, kraftvoll, unser Griechenland-Bild bis heute prägend – das ist die Figur Alexis Sorbas. Der Roman geht darüber hinaus, bindet seine Protagonisten nicht nur in ironisch-tragische Bilder ein, sondern stellt die großen Fragen nach Sinn und nach Liebe. Unvergessliche Szenen gibt es zuhauf: Der Tod von Sorbas' Geliebter, die noch vor ihrem letzten Atemzug von den Klageweibern und Taugenichtsen des Dorfes bestohlen wird. Die Steinigung der Witwe. Und immer wieder: der tanzende Sorbas. Kazantzakis' Roman ist nach wie vor aktuell – das zeigt nicht nur eine erneute Lektüre, sondern etwa auch das 2010 von Konstantin Wecker komponierte Musical „Alexis Sorbas". Und so ist das Buch nicht nur jenen ans Herz zu legen, die ihren nächsten Urlaub auf Kreta verbringen wollen. Denn Sorbas berührt uns alle.

JOHANNA RACHINGER, KURIER

Rezension/Kritik   WERKZEUG

Geschriebene Buch-/Film-/Veranstaltungsbesprechungen finden sich in Zeitungen (Feuilleton) und mittlerweile **auch verstärkt im Internet,** Werke werden aber auch im Radio oder im Fernsehen rezensiert.

Ziel der Kritik ist es, **fundierte und verständliche Informationen** über ein bestimmtes **Buch/Konzert etc. zu bieten und es zu bewerten.** Letztlich soll aber das Lesen der Rezension auch Unterhaltung sein.

Teile einer Rezension

Rezensionen haben **keinen streng vorgeschriebenen Aufbau.** In welcher Reihenfolge Sie die Informationen darlegen, kommt auf das Zielpublikum und natürlich das zu besprechende Werk an. Die unten genannten Teile können/sollen auch ineinander verwoben sein.

Jedenfalls **muss** eine Rezension Informationen bieten zu:

- **Gattung, Inhalt und Thema:** Inhalt und Thema müssen genannt werden, ohne dass zu viel verraten wird, d. h., dass Sie keinesfalls das Ende des Werkes, die Lösung möglicher Konflikte verraten dürfen. Umreißen Sie den Plot nur grob!
- **Form, Sprache und Stil:** Einen Eindruck davon können z. B. prägnante Zitate, mit denen Sie Ihre Charakterisierung belegen, bieten.
- **Leistung der Akteure** (bei Filmen, Konzerten …)
- **Gestaltung** (v. a. bei Sachbüchern): Art des Druckes, Bilder …
- **Interpretationsvorschläge:** Flechten Sie in die Inhaltsangabe oder die Charakterisierung der Sprache Interpretationsvorschläge ein, die dem/der Leser/in eine Orientierungshilfe bieten.
- **Wertung:** Die Wertung ist die Hauptaufgabe einer Rezension. Dabei muss Ihre Argumentation nachvollziehbar und folgerichtig sein, das Ergebnis auf den Punkt gebracht werden.
- **Bibliografische Angaben:** alle Informationen, die Sie benötigen, wenn Sie das Buch/die DVD etc. kaufen wollen (Autor/in, Titel, Verlag; u. U. auch Preis und ob es sich um ein Taschenbuch oder eine gebundene Ausgabe handelt)

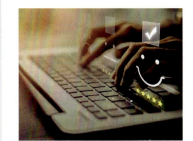

Weiters **kann** eine Rezension Informationen bieten:

- zur **Biografie** von Autor/in bzw. Regisseur/in bzw. Künstler/in: Dies ist vor allem dann sinnvoll, wenn das zu besprechende Werk autobiografische Züge trägt oder wenn der/die Autor/in wenig bekannt ist;
- über vorangegangene **Werke** des Künstlers/der Künstlerin, so sich ein Vergleich mit diesen anbietet;
- über die eigene bisherige **Einschätzung** des Künstlers/der Künstlerin oder jene der Öffentlichkeit;
- über Vergleiche mit **anderen Künstlern und Künstlerinnen** (z. B. Vorbildern, Gegnern).

Formale/Sprachliche Kriterien

Aufbau	Eine Rezension soll einen **klaren, logischen Aufbau** haben.
Gliederung	Die einzelnen Teile werden durch Absätze voneinander getrennt.
Sprache/Stil	der Zielgruppe angepasst; Vermeiden Sie unübliche Fachbegriffe und Fremdwörter.

Notizen

 Arbeitsaufgaben „Rezension/Kritik"

1. **Analysieren** Sie folgende **Kritik**: Stellen Sie fest, ob alle notwendigen Angaben vorhanden sind. Notieren Sie in der Randspalte, wenn Ihnen Informationen fehlen. An welche Zielgruppe wendet sich die Kritik? – Woran können Sie dies erkennen?

SCHALL UND VIEL, VIEL RAUCH

So kontrastreich wie am letzten Abend war das Bühnenprogramm des Frequency Festivals selten: mit The Cure, The XX, Hot Chip und Bloc Party.

Nur eine Umbaupause liegt zwischen ausgelassenem Feiern und gelassener Feierlichkeit, zwischen Mitsingen und Mittanzen und konzentriertem Zuhören. So kontrastreich wie am letzten Abend war das Bühnenprogramm des Frequency Festivals selten. So folgten auf die bayrischen Publikumslieblinge Sportfreunde Stiller die Tristesse-Könige The Cure, auf den oberösterreichischen Electroswing-Pionier Parov Stelar die britischen Minimalpop-Meister The XX. Radikale Stimmungswechsel, bei denen einem fast schwindlig werden könnte – aber genau das macht ein Festival aus.

Zunächst waren auf der Hauptbühne aber zwei Bands zu sehen, die beides vereinen: Hot Chip, deren Tanzmusik mit Herz, Hirn und Geschichtsbewusstsein auf der großen Bühne bei Tageslicht genauso gut funktioniert wie spätnachts im Club, die im Sitzen genauso reizvoll ist wie in Bewegung. Danach Bloc Party, deren schlauer Indierock immer mit einem Auge auf die Tanzfläche schielt. Sänger Kele Okereke, übrigens der amtierende „sexiest man in indie rock", war auch der Einzige, der in einer Zwischenansage auf die Verurteilung der Russinnen Pussy Riot verwies. Während auf der Hauptbühne die immer netten, immer gut gelaunten und völlig zu Recht von allen geliebten Sportfreunde Stiller die Massen zum Singen und Tanzen animierten, war auf der Green Stage das Filetstück des Festivalprogramms an der Reihe.

Zwischentöne

Die von vielen sehnsüchtig erwartete Österreichpremiere der britischen Klangtüftler The XX, die die hohen Erwartungen alles andere als enttäuschte: Fragile, mehr als nur minimalistische Popmusik, die nur aus Atmosphäre zu bestehen scheint und doch so viel mehr als das ist. Ein Triumph der Zwischentöne, visualisiert mit einem durchsichtigen Kreuz als einzigem Bühnenschmuck. Neben viel, viel Nebel.

Ein visuelles Mittel, das The XX mit dem Hauptact des letzten Abends gemein hatten: The Cure, die Legenden des düsteren New Wave und Gothic Pop. Viele Fans im Robert-Smith-Look waren nicht zu sehen, an treuen Zuhörern mangelte es aber nicht. Zu Recht: The Cure fesselten mit einer durchdachten Mischung aus alten Hits (wie „Lovesong"), neueren Nummern und zum Schluss noch ihren größten Hits (wie „Boys don't cry"). In denen sie beweisen, dass es sehr nahe nebeneinander liegt: Feiern und Fühlen.

NINA MÜLLER, KLEINE ZEITUNG

2. Bringen Sie folgende Teile einer **Rezension** in eine für Sie stimmige Reihenfolge, indem Sie die einzelnen Abschnitte durchnummerieren.

Frederick Forsyth
HEISSER KRIEG GEGEN DAS SCHNEETREIBEN

„Cobra", der Roman von Frederick Forsyth, ist eine unkorrekte und sicher sehr wahre Analyse der Machtlosigkeit im Kampf gegen Kokainhandel.

◯ Für das grimmige und gnadenlose, Menschenrechte missachtende Vorgehen seines Protagonisten in diesem seinem 13. Roman wird Forsyth da und dort angegriffen. Ein Schrei nach autoritärer Diktatur stecke hinter seinen Weltansichten.
Die Rezensentin kann diese Meinung nicht teilen. Es ist ein Schrei nach Gerechtigkeit. Ein Aufzeigen der Machtlosigkeit des Guten gegenüber dem Bösen. Eine Anklage gegen Verlogenheit, die sich hinter Korrektheit versteckt. Es ist der Lauf der „zivilisierten" Welt.

◯ **Geheime Mission**
Bevor Devereaux den Job annimmt, stellt er Forderungen, die das Weiße Haus kräftig ins Schwitzen bringen: Vollmachten, Geheimhaltung, ein selbst gewähltes Team aus anderen Veteranen und Elitesoldaten, Unabhängigkeit – und ein Budget von zwei Milliarden Dollar. Der wichtigste Schachzug dabei: Drogendealer müssen per Gesetz mit Terroristen gleichgestellt werden ...
Frederick Forsyth beschreibt die darauf folgenden Vorgänge – in den Kapiteln „Züngeln", „Zischen", „Zuschnappen" und „Zerstören" – nicht Schritt für Schritt, sondern Schlag auf Schlag. Minutiös aufbereitet und im großen Stil komponiert, entspinnt er ein weltumspannendes Szenario, das so plausibel daherkommt, dass man meint, eine Gebrauchsanleitung zur Zerstörung von Drogenkartellen in der Hand zu haben. Und dabei ist schon die Planungsphase hochspannend.
Die Hauptschlagadern der Transporte werden mittels Hightech-Equipment, das sich in umgebauten Kampfbombern, Frachtern und Drohnen manifestiert, abgeschnitten. Bosse, Schmuggler und Dealer werden gegeneinander aufgehetzt, um sich selbst auszuschalten. Das Ziel, so viel Gift zu beschlagnahmen, dass es das kolumbianische Kartell schmerzt, ist bald erreicht.

◯ Zwischenmenschliches findet bei Forsyth auf den Ebenen von Gehorsam und Funktionieren statt. Emotionen kann man sich nur als Leser leisten. Wobei einem gerade die gnadenlose Geradlinigkeit, mit der der Autor die Handlung vorantreibt, schon mal die Luft vor Entsetzen abschnüren kann.

◯ Es ist keine Frage der Moral. Wenn Kinder umgebracht werden, muss man den Mördern den Kampf ansagen und gegen sie in den Krieg ziehen. So sieht das auch der US-amerikanische Präsident, der Barack Obama sehr ähnelt, im Jahr 2011. Er beauftragt Paul Devereaux (Deckname „Cobra") damit, dem globalen Kokainhandel ein Ende zu setzen.
Die Cobra ist kein James Bond der heutigen, schnuckeligen Sorte, sondern ein alter, schlauer Fuchs, der sich zur Ruhe gesetzt hatte. Besser gesagt:

> Nachdem der Ex-CIA-Agent vor Nine Eleven beinahe Osama bin Laden geschnappt hatte, wurde er gefeuert. Der Grund: Er war zu rücksichtslos. Gegenüber den Feinden.
>
> ○ Doch der so angezettelte, globale Krieg macht nicht Halt vor den Toren US-Amerikas. Bald toben Schlachten auf den Straßen. Das mögen Wähler nicht so gern. Und damit hat die Giftschlange offenbar von Anfang an gerechnet ...
>
> ○ Forsyth hält sich nicht auf mit Charakterisierungen seiner Helden oder von deren Feinden. Psychologisierende Befunde wird man in diesem Thriller vergeblich suchen. Wider jegliche Agententradition gibt es nicht einmal Sex. It's a Man's World.
>
> KURIER, OHNE VERFASSER/IN

3. **Kürzen** Sie folgende **Filmkritik,** sodass diese als „Publikumswertung" in einem Internetforum dienen könnte.
Achten Sie darauf, dass alle wesentlichen Aussagen erhalten bleiben.

WAS PASSIERT, WENN'S PASSIERT IST

Bedeutungsschwangere Babykomödie: Fünf Schwangerschaftsszenarien mit Starensemble um Cameron Diaz, Jennifer Lopez und Elizabeth Banks.

Eine Ratgeberverfilmung made in Hollywood: Kirk Jones' Ensemble-
5 *film „Was passiert, wenn's passiert ist" basiert auf dem Selbsthilfebestseller „Ein Baby kommt" und reicht in Bezug auf Offenheit, Humor und Sensibilität nicht einmal annähernd an die populäre Vorlage von Heidi Murkoff heran. Stattdessen werden die fünf unterschiedlichen Schwangerschaftsszenarien platt nebeneinandergestellt und mit einem*
10 *Topcast künstlich aufgeblasen – ab Donnerstag im Kino.*

Die Ausgangslage für die emotionale Achterbahnfahrt ist simpel: Da gibt es die TV-Trainerin Jules (Cameron Diaz), die von ihrer „Dancing-Star"-Affäre schwanger wird; die junge Verkäuferin Rosie (Anna Kendrick), deren One-Night-Stand ungewollte Folgen hat; die kontrollwahnhafte
15 *Ratgeberautorin Wendy (Elizabeth Banks), die nach vielen Versuchen endlich ein Baby erwartet; die junge Skyler (Brooklyn Decker), die dem reichen Ex-Rennfahrer nicht zuletzt der Bestätigung seiner Potenz dient; und die unfruchtbare Fotografin Holly (Jennifer Lopez), die sich zu einer Adoption entschließt.*

20 **Bedeutungsschwanger**
Naturgemäß dreht sich in diesem Film alles um den mehr oder weniger vorhandenen Kinderwunsch, teilweise sehnsüchtig-karikaturesk in Szene gesetzt, teilweise vor allem bedeutungsschwanger. Regisseur Jones („Lang lebe Ned Devine!", „Eine zauberhafte Nanny") hat sich um eine Mi-
25 *schung aus Drama und Komödie bemüht, dabei aber definitiv keine Kontroverse im Sinn gehabt. So wirkt der fast zweistündige Film von Anfang an konstruiert und zielt im Stile einer überlangen Sitcom deutlich auf ein Fernsehpublikum ab.*

> Wie so oft bei Episodenfilmen, sind dann auch nicht alle Erzählstränge gleich stark. Cameron Diaz wird mit einer halb garen Story weit unter Wert verschenkt, Jennifer Lopez kämpft mit viel Mühe gegen Klischee- und Kitschwindmühlen, und Anna Kendrick wartet scheinbar nur auf die schicksalhafte Strafe für ihre Skepsis. Zur Auflockerung und Verbindung der ohnehin nur lose verknüpften Fäden dienen indes Chris Rock und seine Daddy-Gang, die mit ihren Sportbuggys im Park (fast) alles cool im Griff haben. Doch allein diese Übergänge zeigen schon, dass eine „Komödie wie aus einem Guss" einfach anders aussieht.
>
> KLEINE ZEITUNG, OHNE VERFASSER/IN

4. Verfassen Sie ausgehend von folgender Rezension einen werbenden **Klappentext.**
Schreiben Sie zwischen 135 und 165 Wörter.

Nick Hornby
ABOUT A BOY

„Will sah, wie traurig das war, aber er sah auch, daß es nicht sein Problem war. Kein Problem war sein Problem. Sehr wenige Menschen waren in der glücklichen Lage, sagen zu können, daß sie keine Probleme hatten – aber auch das war nicht sein Problem."

Nick Hornby schreibt Romane wie Hollywood-Komödien. Wie herausragende Hollywood-Komödien, möchte man sagen, da es sich sonst kaum um ein Kompliment handeln würde. Aber als solches ist's durchaus gemeint: „About a Boy" ist eine Komödie im besten Sinne, eine, in der Humor, Situationskomik und Traurigkeit aufeinandertreffen, wo an der Oberfläche der Witz tänzelt, während in der Tiefe Angst und Verzweiflung umherstampfen.

Der 1998 (auch im Verlag Kiepenheuer & Witsch) erschienene Roman hat zwei Protagonisten, zwei Perspektiven. Auf der einen Seite der 12-jährige Marcus, ein von den Mitschülern gehänselter Außenseiter, der von seiner Mutter in die Rolle des Vegetariers und Trägers „sackartiger Pullover" hineingedrängt wurde. Auf der anderen Seite Will Freeman, der die 36 Jahre seines Lebens unter einem einzigen Motto verbrachte: „cool" zu sein. Der Wechsel dieser Perspektive ist reizvoll, zumal beide Buben sind – ein kleiner und ein großer eben –, die zufällig und nur langsam zueinanderfinden.

Sie treffen einander über eine Freundin von Will, der sich in eine Gruppe alleinerziehender Eltern hineinschmuggelt, um leichter Frauen aufzureißen. Eine davon ist Marcus' Mutter bekannt, in deren Selbstmordversuch Will und seine Freundin hineinplatzen. „Alles nicht mein Problem", denkt Will, denn er ist glücklich in seinem Leben zwischen Bars, Filmen und Freunden. Arbeiten will und muss er auch nicht – er lebt von den Tantiemen eines Weihnachtssongs, den sein Vater geschrieben hat.

Will Freeman versucht zwar, ungebunden und ohne jede Art von Verpflichtung zu bleiben – aber er kann sich nicht mehr seiner unfreiwillig entstandenen Rolle als eine Art großer Bruder entziehen. Er unterstützt und hilft Marcus schließlich, kennt er sich doch mit Musik, Baseball und

Rezensieren – Kritisieren

> Klamotten aus, mit all jenen Dingen, die aus Marcus einen „normalen" Buben machen könnten. „Du willst kein Schaf sein, okay", erklärt Will ihm. „Aber manchmal ist es gut, sich als Schaf zu tarnen."
>
> Marcus lebt und leidet auf seine Weise – zu den stärksten Stellen im Roman zählen jene, in denen Hornby die Gedankenwelt eines Zwölfjährigen überzeugend darstellt. Als er seine Beschützerin, die ältere und starke Freundin Ellie, etwa als Waffe gegen die Umwelt erkennt, vergleicht er sie mit einer Lenkrakete, kommt jedoch schließlich zu dem Schluss: „Aber in der Welt draußen, wo es keine Wände und Vorschriften gab, machte sie ihm Angst. Sie konnte ihm jederzeit in den Händen explodieren."
>
> Genau das geschieht am Ende des Buches. Ellie ist Fan von Kurt Cobain, dem Frontman der Rockgruppe Nirvana (deren Song „About a Girl" wohl beim Romantitel mitgedacht werden muss). Am Tag seines Selbstmordes wirft sie eine Schaufensterscheibe ein, hinter der eine Pappfigur von ihrem Idol prangt – sie glaubt, da wolle der Besitzer schnelles Geld mit dem frisch verstorbenen Musiker machen. Ein Hauch von Wahnsinn eben nicht nur bei den beiden Hauptcharakteren.
>
> Der Brite Nick Hornby wurde 1957 geboren und gilt als Hauptvertreter der Popliteratur. Seit 1992 hat er ein Dutzend Bücher veröffentlicht, viele wurden tatsächlich von Hollywood verfilmt – etwa mit Hugh Grant oder John Cusack in der Hauptrolle. Mit „About a Boy" hat Hornby ein außergewöhnlich vergnügliches Buch vorgelegt. Und eines, das mit manchmal komischen, manchmal traurigen Fingern auf das Kind in jedem von uns zeigt.
>
> JOHANNA RACHINGER, KURIER

5. Verfassen Sie für die Schülerzeitung Ihrer Schule eine Rezension zu einem Buch (literarisches oder Sachbuch), das Sie vor Kurzem gelesen haben oder das Sie besonders gut in Erinnerung haben.
Verfassen Sie Ihre **Rezension** und bearbeiten Sie dabei folgende Arbeitsaufgaben:

- **Geben** Sie knapp den Inhalt **wieder,** ohne zu viel zu verraten.
- **Beurteilen** Sie, ob der Inhalt die Altersgruppe, für die Sie rezensieren, anspricht und ob die Sprache altersadäquat ist.
- **Begründen** Sie, warum Sie dieses Buch als Klassenlektüre empfehlen.

6. Wählen Sie ein Kinderbuch, das Sie besonders gerne gelesen haben oder aus dem Sie sich besonders gerne vorlesen ließen, und verfassen Sie eine **Rezension** dazu.
Folgende Fragen können Ihnen bei der Besprechung/Kritik helfen:

- Für welche Altersgruppe ist das Buch bestimmt?
- Um welches Genre handelt es sich? (Beispiele: Ist das Werk problemorientiert? Handelt es sich um eine fantastische Erzählung? Richtet es sich besonders an ein Geschlecht: Mädchenbuch, Bubenbuch?)
- Wie ist das Verhältnis von Text und Bild?
- Gibt es eine Identifikationsfigur?
- Betrifft die dargestellte Handlung den Lebensraum und die Erfahrungswelt von Kindern?
- Wird die Fantasie angeregt? Bieten Text und Bild(er) Anlässe, weiterzudenken, nachzufragen …?

- Welche Werte und Normen werden vermittelt? Welche „Lehren" ziehen die Kinder aus dem Dargestellten? Gibt es eine „versteckte Moral"? Können Sie diese gutheißen?
- Sind diskriminierende Passagen enthalten? Werden Rollenklischees verfestigt?
- Ist die Sprache verständlich und altersgerecht?

Achtung: Selbstverständlich werden Sie nicht alle diese genannten Kriterien besprechen. Wählen Sie einerseits danach aus, was für „Ihr" Werk von Relevanz ist, andererseits danach, was für Ihre Zielgruppe (bestimmen Sie diese im Vorfeld) wichtig ist. – Wenn Sie zum Beispiel ein Bilderbuch für eine Kunstzeitschrift besprechen, werden Sie mehr Wert auf die ästhetischen Aspekte legen; rezensieren Sie für einen Elternratgeber, werden Sie besonders auf die Thematik eingehen etc.

7. Verfassen Sie eine **Rezension** zu einem Kochbuch Ihrer Wahl.
   Dabei können Sie unter anderem auch folgende Aspekte besprechen:
   - Deckt das Kochbuch einen speziellen Bereich ab, z. B. Vorspeisen, Mehlspeisen? Werden Rezepte aus einer bestimmten Region vorgestellt?
   - Ist das Kochbuch auch für Anfänger geeignet? Wendet es sich eher an den durchschnittlichen Anwender oder an Spezialisten? Erkennen können Sie dies z. B. daran, ob ungebräuchliche Fachausdrücke verwendet werden, wie aufwendig die Zubereitung der Gerichte erscheint, welches Zubehör dafür benötigt wird.
   - Gibt es Bilder? Wenn ja, illustrieren sie nur das fertige Gericht oder gibt es auch bebilderte Schritt-für-Schritt-Anleitungen?
   - Was ist das Besondere an diesem Kochbuch (z. B. Format, Informationen über die Region/das Land, aus der/dem die Rezepte stammen, Bezug zu Literatur)?

8. **Rezensieren** Sie einen Kino- oder Fernsehfilm.
   Zusätzlich zu den im WERKZEUG-Blatt genannten Aspekten könnten Sie folgenden Fragen nachgehen:
   - Gibt es Besonderheiten der Filmmusik?
   - Ist Ihnen zum Schnitt etwas aufgefallen? – Gibt es Special Effects?
   - Sind Schauplatz der Handlung und Kostüme gut gewählt? Gibt es Brüche?
   - Welcher Schauspieler/Welche Schauspielerin hat Sie (in welcher Rolle) am meisten überzeugt?
   - Falls es eine literarische Vorlage gibt: Ist die Verfilmung werkgetreu oder gibt es Änderungen? Was bewirken etwaige Änderungen?

9. An Ihrer Schule findet eine Veranstaltung statt, z. B. ein Tag der offenen Tür, ein Absolvententreffen, eine Preisverleihung, ein Kulturabend. Schreiben Sie eine **Kritik** zu dieser Veranstaltung und bearbeiten Sie die folgenden Arbeitsaufträge:
   - **Beschreiben** Sie die Rahmenbedingungen der Veranstaltung sowie den Ablauf der Veranstaltung.
   - **Analysieren** Sie folgende Aspekte der Veranstaltung:
     Wurde alles, was in der Einladung versprochen wurde, auch gehalten?
     Wie wurde mit etwaigen Störungen umgegangen?
     Wie war die Stimmung unter den Teilnehmenden?
   - **Beurteilen** Sie einzelne Teile der Veranstaltung im Gesamten.

Rezensieren – Kritisieren

Ziele erreicht? – „Rezensieren – Kritisieren"

Selbstevaluation

Schätzen Sie sich selbst ein und beurteilen Sie Ihr eigenes Können. (Nehmen Sie dazu Ihre selbst verfassten Texte zur Hand und analysieren Sie sie.)

Feedback

Holen Sie Feedback über Ihre Kompetenz von einer Kollegin/einem Kollegen ein. (Geben Sie Ihre Texte an eine Kollegin/einen Kollegen weiter.)

Selbsteinschätzung				Feedback			
kann ich				kann sie/er			
Inhalt	☺	😐	☹	**Anmerkungen**	☺	😐	☹
Vollständigkeit: Alle wesentlichen Informationen sind enthalten.							
Wertung: Die Wertung wird begründet und belegt.							
Adressatenbezug							
Formale/Sprachliche Kriterien	☺	😐	☹	**Anmerkungen**	☺	😐	☹
Der Aufbau ist klar und logisch.							
Gliederung: Die einzelnen Teile sind durch Absätze voneinander getrennt.							
Sprache: der Zielgruppe angepasst; sachlich, anschaulich, ohne ungebräuchliche Fachausdrücke							
Rechtschreibung: viele, wenige, fast gar keine Fehler							
Grammatik: viele, wenige, beinahe gar keine Fehler							

☺ = kann ich/sie/er sehr gut   😐 = kann ich/sie/er   ☹ = kann ich/sie/er noch nicht

Kommentieren – Glossieren

Es ist OK, wenn du deine Meinung änderst!

SLOGAN FÜR EIN IKEA-RÜCKGABESERVICE

 Meine Ziele

Nach Bearbeitung dieses Kapitels kann ich
- Texte themengerecht und ästhetischen Kriterien entsprechend gestalten;
- Texte mit unterschiedlicher Intention verfassen und die jeweils spezifischen Textmerkmale gezielt einsetzen;
- Texte adressatenadäquat produzieren;
- relevante Informationen markieren und kommentieren;
- zu Problemen aus dem Spannungsfeld von Individuum, Gesellschaft, Politik und Wirtschaft Stellung nehmen;
- eigene bzw. fremde Texte formal und inhaltlich über- und bearbeiten;
- Stilmittel gezielt und der Textsorte entsprechend einsetzen;
- sachgerecht argumentieren und zielgerichtet appellieren.

Glosse   BEISPIEL

ALLE TUN ES, IMMER!
Gechillt wird in der Wüste, auf dem Sofa und mit Om

Deutschland leidet unter einer schlimmen Seuche. Die Träger der Krankheit sind leicht zu erkennen: Sie verwenden andauernd dasselbe Tätigkeitswort – und zwar für nahezu alles, was sie unternehmen. Ob sie sich nach Feierabend
5 *mit Freunden auf ein Bier treffen, im Urlaub am Strand liegen, in der Mittagspause einen Kaffee trinken oder in der Diskothek herumlungern. Stets tun sie angeblich nur eines. Sie chillen.*

Es gibt Eltern, die von ihren halbwüchsigen Kindern seit einigen Jahren kein anderes Wort mehr gehört haben. Man braucht Jugendliche im Grunde gar
10 *nicht mehr fragen, wohin sie unterwegs sind, wenn sie zu einer beliebigen Tageszeit das Haus verlassen. Die Antwort lautet garantiert: „Ich geh' noch ein wenig chillen." Regt man sich darüber auf, heißt es: „Chill' doch mal ab, Alter."*

Selbst ein Buch mit dem Titel „Stillen und Chillen" ist im Handel erhältlich.
15 *In Fachkreisen wird schon von gelegentlich auftretendem „Hardcore-Chillen" gesprochen und die Firma adidas verkauft Chill-Schuhe. Da wundert es natürlich nicht, dass sich Regierungsmitglieder beim Volk damit einschleimen wollen. Bundesverkehrsminister Peter Ramsauer etwa vertraute jüngst einem Magazin an: „Natürlich chillen meine Töchter." Das kennt man. Jetzt finden*
20 *es alle gut. Aber wenn erst einmal die ersten Fälle von Chilldrüsenüberfunktion auftreten, dann will es wieder keiner gewesen sein.*

Nürnberger Nachrichten, ohne Verfasser/in

HABEN UND SEIN
Die Gelehrten befinden: Österreichisches Deutsch ist überaltet und grammatikalisch fehlerhaft

Nach einer Studie befinden jene Gelehrten, die an Europas Unis Deutsch unterrichten: Österreichisch ist eine Mundart. Österreichisches Deutsch ist
5 *überaltet und grammatikalisch fehlerhaft. (Deutsches Österreichisch gibt es nicht, wäre ja noch schöner, nä?)*

Studienbeispiel, wie falsch der Österreicher spricht. Er sagt: „Ich bin am Fenster gestanden" (und hob ausseg'schaut) statt „Ich habe am Fenster gestanden" (und mal eben hinausgeguckt). Der Österreicher bevorzugt also oft
10 *noch das „Sein" gegenüber dem „Haben" – und das sei plump und antiquiert, sagen uns die Lehrmeister.*

Diese Entwicklung hat Erich Fromm schon vor 30 Jahren vorausgesehen. Er beschrieb „Haben" als das Übel der Zivilisation, während für ihn im „Sein" die einzige Möglichkeit eines erfüllten, nicht entfremdeten Lebens bestand.
15 *Für Fromm war aber klar, dass sich das Besitz ergreifende „Haben" gegenüber dem Lebendigkeit implizierenden „Sein" durchsetzen wird. An das heldenhaft dagegen ankämpfende Österreichisch hat der Frankfurter Philosoph dabei wohl nicht gedacht. Aber wurscht: Hauptsache, wir wissen wieder, wie gut wir sind, wie wenig wir davon auch haben.*

Daniel Glattauer, Der Standard

Glosse   WERKZEUG

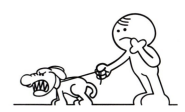

Die **Glosse** ist – wie der Kommentar – eine **meinungsbetonte journalistische Textsorte,** die sich kritisch mit einem Thema von allgemeinem Interesse, häufig allerdings Alltagsthemen, auseinandersetzt. Im Unterschied zum Kommentar, der dies vor allem faktenorientiert tut, **ist die Glosse oft satirisch-bissig.** In ihrer Reinform gleicht die Glosse einer in Worte gefassten Karikatur.

In der journalistischen Praxis **verschwimmen die Grenzen** zwischen Glosse und Kommentar häufig. **Meinungsbetonte** Textsorten – so auch die Glosse – werden von seriösen Zeitungen als solche **optisch gekennzeichnet.**

Teile der Glosse/Inhaltliche Kriterien

Der Aufbau einer Glosse ist nicht so **strikt festgelegt** wie jener eines Kommentars. Zumeist sind Glossen allerdings dreiteilig und gliedern sich in:

Einleitung
Diese dient der subjektiven inhaltlichen Darstellung einer (gesellschaftlichen, alltäglichen) Problematik. Oft beginnt die Glosse mit einem situativen Einstieg, d. h., eine eigene Beobachtung oder ein eigenes Erlebnis wird beschrieben. Jedenfalls steigt die Autorin/der Autor ohne Umschweife und möglichst kreativ in den Text ein.

Hauptteil
In erster Linie werden Beispiele zur Stützung der dargestellten Problematik und der individuell deklarierten These angeführt.
- Vorab wird das Problem in einer subjektiven Art und Weise erklärt und/oder definiert.
- Kritik wird dadurch geübt, dass das Problem **ironisiert** wird, indem
  - es durch Übertreibung ins Lächerliche gezogen wird;
  - mehrere lächerliche Beispiele desselben thematischen Bereiches ins Treffen geführt werden;
  - Vergleiche zu anderen „absurden" Bereichen gezogen werden;
  - das eine gesagt wird, aber das andere gemeint ist.
- Kritik wird nicht direkt geübt, sondern implizit.

implizit = mit gemeint, aber nicht ausdrücklich gesagt

Schluss
Den Schluss bildet ein als **Pointe** (geistreicher Schlusseffekt) formuliertes Fazit oder eine zur Pointe gesteigerte Zusammenfassung. Mit der Pointe wird das eigentliche Anliegen der/des Schreibenden noch einmal klargelegt.

Formale/Sprachliche Kriterien

Gliederung	Einleitung, Hauptteil und Schluss werden durch Absätze voneinander getrennt. Auch innerhalb des Hauptteils wird bei der Darstellung jedes neuen inhaltlichen Elements ein Absatz gemacht.
Zeit	grundsätzlich Verwendung der Gegenwartsstufe (Präsens, Perfekt, Futur ...), Variationen möglich
Sprache/Stil	zielgruppenadäquat; anschaulich, beschreibend/analysierend, vergleichend, sprachspielerisch; Verwendung rhetorischer Figuren, besonders häufig: Ironie, Satire, Übertreibung
Schreibhandlungen	beschreiben, argumentieren, vergleichen

Kommentieren – Glossieren

Glosse

TEXTWERK

Text 1

EINE GROSSSTADT SCHLÄFT EBEN NIE

Neue Tempo-30-Diskussion: Der grüne Verkehrssprecher will das Tempolimit nachts auf alle Wiener Straßen ausdehnen, auch auf Verkehrsadern wie Gürtel, Wienzeile und Lände: zum Wohle der Anrainer und ihrer Nachtruhe.

Tempo 30 ist eine gute Idee in Wohngegenden. Dort macht Tempo 30 Sinn,
5 *auch wenn sich bisher offenbar acht von zehn Autofahrern nicht daran halten. (Was einen ÖAMTC-Tempo-30-Skeptiker im ORF zur Aussage verleitete: „Je mehr eine 30er-Zone von Verkehrsteilnehmern als nicht notwendig empfunden wird, desto häufiger wird die Bestimmung übertreten." Quasi: Die Übertretung des Tempolimits ist nicht den Autofahrern anzulasten, sondern dem Tempo-*
10 *limit, das die Autofahrer zu widernatürlichem Schleichen zwingt.)*

Aber Tempo 30 auf Verkehrsadern und Ausfallstraßen? Damit es stiller wird in Wien? Ist eine merkwürdige, ja: schlechte Idee. Eine lebendige Metropole braucht auch ein paar schnelle Straßen, am Tag und in der Nacht: Straßen, auf denen müde Menschen schnell nach Hause kommen, Eltern zu ihren
15 *Kindern, Verliebte zu ihren Geliebten.*

Man kann eine Großstadt nicht ins Bett schicken, und genau das ist daran ja das Tolle: Dass die Stadt nie schläft. Das Geplauder, das die nächtliche Stille zerreißt, Gelächter und manchmal Gegröle, Musik, die aus Fenstern dringt, Hundegebell und die Geräusche von Autos und Motorrädern.

20 *Diese Geräusche gehören zum Stadtbild dazu, sie erzeugen erst das Stadt-Lebensgefühl: dass man nicht isoliert ist, sondern Teil eines lebendigen, summenden Organismus. Wer das nicht will oder nicht erträgt, soll besser am Land wohnen. Oder auf den stillen Innenhof hinaus.*

DORIS KNECHT, KURIER

Sie haben die Kolumne „Eine Großstadt schläft eben nie" gelesen und fühlen sich veranlasst, eine Glosse zu verfassen, die ebenfalls im „Kurier" veröffentlicht werden soll.

Verfassen Sie nun die **Glosse** und bearbeiten Sie dafür folgende Arbeitsaufträge:

- **Geben** Sie DORIS KNECHTS Meinung zu Tempo 30 auf allen Wiener Straßen **wieder.**
- **Beurteilen** Sie KNECHTS Argumentation.
- **Nehmen** Sie kritisch **Stellung** zur Frage, ob in allen österreichischen Städten Tempo 30 vorgeschrieben sein sollte.

Schreiben Sie zwischen 270 und 330 Wörter. Markieren Sie Absätze mittels Leerzeilen.

Text 2

NACHTRUHE GESTÖRT: HAHN DARF BLEIBEN

Nachbarschaftsstreit. Selbst im Wohngebiet muss man auf dem Land bestimmte Geräusche akzeptieren. Der Versuch, der Nachbarin die Haltung eines Hahnes zu verbieten, scheiterte.

Vor Gericht gezogen war ein Kärntner Ehepaar, das über Schlafstörungen
5 *klagte. Denn um 4.30 Uhr in der Früh begann der nachbarschaftliche Hahn zu krähen. Neben dem Hahn hielt die Nachbarin zuletzt 13 Hennen. Hühnerzucht betrieb sie keine, die Eier verwendete sie für den eigenen Bedarf. Hühnerstall gab es keinen mehr, seit die Gemeinde den Abbruch veranlasst hatte. Die Tiere wurden aber in einem alten Stallgebäude mit dicken Mauern*
10 *gehalten. Bei Sonnenuntergang mussten die Hühner dorthin, zwischen sieben und acht Uhr durften sie wieder heraus. Ein Sachverständiger stellte fest, dass das Krähen des Hahnes, solange er im Stall war, nur mit gemäßigter Laut-*

stärke wahrgenommen werden konnte. Die Nachbarn betonten trotzdem, dass sie sich „in ihrer Lebensqualität erheblich gestört" fühlten. Wegen der Schlafstörungen seien sogar Behandlungen beim Hausarzt nötig.

„Folge des ländlichen Charakters"
Das Ehepaar forderte das Gericht auf, der Nachbarin die Lärm- und Geruchsbelästigung zu verbieten, die durch die Haltung der Tiere entstehe. Es handle sich hier schließlich um ein Wohngebiet. Die Nachbarin betonte hingegen, dass selbst die Kirchenglocken lauter seien als ihr Hahn. Zudem sei auf ihrem Grundstück einst eine Landwirtschaft gewesen, und in der Nähe gebe es jetzt auch noch einen Bauernhof.
Das Bezirksgericht Villach aber gab dem Klagebegehren statt. In einer Gegend, die als „Bauland-Wohngebiet" gewidmet sei, dürfe man keine Hühner halten. Das ergebe sich bereits aus der Raumordnung. Die Nachbarn müssten daher das Krähen eines Hahnes in frühen Morgenstunden nicht akzeptieren. Das Landesgericht Klagenfurt stimmte diesem Urteil zu. Der Oberste Gerichtshof aber drehte das Urteil um. Er betonte, dass sich die Liegenschaften der beiden Nachbarn in einem „aufgelockerten Siedlungsgebiet mit dörflich-ländlichem Charakter befinden". In 250 bis 300 Meter Entfernung befände sich sogar ein echter Hof mit Hühnerhaltung.
In diesem dörflichen Umfeld müsse man die Geräusche von artgerecht gehaltenen Hühnern und ein oder zwei Hähnen als „ortsüblich" hinnehmen. Insbesondere dann, wenn die Tiere über Nacht hinter Mauern gehalten würden. „Soweit diese Geräusche dennoch die Nachtruhe besonders empfindlicher Personen stören, muss das als Folge des ländlichen Charakters der Umgebung hingenommen werden", befand der Oberste Gerichtshof (4Ob99/12f). Das Thema Tiere und Nachbarschaft beschäftigt Gerichte immer wieder. Erst in diesem Sommer entschied der Unabhängige Verwaltungssenat Steiermark, dass es für Anrainer unzumutbar sei, das nächtliche Läuten von Kuhglocken zu ertragen, zumal diese unnötig waren: Die Tiere grasten auf einer eingezäunten Weide. Nicht gefallen lassen muss man sich auch eine große Zahl Katzen, wie ein Fall aus Hallein zeigte: Das Landesgericht Salzburg entschied, dass man „nicht mehr" als drei vom Nachbarn gehaltene Katzen akzeptieren müsse.

Philipp Aichinger, Die Presse – gekürzt

Sie arbeiten ehrenamtlich in einer Tierschutzorganisation und werden gebeten, den Bericht „Nachtruhe gestört: Hahn darf bleiben" zu kommentieren. Ihre Glosse soll im monatlich erscheinenden Rundschreiben der Organisation veröffentlicht werden.
Lesen Sie den Bericht „Nachtruhe gestört: Hahn darf bleiben".
Verfassen Sie anschließend eine **Glosse** und bearbeiten Sie dafür folgende Arbeitsaufträge:

- **Beschreiben** Sie knapp den Anlass des im Bericht dargelegten Nachbarschaftsstreits.
- **Nehmen** Sie kritisch **Stellung** zur Tatsache, dass offenbar in einem „Siedlungsgebiet mit dörflich-ländlichem Charakter" Lärm- und Geruchsbelästigung durch Tiere gerechtfertigt ist, im städtischen Bereich aber nicht.
- **Beurteilen** Sie, unter welchen Umständen Tierhaltung verboten sein sollte.

Schreiben Sie zwischen 405 und 495 Wörter.

Text 3

STUDIE: WICKELN UND PUTZEN SIND FRAUENSACHE

Immer mehr Männer arbeiten zwar im Haushalt mit. Doch zwei Drittel der unbezahlten Tätigkeiten werden nach wie vor von Frauen verrichtet, besonders die Kinderpflege, Wäsche und Putzen.

WIEN. Das Lob der Frauen für die Männer klingt folgendermaßen: Sie packen deutlich stärker im Haushalt mit an als noch vor 30 Jahren, sie kochen und verbringen mehr Zeit mit ihren Kindern. Doch gewisse Dinge, so scheint es, ändern sich nie oder nur sehr langsam: Frauen erledigen immer noch zwei Drittel der unbezahlten Arbeit, während sich Männer – so sagt es Frauenministerin Gabriele Heinisch-Hosek (SPÖ) – „die Rosinen herauspicken".

Zu diesem Schluss kommt die „Zeitverwendungsstudie 2010", die von ihrer Vorgängerin Doris Bures (jetzt Infrastrukturministerin) in Auftrag gegeben und am Donnerstag von Heinisch-Hosek präsentiert wurde. Über einen Zeitraum von mehr als einem Jahr (März 2008 bis April 2009) hatte die Statistik Austria 8 000 Österreicher veranlasst, ihre Tätigkeiten auf Tagebuchblättern detailreich aufzulisten.

Dabei stellte sich heraus, dass Frauen 66 Stunden pro Woche arbeiten, wovon 41 Prozent nicht bezahlt werden. Männer kommen auf 64,3 Wochenarbeitsstunden – 25 Prozent davon entfallen auf unbezahlte Tätigkeiten. Das Fazit der Studienautoren: Haushalt und Kindererziehung würden von Frauen gewissermaßen „nebenbei" erledigt, und zwar auf Kosten ihrer Freizeit. Denn Männer haben mit täglich 4:16 Stunden mehr Zeit für sich als Frauen mit 3:34 Stunden.

„Der Mann kocht zwar ein Haubenmenü, überlässt das Schlachtfeld Küche aber der Partnerin", analysiert die Frauenministerin die Lage in den österreichischen Haushalten. Erfreulich sei natürlich, dass sich deutlich mehr Männer daheim engagieren als früher: In den vergangenen drei Jahrzehnten hat sich ihre Zahl verdoppelt. Von „halbe-halbe", sprich: einer wirklich partnerschaftlichen Aufteilung könne jedoch (noch) keine Rede sein, sagt Heinisch-Hosek.

Die Studie stützt ihre These: Männer machen sich daheim um täglich 86 Minuten weniger nützlich als Frauen (wobei heute insgesamt weniger Hausarbeit verrichtet wird). Das hat sich über die Jahre nur marginal geändert: 1981 wendeten Männer für den Haushalt 63 Prozent jener Zeit auf, die ihre Frauen dafür investierten. 2009 waren es 66 Prozent.

Männer kochen und kaufen ein

Was heute anders ist? „Beim Wocheneinkauf und Kochen sind die Männer durchaus engagierter", sagt die Ministerin. 39 Prozent der Männer kaufen ein, 32 Prozent kochen. Doch andere Arbeiten seien immer noch Frauensache: Nur 26 Prozent der Männer beteiligen sich am Wohnungsputz, 15 Prozent waschen Wäsche, und elf Prozent nehmen ein Bügeleisen in die Hand.

Ein ähnliches Bild zeichnet die Kinderbetreuung: Väter, die sich im Jahr 2010 zwar verstärkt einbringen, legen vor allem dann besonderes Engagement an den Tag, wenn es um Aufgaben mit sozialer Anerkennung geht: Sonntagsausflüge etwa. Die „Knochenarbeit" (Heinisch-Hosek), nämlich Füttern oder Windelwechseln, werde jedoch von den Müttern erledigt.

Die Frauenministerin sagt: „Ich will nicht, dass Männer weiter die Rosinenpicker bleiben." Was also tun? Einkommenstransparenz (ab 2011), Ausbau der Kinderbetreuung und Bewusstseinsbildung sind ihre Schlagworte. Im Herbst startet eine Imagekampagne für die Väterkarenz; Personalchefs sollen in Workshops unterrichtet werden, welche Vorteile karenzierte Väter ihren Unternehmen bringen. Denn Wunsch und Wirklichkeit klaffen hier weit auseinander: Heinisch-Hosek wünscht sich einen Männeranteil von 20 Prozent. Tatsächlich liegt er bei knapp fünf Prozent.

„Ob chic oder cool", sagt die Ministerin, „die Väterkarenz soll normal werden." Notfalls – wenn der Erfolg weiter überschaubar bleibt – will sie deshalb das deutsche Modell andenken: Wenn der Partner nicht in Karenz geht, wird das Elterngeld um zwei Monate gekürzt.

Die Presse, ohne Verfasser/in

Sie werden aufgefordert, für die Sonderbeilage „Was die Jungen denken" einer großen Tageszeitung eine Glosse zu verfassen.
Lesen Sie den Bericht „Studie: Wickeln und Putzen sind Frauensache".
Verfassen Sie anschließend eine **Glosse** und bearbeiten Sie dafür folgende Arbeitsaufträge:

- **Geben** Sie die wesentlichen Fakten zur Aufgabenteilung im Haushalt zwischen Mann und Frau **wieder.**
- **Erläutern** Sie mögliche Ursachen für das in der Textvorlage beschriebene Ungleichgewicht in der Arbeitsteilung.
- **Beurteilen** Sie, ob halbe-halbe im Haushalt wünschenswert ist.

Schreiben Sie zwischen 405 und 495 Wörter. Markieren Sie Absätze mittels Leerzeilen.

Text 4

POLYLOVE – LIEBE IN DER ZUKUNFT

Polyamorie & Casual Dating sind die Liebesbegriffe der Zukunft. Sie verstehen nur Bahnhof? Keine Sorge! MADONNA erklärt die neuen Trends.

Oscarpreisträgerin Tilda Swinton und der deutsche Regisseur Dieter Wedel sind die Aushängeschilder unter den Polyamoren. Sie leben seit vielen Jahren ein Beziehungssystem, das laut Andreas Steinle, dem Geschäftsführer des Zukunftsinstituts, eine aufstrebende Liebesform der Zukunft sein soll. „Polyamorie", so Steinle, „baut auf stabile und transparente Beziehungen zwischen mehreren Partnern und grenzt sich dabei dezidiert von hemmungsloser Promiskuität, verdecktem Fremdgehen und Swingertum ab." Aber nicht nur die Anhängerzahl der Polyamorie wächst stetig, auch „Living Apart Together" als Beziehungsmodell kommt vielen Paaren in ihrem Wunsch nach Autonomie entgegen.

Freiraum. Beziehung? Ja! Zusammen wohnen? Nein! Immer mehr Paare leisten sich getrennte Wohnungen und genießen dabei Freiräume, die sich positiv auf ihr Liebesleben auswirken. Denn auch wenn die Distanz auf Kosten von Nähe und Vertrautheit geht, fördert es gleichzeitig die sexuelle Anziehungskraft. Während die „Living Apart Together"-Variante noch auf Stabilität, Verbindlichkeit und Exklusivität der Paarbeziehung pocht, entwickelt sich unter den großstädtischen Singles ein ganz anderer Trend. „Friends with Benefit" nennt sich die urbane Liebesvariante, die unverbindlichen, aber trotzdem vertrauten Sex ermöglicht. Der gleichnamige Hollywoodfilm von 2011 zeigte, wie das System in der Theorie funktionieren könnte. „Zwei Singles, die gut befreundet sind und sich gelegentlich körperlich näherkommen – ohne daraus eine verbindliche Beziehung entstehen zu lassen. Das ist für viele eine gute Möglichkeit, die Zeit bis zur nächsten Liebesbeziehung zu überbrücken", so Zukunftsinstitut-Geschäftsführer Steinle.

Frei Haus. Vergleichsweise (noch) wenig Anhänger hat die „Casual Dating"-Fraktion. Dabei organisiert man sich via Internet unkomplizierten Sex ohne Verpflichtungen. Ein Trend, der besonders bei Frauen Anklang findet. Steinle: „Früher gab es für Frauen keine Alternativen zur Ehe. Das ist jetzt anders! Und diese Möglichkeiten nutzen sie auch."

Andreas Steinle ist Geschäftsführer des „Zukunftsinstituts" (zum Zeitpunkt des Interviews).

„POLYAMORIE IST DIE ZUKUNFT!"

Herr Steinle, in der Zukunft werden wir mehrere Partner gleichzeitig haben, und das auch noch legal und offen ausgesprochen?
Andreas Steinle: Ja, das ist das Modell der Polyamorie. Das darf man aber nicht als wichtigstes Beziehungsmodell der Zukunft sehen. Es wird nicht die Mehrheit ausmachen, aber öfter vorkommen als heute. Es wird vor allem auch toleriert sein, in einem Moment, wo es einfach durch Freiwilligkeit und Transparenz geschieht.

Wenn wir von der „Zukunft" sprechen, von welchem Zeithorizont sprechen wir da?
Wir sprechen von heute und morgen. Das ist ja nichts, was es noch nicht geben würde. Im Gegenteil, das sind aktuelle Entwicklungen, die sich noch verstärken werden. Aber nur weil etwas Neues kommt, heißt das nicht, dass das Alte vollkommen verschwinden wird. Die Dominanz des bisherigen Beziehungsmodells wird aber auf jeden Fall zurückgehen.

Das klingt danach, dass wir keine Kompromisse mehr eingehen, sondern immer kompromissloser unsere Bedürfnisse ausleben ...
Genau und wir sind auch viel mehr in der Lage, eine höhere Beziehungskomplexität zu leben. Eine Beziehungsform, die nicht auf einer Mann-Frau-Beziehung basiert, sondern in der vielleicht zwei Männer und zwei Frauen sind, ist wesentlich komplexer und erfordert eine viel höhere Kommunikationskompetenz. Was das betrifft, haben wir uns in den letzten Jahren enorm entwickelt. Wir haben einfach dazugelernt und haben gelernt, mit Individualität umzugehen. Wir nehmen uns heute viel mehr die Freiheit heraus, nach individuellen Wünschen zu leben und auch zu lieben.

Das klingt irgendwie nach Werteverlust ...
Das Gegenteil ist der Fall, denn diese neue Vielfalt an Möglichkeiten erzwingt eine viel größere Selbstreflexion. Nicht mehr die gesellschaftliche Norm sagt mir, wie ich zu leben habe, sondern ich muss mir diese Frage selbst beantworten. Das führt mich automatisch auf die Reflexion meiner eigenen Werte zurück. Welche Werte bilden die Grundlage für meine Beziehung? Das führt nicht zu einem Werteverfall, sondern zu einer Pluralität von Werten.

Durch Casual Dating (unkomplizierter Sex, der via Internet vereinbart wird) und Polyamorie wird Sex doch immer mehr zu einem bedeutungslosen Freizeitvergnügen, oder?
Das glaube ich nicht. Die wirklich großen Veränderungen gab es während der sexuellen Revolution. Seither hat sich, meiner Meinung nach, nicht mehr allzu viel verändert. Teenager haben heute in einem ähnlichen Alter zum ersten Mal Sex, wie sie es auch vor zehn Jahren hatten. Ein riesiger Unterschied ist die Verfügbarkeit von Sexualität übers Internet. Pornos sind allgegenwärtig, jeder kann auf sie zugreifen und jeder hat sie gesehen. Das bedeutet aber nicht, dass es einfacher wäre, Sex zu haben oder eine Beziehung einzugehen.

MICHAELA KALSS, MADONNA

Die nächste Ausgabe der Schülerzeitung Ihrer Schule hat den Schwerpunkt „Beziehungsweise". Ihre Aufgabe ist es, die beiden Textvorlagen zu kommentieren.

Lesen Sie den Bericht „Polylove – Liebe in der Zukunft" sowie das Interview „Polyamorie ist die Zukunft!".
Verfassen Sie dann einen **Kommentar** und bearbeiten Sie dafür folgende Arbeitsaufträge:

- **Geben** Sie die zentralen Aussagen, auf die Sie sich in Ihrem Kommentar beziehen, knapp **wieder.**
- **Beurteilen** Sie, ob man bei diesen „neuen Liebesbegriffen" noch von Liebe sprechen kann.
- **Erörtern** Sie, welche Auswirkungen Beziehungen wie die in den Textvorlagen angeführten auf ein Familienbild hätten bzw. ob es Familien unter diesen Bedingungen überhaupt noch geben kann.

Schreiben Sie zwischen 405 und 495 Wörter. Markieren Sie Absätze mittels Leerzeilen.

Text 5

WAS EXTREMSPORTLER ANTREIBT

Vom gesunden Drang nach Leistung bis zur „Exercise Addiction" – Expertin: „Vom Sportler erwartet man, dass er Opfer bringt"

Das Streben nach Höchstleistungen treibt Menschen in Extremsituationen, die oft lebensgefährlich sind. Vergangenen Mittwoch brachte sich der Apnoe-Taucher Herbert Nitsch in Santorin in eine gefährliche Lage. Nach einem Weltrekordversuch, bei dem er ohne Sauerstoff eine Tiefe von 244 Metern erreichte, musste er in ein Krankenhaus in Athen gebracht werden. Doch bei allem Risiko: Der Drang nach Leistung ist menschlich, so Sabine Würth, Assistenzprofessorin der Arbeitsgruppe Sportpädagogik, -psychologie und -soziologie der Universität Salzburg.
„Sich von den anderen abheben zu wollen, ist in einem gewissen Rahmen normal, und ohne diese Eigenschaft wäre die Menschheit nicht da angekommen, wo sie jetzt ist", lautet Würths Erklärung für den Mut zum Risiko. Trotzdem implizieren sportliche Höchstleistungen oft Todesgefahr und können tragisch enden. Mit dem Leben bezahlen musste der steirische Extrembergsteiger Gerfried Göschl seinen Versuch, den Hidden Peak in Pakistan zu besteigen. Felix Baumgartner, der mit seinem angekündigten Versuch, als erster Mensch im freien Fall die Schallmauer zu durchbrechen, Geschichte schreiben wollte, ging dafür gewisse Risiken ein.
Die Wahrnehmung des Risikos beschreibt Würth als „ein Spiel zwischen der Person, ihrer eigenen Kompetenzwahrnehmung und der jeweiligen Situation". Die Bewertung des Extrems ist also eine individuelle sowie subjektive. „Es gibt Weltklasseschwimmer, die nicht in einem offenen See schwimmen würden, weil ihnen das zu gefährlich scheint." Wie weit man zu gehen bereit ist, ist auch abhängig vom sozialen oder medialen Druck. Das „Übertreiben" des Risikos in Form einer sportlichen Aktivität im Grenzbereich hat dabei positive emotionale Begleiterscheinungen, fachsprachlich als „Flow" bezeichnet. Doch Sport kann zu einer Droge werden, man spricht da von einer sogenannten „Exercise Addiction", einer nicht substanzabhängigen Sucht, sondern der Sucht nach Bewegung, die teils zwanghafte Züge annehmen kann. Die Expertin unterstreicht, dass dies auch in anderen Bereichen beobachtet wird, etwa in der Internetsucht. Ebenso sind hier nicht nur Extremsportler, sondern auch Breitensportler betroffen.

Kommentieren – Glossieren

Für die nächste Ausgabe der Schülerzeitung Ihrer Schule kommentieren Sie den Bericht „Was Extremsportler antreibt".

Lesen Sie den Bericht „Was Extremsportler antreibt". Verfassen Sie nun eine **Glosse** und bearbeiten Sie dafür folgende Arbeitsaufgaben:

- **Benennen** Sie die Gründe, die Menschen veranlassen, Extremsport zu betreiben.
- **Erörtern** Sie, ob das „Schneller – Weiter – Höher" ein Zeichen unserer Zeit ist.
- **Beurteilen** Sie, ob Extremsportler/innen verantwortungslos handeln.

Schreiben Sie zwischen 405 und 495 Wörter. Markieren Sie Absätze mittels Leerzeilen.

Frage des Selbstwerts

„Overconformity", zu Deutsch in etwa „Überangepasstheit", ist dabei ein Konzept, mit dem die übertriebene Verausgabungsbereitschaft beschrieben wird. „Vom Sportler erwartet man, dass er Opfer bringt und dass er sein Bestes gibt", beschreibt Würth die Ausgangslage. Gefährlich wird es, wenn man diese übererfüllen will. Die Motivation, dies zu tun, ist laut der Expertin eine Frage des Selbstwerts. „Wir tun das, weil wir Gratifikation wollen. Wenn die Anerkennung als unzureichend wahrgenommen wird, kann so ein Teufelskreis ausgelöst werden." Vor allem engagierte, übermotivierte Athleten können davon betroffen sein, wenn sie sich ausschließlich über ihre Rolle als Sportler definieren. „Wir wollen Helden. Besonders jene gehen in die Annalen der Sportgeschichte ein, die ihr Ziel verletzt erreichen", erläutert Würth die dunkle Seite der heroischen Medaille, die Sensationsgier.

„Mitnichten haben alle Sportler, die Höchstleistungen erbringen wollen, persönliche Probleme", wehrt sich Würth dabei gegen eine Pauschalisierung. Ebenfalls beschränkt sich das Konzept „Overconformity" keineswegs auf Extremsportler, denn auch im Breitensport und im Berufsleben finden sich Menschen mit der Bereitschaft, ihre Grenzen auszutesten. „Sportler, die nicht aufhören können, finden sich auch bei den Freizeitsportlern. Männer ab 50 Jahren aufwärts, die beruflich schon ihren Zenit überschritten haben und eine neue Betätigung etwa im Marathon suchen", nennt sie da als Beispiel für Menschen, die mehr oder weniger im Verborgenen Tendenzen entwickeln, die gesundheitlich riskant sind.

DER STANDARD, OHNE VERFASSER/IN

Text 6

DEUTSCH? NICHT GENÜGEND

41 Prozent der Bewerber für Wiens Polizei scheitern wegen ihrer Deutschkenntnisse. Aber auch in anderen Berufsgruppen gibt es sprachliche Defizite.

Die Polizei hat Pech. Sie geriet in die Schlagzeilen und wurde belächelt, weil sie bekannt gab, dass 41 Prozent der Bewerber für die Wiener Polizei an mangelnden Deutschkenntnissen gescheitert sind, genauer gesagt an der Rechtschreibung. Dabei ist die Polizei gar kein so schlechter Spiegel unserer Gesellschaft. Denn es sind bei Weitem nicht nur die künftigen Leider-nicht-Polizisten, die sich mit der deutschen Sprache mehr als plagen.

Gerade bei Jugendlichen auf Lehrstellensuche wird das Problem besonders deutlich. Immer mehr Unternehmer klagen darüber, dass die Bewerber eklatante Schwächen hätten. „Wir stellen fest, dass das Niveau der Jugendlichen immer schlechter wird", sagt Walter Granadia. Als Bereichsleiter des Ausbildungszentrums für überbetriebliche Lehrausbildung des Wiener Berufsförderungsinstituts hat er es mit rund 400 Jugendlichen zu tun, die keine Lehrstelle in einem Betrieb bekommen haben. „Mängel gibt es vor allem beim sinnerfassenden Lesen", erzählt er. Aber auch die Ausdrucksweise sei oft problematisch: „Ich würde keinen der Jugendlichen hier auf einen Kunden loslassen."

Glosse

Test als Pflicht. Rund 80 Prozent seiner Lehrlinge haben migrantischen Hintergrund, die restlichen 20 Prozent sind autochthone Österreicher. Gemeinsam haben sie, dass sie zu Beginn einen dreimonatigen Schwerpunkt Deutschunterricht absolvieren müssen. Dazu gehören auch Aufgaben wie Bewerbungstraining oder das Schreiben von Lebensläufen, zum Teil auch fächerbezogener, auf den jeweiligen Lehrberuf getrimmter Sprachunterricht. Für alle, die mit Deutsch ihre Probleme haben, gilt aber auch, dass es in anderen Fächern Mängel gibt – die Grundrechnungsarten erweisen sich für viele etwa als große Schwierigkeit.

Unternehmen, die bei der Auswahl ihrer Lehrlinge auf Nummer sicher gehen wollen, verlangen daher immer häufiger Tests, die über die Schulnoten hinaus etwas über die Bewerber aussagen. Der Weg vieler Jugendlicher führt dann ins Berufsinformationszentrum der Wirtschaftskammer (Biwi). Hier werden kostenlos sogenannte Talentechecks abgehalten, bei denen die Teilnehmer ihre Talente und Fähigkeiten beweisen sollen. Eigentlich dazu gedacht, dass Jugendliche ein Bild von sich selbst bekommen, sind die Tests zunehmend zu einer Art Pflichtprogramm für Lehrstellensuchende geworden, die von den Unternehmen geschickt werden.

Nicht nur Deutsch. „Das lässt sich nicht auf einen Deutschtest reduzieren", sagt Leiter Leo Hödl. Neben verschiedenen Aufgaben auf Papier oder am Computer gilt es auch, Übungen mit diversen Maschinen und Simulatoren zu absolvieren. Und das würden viele Jugendliche unterschätzen, es finden sich schon in den Rahmenbedingungen viele Dinge, die den Unternehmen einiges über die Bewerber verraten: „Eigeninitiative, Interesse, Pünktlichkeit – schon allein dadurch reduziert sich die Zahl der Bewerbungen." Und es sind gar nicht so wenige, die vor dem Talentecheck kapitulieren und gar nicht erst hingehen. Mit dem Zertifikat des Biwi in der Hand hat man demnach bei der Suche nach einer Lehrstelle schon einmal einen Pluspunkt.

Doch wer jetzt in den Reflex verfällt, dass derartige Defizite ein Kennzeichen bildungsferner Schichten seien, liegt falsch. „Beim AMS landen zwar eher Menschen mit Qualifikationsdefiziten", sagt AMS-Experte Hans-Paul Nosko, „mehr als 50 Prozent der in Wien arbeitslos Gemeldeten verfügen maximal über einen Pflichtschulabschluss." Allerdings: „Das Problem trifft man auch unter höher Gebildeten an." Zwar nicht in der Intensität, dass überhaupt keine Kenntnisse vorhanden sind oder man erst mit der Alphabetisierung starten müsste, doch das Deutsch-Level ist zum Teil erschreckend niedrig. Sogar bei Maturanten, selbst bei Universitätsabgängern ist das Niveau vor allem in deutscher Rechtschreibung gar nicht so selten alles andere als zufriedenstellend. Viele werden allein durch die Rechtschreibprüfung am Computer vor dem Auffliegen gerettet.

Sprachliche Feinheiten. Schwierigkeiten mit den Fällen – Dativ und Genitiv werden besonders gern falsch verwendet –, Unsicherheiten oder komplette Verwechslung von „dass" und „das" stehen ganz oben auf der Mängelliste. So wie auch Satzzeichen gelegentlich nur mehr willkürlich gesetzt werden. Immerhin, auf der Sozialplattform Facebook, die immer häufiger Probleme der realen Welt thematisiert, hat sich schon eine Gegeninitiative gebildet. Name der Gruppe: „Komm essen wir Opa – Satzzeichen retten Leben!"

Erich Kocina, Die Presse am Sonntag – gekürzt

Für die Schülerzeitung Ihrer Schule kommentieren Sie den Bericht „Deutsch? Nicht genügend".
Lesen Sie den Bericht „Deutsch? Nicht genügend". Verfassen Sie nun einen **Kommentar** und bearbeiten Sie dafür folgende Arbeitsaufgaben:

- **Geben** Sie die zentralen Aussagen, auf die Sie sich in Ihrem Kommentar beziehen, knapp **wieder.**
- **Erörtern** Sie mögliche Ursachen für die mangelnden sprachlichen Fähigkeiten vieler Pflichtschulabsolventinnen und -absolventen.
- **Beurteilen** Sie, ob sprachliche Defizite ein Hinderungsgrund für die Einstellung von Lehrstellensuchenden sein sollen.

Schreiben Sie zwischen 405 und 495 Wörter. Markieren Sie Absätze mittels Leerzeilen.

Kommentieren – Glossieren

Ziele erreicht? – „Kommentieren – Glossieren"

Selbstevaluation

Schätzen Sie sich selbst ein und beurteilen Sie Ihr eigenes Können. (Nehmen Sie dazu Ihre selbst verfassten Texte zur Hand und analysieren Sie sie.)

Feedback

Holen Sie Feedback über Ihre Kompetenz von einer Kollegin/einem Kollegen ein. (Geben Sie Ihre Texte an eine Kollegin/einen Kollegen weiter.)

Selbsteinschätzung kann ich				Feedback kann sie/er			
Einleitung	☺	😐	☹	**Anmerkungen**	☺	😐	☹
Weckt Interesse							
Einstimmung auf die Thematik							
Kreativität (Glosse)							
Hauptteil	☺	😐	☹	**Anmerkungen**	☺	😐	☹
Inhaltliche Relevanz, thematischer Bezug der einzelnen Argumentationen							
Nachvollziehbarkeit der Argumentationen (Argumentationsdreischritt)							
Beispiele sind plakativ (Glosse).							
Gliederung: Einzelne Argumentationen finden sich jeweils in einem Absatz.							
Formale/Sprachliche Kriterien	☺	😐	☹	**Anmerkungen**	☺	😐	☹
Gliederung: Untergliederung von Einleitung, Hauptteil und Schluss							
Zeit: Gegenwartsstufe (Präsens, Perfekt ...)							
Sprache: sachlich, anschaulich (Kommentar); anschaulich, Einsatz rhetorischer Mittel (Glosse)							
Rechtschreibung: viele, wenige, fast gar keine Fehler							
Grammatik: viele, wenige, beinahe gar keine Fehler							

☺ = kann ich/sie/er sehr gut 😐 = kann ich/sie/er ☹ = kann ich/sie/er noch nicht

Provozieren – Dekonstruieren – Improvisieren

Einblick in die Literatur des Dada(ismus) (ca. 1915–1925)

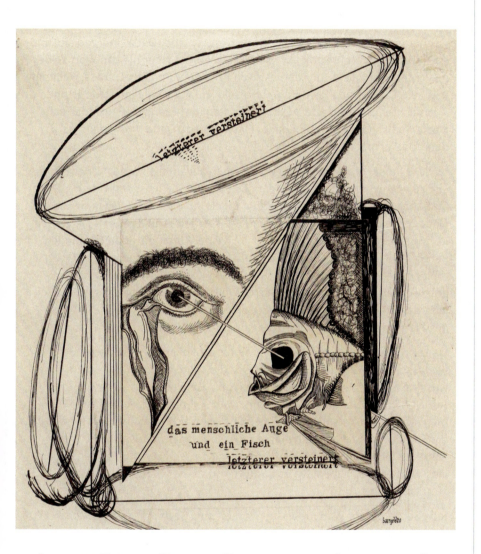

Johannes Theodor Baargeld: Das menschliche Auge und ein Fisch, letzterer versteinert (1920)

Dada ist für den Unsinn, das bedeutet nicht Blödsinn. Dada ist unsinnig wie die Natur und das Leben. Dada ist für die Natur und gegen die Kunst. Dada will die Natur, jedem Ding seinen wesentlichen Platz geben.

Hans Arp

1 Dadaismus BEISPIEL

Hugo Ball
DAS ERSTE DADAISTISCHE MANIFEST (1916)

Dada ist eine neue Kunstrichtung. Das kann man daran erkennen, daß bisher niemand etwas davon wußte und morgen ganz Zürich davon reden wird. Dada stammt aus dem Lexikon. Es ist furchtbar einfach. Im Französischen bedeutet's Steckenpferd. Im Deutschen heißt's Addio, steigts mir den Rücken runter. Auf Wiedersehen ein andermal! Im Rumänischen: „Ja wahrhaftig, Sie haben recht, so ist's. Jawohl, wirklich, machen wir." Und so weiter.

Ein internationales Wort. Nur ein Wort und das Wort als Bewegung. Sehr leicht zu verstehen. Es ist ganz furchtbar einfach. Wenn man eine Kunstrichtung daraus macht, muß das bedeuten, man will Komplikationen wegnehmen. Dada Psychologie, Dada Deutschland, Dada Bourgeoisie, und ihr, verehrteste Dichter, die ihr immer mit Worten, aber nie das Wort selber gedichtet habt, die ihr um den nackten Punkt herumdichtet. Dada Weltkrieg und kein Ende, Dada Revolution und kein Anfang, Dada ihr Freunde und Auchdichter, allerwerteste, Manufakturisten und Evangelisten Dada Tzara, Dada Huelsenbeck, Dada m'dada, Dada m'dada Dada mhm, dada dera dada Dada Hue, Dada Tza. [...]

Ich lese Verse, die nichts weniger vorhaben als auf die konventionelle Sprache zu verzichten, ad acta zu legen. Dada Johann Fuchsgang Goethe. Dada Stendhal. Dada Dalai Lama, Buddha, Bibel und Nietzsche. Dada m'dada. Dada mhm dada da. Auf die Verbindung kommt es an, und daß sie vorher ein bißchen unterbrochen wird. Ich will keine Worte, die andere erfunden haben. Alle Worte haben andre erfunden. Ich will meinen eigenen Unfug, meinen eigenen Rhythmus und Vokale und Konsonanten dazu, die ihm entsprechen, die von mir selbst sind. Wenn diese Schwingung sieben Ellen lang ist, will ich füglich Worte dazu, die sieben Ellen lang sind. Die Worte des Herrn Schulze haben nur zweieinhalb Zentimeter.

Da kann man nun so recht sehen, wie die artikulierte Sprache entsteht. Ich lasse die Vokale kobolzen. Ich lasse die Laute ganz einfach fallen, etwa wie eine Katze miaut ... Worte tauchen auf, Schultern von Worten, Beine, Arme, Hände von Worten. Au, oi, uh. Man soll nicht zu viel Worte aufkommen lassen. Ein Vers ist die Gelegenheit, allen Schmutz abzutun. Ich wollte die Sprache hier selber fallen lassen. Diese vermaledeite Sprache, an der Schmutz klebt, wie von Maklerhänden, die die Münzen abgegriffen haben. Das Wort will ich haben, wo es aufhört und wo es anfängt. Dada ist das Herz der Worte.

Jede Sache hat ihr Wort, aber das Wort ist eine Sache für sich geworden. Warum soll ich es nicht finden? Warum kann der Baum nicht „Pluplusch" heißen? und „Pluplubasch", wenn es geregnet hat? Das Wort, das Wort, das Wort außerhalb eurer Sphäre, eurer Stickluft, dieser lächerlichen Impotenz, eurer stupenden Selbstzufriedenheit, außerhalb dieser Nachrednerschaft, eurer offensichtlichen Beschränktheit. Das Wort, meine Herren, das Wort ist eine öffentliche Angelegenheit ersten Ranges.

Hugo Ball: Das erste dadaistische Manifest und andere theoretische Schriften, Holzinger – alte Rechtschreibung

a) **Beschreiben Sie,** wogegen sich Hugo Ball in diesem Manifest wendet.
b) **Nennen** Sie Hugo Balls Forderungen an Literatur.
c) **Erklären** Sie den Satz: *„Ich will keine Worte, die andere erfunden haben."*

Dadaismus (1915–1925)   WERKZEUG

Der Dadaismus oder Dada ist eine internationale Kunst- und Literaturrichtung, die sich von der Schweiz ausgehend verbreitet. Er entsteht 1915/16 und dauert nur wenige Jahre an. Ende 1915 gründet Hugo Ball (1886–1927) in Zürich, wo viele emigrierte Künstler/innen leben, das **„Cabaret Voltaire"**. Es entwickelt sich zu einem Sammelpunkt von Künstlern (Schriftstellern, Malern, Bildhauern), die sich dem Dadaismus verschreiben. Mit dem Auswandern von Künstlern bilden sich weitere Zentren, z. B. Berlin-Dada, Paris-Dada, New York-Dada etc.

(Kein) Programm

Ein Programm im eigentlichen Sinne gibt es nicht. Die Dadaisten beharren darauf, dass „Dadaismus" nicht definierbar sei. Allerdings werden etliche Manifeste verbreitet, die einander zum Teil widersprechen. Dadaisten stehen für **Individualismus,** lehnen die bürgerliche Kultur ab und sind **Gegner des Krieges.** Sie wollen die Literatur revolutionieren, kritisieren bestehende Konzepte in Kunst und Literatur, schaffen eine „Anti-Kunst". Vernunft und Verstand werden als mitverantwortlich am Wahnsinn des Krieges abgelehnt, an deren Stelle tritt der **spielerische Umgang** und das **Prinzip Zufall.** Die Grenzen zwischen den Künsten werden aufgehoben, so gehen z. B. Texte und Bilder ineinander über.

Literarische Produkte

Bevorzugt werden Kleinformen wie Gedichte und Kurzprosa. Bedeutung hat vor allem die Darbietung: der mündliche Vortrag oder die grafische Gestaltung. Dadaisten kreieren Phantasiewörter, missachten die Syntax und dekonstruieren die Sprache. Bekannt sind vor allem die **Lautgedichte** („Verse ohne Worte"), deren Merkmal der Verzicht auf sinntragende Wörter ist. Dahinter steckt, dass die Dadaisten – ausgelöst durch die Kriegshetze – die Sprache als verdorben sehen, als „verwüstet und unmöglich" (Hugo Ball). Eine weitere Form des dadaistischen Gedichts ist das **Simultangedicht,** bei dem mehrere Texte (oft in verschiedenen Sprachen und Tempi) vorgetragen und mit Geräuschen untermalt werden.
Dramen werden zwar aufgeführt, aber nicht schriftlich festgehalten. Daher sind heute auch kaum Texte vorhanden, sondern hauptsächlich Nacherzählungen.

Merz-Literatur

Kurt Schwitters (1887–1948), Maler, Dichter, Werbegrafiker und Raumkünstler, bezeichnet seine Kunst und Lebenshaltung als „Merz". Er sieht sich nicht als Dadaist, wiewohl seine Produktionsweisen (Collage, Montage, Lautgedicht etc.) sich durchaus mit denen des Dadaismus decken. Als großen Unterschied sieht er, dass seine Merz-Werke für den Wiederaufbau stehen, während die Dadaisten destruktiv sein wollen.

Einfluss des Dadaismus

Der Dadaismus hat Einfluss auf die Kunst der Moderne bis hin zur zeitgenössischen Kunst. Am auffälligsten sind die Impulse in der Lyrik zu erkennen, z. B. in der Konkreten Poesie oder der akustischen Dichtung. Auch das Absurde Theater gilt als vom Dadaismus beeinflusst.

Wichtige Autoren des Dadaismus	
Hugo Ball	Hans Arp
Johannes Theodor Baargeld	Max Ernst
Kurt Schwitters	Tristan Tzara
Richard Huelsenbeck	Marcel Duchamp

Hugo Ball in seinem kubistischen Kostüm

Arbeitsaufgaben „Dadaismus"

1. Lautgedicht: „Karawane"

„Karawane" gehört zu den bekanntesten Gedichten Hugo Balls. 1916 rezitiert er es im „Cabaret Voltaire". Er „performt" seine Werke zumeist in ungewöhnlicher Kleidung, wie z. B. dem kubistischen Kostüm. Zuweilen muss er sich sogar in den Saal tragen lassen, da er sich in seiner Verkleidung nur schwer bewegen kann.

Hugo Ball
KARAWANE (1917)

jolifanto bambla o falli bambla
großgiga m'pfa habla horem
egiga goramen
4 higo bloiko russula huju
hollaka hollala
anlogo bung
blago bung blago bung
8 bosso fataka
ü üü ü
schampa wulla wussa olobo
hej tatta gorem
12 eschige zunbada
wulubu ssubudu uluwu ssubudu
tumba ba-umf
kusa gauma
16 ba-umf

In: Otto F. Best (Hg.): Die deutsche Literatur in Text und Darstellung, Bd. 14, Reclam

a) **Lesen** Sie das Gedicht (halb-)laut und **beobachten** Sie, ob Sie in einen bestimmten Rhythmus verfallen.

b) Die Überschrift zeigt auf, worum es in diesem Gedicht geht. Die darauffolgenden lautmalerischen Teile sollen den Eindruck entstehen lassen, dass eine Karawane vorbeizieht. – **Markieren** Sie mit unterschiedlichen Farben jene Verse,
 - die sich als Ausrufe der Karawanentreiber erkennen lassen,
 - die die Tiere (welche?) bezeichnen,
 - die die Fortbewegung/das Stampfen der Tiere beschreiben.

c) **Beurteilen** Sie, ob „Karawane" den Anforderungen, die Hugo Ball in seinem Manifest formuliert, gerecht wird.

d) **Planen** Sie eine dadaistische Performance des Gedichts. Achten Sie auf Tempo und Lautstärke. Sie können sich auch – wie Hugo Ball – verkleiden, Ihren Vortrag mit Geräuschen hinterlegen, mit Partnerinnen und Partnern arbeiten.

e) Einigen Sie sich im Klassenverband auf ein Thema und **verfassen** Sie zu diesem ein Gedicht nach dem Vorbild von „Karawane", tragen Sie es vor oder erstellen Sie aus den Varianten eine Collage. Vergleichen Sie Ihre Interpretation mit jenen Ihrer Mitschüler/innen.

Hugo Ball: Karawane

2. Ein dadaistisches Gedicht entsteht

Tristan Tzara
UM EIN DADAISTISCHES GEDICHT ZU MACHEN (1920)

Nehmt eine Zeitung.
Nehmt Scheren.
Wählt in dieser Zeitung einen Artikel von der Länge aus,
4 die Ihr Eurem Gedicht zu geben beabsichtigt.
Schneidet den Artikel aus.
Schneidet dann sorgfältig jedes Wort dieses Artikels aus und
gebt sie in eine Tüte.
8 Schüttelt leicht.
Nehmt dann einen Schnipsel nach dem anderen heraus.
Schreibt gewissenhaft ab
in der Reihenfolge, in der sie aus der Tüte gekommen sind.
12 Das Gedicht wird Euch ähneln.
Und damit seid Ihr ein unendlich origineller Schriftsteller mit
einer charmanten, wenn auch von den Leuten unverstandenen
Sensibilität.

TRISTAN TZARA: SIEBEN DADA MANIFESTE, EDITION NAUTILUS

a) **Beurteilen** Sie, ob es sich bei „Um ein dadaistisches Gedicht zu machen" um ein Gedicht handelt.

b) Befolgen Sie TRISTAN TZARAS Anleitung und **verfassen** Sie ein dadaistisches Gedicht. – Wenn Sie sich im Klassenverband auf einen Artikel einigen können, lassen sich die entstandenen Werke gut vergleichen.

c) Bilden Sie Gruppen und einigen Sie sich auf ein Gedicht, das Sie als Simultangedicht vortragen wollen. Nützen Sie Ihre Kompetenzen in anderen Sprachen und übersetzen Sie das gewählte Gedicht oder Teile daraus. Im Anschluss daran tragen Sie das Gedicht gemeinsam (simultan) vor. Jedes Gruppenmitglied interpretiert das Gedicht eigenständig, bestimmt Rhythmus, Tempo, Lautstärke und Gestik.

d) **Diskutieren** Sie, was unter „originell" zu verstehen ist und ob Sie sich nach dem Verfassen/dem Vortragen eines nach dieser Anleitung entstandenen Gedichts als „originelle Schriftsteller/innen" verstehen.

3. Merz-Dichtung

Text 1
„An Anna Blume" hat von Anfang an große Aufmerksamkeit auf sich gezogen, bei den Zeitgenossinnen und Zeitgenossen hauptsächlich als Empörung und Spott. Sogar Psychiater vermeldeten nach der Lektüre, dass SCHWITTERS in eine Klinik eingeliefert werden sollte. In der Folge wird das Gedicht zu einem viel rezipierten Werk. Weltweit wurden Dichter/innen davon inspiriert, eigene „Anna-Gedichte" zu schreiben oder in ihren Werken darauf anzuspielen.

Kurt Schwitters
AN ANNA BLUME. MERZGEDICHT 1 (1919)

O du, Geliebte meiner siebenundzwanzig Sinne, ich liebe dir! – Du deiner dich dir, ich dir, du mir. – Wir?
Das gehört [beiläufig] nicht hierher.
Wer bist du, ungezähltes Frauenzimmer? Du bist - - bist du? – Die Leute sagen, du wärest, – laß sie sagen, sie wissen nicht, wie der Kirchturm steht.

Literaturepochen

4 Du trägst den Hut auf deinen Füßen und wanderst auf die Hände, auf den Händen wanderst du.
Hallo, deine roten Kleider, in weiße Falten zersägt. Rot liebe ich Anna Blume, rot liebe ich dir! - Du deiner dich dir, ich dir, du mir. – Wir?
Das gehört [beiläufig] in die kalte Glut.
Rote Blume, rote Anna Blume, wie sagen die Leute?
8 Preisfrage: 1. Anna Blume hat ein Vogel.
2. Anna Blume ist rot.
3. Welche Farbe hat der Vogel?
Blau ist die Farbe deines gelben Haares.
Rot ist das Girren deines grünen Vogels.
Du schlichtes Mädchen im Alltagskleid, du liebes grünes Tier, ich liebe Dir! – Du deiner dich dir, ich dir, du mir. – Wir?
12 Das gehört [beiläufig] in die Glutenkiste.
Anna Blume! Anna, a-n-n-a, ich träufle deinen Namen. Dein Name tropft wie weiches Rindertalg.
Weißt du es, Anna, weißt du es schon?
Man kann dich auch von hinten lesen, und du, du Herrlichste von allen, du bist von hinten wie von vorne: „a-n-n-a".
16 Rindertalg träufelt streicheln über meinen Rücken.
Anna Blume, du tropfes Tier, ich liebe dir!

IN: OTTO F. BEST (HG.): DIE DEUTSCHE LITERATUR IN TEXT UND DARSTELLUNG, BD. 14, RECLAM – ALTE RECHTSCHREIBUNG

Kurt Schwitters: Merzz. 53. rotes bonbon (1920)

a) KURT SCHWITTERS bedient sich in „An Anna Blume" zentraler Mechanismen des Liebesgedichts, allerdings in provokatorischer Abweichung. – **Untersuchen** Sie das Gedicht dahingehend nach Merkmalen.

b) **Analysieren** Sie das Gedicht nach Merkmalen des Dadaismus.

c) KURT SCHWITTERS ist in der bildenden Kunst bekannt dafür, Collagen aus allen möglichen Alltagsgegenständen (Plakaten, Fahrscheinen etc.) anzufertigen. – **Erschließen** Sie, inwiefern dies auch in seinem Gedicht Einzug gefunden hat.

d) **Erklären** Sie, warum Sie als Empfänger/in eines so gestalteten Gedichts dieses (nicht) als Liebesbeweis ansehen würden.

Text 2

Erich Fried
AN ANNA EMULB (1. Strophe, 1979)

Weißt du es schon?
Nicht er hat dich geliebt,
mein ebenbürtiges, falsch, verkehrt geschriebenes
4 Idyll und Ideal, mein helles, das meine Augen
fast trüb vor Liebe: Nicht er hat dich geliebt, sondern ich!
Nicht jener Turk, jener Heide mit seiner Vielsinnlichkeit,
nicht jener Heini, sondern ich, sondern ich liebe dich!
8 Trotz seiner vielen Sinne ist er sinnlos geblieben.
Nur halb hat er dich erkannt, deinen Nemanuz
hat er nutzlos beiseite gelassen! Das ist keine Liebe,
dieses halbe und nur annuale Erkennen.
12 Nicht er hat dich geliebt, sondern ich liebe dich.
Ich will dich ganz lieben und will dich ganz erkennen,
deinen Nemanuz und auch deinen Nemanrov! [...]

ERICH FRIED: GESAMMELTE WERKE. GEDICHTE 2, WAGENBACH

Arbeitsaufgabe

- ERICH FRIED bezieht sich mit „An Anna Emulb" explizit auf SCHWITTERS' Gedicht. – **Vergleichen** Sie die beiden Gedichte hinsichtlich Gemeinsamkeiten und Unterschieden. **Diskutieren** Sie mit Ihren Mitschülerinnen/Mitschülern, was FRIED mit seinem Gedicht bezweckt haben könnte.

2 Zwischenkriegszeit und Zweiter Weltkrieg

Nach dem Krieg ist vor dem Krieg

Einblick in die Literatur der Zwischenkriegszeit und des Zweiten Weltkriegs (1919–1945)

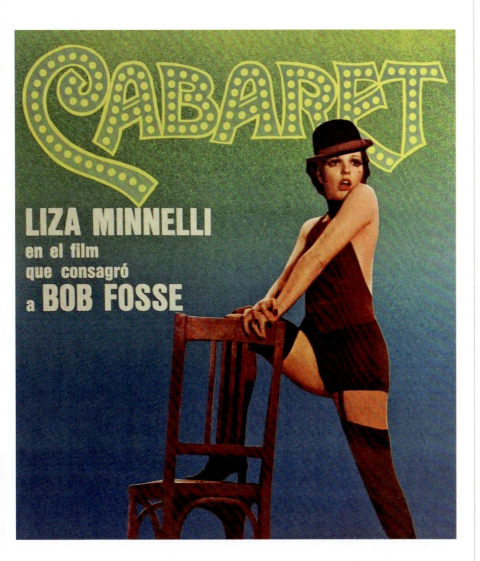

FILMPLAKAT: CABARET

Wer A sagt, der muss nicht B sagen. Er kann auch erkennen, dass A falsch war.

BERTOLT BRECHT

Literaturepochen

2 Zwischenkriegszeit und Zweiter Weltkrieg (1919–1945)

BEISPIEL

ERICH KÄSTNER verfasst mit seinem Gedicht „Jahrgang 1899" einen lyrischen Lebenslauf, der einzelne Stationen und Erlebnisse seiner Generation zum Inhalt hat.

- **Ordnen** Sie die einzelnen Strophen den folgenden Kurzerläuterungen zu:
  a) als erwachsene Jugendliche gezwungen in den Lauf der Geschichte einzugreifen
  b) offene Beziehungen, Abtreibung
  c) die Zwanziger: Nachkriegswirren und offene Beziehungen
  d) Inflation, Arbeitsalltag, Studium
  e) verlorene Kindheit, Gräueltaten erlebt und begangen
  f) an der Reihe sein, Andeutung auf eine Zukunft, die sich auf das in der Vergangenheit Gelernte bezieht
  g) vereinsamte Frauen aufgrund des Ersten Weltkrieges
  h) junge Erwachsene als Soldaten und Kanonenfutter
  i) fertige Ausbildung, Arbeitslosigkeit

Gonokokken = eine Geschlechtskrankheit

Ypern = im Ersten Weltkrieg stark umkämpfte belgische Stadt

Erich Kästner
JAHRGANG 1899 (1929)

Wir haben die Frauen zu Bett gebracht,
als die Männer in Frankreich standen.
Wir hatten uns das viel schöner gedacht.
4 Wir waren nur Konfirmanden. ①

Dann holte man uns zum Militär,
bloß so als Kanonenfutter.
In der Schule wurden die Bänke leer,
8 zu Hause weinte die Mutter. ②

Dann gab es ein bißchen Revolution
und schneite Kartoffelflocken;
dann kamen die Frauen, wie früher schon,
12 und dann kamen die Gonokokken. ③

Inzwischen verlor der Alte sein Geld,
da wurden wir Nachtstudenten.
Bei Tag waren wir bureau-angestellt
16 und rechneten mit Prozenten. ④

Dann hätte sie fast ein Kind gehabt,
ob von dir, ob von mir – was weiß ich!
Das hat ihr ein Freund von uns ausgeschabt.
20 Und nächstens werden wir Dreißig. ⑤

Wir haben sogar ein Examen gemacht
und das meiste schon wieder vergessen.
Jetzt sind wir allein bei Tag und Nacht
24 und haben nichts Rechtes zu fressen! ⑥

Wir haben der Welt in die Schnauze geguckt,
anstatt mit Puppen zu spielen.
Wir haben der Welt auf die Weste gespuckt,
28 soweit wir vor Ypern nicht fielen. ⑦

Man hat unsern Körper und hat unsern Geist
ein wenig zu wenig gekräftigt.
Man hat uns zu lange, zu früh und zumeist
32 in der Weltgeschichte beschäftigt! ⑧

Die Alten behaupten, es würde nun Zeit
für uns zum Säen und Ernten.
Noch einen Moment. Bald sind wir bereit.
36 Noch einen Moment. Bald ist es so weit! ⑨
Dann zeigen wir euch, was wir lernten!

IN: RUDOLF LEONHARDT (HG.): KÄSTNER FÜR ERWACHSENE, BERTELSMANN
– ALTE RECHTSCHREIBUNG

a) **Überprüfen** Sie, ob die im WERKZEUG-Blatt angeführten Merkmale zur „Neuen Sachlichkeit" im Gedicht vorkommen.
b) **Verfassen** Sie ein eigenes Gedicht mit dem Titel „Jahrgang …" und **präsentieren** Sie dieses.

Zwischenkriegszeit und Zweiter Weltkrieg (1919–1945)

WERKZEUG

Untergang – Neugeburt – Identität

Der Zerfall der Habsburgermonarchie nach dem Ersten Weltkrieg und der Übergang zur ersten demokratischen Republik ist gekennzeichnet durch den beweinten Verlust der ehemaligen Größe, eine fehlende österreichische (nationale) Identität und durch wirtschaftliche Verarmung großer Teile der Bevölkerung. Die Wirtschaftskrise Ende der 1920er-Jahre befördert die Etablierung autoritärer Strukturen, die letztlich im Nationalsozialismus münden. 1933 ergreift ADOLF HITLER (1889–1945) die Macht in Deutschland, 1938 wird Österreich als erstes Land vom nationalsozialistischen Deutschland annektiert und mit dem Überfall auf Polen 1939 beginnt der Zweite Weltkrieg.

Literatur der Zwischenkriegszeit

Epik

Wird in der Epoche des Fin de Siècle der politische und kulturelle Niedergang antizipiert, so werden in der Zeit zwischen den beiden Weltkriegen das Scheitern der Monarchie, der Niedergang ganzer Familiendynastien und auch der Erste Weltkrieg erstmals literarisch verarbeitet. So erscheint diese Epoche als eine **Zeit der großen Erzählungen.** Nach bzw. neben den sprachexperimentellen Tendenzen dieser bzw. der vergangenen Zeit schaffen Autorinnen/Autoren zwar Werke ganz unterschiedlicher Art und Weise, gemeinsam ist ihnen aber, dass sie die epischen Möglichkeiten neu ausloten und ausreizen.

Im Werk **„Der Zauberberg"** (1924) reflektiert THOMAS MANN (1875–1955) die ganze Bandbreite gesellschaftlicher und kultureller Themen der Zeit vor dem Ersten Weltkrieg, indem er seinen Protagonisten Hans Castorp in einem Schweizer Alpensanatorium auf unterschiedlichste Charaktere treffen lässt.

ROBERT MUSILS (1880–1942) Lebenswerk **„Der Mann ohne Eigenschaften"** (1943), das letztlich Fragment bleibt, vereint in sich die Darstellung des Niedergangs der Monarchie, die Reflexion damaliger philosophischer Strömungen und psychologischer Ansätze sowie die Kritik am Kunst- und Literaturbetrieb.

Mit seinem Roman **„Radetzkymarsch"** (1932) stellt JOSEPH ROTH (1894–1939) den schnellen Aufstieg der Familie Trotta in der zweiten Hälfte des 19. Jahrhunderts und deren Niedergang durch den Ersten Weltkrieg dar.

Bei den oben genannten Werken hat der klassische Bildungs- und Entwicklungsroman in der Tradition GOETHES (1749–1832) ausgedient. Das dargestellte Leben der letztlich geläuterten Heldinnen und Helden endet nicht mehr in einer zumeist positiven Zukunftsperspektive, sondern die Protagonistinnen und Protagonisten scheitern an den sie umgebenden gesellschaftlichen Verhältnissen und Zwängen oder an ihrer individuellen Persönlichkeitsstruktur. Anders verhält es sich bei HERMANN HESSE (1877–1962), bei dem die Tradition des Bildungsromans sehr wohl in der klassischen Form seine Fortsetzung findet.

Mit den **„Sternstunden der Menschheit"** (1927) schafft STEFAN ZWEIG (1881–1942) ein Prosajuwel, in dem er 14 historische Ereignisse, die die Menschheit geprägt haben, zu kurzen Erzählungen verarbeitet.

KARL KRAUS (1874–1936) gibt von 1899 bis 1936 die satirische Zeitschrift **„Die Fackel"** heraus, in der Gesellschaft, Politik, Kunst und Kultur – vor allem aber die Medien – einer kritisch-satirischen Betrachtung unterzogen werden.

Im Zuge der **Neuen Sachlichkeit** entsteht die Forderung, dass die literarische Sprache wieder verständlicher und einfacher werden soll. Dies soll einhergehen mit der realistischen Darstellung der sozialen, wirtschaftlichen und politischen Gegebenheiten. Die Themenfelder sind dem Naturalismus nahe,

Zu den **sprachexperimentellen Tendenzen** siehe WERKZEUG der Kapitel „Fin de Siècle", „Expressionismus" und „Dadaismus"

> Autorinnen und Autoren, deren Werke der Neuen Sachlichkeit zugerechnet werden, sind z. B. MASCHA KALÉKO (1907–1975), ERICH KÄSTNER (1899–1974) und KURT TUCHOLSKY (1890–1935).

die Protagonisten sind meist einfache Leute (Arbeitslose, Angestellte, Arbeiter, Sekretärinnen). Auf den Versuch einer naturwissenschaftlich-objektiven Darstellung des Geschehens wird jedoch verzichtet. Das Geschehen wird mit **reduzierter, nüchterner Sprache** präsentiert, die oft auch dokumentarischen Stil aufweist.

Dramatik

Nicht Illusion oder Identifikation will BERTOLT BRECHT (1898–1956) beim Publikum mit seinem **„epischen Theater"** erzielen, sondern kritische Distanz zum Geschehen. Dazu ist es erforderlich, die Scheinrealität, die auf der Bühne durch das Schauspiel hervorgerufen wird, zu durchbrechen. BRECHT gelingt dies durch erzählende Elemente, die er ins Geschehen einbaut. Das epische Theater bricht klar mit der aristotelischen Vorgabe der konsequenten Trennung von Epik und Dramatik. Einzelne Figuren wenden sich direkt an das Publikum, indem sie es ansprechen und Zusammenhänge verdeutlichen. Ebenso wird eine Störung der Scheinrealität durch Lieder erreicht, die einzelne Schauspieler/innen oder auch das gesamte Ensemble im Chor singen.

Auch der Aufbau von BRECHTS Dramen unterscheidet sich wesentlich von klassischen Stücken. Die Anzahl der Akte variiert, Spannungsbögen, Wendepunkte und ein geschlossener Schluss sind nicht zwingend vorhanden.

Thematisch geht es in BRECHTS Dramen in erster Linie um die Kritik an den sozialen und politischen Verhältnissen der Zwischenkriegszeit. Er will die einfachen Menschen beispielsweise über den Zusammenhang von Kapital und Macht, von Moral und Kapital aufklären. Beeinflusst sind seine Ansichten mehr und mehr von der Weltanschauung des Marxismus. Gesellschaftspolitische Zusammenhänge sollen dargestellt und Veränderungen, die der marxistischen Denkweise entsprechen, aufgezeigt werden.

Das Theaterstück **„Die letzten Tage der Menschheit"** (1922) von KARL KRAUS wird hier deshalb erwähnt, weil es kein vergleichbares Theaterstück gibt. KRAUS reiht in fünf Akten 220 Szenen aneinander, die inhaltlich nur lose zusammenhängen. Er lässt das Geschehen an unzähligen Orten spielen, entwirft ebenso unzählige Charaktere und stellt inhaltlich die Absurdität und Grausamkeit des Ersten Weltkrieges dar. Er bedient sich in seinem Stück auch der Technik der Montage, indem er Zeitungsberichte, Gerichtsurteile, Annoncen etc. in einzelne Szenen einbindet. Das Stück wurde in seiner Gesamtheit noch nie aufgeführt.

> Zum **Volksstück** siehe auch WERKZEUG-Blätter der Kapitel „Biedermeier", „Realismus" und „Drama nach 1945"

Mit ÖDÖN VON HORVÁTH (1901–1938) erlebt das **Volksstück** erneut eine Renaissance unter veränderten Vorzeichen: Die Figuren entstammen zumeist dem Kleinbürgermilieu. Die Themen sind sozialkritischer und politischer Natur. HORVÁTH knüpft thematisch bei LUDWIG ANZENGRUBER (1839–1889) an, dessen Figuren jedoch dem bäuerlich-ländlichen Milieu entstammen. An JOHANN NEPOMUK NESTROY (1801–1862) erinnert HORVÁTHS Umgang mit der Sprache. Er lässt seine Figuren im sogenannten „Bildungsjargon" miteinander in Dialog treten. Bei NESTROY entsteht die Komik durch die falsch und unpassend verwendete Bildungssprache der meist ungebildeten Figuren. Bei HORVÁTH entsteht die Tragik durch die Sprache, weil die Figuren ihr Leben bzw. wichtige Entscheidungen an banalen Weisheiten, Redensarten oder abgedroschenen Phrasen ausrichten. Bekannte Stücke HORVÁTHS sind „Geschichten aus dem Wienerwald" (1931), „Kasimir und Karoline" (1932) sowie „Glaube Liebe Hoffnung" (1932).

Neben HORVÁTH sind in Bezug auf das Volksstück noch CARL ZUCKMAYER (1896–1977) mit der Komödie „Der fröhliche Weinberg" (1925) und MARIELUISE FLEISSER (1901–1974) mit dem Stück „Pioniere in Ingolstadt" (1928) zu nennen.

Lyrik

Klare Tendenzen in der Lyrik der Zwischenkriegszeit sind nicht zu erkennen, viele Autorinnen und Autoren sind mit ihren Gedichten unterschiedlichen literarischen Strömungen und Stilrichtungen zuzuordnen. Viele verfassen auch erst nach 1945 den Großteil ihrer Werke.

Für BERTOLT BRECHT soll Lyrik dem Bereich der nützlichen Kommunikation angehören, sie soll Gebrauchswert haben und sich in den Dienst politischen und sozialen Engagements stellen. JOACHIM RINGELNATZ (1883–1934), KURT TUCHOLSKY und ERICH KÄSTNER sind für ihre zum Teil humoristischen Gedichte bekannt, üben aber auch Gesellschaftskritik, oftmals ironisch; zuweilen bleibt einem bei der Lektüre das Lachen im Halse stecken. MARIE LUISE KASCHNITZ (1901–1974) und PETER HUCHEL (1903–1981) widmen sich zu Beginn ihrer Lyrikkarriere verstärkt der Landschaftslyrik.

Literatur während des Dritten Reiches

Kaum sind die Nationalsozialisten an der Macht, wird auch die Kulturpolitik in den Dienst des Dritten Reiches gestellt. Im Mai und Juni 1933 finden öffentliche Bücherverbrennungen statt, bei denen die Werke von Regimekritikerinnen und -kritikern sowie von jüdischen Autorinnen und Autoren verbrannt werden. Aus Bibliotheken und Buchhandlungen werden im Zuge von Beschlagnahmeaktionen Bücher mit unerwünschtem Gedankengut entfernt. Die Reichsschrifttumskammer sorgt in der Folge dafür, dass klar festgelegt ist, wer publizieren darf und welche Literatur aus dem Verkehr zu ziehen ist.

Die Literatur hat sich ab der Machtübernahme in den Dienst des Regimes zu stellen und mehrere Aufgaben zu erfüllen: Das Dritte Reich soll **historisch legitimiert** werden, was vor allem durch historische Romane und die Etablierung eines Germanenmythos erreicht werden soll. HANS FRIEDRICH BLUNCK (1888–1961) unternimmt dies beispielsweise in seinem Werk „Die Urvätersaga. Romantrilogie der germanischen Vorzeit" (1934). Mit dem **„Blut-und-Boden-Mythos"** in literarischen Texten soll einerseits die ländliche, bäuerliche Lebensweise innerhalb einer kleinen „rassisch reinen" Dorfgemeinschaft idealisiert, andererseits die Aneignung von fremdem Territorium durch deutsche Siedler legitimiert werden.

Sowohl das Drama als auch die Lyrik sollen der Fortschreibung der faschistischen Ideologie dienen. GOETHE, SCHILLER, KLEIST, GRILLPARZER etc. werden vereinnahmt und adaptiert, damit sie in dieses Konzept passen. Für die Lyrik ist die „Blut-und-Boden-Ideologie" ebenso zentral. Sie erfährt in den **Gemeinschaftsliedern** und den **faschistischen Liederbüchern** zur Überhöhung und Verehrung des deutschen Volkes und Führers eine spezifische Ausprägung.

Exilliteratur – Schreiben im Ausland, Schreiben über ...

Im Zuge der Machtergreifung der Nationalsozialisten sind viele Autorinnen und Autoren gezwungen, Österreich und Deutschland zu verlassen. Gründe dafür sind entweder ihre jüdische Herkunft oder ihre politische Gesinnung. Können wohlhabende Autoren wie THOMAS MANN oder BERTOLT BRECHT im nicht deutschsprachigen Exil weiterhin an ihren Werken arbeiten, da finanziell kein Publikationszwang besteht, so verstummen andere mehr und mehr (z. B. KURT TUCHOLSKY) oder verarmen (z. B. ROBERT MUSIL, JOSEPH ROTH) und sterben möglicherweise verfrüht aufgrund prekärer Lebensverhältnisse.

Worüber wird im Exil geschrieben? Manche arbeiten weiter wie zuvor, andere machen das Leben im Exil zum Thema ihrer Texte (z. B. LION FEUCHTWANGER, 1884–1958; ANNA SEGHERS, 1900–1983).

Wichtige Autorinnen und Autoren			
Thomas Mann (Exil)	Kurt Tucholsky (Exil)	Erich Kästner	Lion Feuchtwanger (Exil)
Heinrich Mann (Exil)	Franz Kafka	Joachim Ringelnatz	Stefan Zweig (Exil)
Robert Musil (Exil)	Hermann Hesse	Bertolt Brecht (Exil)	Theodor Kramer (Exil)
Hermann Broch (Exil)	Karl Kraus	Ödön von Horváth (Exil)	Elias Canetti (Exil)
Joseph Roth (Exil)	Mascha Kaléko (Exil)	Alfred Döblin (Exil)	

Mascha Kaléko, österreichisch-ungarische Schriftstellerin (1907–1975)

Arbeitsaufgaben „Zwischenkriegszeit und Zweiter ..."

1. Großstadtliebe I

Mascha Kaléko ist eine der wenigen Schriftstellerinnen, die in der Zwischenkriegszeit mit ihrer Lyrik über Grenzen hinweg Bekanntheit erlangt. Viele ihrer Gedichte lassen sich der Neuen Sachlichkeit zurechnen, da der dargestellte Inhalt mehr oder weniger klar auf der Hand liegt und die Sprache einfach und klar gehalten ist.

Mascha Kaléko
GROSSSTADTLIEBE (1933)

Man lernt sich irgendwo ganz flüchtig kennen
Und gibt sich irgendwann ein Rendezvous.
Ein Irgendwas, – 's ist nicht genau zu nennen –
Verführt dazu, sich gar nicht mehr zu trennen.
5   Beim zweiten Himbeereis sagt man sich ›du‹.

Man hat sich lieb und ahnt im Grau der Tage
Das Leuchten froher Abendstunden schon.
Man teilt die Alltagssorgen und die Plage,
Man teilt die Freuden der Gehaltszulage,
10 ... Das übrige besorgt das Telephon.

Man trifft sich im Gewühl der Großstadtstraßen.
Zu Hause geht es nicht. Man wohnt möbliert.
– Durch das Gewirr von Lärm und Autorasen,
– Vorbei am Klatsch der Tanten und der Basen
15 Geht man zu zweien still und unberührt.

Man küßt sich dann und wann auf stillen Bänken,
– Beziehungsweise auf dem Paddelboot.
Erotik muß auf Sonntag sich beschränken.
... Wer denkt daran, an später noch zu denken?
20 Man spricht konkret und wird nur selten rot.

Man schenkt sich keine Rosen und Narzissen,
Und schickt auch keinen Pagen sich ins Haus.
– Hat man genug von Weekendfahrt und Küssen,
Läßt mans einander durch die Reichspost wissen
25 Per Stenographenschrift ein Wörtchen: ›aus‹!

Mascha Kaléko: Das lyrische Stenogrammheft, Rowohlt – alte Rechtschreibung

a) **Bestimmen** Sie von Kaléko verwendete Großstadtmotive.

b) **Analysieren** Sie das Gedicht nach formalen Aspekten (Reimschema, Versmaß bzw. Versfüße etc.).

c) **Diskutieren** Sie, aus welchem Grund die Autorin das unpersönliche „man" in diesem Gedicht verwendet.

d) **Erläutern** Sie, welcher Gesellschaftsschicht dieses unpersönliche „man" angehört und welcher Zugang zu Liebe, Beziehung, Ehe in diesem Gedicht entworfen wird.

2. Großstadtliebe II

Der Roman „Das kunstseidene Mädchen" von IRMGARD KEUN gilt als typischer Text der Neuen Sachlichkeit.

Doris, das kunstseidene Mädchen, arbeitet als Sekretärin bei einem Rechtsanwalt, der sich ihr immer wieder unsittlich nähert, den sie aber nicht an sich heranlassen will. Sie will weg aus der mittleren Stadt, in der sie Laientheater spielt und sich als beinahe berühmt empfindet. Sie zieht im zweiten Teil des Romans nach Berlin und stürzt sich dort in das Nachtleben der Zwischenkriegszeit, besucht Bars, Künstlercafés, Tanzveranstaltungen. Ihr Weg ist gepflastert von Affären mit Männern aus „besseren Kreisen" und sie träumt von einer Filmkarriere.

Irmgard Keun
DAS KUNSTSEIDENE MÄDCHEN (1932)

Textausschnitt 1:

ERSTER TEIL: Ende des Sommers und die mittlere Stadt

Das war gestern abend so um zwölf, da fühlte ich, dass etwas Großartiges in mir vorging. Ich lag im Bett – eigentlich hatte ich mir noch die Füße waschen wollen, aber ich war zu müde wegen dem Abend vorher,
5 und ich hatte doch gleich zu Therese gesagt: „Es kommt nichts bei raus, sich auf der Straße ansprechen zu lassen, und man muss immerhin auf sich halten."

Außerdem kannte ich das Programm im Kaiserhof schon. Und dann immer weiter getrunken – und ich hatte große Not, heil nach Hause zu
10 kommen, weil es mir doch ohnehin immer schwer fällt, nein zu sagen. Ich hab gesagt: „Bis übermorgen." Aber ich denke natürlich gar nicht dran. So knubbelige Finger und immer nur Wein bestellt, der oben auf der Karte steht, und Zigaretten zu fünf – wenn einer so schon anfängt, wie will er da aufhören?

15 Im Büro war mir dann so übel, und der Alte hat's auch nicht mehr dick und kann einen jeden Tag entlassen. Ich bin also gleich nach Hause gegangen gestern abend – und zu Bett ohne Füße waschen. Hals auch nicht. Und dann lag ich so und schlief schon am ganzen Körper, nur meine Augen waren noch auf – der Mond schien mir ganz weiß auf
20 den Kopf – ich dachte noch, das müsste sich gut machen auf meinem schwarzen Haar, und schade, dass Hubert mich nicht sehen kann, der doch schließlich und endlich der Einzige ist, den ich wirklich geliebt habe. Da fühlt ich wie eine Vision Hubert um mich, und der Mond schien, und von nebenan drang ein Grammophon zu mir, und da ging
25 etwas Großartiges in mir vor – wie auch früher manchmal – aber da doch nie so sehr. Ich hatte ein Gefühl ein Gedicht zu machen, aber dann hätte es sich womöglich reimen müssen, und dazu war ich zu müde. Aber ich erkannte, dass etwas Besonderes in mir ist, was auch Hubert fand und Fräulein Vogelsang von der Mittelschule, der ich einen
30 Erlkönig hinlegte, dass alles starr war. Und ich bin ganz verschieden von Therese und den anderen Mädchen auf dem Büro und so, in denen nie Großartiges vorgeht. Und dann spreche ich fast ohne Dialekt, was viel ausmacht und mir eine Note gibt, besonders da mein Vater und meine Mutter ein Dialekt sprechen, das mir geradezu beschämend ist.

35 Und ich denke, dass es gut ist, wenn ich alles beschreibe, weil ich ein ungewöhnlicher Mensch bin. Ich denke nicht an Tagebuch – das ist lächerlich für ein Mädchen von achtzehn und auch sonst auf der Höhe.

Aber ich will schreiben wie Film, denn so ist mein Leben und wird noch mehr so sein. Und ich sehe aus wie Colleen Moore, wenn sie Dauerwellen hätte und die Nase mehr schick ein bisschen nach oben. Und wenn ich später lese, ist alles wie Kino – ich sehe mich in Bildern. Und jetzt sitze ich in meinem Zimmer im Nachthemd, das mir über meine anerkannte Schulter gerutscht ist, und alles ist erstklassig an mir – nur mein linkes Bein ist dicker als mein rechtes.

Im zweiten Teil des Romans „Später Herbst und die große Stadt" lernt Doris nun Berlin mit all seinen Vergnügungen und dem Reichtum der gehobenen Gesellschaft kennen. Sie ist fasziniert und fühlt sich magisch angezogen davon.

Textausschnitt 2:

Und es gibt Hermeline und Frauen mit Pariser Gedufte und Autos und Geschäfte mit Nachthemden von über hundert Mark und Theater mit Samt, da sitzen sie drin – und alles neigt sich und sie atmen Kronen aus sich heraus. Verkäufer fallen hin vor Aufregung, wenn sie kommen und doch nicht kaufen. Und sie lächeln Fremdworte richtig, wenn sie welche falsch aussprechen. Und sie wogen so in einer Art mit Georgettebusen und tiefen Ausschnitten, dass sie nichts wissen brauchen. Die Servietten von Kellnern hängen bis auf die Erde, wenn sie aus einem Lokal gehen. Und sie können teure Rumpsteaks und à la Meyers mit Stangenspargel halb stehen lassen ohne eine Ahnung und heimliches Bedauern und den Wunsch, es einzupacken und mitzunehmen. [...] Und sie sind ihre eigene Umgebung und knipsen sich an wie elektrische Birnen, niemand kann ran an sie durch die Strahlen. Wenn sie mit einem Mann schlafen, atmen sie vornehm mit echten Orchideen auf den Kopfkissen, was übermäßige Blumen sind. Und werden angebetet von ausländischen Gesandten, und lassen sich manikürte Füße küssen mit Schwanenpelzpantoffeln und sind nur halb bei der Sache, was ihnen niemand übel nimmt. Und viele Chauffeure mit Kupferknöpfen bringen Autos in Garagen – es ist eine elegante Welt – und dann fährt man in einem Bett in einem D-Zug nach einer Riviera zur Erholung und spricht französisch und hat Schweinekoffer mit Plakaten drauf.

Doris stürzt sich in das Berliner Nachtleben, hält sich mittels Affären über Wasser und bewegt sich ständig an der Grenze zur Prostitution. Am Ende bleibt Doris wenig, ihre Freunde werden aufgrund eines dümmlichen, unter Alkoholeinfluss begangenen Diebstahls eingesperrt. Sie verbringt ihre Nächte weiterhin in Bars und lässt sich aushalten, wird aber letztlich zum Mädchen vom Wartesaal des Berliner Bahnhofs Zoo. Ihre Hoffnung klammert sie am Ende des Romans an Karl, einen humorvollen, arbeitslosen jungen Mann, der in einer Schrebergartenlaube in Berlin lebt und sich dort selbst versorgt.

Textausschnitt 3:

„Hallo, sibirisches Mädchen", ruft er mich an – „warum der Pelz? – komm mit mir, helf mir'n bißchen, arbeete mit mir."

Sein Mund hat verdammten Hunger auf eine Frau.

„Was soll ich mit dir arbeiten, Karl?" frag ich.

„Meine Laube hat zwee kleene Zimmer", sagt er, „und ne Ziege gibt's, die kannste melken, unser Bett kannste machen, Fenster kannste putzen, bunten kleenen Puppen die Augen einnähen – komm, Kleene, du

---

der Georgette = dünnes Gewebe aus Seide oder Kunstseide

bist so niedlich im Gesichte und sonst auch – willste eene vom Strich werden? Glaub mir Kleene, die vafluchte Konkurrenz unter die, wo arbeiten wollen, ist verdammt groß, aber jrößer noch ist die Konkurrenz unter die, wo nicht arbeiten wollen, unter die Hurenmenschen und solche, wo was werden wollen ohne Anstrengung und Schweiß – warum willste bei die größte Konkurrenz gehören?"

Am Ende des Romans, das offen bleibt, formuliert Doris ihr Dilemma:

Textausschnitt 4:

„Ich werde mich ja nie mehr gewöhnen an einen ohne Bildung, zu dem ich eigentlich doch gehöre – und einer mit Bildung wird sich an mich nicht gewöhnen."

IRMGARD KEUN: DAS KUNSTSEIDENE MÄDCHEN, LIST

a) **Erschließen** Sie das Selbstbild der jungen Ich-Erzählerin zu Beginn des Romans (Textausschnitt 1).

b) **Untersuchen** Sie die Sprache (Wortschatz, Stilebene, Satzbau), die in den Textausschnitten zur Anwendung kommt.

c) **Geben** Sie mit eigenen Worten **wieder,** wodurch sich reiche Leute in der Wahrnehmung der Protagonistin auszeichnen.

d) **Recherchieren** Sie nach weiteren Textstellen des Romans und **überprüfen** Sie, ob die von Doris versuchte filmische Darstellung ihres Lebens via schnell aufeinanderfolgender Bilder im Roman auch tatsächlich erreicht wird.

e) Das Ende des Romans ist offen – der/die Leser/in erfährt nicht, ob Doris Karl findet und ob sie tatsächlich ein Leben an seiner Seite führen könnte. – **Diskutieren** Sie aufgrund des Selbstbildes und der Erfahrungen, die Doris gemacht hat, ob dieses Leben eine tatsächliche Alternative für sie darstellt.

3. „Der Steppenwolf"

HERMANN HESSE, Nobelpreisträger für Literatur, schreibt den Roman „Der Steppenwolf" im Alter von ca. 50 Jahren, als er sich in einer tiefen Persönlichkeitskrise befindet.

Der Protagonist Harry Haller bezieht im Haus des Erzählers und dessen Tante die Dachkammer und verbringt dort eine Zeitspanne von zehn Monaten. Er scheint ein bürgerlicher Gelehrter zu sein, der an einer weitreichenden Persönlichkeitsstörung leidet: Der bürgerlichen Seite seiner Persönlichkeit entspricht Harry Haller, der Steppenwolf repräsentiert die rohe, ungezähmte, alles Bürgerliche entwertende Seite seiner Persönlichkeit.

Harry Haller leidet ungemein an dieser Spaltung seines Ichs und ist eines Tages verschwunden, hinterlässt dem Erzähler jedoch seine Aufzeichnungen über jenen Zeitraum, den er in der Stadt verbracht hat. Diese Aufzeichnungen bilden nun den Kern der Handlung, enthalten aber ihrerseits wiederum einen kurzen Traktat, der von einer Person namens Harry handelt und dessen Persönlichkeitsstruktur zum Thema macht.

HERMANN HESSE, deutsch-schweizerischer Schriftsteller und Literaturnobelpreisträger (1877–1962)

der/das Traktat = kurze, schriftliche Abhandlung über ein Thema

Porträt und Original-Schreibmaschine im Hermann Hesse Museum in Montagnola

Hermann Hesse
DER STEPPENWOLF (1927)

Textausschnitt 1:

Wenn ich eine Weile ohne Lust und ohne Schmerz war und die laue fade Erträglichkeit sogenannter guter Tage geatmet habe, dann wird mir in meiner kindischen Seele so windig weh und elend, daß ich die verrostete Dankbarkeitsleier dem schläfrigen Zufriedenheitsgott ins zufriedene Gesicht schmeiße und lieber einen recht teuflischen Schmerz in mir brennen fühle als diese bekömmliche Zimmertemperatur. Es brennt alsdann in mir eine wilde Begierde nach starken Gefühlen, nach Sensationen, eine Wut auf dies abgetönte, flache, normierte und sterilisierte Leben und eine rasende Lust, irgend etwas kaputt zu schlagen, etwa ein Warenhaus oder eine Kathedrale oder mich selbst, verwegene Dummheiten zu begehen, ein paar verehrten Götzen die Perücken abzureißen, ein paar rebellische Schulbuben mit der ersehnten Fahrkarte nach Hamburg auszurüsten, ein kleines Mädchen zu verführen oder einigen Vertretern der bürgerlichen Weltordnung das Gesicht ins Genick zu drehen. Denn dies haßte, verabscheute und verfluchte ich von allem doch am innigsten: diese Zufriedenheit, diese Gesundheit, Behaglichkeit, diesen gepflegten Optimismus des Bürgers, diese fette gedeihliche Zucht des Mittelmäßigen, Normalen, Durchschnittlichen. [...]

Und nun kam ich an der Araukarie vorbei. Nämlich im ersten Stockwerk dieses Hauses führt die Treppe am kleinen Vorplatz einer Wohnung vorüber, die ist ohne Zweifel noch tadelloser, sauberer und gebürsteter als die andern, denn dieser kleine Vorplatz strahlt von einer übermenschlichen Gepflegtheit, er ist ein leuchtender kleiner Tempel der Ordnung. Auf einem Parkettboden, den zu betreten man sich scheut, stehen da zwei zierliche Schemel und auf jedem Schemel ein großer Pflanzentopf, im einen wächst eine Azalee, im andern eine ziemlich stattliche Araukarie, ein gesunder, strammer Kinderbaum von größter Vollkommenheit, und noch die letzte Nadel am letzten Zweig strahlt von frischester Abgewaschenheit. Zuweilen, wenn ich mich unbeobachtet weiß, benütze ich diese Stätte als Tempel, setze mich über der Araukarie auf eine Treppenstufe, ruhe ein wenig, falte die Hände und blicke andächtig hinab in diesen kleinen Garten der Ordnung, dessen rührende Haltung und einsame Lächerlichkeit mich irgendwie in der Seele ergreift. Ich vermute hinter diesem Vorplatz, gewissermaßen im heiligen Schatten der Araukarie, eine Wohnung voll von strahlendem Mahagoni und ein Leben voll Anstand und Gesundheit, mit Frühaufstehen, Pflichterfüllung, gemäßigt heitern Familienfesten, sonntäglichem Kirchgang und frühem Schlafengehen.

Aufgrund der Unvereinbarkeit dieser beiden Persönlichkeitsausprägungen denkt Harry Haller an Selbstmord, den er, so sich seine Situation nicht bessert, an seinem 50. Geburtstag begehen will. Harry trifft aber eines Nachts im Zuge einer Abendveranstaltung auf Hermine, eine lebenslustige Prostituierte, die ihn lehrt, Verantwortung für sein Leben zu übernehmen.

Mit Hermine erlebt er mehrere Situationen, die zwischen Wirklichkeit und Fiktion, zwischen Realität und Rausch changieren. Sie lehrt ihn das Tanzen und ermöglicht ihm, seine vergeistigte, kognitive Welt zu verlassen und in die unmittelbare, körperliche Erlebniswelt einzutreten. So vermittelt sie ihm auch Maria, eine Kollegin von ihr, die ihn in erotischen und sexuellen Belangen instruiert.

In der folgenden Szene befindet sich Harry auf einer abendlichen Tanzveranstaltung. Hermine erscheint als Hermann verkleidet und es entsteht eine Art Verwirrspiel, in dem Harry mehr und mehr lernt, die Begrenztheit seiner bürgerlichen Moralvorstellungen und Erfahrungswelt zu erkennen.

Textausschnitt 2:

Alles war Märchen, alles war um eine Dimension reicher, um eine Bedeutung tiefer, war Spiel und Symbol. Wir sahen eine sehr schöne junge Frau, die etwas leidend und unzufrieden aussah, Hermann tanzte mit ihr, brachte sie zum Blühen, verschwand mit ihr in eine Sektlaube und erzählte mir nachher, sie habe diese Frau nicht als Mann erobert, sondern als Frau, mit dem Zauber von Lesbos. Mir aber ward allmählich dies ganze tönende Haus voll tanzbrausender Säle, dieses berauschte Volk von Masken zu einem tollen Traumparadies, Blüte um Blüte warb mit ihrem Duft, Frucht um Frucht umspielte ich suchend mit probenden Fingern, Schlangen blickten mich aus grünem Laubschatten verführend an, Lotosblüte geisterte über schwarzem Sumpf, Zaubervögel lockten im Gezweige, und alles führte mich doch zu einem ersehnten Ziel, alles lud mich neu mit Sehnsucht nach der Einzigen. [...]

Ein Erlebnis, das mir in fünfzig Jahren unbekannt geblieben war, obwohl jeder Backfisch und Student es kennt, wurde mir in dieser Ballnacht zuteil: das Erlebnis des Festes, der Rausch der Festgemeinschaft, das Geheimnis vom Untergang der Person in der Menge, von der Unio mystica der Freude. Oft hatte ich davon sprechen hören, jeder Dienstmagd war es bekannt, und oft hatte ich das Leuchten im Auge der Erzählenden gesehen und hatte immer halb überlegen, halb neidisch dazu gelächelt. Jenes Strahlen in den trunkenen Augen eines Entrückten, eines von sich selbst Erlösten, jenes Lächeln und halb irre Versunkensein dessen, der im Rausch der Gemeinschaft aufgeht, hatte ich hundertmal im Leben an edlen und an gemeinen Beispielen gesehen, an besoffenen Rekruten und Matrosen ebenso wie an großen Künstlern, etwa im Enthusiasmus festlicher Aufführungen, und nicht minder an jungen Soldaten, die in den Krieg zogen, und noch in jüngster Zeit hatte ich dies Strahlen und Lächeln des glücklich Entrückten bewundert, geliebt, bespöttelt und beneidet an meinem Freunde Pablo, wenn er selig im Rausch des Musizierens im Orchester über seinem Saxophon hing oder dem Dirigenten, dem Trommler, dem Mann mit dem Banjo zuschaute, entzückt, ekstatisch. Solch ein Lächeln, solch ein kindhaftes Strahlen, hatte ich zuweilen gedacht, sei nur ganz jungen Menschen möglich oder solchen Völkern, die sich keine starke Individuation und Differenzierung der einzelnen gestatteten. Aber heute, in dieser gesegneten Nacht, strahlte ich selbst, der Steppenwolf Harry, dies Lächeln, schwamm ich selbst in diesem tiefen, kindhaften, märchenhaften Glück, atmete ich selbst diesen süßen Traum und Rausch aus Gemeinschaft, Musik, Rhythmus, Wein und Geschlechtslust, dessen Lobpreis im Ballbericht irgendeines Studenten ich einst so oft mit Spott und armer Überlegenheit mit angehört hatte. Ich war nicht mehr ich, meine Persönlichkeit war aufgelöst im Festrausch wie Salz im Wasser.

Am Ende dieses Tanzabends werden Hermine und Harry vom befreundeten Musiker Pablo in dessen magisches Theater auf eine Reise zu sich selbst eingeladen. Vor Antritt dieser Reise verabreicht Pablo sowohl Hermine als auch Harry bewusstseinserweiternde Substanzen, die den Zugang zu vertieften Erkenntnissen über die je eigene Persönlichkeit ermöglichen sollen.

Literaturepochen

Textausschnitt 3:

„Mein Theaterchen hat so viele Logentüren, als ihr wollt, zehn oder hundert oder tausend, und hinter jeder Tür erwartet euch das, was ihr gerade sucht. Es ist ein hübsches Bilderkabinett, lieber Freund, aber es würde Ihnen nichts nützen, es so zu durchlaufen, wie Sie sind. Sie würden durch das gehemmt und geblendet werden, was Sie gewohnt sind, Ihre Persönlichkeit zu nennen. Ohne Zweifel haben Sie ja längst erraten, daß die Überwindung der Zeit, die Erlösung von der Wirklichkeit, und was immer für Namen Sie Ihrer Sehnsucht geben mögen, nichts andres bedeuten als den Wunsch, Ihrer sogenannten Persönlichkeit ledig zu werden. Sie ist das Gefängnis, in dem Sie sitzen. Und wenn Sie so, wie Sie sind, in das Theater träten, so sähen Sie alles mit den Augen Harrys, alles durch die alte Brille des Steppenwolfes. Sie werden darum eingeladen, sich dieser Brille zu entledigen und diese sehr geehrte Persönlichkeit freundlichst hier in der Garderobe abzulegen, wo sie auf Wunsch jederzeit wieder zu Ihrer Verfügung steht. Der hübsche Tanzabend, den Sie hinter sich haben, der Traktat vom Steppenwolf, schließlich noch das kleine Anregungsmittel, das wir eben zu uns genommen haben, dürfte Sie genügend vorbereitet haben."

HERMANN HESSE: DER STEPPENWOLF, SUHRKAMP – ALTE RECHTSCHREIBUNG

🔗 Eine kurze Erklärung zu FREUDS **„Strukturmodell der menschlichen Psyche"** finden Sie auf dem WERKZEUG-Blatt des Kapitels „Fin de Siècle".

a) **Beschreiben** Sie anhand der Textstellen, was den bürgerlichen Anteil von Harry Hallers Persönlichkeit und was den Anteil des Steppenwolfes ausmacht. **Listen** Sie die Zuschreibungen und Eigenschaften tabellarisch **auf.**

b) Recherchieren Sie das „Strukturmodell der menschlichen Psyche" nach SIGMUND FREUD und **setzen** Sie dieses mit der Persönlichkeitsstruktur von Harry Haller in **Beziehung.**

c) **Überprüfen** Sie folgende Interpretationshypothese:
„Hermann Hesse übt mit seinem Roman Kritik an den verklemmten bürgerlichen Moralvorstellungen und spricht sich für eine von gesellschaftlichen Strukturen befreite Persönlichkeitsentwicklung aus."

d) In den 1960er-Jahren wurde die Band STEPPENWOLF gegründet und nach dem Roman von HERMANN HESSE benannt. – **Recherchieren** Sie nach Songtexten dieser Band und **untersuchen** Sie diese auf inhaltliche Bezüge zum Roman.

4. Der Mann ohne Eigenschaften

Den „Mann ohne Eigenschaften" kann man als Lebensprojekt von ROBERT MUSIL bezeichnen. MUSIL beginnt schon sehr früh an diesem Werk zu arbeiten und schreibt einzelne Teile immer wieder um. Der Roman bleibt letztlich Fragment, weil MUSIL ihn auch nach ca. 30 Jahren Arbeit daran nicht abschließen kann.

Der Inhalt ist schnell erzählt: Ulrich, der in der k. u. k Monarchie lebende Protagonist des Romans, nimmt sich ein Jahr Urlaub vom Leben, um ungeplanterweise als Generalsekretär der Parallelaktion vorzustehen, deren vage Aufgabe es ist, das 70-jährige Thronbesteigungsjubiläum (1918) von Kaiser Franz Joseph zu planen und vorzubereiten. Dieses soll auf keinen Fall dem 30-jährigen Thronbesteigungsjubiläum des deutschen Kaisers Wilhelm II. unterlegen sein, das im selben Jahr ansteht.

ROBERT MUSIL, österreichischer Schriftsteller und Theaterkritiker (1880–1942)

In dieser Planungsphase treffen Politiker, Philosophen, Schriftsteller, Wirtschaftstreibende etc. von hohem Rang bei Diotima, der schöngeistigen Kusine Ulrichs, aufeinander und ergehen sich in wiederum nur vagen Andeutungen, womit und wodurch man den Kaiser ehren und würdigen könnte.

In der Zwischenzeit stirbt Ulrichs Vater und Agathe, Ulrichs verheiratete Schwester, tritt wieder in sein Leben. Die beiden führen eine vergeistigte Beziehung, die zuweilen inzestuös anmutet.

Die Parallelaktion tritt immer weiter in den Hintergrund und die Suche nach dem „anderen Zustand", nach Möglichkeiten, ein anderes, ein mystisches Leben zu führen, gewinnt immer mehr an Bedeutung.

So wie sich der „andere Zustand" einer konkreten Beschreibung entzieht, so lässt sich auch der Roman nicht abschließen, vor allem bei MUSILS Arbeitsstil, der bedeutet, dass ein Kapitel unzählige Male überarbeitet wird und die Kapitel selbst immer wieder neu angeordnet werden.

Was MUSIL auszeichnet, ist einerseits eine besondere Form der Ironie, die in seinen Texten immer wieder zutage tritt, und andererseits sein essayistischer Schreibstil, der einzelne soziokulturelle Problemstellungen aus der Perspektive unterschiedlicher Figuren immer wieder von Neuem beleuchtet.

Robert Musil
DER MANN OHNE EIGENSCHAFTEN (1930)

Kakanien

[...] Dort, in Kakanien, diesem seither untergegangenen, unverstandenen Staat, der in so vielem ohne Anerkennung vorbildlich gewesen ist, gab es auch Tempo, aber nicht zuviel Tempo. So oft man in der Fremde
5 an dieses Land dachte, schwebte vor den Augen die Erinnerung an die weißen, breiten, wohlhabenden Straßen aus der Zeit der Fußmärsche und Extraposten, die es nach allen Richtungen wie Flüsse der Ordnung, wie Bänder aus heilem Soldatenzwillich durchzogen und die Länder mit dem papierweißen Arm der Verwaltung umschlangen. Und was für
10 Länder! Gletscher und Meer, Karst und böhmische Kornfelder gab es dort, Nächte an der Adria, zirpend von Grillenunruhe, und slowakische Dörfer, wo der Rauch aus den Kaminen wie aus aufgestülpten Nasenlöchern stieg und das Dorf zwischen zwei kleinen Hügeln kauerte, als hätte die Erde ein wenig die Lippen geöffnet, um ihr Kind dazwischen
15 zu wärmen. Natürlich rollten auf diesen Straßen auch Automobile; aber nicht zuviel Automobile! Man bereitete die Eroberung der Luft vor, auch hier; aber nicht zu intensiv. Man ließ hie und da ein Schiff nach Südamerika oder Ostasien fahren; aber nicht zu oft. Man hatte keinen Weltwirtschafts- und Weltmachtehrgeiz; man saß im Mittelpunkt
20 Europas, wo die alten Weltachsen sich schneiden; die Worte Kolonie und Übersee hörte man an wie etwas noch gänzlich Unerprobtes und Fernes. Man entfaltete Luxus; aber beileibe nicht so überfeinert wie die Franzosen. Man trieb Sport; aber nicht so närrisch wie die Angelsachsen. Man gab Unsummen für das Heer aus; aber doch nur gerade so
25 viel, daß man sicher die zweitschwächste der Großmächte blieb. Auch die Hauptstadt war um einiges kleiner als alle andern größten Städte der Welt, aber doch um ein Erkleckliches größer, als es bloß Großstädte

> Den Begriff „Kakanien" hat ROBERT MUSIL im „Mann ohne Eigenschaften" geprägt. Er bezeichnet die k. u. k Monarchie und leitet sich von der Abkürzung „k. k." ab, die für „kaiserlich-königlich" steht.

der Bolschewik = Mitglied der Sozialdemokratischen Arbeiterpartei Russlands

sind. Und verwaltet wurde dieses Land in einer aufgeklärten, wenig fühlbaren, alle Spitzen vorsichtig beschneidenden Weise von der besten Bürokratie Europas, der man nur einen Fehler nachsagen konnte: sie empfand Genie und geniale Unternehmungssucht an Privatpersonen, die nicht durch hohe Geburt oder einen Staatsauftrag dazu privilegiert waren, als vorlautes Benehmen und Anmaßung. Aber wer ließe sich gerne von Unbefugten dreinreden! Und in Kakanien wurde überdies immer nur ein Genie für einen Lümmel gehalten, aber niemals, wie es anderswo vorkam, schon der Lümmel für ein Genie.

ROBERT MUSIL: DER MANN OHNE EIGENSCHAFTEN, BD. I, ROWOHLT – ALTE RECHTSCHREIBUNG

a) **Untersuchen** Sie den Text auf folgende rhetorische Mittel hin: Personifikationen, Metaphern.

b) **Analysieren** Sie, auf welche Art und Weise die Ironie in diesem Textausschnitt entsteht.

c) **Diskutieren** Sie, welche vom Erzähler angeführten Besonderheiten Kakaniens auf das heutige Österreich nach wie vor zutreffen. In welchen Bereichen hinsichtlich Politik, Wirtschaft und Gesellschaft verhält man sich zögerlich?

Die konstruktive Ironie

Ironie ist: einen Klerikalen so darstellen, daß neben ihm auch ein Bolschewik getroffen ist. Einen Trottel so darstellen, daß der Autor plötzlich fühlt: das bin ich ja zum Teil selbst. Diese Art Ironie, die konstruktive Ironie, ist im heutigen Deutschland ziemlich unbekannt. Es ist der Zusammenhang der Dinge, aus dem sie nackt hervorgeht. Man hält Ironie für Spott und Bespötteln.

ROBERT MUSIL: DER MANN OHNE EIGENSCHAFTEN, BD. II, ROWOHLT – ALTE RECHTSCHREIBUNG

d) **Untersuchen** Sie, inwiefern sich die konstruktive Ironie von der nicht konstruktiven Ironie unterscheidet.

Der verlorene rote Faden

Und als einer jener scheinbar abseitigen und abstrakten Gedanken, die in seinem Leben oft so unmittelbare Bedeutung gewannen, fiel ihm ein, daß das Gesetz dieses Lebens, nach dem man sich, überlastet und von Einfalt träumend, sehnt, kein anderes sei als das der erzählerischen Ordnung! Jener einfachen Ordnung, die darin besteht, daß man sagen kann: „Als das geschehen war, hat sich jenes ereignet!" Es ist die einfache Reihenfolge, die Abbildung der überwältigenden Mannigfaltigkeit des Lebens in einer eindimensionalen, wie ein Mathematiker sagen würde, was uns beruhigt; die Aufreihung alles dessen, was in Raum und Zeit geschehen ist, auf einen Faden, eben jenen berühmten „Faden der Erzählung", aus dem nun also auch der Lebensfaden besteht. Wohl dem, der sagen kann „als", „ehe" und „nachdem"! Es mag ihm Schlechtes widerfahren sein, oder er mag sich in Schmerzen gewunden haben: sobald er imstande ist, die Ereignisse in der Reihenfolge ihres

🔗 Einen weiteren Ausschnitt aus ROBERT MUSILS „Der Mann ohne Eigenschaften" finden Sie im Thementeil auf S. 384.

zeitlichen Ablaufes wiederzugeben, wird ihm so wohl, als schiene ihm die Sonne auf den Magen. Das ist es, was sich der Roman künstlich zunutze gemacht hat: der Wanderer mag bei strömendem Regen die Landstraße reiten oder bei zwanzig Grad Kälte mit den Füßen im
20 Schnee knirschen, dem Leser wird behaglich zumute, und das wäre schwer zu begreifen, wenn dieser ewige Kunstgriff der Epik, mit dem schon die Kinderfrauen ihre Kleinen beruhigen, diese bewährteste „perspektivische Verkürzung des Verstandes" nicht schon zum Leben selbst gehörte. Die meisten Menschen sind im Grundverhältnis zu sich selbst
25 Erzähler. Sie lieben nicht die Lyrik, oder nur für Augenblicke, und wenn in den Faden des Lebens auch ein wenig „weil" und „damit" hineingeknüpft wird, so verabscheuen sie doch alle Besinnung, die darüber hinausgreift: sie lieben das ordentliche Nacheinander von Tatsachen, weil es einer Notwendigkeit gleichsieht, und fühlen sich durch den Eindruck,
30 daß ihr Leben einen „Lauf" habe, irgendwie im Chaos geborgen. Und Ulrich bemerkte nun, daß ihm dieses primitive Epische abhanden gekommen sei, woran das private Leben noch festhält, obwohl öffentlich alles schon unerzählerisch geworden ist und nicht einem „Faden" mehr folgt, sondern sich in einer unendlich verwobenen Fläche ausbreitet.

ROBERT MUSIL: DER MANN OHNE EIGENSCHAFTEN, BD. I, ROWOHLT – ALTE RECHTSCHREIBUNG

e) **Erläutern** Sie die Funktion, die in dieser Textstelle dem Erzählen im Leben der Menschen zugeordnet wird.

f) Die Handlung des Romans ist kurz vor Ausbruch des Ersten Weltkrieges angesiedelt. – **Diskutieren** Sie unter diesem historischen Gesichtspunkt, warum dem ständig reflektierenden und analysierenden Protagonisten Ulrich „dieses primitive Epische" abhanden gekommen ist.

g) **Listen** Sie in Form einer Aufzählung all jene Ereignisse **auf,** die den roten Faden Ihres Lebens bilden. **Präsentieren** Sie Ihren geordneten Lebenslauf – so er Ihnen nicht zu persönlich erscheint – vor der Klasse.

5. Das epische Theater

Bertolt Brecht
DAS EPISCHE THEATER (Auszüge, 1936)

Die Bühne begann zu erzählen. Nicht mehr fehlte mit der vierten Wand zugleich der Erzähler. Nicht nur der Hintergrund nahm Stellung zu den Vorgängen auf der Bühne, indem er auf großen Tafeln gleichzeitige andere Vorgänge an anderen Orten in die Erinnerung rief, Aussprüche
5 von Personen durch projizierte Dokumente belegte oder widerlegte, zu abstrakten Gesprächen sinnlich faßbare, konkrete Zahlen lieferte, zu plastischen, aber in ihrem Sinn undeutlichen Vorgängen Zahlen und Sätze zur Verfügung stellte – auch die Schauspieler vollzogen die Verwandlung nicht vollständig, sondern hielten Abstand zu der von ihnen
10 dargestellten Figur, ja forderten deutlich zur Kritik auf.

Von keiner Seite wurde es dem Zuschauer weiterhin ermöglicht, durch einfache Einfühlung in dramatische Personen sich kritiklos (und praktisch folgenlos) Erlebnissen hinzugeben. Die Darstellung setzte die Stoffe und Vorgänge einem Entfremdungsprozeß aus. Es war die Ent-
15 fremdung, welche nötig ist, damit verstanden werden kann. Bei allem ‚Selbstverständlichen' wird auf das Verstehen einfach verzichtet. [...]

BERTOLT BRECHT, deutscher Dramatiker und Lyriker (1898–1956)

Der Zuschauer des dramatischen Theaters sagt: Ja, das habe ich auch schon gefühlt. – So bin ich. – Das ist natürlich. – Das wird immer so sein. – Das Leid dieses Menschen erschüttert mich, weil es keinen Ausweg für ihn gibt. – Das ist große Kunst: da ist alles selbstverständlich. – Ich weine mit den Weinenden, ich lache mit den Lachenden.

Der Zuschauer des epischen Theaters sagt: Das hätte ich nicht gedacht. – So darf man es nicht machen. – Das ist höchst auffällig, fast nicht zu glauben. – Das muß aufhören. – Das Leid dieses Menschen erschüttert mich, weil es doch einen Ausweg für ihn gäbe. – Ich lache mit den Weinenden, ich weine über den Lachenden.

In: Bertolt Brecht: Schriften zum Theater 3, Suhrkamp – alte Rechtschreibung

a) **Geben** Sie in eigenen Worten **wieder,** was Bertolt Brecht unter dem „epischen Theater" versteht.

b) **Erläutern** Sie anhand einzelner Textpassagen den Umgang mit Medien bzw. dem Medium Theater, den Bertolt Brecht schon damals fordert.

c) **Diskutieren** Sie in der Klasse, welches Medienkonsumverhalten in der Klasse überwiegt: Der/Die Konsument/in geht auf kritische Distanz zum Gesehenen oder er/sie gibt sich der Illusion und angebotenen Identifikation mit den Hauptpersonen hin.

6. „Die Dreigroschenoper"

Bertolt Brecht verfasst „Die Dreigroschenoper" auf Basis von Elisabeth Hausmanns aus dem Englischen übersetzter „Beggar's Opera" (1728) von John Gay (1685–1732). Sie wird 1928 mit großem Erfolg uraufgeführt.

Passend zur beginnenden Wirtschaftskrise Ende der 1920er-Jahre dreht sich die Handlung um Armut und organisierte Kleinkriminalität. Der Bettlerkönig Peachum ist Inhaber der Firma „Bettlers Freund". Macheath, auch Mackie Messer genannt, ist der berüchtigte Anführer einer Diebesbande und bestens mit Brown, dem obersten Polizeichef von London, bekannt.

Mackie Messer heiratet heimlich Peachums Tochter Polly, was den Schwiegervater Peachum verärgert – er hatte andere Pläne für seine Tochter. Peachum versucht Mackie Messer loszuwerden, indem er immer wieder Brown auf ihn hetzt. Das erste Mal kann der Gauner flüchten, das zweite Mal aber nicht. Kurz bevor man ihn hängt, wird Mackie aber von der Königin begnadigt und in den Adelsstand gehoben.

Die Dreigroschenoper am Theater an der Wien 2015/16: Tobias Moretti (Macheath/Mackie Messer), Nina Bernsteiner (Polly)

Bertolt Brecht
DIE DREIGROSCHENOPER (1928)

Erster Akt, 1

Peachum: Also, Lizenzen werden nur an Professionals verliehen. *Zeigt geschäftsmäßig einen Stadtplan.* London ist eingeteilt in vierzehn Distrikte. Jeder Mann, der in einem davon das Bettlerhandwerk auszuüben gedenkt, braucht eine Lizenz von Jonathan Jeremiah Peachum & Co. Ja, da könnte jeder kommen – eine Beute seiner Triebe.

Filch: Herr Peachum, wenige Schillinge trennen mich vom völligen Ruin. Es muß etwas geschehen, mit zwei Schillingen in der Hand ...

Peachum: Zwanzig Schillinge.

FILCH: Herr Peachum! *Zeigt flehend auf ein Plakat, auf dem steht: „Verschließt euer Ohr nicht dem Elend!" Peachum zeigt auf den Vorhang vor einem Schaukasten, auf dem steht: „Gib, so wird dir gegeben!"*

FILCH: Zehn Schillinge.

PEACHUM: Und fünfzig Prozent bei wöchentlicher Abrechnung. Mit Ausstattung siebzig Prozent.

FILCH: Bitte, worin besteht denn die Ausstattung?

PEACHUM: Das bestimmt die Firma.

FILCH: In welchem Distrikt könnte ich denn da antreten?

PEACHUM: Baker Street 2-104. Da ist es sogar billiger. Da sind es nur fünfzig Prozent mit Ausstattung.

FILCH: Bitte sehr. *Er bezahlt.*

PEACHUM: Ihr Name?

FILCH: Charles Filch.

PEACHUM: Stimmt. *Schreit:* Frau Peachum! *Frau Peachum kommt.* Das ist Filch. Nummer dreihundertvierzehn. Distrikt Baker Street. Ich trage selbst ein. Natürlich, jetzt gerade vor der Krönungsfeierlichkeit wollen Sie eingestellt werden: die einzige Zeit in einem Menschenalter, wo eine Kleinigkeit herauszuholen wäre. Ausstattung C. *Er öffnet den Leinenvorhang vor einem Schaukasten, in dem fünf Wachspuppen stehen.*

FILCH: Was ist das?

PEACHUM: Das sind die fünf Grundtypen des Elends, die geeignet sind, das menschliche Herz zu rühren. Der Anblick solcher Typen versetzt den Menschen in jenen unnatürlichen Zustand, in welchem er bereit ist, Geld herzugeben.
Ausstattung A: Opfer des Verkehrsfortschritts. Der muntere Lahme, immer heiter – *er macht ihn vor* –, immer sorglos, verschärft durch einen Armstumpf.
Ausstattung B: Opfer der Kriegskunst. Der lästige Zitterer, belästigt die Passanten, arbeitet mit Ekelwirkung – *er macht ihn vor* –, gemildert durch Ehrenzeichen.
Ausstattung C: Opfer des industriellen Aufschwungs. Der bejammernswerte Blinde oder die Hohe Schule der Bettelkunst.
Er macht ihn vor, indem er auf Filch zuwankt. Im Moment, wo er an Filch anstößt, schreit dieser entsetzt auf. Peachum hält sofort ein, mustert ihn erstaunt und brüllt plötzlich: Er hat Mitleid! Sie werden in einem Menschenleben kein Bettler! So was taugt höchstens zum Passanten! Also Ausstattung D!

a) **Beschreiben** Sie das Vorgehen der Firma „Bettlers Freund" von Jonathan Jeremiah Peachum & Co., um das Betteln zu „kapitalisieren".

b) **Diskutieren** Sie, warum Bettlerkönig wie Bettler in der Dreigroschenoper kein Mitleid haben dürfen.

Monument von BERTOLT BRECHT in Berlin-Mitte

Dritter Akt, 9

Gang zum Galgen

Alle ab durch Türe links. Diese Türen sind in den Projektionsflächen. Dann kommen auf der anderen Seite von der Bühne alle mit Windlichter wieder
5 *herein. Wenn Macheath oben auf dem Galgen steht, spricht*

PEACHUM: Verehrtes Publikum, wir sind soweit
        Und Herr Macheath wird aufgehängt
        Denn in der ganzen Christenheit
        Da wird dem Menschen nichts geschenkt.

10   Damit ihr aber nun nicht denkt
        Das wird von uns auch mitgemacht
        Wird Herr Macheath nicht aufgehängt
        Sondern wir haben uns einen anderen Schluß ausgedacht.

        Damit ihr wenigstens in der Oper seht
15   Wie einmal Gnade vor Recht ergeht.
        Und darum wird, weil wir's gut mit euch meinen
        Jetzt der reitende Bote des Königs erscheinen.

Auf den Tafeln steht:
Drittes Dreigroschen-Finale
20 **AUFTAUCHEN DES REITENDEN BOTEN**

CHOR: Horch, wer kommt! Des Königs reitender Bote kommt!

Hoch zu Roß erscheint Brown als reitender Bote.

BROWN: Anläßlich ihrer Krönung befiehlt die Königin, daß der Captain Macheath sofort freigelassen wird. *Alle jubeln.* Gleichzeitig wird er hier
25 mit in den erblichen Adelsstand erhoben – *Jubel* – und ihm das Schloß Marmarel sowie eine Rente von zehntausend Pfund bis zu seinem Lebensende überreicht. Den anwesenden Brautpaaren läßt die Königin ihre königlichen Glückwünsche übersenden. [...]

POLLY: Gerettet, mein lieber Mackie ist gerettet. Ich bin sehr glücklich.

30 FRAU PEACHUM: So wendet alles sich am End zum Glück. So leicht und friedlich wäre unser Leben, wenn die reitenden Boten des Königs immer kämen.

PEACHUM: Darum bleibt alle stehen, wo ihr steht, und singt den Choral der Ärmsten der Armen, deren schwieriges Leben ihr heute dargestellt
35 habt, denn in Wirklichkeit ist gerade ihr Ende schlimm. Die reitenden Boten des Königs kommen sehr selten, wenn die Getretenen widergetreten haben. Darum sollte man das Unrecht nicht zu sehr verfolgen.

ALLE *singen zur Orgel nach vorne gehend:*
Verfolgt das Unrecht nicht zu sehr, in Bälde
40 Erfriert es schon von selbst, denn es ist kalt.
Bedenkt das Dunkel und die große Kälte
In diesem Tale, das von Jammer schallt.

BERTOLT BRECHT: DIE DREIGROSCHENOPER, SUHRKAMP – ALTE RECHTSCHREIBUNG

c) **Beschreiben** Sie die spezifischen Elemente des epischen Theaters, die in oben angeführter Textstelle zutage treten.

d) Macheath wird am Ende des Stückes begnadigt, erhält zum Geschenk ein Schloss und eine hohe Rente. – **Deuten** Sie das Ende des Stückes vor allem unter Berücksichtigung der Aspekte des epischen Theaters.

Prosa nach 1945

Einblicke in die erzählende Literatur nach 1945

Ich versuche, die Sprache selbst zu zwingen, die Wahrheit zu sagen, sozusagen die Wahrheit hinter sich selbst, wo sie versucht, sich zu verstecken. Die Sprache lügt ja, wo man sie lässt.

Elfriede Jelinek

Literaturepochen

3 Prosa nach 1945 — WERKZEUG

⚠️ Die österreichische Prosa-Literatur der Gegenwart in ihrer Gesamtheit darzustellen, ist auf begrenztem Raum unmöglich, da das vorliegende Material zu umfangreich und vielfältig ist.
Somit **versteht sich die folgende Auswahl an Autorinnen und Autoren sowie Werken als punktuell,** da der Gesamtheit der Texte, Stile und Formen niemals Rechnung getragen werden kann.

> *In der Tat brauchen wir nur dort fortzusetzen, wo uns die Träume eines Irren unterbrochen haben, in der Tat brauchen wir nicht voraus-, sondern zurückblicken [...] wir sind, im besten und wertvollsten Verstande, unsere Vergangenheit.*
>
> ALEXANDER LERNET-HOLENIA

Lassen sich in den ersten Jahrzehnten nach 1945 zeitlich noch einigermaßen gut abgrenzbare Entwicklungslinien der Literatur erkennen, so ist die jüngere Vergangenheit nur schwer fassbar. Deshalb wird der Versuch unternommen, anhand der Werke von einzelnen Autorinnen und Autoren, anhand unterschiedlicher Genres oder auch behandelter Themen einen Überblick über dieses Text-Universum zu geben.

Die weiter unten angeführten **literarischen Blitzlichter** sollen die Aufmerksamkeit auf so manchen Text lenken und zu weiterer Lektüre und Auseinandersetzung mit thematisch ähnlichen oder zeitlich nahen Texten anregen.

Weitermachen wie bisher? Kein Problem!

Nicht allen war klar, dass nach dem Zweiten Weltkrieg nicht so weitergeschrieben werden konnte wie davor und dass die Literatur, mit der das Erlebte dargestellt werden konnte, die Erfahrungen und Leiden des Krieges und Faschismus in Inhalt und Form reflektieren musste. Einer von ihnen war ALEXANDER LERNET-HOLENIA, der diese Geisteshaltung mit dem Zitat in der Randspalte auf den Punkt bringt.

Die Romane und Erzählungen von HEIMITO VON DODERER, die z. T. zur Zeit der Monarchie angesiedelt sind, sind im Gegensatz zur sprachexperimentellen Herangehensweise beispielsweise der Wiener Gruppe einem konventionellen Erzählen verhaftet. Neben DODERER können hier auch GEORGE SAIKO, FRANZ THEODOR CSOKOR und FRITZ HOCHWÄLDER erwähnt werden.

Das Ende des Erzählens – Neubeginn in der Literatur – Trümmerliteratur

Viele Schriftsteller/innen, die unmittelbar nach dem Zweiten Weltkrieg ihre literarische Arbeit wieder aufnahmen, wollten nicht dort fortsetzen, wo sie der Wahnsinn des Faschismus unterbrochen hatte. Der Desillusionierung durch den Krieg konnte ihrer Meinung nach nur mit einer nüchternen, ungeschminkt realistischen Darstellungsweise begegnet werden. Der Begriff **„Trümmerliteratur"** steht für diese Art der Literatur, die sich vor allem der **Kurzgeschichte** bedient, mit der das erlittene Leid realistisch und ungeschönt dargestellt werden sollte. Als Vorbild galt ERNEST HEMINGWAY.

Autoren wie HEINRICH BÖLL, WOLFGANG BORCHERT, WOLFDIETRICH SCHNURRE, ALFRED ANDERSCH und viele mehr werden mit einigen ihrer Texte der Trümmerliteratur zugeordnet. Für Österreich können hier beispielsweise ILSE AICHINGER und INGEBORG BACHMANN genannt werden.

Neue Subjektivität in den 1970ern

„Ich bin ein Bewohner des Elfenbeinturms" ist der Titel einer Sammlung von essayistischen Texten von PETER HANDKE. Der Autor spielt mit dem Titel darauf an, dass zeitgenössische Literatur sich nicht ständig politischen und gesellschaftlichen Themen widmen und sich für Besseres engagieren müsse, sondern dass die Schriftsteller/innen sich sehr wohl in ihren Elfenbeinturm des individuellen und ichbezogenen Schaffens zurückziehen dürfen.

Autorinnen und Autoren richten den Blick nach innen, lassen Emotionalität zu, binden autobiografische Elemente in ihre Texte ein und formulieren **Gesellschaftskritik aus dieser individuellen Perspektive** heraus.

Stellvertretend seien hier PETER HANDKE mit seiner Erzählung „Die Stunde der wahren Empfindung", MARTIN WALSER mit der Novelle „Ein fliehendes Pferd – Identitätskrisen, Lebenslügen" und HEINRICH BÖLL mit dem Roman „Ansichten eines Clowns" genannt.

Utopie oder Dystopie

Utopien als mögliche positive Zwischenstadien und Endpunkte kommender Zeiten wie auch Dystopien, die das Gegenteil bezeichnen, also die negative gesellschaftliche und politische Entwicklung bis hin zum endgültigen Untergang unserer Zivilisation, haben in der Literatur eine lange Tradition.
In der österreichischen Literatur der 60er-Jahre ist diesbezüglich MARLEN HAUSHOFER mit ihrem Roman „Die Wand" zu nennen, die die Vereinzelung eines Menschen aufgrund einer nicht näher ausgeführten Katastrophe darstellt. Eine ähnliche Dystopie entwirft THOMAS GLAVINIC in seinem 2006 erschienenen Roman „Die Arbeit der Nacht".

Klassiker der Utopien und Dystopien:
- THOMAS MORUS: Utopia (1516)
- ALDOUS HUXLEY: Schöne neue Welt (1932)
- GEORGE ORWELL: 1984 (1949)
- RAY BRADBURY: Fahrenheit 451 (1953)

Anti-Neo-Heimat im Roman – Sozialkritik versus Heimatromantik

Das Thema „Heimat" und im gleichen Atemzuge die Kritik daran ist vielen literarischen Texten nach dem Zweiten Weltkrieg immanent. Der ländliche Raum mit seinen harten sozialen Strukturen sowie die das Alltagsleben nach wie vor sehr stark beeinflussende katholische Kirche bilden meist die Folie für die individuellen Leidensgeschichten der fiktiven bzw. als autobiografisch ausgewiesenen Protagonistinnen und Protagonisten.

Das Ausloten der Grenzen von Literatur und Sprache

An PETER HANDKE, THOMAS BERNHARD und ELFRIEDE JELINEK kommt nicht vorbei, wer sich mit österreichischer Literatur der jüngeren Vergangenheit beschäftigt. Neben ihrem umfangreichen Werk begründet sich ihre Bedeutung vor allem auch in der je eigenen Programmatik, die ihrem dichterischen Schaffen zugrunde liegt.
Alle drei erkunden in ihren Werken auf unterschiedliche Art und Weise die **Grenzen der Sprache,** erarbeiten sich ein anderes, vom Neo-Realismus abgewandtes Erzählen. Diese neue Subjektivität ist vor allem auch dann in ihren Texten zu spüren, wenn die Protagonistinnen/Protagonisten das Wahrgenommene mit den Mitteln der Sprache modifizieren wie auch reflektieren.
Auch FRANZOBEL (FRANZ STEFAN GRIEBL) ist in den meisten seiner Texte, im Besonderen aber in seinen Prosatexten („Krautflut", „Hundshirn", „Das Fest der Steine") sprachlichen wie auch inhaltlichen Experimenten verpflichtet.
MICHAEL KÖHLMEIER nimmt einen besonderen Platz innerhalb der literarischen Szene ein. Einerseits gilt er als großer Nacherzähler von bekannten Stoffen und Werken der Weltliteratur (Bibel, klassische Sagen des Altertums, Nibelungen, ausgewählte Dramen von WILLIAM SHAKESPEARE etc.), andererseits als einer der vielseitigsten österreichischen Autoren (Romane, Erzählungen, Hörspiele, Drehbücher etc.).
ROBERT MENASSE sei hier einerseits als Meister des (politischen) Essays („Das Land ohne Eigenschaften") angeführt, andererseits ist der 2017 erschienene Roman „Die Hauptstadt" zu erwähnen, der als erster EU-Roman gilt und die Brüsseler Beamtenschaft aus ihrer Innenperspektive heraus satirisch darstellt.

(Anti-)Heimatromane nach 1945:
- THOMAS BERNHARD: Frost (1963), Auslöschung (1986)
- PETER HANDKE: Wunschloses Unglück (1972)
- ALOIS BRANDSTÄTTER: Zu Lasten der Briefträger (1974)
- FRANZ INNERHOFER: Schöne Tage (1974)
- GERNOT WOLFGRUBER: Herrenjahre (1976)
- VEA KAISER: Blasmusikpop (2012)
- RAPHAELA EDELBAUER: Das flüssige Land (2019)

Einen Ausschnitt aus MICHAEL KÖHLMEIERS Erzählung „Sunrise" finden Sie im Thementeil auf S. 490.

Auf frischer Tat ertappt oder zu Tode gefürchtet: Krimis und Thriller

Wichtige Wegbereiter des Genres Kriminalroman sind FRIEDRICH SCHILLER mit „Der Verbrecher aus verlorener Ehre", E. T. A. HOFFMANN mit „Das Fräulein von Scuderi" oder FRIEDRICH GLAUSER mit seinen Wachtmeister-Studer-Romanen.
Bekannte **österreichische Thriller- bzw. Krimi-Autoren** sind unter anderen BERNHARD AICHER mit seiner Thriller-Trilogie „Totenfrau", „Totenhaus" und „Totenrausch", JOSEF HASLINGER mit dem Thriller „Opernball", ANDREAS GRUBER mit seiner Walter-Pulaski-Reihe (Krimis), WOLF HAAS mit seinen Brenner-Romanen (Krimis), THOMAS RAAB mit seinen Metzger-Romanen (Krimis) und EVA ROSSMANN mit ihrer Mira-Valenski-Reihe (Krimis) .

Arbeitsaufgabe

- **Recherchieren** Sie nach weiteren noch nicht genannten österreichischen Autorinnen und Autoren und führen Sie folgende Informationen an:
  ▶ biografische Daten
  ▶ Werke
  ▶ sprachliche Besonderheiten
  ▶ Stoffe, Motive
  ▶ Besonderheiten des literarischen Schaffens
  ▶ etc.

Arbeitsaufgaben „Prosa nach 1945"

1. Trümmerliteratur

Text 1

Wolfgang Borchert
DAS BROT (1946)

Plötzlich wachte sie auf. Es war halb drei. Sie überlegte, warum sie aufgewacht war. Ach so! In der Küche hatte jemand gegen einen Stuhl gestoßen. Sie horchte nach der Küche. Es war still. Es war zu still, und als sie mit der Hand über das Bett neben sich fuhr, fand sie es leer.
5 Das war es, was es so besonders still gemacht hatte: sein Atem fehlte. Sie stand auf und tappte durch die dunkle Wohnung zur Küche. In der Küche trafen sie sich. Die Uhr war halb drei. Sie sah etwas Weißes am Küchenschrank stehen. Sie machte Licht. Sie standen sich im Hemd gegenüber. Nachts um halb drei. In der Küche.

10 Auf dem Küchentisch stand der Brotteller. Sie sah, dass er sich Brot abgeschnitten hatte. Das Messer lag noch neben dem Teller. Und auf der Decke lagen Brotkrümel. Wenn sie abends zu Bett gingen, machte sie immer das Tischtuch sauber. Jeden Abend. Aber nun lagen Krümel auf dem Tuch. Und das Messer lag da. Sie fühlte, wie die Kälte der Fliesen
15 langsam an ihr hoch kroch. Und sie sah von dem Teller weg.

„Ich dachte, hier wäre was", sagte er und sah in der Küche umher.

„Ich habe auch was gehört", antwortete sie, und dabei fand sie, dass er nachts im Hemd doch schon recht alt aussah. So alt wie er war. Dreiundsechzig. Tagsüber sah er manchmal jünger aus. Sie sieht doch
20 schon alt aus, dachte er, im Hemd sieht sie doch ziemlich alt aus. Aber das liegt vielleicht an den Haaren. Bei den Frauen liegt das nachts immer an den Haaren. Die machen dann auf einmal so alt. „Du hättest Schuhe anziehen sollen. So barfuß auf den kalten Fliesen. Du erkältest dich noch."

25 Sie sah ihn nicht an, weil sie nicht ertragen konnte, dass er log. Dass er log, nachdem sie neununddreißig Jahre verheiratet waren.

„Ich dachte, hier wäre was", sagte er noch einmal und sah wieder so sinnlos von einer Ecke in die andere, „ich hörte hier was. Da dachte ich, hier wäre was."

30 „Ich hab auch was gehört. Aber es war wohl nichts." Sie stellte den Teller vom Tisch und schnippte die Krümel von der Decke.

„Nein, es war wohl nichts", echote er unsicher.

Sie kam ihm zu Hilfe: „Komm man. Das war wohl draußen. Komm man zu Bett. Du erkältest dich noch. Auf den kalten Fliesen."

35 Er sah zum Fenster hin. „Ja, das muss wohl draußen gewesen sein. Ich dachte, es wäre hier."

Sie hob die Hand zum Lichtschalter. Ich muss das Licht jetzt ausmachen, sonst muss ich nach dem Teller sehen, dachte sie. Ich darf doch nicht nach dem Teller sehen. „Komm man", sagte sie und machte das
40 Licht aus, „das war wohl draußen. Die Dachrinne schlägt immer bei Wind gegen die Wand. Es war sicher die Dachrinne. Bei Wind klappert sie immer."

Sie tappten sich beide über den dunklen Korridor zum Schlafzimmer. Ihre nackten Füße platschten auf den Fußboden.

45 „Wind ist ja", meinte er, „Wind war schon die ganze Nacht."

Als sie im Bett lagen, sagte sie: „Ja. Wind war schon die ganze Nacht. Es war wohl die Dachrinne."

„Ja, ich, dachte, es wäre in der Küche. Es war wohl die Dachrinne." Er sagte das, als ob er schon halb im Schlaf wäre.

50 Aber sie merkte, wie unecht seine Stimme klang, wenn er log. „Es ist kalt", sagte sie und gähnte leise, „ich krieche unter die Decke. Gute Nacht."

„Nacht", antwortete er und noch: „Ja, kalt ist es schon ganz schön."

Dann war es still. Nach vielen Minuten hörte sie, dass er leise und
55 vorsichtig kaute. Sie atmete absichtlich tief und gleichmäßig, damit er nicht merken sollte, dass sie noch wach war. Aber sein Kauen war so regelmäßig, dass sie davon langsam einschlief.

Als er am nächsten Abend nach Hause kam, schob sie ihm vier Scheiben Brot hin. Sonst hatte er immer nur drei essen können.

60 „Du kannst ruhig vier essen", sagte sie und ging von der Lampe weg. „Ich kann dieses Brot nicht so recht vertragen. Iß du man eine mehr. Ich vertrage es nicht so gut."

Sie sah, wie er sich tief über den Teller beugte. Er sah nicht auf. In diesem Augenblick tat er ihr leid.

65 „Du kannst doch nicht nur zwei Scheiben essen", sagte er auf seinen Teller.

„Doch. Abends vertrag ich das Brot nicht gut. Iß man. Iß man."

Erst nach einer Weile setzte sie sich unter die Lampe an den Tisch.

WOLFGANG BORCHERT: DAS GESAMTWERK, ROWOHLT

a) **Weisen** Sie **nach,** dass
- es sich um eine Kurzgeschichte handelt,
- personales Erzählen und
- ein paratiktischer Erzählstil vorliegen.

b) **Markieren** Sie alle Passagen, in denen die Armut der beiden zutage tritt.

c) **Charakterisieren** Sie die Protagonisten, analysieren Sie das im Text vorliegende Rollenverständnis und die Beziehung der beiden zueinander.

d) **Deuten** Sie, warum der Autor das Brot ins Zentrum seiner Kurzgeschichte stellt, um die Armut der Nachkriegszeit darzustellen.

Text 2

Helmut Heißenbüttel
KALKULATION ÜBER WAS ALLE GEWUSST HABEN (1965)

natürlich haben alle was gewußt der eine dies und der andere das aber niemand mehr als das und es hätte schon jemand sich noch mehr zusammenfragen müssen wenn er das gekonnt hätte aber das war schwer weil jeder immer nur an der oder der Stelle dies oder das zu
5 hören kriegte heute weiß es jeder weil jeder es weiß aber da nützt es nichts mehr weil jeder es weiß heute bedeutet es nichts mehr als daß es damals etwas bedeutet hat als jeder nicht alles sondern nur dies oder das zu hören kriegte usw.

einige haben natürlich etwas mehr gewußt das waren die die sich bereit
10 erklärt hatten mitzumachen und die auch insofern mitmachten als sie

halfen die andern zu Mitmachern zu machen mit Gewalt oder mit Versprechungen denn wer geholfen hat hat natürlich auch was wissen müssen es hat zwar vor allen verheimlicht werden können aber nicht ganz vor allen usw.

und dann gab es natürlich welche die schon eine ganze Menge wußten die mittlere Garnitur die auf dem einen oder dem anderen Sektor was zu sagen hatten da haben sie zwar nur etwas verwalten können was organisiert war denen waren gewisse Einzelheiten bekannt sie hätten sich vielleicht auch das Ganze zusammenreimen können oder haben es vielleicht sogar getan aber sie trauten sich nicht und vor allem fehlte ihnen eins und das war der springende Punkt was sie hätten wissen müssen wenn sie wirklich usw.

die da oben wußten natürlich das meiste auch untereinander denn wenn sie nichts voneinander gewußt hätten hätten sie es nicht machen können und es hätte gar nichts geklappt denn soetwas mußte funktionieren und was nicht und wo einer nicht funktionierte da mußte er erledigt werden wie sich schon gleich zu Anfang und noch deutlicher später gegen Ende gezeigt hat usw.

und natürlich wußten die paar die fast alles wußten auch schon fast alles und wie es funktionierte und wie durch Mitwissen Mitwisser und Mitwisser zu Mittätern Mittäter zu Übelwissern Übelwissen zu Übeltätern usw. denn die fast alles wußten waren so mächtig daß sie fast alles tun konnten auch Mitwisser zu Mittätern Mittäter zu Übelwissern Übelwisser zu Übeltätern usw. die haben es schon gewußt und weil sie es gewußt haben sind sie bei der Stange geblieben denn es war ihre Angelegenheit usw. und weil man sagen kann daß die es schon gewußt haben sagt man heute oft daß die es waren die dies aber das das stimmt nicht völlig denn sie haben nicht gewußt obs auch funktioniert und das denn das hat natürlich nur ein einziger gewußt aber wenn er gewußt hat den springenden Punkt sozusagen daß es auch funktioniert und daß es weils funktioniert auch passiert und das ist ja auch genau passiert usw. das was alle gewußt haben das hat er natürlich nicht gewußt denn das konnte er nicht wissen er hatte ja keine Ahnung davon was alle dachten und sich überlegten usw. aber gerade daran lag es schließlich daß es funktionierte daß alle was gewußt haben aber nur einer obs funktionierte aber nicht wußte daß es nur deshalb funktionierte weil er nicht wußte was alle wußten usw. die etwas mehr wußten konnten nichts machen ohne die die etwas wußten die schon eine ganze Menge wußten konnten nichts machen ohne die die etwas mehr wußten die fast alles wußten konnten nichts machen ohne die die schon eine ganze Menge wußten usw. aber weil alle bis auf den einen nicht wußten, obs auch wirklich funktionierte konnten sie nichts machen ohne den der schon wußte daß es funktionierte aber nicht wußte was alle wußten nämlich daß sie nicht wußten obs auch funktionierte

und so hat das funktioniert

Helmut Heissenbüttel: Das Textbuch, Walter – alte Rechtschreibung

a) **Geben** Sie den Inhalt und die Thematik des Textes **wieder.**

b) Unterstreichen Sie im Text alle Nomen und **untersuchen** Sie, was sie in erster Linie bezeichnen und wie häufig diese Wortart vorkommt.

c) „Man soll die Dinge beim Namen nennen." – **Diskutieren** Sie, warum die Verbrechen des Nationalsozialismus, im Speziellen das Grauen der Konzentrationslager, im Text nicht direkt angesprochen werden.

d) **Diskutieren** Sie, warum der Autor generell auf die Interpunktion verzichtet.

e) **Erörtern** Sie die Wirkung, die sich durch die fehlende Interpunktion ergibt.

f) Üben Sie den Vortrag des Textes, indem Sie ihn nach Ihrem Belieben segmentieren. **Präsentieren** Sie Ihre Version im Plenum.

Text 3

ILSE AICHINGERS Roman „Die größere Hoffnung" handelt von jüdischen Kindern in Wien, die während der Zeit des Nationalsozialismus in der ständigen Angst leben, in ein Konzentrationslager deportiert zu werden, da ihre Großeltern den „Nachweis" nicht erbringen können. Das junge Mädchen Ella steht im Zentrum des Geschehens, sie wird am Ende im Gegensatz zu ihren Spielkameradinnen und -kameraden nicht deportiert, stirbt aber aufgrund einer Granatenexplosion.

Im Kapitel „Das heilige Land" und der folgenden Textstelle spielen die Kinder auf einem Friedhof Verstecken, da es ihnen aufgrund ihrer jüdischen Abstammung verboten ist, im Stadtpark zu spielen.

ILSE AICHINGER, österreichische Schriftstellerin (1921–2016)

Ilse Aichinger
DIE GRÖSSERE HOFFNUNG (1948)

Das heilige Land

Wer den Nachweis nicht bringen kann, ist verloren, wer den Nachweis nicht bringen kann, ist ausgeliefert. Wohin sollen wir gehen? Wer gibt uns den großen Nachweis? Wer hilft uns zu uns selbst?

5 Unsere Großeltern haben versagt: Unsere Großeltern bürgen nicht für uns. Unsere Großeltern sind uns zur Schuld geworden. Schuld ist, daß wir da sind, Schuld ist, daß wir wachsen von Nacht zu Nacht. Vergebt uns diese Schuld.

Vergebt uns die roten Wangen und die weißen Stirnen, vergebt uns uns
10 selbst. Sind wir nicht Gaben aus einer Hand, Feuer aus einem Funken und Schuld aus einem Frevel? Schuld sind die Alten an uns, die Älteren an den Alten und die Ältesten an den Älteren. Ist es nicht wie der Weg an den Horizont? Wo geht sie zu Ende, die Straße dieser Schuld, wo hört sie auf? Wißt ihr es?

15 Wo erwachen die Gewesenen? Wo heben sie die Köpfe aus den Gräbern und zeugen für uns? Wo schütteln sie die Erde von den Leibern und schwören, daß wir wir sind? Wo endet das Hohngelächter?

Hundert Jahre zurück, zweihundert Jahre zurück, dreihundert Jahre zurück? Nennt ihr das den großen Nachweis? Zählt weiter! Tausend
20 Jahre, zweitausend Jahre, dreitausend Jahre. Bis dorthin, wo Kain für Abel und Abel für Kain bürgt, bis dorthin, wo euch schwindlig wird, bis dorthin, wo ihr zu morden beginnt, weil auch ihr nicht mehr weiter wißt. Weil auch ihr nicht verbürgt seid. Weil auch ihr nur Zeugen seid des strömenden Blutes. Wo treffen wir uns wieder, wo wird das Gezeug-
25 te bezeugt? Wo wird der große Nachweis für uns alle an den Himmel geschrieben? Das ist dort, wo die geschmolzenen Glocken Anfang und Ende zugleich läuten, das ist dort, wo die Sekunden enthüllt sind, das kann doch nur dort sein, wo endlich alles blau wird. Wo der letzte Abschied zu Ende ist und das Wiedersehen beginnt. Wo der letzte Friedhof
30 zu Ende geht und die Felder beginnen. Wenn ihr uns verboten habt, im Stadtpark zu spielen, so spielen wir auf dem Friedhof. Wenn ihr uns

verboten habt, auf den Bänken zu rasten, so rasten wir auf den Gräbern. Und wenn ihr uns verboten habt, das Kommende zu erwarten: Wir erwarten es doch.

Eins, zwei, drei, abgepaßt, wir spielen Verstecken. Wer sich gefunden hat, ist freigesprochen. Dort, der weiße Stein! Da wird der Raum zur Zuflucht.

Da sind die freien Vögel nicht mehr vogelfrei. Eins, zwei, drei, abgepaßt, die Toten spielen mit. Hört ihr's? Habt ihr's gehört? Weist uns nach, steht auf, hebt die Hände und schwört, daß ihr lebt und für uns bürgt! Schwört, daß wir lebendig sind wie alle andern. Schwört, daß wir Hunger haben!

„Nein, Leon, das gibt es nicht. Du schwindelst, du schaust durch die Finger! Und du siehst, wohin wir laufen!"

„Ich sehe, wohin ihr lauft", wiederholte Leon leise, „ich sehe durch die Finger. Und ich sehe euch zwischen den Gräbern verschwinden, jawohl, das sehe ich. Und dann sehe ich nichts mehr. Lauft jetzt nicht weg!" rief er beschwörend. „Bleiben wir beisammen! Es wird bald finster sein."

„Spielt weiter! In einer Stunde wird der Friedhof gesperrt. Nutzen wir die Zeit!"

„Gebt acht, daß ihr euch wiederfindet", schrie Leon außer sich, „gebt acht, daß ihr nicht irrtümlich begraben werdet, ihr!"

„Wenn du so laut bist, wirft uns der Wächter hinaus und wir haben den letzten Spielplatz verloren!"

„Gebt acht, daß man euch nicht mit den Toten verwechselt!"

„Du bist verrückt, Leon!"

„Wenn ihr euch jetzt versteckt, so könnte es sein, daß ich euch nicht mehr finde. Ich gehe zwischen den Gräbern und rufe eure Namen, ich schreie und stampfe mit dem Fuß, aber ihr meldet euch nicht. Plötzlich ist es kein Spiel mehr. Die Blätter rascheln, aber ich verstehe nicht, was sie mir sagen wollen, die wilden Sträucher beugen sich über mich und streifen mein Haar, aber sie können mich nicht trösten. Von der Aufbahrungshalle kommt der Wächter gelaufen und packt mich am Kragen. Wen suchst du? Ich suche die andern! Welche andern? Die mit mir gespielt haben. Und was habt ihr gespielt? Verstecken. Das kommt davon! Der Wächter starrt mir ins Gesicht. Plötzlich beginnt er zu lachen. Warum lachen Sie? Wo sind meine Freunde? Wo sind die andern? Die andern gibt es nicht. Sie haben sich in den Gräbern versteckt und sind begraben worden. Sie haben den großen Nachweis nicht gebracht, aber das ist lange her.

Warum habt ihr Verstecken gespielt? Warum spielt ihr Verstecken, solange ihr lebt? Warum sucht ihr euch erst auf den Friedhöfen? Geh! Lauf weg von hier, das Tor wird gesperrt! Die andern gibt es nicht. Der Wächter droht mir. Er hat ein böses Gesicht. Geh! Ich gehe nicht. So gehörst du zu ihnen? So bist auch du nicht nachgewiesen? So gibt es auch dich nicht. Der Wächter ist plötzlich verschwunden. Der weiße Weg wird schwarz. Links und rechts sind Gräber, Gräber ohne Namen. Gräber, von Kindern. Es gibt uns nicht mehr. Wir sind gestorben und niemand hat uns nachgewiesen!"

ILSE AICHINGER: DIE GRÖSSERE HOFFNUNG, FISCHER – ALTE RECHTSCHREIBUNG

a) ILSE AICHINGER wählt für die jüdischen Kinder, denen die Deportation ins Konzentrationslager droht, als Ort ihres Versteckspiels einen Friedhof. – **Gestalten** Sie nach mehrmaliger Lektüre der Textstelle ein Assoziogramm aus den Begriffen „Verfolgung, Friedhof, Tod, Versteckspielen" und finden Sie so viele Parallelisierungen wie möglich.

b) **Untersuchen** Sie die in der Textstelle verwendete Sprache hinsichtlich der verwendeten Stilebenen und des Wortschatzes.

c) In der Textstelle kommen die Begriffe Ariernachweis, Konzentrationslager, Deportation nicht vor. – **Deuten** Sie, warum die Autorin diese konkreten Bezeichnungen vermeidet.

2. Neue Subjektivität – neue Spielformen des Erzählens?

Text 1
PETER HANDKE beschreitet mit seinen Werken vielfach Wege, die im literarisch-methodischen Sinne neu sind und die sich oftmals einer einfachen dem Realismus frönenden Lesart entziehen. Im Folgenden finden Sie Ausschnitte aus seinem programmatischen Essay „Ich bin ein Bewohner des Elfenbeinturms":

PETER HANDKE, österreichischer Schriftsteller und Literaturnobelpreisträger (geboren 1942)

Peter Handke
ICH BIN EIN BEWOHNER DES ELFENBEINTURMS (1972)

Literatur ist für mich lange Zeit das Mittel gewesen, über mich selber, wenn nicht klar, so doch klarer zu werden. Sie hat mir geholfen zu erkennen, daß ich da war, daß ich auf der Welt war. Ich war zwar schon zu Selbstbewußtsein gekommen, bevor ich mich mit der Literatur beschäf-
5 tigte, aber erst die Literatur zeigte mir, daß dieses Selbstbewußtsein kein Einzelfall, kein Fall, keine Krankheit war. [...]

Seit ich erkannt habe, worum es mir, als Leser wie auch als Autor, in der Literatur geht, bin ich auch gegenüber der Literatur, die ja wohl zur Wirklichkeit gehört, aufmerksam und kritisch geworden. Ich erwarte
10 von einem literarischen Werk eine Neuigkeit für mich, etwas, das mich, wenn auch geringfügig, ändert, etwas, das mir eine noch nicht gedachte, noch nicht bewußte *Möglichkeit* der Wirklichkeit bewußt macht, eine neue Möglichkeit zu sehen, zu sprechen, zu denken, zu existieren. Seitdem ich erkannt habe, daß ich selber mich durch die Literatur habe
15 ändern können, daß mich die Literatur zu einem andern gemacht hat, erwarte ich immer wieder von der Literatur eine neue Möglichkeit, mich zu ändern, weil ich mich nicht für schon endgültig halte. Ich erwarte von der Literatur ein Zerbrechen aller endgültig scheinenden Weltbilder. [...]

Jetzt, als Autor wie als Leser, genügen mir die bekannten Möglichkeiten,
20 die Welt darzustellen, nicht mehr. Eine Möglichkeit besteht für mich jeweils nur einmal. Die Nachahmung dieser Möglichkeit ist dann schon unmöglich. Ein Modell der Darstellung, ein zweites Mal angewendet, ergibt keine Neuigkeit mehr, höchstens eine Variation. Ein Darstellungsmodell, beim ersten Mal auf die Wirklichkeit angewendet, kann realis-
25 tisch sein, beim zweiten Mal schon ist es eine Manier, ist irreal, auch wenn es sich wieder als realistisch bezeichnen mag.

Es zeigt sich ja überhaupt, daß eine künstlerische Methode durch die wiederholte Anwendung im Lauf der Zeit immer weiter herabkommt und schließlich in der Trivialkunst, im Kunstgewerbe, im Werbe- und
30 Kommunikationswesen völlig automatisiert wird. [...] Wenn die Methode so sehr abgebraucht, das heißt *natürlich* geworden ist, daß mit ihr das Trivialste, das allseits Bekannte – nur neu „formuliert" – wieder

gesagt werden kann, dann ist sie zur Manier geworden, ja, sie ist sogar dann schon zur Manier geworden, wenn durch sie auch nur ein Sachverhalt, der für die Gesellschaft schon eine geklärte (auch ungeklärte) festgesetzte *Bedeutung* hatte, in dieser Bedeutung wiederholt wird. Die Methode müßte alles bisher Geklärte wieder in Frage stellen, sie müßte zeigen, daß es noch eine Möglichkeit der Darstellung der Wirklichkeit gibt, nein, daß es noch eine Möglichkeit *gab:* denn diese Möglichkeit ist dadurch, daß sie gezeigt wurde, auch schon verbraucht worden. Es geht jetzt nicht darum, diese Möglichkeit nachzuahmen, sondern, mit dieser Möglichkeit bekannt gemacht, als Leser bewußter zu leben und als Autor nach einer anderen Möglichkeit zu suchen. So geht es mir nicht darum, unmethodisch aus dem Leben zu schöpfen, sondern Methoden zu finden. Geschichten schreibt das Leben bekanntlich am besten, nur daß es nicht schreiben kann. [...]

So scheint mir die Methode des Realismus, wie sie im Augenblick noch immer im Schwang ist, verbraucht zu sein. Eine normative Auffassung von den *Aufgaben* der Literatur verlangt außerdem in recht unbestimmten, unklaren Formeln, daß die Literatur die ‚Wirklichkeit' zeigen solle, wobei diese Auffassung jedoch als Wirklichkeit die konkrete gesellschaftliche Wirklichkeit jetzt, an diesem Ort, in diesem Staat meint. Sie verlangt: wahrhaftig: *verlangt,* eine Darstellung dieser politischen Wirklichkeit, sie verlangt, daß ‚Dinge beim Namen genannt werden', sie verlangt dazu eine Geschichte mit handelnden oder nicht handelnden Personen, deren soziale Bedingungen möglichst vollständig aufgezählt werden. Sie verlangt konkrete gesellschaftliche Daten, um dem Autor Bewältigung der Wirklichkeit attestieren zu können. [...]

Dieser Auffassung von der Wirklichkeit geht es um eine sehr einfache, aufzählbare, datierbare, pauschale Wirklichkeit. Sie hält es mit der Genauigkeit der Daten, die die Dinge stumpf beim Namen nennen, aber nicht mit der Genauigkeit der subjektiven Reflexe und Reflexionen auf diese Daten. Sie übersieht den Zwiespalt zwischen der subjektiv, willkürlich erfundenen Geschichte, die sie von der Literatur immer noch erwartet, und der dieser erfundenen Geschichte notwendig angepaßten, damit schon verzerrt gezeigten gesellschaftlichen Wirklichkeit. Sie übersieht, daß es in der Literatur nicht darum gehen kann, politisch bedeutungsgeladene Dinge beim Namen zu nennen, sondern vielmehr von ihnen zu abstrahieren. [...]

Schon wieder bin ich sehr abstrakt gewesen, habe es versäumt, die Methoden zu nennen, mit denen ich arbeite (ich kann nur von meinen Methoden reden). Zuallererst geht es mir um die Methode. Ich habe keine Themen, über die ich schreiben möchte, ich habe nur ein Thema: Über mich selbst klar, klarer zu werden, mich kennenzulernen oder nicht kennenzulernen, zu lernen, was ich falsch mache, was ich falsch denke, was ich unbedacht denke, was ich unbedacht spreche, was ich automatisch spreche, was auch andere unbedacht tun, denken, sprechen: aufmerksam zu werden und aufmerksam zu machen: sensibler, empfindlicher, genauer zu machen und zu werden, damit ich und andere auch genauer und sensibler existieren können, damit ich mich mit anderen besser verständigen und besser mit ihnen umgehen kann. Ein engagierter Autor kann ich nicht sein, weil ich keine politische Alternative weiß zu dem, was ist, hier und woanders, (höchstens eine anarchistische). Ich weiß nicht, was sein soll. Ich kenne nur konkrete Einzelheiten, die ich anders wünsche, ich kann nichts ganz anderes, Abstraktes, nennen. Im übrigen interessiert es mich als Autor auch nicht so sehr. [...]

So wählte ich die Methode, auf unbewußte literarische Schemata aufmerksam zu machen, damit die Schemata wieder unliterarisch und bewußt würden. Es ging mir nicht darum Klischees zu ‚entlarven' (die bemerkt jeder halbwegs sensible Mensch), sondern mit Hilfe der Klischees von der Wirklichkeit zu neuen Ergebnissen über die (meine) Wirklichkeit zu kommen: eine schon automatisch reproduzierte Methode wieder produktiv zu machen. Bei der nächsten Arbeit freilich wird eine andere Methode nötig sein.

Peter Handke: Ich bin ein Bewohner des Elfenbeinturms, Suhrkamp – alte Rechtschreibung

a) **Geben** Sie **wieder,** worum es Peter Handke in seinem literarischen Schaffen in erster Linie geht.

b) **Fassen** Sie Handkes Kritikpunkte an einer herkömmlichen realistischen Erzählweise **zusammen.**

c) **Erschließen** Sie, was Handke unter einer engagierten Literatur versteht und warum er kein engagierter Schriftsteller sein kann.

Text 2

Hans Schnier, 27 Jahre alt und von Beruf Clown, ist in Heinrich Bölls Roman „Ansichten eines Clowns" der Antiheld in einer Gesellschaft, die nichts weiter will, als nach dem Zweiten Weltkrieg wieder zur Normalität zurückzukehren. Die Handlung des Romans erstreckt sich nur über wenige Stunden hinweg, die Hans in seiner Wohnung in Bonn verbringt. Diese Stunden sind gefüllt mit Telefongesprächen, Reflexionen und einem Überraschungsbesuch seines Vaters.

Hans wird nach einer sechsjährigen Beziehung von Marie verlassen. Sie geht eine Ehe mit einem hochrangigen Katholiken ein und entzieht sich dadurch Hans und dessen liberaler Gesinnung. Er beginnt zu trinken, wodurch innerhalb weniger Wochen sein beruflicher Abstieg erfolgt. Letztlich stolpert er bei einer Nummer während einer Vorstellung und verletzt sich dabei am Knie.

Heinrich Böll, deutscher Schriftsteller und Literaturnobelpreisträger (1917–1985)

Heinrich Böll
ANSICHTEN EINES CLOWNS (1963)

Textausschnitt 1:

Seit drei Wochen war ich meistens betrunken und mit trügerischer Zuversicht auf die Bühne gegangen, und die Folgen zeigten sich rascher als bei einem säumigen Schüler, der sich bis zum Zeugnisempfang noch Illusionen machen kann; ein halbes Jahr ist eine lange Zeit zum Träumen. Ich hatte schon nach drei Wochen keine Blumen mehr auf dem Zimmer, in der Mitte des zweiten Monats schon kein Zimmer mit Bad mehr, und Anfang des dritten Monats betrug die Entfernung vom Bahnhof schon sieben Mark, während die Gage auf ein Drittel geschmolzen war. Kein Kognak mehr, sondern Korn, keine Varietés mehr: merkwürdige Vereine, die in dunklen Sälen tagten, wo ich auf einer Bühne mit miserabler Beleuchtung auftrat, wo ich nicht einmal mehr ungenaue Bewegungen, sondern bloß noch Faxen machte, über die sich Dienstjubilare von Bahn, Post, Zoll, katholische Hausfrauen oder evangelische Krankenschwestern amüsierten, biertrinkende Bundeswehroffiziere, deren Lehrgangsabschluß ich verschönte, nicht recht wußten, ob sie lachen durften oder nicht, wenn ich die Reste meiner Nummer „Verteidigungsrat" vorführte, und gestern, in Bochum, vor Jugendlichen, rutschte ich mitten in einer Chaplin-Imitation aus und kam nicht wieder auf die Beine. Es gab nicht einmal Pfiffe, nur ein mitleidiges Geraune, und ich humpelte, als endlich der Vorhang über mich fiel, rasch weg, raffte meine Klamotten zusammen und fuhr, ohne mich abzuschminken, in meine Pension, wo es eine fürchterliche Keiferei gab, weil meine Wirtin sich weigerte, mir mit Geld für das Taxi auszuhelfen.

Textausschnitt 2:

Am besten gelingt mir die Darstellung alltäglicher Absurditäten: Ich beobachte, addiere diese Beobachtungen, potenziere sie und ziehe aus ihnen die Wurzel, aber mit einem anderen Faktor als mit dem ich sie potenziert habe. In jedem größeren Bahnhof kommen morgens Tausende Menschen an, die in der Stadt arbeiten – und es fahren Tausende aus der Stadt weg, die außerhalb arbeiten. Warum tauschen diese Leute nicht einfach ihre Arbeitsplätze aus? Oder die Autoschlangen, die sich in Hauptverkehrszeiten aneinander vorbeiquälen. Austausch der Arbeits- oder Wohnplätze, und die ganze überflüssige Stinkerei, das dramatische Mit-den-Armen-Rudern der Polizisten wäre zu vermeiden: Es wäre so still auf den Straßenkreuzungen, daß sie dort Mensch-ärgere-dich-nicht spielen könnten. Ich machte aus dieser Beobachtung eine Pantomime, bei der ich nur mit Händen und Füßen arbeite, mein Gesicht unbewegt und schneeweiß immer in der Mitte bleibt, und es gelingt mir, mit meinen vier Extremitäten den Eindruck einer ungeheuren Quantität von überstürzter Bewegung zu erwecken. Mein Ziel ist: möglichst wenig, am besten gar keine Requisiten. Für die Nummer Schulgang und Heimkehr von der Schule brauche ich nicht einmal einen Ranzen; die Hand, die ihn hält, genügt, ich renne vor bummelnden Straßenbahnen im letzten Augenblick über die Straße, springe auf Busse, von diesen ab, werde durch Schaufenster abgelenkt, schreibe mit Kreide orthographisch Falsches an Häuserwände, stehe – zu spät gekommen – vor dem scheltenden Lehrer, nehme den Ranzen von der Schulter und schleiche mich in die Bank. Das Lyrische in der kindlichen Existenz darzustellen, gelingt mir ganz gut: Im Leben eines Kindes hat das Banale Größe, es ist fremd, ohne Ordnung, immer tragisch. Auch ein Kind hat nie Feierabend als Kind; erst wenn die „Ordnungsprinzipien" angenommen werden, fängt der Feierabend an. Ich beobachte jede Art der Feierabendäußerung mit fanatischem Eifer: wie ein Arbeiter die Lohntüte in die Tasche steckt und auf sein Motorrad steigt, wie ein Börsenjobber endgültig den Telefonhörer aus der Hand legt, sein Notizbuch in die Schublade legt, diese abschließt oder eine Lebensmittelverkäuferin die Schürze ablegt, sich die Hände wäscht und vor dem Spiegel ihr Haar und ihre Lippen zurechtmacht, ihre Handtasche nimmt – und weg ist sie, es ist also menschlich, daß ich mir oft wie ein Unmensch vorkomme, weil ich den Feierabend nur als Nummer vorführen kann. Ich habe mich mit Marie darüber unterhalten, ob ein Tier wohl Feierabend haben könnte, eine Kuh, die wiederkäut, ein Esel, der dösend am Zaun steht. Sie meinte, Tiere, die arbeiten und also Feierabend hätten, wären eine Blasphemie. Schlaf wäre so etwas wie Feierabend, eine großartige Gemeinsamkeit zwischen Mensch und Tier, aber das Feierabendliche am Feierabend wäre ja, daß man ihn ganz bewußt erlebt. Sogar Ärzte haben Feierabend, neuerdings sogar die Priester. Darüber ärgere ich mich, sie dürften keinen haben und müßten wenigstens das am Künstler verstehen. Von Kunst brauchen sie gar nichts zu verstehen, nichts von Sendung, Auftrag und solchem Unsinn, aber von der Natur des Künstlers. Ich habe mich mit Marie immer darüber

gestritten, ob der Gott, an den sie glaubt, wohl Feierabend habe, sie behauptete immer ja, holte das Alte Testament heraus und las mir aus der
50 Schöpfungsgeschichte vor: Und am siebten Tage ruhte Gott. Ich widerlegte sie mit dem Neuen Testament, meinte, es könnte ja sein, daß der Gott im Alten Testament Feierabend gehabt habe, aber ein Christus mit Feierabend wäre mir unvorstellbar. Marie wurde blaß, als ich das sagte, gab zu, daß ihr die Vorstellung eines Christus mit Feierabend blasphe-
55 misch vorkomme, er habe gefeiert, aber wohl nie Feierabend gehabt.

HEINRICH BÖLL: ANSICHTEN EINES CLOWNS, dtv – ALTE RECHTSCHREIBUNG

Hans scheitert an der Gesellschaft, scheitert an seinem Publikum. Seine Witze kommen nicht (mehr) an, da er dem Publikum einen Spiegel vorhält. Er scheitert ebenso an der moralischen Haltung seiner großindustriellen Familie. Der Vater weigert sich, ihm Geld zu borgen. Die Mutter, die Hans' Schwester noch in den letzten Kriegstagen für die Nazis und die Vernichtung „jüdischer Yankees" in den Tod geschickt hat, wird nach dem Krieg Präsidentin des „Zentralkomitees der Gesellschaften zur Versöhnung rassischer Gegensätze". Sie fühlt sich in keiner Form an den Verbrechen der jüngsten Vergangenheit schuldig.

a) **Recherchieren** Sie nach dem Begriff bzw. Beruf des (modernen) Clowns.
b) Hans Schnier, der Protagonist oder Antiheld, hält seinem Publikum mit seinen Nummern immer wieder auch einen Spiegel vor. – **Fassen** Sie in aller Kürze **zusammen,** welche gesellschaftlichen und kulturellen Themen er in oben angeführten Textstellen problematisiert.
c) **Deuten** Sie, warum HEINRICH BÖLL den Beruf des Clowns für seinen Protagonisten gewählt hat.
d) **Überprüfen** Sie, inwieweit das Scheitern von Hans Schnier ein persönliches oder sehr wohl auch ein Scheitern aufgrund der vorherrschenden wirtschaftlichen, moralischen und kulturellen Gegebenheiten ist. Vergleichen Sie dazu den auch Anfang des Buches mit dem Anfang des Films.

„Ansichten eines Clowns" wurde 1976 von Vojtěch Jasný mit Helmut Griem in der Hauptrolle verfilmt.

Arbeitsaufgabe

- **Recherchieren** Sie nach unterschiedlichen Filmrezensionen und **fassen** Sie wesentliche Aspekte der äußerst ambivalenten Kritik **zusammen.**

Text 3
In THOMAS BERNHARDS Roman „Verstörung" wird der Erzähler, ein Student der Montanistik in Leoben, von seinem Vater, einem steirischen Landarzt, auf Visite mitgenommen. Auch auf die Gefahr hin, den Sohn zu verstören, will er ihn mit dem Irrsinn der ansässigen Bevölkerung bekannt machen. Die Krankenbesuche im ersten Teil des Romans dienen der Präsentation einer durch und durch kranken Gesellschaft. Der zweite, beinahe ausschließlich monologische Teil ist mit „Der Fürst" betitelt und stellt die Ansichten und Reflexionen des Fürsten Saurau über Sprache und Kommunikation dar. Er geht der Frage nach dem Sinn des menschlichen Lebens und Handelns nach.

THOMAS BERNHARD, österreichischer Schriftsteller (1931–1989)

Thomas Bernhard
VERSTÖRUNG (1988)

„Wenn ich Menschen anschaue, schaue ich unglückliche Menschen an", sagte der Fürst. „Es sind Leute, die ihre Qual auf die Straße tragen und dadurch die Welt zu einer Komödie machen, die natürlich zum Lachen ist. In dieser Komödie leiden sie alle an Geschwüren, geistiger
5 körperlicher Natur, haben ein *Vergnügen* an ihrer Todeskrankheit. Wenn sie ihren Namen hören, gleich, ob die Szene in London, in Brüssel oder

in der Steiermark ist, erschrecken sie, versuchen aber, ihr Erschrecken nicht zu zeigen. Das tatsächliche Schauspiel verbergen alle diese Menschen in der Komödie, die die Welt ist. Sie laufen immer, wenn sie sich unbeobachtet fühlen, von sich fort und auf sich zu. Grotesk. Die lächerlichste Seite aber sehen wir gar nicht, weil die lächerlichste Seite immer die Rückseite ist. Gott spricht manchmal aus ihnen, aber er gebraucht die gleichen ordinären Wörter wie sie selbst, dieselben unbeholfenen Sätze. Ob ein Mensch eine riesige Fabrik oder eine riesige Landwirtschaft oder einen ebenso riesigen Satz von Pascal im Kopf hat, ist ganz gleich", sagt der Fürst. „Die Armut ist es, die die Menschen gleich macht, alle, auch der größte Reichtum ist an den Menschen arm. Die Armut ist im Körper wie im Geist in den Menschen immer gleichzeitig eine im Körper und eine im Geist, was sie krank und verrückt machen *muß*. Hören Sie, Doktor, ich habe mein ganzes Leben nur Kranke und Verrückte gesehen. Wohin ich schaue, nur Sterbende, Abtreibende, die zurückschauen. Die Menschen sind nichts anderes als eine in die Milliarden gehende ungeheure auf die fünf Kontinente verteilte Sterbensgemeinschaft. Komödie!", sagte der Fürst. „Jeder Mensch, den ich sehe, und jeder, von welchem ich, gleich was, höre, beweist mir die absolute Bewußtlosigkeit des ganzen Geschlechts und daß dieses Geschlecht und daß die Natur ein Betrug ist. Komödie. Die Welt ist tatsächlich, wie schon oft gesagt, eine Probebühne, auf der ununterbrochen geprobt wird. Es ist, wo wir hinschauen, ein ununterbrochenes Redenlernen und Gehenlernen und Denkenlernen und Auswendiglernen, Betrügenlernen, Sterbenlernen und Totseinlernen, das unsere Zeit in Anspruch nimmt. Die Menschen nichts als Schauspieler, die uns etwas vormachen, das uns bekannt ist. „Rollenlerner", sagte der Fürst. „Jeder von uns lernt ununterbrochen eine (seine) oder mehrere oder alle nur denkbaren Rollen, ohne zu wissen, wofür (oder für wen) er sie lernt. Diese Probebühne ist eine einzige Qual, und kein Mensch empfindet die Vorgänge darauf als ein Vergnügen. Alles auf dieser Probebühne aber geschieht natürlich. Andauernd aber wird ein Dramaturg gesucht. Wenn der Vorhang aufgeht, ist alles zu Ende." Das Leben sei eine Schule, in der der Tod gelehrt wird. Millionen und Abermillionen Schüler und Lehrer bevölkern sie. Die Welt sei die Schule des Todes. „Zuerst die Elementarschule des Todes, dann die Mittelschule des Todes, dann, für die wenigsten", sagte der Fürst, „die Hochschule des Todes." Abwechselnd seien die Menschen Lehrer oder Schüler in diesen Schulen. „Das einzige erreichbare Lernziel", sagte er, „ist der Tod."

THOMAS BERNHARD: VERSTÖRUNG, SUHRKAMP – ALTE RECHTSCHREIBUNG

Einen Ausschnitt aus THOMAS BERNHARDS Roman „Frost" finden Sie im Kapitel „Deuten – Interpretieren – Bewerten" auf S. 125.

a) Die vorliegende Textstelle kann als beispielhaft für die THOMAS BERNHARD'sche Art zu schreiben bezeichnet werden. – **Untersuchen** Sie die sprachlichen Besonderheiten dieser Textstelle.

b) **Bestimmen** Sie das barocke Motiv, das der Fürst Saurau in dieser Textstelle thematisiert.

c) **Deuten** Sie, warum der Fürst Saurau in der oben angeführten Textstelle das menschliche Leben, das er als jämmerliche, arme, von Krankheiten zerfressene Existenz definiert, immer wieder als Komödie bezeichnet.

d) **Entwerfen** Sie einen Text, der ein banales Thema des Lebens aufgreift, und behandeln bzw. entwerten Sie dieses Thema in BERNHARD'scher Manier.

Text 4
Erika Kohut, die Protagonistin in ELFRIEDE JELINEKS „Die Klavierspielerin", ist Klavierlehrerin. Sie wohnt mit ihrer Mutter, die das Leben der Tochter überwacht und zu ihrem Besten zu steuern versucht, in einer symbiotischen Beziehung in der gemeinsamen Wohnung. Erika sollte eine berühmte Konzertpianistin werden, hat es aber nur zur Lehrerin am Konservatorium gebracht. Walter Klemmer, ein Schüler Erikas, verliebt sich in sie und will sie erobern. Das gelingt ihm aber nur zum Teil, da Erika aufgrund ihrer Erziehung bindungs- und beziehungsunfähig scheint.

In der folgenden Textstelle rächt sich die Klavierspielerin an einem Mädchen, das Walter Klemmer schöne Augen gemacht hat.

ELFRIEDE JELINEK, österreichische Schriftstellerin und Literaturnobelpreisträgerin (geboren 1946)

Elfriede Jelinek
DIE KLAVIERSPIELERIN (1983)

Erika hat den Mantel deutlich wiedererkannt, sowohl an der kreischenden Modefarbe als an der wieder aktuellen Minikürze. Dieses Mädchen hat sich zu Beginn der Probe noch durch innige Anbiederungsversuche an Walter Klemmer, der turmhoch über ihm steht, hervorgetan. Erika
5 möchte prüfen, womit sich dieses Mädchen spreizen wird, hat es erst eine zerschnittene Hand. Sein Gesicht wird sich zu einer häßlichen Grimasse verzerren, in der keiner die ehemalige Jugend und Schönheit wiedererkennen wird. Erikas Geist wird über die Vorzüge des Leibes siegen.
10 Die Minirockphase Nummer eins mußte Erika auf Wunsch ihrer Mutter überspringen. Die Mutter hatte den Befehl zum Langsaum in eine Mahnung verpackt, daß diese kurze Mode Erika nicht stünde. Alle anderen Mädchen hatten damals ihre Röcke, Kleider, Mäntel unten abgeschnitten und neu gesäumt. Oder sie kauften die Sachen gleich fertig kurz.
15 Das Zeitrad, besteckt mit den Kerzen von nackten Mädchenbeinen, rollte heran, doch Erika war auf Befehl der Mutter eine „Überspringerin", eine Zeitspringerin. Allen, die es hören wollten oder nicht, mußte sie erklären: das paßt mir persönlich nicht und gefällt mir persönlich nicht! Und dann schnellte sie zum Sprung über Raum und Zeit in die
20 Höhe. Abgeschossen vom mütterlichen Katapult. Von hoch oben herab pflegte sie nach strengsten, in nächtelanger Grübelarbeit ausgearbeiteten Kriterien Oberschenkel zu beurteilen, entblößt bis zum Gehtnichtmehr und noch weiter! Sie verteilte individuelle Noten an Beine in allen Abstufungen von Spitzenstrumpfhosen oder sommerlicher Nacktheit
25 – was noch schlimmer war. Erika sprach dann zu ihrer Umgebung, wenn ich die und die wäre, wagte ich so etwas niemals! Erika beschrieb anschaulich, warum die wenigsten sich das figürlich erlauben konnten. Dann begab sie sich jenseits der Zeit und ihrer Moden, in zeitloser Kniekürze, wie der Fachausdruck lautet. Und wurde doch schneller als
30 andere eine Beute des unnachsichtigen Messerkranzes am Zeitrad. Sie glaubt, daß man sich nicht sklavisch an die Mode halten darf, sondern daß die Mode sich sklavisch daran zu halten hat, was einem persönlich steht und was nicht.

Diese Flötistin, die geschminkt ist wie ein Clown, hat ihren Walter
35 Klemmer mittels weithin sichtbarer Schenkel aufgeheizt. Erika weiß, das Mädchen ist eine vielbeneidete Modeschülerin. Als Erika Kohut ihr ein absichtlich zerbrochenes Wasserglas in die Manteltasche praktiziert, wandert es ihr durch den Kopf, daß sie ihre eigene Jugend um keinen Preis noch einmal erleben möchte. Sie ist froh, daß sie schon so alt ist,
40 die Jugend hat sie rechtzeitig durch Erfahrung ersetzen können.

> „Die Klavierspielerin" wurde 2001 von MICHAEL HANEKE verfilmt.

Es ist die ganze Zeit niemand hereingekommen, obwohl das Risiko hoch war. Alles eifert im Saal mit der Musik mit. Fröhlichkeit oder was Bach darunter verstand, füllt Winkel und Ecken und klettert die Sprossenleiter hoch. Das Finale ist nicht mehr allzu fern. Inmitten emsigen Laufwerks öffnet Erika die Tür und kehrt bescheiden in den Saal zurück. Sie reibt ihre Hände, als hätte sie sie soeben gewaschen, und schmiegt sich wortlos in einen Winkel. Sie als Lehrkraft darf selbstverständlich die Türe öffnen, obwohl der Bach noch sprudelt. Herr Klemmer nimmt diese Rückkehr mit einem Aufglänzen seiner von Natur aus schon glänzenden Augen zur Kenntnis. Erika ignoriert ihn. Er versucht, seine Lehrerin zu grüßen wie das Kind den Osterhasen. Das Suchen der bunten Eier ist der größere Spaß als das eigentliche Finden, und so geht es Walter Klemmer auch mit dieser Frau. Die Jagd ist für den Mann das größere Vergnügen als die unausweichliche Vereinigung. Es fragt sich nur wann. Scheu hat Klemmer noch wegen des verflixten Altersunterschieds. [...]

Erika befiehlt, das Walter Klemmer sie nicht so ansehen soll. Klemmer macht aber weiterhin keinen Hehl aus seinen Wünschen. Zusammen sind sie verpuppt wie Zwillingsinsekten im Kokon. Ihre spinnwebzarten Hüllen aus Ehrgeiz, Ehrgeiz, Ehrgeiz und Ehrgeiz ruhen schwerelos, mürb auf den beiden Skeletten ihrer körperlichen Wünsche und Träume. Erst diese Wünsche machen sie schließlich einer dem anderen real. Erst durch diesen Wunsch, ganz zu durchdringen und durchdrungen zu werden, sind sie die Person Klemmer und die Person Kohut. Zwei Stück Fleisch in der gut gekühlten Vitrine eines Vorstadtfleischers, mit der rosigen Schnittfläche dem Publikum zugewandt; und die Hausfrau verlangt nach langer Überlegung ein halbes Kilo von dem und dann noch ein Kilo von dem dort. Verpackt werden sie beide in fettundurchlässiges Pergamentpapier. Die Kundin verstaut sie in einer unhygienisch mit nie gesäubertem Plastik ausgeschlagenen Einkaufstasche. Und die beiden Klumpen, das Filet und die Schweinsschnitzel, schmiegen sich, dunkelrot das eine, hellrosa das andere, innig ineinander.

In mir sehen Sie die Grenze, an der sich Ihr Wille allerdings bricht, denn mich werden Sie nie überschreiten, Herr Klemmer! Und der Angesprochene widerspricht lebhaft, seinerseits Grenzen und Maßstäbe setzend.

Inzwischen ist im Umkleideraum ein Chaos trampelnder Füße und grapschender Hände ausgebrochen. Stimmen jammern, daß sie das und das nicht finden, das sie dort- und dorthin gelegt haben. [...]

Dann reißt ein Aufschrei die Luft entzwei, und eine vollkommen zerschnittene, überblutete Hand wird aus einer Manteltasche herausgerissen. Das Blut tropft auf den neuen Mantel! Es macht schwere Flecken hinein. Das Mädchen, zu dem die Hand gehört, schreit vor Schreck und heult über einen Schmerz, den es jetzt empfindet, und zwar nach einer Schrecksekunde, in der es zunächst den eigentlichen Schneideschmerz und dann überhaupt nichts empfunden hat. In dem zerschnittenen Flötistenwerkzeug, das genäht werden wird müssen, in dieser Hand, mit der Klappen gedrückt und losgelassen werden, stecken vereinzelte Scherben und Splitter. Fassungslos blickt die Halbwüchsige auf ihre Hand, und schon rinnen ihr die Wimperntusche und der Lidschatten in wohlabgestimmtem Einklang über die Wangen hinunter. Das Publikum verstummt, dann stürzt es mit doppelter Kraft wasserfallartig von allen Seiten her zur Mitte. [...]

Erika Kohut betrachtet alles gründlich und geht dann hinaus. Walter Klemmer betrachtet Erika Kohut wie ein frisch geschlüpftes Tier, das die
95 Nahrungsquelle erkennt, und folgt ihr fast unmittelbar auf den Fersen, als sie hinausgeht.

ELFRIEDE JELINEK: DIE KLAVIERSPIELERIN, ROWOHLT – ALTE RECHTSCHREIBUNG

Erika lässt Walter Klemmer nicht wirklich an sich heran, teilt ihm in einem Brief aber ihre geheimsten sexuellen Wünsche mit, die darauf hinauslaufen, dass er sie vergewaltigen soll. In Erikas Wohnung kommt es letztlich auch zu dieser Vergewaltigung, wodurch Klemmer sich endgültig von Erika befreit. Am nächsten Tag macht sich Erika, ein Messer im Gepäck, auf die Suche nach Klemmer. Sie findet ihn in einer Gruppe von Studentinnen und Studenten, die sie nicht bemerken. Mit dem Messer verletzt sie sich selbst dann aber nur leicht an ihrer Schulter.

a) **Bestimmen** Sie die Erzählhaltung.

b) **Analysieren** Sie die Funktion der Erzählerin/des Erzählers.

c) ELFRIEDE JELINEK gilt als Autorin, die das Spiel mit der Sprache in höchstem Grade zelebriert und beherrscht. – Finden Sie die unten angeführten Textstellen und **überprüfen** Sie die Beschaffenheit und Wirkung dieser sprachlichen Vergleiche und Metaphern:
- das Zeitrad
- die wie ein Clown geschminkte Flötistin
- Vergleich des Leibes zweier sich Liebender mit zwei Stücken Schweinefleisch, die sich aneinanderschmiegen
- „denn mich werden Sie nicht überschreiten, Herr Klemmer"
- das zerschnittene Flötistenwerkzeug

d) **Charakterisieren** Sie Erika Kohut, die Protagonistin, anhand der ausgewählten Textstelle.

3. Utopie oder Dystopie

Die Ich-Erzählerin in MARLEN HAUSHOFERS Roman „Die Wand" will sich gemeinsam mit ihrer Kusine Luise und deren Mann Hugo ein paar Tage in den Bergen auf der Jagdhütte des Paares entspannen. Gemeinsam mit Hugos Hund Luchs bleibt die Ich-Erzählerin am Ankunftstag alleine auf der Hütte. Am nächsten Tag ist sie immer noch allein und macht sich auf den Weg in das Dorf, wo sie Luise und Hugo vermutet.

Marlen Haushofer
DIE WAND (1963)

Als ich endlich den Ausgang der Schlucht erreichte, hörte ich Luchs schmerzlich und erschrocken jaulen. Ich bog um einen Scheiterstoß, der mir die Aussicht verstellt hatte, und da saß Luchs und heulte. Aus seinem Maul tropfte roter Speichel. Ich beugte mich über ihn und strei-
5 chelte ihn. Zitternd und winselnd drängte er sich an mich. Er mußte sich in die Zunge gebissen oder einen Zahn angeschlagen haben. Als ich ihn ermunterte, mit mir weiterzugehen, klemmte er den Schwanz ein, stellte sich vor mich und drängte mich mit seinem Körper zurück.

Ich konnte nicht sehen, was ihn so ängstigte. Die Straße trat an dieser
10 Stelle aus der Schlucht heraus, und so weit ich sie überblicken konnte, lag sie menschenleer und friedlich in der Morgensonne. Unwillig schob ich den Hund zur Seite und ging allein weiter. Zum Glück war ich, durch

MARLEN HAUSHOFER, österreichische Schriftstellerin (1920–1970)

Literaturepochen

*Der österreichische Regisseur Julian Pölsler hat es [die Verfilmung des für unverfilmbar geltenden Romans] nun trotzdem versucht und aus dem eigenwilligen Stoff einen eindringlichen Film modelliert, der trotz des ereignisarmen Plots seine innere Spannung von Anfang bis Ende hält. [...] Natürlich ist **Die Wand** nichts für Plotsüchtige, aber wer sich darauf einlässt, dem verschafft dieser Film ein Seherlebnis von nachhaltiger Wirkung, das sich einen festen Platz im filmischen Gedächtnis erarbeitet.*

MARIN SCHWICKERT,
DIE ZEIT

Arbeitsaufgaben

- Sehen Sie sich den Film an und **vergleichen** Sie den Spannungsaufbau im Roman mit jenem im Film.

- **Deuten** Sie, worin dieses „Seherlebnis von nachhaltiger Wirkung" liegen könnte.

ihn behindert, langsamer geworden, denn nach wenigen Schritten stieß ich mit der Stirn heftig an und taumelte zurück.

Luchs fing sofort wieder zu winseln an und drängte sich an meine Beine. Verdutzt streckte ich die Hand aus und berührte etwas Glattes und Kühles: einen glatten, kühlen Widerstand an einer Stelle, an der doch gar nichts sein konnte als Luft. Zögernd versuchte ich es noch einmal, und wieder ruhte meine Hand wie auf der Scheibe eines Fensters. Dann hörte ich lautes Pochen und sah um mich, ehe ich begriff, dass es mein eigener Herzschlag war, der mir in den Ohren dröhnte. Mein Herz hatte sich schon gefürchtet, ehe ich es wußte. [...]

Ich stand noch dreimal auf und überzeugte mich davon, daß hier, drei Meter vor mir, wirklich etwas Unsichtbares, Glattes, Kühles war, das mich am Weitergehen hinderte. Ich dachte an eine Sinnestäuschung, aber ich wußte natürlich, daß es nichts Derartiges war. Ich hätte mich leichter mit einer kleinen Verrücktheit abgefunden als mit dem schrecklichen unsichtbaren Ding. Aber da war Luchs mit seinem blutenden Maul, und da war die Beule auf meiner Stirn, die anfing zu schmerzen. [...]

Man kann jahrelang in nervöser Hast in der Stadt leben, es ruiniert zwar die Nerven, aber man kann es lange Zeit durchhalten. Doch kein Mensch kann länger als ein paar Monate in nervöser Hast bergsteigen, Erdäpfel einlegen, holzhacken oder mähen. Das erste Jahr, in dem ich mich noch nicht angepaßt hatte, war weit über meine Kräfte gegangen, und ich werde mich von diesen Arbeitsexzessen nie ganz erholen. Unsinnigerweise hatte ich mir auf jeden derartigen Rekord auch noch etwas eingebildet. Heute gehe ich sogar vom Haus zum Stall in einem geruhsamen Wäldlertrab. Der Körper bleibt entspannt, und die Augen haben Zeit zu schauen. Einer, der rennt, kann nicht schauen. In meinem früheren Leben führte mich mein Weg jahrelang an einem Platz vorbei, auf dem eine alte Frau die Tauben fütterte. Ich mochte Tiere immer gern, und jenen, heute längst versteinerten Tauben gehörte mein ganzes Wohlwollen, und doch kann ich nicht eine von ihnen beschreiben. Ich weiß nicht einmal, welche Farbe ihre Augen und ihre Schnäbel hatten. Ich weiß es einfach nicht, und ich glaube, das sagt genug darüber aus, wie ich mich durch die Stadt zu bewegen pflegte. Seit ich langsamer geworden bin, ist der Wald um mich erst lebendig geworden. Ich möchte nicht sagen, daß dies die einzige Art zu leben ist, für mich ist sie aber gewiß die angemessene. Und was mußte alles geschehen, ehe ich zu ihr finden konnte. Früher war ich immer irgendwohin unterwegs, immer in großer Eile und erfüllt von einer rasenden Ungeduld, denn überall, wo ich anlangte, mußte ich erst einmal lange warten. Ich hätte ebensogut den ganzen Weg dahinschleichen können. Manchmal erkannte ich meinen Zustand und den Zustand unserer Welt ganz klar, aber ich war nicht fähig, aus diesem unguten Leben auszubrechen. Die Langeweile, unter der ich oft litt, war die Langeweile eines biederen Rosenzüchters auf einem Kongreß der Autofabrikanten. Fast mein ganzes Leben lang befand ich mich auf einem derartigen Kongreß, und es wundert mich, daß ich nicht eines Tages vor Überdruß tot umgefallen bin.

Hier, im Wald, bin ich eigentlich auf dem mir angemessenen Platz. Ich trage den Autofabrikanten nichts nach, sie sind ja längst nicht mehr interessant. Aber wie sie mich alle gequält haben mit Dingen, die mir zuwider waren. Ich hatte nur dieses eine kleine Leben, und sie ließen es mich nicht in Frieden leben. Gasrohre, Kraftwerke und Ölleitungen; jetzt, da die Menschen nicht mehr sind, zeigen sie erst ihr wahres

Gesicht. Und damals hat man sie zu Götzen gemacht anstatt zu Gebrauchsgegenständen. Auch ich habe mitten im Wald so ein Ding stehen, Hugos schwarzen Mercedes. Er war fast neu, als wir damit herkamen. Heute ist er ein grünüberwuchertes Nest für Mäuse und Vögel.
70 Besonders im Juni, wenn die Waldrebe blüht, sieht er sehr hübsch aus, wie ein riesiger Hochzeitsstrauß. Auch im Winter ist er schön, wenn der Rauhreif glitzert oder eine weiße Haube trägt. Im Frühling und Herbst sehe ich zwischen braunen Stengeln das verblasste Gelb der Polsterung, Buchenblätter, Schaumgummistückchen und Roßhaar, von
75 winzigen Zähnen herausgebissen und zerzupft.

MARLEN HAUSHOFER: DIE WAND, DTV – ALTE RECHTSCHREIBUNG

a) Gestalten Sie ein Assoziogramm mit dem Nomen „Wand" und finden Sie so viele Zuschreibungen wie möglich. **Setzen** Sie Ihre Ergebnisse mit dem Text **in Beziehung.**

b) Die Erzählerin scheint innerhalb der Wand, die ein riesiges Stück Land umschließt, das einzige menschliche Wesen zu sein. – **Erörtern** Sie die Motivation der Protagonistin weiterzuleben. Welche Perspektiven bleiben einem Menschen, der möglicherweise der letzte seiner Art ist?

c) In der oben angeführten Textstelle findet sich der Satz: *„Ich möchte nicht sagen, daß dies die einzige Art zu leben ist, für mich ist sie aber gewiß die angemessene."* (Z. 48) – **Stellen** Sie die beiden Arten zu leben, von denen die Ich-Erzählerin spricht, einander **gegenüber.**

d) Wie würde die Ich-Erzählerin reagieren, wenn plötzlich ein anderer Mensch, beispielsweise ein anderer Mann, in der Geschichte auftaucht? – **Entwerfen** Sie den Plot für eine kurze oder längere Sequenz.

4. Anti-Heimatroman – Auswandern – Daheimbleiben

Text 1

„Der Pflege einer kinderlosen Frau entrissen, sah Holl sich plötzlich in eine fremde Welt gestellt." Holl, der Protagonist des Romans „Schöne Tage" von FRANZ INNERHOFER, wird als uneheliches Kind zunächst in Pflege zu einer kinderlosen Frau gegeben. Er kommt dann an den Hof zu Mutter und Stiefvater und in der Folge als Sechsjähriger an den Bauernhof seines Vaters in einem Ort namens Haudorf. Nicht nur der patriarchalische Vater, sondern auch die Stiefmutter, der Pfarrer, der Lehrer etc. sind Teil jener Unterdrückung, von der sich Holl erst elf Jahre später dadurch befreien kann, dass er andernorts eine Mechanikerlehre beginnt.

 Zum Weiterlesen

- Recherchieren Sie die Handlung des 2006 erschienenen Romans „Die Arbeit der Nacht" von THOMAS GLAVINIC und **setzen** Sie diese mit dem Inhalt des Romans „Die Wand" **in Beziehung.**

Franz Innerhofer
SCHÖNE TAGE (1974)

Die Dienstboten und Leibeigenen wurden, sobald einer den Kopf aus der finsteren Dachkammer reckte, sofort in die Finsternis zurückgetrieben. Jahraus, jahrein wurden sie um die Kost über die grelle Landschaft gehetzt, wo sie sich tagein, tagaus bis zum Grabrand vorarbeiteten,
5 aufschrien und hineinpurzelten. Mit Brotklumpen und Suppen zog man sie auf, mit Fußtritten trieb man sie an, bis sie nur mehr essen und trinken konnten, mit Gebeten und Predigten knebelte man sie. Es hat Bauernaufstände gegeben, aber keine Aufstände der Dienstboten, obwohl diese mit geringen Abweichungen überall den gleichen Be-
10 dingungen ausgesetzt waren. Ein Kasten und das Notwendigste zum Anziehen waren ihre ganze Habe. Die Kinder, die bei den heimlichen

FRANZ INNERHOFER, österreichischer Schriftsteller (1944–2002)

Liebschaften auf Strohsäcken und Heustöcken entstanden, wurden von den Bauern sofort wieder zu Dienstboten gemacht. Die Dienstboten wußten um ihr Elend, aber sie hatten keine Worte, keine Sprache, um
15 es auszudrücken, und vor allem keinen Ort, um sich zu versammeln. Alles, was nicht Arbeit war, wurde heimlich gemacht. Man hatte es so eingerichtet, daß die Dienstboten einander nur mit den Augen, mit Anspielungen und mit Handgriffen verständigen konnten. Wenn irgendwo im Freien eine Magd beim Jausnen von einem Knecht das Taschenmes-
20 ser nahm, konnten die anderen mit Gewißheit annehmen, daß er noch am selben Abend bei ihr im Bett lag. [...]

[...] Es war noch nicht Abend, als Holl voller Hoffnung vor seinen Widersacher trat und ihm berichtete, daß bei den Kühen alles in Ordnung sei. Dann half er noch die Pferde füttern. Er war froh über das Geschrei
25 der hungrigen Schweine, froh über das Geklapper des Melkgeschirrs, froh über die Vorgänge in und hinter der Scheune. Einerseits hoffe er noch, der bevorstehenden Züchtigung zu entgehen, andrerseits suchte er nach Unfallmöglichkeiten. Im Pferdestall fiel ihm nichts Besseres ein, als sich von einem Pferd züchtigungsunfähig schlagen zu lassen. Er
30 ging die Pferde der Reihe nach rasch an, bis ihn eins über den Mittelgang in den gegenüberliegenden Stand schlug. Aber als er sich erhob, spürte er keine Schmerzen und fand auch keine Verletzung. Ein zweites Mal ging er nicht hin.

Nachdem Holl an der Seite seines Widersachers gegessen hatte, begab
35 er sich in die alte Gewölbekammer. Es roch widerlich nach Feuchtigkeit, Futtermittel und altem Gerümpel. Sein erster Blick galt den Stricken, die überall, an der Tür, an den Wänden, auf den Truhen, zu sehen waren. Viele von ihnen hatte er schon zu spüren bekommen. er erinnerte sich an die Stricke, aber er erinnerte sich nicht, warum er sie zu spüren
40 bekommen hatte. Immer auf die bloße Haut. Der Bauer ließ sich Zeit. Er trat ein, als Holl die Maurer- und die Schneiderkinder draußen mit Milchflaschen vorbeigehen sah. Die Strenge in dem Gesicht des Bauern hatte sich gelöst. Holl musste die Hose herunterlassen und sagen: „Vater, bittschön ums Durchhauen!" Dann packte ihn der Bauer mit der
45 linken Hand am Genick, beugte ihn über das vorgeschobene Knie und schlug mit der rechten mit dem Strick zu, bis das Heulen in ein Winseln überging. Dann musste Holl sagen: „Vater, dankschön fürs Durchhauen!" Nach den Züchtigungen musste Holl mit dem Bauern herauskommen, ja, dieser verlangte, dass Holl sich mit lachendem Gesicht unter
50 die Dienstboten mischte. [...]

[...] Arbeiten, das Beherrschen von Arbeitsgängen und das Lernen und Beherrschen von Arbeitsgängen und der völlige Verzicht auf sich selbst waren das Um und Auf. Dazu gehörte das Bescheidwissen, das Wissen um jedes Gerät, das Wissen um alle Aufbewahrungsorte, im Haus, in
55 den Geräteschuppen um das Haus, auf dem Zulehen auf den Almen, das Im-Kopf-haben von Grundstückslagen, von Hängen, Nocken, Steinen, Pfützen, Gräben, das Im-Kopf-Haben von Viehbeständen, das Wissen um Viehverhalten, um Mensch-Vieh und um Vieh-Mensch-Verhalten.

60 Situationen zu meistern oder nicht zu meistern und dann noch zu meistern, war es ihm nun möglich, trotz Arbeit seine Welt mit etwas Licht zu beschicken. Nur indem er sich bis um die Ohren mit Arbeit überzog, konnte er sich wenigstens bei Tag vor den gröbsten Zugriffen der Natur in Sicherheit bringen. Zwar hatte es vieler blutig gestoßener,

---

das Zulehen = gepachtete landwirtschaftliche Fläche

65 aufgerissener Ohrläppchen, brennender Wangen, Hautabschürfungen, gehirnlähmenden Geschreis und anderer Unannehmlichkeiten bedurft, bis der Bauer ihn soweit hatte, aber nun hatte Holl diese Hürden hinter sich, so daß er sich gegen die anderen Schikanen wenden konnte. Die Arbeit war seine Rückendeckung und Gesichtsmaske zugleich.

FRANZ INNERHOFER: SCHÖNE TAGE, DTV – ALTE RECHTSCHREIBUNG

a) **Bestimmen** Sie die Erzählhaltung, die in diesem Roman vorliegt.

b) **Erläutern** Sie das Bild des patriarchalischen Bauern, das in den einzelnen Textpassagen entwickelt wird.

c) **Erschließen** Sie die Bedeutung der Begriffe von Arbeit, Erziehung und Gehorsam in der angeführten Textstelle.

d) „Schöne Tage" wurde 1981 von FRITZ LEHNER ausschließlich mit Laiendarstellerinnen und -darstellern verfilmt. – **Vergleichen** Sie die angeführte Textstelle des „Durchhauens" mit der filmischen Umsetzung.

e) „Schöne Tage" ist Teil einer Romantrilogie, die auch als moderner Entwicklungsroman gelesen werden kann. – **Recherchieren** Sie den Inhalt der beiden weiteren Bände „Schattseite" und „Die großen Wörter" und zeichnen Sie die Entwicklung und den Werdegang Holls nach.

f) **Recherchieren** Sie nach weiteren Werken, die dem österreichischen Anti-Heimatroman der Nachkriegszeit zugeordnet werden können. **Notieren** Sie die bibliografischen Daten, Themen und in groben Zügen die Handlung der Romane.

Text 2

Herta Müller
DAS LAND AM NEBENTISCH (1992)

Zwischen den Zeiten der Züge saß ich im Bahnhofskaffee in Wien. Ich schaute die Reisenden an, um von meiner eigenen Müdigkeit abzusehn. Die Menschen, die allein an den Tischen saßen, schaute ich am längsten an. Vielleicht sah ich an ihnen, ohne es zu wissen, die Mü-
5 digkeit, die von den Drehungen der Landschaft kam, von der Luft im Abteil, vom Schaukeln und Rauschen der Geschwindigkeit. Da blieb mir der Blick an einem Mann hängen: Wie der Mann den Kopf hielt, wie er den Ellbogen auf den Tisch stützte und die Stirn an die Hand lehnte, wie er die Kaffeetasse hielt, wie seine Füße unterm Stuhl standen. Sein
10 Haar, seine Ohrläppchen. Auch sein Hemd, sein Anzug, seine Socken an den Knöcheln.

Nicht das Einzelne an dem Mann war so fremd, dass ich es kannte. Es war das Einzelne aufeinander bezogen, was sich mir heiß hinter die Schläfen legte: die Armbanduhr und die Socken, die Hand auf der Stirn
15 und der Hemdkragen, der Knopf an der Jacke und der Rand der Kaffeetasse, der Scheitel im Haar und der Absatz des Schuhs.

Durch den Lautsprecher wurde, während mir die Schläfen laut in den Ohren klopften, ein Zug nach Bukarest angesagt. Der Mann stand auf und ging.
20 Die Lautsprecherstimme sagte mir, was ich gesehen hatte: Der Mann kam aus Rumänien.

Und es war wie ein Schimmer, wie lauter Dinge hinter den Dingen, was mir vor den Augen stand: Ein ganzes Land hing an einem Menschen.

HERTA MÜLLER, deutsche Schriftstellerin und Literaturnobelpreisträgerin (geboren 1953)

Ein ganzes, mir bekanntes Land saß am Nebentisch. Ich hatte es sofort wiedererkannt.

Und ich hätte nicht sagen können wie und woran. Ich hätte auch nicht sagen können weshalb. Und woher sie kam, diese Unruhe, dieser Wunsch, auf den Mann zuzugehen und einen Satz zu sagen – und nicht mehr hinzusehen und sofort wegzugehen. Und dieser Eindruck plötzlich, dass ich nicht mehr in mir selber sitzen, und aus mir selber schauen, und mit mir selber weiterfahren möchte. Woher kam dieser Eindruck? Und diese Naht, wie wenn Nähe und Ferne übereinander herfallen und sich zerschneiden?

Als ich aus Rumänien wegging, habe ich dieses Weggehen als „Ortswechsel" bezeichnet. Ich habe mich gegen alle emotionalen Worte gewehrt. Ich habe die Begriffe „Heimat" und „Heimweh" nie für mich in Anspruch genommen.

Und dass mir, wenn ich auf der Straße hier zufällig Fremde neben mir rumänisch sprechen höre, der Atem hetzt, das ist nicht Heimweh. Das ist auch nicht verbotenes, verdrängtes, verbogenes Heimweh. Ich habe kein Wort dafür: Das ist so wie Angst, dass man jemand war, den man nicht kannte. Oder Angst, dass man jemand ist, den man selber von außen nie sieht. Oder Angst, dass man jemand werden könnte, der genauso wie ein anderer ist – und ihn wegnimmt.

Und es ist Angst, ich könnte das Rumänische von einem Augenblick auf den anderen oder einmal in der Nacht während eines halbzerquetschten Traums verlernen. Ich weiß, diese Angst ist unbegründet. Und dennoch gibt es sie, wie es die Angst gibt, mitten auf den Treppen, von einem Schritt zum andern, das Gehen zu verlernen.

An den Orten, an denen ich bin, kann ich nicht fremd im Allgemeinen sein. Auch nicht fremd in allen Dingen zugleich. Ich bin, so wie andere auch, fremd in einzelnen Dingen.

Zu Orten kann man nicht gehören. Man kann im Stein, im Holz, egal, wie es sich fügt, doch nicht zu Hause sein – weil man nicht aus Stein und Holz besteht. Wenn das ein Unglück ist, dann ist Fremdsein Unglück. Sonst nicht.

In einer Einkaufsstraße, da wo die Dächer aufhören, ist eine Uhr. Sie hat zwei Zeiger und ein Pendel. Sie hat kein Ziffernblatt. Hinter ihr steht der leere Himmel. Ich schaue hinauf, und es ist mir jedes Mal, als lese ich die Uhrzeit an meiner Kehle ab.

Die Uhr zeigt nicht die Zeit meiner Armbanduhr. Sie zeigt die Zeit, die schon längst vergangen ist – schon vor Jahren.

Die Zeit der Uhr am Himmel ist die Zeit unter der Erde. Ich stelle mir unter der Zeit dieser Uhr jedes Mal die Zeit der Menschen vor, die nirgends hingehören.

Im Augenwinkel zuckt mir dann das Land am Nebentisch.

Herta Müller: Eine warme Kartoffel ist ein warmes Bett, Europäische Verlagsanstalt

a) **Setzen** Sie den Titel des Textes „Das Land am Nebentisch" mit dem Inhalt in **Beziehung**.

b) Migration ist ein komplexer Sachverhalt, dem man sich über unterschiedliche Aspekte und Motive annähern kann. – **Erschließen** Sie, wo die Autorin im Text über verlorene Vertrautheit, Verlustängste und fehlende Zugehörigkeit schreibt.

c) **Geben** Sie **Gründe** dafür **an,** dass die Ich-Erzählerin die direkte Kontaktaufnahme oder auch Konfrontation mit dem Land am Nebentisch meidet.

d) **Deuten** Sie den letzten Abschnitt der Erzählung, indem Sie sich mit dem Begriff der „Zeit", den die Autorin an einer Uhr festmacht, auseinandersetzen.

5. **Auf frischer Tat ertappt oder zu Tode gefürchtet: Krimi und Thriller**

   Text 1
   „Jetzt ist schon wieder was passiert." Mit diesem Satz beginnen die Detektivromane von WOLF HAAS, in denen der etwas tollpatschige und behäbige Privatdetektiv Simon Brenner die Hauptrolle spielt.
   In „Der Knochenmann" wird Brenner von Angelika Löschenkohl, der Mitbesitzerin einer steirischen Backhendl-Grillstation, engagiert, um aufzuklären, zu wem der menschliche Oberschenkelknochen gehörte, der von der Lebensmittelpolizei im Hendlknochenhaufen gefunden wurde.

WOLF HAAS, österreichischer Schriftsteller (geboren 1960)

Wolf Haas
DER KNOCHENMANN (1997)

Als Kind in Puntigam hat der Brenner immer zum Mittagessen „Autofahrer unterwegs" im Radio gehört. Das ist eine wirklich gute Sendung gewesen, Robert Stolz und Peter Alexander und Beiträge und Tips und alles. Und um zwölf Uhr haben sie dann die Mittagsglocken übertragen.
5 Nur Puntigam ist nie dabeigewesen, angeblich strafweise, weil man dem Pfarrer eine Sexgeschichte nachgesagt hat. Und von den Verkehrsmeldungen hat der Brenner den Praterstern schon gekannt, lange bevor er das erste Mal nach Wien gekommen ist. Aber interessant! Obwohl der Brenner immer nur davon gehört hat, wenn es einen Stau oder
10 eine Baustelle oder einen Unfall auf dem sechsspurigen Kreisverkehr mitten in der Hauptstadt gegeben hat, hat er sich damals den Praterstern immer als etwas Schönes vorgestellt, quasi fremder Planet. Und der Jurasic Helene muß es auch so gegangen sein, daß sie ihre Bar am Praterstern ausgerechnet *Milchstraße* genannt hat.

15 Wie der Brenner aus dem Schnellbahnhof direkt auf den Praterstern hinausgekommen ist, ist er zuerst einmal zu dem Polizeicontainer hinübergegangen. Weil er hat sich ein bisschen verloren gefühlt mitten am Praterstern, wo soll er da mit dem Suchen nach dem *Milchstraße* anfangen. Jetzt ist er vielleicht aus alter Gewohnheit zuerst einmal zur
20 Polizei hinüber, praktisch Anhaltspunkt. Da haben sie einfach so einen Container hingestellt, das kennst du bestimmt von den Bauarbeiterhütten, wo sich die Maurer um neun Uhr vormittags betrinken. Aber sind keine Maurer drinnen, sondern Polizisten.

Und wie der beim Polizeicontainer gestanden ist, hat er schon gesehen,
25 daß drüben neben dem Nissanhändler die roten Lichter von einer Bar blinken. Jetzt hat er einmal vier, fünf, sechs Spuren Richtung Nissanhändler überquert.

Wie der Brenner beim Nissanhändler angekommen ist, hat er immer noch gelebt, das ist die gute Nachricht. Aber schlechte Nachricht: Die
30 Bar ist nicht das *Milchstraße* von der Jurasic Helene gewesen. Jetzt ist er am Praterstern weitergegangen, vom Nissanhändler über die Heinestraße zum Gasthaus Hansy, über die Praterstraße, dann die

Unterführung bei der Franzensbrückenstraße, dann Eisenbahnunterführung, Hauptallee nichts, Ausstellungsstraße nichts. Lassallestraße nichts.

Alles hat er gesehen: das Admiral-Tegetthoff-Denkmal, das Solarium Jamaica Sun, das Riesenrad, die Avanti-Tankstelle, den Schnellimbiß, und wie er auch noch in die Seitenstraßen hineingegangen ist, hat er sogar verschiedene Bars gefunden: *Rosi, Susi, Schwarze Katze.* Nach einer Dreiviertelstunde ist er wieder beim Nissanhändler gestanden, und kein *Milchstraße* weit und breit.

Jetzt soll man am Praterstern nicht längere Zeit zu Fuß unterwegs sein. Weil in Klöch geht vielleicht ein brutaler Mörder um, aber was ist schon ein einziger Mörder gegen den Praterstern. Und du darfst nicht vergessen, wie schlechte Autofahrer die Wiener sind. Paris auch nicht gut, Nairobi auch nicht gut. Aber Wien ganz schlecht. Und wenn dir da sechsspurig die schlechtesten Autofahrer der Welt um die Ohren fahren, kannst du leicht einmal die Nerven verlieren.

Aber das Hupen und Bremsen und Quietschen ist es nicht gewesen, was dem Brenner den Nerv gezogen hat, wie er mitten auf seiner zweiten Runde gewesen ist. Sondern der weiße Mercedes ist es gewesen, der auf einmal mit vollem Karacho auf den Gehsteig gerumpelt ist und um ein Haar dem Brenner seine Zehen mitgenommen hätte.

WOLF HAAS: DER KNOCHENMANN, ROWOHLT – ALTE RECHTSCHREIBUNG

Filmplakat: „Der Knochenmann"

a) **Bestimmen** Sie die Erzählhaltung in oben angeführter Textstelle.

b) **Untersuchen** Sie die stilistischen Besonderheiten der Sprache im angegebenen Textabschnitt. Markieren Sie umgangssprachliche Wendungen, Ellipsen, Füllwörter und grammatikalische Besonderheiten.

c) **Erschließen** Sie, wodurch in den angeführten Passagen Komik entsteht.

d) „Der Knochenmann" wurde 2009 von WOLFGANG MURNBERGER mit JOSEF HADER in der Hauptrolle verfilmt. – **Recherchieren** Sie im Internet nach einzelnen Filmsequenzen und **erstellen** Sie aufgrund Ihrer Fundstücke ein Charakterprofil von Simon Brenner.

e) Mira Valensky, Adrian Metzger, Leopold Wallisch, Simon Polt sind die Protagonistinnen und Protagonisten österreichischer Krimis. – **Recherchieren** Sie nach Autorinnen und Autoren, Krimi-Titeln und einzelnen Plots. Wählen Sie einen Krimi und **präsentieren** Sie Ihre Recherche-Ergebnisse vor der Klasse.

Text 2

In JOSEF HASLINGERS Roman „Opernball" werden der Wiener Opernball und seine Gäste zum Ziel eines Terroranschlages. Tausende Menschen, darunter auch die Politprominenz des Landes, sterben innerhalb weniger Minuten durch einen Giftgasanschlag. Kurt Fraser, Produktionsleiter eines privaten Fernsehsenders, welcher den Opernball live überträgt, wohnt dem Sterben seines Sohnes Fred bei, der am Opernball als Kameramann tätig ist. In Rückblenden und von unterschiedlichen Personen, die anhand von Tonbändern als Ich-Erzähler das Geschehen aus einer je anderen Perspektive beleuchten, werden die dem Terroranschlag vorausgehenden Handlungen erzählt. Hier der Anfang des Romans:

Josef Haslinger
OPERNBALL (1995)

Fred ist tot. Die Franzosen haben ihn nicht beschützt. Als die Menschen vernichtet wurden wie Insekten, schaute ganz Europa im Fernsehen zu. Fred war unter den Toten. „Gott ist allmächtig", hatte ich als Kind gehört. Ich stellte mir einen riesigen Daumen vor, der vom Himmel
5 herabkommt und mich wie eine Ameise zerdrückt. Wenn etwas gefährlich oder ungewiß war, hatte Fred gesagt: „Die Franzosen werden mich beschützen."

Ich saß damals im Regieraum des großen Sendewagens. Vor mir eine Wand von Bildschirmen. Auf Sendung war gerade die an der Bühnen-
10 decke angebrachte Kamera. Plötzlich ging ein merkwürdiges Zittern und Rütteln durch die Reihen der Tanzenden. Die Musik wurde kakophonisch, die Instrumente verstummten innerhalb von Sekunden.

Ich schaltete auf die Großaufnahme einer Logenkamera und überflog die Monitore. Die Bilder glichen einander. Menschen schwanken,
15 stolpern, taumeln, erbrechen. Reißen sich noch einmal hoch, können das Gleichgewicht nicht halten. Stoßen ein letztes Krächzen aus. Fallen hin wie Mehlsäcke. Einige schreien kurz, andere länger. Ihre Augen sind weit aufgerissen. Sie sehen, sie spüren, daß sie ermordet werden. Sie wissen nicht, von wem, sie wissen nicht, warum. Sie können nicht
20 entkommen.

Als es geschah, fand ich Fred nicht auf den Bildschirmen. Er war der einzige Gedanke, an den ich mich erinnere. Die Aufzeichnung bewies mir jedoch, daß ich routinemäßig noch ein paar andere Kamerapositionen abgerufen hatte, bevor mir die Hände versagten. Millionen
25 von Menschen aus ganz Europa schauten den Besuchern des Wiener Opernballs beim Sterben zu.

Fred wurde erst mein Sohn, als er siebzehn Jahre alt und heroinsüchtig war. Damals begann ich, um ihn zu kämpfen. Er gewann sein Leben zurück. Er wollte es festhalten. Er war sich selbst keine Gefahr mehr. Er
30 hatte Tritt gefaßt. Und dann wurde er ermordet. Wir alle sahen zu und konnten nichts tun.

Um mich herum ein paar Techniker. Einer von ihnen war geistesgegenwärtig genug, mein Regiepult zu übernehmen. Die bemannten Kameras lieferten bald nur noch Standbilder, auf denen nacheinander die
35 Bewegungen erstarrten. Stumme Aufnahmen von glitzernden, hohen Räumen, übersät mit Toten. Fotos von Menschen in Ballkleidern, die bunt durcheinander im Erbrochenen liegen, umrankt von Tausenden rosa Nelken. Die drei automatischen Kameras fingen wieder zu schwenken an. Vergeblich suchten sie nach Anzeichen von Leben. Neben mir
40 sprach einer französisch. Ich schwankte hinaus in den Lärm. Ich dachte, ich müsse Fred retten. Draußen herrschte Chaos. Ich drängte mich durch die Menge, bis ich in die Nähe des Operneingangs kam. Da sah ich, daß es nichts gab, was ich für Fred noch hätte tun können. Als ich in den Sendewagen zurückkam, erfuhr ich, daß Michel Reboisson, der
45 Chef von ETV, nach mir verlangt hatte.

ETV blieb europaweit auf Sendung. Eine unerträgliche Stille. Nur zwei Kameras waren ausgefallen. Die anderen lieferten weiter ihr jeweiliges Standbild. Sie wurden in langsamer Folge auf Sendung geschaltet. Jemand schrie ins Telefon: „Musik, wir brauchen Musik!"
50 Wir hatten keine geeignete Aufnahme im Sendewagen. Nach einer Weile wurde vom Studio aus, wo es in dieser Nacht nur einen technischen

JOSEF HASLINGER, österreichischer Schriftsteller (geboren 1955)

Wie Haslingers Roman bedient sich auch Urs Eggers Film einer geschickten Montagetechnik. Egger bietet dem Zuschauer kein homogenes, leichtbekömmliches Action-Fernsehen. Der Regisseur inszeniert den in sich zerrissen wirkenden Stoff mit viel Überblick und dem Mut zu permanenten Orts- und Tempowechseln konsequent auf das Finale hin. Im Laufe der Geschichte ändert sich die Erzählweise, der zweite Teil hat in seiner Ästhetik kaum etwas mit den glänzenden Eröffnungsszenen beim Opernball zu tun. Was als rasant geschnittener Fernsehen-im-Fernsehen-Thriller mit medienkritischem Touch beginnt, wandelt sich zum düsteren Gesellschaftsbild.

FRANK JUNGHÄNEL,
BERLINER ZEITUNG

Arbeitsaufgabe

- **Erläutern** Sie in mehrfacher Hinsicht, worin die Düsternis des im Film bzw. im Roman gezeigten Gesellschaftsbildes besteht.

Notdienst gab, das Violinkonzert von Johannes Brahms eingespielt. Der Streit darüber, ob dies die richtige Musik sei, dauerte bis gegen Ende des zweiten Satzes. Dann wurde das Violinkonzert unterbrochen. Es gab Durchsagen der Polizei und der Feuerwehr. Währenddessen wurde Mozarts Requiem gefunden. Wir blieben auf Sendung. Es dauerte fast eine halbe Stunde, bis die Kameras auf den mit Leichen verstopften Korridoren der Wiener Staatsoper wieder Leben einfingen – Männer mit signalroten Schutzanzügen und Gasmasken.

Ich sah den Massenmord auf zwanzig Bildschirmen gleichzeitig. Mein einziger Gedanke: Fred ist nicht dabei. Ich finde ihn nicht. Er hat eine neue Kassette geholt. Er ist auf die Toilette gegangen. Er hat Kamera fünf seinem Assistenten überlassen, ist rauchen gegangen. Fred ist starker Raucher. Er ist nicht im Saal. Und doch sehe ich, wie er den Mund aufreißt, wie er auf die am Boden liegende Frau fällt. Ich sehe seinen leblosen Körper, das Erbrochene, das aus seinem Mund auf das weiße Abendkleid herabrinnt. Ich sehe, wie es seinen Kopf mit einem Ruck nach hinten reißt, wie er über die Balkonbrüstung stürzt. Ich sehe, wie sein Gesicht in einem Teller aufschlägt. Ich sehe, wie sich sein Körper zusammenkrampft. Ich sehe, wie er auf der Feststiege zertrampelt wird. Ich kann Fred nicht finden.

Nur noch drei Kameras werden bewegt. Kamera fünf zoomt. Das muß sein Assistent sein. Fred hat die Situation erkannt und ist fortgelaufen. Fred ist nicht mehr in der Oper. Die Franzosen haben ihn beschützt. Er wurde draußen auf der Ringstraße gebraucht. Er kennt sich bei Hebekränen gut aus. Kamera fünf bewegt sich nicht mehr. Sie zeigt eine Loge mit Toten. Fred, wo bist du? Die letzte Kamera stellt die Bewegung ein. Nur noch starre Bilder von starren Körpern. Die *amplifier* der Saalmikrophone zeigen kaum noch Ausschläge. Fred liegt irgendwo unter den Leichenbergen.

JOSEF HASLINGER: OPERNBALL, FISCHER – ALTE RECHTSCHREIBUNG

Geplant und durchgeführt hat diesen Terroranschlag eine Gruppe von ausländerfeindlichen Neonazis, die „Entschlossenen", deren Anführer sich „Der Geringste" nennen lässt. Dieser Gruppe gehört auch der Ingenieur, ein wichtiger Ich-Erzähler, an. Ziel des Anschlages auf die Oper ist es, einen politischen Rechtsruck auszulösen. Geplant war ursprünglich, ein für die Gesundheit unbedenkliches Gas einzuleiten. Dieses wird aber durch die Polizei selbst, die diesen Rechtsruck vorantreiben will, gegen die tödliche Blausäure ausgetauscht. Alle Mitglieder der „Entschlossenen", bis auf den Ingenieur, sterben und der Plan der an der Verschwörung beteiligten Polizeikreise funktioniert. Bei den Wahlen, die aufgrund des Todes der meisten hochrangigen Politiker nun notwendig sind, gewinnt die rechtspopulistische „Nationale Partei" und übernimmt die Macht im Land.

a) **Erläutern** Sie, wodurch die Dramatik im oben angeführten Textabschnitt entsteht.

b) **Überprüfen** Sie die Zeitstruktur in diesem Textabschnitt und **begründen** Sie den Einsatz des Präsens.

c) Überprüfen Sie das Resümee, zu dem WENDELIN SCHMIDT-DENGLER in seiner Besprechung des Romans kommt, auf seine Aktualität:

Es handelte sich nicht um eine willfährige Nachgestaltung dessen, was ohnehin schon durch die Medien zu ahnen war, sondern um eine kühne Antizipation von Ereignissen und Sachverhalten, von Terror und
4 Gefahr, von politischen Konstellationen und Szenarien, die nun, Jahre nach dem Erscheinen des Buches, nichts von ihrer Triftigkeit eingebüßt haben. Dies muß hier mit aller Deutlichkeit festgehalten werden, da
8 damit auch eine Gültigkeit dieses Buches zumindest für die spezifische Situation Österreichs gegeben ist.

WENDELIN SCHMIDT-DENGLER: BRUCHLINIEN I + II, RESIDENZ – ALTE RECHTSCHREIBUNG

6. Österreichische Literatur der Gegenwart

Text 1

Kathrin Röggla
LIFE (2001)

jetzt also hab ich ein leben. ein wirkliches. in meinem wirklichen leben hab ich ihn schon von weitem laufen gesehen, ich dachte nur nicht, dass er ins haus wolle. er raste direkt hinein in den aufzug, blieb auch erst da stehen neben mir und hat mit seltsamer stimme, so, als müsste
5 er es sich zunächst selbst erzählen, gesagt: „new york is definitely the wrong city to live in at the moment!" jetzt schweigt er. eine weile stehen wir nebeneinander, bis ich ein vorsichtiges „you're right!" von mir gebe. vorsichtig aus scheu vor dem, was er erlebt haben könnte, komme ich doch selbst gerade von der straße, wo ich menschen schreien gesehen
10 habe, heulen, gestikulieren. aber auch eigentümlich ruhige menschen, die einfach nur geradeaus blickten richtung wtc „or the place formerly known as the world trade center", manche mit radios in der hand, die informiertheit suggerieren und so zu kommunikativen anziehungspunkten werden. einen tower haben wir hier eben brennen und einstür-
15 zen sehen, ca. einen kilometer entfernt von unserem platz an der ecke houston/wooster street mit ziemlich guter perspektive auf das, was man euphemistisch „geschehen" nennen könnte und was doch weitaus zu groß zu sein scheint, um es irgendwie integrieren zu können in eine vorhandene erlebnisstruktur.
20 ja, da unten sehe ich mich stehen, wie ich für einen augenblick nicht mehr in meinem wirklichen leben vorhanden bin, denn ich sehe nicht nur mich, ich sehe auch einen film. der film heißt: „you can really see it melting." das verrät mir die junge frau aus dem 22nd floor mit tonloser stimme und meint damit den tower. sie findet es total krank, dass die
25 leute fotos davon machen. „i can't believe it! they are taking pictures of a catastrophe!" ich nicke und werde bald genau zu den leuten gehören, die wahllos losfotografieren – doch jedem seine strategie, damit klarzukommen, moralische urteile auf dieser ebene scheinen heute disfunktional. nun, es stehen tatsächlich eine menge fotografierender
30 und filmender leute vor unseren silver towers – das sind die drei wohnblocks zwischen bleecker und houston street mit jeweils ungefähr 30 stockwerken, die zu verlassen die meisten um neun uhr morgens nicht alleine aus neugier unternommen haben, sondern schlicht und einfach aus angst. man wisse ja nicht. schließlich wurde auch eine meldung
35 gebracht, dass da insgesamt acht flugzeuge entführt wurden, also noch

KATHRIN RÖGGLA, österreichische Schriftstellerin (geboren 1971)

vier in der luft sein müssten. und dann seien zudem mehrere szenarien vorstellbar. was da noch kommen könne. da ist auch sofort die angst vor einem „krieg", paranoide vorstellungen, die man hier im augenblick mit vielen menschen teilen kann, unter anderem mit den meisten
40 politikern.

als der zweite tower explodiert – ein anderes wort scheint mir unpassend –, ist es nicht das laute bild, welches das gefühl auslöst, dass „das da" wirklich stattfindet, sondern das relativ leise geräusch. ton- und bildschiene fallen entschieden auseinander in ihrer psychischen
45 wirkung, und wieder ist es die cineastische metapher, die man in den kleinen gesprächen zwischen den herumstehenden menschen in der bleecker street ständig bemüht. gespräche, die man führt, um sich in seine wahrnehmung wieder einzubinden, sich einer realität zu versichern in kleinen kommunikativen gesten voller redundanzen und
50 wiederholungen. trotzdem wird das geschehene dafür nicht nur weitaus zu groß sein, es fehlen bald auch die politischen und historischen kategorien, es in einem größeren zusammenhang zu beschreiben und zu situieren.

später laufe ich meinem wirklichen leben schon etwas hinterher durch
55 greenwich village richtung hudson river. weg von dem rauch, hinaus ins vermeintliche „freie", ans wasser, und man kann mich inzwischen ruhig unter die „picture taking perverts" einreihen, wobei mir das fotografieren nicht wirklich gelingt. es bleibt eine leere geste, nichts wird darauf zu sehen sein. zumindest nicht dieser mitdreißiger, den ich sofort als
60 vietnamveteran beschreiben würde, wäre er nicht zu jung dazu. er regelt auf der kreuzung seventh/greenwich avenue den verkehr. einen geisterverkehr, wie ich feststellen muss, denn er schreit autos an, die es nicht gibt, winkt sie durch. und wenn diese geste doch einmal auf ein real existierendes auto trifft, scheint er es gar nicht zu bemerken. es
65 sind militärische und zugleich panische gesten, die ihn vollkommen besetzt halten. später werde ich noch zwei dieser zivilen fanatiker kennen lernen, die sich in diesen ritus des verkehrsregelns retten. ein eigenartiges amerikanisches phänomen, aber vielleicht meinem fotografieren verwandt. ansonsten relativ wenig durchgeknallte auf der straße. einen
70 kleinen mann sehe ich direkt bei einer ampel stehen. er scheint sich was zu erklären, während es rot wird, während es grün wird, während es rot wird und blinkt. auch davon gibt es einige. doch die meisten wirken einfach wie stillgestellt. man findet sich in gruppen zusammen vor kleinen geschäften, vor die tv-geräte postiert wurden oder radiolautsprecher, in
75 einer gefasstheit, die etwas deplaziert wirkt. der katastrophentourismus wird erst am zweiten tag einsetzen, es kommt einem auch einfach nicht der gedanke, dahin zu gehen, zu „ground zero", „really ground zero", dieser mischung aus todeszone, nuclear fall out area und mondlandschaft, die im fernsehen nicht abbildbar zu sein scheint. sie wirkt wie
80 überbelichtet, seltsam flächig, denn dieses bräunliche weiß schluckt alle kontraste, kassiert die räumliche tiefe, zementiert das bild in monochromie. menschen aus dieser gegend kommen „hier oben" in greenwich village völlig verstaubt an, und auch die transportfahrzeuge, die die west street entlangrasen, sind bedeckt mit diesem schlickigen staub
85 – zementstaub, so bürgermeister giuliani, ungefährlich, doch wer weiß.

immer noch versuchen alle zu telefonieren. jeder zweite hält in einer mischung aus lethargie und hektik ein handy am ohr, vergeblich, nur selten kommt jemand durch – handies waren an diesem tag auch überall: in den entführten maschinen, im world trade center während der katastrophe, und auch jetzt noch kommunizieren die im schutt eingeschlossenen via handy mit den rescue-leuten. sie scheinen die einzigen werkzeuge der „individuals" zu sein, die wir geworden sind in der sprache der einsatzleitung, und man klammert sich obsessiv daran.

Kathrin Röggla: really ground zero. 11. september und folgendes, Fischer

a) **Erläutern** Sie, was der Titel des Textes mit der Erzählung zu tun hat.

b) **Beschreiben** Sie, wie die Ich-Erzählerin die sich gerade ereignende Katastrophe sprachlich und inhaltlich bewältigt.

c) Die Erzählerin rechnet sich zu den „picture taking perverts". – **Erörtern** Sie die Problematik des Festhaltens von Katastrophen mit audiovisuellen Mitteln.

d) **Recherchieren** Sie die Details der Terroranschläge am 11. September 2001 in den USA und **erläutern** Sie, warum – abgesehen von der hohen Anzahl an Toten – diese Katastrophe weltweit so nachhaltige und tiefe Bestürzung ausgelöst hat.

> Röggla würde ihrer eigenen Aussage nach die damalige Titelgebung „life" heute zu „live" ändern. – **Diskutieren** Sie, ob der Text durch eine Änderung des Titels für Sie eine andere Bedeutung erhält.

Text 2

Die Rahmenhandlung des Romans „Die Vermessung der Welt" von Daniel Kehlmann bildet das fiktive Treffen von Carl Friedrich Gauß, einem großen Mathematiker des 19. Jahrhunderts, mit dem weitgereisten und berühmten Naturforscher Alexander von Humboldt, der Gauß zum „Deutschen Naturforscherkongress" in Berlin einlädt. In diese Rahmenhandlung eingebettet werden nach und nach die Biografien der beiden Wissenschaftler in ihrer diametralen Gegensätzlichkeit ausgebreitet.

Daniel Kehlmann, deutsch-österreichischer Schriftsteller (geboren 1975)

Daniel Kehlmann
DIE VERMESSUNG DER WELT (2005)

Die Reise

Im September 1828 verließ der größte Mathematiker des Landes zum erstenmal seit Jahren seine Heimatstadt, um am Deutschen Naturforscherkongreß in Berlin teilzunehmen. Selbstverständlich wollte er nicht dorthin. Monatelang hatte er sich geweigert, aber Alexander von Humboldt war hartnäckig geblieben, bis er in einem schwachen Moment und in der Hoffnung, der Tag käme nie, zugesagt hatte.

Nun also versteckte sich Professor Gauß im Bett. Als Minna ihn aufforderte aufzustehen, die Kutsche warte und der Weg sei weit, klammerte er sich ans Kissen und versuchte seine Frau zum Verschwinden zu bringen, indem er die Augen schloß. Als er sie wieder öffnete und Minna noch immer da war, nannte er sie lästig, beschränkt und das Unglück seiner späten Jahre. Da auch das nicht half, streifte er die Decke ab und setzte die Füße auf den Boden.

Grimmig und notdürftig gewaschen ging er die Treppe hinunter. Im Wohnzimmer wartete sein Sohn Eugen mit gepackter Reisetasche. Als Gauß ihn sah, bekam er einen Wutanfall: Er zerbrach einen auf dem Fensterbrett stehenden Krug, stampfte mit dem Fuß und schlug um sich. Er beruhigte sich nicht einmal, als Eugen von der einen und Minna von der anderen Seite ihre Hände auf seine Schultern legten und beteuerten, man werde gut für ihn sorgen, er werde bald wieder daheim sein, es werde so schnell vorbeigehen wie ein böser Traum. Erst als seine uralte Mutter, aufgestört vom Lärm, aus ihrem Zimmer kam, ihn in die

Literaturepochen

Filmplakat: „Die Vermessung der Welt"

Dass Detlev Bucks Verfilmung nun scheitert, weil die Macher das Buch nicht verstanden haben, kann man gerade nicht behaupten – schließlich hat Kehlmann das Drehbuch mitverfasst und tritt auch noch als Erzähler auf. Was aber überdeutlich wird, ist, dass er und seine Co-Autoren Detlev Buck und Daniel Nocke keinen Weg gefunden haben, der literarischen Raffinesse der Vorlage mit filmischen Mitteln zu entsprechen.

Hannah Pilarczyk, Der Spiegel

Arbeitsaufgabe
- Die Verfilmung erhält in fast allen Rezensionen schlechte Kritiken. – **Fassen** Sie unterschiedliche Kritikpunkte am Film aus Ihren Recherche-Ergebnissen **zusammen**.

Wange kniff und fragte, wo denn ihr tapferer Junge sei, faßte er sich. Ohne Herzlichkeit verabschiedete er sich von Minna; seiner Tochter und dem jüngsten Sohn strich er geistesabwesend über den Kopf. Dann ließ er sich in die Kutsche helfen. [...]

Seltsam sei es und ungerecht, sagte Gauß, so recht ein Beispiel für die erbärmliche Zufälligkeit der Existenz, daß man in einer bestimmten Zeit geboren und ihr verhaftet sei, ob man wolle oder nicht. Es verschaffe einem einen unziemlichen Vorteil vor der Vergangenheit und mache einen zum Clown der Zukunft.

Eugen nickte schläfrig.

Sogar ein Verstand wie der seine, sagte Gauß, hätte in frühen Menschheitsaltern oder an den Ufern des Orinoko nichts zu leisten vermocht, wohingegen jeder Dummkopf in zweihundert Jahren sich über ihn lustig machen und absurden Unsinn über seine Person erfinden könne. Er überlegte, nannte Eugen noch einmal einen Versager und widmete sich dem Buch. Während er las, starrte Eugen angestrengt aus dem Kutschenfenster, um sein vor Kränkung und Wut verzerrtes Gesicht zu verbergen.

Die Sterne

[...] Hast du das schon einmal getan? Was er [Gauß] denn von ihr denke, fragte sie lachend, und im nächsten Augenblick bauschte sich ihr Unterrock auf dem Boden, und da sie zögerte, zog er sie mit sich, und schon lagen sie nebeneinander und atmeten schwer, und jeder wartete darauf, daß der Herzschlag des anderen sich beruhigte. Als er seine Hand über ihre Brust zum Bauch und dann, er entschied sich, es zu wagen, obwohl ihm war, als müsse er sich dafür entschuldigen, weiter hinabwandern ließ, tauchte die Mondscheibe bleich und beschlagen zwischen den Vorhängen auf, und er schämte sich, daß ihm ausgerechnet in diesem Moment klar wurde, wie man Meßfehler der Planetenbahnen approximativ korrigieren konnte. Er hätte es gern notiert, aber jetzt kroch ihre Hand an seinem Rücken abwärts. So habe sie es sich nicht vorgestellt, sagte sie mit einer Mischung aus Schrecken und Neugier, so lebendig, als wäre ein drittes Wesen mit ihnen. Er wälzte sich auf sie, und weil er fühlte, daß sie erschrak, wartete er einen Moment, dann schlang sie ihre Beine um seinen Körper, doch er bat um Verzeihung, stand auf, stolperte zum Tisch, tauchte die Feder ein und schrieb, ohne Licht zu machen: Summe d. Quadr. d. Differenz zw. beob. u. berechn. –> Min., es war zu wichtig, er durfte es nicht vergessen. Er hörte sie sagen, sie könne es nicht glauben und sie glaube es auch nicht, selbst jetzt, während sie es erlebe. Aber er war schon fertig. Auf dem Weg zurück stieß er mit dem Fuß gegen den Bettpfosten, dann spürte er sie wieder unter sich, und erst als sie ihn an sich zog, bemerkte er, wie nervös er eigentlich war, und für einen Augenblick wunderte es ihn sehr, daß sie beide, die kaum etwas voneinander wußten, in diese Lage geraten waren. Doch dann wurde etwas anders, und er hatte keine Scheu mehr, und gegen Morgen kannten sie einander schon so gut, als hätten sie es immer geübt und immer miteinander.

Die Höhle

Nach einem halben Jahr in Neuandalusien hatte Humboldt alles untersucht, was nicht Füße und Angst genug hatte, ihm davonzulaufen. Er hatte die Farbe des Himmels, die Temperatur der Blitze und die Schwere des nächtlichen Rauhreifs gemessen, er hatte Vogelkot gekostet, die Erschütterungen der Erde erforscht und war in die Höhle der Toten gestiegen.

Mit Bonpland bewohnte er ein weißes Holzhaus am Rand der erst kürzlich von einem Beben beschädigten Stadt. Noch immer rissen Stöße die Menschen nachts aus dem Schlaf, noch immer hörte man, wenn man sich hinlegte und den Atem anhielt, die Bewegungen tief drunten. Humboldt grub Löcher, ließ Thermometer an langen Fäden in Brunnen hinab und legte Erbsen auf Trommelfelle. Das Beben werde gewiß wiederkommen, sagte er fröhlich. Die ganze Stadt liege bald in Trümmern.

Abends aßen sie beim Gouverneur, danach wurde gebadet. Stühle wurden ins Flußwasser gestellt, in leichter Kleidung setzte man sich in die Strömung. Hin und wieder schwammen kleine Krokodile vorbei. Einmal biß ein Fisch dem Neffen des Vizekönigs drei Zehen ab. Der Mann, er hieß Don Oriendo Casaules und hatte einen gewaltigen Schnurrbart, zuckte und starrte ein paar Sekunden reglos vor sich hin, bevor er mehr ungläubig als erschrocken seinen nun unvollständigen Fuß aus dem rot verdunkelten Wasser zog. Er sah mit suchendem Ausdruck um sich, dann sank er zur Seite und wurde von Humboldt aufgefangen. Mit dem nächsten Schiff kehrte er zurück nach Spanien.

Häufig kamen Frauen zu Besuch: Humboldt zählte die Läuse in ihren geflochtenen Haaren. Sie kamen in Gruppen, flüsterten miteinander und kicherten über den kleinen Mann in seiner Uniform mit der im linken Auge festgeklemmten Lupe. Bonpland litt unter ihrer Schönheit. Er fragte, wozu eine Statistik über Läuse gut sei. Man wolle wissen, sagte Humboldt, weil man wissen wolle. Noch habe niemand das Vorkommen dieser bemerkenswert widerstandsfähigen Tiere auf den Köpfen der Bewohner der Äquinoktialgegenden untersucht.

DANIEL KEHLMANN: DIE VERMESSUNG DER WELT, ROWOHLT – ALTE RECHTSCHREIBUNG

a) **Bestimmen** Sie die Erzählhaltung und den sprachlichen Stil, in dem das Werk verfasst ist.

b) **Charakterisieren** Sie Carl Friedrich Gauß und Alexander von Humboldt anhand der angeführten Textstellen.

c) **Markieren** Sie aus Ihrer Perspektive komische Passagen in den angeführten Textstellen und erklären Sie, aufgrund welcher inhaltlicher und sprachlicher Aspekte die Komik entsteht.

d) **Ordnen** Sie die beiden Begriffe „Empirismus" und „Rationalismus" den jeweiligen Forschern **zu** und **begründen** Sie Ihre Entscheidung anhand der Textstellen.

Zu den Begriffen „**Empirismus**" und „**Rationalismus**" siehe WERKZEUG des Kapitels „Aufklärung"

Text 3
Karl Heidemann, der Protagonist von THOMAS RAABS Krimi „Still", kommt mit einem Gehör zur Welt, welches so sensibel ist, dass er alle auch noch so feinen Geräusche (Flügelschläge eines Schmetterlings, Kriechgeräusche von Blindschleichen etc.), die ihn umgeben, hören kann. Karls Mutter Charlotte hat zu allem Überfluss auch noch eine spitze, piepsende, für die Mitmenschen nur schwer ertragbare Stimme. Als Reaktion auf seine Umgebung schreit Karl sich in seinen ersten Lebensmonaten die Seele aus dem Leib, bis sein Vater Johann Heidemann die Problematik erkennt und dem Säugling im Keller des Hauses, in der Sauna, ein schalldichtes Zuhause errichtet. Später wird zudem eine Kamera installiert, damit die

THOMAS RAAB, österreichischer Schriftsteller, Drehbuchautor und Musiker (geboren 1970)

psychisch zermürbte Charlotte auf die Bedürfnisse ihres Kleinkindes reagieren kann.

Karl will den Keller nicht verlassen und wächst dort emotional, sprachlich und kognitiv vollkommen verarmt, von der dörflichen Gemeinschaft isoliert und in großer emotionaler Distanz zu seiner Mutter, die am Verhalten ihres Sohnes psychisch zerbricht, heran.

Eines Tages geht Charlotte mit Karl zum Dorfweiher, entkleidet sich vor ihm und bittet ihn, immer weiter in den Weiher hineingehend, ein einziges Mal das Wort „Mama" zu sagen. Karl sagt dann auch sein erstes Wort, es ist aber ein anderes.

Thomas Raab
STILL (2015)

„Sag es!", brüllte ihm Charlotte nun entgegen.

Dann sprach er.

Klar klang seine Stimme, tief für sein junges Alter. Laut und unmissverständlich schnitt jeder Buchstabe schonungslos seine Schneise durch
5 den Regen.

„Geh."

Beharrlich und schwer wie eine der dunklen Wolken verharrte dieses eine Wort über dem See, als wollte es sichergehen, in seiner ganzen Tragweite verstanden zu werden.

10 Charlotte hingegen blieb nicht stehen.

Jede Regung verschwand aus ihrem Gesicht, während sie rückwärts, ihrem Sohn entgegenblickend, einen Fuß hinter den anderen setzte, so lange, bis langsam ihre Brust, ihre Schultern, ihr Kinn, ihr Mund, ihre bis zum letzten Moment wartenden Augen unter der Oberfläche ver-
15 schwanden. Nur es kam nichts mehr, kein „Bleib", kein „Mama, bitte", kein rettendes Hineinstürzen, nichts.

Alles schien eins zu sein, unmöglich auszunehmen, wo das herabfallende Wasser herkam, die Wolken aufhörten, der Himmel anfing. Und inmitten dieses trüben Schleiers, dieses unbändigen Hämmerns,
20 stand Karl Heidemann, blickte über die leer gewordene Oberfläche und schwieg.

Lange noch verharrte er im weichen Uferkies des Jettenbrunner Weihers, versteinert fast. Wie soll ein Mensch, so sein Fragen, dermaßen lange mit nur einem Atemzug ausharren können? Mehrmals hatte er
25 versucht, den Atem anzuhalten, seinen Blick, seine Sinne auf das Wasser gerichtet. Warten. Auf den Moment, bis auch seine Mutter endlich nach Luft schnappen, wieder auftauchen, zu ihm heraussteigen würde. Nur sie kam nicht.

Karl wusste keine Erklärung.

30 Er wusste nur, dass es gut war.

Wohin auch immer Charlotte nun hatte fortmüssen, die einzigen beiden Wünsche, die Karl in sich verspürte, waren: Dort, wo sie ist, möge sie auch bleiben, und es möge ihr wohl ergehen. So wie ihm, der nichtsahnend, was Sterben bedeutet, keinerlei Verlassenheit, Traurigkeit emp-
35 fand.

Nur Frieden. Frieden, durchströmt von einem für ihn noch nie da gewesenen Zustand innerer Ruhe. [...]

Erlöst sah sie aus, von ihrem eigenen Leid, von der Marter des Lebens. Erlöst durch etwas Unsichtbares von offenbar gewaltiger Natur. Etwas, dem seine Mutter aus freiem Willen entgegengegangen war, als wüsste sie von der bevorstehenden Verzauberung. Etwas, das sie in kurzer Zeit zu jemand hatte werden lassen, für den Karl mit einem Schlag imstande war, ein für ihn bisher nie da gewesenes Maß an Zuneigung zu empfinden. Liebe. Nach all den Jahren.

Nur welche Macht, welche Kraft konnte so stark, so versöhnlich sein, konnte all die Marter mit einem einzigen Schlag beenden? In einem einzigen Augenblick?

Karl wusste es nicht.

Und wie er da kniend neben dem Weiher diesen unendlichen Frieden in sich spürte, diese Versöhnung, schälte sich aus all den vielen kurzen Sätzen, Aphorismen, die er so oft schon grübelnd, nichtsahnend in seinen Büchern gelesen hatte, einer heraus, wie ein Flüstern, und füllte sich mit Bedeutung:

In einem Augenblick gewährt die Liebe,
was Mühe kaum in langer Zeit erreicht.
(Johann Wolfgang von Goethe)

Liebe. Ist es das?

Hat sie seine Mutter erlöst?

Behutsam strich Karl Heidemann das nasse Haar aus Charlottes Gesicht, lautlos weinend, glücklich.

Neugierig.

Und nichts hätte verheerender sein können.

THOMAS RAAB: STILL, DROEMER

Der Tod ist für Karl neu und er meint zu erkennen, dass der Tod für Tiere und Menschen das Ende eines langen Leidens darstellt. Nach dem Tod seiner Mutter verlässt Karl den Keller und bezieht das immer schon für ihn gedachte Zimmer. Auch taucht Karl nun mehr und mehr in der Öffentlichkeit des Dorfes auf, versucht die Geräusche ohne Gehörschutz zu ertragen und erkennt dadurch, welche besondere Gabe er hat.

Bald kannte Karl nicht nur jede Ecke des Weihers, bald kannte er auch jeden der Jettenbrunner. Denn die Tage häuften sich, an denen Vater Johann, kaum war der Sohn zu Bett gebracht, seiner Einsamkeit, seinem wiederkehrenden Schmerz nicht länger Herr wurde und sich dorthin begab, wo ihm Mensch und Wein gleichermaßen auf andere Gedanken zu bringen imstande waren: Zum Dorfwirt Oberwaldner.

Tage, an denen sich früher als sonst das Kinderzimmerfenster öffnete. Und während die Jettenbrunner in ihren Stuben saßen, während dröhnend die Fernsehgeräte liefen, sie sich vom Tag erzählten, einander liebten oder das Verderben wünschten, schlich Karl Heidemann vorsichtig um ihre Häuser. Groß genug der Abstand, kein Sehen, kein Gesehenwerden, und doch war er mitten unter ihnen, wusste bald, wie sehr sich das, was die Menschen einander unter Tags auf offener Straße erzählten, von dem unterschied, was es nächtens hinter verschlossenen Türen zu hören gab.

Bald kannte Karl die Abgründe seiner Mitmenschen, wusste von gespielter Freundlich- und gelebter Herzlosigkeit, wusste von öffentlichen

Heiligen und privaten Tyrannen, wusste von offenbarter Gleichgültigkeit und heimlicher Liebe.

[...] Je länger er den Menschen zusah, zuhörte, desto sonder- und uneinschätzbarer erschienen sie ihm, doppelbödig wie Steinobst, außen weich, innen hart, oder umgekehrt, wie das knusprig frische Brot von Adele Konrad.

Nur so viel Karl Heidemann bald auch wusste, er kam nicht weiter auf seiner Suche.

Der Tod, wo kam er her?

Wie wurde er vollzogen?

Durch wen geschenkt?

THOMAS RAAB: STILL, DROEMER

Karl Heidemann kennt bald alle Eigenheiten, alle Wünsche und Geheimnisse der Jettenbrunner, da er sie durch sein Hörvermögen auch aus großer Distanz ausspionieren kann. Zwar ist er aus dem Keller zurückgekehrt an die Oberfläche, dennoch gibt es wenig bis keine Kommunikation mit dem Vater oder anderen Menschen. Karl verharrt in seiner naiven Welt, immer auf der Suche nach einfachsten Erkenntnissen und Erklärungen.

Sein oberstes Anliegen seit dem Tod seiner Mutter ist es, dem Akt des Tötens auf die Spur zu kommen. Als eines Tages das Fliegengitter durch einen Sturm zerstört wird und der Vater damit beginnt, Fliegen zu erschlagen, kommt Karl hinter das große Geheimnis. Nach etlichen Tiertötungsversuchen treibt er in Jettenbrunn – vor allem in der Umgebung und im Teich, in dem seine Mutter den Tod gefunden hat – sein Unwesen und ermordet eine Reihe von Menschen, immer in der Absicht, den Menschen das Leid zu nehmen und ihnen Gutes zu tun.

Als man ihm auf die Schliche kommt, flieht er, wird aber wiederum zum Mörder. Auf seinem Weg trifft er in einem Maisacker auf ein taubstummes Mädchen namens Marie und eine ganz seltsame Liebesgeschichte entwickelt sich.

a) Charakterisieren Sie Karl Heidemann anhand der angeführten Informationen und der Textstellen.

b) Erschließen Sie Karl Heidemanns Auffassung vom Ableben bzw. Tod eines Menschen anhand der abgedruckten Informationen.

c) Diskutieren Sie die Vor- und Nachteile einer herausragenden „Begabung" in den unterschiedlichen Wahrnehmungsbereichen (z. B. Hören, Riechen, Schmecken, Fühlen), im Speziellen aber die Begabung Karl Heidemanns.

 Zum Weiterlesen

a) Karl Heidemann will Gutes tun, er will die Menschen von ihren Nöten und Sorgen befreien, deshalb tötet er sie. – Lesen Sie das Werk und **überprüfen** Sie, ob das bis zum Ende des Romans so bleibt.

b) Recherchieren Sie die Inhalte der Werke „Das Parfum" von PATRIK SÜSSKIND und „Schlafes Bruder" von ROBERT SCHNEIDER und **setzen** Sie diese mit dem Inhalt des Romans „Still" in **Beziehung.**

Lyrik nach 1945

Josef Trattner: abstrakt-expressionistisches Weinbild (2010)

Die Rache der Sprache ist das Gedicht.

Ernst Jandl

4 Lyrik nach 1945 WERKZEUG

Genau genommen markiert das Jahr 1945 eine historisch-politische Zäsur und nicht den Beginn einer literarischen Epoche. So knüpfen viele Lyriker/innen an literarische Traditionen an, die schon vor und während des Zweiten Weltkriegs bestanden haben. Es ist auch keineswegs so, dass die Stilformen bestimmten Jahrzehnten oder bestimmten Autorinnen und Autoren zuzuordnen wären, vielmehr bestehen sie oft nebeneinander, etliche Lyriker/innen verfassen Werke in verschiedenen lyrischen Formen. Im Folgenden werden Beispiele für unterschiedliche Stilformen der Lyrik nach 1945 gegeben.

Kahlschlag versus Naturmagie

Dem **naturmagischen Gedicht** verhelfen in der Mitte der 1930er-Jahre u. a. WILHELM LEHMANN (1882–1968) und OSKAR LOERKE (1884–1941) zum Durchbruch. Die Werke sind **unpolitisch und unkritisch** und ermöglichen dem Publikum einen Rückzug in die Natur, eine Befriedigung von Sehnsüchten.

Autorinnen und Autoren der jüngeren Generation wie KARL KROLOW (1815–1999), PETER HUCHEL (1903–1981), MARIE LUISE KASCHNITZ (1901–1974) und auch der schon in der NS-Zeit als Hörspiel-Verfasser bekannte GÜNTER EICH (1907–1972) klammern nach dem Zweiten Weltkrieg Politik und Gesellschaft aus ihrer Naturlyrik nicht mehr aus. Die Landschaft wird objektiv geschildert, das lyrische Ich tritt zurück.

Gegen die „Lehmann-Schule" der naturmagischen Gedichte gerichtet interpretieren viele THEODOR W. ADORNOS (1903–1969) Satz: „[...] Nach Auschwitz ein Gedicht zu schreiben, ist barbarisch [...]".

Die Vertreter der **Kahlschlag-Lyrik,** allen voran auch hier GÜNTER EICH und ALFRED ANDERSCH (1914–1980), wollen mit einer neuen Sprache und einer neuen Literatur **von vorne anfangen,** also mit Traditionen brechen. Das Motto lautet „Wahrheit statt Schönheit". Man setzt auf einen Verzicht auf konventionelle Muster, Verknappung der Form und **Schlichtheit der Sprache.**

> 💡 Auch wenn wir heute mit der Nachkriegsliteratur hauptsächlich die Poesie des Kahlschlags verbinden, war diese doch eher eine Randerscheinung.

Hermetische Lyrik

Eine andere **Reaktion auf die Sprachskepsis** ist die Hermetik mit ihrer Loslösung von herkömmlichen Gedicht- und Sprachstrukturen. Wegen ihres unklaren Satzbaus, der Neologismen, paradoxen Wendungen, Metaphern, Symbole und vor allem Chiffren ist die hermetische Lyrik vielschichtig und mehrdeutig. Sie entzieht sich jeglicher Festlegung auf eine einzige Bedeutung. Aufgrund dessen gilt gerade für die hermetische Lyrik, dass es die eine, die „richtige" Interpretationshypothese nicht gibt.

Somit stellt hermetische Lyrik den Versuch dar, Widerstand **gegen einen instrumentellen Gebrauch der Sprache** zu leisten, und zeigt auf, dass das Verhältnis von Sprache und Wirklichkeit nicht so einfach zu bestimmen ist.

Bedeutende Vertreter/innen sind PAUL CELAN (1920–1970), INGEBORG BACHMANN (1926–1973) und KARL KROLOW.

> 🔗 Ein Gedicht von INGEBORG BACHMANN finden Sie im Kapitel „Deuten – Interpretieren – Bewerten" auf S. 133.

Konkrete Poesie und experimentelle Lyrik

In der konkreten Poesie sind die **Wörter** nicht mehr Bedeutungsträger, sondern werden als **visuelle oder akustische Gestaltungselemente** eingesetzt. Um zur Aussage des Textes zu gelangen, muss man ihn als Ganzes betrachten, die Anordnung der einzelnen Buchstaben und Wörter ist dabei ebenso wichtig wie beispielsweise der Zusammenhang von Text und Titel.

Der Name „konkrete Literatur" stammt vom Schweizer EUGEN GOMRINGER (geb. 1925). Ein berühmter österreichischer Vertreter ist ERNST JANDL (1925–2000), der vor allem mit seinen **Sprechgedichten** bekannt geworden ist. Darunter versteht er Lyrik, die **erst durch lautes Lesen wirksam** wird. Er liest seine Gedichte gerne, von Jazzmusik begleitet, selbst vor.

Mit Sprache experimentieren auch die Mitglieder der „Wiener Gruppe". H. C. ARTMANN (1921–2000) wird vor allem dadurch bekannt, dass er **Gedichte im Dialekt** abseits der üblichen Klischees verfasst.
Auch zeitgenössische Autorinnen und Autoren befassen sich mit experimenteller Lyrik. Exemplarisch seien der in Österreich lebende PETER WATERHOUSE (geb. 1956), THOMAS KLING (1957–2005) und KONRAD BALDER SCHÄUFFELEN (1929–2012) genannt.

Politisierung der Lyrik

In den **1960er-Jahren** setzt infolge des Vietnamkriegs und der Jugendrevolte auch in der Lyrik eine Politisierung ein. Ziel ist es, die Gesellschaft zu verändern. Ein Vorbild ist BERTOLT BRECHT (1898–1956). Zu den Hauptvertretern der **politischen Lyrik** gehören ERICH FRIED (1921–1988) und HANS MAGNUS ENZENSBERGER (geb. 1929).
Es entwickelt sich aber auch eine **„Liedermacher"-Szene,** die musikalische Mittel nützt, um kritische Inhalte zu transportieren. Einer der bekanntesten Vertreter ist WOLF BIERMANN (geb. 1936), aber auch FRANZ JOSEPH DEGENHARDT (1931–2011), HANNES WADER (geb. 1942), REINHARD MAY (geb. 1942) und der österreichische Maler, Sänger und Dichter ARIK BRAUER (geb. 1929) zählen dazu.

Einen Liedtext von ARIK BRAUER finden Sie im Kapitel „Deuten – Interpretieren – Bewerten" auf S. 131.

Alltagslyrik/Neue Subjektivität

Die Alltagslyrik ist gekennzeichnet durch **Einfachheit und Direktheit,** eine **schlichte Sprache** und den weitgehenden Verzicht auf Metaphern. Die verwendeten Wörter stehen für das, was auch in der Alltagssprache darunter verstanden wird. Das **lyrische Ich** erhält wieder eine tragende Rolle.
Im Zentrum stehen Alltägliches, persönliche Erfahrungen, vergleichbar mit einer fotografischen Momentaufnahme. Demgemäß ist der Ton oft beiläufig erzählend.
Die Alltagslyrik kann als Ablehnung der hermetischen Lyrik, später als Reaktion auf die politische Dichtung der 1960er-Jahre gesehen werden.
Wichtige Autorinnen und Autoren sind u. a. ROLF DIETER BRINKMANN (1940–1975), NICOLAS BORN (1937–1979), WOLF WONDRATSCHEK (geb. 1943, der allerdings selbst nicht mit der Alltagslyrik in Verbindung gebracht werden will), KARIN KIWUS (geb. 1942), JÜRGEN THEOBALDY (geb. 1944) und SARAH KIRSCH (1935–2013).

Slam Poetry

Eine formale inhaltliche Definition von Slam Poetry ist beinahe unmöglich. Allerdings ist allen Formen gemein, dass sie für die Präsentation bei einem Poetry Slam, einer **Art modernen Dichterwettstreits,** gedacht sind. Dabei gibt es nur drei Regeln: Die Texte müssen von den Vortragenden selbst verfasst sein, Requisiten dürfen nicht verwendet werden und das vorgegebene Zeitlimit (zumeist zwischen drei und sieben Minuten) muss eingehalten werden. Das Thema hingegen und auch ob der Text ernst, lustig, satirisch etc. ist, ist freigestellt. Über die Platzierung entscheidet oft das Publikum.
Daraus ergeben sich einige Gemeinsamkeiten für Slam Poetry: Da das Publikum angesprochen werden soll, wird **zumeist Alltags- oder Jugendsprache** verwendet, die Themen entstammen der Lebenswelt der Slammer und Zuhörer/innen. Oft greifen Slammer auf traditionelle Stilmittel der Poetik, wie z. B. den Reim, und klassische Formen (Ballade, Hymne etc.) zurück.

Einige Lyriker/innen des 21. Jahrhunderts		
Robert Schindel	Christoph W. Bauer	Katharina Schultens
Jan Wagner	Barbara Hundegger	Kerstin Preiwuß
Ludwig Laher		

Literaturepochen

Arbeitsaufgaben

a) **Bestimmen** Sie die traditionellen Naturmotive in Huchels Gedicht.

b) **Untersuchen** Sie das Gedicht nach Stilmitteln, die über ein „herkömmliches" Naturgedicht hinausweisen.

c) **Übersetzen** Sie das Gedicht in Prosa: Welches Bild könnte Huchel vor Augen gehabt haben, was ist darauf zu sehen?

d) **Begründen** Sie die Farbgestaltung, die Sie wählen würden, wollten Sie „Die schilfige Nymphe" in ein Gemälde umsetzen.

Günter Eich, deutscher Hörspielautor und Lyriker (1907–1972)

Arbeitsaufgaben „Lyrik nach 1945"

1. Naturmagie

Peter Huchel
DIE SCHILFIGE NYMPHE (1948)

Die schilfige Nymphe,
das Wasser welkt fort,
der Froschbauch der Sümpfe verdorrt.
Am Mittagsgemäuer
5   der Schatten stürzt ein.
Der Hauch tanzt auf Feuer am Eidechsenstein.
Im Mittag der Kerzen,
im Röhricht, das schwieg,
ist traurig dem Herzen Libellenmusik.
10 Die dunkle Libelle
der Seen wird still.
Es tönt nur das grelle herzböse Geschrill.
Es neigt sich die Leuchte
ins Röhricht hinein.
15 Der ödin verscheuchte Wind kichert allein.

Peter Huchel: Gesammelte Werke, Bd. 1: Die Gedichte, Suhrkamp

2. Kahlschlag

Günter Eich
INVENTUR (1947)

Dies ist meine Mütze,
dies ist mein Mantel,
hier mein Rasierzeug
4   im Beutel aus Leinen.

Konservenbüchse:
Mein Teller, mein Becher,
ich hab in das Weißblech
8   den Namen geritzt.

Geritzt hier mit diesem
kostbaren Nagel,
den vor begehrlichen
12 Augen ich berge.

Im Brotbeutel sind
ein paar wollene Socken

und einiges, was ich
16 niemand verrate,

so dient es als Kissen
nachts meinem Kopf.
Die Pappe hier liegt
20 zwischen mir und der Erde.

Die Bleistiftmine
lieb ich am meisten.
Tags schreibt sie mir Verse,
24 die nachts ich erdacht.

Dies ist mein Notizbuch,
dies meine Zeltbahn,
dies ist mein Handtuch,
28 dies ist mein Zwirn.

Günter Eich: Gesammelte Werke, Suhrkamp

a) **Setzen** Sie den Titel zum Gedicht **in Beziehung.**

b) **Erklären** Sie die Wirklichkeitserfahrung, die das Gedicht widerspiegelt.

c) **Untersuchen** Sie die Sprache nach Merkmalen der Kahlschlag-Lyrik.

d) **Verfassen** Sie ein Gegen-Gedicht und machen Sie selbst Inventur. Es bleibt Ihnen überlassen, ob Sie eine Bestandsaufnahme über Ihre Schulsachen, jene Dinge, die Sie mithaben, wenn Sie am Abend ausgehen, Ihr Leben etc. machen.

3. Hermetische Lyrik

„Todesfuge" ist eines der bekanntesten Nachkriegsgedichte und gilt als typisches Beispiel der hermetischen Lyrik.

Paul Celan
TODESFUGE (1948)

Schwarze Milch der Frühe wir trinken sie abends
wir trinken sie mittags und morgens wir trinken sie nachts
3 wir trinken und trinken
wir schaufeln ein Grab in den Lüften da liegt man nicht eng
Ein Mann wohnt im Haus der spielt mit den Schlangen der schreibt
6 der schreibt wenn es dunkelt nach Deutschland dein goldenes Haar Margarete
er schreibt es und tritt vor das Haus und es blitzen die Sterne er pfeift seine Rüden herbei
er pfeift seine Juden hervor läßt schaufeln ein Grab in der Erde
9 er befiehlt uns spielt auf nun zum Tanz

Schwarze Milch der Frühe wir trinken dich nachts
wir trinken dich morgens und mittags wir trinken dich abends
12 wir trinken und trinken
Ein Mann wohnt im Haus der spielt mit den Schlangen der schreibt
der schreibt wenn es dunkelt nach Deutschland dein goldenes Haar Margarete
15 Dein aschenes Haar Sulamith wir schaufeln ein Grab in den Lüften da liegt man nicht eng
Er ruft stecht tiefer ins Erdreich ihr einen ihr andern singet und spielt
er greift nach dem Eisen im Gurt er schwingts seine Augen sind blau
18 stecht tiefer die Spaten ihr einen ihr andern spielt weiter zum Tanz auf

Schwarze Milch der Frühe wir trinken dich nachts
wir trinken dich mittags und morgens wir trinken dich abends
21 wir trinken und trinken
ein Mann wohnt im Haus dein goldenes Haar Margarete
dein aschenes Haar Sulamith er spielt mit den Schlangen
24 Er ruft spielt süßer den Tod der Tod ist ein Meister aus Deutschland
er ruft streicht dunkler die Geigen dann steigt ihr als Rauch in die Luft
dann habt ihr ein Grab in den Wolken da liegt man nicht eng

27 Schwarze Milch der Frühe wir trinken dich nachts
wir trinken dich mittags der Tod ist ein Meister aus Deutschland
wir trinken dich abends und morgens wir trinken und trinken
30 der Tod ist ein Meister aus Deutschland sein Auge ist blau
er trifft dich mit bleierner Kugel er trifft dich genau
ein Mann wohnt im Haus dein goldenes Haar Margarete
33 er hetzt seine Rüden auf uns er schenkt uns ein Grab in der Luft
er spielt mit den Schlangen und träumet der Tod ist ein Meister aus Deutschland
dein goldenes Haar Margarete
36 dein aschenes Haar Sulamith

PAUL CELAN: MOHN UND GEDÄCHTNIS. GEDICHTE, DVA –
ALTE RECHTSCHREIBUNG

Sulamith = weiblicher Vorname hebräischen Ursprungs

a) **Recherchieren** Sie die Biografie von Paul Celan.

b) Ein leitmotivisches Bild dieses Gedichts ist „schwarze Milch der Frühe". Assoziieren Sie in Wortsonnen jeweils, was Sie mit den Begriffen „schwarz", „Milch" und „Frühe" verbinden. – **Diskutieren** Sie anschließend mit Ihren Mitschülerinnen/Mitschülern, welche Bedeutung Sie diesem Bild zusprechen.

c) **Erklären** Sie, womit Sie den Mann, der in einem Haus wohnt, verbinden.

d) **Listen** Sie in tabellarischer Form **auf,** was die beiden Personengruppen („Wir" und „der Mann") tun bzw. was ihnen zugeschrieben wird und was Sie mit diesen Tätigkeiten/Zuschreibungen verbinden.

e) **Entwerfen** Sie Ihre persönliche Interpretationshypothese für das Gedicht.

f) Celan nennt sein Gedicht „Todesfuge". – **Recherchieren** Sie, was man in der Musik unter einer Fuge versteht. **Erklären** Sie anschließend, inwiefern Celan dieses Formprinzip in seinem Gedicht realisiert.

g) **Erläutern** Sie, warum „Todesfuge" als prototypisches Beispiel für hermetische Lyrik gilt.

4. **Experimentelle Lyrik**

Ernst Jandl
WIEN: HELDENPLATZ (1966)

der glanze heldenplatz zirka
versaggerte in maschenhaftem männchenmeere
drunter auch frauen die ans maskelknie
zu heften heftig sich versuchten, hoffensdick
5 und brüllzten wesentlich.

verwogener stirnscheitelunterschwang
nach nöten nördlich, kechelte
mit zu nummernder aufs bluten feilzer stimme
hinsensend sämmertliche eigenwäscher.

10 pirsch!
döppelte der gottelbock von Sa-Atz zu Sa-Atz
mit hünig sprenkem stimmstummel.
balzerig würmelte es im männechensee
und den weibern ward so pfingstig ums heil
15 zumahn: wenn ein knie-ender sie hirschelte.

Ernst Jandl: Das Röcheln der Mona Lisa, Volk und Welt

Der Heldenplatz am 15. März 1938

a) Das Gedicht ist geprägt von Kunstwörtern. – Wählen Sie je ein „neues" Nomen, Verb und Adjektiv und **notieren** Sie Ihre Assoziationen dazu in Form einer Wortsonne.

b) Da Ernst Jandl das Gedicht selbst kommentiert hat, wissen wir, dass es in Erinnerung an Hitlers Kundgebung 1938 am Heldenplatz, die Jandl als 13-Jähriger beobachtet hat, entstanden ist. – **Nennen** Sie Wörter/Wortgruppen, die mit dem Ereignis in Verbindung gebracht werden können (z. B. „stirnscheitelunterschwang" spielt auf die Frisur Hitlers an).

c) Das Wortmaterial dieses Gedichts lässt sich drei Themenbereichen zuordnen: der Jägersprache, der Sexualität und Hitler/Nationalsozialismus. – **Nennen** Sie auch zu den ersten beiden Themenbereichen Beispiele.

d) JANDL sollte man gehört haben! Im Internet finden sich etliche Originalaufnahmen von Gedichtvorträgen JANDLS. – **Hören** Sie sich einige davon an.

e) Bereiten Sie „wien: heldenplatz" für einen Vortrag **vor.** Überlegen Sie im Vorfeld, welche Stimmung Sie den einzelnen Strophen zusprechen. Sie können Ihren Vortrag auch – ähnlich wie JANDL selbst es oft gemacht hat – von Musik begleiten lassen oder auch mit Bildmaterial hinterlegen.

🔗 Ein weiteres Gedicht von ERNST JANDL finden Sie im Thementeil auf S. 420.

5. Konkrete Poesie

„sie liebt mich (nicht)" ist ein Werk des zeitgenössischen Wiener Künstlers ANATOL KNOTEK (geb. 1977).

a) Betrachten Sie das Gedicht und **erklären** Sie, woran Sie die bildliche Darstellung erinnert.

b) Setzen Sie Ihre Assoziationen mit dem Titel **in Beziehung.**

6. Dialektdichtung

H. C. Artmann
BLAUBOAD 1 (1958)

i bin a ringlschbüübsizza
und hob scho sim weiwa daschlong
und eanare gebeina
4 untan schlofzimabon fagrom.

heit lod i ma r ei di ochte
zu einen libesdraum
daun schdöl i owa s oaschestrion ei
8 und bek s me n hakal zaum!

H. C. ARTMANN, österreichischer Schriftsteller (1921–2000)

zusammenpecken = niederschlagen

den Gstieß geben = die Beziehung beenden

so fafoa r e med ole maln
wäu ma d easchte en gschdis hod gem –
das s mii amoe darwischn wean
doss wiad kar mendsch darlem!

i bin a ringlgschbüübsizza
(und schlof en da nocht nua bein liacht
wäu i mi waun s so finzta is
fua de dodn weiwa fiacht ...)

KLAUS REICHERT (HG.): THE BEST OF H. C. ARTMANN, SUHRKAMP

🔗 Ein weiteres Gedicht von H. C. ARTMANN finden Sie im Thementeil auf S. 493.

a) **Übertragen** Sie das Gedicht ins Standarddeutsche oder in einen Dialekt, den Sie beherrschen. Kleiner Tipp: Das Gedicht lässt sich leichter verstehen, wenn man es laut liest.

b) **Tragen** Sie Ihre Gedichtvarianten **vor, vergleichen** Sie die Dialektversion(en) mit den standarddeutschen hinsichtlich ihrer Wirkung.

c) H. C. ARTMANN ist bekannt für seinen schwarzen Humor. – **Erklären** Sie, wie sich der schwarze Humor in diesem Gedicht zeigt.

7. **Politische Dichtung**

ERICH FRIED, österreichischer Lyriker, Übersetzer und Essayist (1921–1988)

Erich Fried
GRÜNDE (1966)

„Weil das alles nichts hilft
sie tun ja doch was sie wollen

Weil ich mir nicht nochmals
die Finger verbrennen will

Weil man nur lachen wird:
Auf dich haben sie gewartet

Und warum immer ich?
Keiner wird es mir danken

Weil da niemand recht durchsieht
sondern höchstens noch mehr kaputtgeht

Weil jedes Schlechte
vielleicht auch sein Gutes hat

Weil es Sache des Standpunktes ist
und überhaupt wem soll man glauben?

Weil auch bei den andern nur
mit Wasser gekocht wird

Weil ich das lieber
Berufeneren überlasse

Weil man nie weiß
wie einem das schaden kann

Weil sich die Mühe nicht lohnt
weil sie alle das gar nicht wert sind"

Das sind Todesursachen
zu schreiben auf unsere Gräber

die nicht mehr gegraben werden
wenn das die Ursachen sind.

ERICH FRIED: GESAMMELTE WERKE. GEDICHTE 1, WAGENBACH

a) In diesem Gedicht zitiert FRIED „Gründe" für die Distanzierung von politischem Handeln gegen den Vietnamkrieg, die er so von Menschen auf der Straße gehört hat. – **Diskutieren** Sie mit Ihren Mitschülerinnen/Mitschülern, ob das Wissen um den historischen Kontext notwendig ist, um das Gedicht zu verstehen.

b) **Erschließen** Sie, was hinter der Aussage steht, dass unsere Gräber nicht mehr gegraben werden, wenn unsere Ausreden, unser Untätigsein die Ursachen für Krieg sind.

c) **Begründen** Sie, dass es sich bei diesem Gedicht um politische Lyrik handelt.

8. **Alltagslyrik**

Rolf Dieter Brinkmann
EINEN JENER KLASSISCHEN ... (1975)

Einen jener klassischen
schwarzen Tangos in Köln, Ende des
Monats August, da der Sommer schon

4 ganz verstaubt ist, kurz nach Laden-
Schluß aus der offenen Tür einer

dunklen Wirtschaft, die einem
Griechen gehört, hören, ist beinahe

8 ein Wunder: für einen Moment eine
Überraschung, für einen Moment

Aufatmen, für einen Moment
eine Pause in dieser Straße,

12 die niemand liebt und atemlos
macht, beim Hindurchgehen. Ich

schrieb das schnell auf, bevor
der Moment in der verfluchten

16 dunstigen Abgestorbenheit Kölns
wieder erlosch

ROLF DIETER BRINKMANN: WESTWÄRTS 1 & 2. GEDICHTE, ROWOHLT –
ALTE RECHTSCHREIBUNG

a) **Beschreiben** Sie die Situation, in der sich das lyrische Ich befindet.

b) BRINKMANNS Gedicht ist quasi eine „Momentaufnahme". – **Benennen** Sie, was dieser Moment für das lyrische Ich bedeutet.

c) **Erklären** Sie, warum dieses Gedicht als typisch für die Alltagslyrik gelten kann.

d) **Diskutieren** Sie mit Ihren Mitschülerinnen/Mitschülern, was dieses Gedicht von einem Prosatext unterscheidet.

e) **Verfassen** Sie eine eigene „Momentaufnahme" eines besonderen, alltäglichen, überraschenden etc. Moments. Wählen Sie die Form dafür (Lyrik, Prosa) selbst.

f) Verfassen Sie eine **Textinterpretation** zum Gedicht „Einen jener klassischen ..." und bearbeiten Sie die folgenden Arbeitsaufträge:
- **Beschreiben** Sie die Situation, in der sich das lyrische Ich befindet.
- **Analysieren** Sie die formale und sprachliche Gestaltung des Gedichts.
- **Deuten** Sie das Gedicht unter Berücksichtigung des folgenden Zitates von Goethe: „[...] [H]alten Sie immer an der Gegenwart fest. Jeder Zustand, ja jeder Augenblick ist von unendlichem Wert, denn er ist der Repräsentant einer ganzen Ewigkeit."
- **Beurteilen** Sie die Möglichkeiten von Literatur, Momente vor dem Erlöschen zu bewahren.

Schreiben Sie zwischen 405 und 495 Wörter. Markieren Sie Absätze mittels Leerzeilen.

9. Alltagslyrik? – Hermetische Lyrik?

Friederike Mayröcker, österreichische Schriftstellerin (geboren 1924)

Friederike Mayröcker
„DIE SCHERBEN EINES GLÄSERNEN FRAUENZIMMERS" (CARL EINSTEIN) (1990)

mich flieht der Schlaf
ich hocke auf dem Boden mit angezogenen Beinen
aus dem Kasten das Zweite Brandenburgische Konzert
nicht aufzufinden Freundesstimme tröstlicher Blick
5 ein junger Dichter schreibt mir
ob ich ebenso oft wie er daran denken muß
daß wir allein sterben
es ist der dreiundzwanzigste Dezember
vier Uhr morgens
10 aus meiner rechten Nase sickert das Blut

Friederike Mayröcker: Das besessene Alter. Gedichte 1986–91, Suhrkamp – alte Rechtschreibung

Friederike Mayröcker nimmt in diesem Gedicht Bezug auf den ersten Satz von Carl Einsteins 1912 erschienenem Prosawerk „Bebuquin oder Die Dilettanten des Wunders": *„Die Scherben eines gläsernen, gelben Lampions klirrten auf die Stimme eines Frauenzimmers: wollen Sie den Geist Ihrer Mutter sehen?"* Der „Anti-Roman" ohne klare Handlung wurde in den 1970er-Jahren wiederentdeckt.

a) **Nennen** Sie Assoziationen, die Sie mit „gläsernes Frauenzimmer" verbinden.
b) **Beschreiben** Sie die Situation und Stimmung, in der sich das lyrische Ich befindet.
c) **Erklären** Sie, warum das Gedicht zur Alltagslyrik gezählt werden könnte.
d) **Erläutern** Sie, welche Merkmale des Gedichts eher für die Zuordnung zur hermetischen Lyrik sprechen.

Drama nach 1945

Man kann eine Tragödie auch in einem Witz erzählen, aber es bleibt trotzdem eine Tragödie.

HARALD SCHMID

5 Drama nach 1945 — WERKZEUG

Theater der Grotesken/Parabeltheater

Im Parabeltheater steht ein parabelartiges Geschehen im Mittelpunkt. Wie auch bei der epischen Form der Parabel **verweist der konkret dargestellte Fall auf etwas Allgemeines.**

Vertreter des Parabelstücks nach 1945 sind vor allem die Schweizer Autoren MAX FRISCH („Andorra", 1961) und FRIEDRICH DÜRRENMATT („Die Physiker", 1962). Vor allem bei DÜRRENMATT ist aber auch das **Groteske** ein wichtiges darstellerisches Mittel. Dabei wird **Grauenvolles mit komischen Zügen** verknüpft. Er selbst bezeichnet das Groteske, die Übersteigerung als einziges wirksames Mittel, um der Zuseherin/dem Zuseher einen Blick auf die wahre Natur der Welt zu ermöglichen.

> Einen Auszug aus DÜRRENMATTS „Die Physiker" finden Sie im Kapitel „Deuten – Interpretieren – Bewerten" auf S. 134.

Das absurde Theater

Im absurden Drama werden die Entfremdung des Menschen von sich selbst und das Gefühl der Sinnlosigkeit der Existenz in grotesk-komischen, teils irrealen Szenen thematisiert.

Es gibt **keine logisch fortschreitende Handlung** mehr, sondern nur Reflexionen, Dialoge ohne augenscheinlichen Sinn. Sie setzt unvermittelt ein und führt zu keinem sinnvollen Abschluss. Die **Figuren sind nur noch Typen,** die sich nicht entwickeln. Sie reden aneinander vorbei, werden nicht verstanden, sodass Sprache als sinnentleert und formelhaft entlarvt wird. Bühnenelemente, Gestik usw. werden als dem Dialog gleichwertig eingesetzt, sodass die Sprache bis zum Verstummen reduziert wird (pantomimische Darstellung).

Im deutschsprachigen Raum wird absurdes Theater zwar auf die Bühne gebracht, es gibt aber kaum Autoren desselben. Am ehesten sind noch WOLFGANG HILDESHEIMER („Die Uhren", 1959), GEORGE TABORI („Mein Kampf", 1987), GÜNTER GRASS („Noch zehn Minuten bis Buffalo", 1958) und THOMAS BERNHARD („Ein Fest für Boris", 1970) zu nennen, die in ihren Werken Elemente des absurden Dramas adaptiert haben. WOLFGANG BAUERS verloren geglaubtes, erst 2015 wiedergefundenes Werk „Der Rüssel" (1962 verfasst) wird von Literaturwissenschaftlerinnen und Literaturwissenschaftlern als eines der wenigen konsequenten deutschsprachigen Beispiele des absurden Theaters bezeichnet.

> Wichtige **Vertreter des absurden Dramas** sind u. a.:
> - EUGÈNE IONESCO
> - SAMUEL BECKETT
> - JEAN GENET
> - HAROLD PINTER
> - VÁCLAV HAVEL

Das Dokumentartheater

Die Autorinnen und Autoren des dokumentarischen Theaters greifen historische oder aktuelle Ereignisse auf, indem sie mehr oder weniger unverändert **juristische oder historische Dokumente** (Akten, Protokolle, Berichte etc.) verarbeiten. Bedeutende **Vertreter** sind u. a. PETER WEISS („Die Ermittlung", 1965), HEINAR KIPPHARDT („In der Sache J. Robert Oppenheimer", 1964), TANKRED DORST („Toller", 1968) und HANS MAGNUS ENZENSBERGER („Das Verhör von Habana", 1970). Elemente des dokumentarischen Theaters finden sich auch in ROLF HOCHHUTHS Drama „Der Stellvertreter" (1963).

> Vertreter/innen des zeitgenössischen Dokumentartheaters sind u. a.:
> - RIMINI PROTOKOLL
> - HANS-WERNER KRÖSINGER
> - BORIS NIKITIN
> - VOLKER LÖSCH

Experimentieren mit und über Sprache

Literaturwissenschaftler/innen bezeichnen die Sprache und die Lust am Experimentieren als zentrales gemeinsames Kennzeichen der modernen österreichischen Dramatik.

Als besonders wichtig für die sprachlichen und die dramaturgischen Innovationen gelten THOMAS BERNHARD, PETER HANDKE und ELFRIEDE JELINEK, deren Wirken nicht nur in Österreich Spuren hinterlassen hat.

> ELFRIEDE JELINEK erhielt 2004, PETER HANDKE 2019 den Literaturnobelpreis.

In HANDKES frühen Stücken, seinen sogenannten **„Sprechstücken",** wird die Sprache zum Gegenstand seiner Dramatik. Sein erstes Stück „Publikumsbeschimpfung" (1966) hat keine Handlung im herkömmlichen Sinn. Vorgestellt wird quasi eine angewandte Theorie eines neuen Theaters. In seinem ersten umfangreichen Stück „Kaspar" (1967) wird Sprache einerseits als Mittel des Herrschaftssystems, andererseits als Mittel der Orientierung in der Realität dargestellt.

Auch in BERNHARDS Bühnenstücken findet sich keine Handlung im herkömmlichen Sinne. Dargestellt werden Menschen außerhalb der Gesellschaft, Menschen in Krankheit und in einer Welt der Kälte, auch Künstlerexistenzen stellen immer wieder ein Thema dar. Typisch sind lange Monologe, in denen Missstände aufgezeigt werden und (mitunter harsche) Kritik geübt wird. Die dabei eingesetzten Stilmittel der Übertreibung und der Groteske führen zu komischen Momenten. Wegen seiner immer wieder an Österreich geübten Kritik wurde er (vor allem von der Boulevard-Presse) als **„Nestbeschmutzer"** gebrandmarkt. Sein letztes Drama „Heldenplatz" (1988) führte sogar zu einem regelrechten Theaterskandal. „Heldenplatz" spielt nach dem Selbstmord des jüdisch-österreichischen Mathematikprofessors Josef Schuster. Anlässlich des Begräbnisses reflektieren Familie und Hausangestellte sein Leben und stimmen Schimpftiraden an über den noch immer andauernden Antisemitismus der Wiener/innen und die Verderbtheit der Politik, die als Grund für den Selbstmord Schusters in der Nähe des Heldenplatzes gesehen wird.

Ebenso umstritten und gefeiert wie BERNHARD war und ist auch ELFRIEDE JELINEK. Auch sie steht der politischen und gesellschaftlichen Situation in Österreich kritisch gegenüber. Ihre Dramen drehen sich um die Unterdrückung des Menschen (vor allem der Frauen) in unserer Konsum- und Medienwelt, um die Vorfälle während der Zeit des Nationalsozialismus und eben um die kritische Auseinandersetzung mit Österreich. Dabei bedient sie sich der Verfremdung der dramatischen Form. So verzichtet sie z. B. auf Dialoge, gestaltet ihre Texte als lange, oft über Seiten hinweg absatzlose „Textflächen", wie JELINEK es selbst nennt. Ihre neueren Werke beinhalten auch keine Regieanweisungen mehr.

Weitere wichtige Dramatiker/innen sind u. a.:
- WERNER SCHWAB („Fäkaliendramen")
- MARLENE STREERUWITZ
- FRANZOBEL
- BOTHO STRAUSS
- GERT JONKE

Das neue sozialkritische Volksstück

Anfang der 1970er-Jahre knüpfen Autorinnen/Autoren wieder an das Volksstück ÖDÖN VON HORVÁTHS (1901–1938) an. Im Zentrum stehen dabei Gesellschaftskritik und die Unfähigkeit zur Kommunikation. **Wichtige Vertreter** sind PETER TURRINI („Rozznjagd", „Sauschlachten"), FELIX MITTERER („Stigma. Eine Passion", „Sibirien. Ein Monolog", „Kein schöner Land"), WOLFGANG BAUER („Party for Six", „Magic Afternoon"), FRANZ XAVER KROETZ („Das Nest", „Oberösterreich") und MARTIN SPERR („Jagdszenen aus Niederbayern").

💡 Einige der Vertreter des neuen Volksstücks schreiben auch Drehbücher für **Fernsehproduktionen**, z. B. FELIX MITTERER („Die Piefke-Saga") und PETER TURRINI („Alpensaga"), die anfangs vom Publikum kontroversiell diskutiert werden.

🔗 Zum **Volksstück** siehe auch WERKZEUG-Blätter der Kapitel „Biedermeier", „Realismus" und „Literatur der Zwischenkriegszeit"

Jüngere und jüngste deutschsprachige Dramatik

Das zeitgenössische Drama ist in Gestalt und Form uneinheitlich. Neben den etablierten Autorinnen/Autoren werden zunehmend Theaterstücke junger Dramatiker/innen auf die Bühne gebracht. Dafür mitverantwortlich ist u. a., dass die Theater ein Netz der **Autorenförderung** aufbauen (etliche beschäftigen sogar eigene Hausautorinnen/-autoren) und zahlreiche Festivals ins Leben gerufen worden sind.

Kritisiert wird manchmal, dass diese Dramen sich hauptsächlich mit persönlichen Themen statt mit sozialer Gesellschaftskritik beschäftigen (z. B. Berufsleben, Krankheit etc.). Etliche Dramatiker/innen befassen sich aber auch mit historischen Themen, Kapitalismuskritik, politisch aktuellen Themen und Migration.

Vertreter/innen sind z. B.:
- EWALD PALMETSHOFER
- KATHRIN RÖGGLA
- THOMAS ARZT
- PHILIPP WEISS
- NATASCHA GANGL
- FERDINAND SCHMALZ
- ROLAND SCHIMMELPFENNIG

Literaturepochen

Friedrich Dürrenmatt, schweizerisch-deutscher Schriftsteller (1921–1990)

Arbeitsaufgaben „Drama nach 1945"

1. Parabeltheater

Die Multimilliardärin Claire Zachanassian kehrt in Friedrich Dürrenmatts Stück „Der Besuch der alten Dame" nach 45 Jahren in ihre Heimatstadt Güllen zurück, die vor dem wirtschaftlichen Ruin steht. Weil die Einwohner/innen Güllens sich von der alten Dame finanzielle Hilfe erwarten, bilden sie ein Empfangskomitee am Bahnhof. Claire Zachanassian entsteigt mit ihrem siebenten Ehemann, Bediensteten, einem Panther und ihrem Gepäck samt Sarg dem Zug. Bei dem Begrüßungsfest kommt es zu folgender Szene:

Friedrich Dürrenmatt
DER BESUCH DER ALTEN DAME (1956)

Claire Zachanassian: Bürgermeister, Güllener. Eure selbstlose Freude über meinen Besuch rührt mich. Ich war zwar ein etwas anderes Kind, als ich nun in der Rede des Bürgermeisters vorkomme, in der Schule wurde ich geprügelt, und die Kartoffeln für die Witwe Boll habe ich
5 gestohlen, gemeinsam mit Ill, nicht um die alte Kupplerin vor dem Hungertode zu bewahren, sondern um mit Ill einmal in einem Bett zu liegen, wo es bequemer war als im Konradsweilerwald oder in der Peterschen Scheune. Um jedoch meinen Beitrag an eure Freude zu leisten, will ich gleich erklären, dass ich bereit bin, Güllen eine Milliarde zu
10 schenken. Fünfhundert Millionen der Stadt und fünfhundert Millionen verteilt auf alle Familien.

Totenstille

Der Bürgermeister *stotternd:* Eine Milliarde.

Alle immer noch in Erstarrung.

15 Claire Zachanassian: Unter einer Bedingung.

Alle brechen in einen unbeschreiblichen Jubel aus. Tanzen herum, stehen auf die Stühle, der Turner turnt usw. Ill trommelt sich begeistert auf die Brust.

Ill: Die Klara! Goldig! Wunderbar! Zum Kugeln! Voll und ganz mein Zauberhexchen! *Er küsst sie.*

20 Der Bürgermeister: Unter einer Bedingung, haben gnädige Frau gesagt. Darf ich diese Bedingung wissen?

Claire Zachanassian: Ich will die Bedingung nennen. Ich gebe euch eine Milliarde und kaufe mir dafür Gerechtigkeit.

Totenstille.

25 Der Bürgermeister: Wie ist dies zu verstehen, gnädige Frau?

Claire Zachanassian: Wie ich es sagte.

Der Bürgermeister: Die Gerechtigkeit kann man doch nicht kaufen!

Claire Zachanassian: Man kann alles kaufen.

Der Bürgermeister: Ich verstehe immer noch nicht. […]

30 Der Butler: Treten Sie vor, Herr Ill.

Ill: *Bitte. Er tritt vor den Tisch rechts. Lacht verlegen. Zuckt die Achseln.*

Der Butler: Es war im Jahr 1910. Ich war Oberrichter in Güllen und hatte eine Vaterschaftsklage zu behandeln. Claire Zachanassian, damals Klara Wäscher, klagte Sie, Herr Ill, an, der Vater ihres Kindes zu sein.

35 *Ill schweigt.*

320

DER BUTLER: Sie bestritten damals die Vaterschaft, Herr Ill. Sie hatten zwei Zeugen mitgebracht.

ILL: Alte Geschichten. Ich war jung und unbesonnen.

CLAIRE ZACHANASSIAN: Führt Koby und Loby vor, Toby und Roby.

40 *Die beiden kaugummikauenden Monstren führen die beiden blinden Eunuchen, die sich fröhlich an der Hand halten, in die Mitte der Bühne.* [...]

DER BUTLER: 1910 war ich der Richter und ihr die Zeugen. Was habt ihr geschworen, Ludwig Sparr und Jakob Hühnlein, vor dem Gericht zu Güllen?

45 DIE BEIDEN: Wir hätten mit Klara geschlafen, wir hätten mit Klara geschlafen.

DER BUTLER: So habt ihr vor mir geschworen. Vor dem Gericht, vor Gott. War dies die Wahrheit?

DIE BEIDEN: Wir haben falsch geschworen, wir haben falsch geschworen.

50 DER BUTLER: Warum, Ludwig Sparr und Jakob Hühnlein?

DIE BEIDEN: Ill hat uns bestochen, Ill hat uns bestochen. [...]

DER BUTLER: [...] Claire Zachanassian ließ euch suchen. In der ganzen Welt, Jakob Hühnlein war nach Kanada ausgewandert und Ludwig Sparr nach Australien. Aber sie fand euch. Was hat sie dann mit euch getan?

55 DIE BEIDEN: Sie gab uns Toby und Roby. Sie gab uns Toby und Roby.

DER BUTLER: Und was haben Toby und Roby mit euch gemacht?

DIE BEIDEN: Kastriert und geblendet, kastriert und geblendet. [...]

DER BUTLER: Was geschah mit dem Kind, Klägerin?

CLAIRE ZACHANASSIAN *leise:* Es lebte ein Jahr.

60 DER BUTLER: Was geschah mit Ihnen?

CLAIRE ZACHANASSIAN: Ich wurde eine Dirne.

DER BUTLER: Weshalb?

CLAIRE ZACHANASSIAN: Das Urteil des Gerichts machte mich dazu.

DER BUTLER: Und nun wollen Sie Gerechtigkeit, Claire Zachanassian?

65 CLAIRE ZACHANASSIAN: Ich kann sie mir leisten. Eine Milliarde für Güllen, wenn jemand Alfred Ill tötet.

FRIEDRICH DÜRRENMATT: DER BESUCH DER ALTEN DAME, DIOGENES

Die Bewohner Güllens lehnen das Angebot entrüstet ab, geben jedoch bald deutlich mehr Geld aus. Ill, einst angesehener Bürger, der sich der Solidarität seiner Mitbürger sicher gewesen ist, bekommt es mit der Angst zu tun. Die Stimmung gegen ihn wird zunehmend feindseliger, schließlich fordert ihn der Bürgermeister auf, Selbstmord zu begehen. Letztendlich beschließen die Bürger Güllens, Ill für seine Tat zu bestrafen und ihn umzubringen. Als Ill bei der Versammlung eintrifft, bilden die Güllener eine Gasse, das Licht geht aus; als es wieder hell wird, ist Ill tot. Claire überreicht dem Bürgermeister einen Scheck und reist samt Ills Leichnam ab.

a) **Bestimmen** Sie, worin sich in diesem Szenenausschnitt/dem Drama das Groteske zeigt.

b) **Erschließen** Sie die „Lehre", die hinter dieser „tragischen Komödie" (wie DÜRRENMATT selbst das Stück nennt) stehen könnte.

c) **Diskutieren** Sie mit Ihren Kolleginnen/Kollegen: Lässt sich Gerechtigkeit kaufen?

„Der Besuch der alten Dame" wurde mehrmals verfilmt. Versuchen Sie der folgenden Adaptionen habhaft zu werden:

- „Der Besuch" (1964, Regie: BERNHARD WICKI)
- „Der Besuch der alten Dame" (2008, Regie: NIKOLAUS LEYTNER)

Arbeitsaufgaben

a) **Beschreiben** Sie die Veränderungen, die in den Verfilmungen vorgenommen wurden.

b) **Untersuchen** Sie, ob sich durch die vorgenommenen Änderungen die Aussage des Dramas ändert.

c) **Diskutieren** Sie, welche Änderungen bei einer Verfilmung eines literarischen Werks für Sie eine Berechtigung haben und welche einen „Verrat" am Kunstwerk darstellen.

Samuel Beckett, irischer Schriftsteller und Literaturnobelpreisträger (1906–1989)

2. Absurdes Theater: „Warten auf Godot"

In diesem Zweiakter von Samuel Beckett warten zwei Männer, Estragon und Wladimir, irgendwo an einer Landstraße auf Godot, der allerdings nie erscheint. Jeder der beiden Akte umfasst einen Tag in einer unbestimmten Zeit. Während die Protagonisten warten, entspinnen sich absurde Dialoge zwischen ihnen. Am Ende jeden Aktes erscheint ein Knabe mit der Nachricht, dass Godot verhindert sei, aber ganz bestimmt am nächsten Tag kommen werde.

Samuel Beckett
WARTEN AUF GODOT (1952)

Estragon: Ich suche.

Schweigen

Wladimir: Wenn man sucht, hört man.

Estragon: Eben.

5 Wladimir: Wenn man hört, kann man nichts finden.

Estragon: Stimmt.

Wladimir: Wenn man hört, kann man nicht denken.

Estragon: Man denkt aber doch.

Wladimir: Ach was, das ist unmöglich.

10 Estragon: Ja richtig, wir wollen einander widersprechen.

Wladimir: Unmöglich.

Estragon: Meinst du?

Wladimir: Keine Gefahr mehr, daß wir denken.

Estragon: Worüber beklagen wir uns dann?

15 Wladimir: Denken ist nicht das Schlimmste.

Estragon: Gewiß, gewiß, aber das ist doch schon etwas.

Wladimir: Wieso, das ist doch schon etwas?

Estragon: Ja, richtig, wir wollen uns Fragen stellen.

Wladimir: Was willst du damit sagen, das ist doch schon etwas?

20 Estragon: Das ist doch schon etwas weniger.

Wladimir: Eben.

Estragon: Also? Wie wär's, wenn wir uns mal freuten?

Wladimir: Das Schreckliche ist eben, gedacht zu haben.

Estragon: Ist uns das je passiert?

25 Wladimir: Woher kommen all diese Leichen?

Estragon: Diese Gebeine.

Wladimir: Eben.

Estragon: Richtig.

Wladimir: Wir müssen doch wohl ein wenig gedacht haben.

30 Estragon: Ganz am Anfang.

Samuel Beckett: Warten auf Godot, Suhrkamp – alte Rechtschreibung

a) Der Titel des Werks ist sprichwörtlich geworden. – **Nennen** Sie dessen Bedeutung im heutigen Sprachgebrauch.

b) Das Drama wurde und wird ganz unterschiedlich interpretiert. BECKETT selbst verweigerte eine Interpretation, stellte aber klar, dass mit Godot nicht Gott gemeint sei. – **Diskutieren** Sie mit Ihren Klassenkolleginnen/Klassenkollegen mögliche Deutungen.

c) Das Drama wird nach wie vor interpretiert. – **Überprüfen** Sie folgende Hypothese, die FRANZ M. WUKETITS in der Wiener Zeitung veröffentlichte:

> [...] Mir kam eine Parallele in den Sinn, an die Interpreten bisher wohl nicht gedacht haben, es sei denn, sie haben sich mit Erkenntnistheorie beschäftigt und dabei Karl Popper (1902–1994) gelesen. Popper schreibt Folgendes: „Unsere Situation ist immer die eines schwarzen Mannes, der
> 5 in einem schwarzen Keller nach einem schwarzen Hut sucht, der vielleicht gar nicht dort ist." Das will heißen: Wir verfügen über kein sicheres Wissen, wir vermuten bloß, wie die Welt „da draußen" aussieht und tasten herum, um uns irgendwie – im Dienste unseres Überlebens – zurechtzufinden. Wir sitzen oft Irrtümern auf, machen Fehler und sind ständig
> 10 damit beschäftigt, unsere Fehler zu korrigieren.
> So wie sich der „schwarze Mann" zwar in einer hoffnungslosen Situation findet, aber immerhin etwas sucht, so ist auch die Situation von Estragon und Wladimir hoffnungslos, aber sie warten immerhin auf etwas oder jemanden. Der schwarze Hut ist vielleicht nicht im Keller, aber man kann
> 15 ihn ja dort suchen. Godot kommt vielleicht nicht, aber man kann auf ihn warten.
>
> FRANZ M. WUKETITS, WIENER ZEITUNG

3. Dokumentartheater

„Die Ermittlung. Oratorium in 11 Gesängen" von PETER WEISS hat den Auschwitzprozess (Dezember 1963 bis August 1965) als Grundlage. Zu seinem Text kam WEISS durch seine Mitschriften als Prozessbeobachter und durch Aufzeichnungen eines Journalisten. „Die Ermittlung" ist aber keine bloße Wiedergabe, WEISS ordnet die Fakten elf „Gesängen" zu, die jeweils einer Station im Konzentrationslager entsprechen. So beginnt das Drama mit dem „Gesang von der Rampe" und endet mit dem „Gesang von den Feueröfen".

PETER WEISS, DEUTSCH-SCHWEDISCHER SCHRIFTSTELLER (1916–1982)

Peter Weiss
DIE ERMITTLUNG. ORATORIUM IN 11 GESÄNGEN (1965)

Gesang vom Unterscharführer Stark III

RICHTER: Angeklagter Stark
Haben Sie nie bei Vergasungen mitgewirkt

ANGEKLAGTER 12: Einmal mußte ich da mittun

5 RICHTER: Um wieviel Menschen handelt es sich

ANGEKLAGTER 12: Es können 150 gewesen sein
Immerhin 4 Lastwagen voll

RICHTER: Was für Häftlinge waren es

	Angeklagter 12:	Es war ein gemischter Transport
10	Richter:	Was hatten Sie zu tun
	Angeklagter 12:	Ich stand draußen vor der Treppe
		nachdem ich die Leute
		ins Krematorium geführt hatte
		Die Sanitäter
15		die für die Vergasung zuständig waren
		hatten die Türen zugeschlossen
		und trafen ihre Vorbereitungen
	Richter:	Woraus bestanden die Vorbereitungen
	Angeklagter 12:	Sie stellten die Büchsen bereit
20		und setzten sich Gasmasken auf
		dann gingen sie die Böschung hinauf
		zum flachen Dach
		Im allgemeinen waren 4 Leute erforderlich
		Diesmal fehlte einer
25		und sie riefen
		daß sie noch jemanden brauchten
		Weil ich der einzige war der hier rumstand
		sagte Grabner
		Los
30		hier helfen
		Ich bin aber nicht gleich gegangen
		Da kam der Schutzhaftlagerführer und sagte
		Etwas plötzlich
		Wenn Sie nicht raufgehen
35		werden Sie mit reingeschickt
		Da mußte ich hinauf
		und beim Einfüllen helfen
	Richter:	Wo wurde das Gas eingeworfen
	Angeklagter 12:	Durch Luken in der Decke
40	Richter:	Was haben denn die Menschen da unten gemacht
		in diesem Raum
	Angeklagter 12:	Das weiß ich nicht
	Richter:	Haben Sie nichts gehört von dem
		was sich da unten abspielte
45	Angeklagter 12:	Die haben geschrien
	Richter:	Wie lange
	Angeklagter 12:	So 10 bis 15 Minuten
	Richter:	Wer hat den Raum geöffnet
	Angeklagter 12:	Ein Sanitäter
50	Richter:	Was haben Sie da gesehn
	Angeklagter 12:	Ich habe nicht genau hingesehn
	Richter:	Hielten Sie das was ich Ihnen zeigte
		für unrecht
	Angeklagter 12:	Nein durchaus nicht
55		Nur die Art
	Richter:	Was für eine Art

ANGEKLAGTER 12:	Wenn jemand erschossen wurde
	das war etwas anderes
	Aber die Anwendung von Gas
60		das war unmännlich und feige
RICHTER:	Angeklagter Stark
	Während Ihrer Studien zur Reifeprüfung
	kam Ihnen da niemals ein Zweifel
	an Ihren Handlungen
65	ANGEKLAGTER 12:	Herr Vorsitzender
	ich möchte das einmal erklären
	Jedes dritte Wort schon in unserer Schulzeit
	handelte doch von denen
	die an allem schuld waren
70		und die ausgemerzt werden mußten
	Es wurde uns eingehämmert
	daß dies nur zum besten
	des eigenen Volkes sei
	In den Führerschulen lernten wir vor allem
75		alles stillschweigend entgegenzunehmen
	Wenn einer noch etwas fragte
	dann wurde gesagt
	Was getan wird geschieht nach dem Gesetz
	Da hilft es nichts
80		daß heute die Gesetze anders sind
	Man sagte uns
	Ihr habt zu lernen
	Ihr habt die Schulung nötiger als Brot
	Herr Vorsitzender
85		Uns wurde das Denken abgenommen
	Das taten ja andere für uns

Zustimmendes Lachen der Angeklagten

PETER WEISS: DIE ERMITTLUNG. ORATORIUM IN 11 GESÄNGEN,
ROWOHLT – ALTE RECHTSCHREIBUNG

a) **Recherchieren** Sie, was unter einem „Oratorium" zu verstehen ist. – **Erklären** Sie anschließend, warum PETER WEISS sein Drama „Oratorium in 11 Gesängen" genannt hat.

b) **Geben** Sie die „Erklärungen"/Ausreden **wieder,** die der Angeklagte 12 verwendet, um sein Verbrechen zu begründen.

c) Als das Stück 1965 parallel auf 15 Bühnen in der BRD und der DDR uraufgeführt wurde, war die Kritik keineswegs nur positiv. Als Negativum wurde z. B. angeführt, dass damit der Holocaust „ästhetisiert" und verharmlost würde. – **Diskutieren** Sie mit Ihren Mitschülerinnen/Mitschülern, was für und was gegen die Darstellung von historischen oder aktuellen Barbareien auf der Bühne spricht.

4. Sprachkritik: „Kaspar" von Peter Handke

Handke schreibt in der Einleitung zu seinem Stück: „*Das Stück ‚Kaspar' zeigt nicht, wie ES WIRKLICH ist oder WIRKLICH WAR mit Kaspar Hauser. Es zeigt, was MÖGLICH IST mit jemandem. Es zeigt, wie jemand durch Sprechen zum Sprechen gebracht werden kann. Das Stück könnte auch ‚Sprechfolterung' heißen.*"

Zu Beginn hat Kaspar Hauser nur einen einzigen Satz: „*Ich möchte ein solcher werden wie einmal ein andrer gewesen ist.*" Von sogenannten Einsagern wird ihm dieser Satz zuerst ausgetrieben, anschließend die Sprache in Form von Satzmustern, Wendungen und grammatischen Strukturmodellen eingedrillt. Mittels dieser Sprachschulung wird Kaspar auch manipuliert und in die gewünschte gesellschaftliche Rolle gepresst.

Weitere Kaspars, die sich mit Feilen, Schaumgummi etc. in eine Lärmorgie steigern, treten auf. Schließlich werden alle Kaspars vom sich schließenden Vorhang umgeworfen.

Peter Handke
KASPAR (1968)

Textausschnitt 1:

Einsager: Du hast einen Satz, den du vom Anfang zum Ende und vom Ende zum Anfang sprechen kannst. Du hast einen Satz zum Bejahen und zum Verneinen. Du hast einen Satz zum Leugnen. Du hast einen Satz, mit dem du dich müde und wach machen kannst. Du hast einen
5 Satz, mit dem du jede Unordnung in Ordnung bringen kannst: mit dem du jede Unordnung im Vergleich zu einer anderen Unordnung als verhältnismäßige Ordnung bezeichnen kannst: mit dem du jede Unordnung zur Ordnung erklären kannst: dich selber in Ordnung bringen kannst: jede Unordnung wegsprechen kannst. Du hast einen Satz, an
10 dem du dir ein Beispiel nehmen kannst. Du hast einen Satz, den du zwischen dich und alles andere stellen kannst. Du bist der glückliche Besitzer eines Satzes, den dir jede unmögliche Ordnung möglich und jede mögliche und wirkliche Unordnung unmöglich machen wird: der dir jede Unordnung austreiben wird.

Textausschnitt 2:

Einsager: Je liebevoller der Tisch gedeckt ist, desto lieber kommst du nach Hause. Je größer die Raumnot, desto gefährlicher die Gedanken. Je freudiger du arbeitest, desto eher findest du zu dir selber. Je sicherer dein Auftreten, desto leichter dein Vorwärtskommen. Je besser das
5 gegenseitige Vertrauen, desto erträglicher das Zusammenleben. Je feuchter die Hand, desto unsicherer der ganze Mensch. Je sauberer die Wohnung, desto sauberer der Bewohner. Je weiter nach Süden, desto fauler die Leute.
Kaspar: Je mehr Holz auf dem Dach, desto mehr Schimmel im Back-
10 ofen. Je mehr Städte unterkellert, desto mehr Umtriebe auf den Kohlehalden. Je heller die Wäschestricke, desto mehr Erhängte im Handelsteil. Je nachdrücklicher die Forderung nach Vernunft im Gebirge, desto einschmeichelnder die Wolfsgesetze der freien Natur.

Textausschnitt 3:

KASPAR: Ich weiß, wo alles hingehört. Ich habe den Blick für das rechte Maß. Ich nehme nichts in den Mund. Ich kann bis drei lachen. Ich bin brauchbar. Ich höre auf große Entfernungen Holz verwesen. Ich nehme nichts mehr wörtlich. Ich kann es nicht erwarten aufzuwachen, während ich es früher nicht erwarten konnte, einzuschlafen. Ich bin zum Sprechen gebracht. Ich bin in die Wirklichkeit übergeführt. Hört ihr's? *(Stille.)* Hört ihr? *(Stille.)* Pst. *(Stille.)*

PETER HANDKE: KASPAR, SUHRKAMP

a) KASPAR HAUSER hat tatsächlich gelebt. – **Recherchieren** Sie, wer die historische Person war und welche Mythen sich um sie ranken.

b) **Recherchieren** Sie, was mit dem Begriff „Kaspar-Hauser-Syndrom" gemeint ist. **Setzen** Sie den Begriff mit dem historischen KASPAR HAUSER und mit dem Kaspar in HANDKES Stück **in Beziehung.**

c) Ein zentraler Begriff in HANDKES „Kaspar" ist Ordnung. – **Erklären** Sie den Zusammenhang zwischen Sprache und Ordnung, wie er in Textausschnitt 1 hergestellt wird.

d) In Textausschnitt 2 lehrt der Einsager vordergründig grammatikalische Strukturen. Hinter jedem der Beispiele steckt aber auch eine „Lehre". – Wählen Sie drei davon und **erläutern** Sie die Wertvorstellungen, die damit transportiert werden.

e) **Beschreiben** Sie Kaspars Reaktion auf die Sprachbeispiele (Textausschnitt 2).

f) **Erschließen** Sie das Resümee, das Kaspar in Textausschnitt 3 zieht.

5. An den Grenzen des Theaters: WOLFGANG BAUERS Mikrodramen

Wolfgang Bauer
LUKREZIA (1964)

Einakter

Personen: Lukrezia

Die Bühne:

ist ein Tollkirschenhag im November. (Nebel). Lukrezia kniet, blau gekleidet, drin und lächelt düster. Nimmt ein Einsiedeglas zur Hand, hebt es an den Mund, flüstert hinein:

LUKREZIA: Kompott ...

Vorhang

Ende

WOLFGANG BAUER: WERKE. BD. 1: EINAKTER UND FRÜHE DRAMEN, DROSCHL

a) **Untersuchen** Sie, welche „Bestandteile" eines Dramas in „Lukrezia" vorhanden sind und welche fehlen.

b) **Diskutieren** Sie die möglichen Absichten, die BAUER mit diesem Mikrodrama verfolgt.

Felix Mitterer, österreichischer Autor (geboren 1948)

6. **Kritischer Blick auf die Gesellschaft: „Kein Platz für Idioten"**

Sebastian, genannt Wastl, ist der geistig behinderte Sohn der Bauernfamilie Möllinger. Für diese ist er nur eine Last, für die sie keine Gefühle aufbringen, er wird wüst beschimpft und misshandelt. Erst als sich der alte Plattl-Hans um ihn kümmert, erfährt er das erste Mal Zuneigung und wird gefördert. Hin und wieder besuchen die beiden auch das Dorfgasthaus. Dort entspinnt sich zwischen dem Wirt, der auch Bürgermeister ist, und dem Plattl-Hans (Alten) folgender Dialog:

Felix Mitterer
KEIN PLATZ FÜR IDIOTEN (1977)

ALTER: Verstehst mi, Bürgermoaster? Der Bua war ja zu nix nutz! Er hat nit amal ordentlich den Stall ausdermistet, geschweige denn Holz derhackt oder was halt so z'tuan is! Und vor allem hat er si gfürchtet! Vorm Traktor hat er si gfürchtet und vor die Küah und vor die Eltern,
5 vor alle Menschen! Er war oanfach zu nix nutz! Und deswegen, Bürgermoasta, ham s'ihn mir geben, und nit, weil sie so christliche Menschen sein und an alten Mann was Guates tuan wollten! Des möchte i a grad amal gsagt haben!

WIRT: Was erzählst des mir? Erzähl des de Möllinger!

10 ALTER: Des geht di genauso an, als Bürgermoaster! Und no was sag i dir: Des hätt nit sein müaßen, daß der Bua so worden is, na, na, des hätt nit sein müaßen! Ganz selber sein s' schuld gwesen, die Möllinger, daß es alleweil schlimmer worden is mit ihm, statt besser! Sie ham ihn ja von kloan auf geschlagen! Jeder hat'n ghaut. Hat er ins Bett brunzt,
15 nacha hat'n zerst die Muatter mit'n nassen Leintuch hergfotzt und dann no der Vater mit'n Leibriemen! Weil sie gmoant ham, des nutzt was, de saublöden Leut! Dabei hat er immer öfter ins Bett brunzt, je mehr sie'n ghaut ham. Und je mehr sie'n ghaut ham, desto öfter hat er seine Anfälle kriagt! I woaß es ja, wia's zuagangen is! I hab ja scho
20 früher manchmal ausgholfen bei ihnen! Wenn er umgfallen is, ham s' ihn liegenlassen, wo er glegen is! Der wird scho wieder aufstehn, ham sie gsagt! Nutzt eh nix! Mir können eh nix machen! Herrgott, ham sie neben ihm gsagt, Herrgott, warum hast du uns denn so strafen müaßen, daß du uns so a Unglück schickst! Wär er doch glei tot auf die Welt
25 kommen, wär besser gwesen! Ham sie gsagt! Neben dem Buam!

Der Junge hat den Kopf gesenkt, kämpft mit den Tränen.

ALTER: Und wenn er was sagen wollt, ham s' ihm's Maulhalten angschafft, weil er sich so schwer tan hat mit'n Reden! Ja, da hat er nacha überhaupt nix mehr gredet. Alleweil stiller is er worden, und alleweil
30 mehr Angst hat er kriagt. Ja, manchmal hat er si den ganzen Tag im Heu oben versteckt und is erst am Abend wieder außakrochen, wenns dunkel worden is! Und koa Mensch hat nach ihm gfragt! Koa Mensch! Koaner hat si kümmert um ihn! Und wenn er amal nimmer auftauch wär, dann wär ihnen des eh's Liabste gwesen!

35 WIRT: Du, Hans ...

ALTER: Jaja! Er hat koa Ahnung ghabt von der Welt. Er hat gmoant, die Welt hört hinterm Berg auf! I hab ihm ja erst alles zoagen müaßen und sagen, wia's hoaßt. Ja, er hat nit amal gwußt, was a Haselnuß is, was a Butterblume is, oder a Reh oder a Fuchs. Sie ham ihm ja verboten,
40 daß er außigeht! Und wenn Bsuach kommen is, von auswärts, nacha hams'n in Keller gsperrt, wia a wildes Viech! Weil sie sich so gschamt haben, wegen ihm. Des muaßt dir vorstellen!

WIRT: Aber in d'Schul hamma'n gschickt!

ALTER: Ja freilich, wia des mit der Schul gwesen is, des woaßt du ganz genau! Mit zehn Jahr hams'n in die erste Klaß geb'n! Nach drei Tag hat'n der Lehrer scho wieder hoamgschickt, mit an Zettel für die Eltern, daß der Bua unfähig is, irgendwas zu lernen. Der Bua is oanfach zu dumm, hat er gsagt, der Lehrer! Schwachsinnig is er! Der wird nia a Wort schreiben oder lesen können, dafür legt er sei Hand ins Feuer, der Lehrer! Jetzt wer i amal hingehen zu ihm, zum Lehrer! Dann wer i ihn bei der Hand nehmen, wer mit ihm zum Ofen gehen und sagen: So, Herr Lehrer, jetzt leg die Hand ins Feuer, wiast es versprochen hast! Der Bua kann jetzt nämlich lesen und schreiben! Und mehr als oa Wort! Ja, fast den halben Reinmichl-Kalender hab i scho glesen mit ihm!

WIRT: Des glaub i nit!

ALTER: Ja, des is doch uns gleich, ob du des glaubst oder nit! *(Schaut den Jungen an:)* Was, Mandl?

Der Junge lächelt.

ALTER: Jetzt hab i den Buam zwoa Jahr bei mir. Nach an dreiviertel Jahr hat er scho das ganze Alphabet auswendig können. Und's Einmaleins kann er a scho! Der Bua is nämlich gar nit so blöd, wia ihr moants! Und a nit so ungschickt! Jetzt stellt er si ganz vernünftig an! *(Schaut den Jungen an.)* Was, Mandl? Den ganzen Sommer hamma ihnen heuer beim Heun gholfen! Und ins Bett macht er a nimmer. Und die Anfälle sin a viel seltener worden! So is des, Bürgermoaster!

Kleine Pause. Dem Bürgermeister ist alles sehr lästig und unangenehm.

WIRT: Ja, Hans, jetzt hast ma die Predigt ghalten, und jetzt muaß i dir was sagen!

ALTER: Ah, richtig, du wolltest mir a was sagen! Bitte schön!

WIRT: Also, wia gsagt, i hab nix gegen di und dein Buam! Aber i möchte doch bitten, daß d' nimmer in mei Lokal kommst mit ihm!

Der Junge schaut den Wirt groß an.

WIRT: Versteh mi richtig ...

ALTER *(nickt langsam):* I versteh di ganz guat, i bin ja nit schwerhörig.

WIRT: Versteh mi richtig, Hans!

ALTER: I versteh di richtig, i versteh di! Lokalverbot! Wegen befürchteter Fremdenverkehrsschädigung! Hab i di richtig verstanden?

WIRT: Es is mir ja selber z'blöd, Hans! Aber die Gäst! Verstehst? Es kommen jetzt immer mehr Gäst, durch den neuen Lift, nit? Und, und wenn du da mit dem Buam ... Ja, ihr seids ja wirklich koa erfreulicher Anblick! Für die Gäst, moan i!

ALTER: I versteh! Komm, Mandl, gemma! Zahlen tuan ma draußen!

Der Alte und der Junge stehen auf, gehen zur Garderobe.

FELIX MITTERER: KEIN PLATZ FÜR IDIOTEN, HAYMON – ALTE RECHTSCHREIBUNG

Als Wastl eines Tages die Nachbarstochter beim Baden beobachtet, wird das von der Dorfgemeinschaft als willkommener Anlass gesehen, den 17-Jährigen in eine psychiatrische Anstalt abzuschieben. Ein Gendarm und zwei Wärter zerren den schreienden Jungen davon.

Literaturepochen

a) **Erklären** Sie, welche Kritik an der Gesellschaft in diesem Textauszug mittelbar und unmittelbar geäußert wird.

b) Mitterer lässt seine Figuren im Dialekt sprechen. – **Diskutieren** Sie die Wirkung, die dies hat, und die Absicht Mitterers, die dahinterstecken könnte.

c) **Begründen** Sie, dass es sich bei „Kein Platz für Idioten" um Volkstheater in der Tradition von Horváth handelt.

d) „Kein Platz für Idioten" wurde auch verfilmt, das Drehbuch schrieb Mitterer selbst. Er bemerkt zu den Veränderungen:
„*Das Drehbuch bot mir nun die Gelegenheit, einige Szenen und Figurenkonstellationen zu verändern, auszuweiten sowie das ganze Beziehungsgeflecht zwischen den Personen enger zu knüpfen. […] Im Drehbuch nun spielt der Vater, spielen die Beziehung zwischen Mutter und Vater, zwischen Vater und Sohn eine große Rolle, wodurch die Situation besser verständlich wird. […] Der Fremdenverkehr, der ein wichtiger Anlaß für das Schreiben des Stücks war, hat nur mehr geringe Bedeutung, wichtiger, viel wichtiger sind nun die Beziehungen zwischen den Personen geworden."*

- Bevor Sie sich die Verfilmung ansehen: **Beurteilen** Sie, ob und wie sich die Aussage von Bühnenfassung und Drehbuch durch die Veränderungen unterscheidet.
- **Überprüfen** Sie, ob die von Mitterer intendierten Veränderungen auch bei Ihnen als Rezipient/in ankommen.

7. **Neuer Blick auf einen alten Stoff: „Werther lieben"**

Thomas Arzt, österreichischer Dramatiker (geboren 1983)

Thomas Arzt
WERTHER LIEBEN (2016)

Max: *Im Anzug.*
Du tanzt schön. Du tanzt wunderschön. Es ist ein wunderbarer Tag.
Charlotte: *Im Brautkleid.*
Der schönste ist doch der schönste, Max. Der allerschönste. Und alles
5 strahlt. Und alles dreht sich. Und nichts kann passieren.
Betty: *Mit Sekt.*
Götz: *Am Mikrophon.*
Liebe Charlotte. Lieber Maximilian. Ich darf doch. Maximilian. Der Max hat immer gesagt, er fühlt sich zu bescheiden für so einen langen Na-
10 men. Lieber Max. Ich denk, es braucht die Bescheidenheit, in manchen Dingen. Aber grad heut, an diesem schönen Tag, darfst dir das gönnen, was eurer Liebe zusteht. Und zwar alles. Ich denk, es gibt Menschen, die finden sich wie, man kann sagen, wie zwei Hälften, die einander finden müssen. Das hat auch schon der alte Platon gesagt. Der Mensch
15 ist zerteilt und auf der Suche nach seiner anderen Hälfte. Liebe Coco. Lieber Max. Ihr wisst, was ihr aneinander habt. Ihr habt euch nicht angepasst, aneinander. Ihr passt, so wie ihr seid. Ich weiß, ich sollt schon wieder aufhören mit dem Sudern. Grad wenn jetzt die Torte schon wartet. Und bevor jetzt alle gleich losheulen, weil immer alle losheulen,
20 bei so Anlässen. Ich will nur sagen, ich wünsch euch von Herzen, dass ihr so bleibt, wie ihr seid. Ihr seid die wunderbarsten Menschen, die ich kenn. Ihr habt euch verdient. Echt. Und das sieht man nicht oft. Ihr seid ein Ganzes. Auf euch.

Max: Hör auf mit dem Gesülz.

Götz: Ich liebe euch.

Betty: *Lässt den Korken knallen.*
Auf Coco und Max.

Charlotte: Super. Jetzt muss ich heulen.

Max: Komm her, du.

Betty: Auf euch.

Götz: Und jetzt Musik. Verdammt. Steckt euch die Torte in die Mäuler und dann ab auf die Tanzfläche.

Betty: Kommt her. Alle. Ein Foto.

Charlotte: Es ist kitschig. Es ist viel zu kitschig. Ich wollt es doch gar nicht so kitschig.

Betty: Lächeln.
Macht ein Foto.

Ulrich: *Kommt. Mit Blumen.*

Charlotte: - - -

Ulrich: - - -

Charlotte: - - -

Ulrich: - - -

Charlotte: Was willst hier?

Ulrich: - - - Du bist wunderschön.

Charlotte: Ulrich. Das passt jetzt nicht. Es. Es passt einfach nicht.

Ulrich: Und überall die Kerzen. Wie ein Meer.

Betty: Soll ich mit ihm reden?

Charlotte: - - -

Götz: - - -

Ulrich: Ich wollt nur sagen. Bin zurück. Ich hab's nicht mehr ausgehalten. Ich hab am End der Welt nur an eins gedacht.

Charlotte: Behalt dir das. Ulrich. Bitte.

Ulrich: Hab nur an dich gedacht.

Charlotte: Behalt's dir, hab ich gesagt.

Ulrich: Wenn's aber stimmt.

Charlotte: Wenn's aber nichts ist. Echt. Nichts. Ulrich. Das ist nichts. Wir sind nichts. Ich hab ein Brautkleid an, scheiße. Ich hab geheiratet. Also. Geh weg. Hörst? Bitte. Geh weg.

Ulrich: - - - Ich liebe dich.

Betty: Komm, Ulrich.

Ulrich: Fass mich nicht an.

Betty: Komm schon.

Ulrich: He.

Max: He. Was ist los?

Ulrich: - - - Hallo Max.

Max: - - - Hab nicht gewusst, dass du kommst.

CHARLOTTE: Er geht gleich wieder.

MAX: Das ist ja echt. Echt. Ulrich, Ulrich. Willst was trinken? Ich mein. Götz. Wir sind ja keine Unmenschen.

70 GÖTZ: Hier. Ulrich. Ein Bier. Und dann hat sich's, o.k.?

ULRICH: Ihr habt euch nicht verändert.

CHARLOTTE: Warum tust mir das an?

ULRICH: Ich wollt nicht. Ehrlich. Ich wollt, dass das ganz anders. Ich bin los. Weil ich genau das nicht wollt.

75 BETTY: Ich ruf ein Taxi.

ULRICH: Spar dir die Müh. Ich bin gleich weg.

MAX: Betty ruft dir ein Taxi. O.k.?

ULRICH: Nein. Echt. Es ist echt nicht.
Zieht eine Pistole.

80 MAX: He.

CHARLOTTE: Hör auf.

GÖTZ: Mach keinen Scheiß. He. Hörst? Mach keinen Scheiß.

ULRICH: Es tut mir leid.

CHARLOTTE: Hör auf, Ulrich. Bitte.

THOMAS ARZT: WERTHER LIEBEN, ROWOHLT E-BOOK THEATER

„Werther lieben" ist keine einfache Neuinterpretation von GOETHES Briefroman, auch wenn ARZT immer wieder Querverweise setzt.

Das 2016 uraufgeführte Drama beginnt mit oben abgedruckter Szene. Varianten dieser Hochzeitsszene finden sich noch zweimal mit unterschiedlichen Enden. Einmal erschießt sich Ulrich mit Max' Pistole, ein anderes Mal endet die Szene in allgemeiner Harmonie und schließlich reagiert Max aggressiv.

In weiteren Szenen erfährt das Publikum, dass sich die Verlobten ein Haus am Land gekauft haben, das Max umzugestalten plant. Charlotte steht ihrer geplanten Zukunft zunehmend unsicherer gegenüber. Ulrich ist ihr neuer Nachbar. Er schreibt an seiner Dissertation und überlegt, sich im Bereich der Entwicklungshilfe zu engagieren, anstatt sein Studium zu beenden. Als Charlotte Ulrich zum ersten Mal begegnet, verliebt sie sich in ihn. Das Stück hat ein offenes Ende und bietet somit keine Lösung von Charlottes Konflikt.

a) **Untersuchen** Sie die Sprache der Hochzeitsrede von Götz nach Hinweisen auf das soziale Umfeld, in dem das Drama spielt.

b) **Beschreiben** Sie, inwiefern das Drama an GOETHES Briefroman erinnert.

c) THOMAS ARZT erklärte in Interviews, dass auch für die moderne Frau genauso wie für die Frau zu GOETHES Zeiten das Sicherheitsgefühl in einer Beziehung so wichtig sei, dass „Werther" (oder „Ulrich") nie eine Chance gehabt habe. – **Analysieren** Sie, ob bzw. wie sich diese Einstellung in seinem Drama widerspiegelt.

d) **Diskutieren** Sie, ob ARZTS Aussage (siehe c)) damals wie heute ihre Berechtigung hat.

Nationale und internationale Schriftstellervereinigungen

der vater der wiener gruppe ist h. c. artmann
die mutter der wiener gruppe ist gerhard rühm
die kinder der wiener gruppe sind zahllos
ich bin der onkel

ERNST JANDL

Literaturepochen

6 Schriftstellervereinigungen   WERKZEUG

Schriftstellervereinigungen spielen im literarischen Leben mannigfaltige Rollen: Grundsätzlich ist es ihre Aufgabe, die Interessen der Schriftsteller/innen zu vertreten, sie setzen dabei naturgemäß unterschiedliche Schwerpunkte. Einerseits dienen sie der Vernetzung von Autorinnen und Autoren, dem Gedankenaustausch, andererseits vertreten sie die Literatinnen und Literaten auch nach außen: Lesungen werden veranstaltet, der Kontakt mit Medienvertretern wird gepflegt. Manche Vereinigungen haben auch Verbesserungen der Lebensbedingungen von Schriftstellerinnen/Schriftstellern oder die rechtliche Vertretung und Beratung zur Aufgabe.

Aber Schriftstellervereinigungen haben auch eine definitorische Rolle: Indem bestimmte Kriterien aufgestellt werden, die für eine Aufnahme erfüllt werden müssen, Preise vergeben werden etc., wird auch festgeschrieben, wer bzw. was ein ernstzunehmender, förderungswürdiger Autor/eine ernstzunehmende, förderungswürdige Autorin ist. Zudem dienen sie der Einführung bzw. Verbreitung bestimmter literarischer Strömungen. Diese „Macht" der Autorenvereinigungen ruft auch Diskussionen, Widerstände und Konkurrenzdenken hervor.

Einige Vereinigungen melden sich auch bei politischen Themen zu Wort, so z. B. kommentiert die IG Autorinnen Autoren (Interessengemeinschaft österreichischer Autorinnen und Autoren) immer wieder die Lehrpläne für das Unterrichtsfach Deutsch bzw. die Aufgaben zur Interpretation bei der schriftlichen Zentralmatura.

P.E.N.

P.E.N. – International
Der internationale Autorenverband P.E.N. wurde 1921 in London gegründet und setzte sich anfangs für Frieden, Völkerverständigung und interkulturellen Austausch ein.
Immer mehr aber rückte der Schutz der Autorinnen und Autoren vor Unterdrückung, Verfolgung und Zensur ins Zentrum des Selbstverständnisses des Verbandes, nicht zuletzt aufgrund der Erfahrungen während des Zweiten Weltkrieges mit den einzelnen nationalen Verbänden.
Diese Erfahrungen mit unterschiedlichen nationalen Verbänden veranlasste den P.E.N. auf internationaler Ebene, sich und allen Mitgliedern eine Charta zu verordnen, in der grundlegende Prinzipien (Unantastbarkeit von Kunst vonseiten politischer Regime; Literatur als gemeinsame, völkerverbindende Währung; Ablehnung und Bekämpfung von Rassismus etc.) enthalten sind.
Das Komitee „Writers in Prison" macht es sich seit den 1960er-Jahren zur Aufgabe, Fälle von politisch verfolgten, zu Unrecht verhafteten und eingesperrten Schriftsteller/innen, Journalistinnen und Journalisten etc. zu dokumentieren, um mediale Öffentlichkeit zu erreichen und Regierungen unter Druck zu setzen. In späteren Jahren erhielten Publizierende aller Bereiche Zugang zum P.E.N. Jeder, der zwei eigenständige Werke verfasst und publiziert, kann auf den Vorschlag eines bestehenden Mitgliedes Aufnahme finden.
Die Bezeichnung P.E.N. leitet sich von Poets (Dichter/innen), Essayists (Essayistinnen und Essayisten) und Novelists (Romanschriftsteller/innen) ab und steht nach der Erweiterung für nicht literarisch Publizierende für „pen", also Feder, Schreibwerkzeug.

Arbeitsaufgabe

- Besuchen Sie die Website des „Literaturhaus Wien". Informieren Sie sich, welche Aufgaben die IG Autorinnen Autoren übernimmt, wer die aktuellen (Vize-)Präsidentinnen/Präsidenten sind und wo sie ihren Sitz hat.

Der Österreichische PEN-Club

P.E.N. – Österreich

Der österreichische P.E.N. (Gründung: 1923) wurde 1938 aufgelöst und nach dem Zweiten Weltkrieg neu gegründet. Da vielen jungen Autorinnen und Autoren die Ausrichtung des österreichischen P.E.N.-Clubs zu antiquiert und verstaubt war, wurde beispielsweise 1973 die Grazer Autorenversammlung gegründet.

Gegenwärtig veranstaltet der österreichische P.E.N.-Club immer wieder Lesungen, hat ein Frauenkomitee sowie das Komitee „Writers in Prison" eingesetzt. Im Jahr 2013 wurde der „Roma-Literaturpreis des Österreichischen PEN" im Gedenken an CEIJA STOJKA (1933–2013) ins Leben gerufen.

Gruppe 47

HANS WERNER RICHTER (1908–1993), ein deutscher Publizist und Schriftsteller, lud in der Zeit zwischen 1947 und 1967 Schriftstellerkolleginnen und -kollegen sowie Freunde und Freundinnen zu Treffen ein, bei denen sie ihre noch nicht publizierten Texte vortrugen und die Texte der anderen spontan kommentierten und kritisierten.

Der via Abstimmung vergebene Preis der Gruppe 47 war oft der Startschuss für eine internationale Karriere der Autorinnen und Autoren.

Mit der Zeit erhielten auch immer mehr Kritiker/innen und Journalisten/Journalistinnen Zugang zu diesen Treffen und die Breitenwirksamkeit sowie Professionalität dieser Veranstaltungen nahm zu. Diese Marktrelevanz führte letztlich zu der Frage, nach welchen poetischen Kategorien, literaturtheoretischen Positionen und gesellschaftspolitischen Blickwinkeln die Texte beurteilt und bewertet wurden.

HANS WERNER RICHTER versuchte die Treffen der Gruppe 47 aufgrund seiner Auswahl der Teilnehmenden möglichst inhomogen zu halten, vor allem um eine politische Vereinnahmung zu verunmöglichen.

Aufgrund des Prager Frühlings 1968 konnte das letzte Treffen der Gruppe, bei dem auch ihre Auflösung geplant war, nicht mehr abgehalten werden. Weitere Treffen fanden nicht mehr statt.

Wirkung der Gruppe 47

Die Wirkungen der Gruppe 47 auf die deutsche Literatur sind weitreichend. Auch wenn eine literarische Programmatik nicht vorhanden war, blieb sie dennoch in ihrer Grundhaltung dem Realismus treu, wodurch experimentelle Literatur bei den Treffen der Gruppe wenig Anklang fand.

Die Karriere jener Teilnehmer/innen, die mit dem Preis der Gruppe bedacht wurden, erhielt meist einen immensen Schub.

> Auch der alljährlich in Klagenfurt veranstaltete Literaturwettbewerb „Ingeborg-Bachmann-Preis" unterliegt ähnlichen Modalitäten wie die Treffen der Gruppe 47.

Wiener Gruppe

Die Wiener Gruppe war eine Vereinigung Wiener Schriftsteller/innen. Zu ihren bekannten Mitgliedern gehörten H. C. ARTMANN (1921–2000), FRIEDRICH ACHLEITNER (1930–2019), KONRAD BAYER (1932–1964), OSWALD WIENER (geb. 1935) und GERHARD RÜHM (geb. 1930). Auch ERNST JANDL (1925–2000) und FRIEDERIKE MAYRÖCKER (geb. 1924) standen in Kontakt zur Wiener Gruppe. Diese begann sich in den frühen 50er-Jahren zu konstituieren, die erste öffentliche Gemeinschaftslesung fand allerdings erst 1957 statt. Mit dem Aussteigen H. C. ARTMANNS 1960 und KONRAD BAYERS Selbstmord 1964 löste sie sich auf. Die Mitglieder strebten eine Auflösung des traditionellen Literaturbegriffs an, in (gemeinsamen) Lesungen, Performances und Happenings präsentierte man Textmontagen, konkrete, akustische und visuelle Poesie, Chansons. Besonders typisch und prägend waren auch die Wiederentdeckung des Dialekts für die Poesie (H. C. ARTMANN: „med ana schwoazzn dintn") und die Kleinschreibung aller Wörter.

Wirkung der Wiener Gruppe

Vom zeitgenössischen Publikum, aber auch von konservativen Vertreterinnen und Vertretern des Literaturbetriebs wurden die Autorinnen und Autoren der Wiener Gruppe eher angefeindet als gefeiert. Etliche ihrer Werke fanden keine Verleger/innen, gingen teilweise sogar verloren. In der Folge beeinflussten die Werke aber die gesamte deutschsprachige Literatur, indem sie Wegbereiter der Avantgardeliteratur waren. Die einstigen Außenseiter/innen wurden zu Vorbildern.

Grazer Gruppe/Forum Stadtpark

Die Grazer Gruppe ist eine lose Verbindung von Schriftstellerinnen und Schriftstellern, die in den 1940er-Jahren geboren wurden. Den Namen „Grazer Gruppe" erwähnte erstmals ALFRED KOLLERITSCH (geb. 1931), Mitgründer des Forum Stadtpark und Herausgeber der Literaturzeitschrift „manuskripte".

1958 wollte eine Gruppe von bildenden Künstlerinnen/Künstlern das verfallene „Stadtparkcafé" als Ausstellungsraum nutzen. Das Ansuchen wurde von der Stadtverwaltung abgelehnt, das Gebäude sollte abgerissen werden. In der Folge kam es zu Protesten von Künstlerinnen/Künstlern, Medien und Politikerinnen/Politikern, die schließlich Erfolg hatten. Somit konnten 1959 die konstituierende Versammlung des Vereins Forum Stadtpark und 1960 die Eröffnung stattfinden. Das Einzigartige am Forum Stadtpark war der interdisziplinäre Charakter, alle Formen von Kunst sollten eine Plattform finden. In den 60er- und 70er-Jahren entwickelte es sich vor allem zu einem Zentrum für progressive Kunst und Literatur. Internationale Aufmerksamkeit erhielt das Forum Stadtpark vor allem durch die Literaturzeitschrift „manuskripte". Wichtige Autorinnen und Autoren wie BARBARA FRISCHMUTH (geb. 1941) und PETER HANDKE (geb. 1942) erhielten im Forum Stadtpark eine Plattform für ihre Werke und wurden in „manuskripte" publiziert.

Wirkung des Forum Stadtpark

Bedeutung erhielt das Forum Stadtpark auch als Mitinitiator des Festivals „steirischer herbst". Noch heute finden im Haus „Forum Stadtpark" Veranstaltungen in den Bereichen Architektur, bildende Kunst, Film, Foto, Literatur, Musik, Theater und Wissenschaft statt; Bücher und Zeitschriften werden produziert. „manuskripte" hat sich zu einem Sprachrohr der jungen Literatur entwickelt und hat seit seiner Gründung vielen jungen Autorinnen/Autoren zu Aufmerksamkeit verholfen.

Grazer Autorenversammlung

Die Grazer Autorenversammlung (GAV) wurde 1973 in Graz aus Protest gegen den österreichischen P.E.N.-Club gegründet, der als konservativ galt und dem vorgeworfen wurde, experimentelle und gesellschaftskritische Literatur zu wenig zu berücksichtigen. Initiator war ERNST JANDL, weitere Gründungsmitglieder waren z. B. H. C. ARTMANN, FRIEDERIKE MAYRÖCKER, PETER HANDKE, GERHARD ROTH (geb. 1942) u. v. m.

Die GAV wurde schnell von der Öffentlichkeit anerkannt, die Konflikte mit dem P.E.N.-Club wurden zwar beigelegt, aber es gibt noch immer die Bestimmung, dass Mitglieder der GAV nicht Mitglieder des P.E.N.-Clubs sein dürfen. Die GAV setzte und setzt sich auch für die Verbesserung der Arbeitsbedingungen von Schriftstellerinnen/Schriftstellern ein.

Seit 1975 hat die GAV ihren Sitz in Wien.

Essay

Versuch', versuch' alles. Und wenn es gar nichts geworden ist, dann sag', es ist ein Essay.

Kurt Tucholsky, deutscher Schriftsteller (1890–1935)

 Meine Ziele

Nach Bearbeitung dieses Kapitels kann ich
- Texte mit unterschiedlicher Intention verfassen und die jeweils spezifischen Textmerkmale gezielt einsetzen;
- Texte themengerecht und ästhetischen Kriterien entsprechend gestalten;
- still, sinnerfassend lesen;
- Texten Informationen entnehmen;
- Stilmittel gezielt und der Textsorte entsprechend einsetzen;
- relevante von irrelevanten Informationen unterscheiden, markieren und kommentieren;
- zu Problemen aus dem Spannungsfeld von Individuum, Gesellschaft, Politik und Wirtschaft Stellung nehmen;
- eigene bzw. fremde Text formal und inhaltlich über- und bearbeiten;
- Medienangebote nutzen und eine bedürfnisgerechte Auswahl treffen.

Essay — BEISPIEL

DAS ELFTE GEBOT MUSS HEISSEN: SCHÄM DICH!

Schamlosigkeit war schon die Quelle griechischer Katastrophen. Ohne sie gäbe es keine „Ilias", keinen zornigen Achill, der vor Troja im Feldlager schmollt, weil sich Agamemnon so viel herausnimmt. Der Griechenführer, der Achill die Sklavin Briseis weggenommen hat, ist für den Beraubten ein „anaidés",
5 es fehlt ihm an „aidós", an Scham. Hat die griechische Regierung an Homer gedacht, als sie beschloss, Steuersünder auf einer „Liste der Schande" zu veröffentlichen? Im alten Griechenland wurden Schuldner, die nicht zahlten, mit einem Korb über dem Kopf auf der Agora ausgestellt. Heute sollen sie zwar nicht ihren Kopf hinhalten, nur ihren Namen – das aber im Netz und damit
10 vor der ganzen Welt.

Als „Internet Shaming" erlebt die Welt die gigantische Renaissance einer überwunden geglaubten Strafform: des Prangers. In Tschechien stellen Behörden zwecks Prostitutionsbekämpfung die Fotos von Freiern ins Internet, ein US-Bundesstaat veröffentlicht Listen jener Bürger, die mit der Zahlung ihrer
15 Steuer im Rückstand sind, in ganz Amerika werden Name, Adresse und Foto ehemaliger Sexualstraftäter ins Netz gestellt, und Schweizer Behörden veröffentlichen Aufnahmen mutmaßlicher Hooligans. Viel verbreiteter noch ist die private und kommerzielle Bloßstellung. Die Seite „Don't date him Girl" outet etwa untreue Männer.

20 Durch Boulevardmedien und Internet nehmen aber lokale Vorfälle riesige Dimensionen an. Eine junge Koreanerin wurde als „Dog-Shit-Girl" Opfer einer regelrechten Hetzjagd im Internet, nachdem ihr Hund sich in der U-Bahn entleert hatte und ein Augenzeuge ein Handyfoto der Szene ins Netz gestellt hatte. Eine Frau, die in einer Wal-Mart-Filiale liegen gebliebene Gutscheine
25 einsteckte, wurde verurteilt, mit umgehängtem „Ich bin eine Diebin"-Schild ein paar Stunden vor dem Geschäft zu stehen – im Netz ist sie immer noch so zu sehen, für jeden auf der Welt.

Dabei ist die menschliche Fähigkeit, sich zu schämen, eine wunderbare Sache. Entwicklungspsychologen preisen sie als wichtigen Schritt in der kindlichen
30 Entwicklung, Anthropologen bewundern ihre Rolle als soziales Regulativ, und auch die Spieltheorie hat gezeigt, dass soziale Strafen dem Gemeinwohl guttun. Täglich bringt uns die Scham auf subtile Weise dazu, uns normkonform zu verhalten. Aber auf die Dosis kommt es an. Ist sie zu groß, schlägt die Wirkung ins Gegenteil um. Der oder die Beschämte zieht sich zurück, verweigert
35 die Verantwortung für das, was er oder sie getan hat, sieht sich als Opfer und versucht, die Erniedrigung weiterzugeben.

„Internet Shaming" könne in einer immer rüderen Welt helfen, den Anstand aufrechtzuerhalten, schrieb der US-Rechtsprofessor Daniel Solove in seinem Buch „The Future of Reputation". Die Menschen müssten sich nur verantwor-
40 tungsvoll verhalten und Denunziation meiden. Seine Argumentation hat einen Haken: Ein Mittel, das einer brutalen Gesellschaft zu mehr Anstand verhelfen soll, kann nicht funktionieren, wenn seine richtige Anwendung genau diesen Anstand voraussetzt. Zumal dann, wenn stimmt, was die deutsche Schriftstellerin Juli Zeh in ihrem Roman „Corpus Delicti" schreibt: „Das Mittelalter ist
45 keine Epoche, sondern der Name der menschlichen Natur."

ANNE-CATHERINE SIMON, DIE PRESSE – GEKÜRZT

Essay WERKZEUG

Keine Textsorte existiert in so vielen Facetten wie der Essay, der eine **Mittelstellung zwischen wissenschaftlichen, journalistischen und literarischen Texten** einnimmt. Daher gibt es auch **keine verbindlichen Regeln** für den Aufbau dieser Textsorte. Grob unterscheiden lassen sich **argumentative** und **literarische** Essays, aber auch hier verschwimmt die Grenze.

Gemeinsam ist den meisten Essays, dass ihnen eine **Frage bzw. These** zu einem grundsätzlichen (im Gegensatz zu z. B. einem tagespolitischen) Problem zugrunde liegt. Diese wird aus **unterschiedlichen Perspektiven** subjektiv und in einer stilistisch durchgeformten sowie wirkungsbewussten Sprache **diskutiert**.

Mit dem Essay zielt der/die Schreibende darauf ab, dem/der Lesenden **Denkanstöße** zu bieten, ihn/sie aber auch zu unterhalten.

Sie befassen sich in diesem Kapitel mit **argumentativen Essays.** Eine mögliche Form, einen argumentativen Essay zu verfassen, ist folgende:

seltener auch: das Essay

Teile des Essays/Inhaltliche Kriterien

Einleitung
Die Einleitung bietet einen Leseanreiz und führt in das Thema ein. Eine Möglichkeit ist, ein aktuelles Thema oder ein persönliches Erlebnis anzusprechen. Sie dürfen aber auch „mit der Türe ins Haus fallen" und gleich pointiert darstellen, worum es Ihnen in Ihrem Essay geht.

Hauptteil
Im Hauptteil argumentieren, beschreiben und analysieren Sie den Sachverhalt. Sie „umkreisen" sozusagen das Thema, blicken aus unterschiedlichen Perspektiven darauf, müssen auch keine endgültige Lösung anbieten. Die Verknüpfung der Einzelaspekte kann individuell gestaltet sein, Sie dürfen aber den roten Faden nicht außer Acht lassen.

Ihre Ausführungen dürfen **subjektiv gefärbt** sein – am besten nehmen Sie einen ungewöhnlichen Blickwinkel ein –, sie müssen aber trotzdem ausreichend begründet werden. Die Qualität eines Essays wird von **inhaltlicher Originalität, gedanklicher Vielfalt und reflexiver Vertiefung** einzelner Aspekte bestimmt.

Schluss
Fassen Sie die wichtigsten Ergebnisse und Erkenntnisse pointiert zusammen, bieten Sie einen Ausblick …

Formale/Sprachliche Kriterien

Gliederung	Einleitung, Hauptteil und Schluss werden durch Absätze voneinander getrennt. Auch innerhalb des Hauptteils wird bei der Darstellung jeder neuen Argumentationskette ein Absatz gemacht.
Zeit	Verwendung der Gegenwartsstufe (Präsens, Perfekt, Futur …)
Sprache/Stil	der Zielgruppe angepasst; verständlich, prägnant; Einsatz unterschiedlicher Stilmittel, Spiel mit Zitaten, Wortspiele …
Schreibhaltungen	argumentieren, informieren, appellieren, beschreiben, analysieren, unterhalten

Arbeitsaufgaben „Essay"

1. Lesen Sie folgenden „Essay über den Essay".
Notieren Sie **stichwortartig,** welche Arten von Essays MICHAEL HAMBURGER unterscheidet und was die hervorstechendsten Merkmale der jeweiligen Art sind. Überprüfen Sie die verwendeten Stilmittel in diesem Essay.

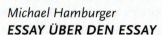

Michael Hamburger
ESSAY ÜBER DEN ESSAY

Schon das stimmt nicht ganz: ein Essay darf eigentlich nichts behandeln, nichts bestimmen oder definieren. Ein Essay ist ein Spaziergang, ein Lustwandeln, keine Handelsreise. Wenn hier also „über" steht, kann es nur bedeuten, daß der Spaziergang über das genannte Feld geht – aber ohne
5 *jede Absicht, es zu vermessen. Dieses Feld wird nicht umgepflügt, auch nicht bebaut. Es soll Wiese bleiben, wild. Der eine Spaziergänger interessiert sich für die Blumen, ein anderer für die Aussicht, ein dritter sucht Insekten. Die Jagd nach Schmetterlingen ist erlaubt. Alles ist erlaubt – außer den Absichten des Vermessers, des Bauers, des Spekulanten. Auch*
10 *ist jedem Spaziergänger erlaubt, von einem Feld zu berichten, was er gerade gesehen hat – wenn es auch nur Vögel waren, die es überflogen, nur die Wolken, die noch weniger dazugehören, nur die Abwandlungen von Vögeln oder Wolken im eigenen Kopf. Wer aber im Auto hinfuhr, im Auto sitzen blieb und dann sagt, er sei dagewesen, ist kein Essayist. Darum*
15 *ist der Essay eine veraltete Gattung (fast hätte ich „Form" geschrieben, aber der Essay ist keine Form, hat keine Form, er ist ein Spiel, das seine eigenen Regeln schafft).*

Der Essay ist ebenso veraltet wie die Kunst des Briefschreibens, wie die Kunst des Gesprächs, wie das Lustwandeln. Seit Montaigne ist der Essay
20 *höchst individualistisch, setzt aber zugleich eine Gesellschaft voraus, die den Individualismus nicht nur duldet, sondern auch genießt – eine Gesellschaft, die Zeit hat, zudem genug Bildung, um auf Information zu verzichten. Der ganze Geist der Essayistik ist in dem ersten Satz der ersten großen englischen Essaysammlung – der 1597 von Francis Bacon veröf-*
25 *fentlichen – enthalten: „What is Truth; said jesting Pilate; And would not stay for an Answer." Der scherzende Pilatus, der Fragen stellt, aber auf die Antwort nicht wartet, ist die urbildliche Verkörperung des Essays, der Essayistik und des Essayisten. Über dreihundert Jahre lang bewährte sich der englische Essay, auch nachdem der Ernst des viktorianischen Zeit-*
30 *alters seine eigentümliche Beziehung zur Wahrheit in Frage gestellt hatte. Erst die totalitären Systeme dieses Jahrhunderts machten aus dem absichtslosen Spaziergang ein Verbrechen; seit G. K. Chesterton und Virginia Woolf gilt der englische Essay als eine tote Gattung. Freilich wurden – und werden – noch Prosastücke geschrieben, die sich als Essay geben; aber*
35 *schon George Orwell war zu verbindlich, zu puritanisch, zu krisenbewußt, um mit reinem Gewissen spazierengehen zu können.*

Der Essay ist keine Form, sondern vor allem ein Stil. Von der reinen, absoluten oder autonomen Kunst unterscheidet er sich durch seinen Individualismus. Der Witz des Essays, wie auch seine Berechtigung und sein Stil,
40 *liegt in der Persönlichkeit des Autors, weist immer auf sie zurück. Um die reine, unpersönliche Kunst geht es dem Essayisten so wenig wie um die Sache.*

Da die große Mehrzahl der sogenannten kritischen Essays das Übergewicht auf die Sache legt, also Antworten und Urteile bietet, beweist die Fortdauer dieser Gattung kein Überleben des Essays. Die meisten kritischen Essays sind kurze Abhandlungen. Beim echten Essay ist es gleichgültig, ob sein Titel auf ein literarisches Thema deutet oder nicht, ob auf den Ursprung des Trauerspiels oder den Ursprung des Schweinebratens.

Da aber der Essay keine Form ist, kann sich der Geist der Essayistik selbst außerhalb der Gattung durchsetzen. Wo das Zutrauen zur Leserschaft fehlte, wurde zum Beispiel aus dem Essayisten öfters ein Aphorist. Lichtenberg, Friedrich Schlegel und Friedrich Nietzsche waren lakonische, zum Teil verhinderte Essayisten. Sogar ins Gedicht drang die Essayistik ein: in pseudo-epische Gedichte wie Byrons „Don Juan" und Heines „Atta Troll", deren Witz immer wieder auf die Persönlichkeit des Autors zurückweist, deren Handlung immer wieder von der lustwandelnden Willkür des Erzählers unterbrochen wird. Unzertrennlich waren Erzählung und Essayistik in den Prosastücken Robert Walsers, der nicht zufällig ein Hauptwerk „Der Spaziergang" überschrieb. Der Geist der Essayistik war es, der den Erzähler Walser zur selbstzerstörerischen Parodie trieb:

„In Thüringen, etwa in Eisenach, lebte ein sogenannter Käferologe, der wieder einmal eine Nichte besaß. Wann werd' ich mit Nichten und so weiter fertig? Vielleicht nie; dann weh' mir! Schwer litt das Mädchen im Nachbarhause unter gelehrter Obhut ..."

Echt essayistisch sind auch manche Abschweifungen in Musils „Der Mann ohne Eigenschaften", weil Musil im Grunde ein Suchender, ein Mann ohne Absichten war und Fragen stellte, auf die er keine Antwort wußte. Echt essayistisch sind noch die „Ficciones" von Jorge Luis Borges. Echt essayistisch sind viele der kürzeren Schriften von Ernst Bloch, von Walter Benjamin und von Th. W. Adorno.

Über die Leiche des Essays hinweg läuft unaufhaltsam der Geist der Essayistik, wird einmal hier, einmal dort gesehen, erscheint in Romanen, Erzählungen, Gedichten oder Feuilletons, manchmal auch wieder in dem so hoch ummauerten, streng bewachten Parkgelände der Philosophie, dem er vor Jahrhunderten entschlüpfte, um im wilden Feld zu wandern. Nie gesehen aber wird er dort, wo das wilde Feld auch als Erinnerung oder Möglichkeit aus dem Bewußtsein der Menschen verbannt wurde, wo sich die Mauern verabsolutiert haben und sogar das Gehen nur noch ein Kreislauf aus Zwang und Routine ist.

An die überfüllten Straßen der Großstädte hat er sich gewöhnt, kaum an Fabriken, Kasernen, Büros, gar nicht an Gefängnishöfe und Vernichtungslager. Wer ständig an diese denken muß, kann die Ziellosigkeit und Unverbindlichkeit der Essayistik nicht dulden, nennt sie schamlos, egoistisch, frech. Aber irgendwo läuft der Geist der Essayistik weiter; und niemand weiß, wo er auftauchen wird. Vielleicht wieder im Essay?

In: Walter Höllerer, Hans Bender (Hg.): Akzente, Band IV

Essay

2. Das Literaturmagazin für junge Leser/innen, „Editorial", hat zu einem Essay-Wettbewerb aufgerufen. Sie haben sich entschlossen, daran teilzunehmen. Als Textimpuls erhalten Sie die Reportage „Zwischen Mitleid und Abscheu".

- Lesen Sie den Textimpuls aufmerksam.
- Lassen Sie Ihren Gedanken freien Lauf und notieren Sie sie z. B. mittels einer Mindmap.
- Stellen Sie nun eine These auf, die Sie in Ihrem Essay vertreten wollen.
- Notieren Sie stichwortartig, durch welche Argumente, Beispiele, Zahlen, Gleichnisse ... Sie Ihre These stützen können.
- Notieren Sie auch Gegenargumente, damit Sie sie in Ihren Ausführungen entkräften können.
- Recherchieren Sie, um weitere Argumente bzw. weitere Belege und/oder Beispiele zu finden. Bedenken Sie, dass nur der/die gut informierte Schreibende einen Essay verfassen kann.
- Überlegen Sie eine Gliederung.
- **Verfassen** Sie nun Ihren **Essay**.

ZWISCHEN MITLEID UND ABSCHEU

Lokalaugenschein: Seit Aufhebung des absoluten Bettelverbots zieht es immer mehr Bettler nach Salzburg. Einheimische fordern Polizeikontrollen

Schritt für Schritt schiebt er seine verkrüppelten Beine durch die Getreidegasse; mit dem rechten Arm stützt er sich auf die viel zu kleine Krücke, mit der linken Hand streckt er Passanten einen Kaffeebecher entgegen, in dem ein paar Cent-Münzen scheppern.

Er sagt, er heiße Martin und sei 25 Jahre alt. Bei einem Autounfall in seinem Heimatort Pitesti in Rumänien seien seine Beine zerquetscht worden. Jetzt schlafe er nachts beim Bahnhof und bettle tagsüber für sich und die beiden Kinder.

Die Blicke, die ihn treffen, sind teils mitleidig, teils voller Abscheu. „Rumänischer Systembettler", zischelt ein Passant beim Vorbeigehen.

Stimmen wie diese hört man in Salzburg immer öfter – gerade jetzt zur Festspielzeit. In der Stadt, in der alljährlich der „Jedermann" seiner Geldgier und Habsucht abschwört, war Betteln seit den Siebzigerjahren verboten. Ende Juni hob der Verfassungsgerichtshof das 33 Jahre alte Gesetz auf: Es verstoße gegen den Gleichheitsgrundsatz und das Grundrecht auf Meinungsfreiheit. Ein 39-jähriger Roma hatte – finanziert von der Vinzenzgemeinschaft – Beschwerde gegen das absolute Bettelverbot eingebracht.

Clans

Seitdem ziehen immer mehr Bettler, Zeitungsverkäufer und Straßenmusiker durch die Gassen. „Da sind ganze Clans unterwegs", erzählt eine Verkäuferin des Schuhgeschäfts Denkstein. Ihr persönlich tun die Bettler leid. „Es sind immer die Gleichen, die morgens in der City ausgesetzt werden." Ärgerlich sei, wenn sie sich vor den Auslagen niederließen. „Vorige Woche hat einer mitten vor dem Geschäft auf der Straße geschlafen." Ein Wachmann habe den Bettler dann weggebracht.

Hundert Meter weiter empört sich Monika Stöckl, Filialleiterin im Modehaus Hämmerle, über die Zunahme der ausländischen Bettler. „Sie sind überall. Auf dem Weg zur Arbeit bin ich an fünf Bettlern vorbei. Das ist zu viel." Die Befürchtung mancher Kollegen, dass die Bettler Kunden abschrecken, teilt Stöckl nicht. „Geschäftsschädigend sind sie nicht. Aber sie sind nicht gut für das Altstadtbild. Und die Straßenmusiker belästigen mit ihrem Geschrei meine Kunden und Mitarbeiter."

Behinderung

Vis-à-vis hat Josef Platz genommen und zeigt das, was von seinen beiden Beinen noch übrig ist. „Autounfall", sagt der 61-jährige Slowake. Markus Eckschlager drückt ihm 5 Euro in die Hand. „Von mir kriegt der Josef immer was", sagt er. „Er ist angenehm und nicht aufdringlich – im Gegensatz zu denen, die mit ihren Behinderungen durch die Stadt laufen."

Genau diese Behinderungen zweifelt Geschäftsmann Michael Wanger, der in der Getreidegasse exklusive Herrenmode verkauft, an. „Diese Gauner täuschen Krankheiten vor", sagt er. „Einmal sind sie links behindert, am nächsten Tag rechts." Immer wieder habe er Bettler beobachtet und fotografiert. „Das ist Betrug und die Polizei unternimmt nichts", beklagt Wanger.

„Wir können nicht jedem Bettler einen Polizisten hinterherschicken, der kontrolliert, ob er behindert ist", kontert Stadtpolizeikommandant Manfred Lindenthaler. Gegen das Betteln alleine könne man nicht mehr vorgehen, dafür fehle die Rechtsgrundlage. „Entweder die Politik schafft ein neues Gesetz oder die Gesellschaft gewöhnt sich an die Bettler."

NIKI NUSSBAUMER, KURIER

Essay

Ziele erreicht? – „Essay"

Selbstevaluation

Schätzen Sie sich selbst ein und beurteilen Sie Ihr eigenes Können. (Nehmen Sie dazu Ihre selbst verfassten Texte zur Hand und analysieren Sie sie.)

Feedback

Holen Sie Feedback über Ihre Kompetenz von einer Kollegin/einem Kollegen ein. (Geben Sie Ihre Texte an eine Kollegin/einen Kollegen weiter.)

Selbsteinschätzung – kann ich

Einleitung	☺	😐	☹
Adressatenbezug klären			
Weckt Interesse			
Einstimmung auf die Thematik			

Feedback – kann sie/er

Anmerkungen	☺	😐	☹

Hauptteil	☺	😐	☹
Inhaltliche Relevanz, thematischer Bezug der einzelnen Argumentationen			
Nachvollziehbarkeit der Argumentationen			
Inhaltliche Originalität, gedankliche Vielfalt			
Reflexive Vertiefung einzelner Aspekte			
Adressatenbezug			
Gliederung: Einzelne Argumentationen finden sich jeweils in einem Absatz.			

Anmerkungen	☺	😐	☹

Formale/Sprachliche Kriterien	☺	😐	☹
Gliederung: Untergliederung von Einleitung, Hauptteil und Schluss			
Zeit: Gegenwartsstufe (Präsens, Perfekt …)			
Sprache: anschaulich, prägnant, Einsatz unterschiedlicher Stilmittel …			
Rechtschreibung: viele, wenige, fast gar keine Fehler			
Grammatik: viele, wenige, beinahe gar keine Fehler			

Anmerkungen	☺	😐	☹

☺ = kann ich/sie/er sehr gut   😐 = kann ich/sie/er   ☹ = kann ich/sie/er noch nicht

Wissenschaftliches Arbeiten

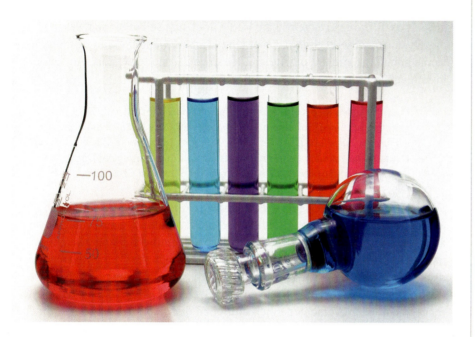

*Habe nun, ach! Philosophie, Juristerei und Medizin, und leider auch Theologie durchaus studiert, mit heißem Bemüh'n.
Da steh' ich nun, ich armer Tor! Und bin so klug als wie zuvor.*

JOHANN WOLFGANG VON GOETHE, FAUST

 Meine Ziele

Nach Bearbeitung dieses Kapitels weiß ich,
- wie man mittels unterschiedlicher Arten bibliografieren kann;
- wie man unterschiedliche Werke zitieren kann;
- was unter einer vorwissenschaftlichen Arbeit zu verstehen ist;
- nach welchen formalen Kriterien eine vorwissenschaftliche Arbeit aufgebaut und verfasst sein soll;
- welche Arbeitsschritte zum Verfassen einer vorwissenschaftlichen Arbeit notwendig sind;
- wie ich einzelne Arbeitsschritte einer vorwissenschaftlichen Arbeit planen kann;
- nach welchen Kriterien eine vorwissenschaftliche Arbeit beurteilt werden kann.

Wissenschaftliches Arbeiten   BEISPIEL

Unten finden Sie einen Auszug aus einer wissenschaftlichen Arbeit. Analysieren Sie die Textstelle nach Wortwahl, Stil, formalen Aspekten und überprüfen Sie, nach welcher Zitierweise im Dokument gearbeitet wird.

Wiederum kann hier die Musil'sche Ironie als Gegenüberstellung des Unvereinbaren zur Beschreibung des Dargestellten herangezogen werden, jedoch scheint es auch hier, als würde die Ironie über sich selbst hinausweisen. Um das etwas zu verdeutlichen, sei hier kurz Musils Eigendefinition des Begriffes Ironie angeführt, die im folgenden Zitat sowohl Theorie als auch Anwendung in sich vereinigt:

> Ironie ist: einen Klerikalen so darstellen, daß neben ihm auch ein Bolschewik getroffen ist. Einen Trottel so darstellen, daß der Autor plötzlich fühlt: das bin ich ja zum Teil selbst. Diese Art Ironie, die konstruktive Ironie, ist im heutigen Deutschland ziemlich unbekannt. Es ist der Zusammenhang der Dinge, aus dem sie nackt hervorgeht. Man hält Ironie für Spott und Bespötteln.[1]

ratioïd/nicht-ratioïd = Wortneuschöpfungen von Musil; ratioïd steht für so etwas wie die Vernunft, nichtratioïd bedeutet demnach das Gegenteil

So wie Musil hinsichtlich seiner Erkenntnistheorie das literarische Schaffen in das Gegensatzpaar von ratioïdem und nicht-ratioïdem Gebiet teilt, so liegt auch der Ironie innerhalb seiner Texte diese Gegenüberstellung zweier miteinander unvereinbarer Elemente zugrunde. Es erfolgt aber keine Relativierung des einen Inhaltes durch den anderen, sondern der Effekt ergibt sich aus der Gegenüberstellung und der In-Beziehung-Setzung zweier Gegensätze, die ihrer vermeintlichen Verschiedenheit enthoben und dadurch relativiert werden. Für Allemann beruht die Musil'sche Ironie zum einen „auf unscheinbaren, aber autochthonen Verstellungen im Ablauf des Satzes"[2], das heißt, sie liege in der Mikrostruktur seiner Sprache und zum anderen auf der Ebene des Gesamtaufbaus seines Werkes – [...] in dem sie sich in einer verborgenen Art, eben in Form der konstruktiven Ironie, äußert.[3]

autochthon = einheimisch oder bodenständig

Um den Blick wieder auf das Groteske zu richten, so könnte mit Heidsieck gesagt werden, dass es sich bei der Todesstrafe eben um eine Untat, um die „Grausamkeit von Menschen gegen Menschen" handelt, die ins Komische und verhaltene Lächeln dann überführt werden kann, wenn der Vollzug, sofern er beim ersten Versuch misslingt, beim zweiten in jener Manier erfolgt, die dem Geschehen selbst etwas mehr entsprechen dürfte.

3.2.3 Auf dem Weg zum Kannibalismus

Oben angeführten Textstellen ist, in unterschiedlicher Ausprägung, eines gemeinsam: „Faktisches, in grotesker Einwirkung auf Moralisches. [Eine] Mischung von Moral u. brutaler Natürlichkeit."[4] Anhand des ratioïden und nicht-ratioïden Gebietes sollte im zweiten Teil der Arbeit dargestellt werden, wie schwierig es ist, verlässliche Grundfesten für das menschliche Handeln, Forschen und Denken bestimmen zu können.

---

1 Musil, Robert: Der literarische Nachlaß. Hg. von Friedbert Aspetsberger, Karl Eibl und Adolf Frisé. Reinbek bei Hamburg (Rowohlt) 1992 (= CD-ROM), 2/01/065 Vermächtnis-Notizen.
2 Allemann, Beda: Ironie und Dichtung. Neske: Pfullingen ²1969, S. 180: „Im Sinn der Anspielung auf Unvermittelbares geht die Konstruktivität der Musil'schen Ironie wesentlich über das hinaus, was gemeinhin als die vermittelnde und die Gegensätze zueinander ins Spiel bringende Leistung der Ironie verstanden wird."
3 Vgl. ebd., S. 203.
4 Musil, Robert: Der literarische Nachlass, 2/04-048-1, 2/04-044-70

1 Kurzanleitung

WERKZEUG

Im Folgenden finden Sie zehn Tipps, die als Kurzanleitung für das Verfassen wissenschaftlicher Arbeiten dienen sollen. Behalten Sie immer den Überblick.

1.	Themenfindung, Entscheidung für ein Thema	Sich für ein Thema, an dem man mehrere Wochen bzw. Monate arbeitet, zu entscheiden, sollte ein wohlüberlegter Akt sein. Diesem Schritt sollen eine intensive Recherche und ein möglichst detailliertes erstes Konzept der Arbeit vorausgehen.
2.	Ideensammlung, Differenzierung, erstes Konzept	Vor der intensiven Beschäftigung mit Sekundärliteratur soll eine Phase der kreativen Ideensammlung eingeschoben werden, damit Ihr eigener Ansatz Gestalt annimmt.
3.	Recherchieren, exzerpieren, dokumentieren	Das schon entworfene erste Konzept Ihrer Arbeit wir nun durch intensives Recherchieren im Bereich der Sekundärliteratur erweitert. Fertigen Sie Mindmaps an, die Sie immer wieder mit neuen Informationen erweitern, immer wieder neu erstellen, neu organisieren. Dokumentieren Sie immer ganz genau, woher Sie Ihre Informationen haben.
4.	Einleitung	Formulieren Sie im Detail Ihre Fragen, die Ziele, die Sie mit Ihrer Arbeit verfolgen, und den Weg, den Sie wählen, um diese Ziele zu erreichen, und schreiben Sie so eine erste Fassung Ihrer Einleitung.
5.	Planen, strukturieren, definieren	Legen Sie den Aufbau Ihrer Arbeit fest, das heißt, definieren Sie, aus wie vielen Teilen sich die Arbeit zusammensetzen wird, aus wie vielen und welchen Kapiteln die jeweiligen Teile der Arbeit bestehen. Fertigen Sie dazu immer wieder neue und von Mal zu Mal detailliertere Mindmaps an. Erstellen Sie ein erstes Inhaltsverzeichnis und eine erste Gliederung Ihrer Arbeit.
6.	Schreiben	Nun geht es ans Verfassen der Arbeit. Erarbeiten Sie vorerst jene Kapitel, die Sie als (analytisches) Werkzeug für andere bzw. zentralere Kapitel benötigen. Oft will man sich mit schwierigen theoretischen Inhalten nicht auseinandersetzen, merkt aber, dass man dies nun endlich tun muss, da man ansonsten bei einem anderen Kapitel, an dem man mit größerer Freude arbeitet, nicht weiterkommt.
7.	Neustrukturierungen	Das Schreiben mit dem parallel laufenden Recherchieren führt Sie möglicherweise in neue Richtungen. Achten Sie genau darauf, ob sich Ihre Arbeit durch das Schreiben inhaltlich in eine neue Richtung entwickelt. Überprüfen Sie immer wieder anhand Ihrer letztgültigen Mindmap (am besten in Flipchartgröße an der Wand), ob eine Neustrukturierung und -organisation der Inhalte notwendig ist.
8.	Fertigstellen	Stellen Sie einzelne Kapitel inhaltlich nach Möglichkeit fertig. Arbeiten Sie dann an anderen Kapiteln weiter und kehren Sie nach einer gewissen Zeitspanne wieder zum ersten Kapitel zurück, um mit der Überarbeitung, Ausweitung, Reduktion und Korrektur zu beginnen.
9.	Ein neuer Beginn	Die Arbeit ist verfasst. Nun beginnen Sie von vorne: Schreiben Sie Ihre Einleitung um bzw. verfassen Sie diese neu. Erarbeiten Sie einen Schluss. Einleitung und Schluss Ihrer Arbeit werden nach der Überarbeitung zu den wesentlichen Einstiegskapiteln in Ihrem wissenschaftlichen Text.
10.	Endredaktion	Bringen Sie Ihre Arbeit in eine ordentliche Form, vereinheitlichen Sie die Formatierung, erstellen Sie eine Gliederung und ein Inhaltsverzeichnis – layouten Sie Ihre Arbeit.

2 Einleitung und Schluss   WERKZEUG

Einleitung

In einer wissenschaftlichen Arbeit nimmt die Einleitung eine zentrale Position ein. In ihr muss von alledem die Rede sein, was dann im Hauptteil der Arbeit näher ausgeführt wird. Finden sich in der Einleitung Hinweise auf zentrale Inhalte des Hauptteiles nicht, kann es sein, dass mögliche Leser/innen Ihren Text nach der Lektüre der Einleitung wieder beiseitelegen, da sie ein Lesen für Zeitverschwendung halten.

Leser/innen der Einleitung einer wissenschaftlichen Arbeit erwarten sich also eine Einleitung, in der:
- das Thema so präzise wie möglich vorgestellt wird, indem dargestellt wird, wovon die Arbeit handelt, aber auch, wovon sie nicht handelt. Man spricht von einer Eingrenzung des Themas.
- die Fragestellung(en), die der Arbeit zugrunde liegen, klar formuliert sind.
- ebenso wie die Fragestellungen auch die möglichen Ziele formuliert sind. Was wollen Sie herausfinden und zu welchem Ergebnis könnten Sie gelangen?
- der von Ihnen gewählte Aufbau der Arbeit im Detail dargestellt wird. Erklären Sie, warum welche inhaltlichen Teile aufeinander folgen, welche Kapitel im ersten Teil der Arbeit positioniert sind, aber für den zweiten Teil eine zentrale Rolle einnehmen. Besteht Ihr Hauptteil aus mehreren Teilen, so geben Sie an, warum Sie diese Einteilung gewählt haben und wie die einzelnen Abschnitte miteinander verknüpft sind.

Schluss

Oft ist es so, dass man als Leser/in der Einleitung einer wissenschaftlichen Arbeit auf die Fährte gebracht wurde. Die Einleitung verspricht, dass im Hauptteil von Inhalten die Rede sein wird, die für den eigenen Forschungsgegenstand von zentraler Bedeutung sein könnten. Noch sind Sie sich aber nicht ganz sicher, also blättern Sie vorerst an das Ende des Textes und lesen den Schlussteil.

Notizen

Leser/innen der Einleitung einer wissenschaftlichen Arbeit erwarten sich nach der Lektüre der Einleitung einen Schluss, in dem:
- die wichtigsten Ergebnisse des Hauptteiles zusammengefasst dargestellt werden.
- die Fragestellungen, die in der Einleitung aufgeworfen wurden, klar und eindeutig beantwortet werden.
- erörtert wird, ob die Ziele, die man sich in der Einleitung gesetzt hat, auch erreicht wurden. Das Augenmerk wird hier also auf beide möglichen Fälle gerichtet: die erreichten Ziele und die nicht erreichten Ziele. In beiden Fällen versucht man im Detail zu begründen, warum manches Ergebnis erreicht werden konnte und manches nicht.
- die erreichten Ergebnisse bewertet und evaluiert werden. Man schreibt also davon, ob sich sämtliche Auseinandersetzungen gelohnt haben oder ob man in diesem oder jenem Teil eine etwas andere Richtung hätte einschlagen müssen, um für die Arbeit brauchbarere Ergebnisse zu erhalten.
- Sie sich in einem weiteren Teil des Schlusses mit der Forschungsmethode und Ihrem Vorgehen kritisch auseinandersetzen. Stellen Sie dar, ob Ihr Vorgehen, Ihre Anordnung und Verknüpfung der Inhalte in allen Teilen konstruktiv waren, oder ob es in manchen Teilen Verbesserungsmöglichkeiten gäbe.
- Sie abschließend ein Resümee über Ihre eigene Arbeit abgeben, einen Ausblick in die Zukunft wagen und mögliche weitere Forschungsansätze darstellen, die aufgrund der Ergebnisse Ihrer Arbeit zu weiteren wissenschaftlich relevanten Erkenntnissen führen könnten.

3 Hauptteil

WERKZEUG

Entwicklung und Ausbreitung eigener Ideen

Bevor Sie in die Phase des Recherchierens eintreten, ist es von großer Bedeutung, dass Sie Ihre eigenen Ideen so detailliert wie möglich ausarbeiten und festschreiben, da die Beschäftigung mit Sekundärliteratur die Gefahr birgt, dass Ihnen der Eindruck vermittelt wird, die eigenen Fragen und Thesen seien schon von anderen beantwortet worden.

Um die eigenen anfänglichen Ideen zu differenzieren, auszuweiten und logisch zu verknüpfen, bietet sich der Einsatz von kreativen Techniken an. Erst wenn diese Phase der Ideenfindung und Differenzierung abgeschlossen ist, kann man darangehen, diese mit Expertenmeinungen aus der Sekundärliteratur zu verknüpfen.

Reflexion und Einbindung relevanter Sekundärliteratur

In einer wissenschaftlichen Arbeit wird unter anderem erwartet, dass der gegenwärtige Forschungsstand reflektiert, aufgearbeitet und in die Darstellung des eigenen Ansatzes eingearbeitet wird. Im Umgang mit den Erkenntnissen anderer Forschungskolleginnen und -kollegen ist es ratsam, **akribisch** Quellenarbeit zu betreiben.

⚠️ Verweisen Sie in Ihren Notizen immer sofort auf die jeweilige Quelle, aus der ein Gedanke oder eine Erkenntnis stammt, damit Sie beim Verfassen Ihrer Arbeit nicht Gefahr laufen, zu **plagiieren**.

akribisch = äußerst sorgfältig

plagiieren = geistigen Diebstahl begehen

Zitieren: wörtliche und sinngemäße Zitate

Eine wissenschaftliche Arbeit bezieht meist Erkenntnisse anderer wissenschaftlicher Arbeiten ein. Diese Erkenntnisse können in die eigene Arbeit, sofern sie für diese inhaltlich von Bedeutung sind, übernommen werden, müssen aber als Zitate gekennzeichnet werden, um zu zeigen, dass es sich bei dem Dargestellten nicht um eigene, sondern um Gedankengänge von anderen wissenschaftlich Arbeitenden handelt.

Wörtliche Zitate	Sinngemäße Zitate

Werden Aussagen aus anderen wissenschaftlichen Publikationen wortwörtlich in die Arbeit übernommen, so müssen sie mit dem Original zu hundert Prozent übereinstimmen.
 	
- Zitate werden zwischen Anführungsstriche gesetzt.
- Längere Zitate kennzeichnet man durch eine besondere Formatierung:
  ▸ Schriftgröße: um 1 pt kleiner als die des Haupttextes
  ▸ Zeilenabstand: einfach
  ▸ Einrückung: links: ca. 1 cm, rechts: ca. 0,5–1 cm
- Werden Sätze, Satzteile weggelassen, wird dies durch [...] gekennzeichnet.
	Wird ein Gedanke aus einer wissenschaftlichen Arbeit in die eigene übernommen, muss dies nicht wortwörtlich erfolgen, sondern er kann sinngemäß (paraphrasiert) in die eigene Arbeit eingebunden werden.
	
	Zu beachten ist, dass der übernommene Gedanke niemals den Sinn des Originaltextes verfälschen darf.
	
	Die Quellenangabe wird nach Ende der Paraphrasierung in Klammern – beginnend mit „vgl." und den entsprechenden Seitenzahlen – angegeben.

4 Formale/Inhaltliche Aspekte   WERKZEUG

Der Hauptteil stellt das Kernstück einer wissenschaftlichen Arbeit dar. Meist besteht er aus mehreren gleichwertigen Teilen, mit denen einzelne Aspekte der Thematik abgedeckt werden. Oftmals braucht es beispielsweise eine historische oder theoretische Basis für einen analytischen Teil, der dann das Zentrum des Hauptteiles bildet.

Wortwahl und sprachliche Strukturen

Der Einsatz von und Umgang mit Fachvokabular ist ein wichtiger Aspekt jeder schriftlichen Arbeit. Fachtermini und Fremdwörter ermöglichen einen knappen, zielorientierten Stil, bergen aber die Gefahr, dass sie nicht richtig verwendet werden. Dies schmälert natürlich sofort das Vertrauen in Ihre fachlichen Kompetenzen.

Komplexe sprachliche Strukturen, lange Schachtelsätze mögen für Leser/innen eine Herausforderung darstellen, verwirren aber oft nur und wirken verständnisstörend. Deshalb soll das Augenmerk auf die Reduktion allzu komplexer Strukturen und eine sachliche und klare Sprache gelegt werden.

Allzu große Redundanzen (Wiederholungen) vermeiden

Treten in einer Arbeit in unterschiedlichen Kapiteln Wiederholungen auf, die notwendig erscheinen, um die Inhalte in den einzelnen Kapiteln in sich abgeschlossen darstellen zu können, so passt möglicherweise der Aufbau der Arbeit noch nicht. Gestalten Sie diesbezüglich Mindmaps auf A0- oder A1-Papier (Flipchart) und stellen Sie so die Verknüpfungen zwischen den Kapiteln immer wieder dar! Organisieren Sie auf diese Art und Weise Ihre Inhalte immer wieder neu! Schlussendlich werden Sie so einen sehr straffen und klaren Aufbau entwerfen, der möglichst frei von unnötigen Redundanzen ist.

Nachvollziehbare Gliederung

Je weniger Gliederungsebenen Sie benötigen, desto besser! Drei, maximal vier Gliederungsebenen sollten reichen.

Textkohärenz

die Kohärenz = Zusammenhang

Der Begriff „Textkohärenz" bezieht sich auf die inhaltliche Struktur eines Textes. Sind die inhaltlichen Darstellungen so angeordnet, dass sie sich logisch aufeinander beziehen? Geht das Folgende aus dem schon Dargestellten hervor?

Ein großes Augenmerk wird auch auf die Übergänge zwischen einzelnen Abschnitten (Kapiteln, Teilkapiteln etc.) gelegt. Hier ist es wichtig, dass ein vorhergehendes Kapitel auf das nächste verweist und dass ein neues Kapitel mit Bezügen zum vorhergehenden eingeleitet wird.

Sind wissenschaftliche Texte nicht kohärent aufgebaut, so kann dies, wie oben schon dargestellt, zu Redundanz führen, also zu inhaltlich unnötigen Wiederholungen.

Umfang/Länge der Arbeit

Halten Sie sich an die vorgegebene Länge, die Ihre Arbeit aufweisen soll. Die Kunst besteht nicht darin, möglichst lange Arbeiten zu verfassen, sondern darin, dass man das Relevante innerhalb eines definierten Umfanges auf den Punkt bringen kann und in einem wissenschaftlichen Kleide darzustellen vermag.

5 Begleitende Elemente   WERKZEUG

Auch die eine wissenschaftliche Arbeit begleitenden Elemente machen oft Mühe bzw. sind in einer entsprechenden Form zu erarbeiten. Vor allem besteht oft Ungewissheit, ob einer der im Folgenden beschriebenen Teile so aussehen darf oder nicht.

Halten Sie sich an die angegebenen Vorschläge und besprechen Sie jeweils mit Ihrer Betreuerin/Ihrem Betreuer, ob es Änderungswünsche gibt.

1. Deckblatt/Titelblatt

- Schule/Adresse der Schule
- Titel (Untertitel)
- Ihr Name als Verfasser/in
- Datum und Ort der Abgabe/Einreichung
- Angaben zum Fach bzw. Prüfungsgebiet, zur Klasse, zum Schuljahr und zur Betreuungsperson

---

VBS-Akademiestraße
Akademiestraße 12
1010 Wien

Das Groteske in Robert Musils Werk „Drei Frauen"

Verfasser:

Moritz Bockerl

Wien, März 20..

Fach: Deutsch
Klasse: 5BK
Schuljahr: 20../..
Betreuerin: Prof. Mag. Iren Febo

2. Vorwort

In einem Vorwort kann ein/e Autor/in kurz auf den absolvierten Forschungsweg Bezug nehmen und sich bei Unterstützerinnen/Unterstützern bedanken. Ein Vorwort ist aber nicht zwingend erforderlich.

Vorwort

An dieser Stelle möchte ich mich sehr herzlich bei Frau Prof. Mag. Iren Febo für die Betreuung dieser Arbeit bedanken. Ohne ihr stets offenes Ohr für die Probleme, die sich während des Verfassens stellten, und ohne die Ratschläge zur Bewältigung verschiedener Teilbereiche der Arbeit, hätte diese in der hier vorliegenden Form nicht entstehen können.

3. Abstract

Unter einem Abstract versteht man die Kurzfassung von Einleitung und Schluss Ihrer Arbeit. Es dient dazu, dass sich der/die Leser/in schnellstmöglich einen Überblick über Ihre Arbeit verschaffen kann, um zu entscheiden, ob sich eine intensivere inhaltliche Auseinandersetzung mit Ihrer Arbeit (für die eigene Thematik) lohnt.

Folgende Inhalte sollen in einem Abstract in aller Kürze dargestellt werden:
- Thematik
- Fragestellungen
- Methodisches Vorgehen/Forschungsweg
- Inhaltliche Bereiche/Teile der Arbeit
- Ergebnisse, Schlussfolgerungen

Abstract

Die vorliegende Arbeit beschäftigt sich mit dem Phänomen des Grotesken im Werk „Drei Frauen" von Robert Musil.

Am Beginn der Arbeit finden sich eine intensive Auseinandersetzung mit dem Begriff „Grotesk(e)" und die Darstellung des wissenschaftlichen Diskurses rund um unterschiedliche Definitionsversuche dieses Begriffes in verschiedenen Epochen.

Der folgende Teil nimmt Bezug auf die Dichtungstheorie Robert Musils, die zum Teil seinen Werken immanent, zum Teil explizit vor allem in Form von Tagebucheinträgen niedergeschrieben ist. Es wird aufgezeigt, dass auch innerhalb Musils theoretischem Denken das Groteske einen gewissen Stellenwert einnimmt.

Im dritten Teil der Arbeit finden sich einzelne Textanalysen und es wird versucht, das Vorhandensein des Grotesken in unterschiedlichsten Texten nach zuweisen und im Kontext jener theoretischen Kriterien zu betrachten, die in den beiden vorangehenden Teilen der Arbeit als Analysewerkzeug aufbereitet wurden.

In den Schlussbemerkungen werden einerseits die Ergebnisse des dritten Teiles zusammengeführt, andererseits wird aufgezeigt, dass aufgrund der vorliegenden Erarbeitungen Raum für eine vertiefende Beschäftigung mit dem Grotesken in Robert Musils Werk vorhanden ist.

4. Inhaltsverzeichnis

Wenn Sie in Ihrem Textverarbeitungsprogramm eine Gliederung erstellen und die Überschriften Ihrer Arbeit definieren, so erstellt das Programm meist auf Knopfdruck das gewünschte Inhaltsverzeichnis.

Inhalt

1. **Historisch-theoretischer Diskurs um das Groteske** 4
    1.1. Die Verwendung des Begriffes „grotesk" – Alltagssprache versus wissenschaftliche Terminologie 5
    1.2. Der Begriff „grotesk" 7
        1.2.1. Die Geschichte des Wortes „grotesk" 8
        1.2.2. Der theoretische Diskurs im 18. und 19. Jahrhundert 9
    1.3. Das Groteske im 20. Jahrhundert 10
        1.3.1. Modus der Wirklichkeit 10
        1.3.2. Fiktion/Wirklichkeit und das Groteske 11
    1.4. Resümee 13

2. **Dekonstruierte Wirklichkeit – konstruierte Möglichkeit** 14
    2.1. Erdichtetes Leben oder lebendige Dichtung? 14
        2.1.1. Wichtige Stationen und prägende Einflüsse 14
    2.2. Wirklichkeit – Wahrnehmung – Erfahrung 16
        2.2.1. „monsieur le vivisecteur" oder der Ort des Betrachters 16
    2.3. Dichtungstheorie und die Möglichkeit des Grotesken 18
        2.3.1. Essayismus als Grundbedingung des Erzählens 18
        2.3.2. Moral und Kunst 19

3. **Textanalysen** 21
    3.1. Zur Auswahl der Texte 21
    3.2. Metaphern, Vergleiche, Bilder und das Groteske 21
        3.2.1. Die Grausamkeit des Gewährenlassens 22
        3.2.2. Die Sanftheit des Tötens 23
        3.2.3. Auf dem Weg zum Kannibalismus 25
    3.3. Die Kollision unterschiedlicher Wahrnehmungsebenen 26
        3.3.1. Vollendung und Auflösung 26
        3.3.2. Das Animalische im Menschen 27
    3.4. Sprache der Vernunft versus Sprache des Wahnsinns 28
        3.4.1. Traum oder Wirklichkeit? 28
        3.4.2. Ein Gotteskind in Handschellen oder der gute Mörder 29

4. **Schlussbemerkung oder eine Art neue Einleitung** 31

5. **Bibliografie** 34

6. **Abbildungsverzeichnis** 37

5. Paginierung, Seitenzahlen, Kopf- und Fußzeile

Informieren Sie sich bei der Sie betreuenden und beurteilenden Lehrperson, wo die Seitenzahlen gewünscht werden und wie Kopf- und Fußzeile generell gestaltet werden sollen. Meist lässt man Ihnen diesbezüglich freie Hand.

Normalerweise beginnt man ab dem Inhaltsverzeichnis die Seiten zu zählen, hingeschrieben wird die Seitenzahl erst ab der Einleitung.

6. Bibliografie/Literaturverzeichnis

In der Bibliografie Ihrer Arbeit wird die von Ihnen verwendete Primär- und Sekundärliteratur in der beschriebenen Art und Weise (siehe die WERKZEUG-Blätter „Zitierregeln" in diesem Kapitel) alphabetisch geordnet angeführt.

Unter **Primärliteratur** versteht man Werke, die auf keine anderen Texte in wissenschaftlicher Art und Weise Bezug nehmen, sondern meist infolge eines kreativen Schaffensprozesses entstanden sind.

Unter **Sekundärliteratur** versteht man Texte, die sich mit anderen Texten wissenschaftlich auseinandersetzen.

Bibliografie

Primärliteratur

Die Werke Robert Musils werden in der vorliegenden Arbeit nach folgenden Ausgaben und in angeführten Kurzformen zitiert:

Musil, Robert: Der Mann ohne Eigenschaften. Hg. v. Adolf Frisé. Reinbek bei Hamburg (Rowohlt) 1978 (= Gesammelte Werke. Ed. Adolf Frisé. Bd. I). [Zitierweise: Angabe von „GW I" und der Seitenzahl in Fußnoten oder direkt im Text in Klammern]

Musil, Robert: Prosa und Stücke, Kleine Prosa, Aphorismen, Autobiographisches, Essays und Reden, Kritik. Herausgegeben von Adolf Frisé. Reinbek bei Hamburg (Rowohlt) 1978. (= Gesammelte Werke. Ed. Adolf Frisé. Bd. II) [Zitierweise: Angabe von „GW II" und der Seitenzahl in Fußnoten oder direkt im Text in Klammern]

Sekundärliteratur zu Robert Musil

Allemann, Beda: Ironie und Dichtung. Neske: Pfullingen 1969.

Arntzen, Helmut: Musil-Kommentar sämtlicher zu Lebzeiten erschienener Schriften außer dem Roman „Der Mann ohne Eigenschaften". München (Winkler) 1980.

Arntzen, Helmut: Musil-Kommentar zu dem Roman „Der Mann ohne Eigenschaften". München (Winkler) 1982.

Berger, Albert: Zur Satire in Robert Musils „Unfreundlichen Betrachtungen". In: Zeitschrift für deutsche Philologie, Jg. 89 (1970), S. 560–576.

Berghahn, Wilfried: Robert Musil. Mit Selbstzeugnissen und Bilddokumenten. Hg. v. Kurt Kusenberg. Reinbek bei Hamburg (Rowohlt) [18]1996. (= rowohlts monographien. 81)

Böhme, Hartmut: Anomie und Entfremdung. Literatursoziologische Untersuchungen zu den Essays Robert Musils und seinem Roman „Der Mann ohne Eigenschaften". Kornberg (Scriptor Verlag) 1974. (= Skripten. Literaturwissenschaft 9)

Corino, Karl: Ein Mörder macht Literaturgeschichte. Florian Großrubatscher, ein Modell für Musils Moosbrugger. In: Robert Musil und die kulturellen Tendenzen seiner Zeit. Hg. v. Josef Strutz. München-Salzburg (Wilhelm Fink) 1983, S. 130–147.

Magris, Claudio: Der Ring der Clarisse. Frankfurt (Suhrkamp) 1987.

Mauch, Gudrun B.: Die Tradition des Grotesken in Robert Musils Nachlaß zu Lebzeiten. In: Musil-Forum, Jg. 6 (1980), S. 43–62.

7. Abbildungsverzeichnis

Ebenso wie das Inhaltsverzeichnis lässt sich ein Abbildungsverzeichnis einfach erstellen, wenn Sie die Abbildungen in Ihrem Text als solche definiert haben. Findet sich auch nur eine Abbildung in Ihrer Arbeit, so bedarf es dieses Verzeichnisses.

Abbildungsverzeichnis

Abb. 1: Clowns (Veit-Lendner)
Abb. 2: Febo (Iris Gabler-Rathkolb)
Abb. 3: ...

8. Anhang

In den Anhang wissenschaftlicher Arbeiten finden möglicherweise zentrale Studien, Tabellen etc. Eingang – all jenes also, was den Lesefluss behindern und vom eigentlichen Forschungsgegenstand ablenken würde, der Vollständigkeit halber aber angeführt wird.

Zudem können Ausdrucke jener Internetseiten, die inhaltlich in Form von Primär- oder Sekundärliteratur in der Arbeit zitiert werden, im Anhang abgelegt werden, da man nicht davon ausgehen kann, dass eine Internetseite zu einem späteren Zeitpunkt noch eingesehen werden kann. Zwingend notwendig ist aber die Angabe des Abrufdatums der jeweiligen Webseite.

Wissenschaftliches Arbeiten

6 Zitierregeln **WERKZEUG**

Richtig zu zitieren, ist keine Kunst, sondern die exakte Einhaltung von Formvorschriften, die von Schule zu Schule, von Universität zu Universität zum Teil variieren.

Die deutsche Zitierweise – die amerikanische Zitierweise

Man unterscheidet zwischen der deutschen und der amerikanischen Möglichkeit des wissenschaftlichen Zitierens. Bei der Erstellung des Literaturverzeichnisses bestehen in der Anwendung der beiden Vorschriften zwei wesentliche Unterschiede:
- Sämtliche Vornamen sind bei der amerikanischen Zitierweise abgekürzt.
- Das Erscheinungsjahr rückt beim amerikanischen Modus beinahe ganz nach vorne.

⚠ Die formelhaften Darstellungen in der Randspalte gelten nur für die deutsche Zitierweise! (ggf = gegebenenfalls)

Quellenangaben für Bücher mit einem Autor/einer Autorin (Monografien)

Beispiel deutsche Variante	Beispiel amerikanische Variante
Böck, Margit: Leseförderung als Kommunikationspolitik. Zum Mediennutzungs- und Leseverhalten sowie zur Situation der Bibliotheken in Österreich. Wien: Österreichischer Kunst- und Kulturverlag 1998, S. 13	Böck, M. (1998): Leseförderung als Kommunikationspolitik. Zum Mediennutzungs- und Leseverhalten sowie zur Situation der Bibliotheken in Österreich. Wien: Österreichischer Kunst- und Kulturverlag
Kurzzitat: Böck, Leseförderung als Kommunikationspolitik, S. 13	*Kurzzitat:* (Böck 1998, 13)

Nachname, Vorname:
Titel. Untertitel.
Anzahl der Bände. [ggf]
X. Auflage. [ab der 2. Auflage] [ggf]
Ort: **Verlag Jahr** (**Reihentitel, Bandnummer** [ggf]),
S. **XY**

Quellenangaben für Beiträge in Büchern

Beispiel deutsche Variante	Beispiel amerikanische Variante
Blöbaum, Bernd: Journalismus, Öffentlichkeit und Vielfalt. In: Rager, Günther/Weber, Bernd (Hg.): Publizistische Vielfalt zwischen Markt und Politik. Düsseldorf/Wien/New York u. a.: ECON Verlag 1992, S. 150–171, hier S. 157	Blöbaum, B. (1992): Journalismus, Öffentlichkeit und Vielfalt. In: Rager, G./Weber, B. (Hg.): Publizistische Vielfalt zwischen Markt und Politik. Düsseldorf/Wien/New York u. a.: ECON Verlag, S. 150–171, hier S. 157
Kurzzitat: Blöbaum, Journalismus, Öffentlichkeit und Vielfalt, S. 157	*Kurzzitat:* (Blöbaum 1992, 157)

Nachname, Vorname:
Titel des Beitrags.
In: **Nachname, Vorname Herausgeber des Sammelbands** (Hg.): **Titel. Untertitel des Sammelbands.** [ggf]
Anzahl der Bände. X. Auflage. [ab der 2. Auflage] [ggf]
Ort: **Verlag Jahr**,
S. **XY–XY**, hier S. **XY**

Quellenangaben für Artikel aus (Fach-)Zeitschriften

Beispiel deutsche Variante	Beispiel amerikanische Variante
Haller, Michael: Der Journalismus: Rollenspieler im Medien-Theater. Ein Essay aus aktuellem Anlass. In: medien + erziehung (merz) 46 (2002) H. 6. S. 370–380, hier S. 372	Haller, M. (2002): Der Journalismus: Rollenspieler im Medien-Theater. Ein Essay aus aktuellem Anlass. In: medien + erziehung (merz) 46 (2002) H. 6. S. 370–380, hier S. 372
Kurzzitat: Haller, Der Journalismus: Rollenspieler im Medien-Theater, S. 372	*Kurzzitat:* (Haller 2002, 372)

Nachname, Vorname:
Titel des Beitrags.
Untertitel des Beitrags. [ggf]
In: **Name der Zeitschrift Jahrgang der Zeitschrift** (**Erscheinungsjahr der Zeitschrift**)
H. **XY**. [Heftnummer im Erscheinungsjahr]
S. **XY–XY**, hier S. **XY**

6 Zitierregeln

Quellenangaben für Artikel aus Zeitungen

Beispiel deutsche Variante	Beispiel amerikanische Variante
Liessmann, Konrad Paul: Wie viel Wissenschaft braucht die Stadt? In: Der Standard, 28./29. 4. 2012, S. A7	Liessmann, K. P. (2012): Wie viel Wissenschaft braucht die Stadt? In: Der Standard, 28./29.4.2012, S. A7
Kurzzitat: Liessmann, Wie viel Wissenschaft braucht die Stadt?, S. A7	*Kurzzitat:* (Liessmann 2012, A7)

Nachname, Vorname:
Titel des Beitrags.
Untertitel des Beitrags. [ggf]
In: **Name der Zeitung**.
Nr. **XY**. [Nummer der Zeitschrift] [ggf]
Erscheinungsdatum, S. **XY**

Quellenangaben für Beiträge aus dem Internet

Beispiel deutsche Variante	Beispiel amerikanische Variante
Hrubesch, Angelika/Laimer, Thomas/Wurzenrainer, Martin: Sprach- und Leseförderung für MigrantInnen. In: Interkulturelle Bibliotheksarbeit. URL: http://www.publikationen.bvoe.at/perspektiven/bp409/s32-33.pdf (30. Juli 2012), S. 33	Hrubesch, A./Laimer, Th./Wurzenrainer, M. (2012): Sprach- und Leseförderung für MigrantInnen. In: Interkulturelle Bibliotheksarbeit. URL: http://www.publikationen.bvoe.at/perspektiven/bp409/s32-33.pdf (30. Juli 2012), S. 33
Kurzzitat: Hrubesch/Laimer/Wurzenrainer, Sprach- und Leseförderung für MigrantInnen, S. 33	*Kurzzitat:* (Hrubesch/Laimer/Wurzenrainer 2012, 33)

Nachname, Vorname:
Titel des Beitrags.
Untertitel des Beitrags. [ggf]
URL: **Quelle/Pfad**
(**Datum des Abrufs**)

Besonderheiten des Zitierens

- Bei mehr als drei Autoren/Autorinnen wird nur der/die erste mit dem Zusatz „u. a." angeführt.
- Bei mehr als drei Erscheinungsorten gilt das Gleiche.
- Ist das Erscheinungsjahr eines Werkes nicht bekannt, wird „o. J." angegeben, ist der Erscheinungsort unbekannt, „o. O.", der Verfasser, „o. V.", und ist der Verlag nicht bekannt, „o. V."
- Zitieren Sie auf einer Seite Ihrer Arbeit ein zweites Mal hintereinander dasselbe Werk, dann darf die Formel „ebd., S. XY." oder „a. a. O., S. XY" verwendet werden.

Abkürzungen

a. a. O.	am angegebenen Ort
ebd.	ebenda
H.	Heftnummer
Hg.	Herausgeber/in
o. J.	Erscheinungsjahr unbekannt
o. O.	Erscheinungsort unbekannt
o. V.	Verfasser/in unbekannt
S.	Seite
u. a.	und andere

Zitieren im Text

Die deutsche Variante	Die amerikanische Variante
Verwendet man die deutsche Zitierweise, so findet sich am Ende des Zitates eine hochgestellte Ziffer, die auf die Fußnote oder auf das Ende des Dokuments (Endnote) verweist. Wird ein Werk das erste Mal zitiert, so wird die Quelle in der Fußnote vollständig angeführt, in der Folge werden nur noch „Autor/in u. a. [ggf], Titel, Seite" angegeben.	Bei der amerikanischen Variante ist es möglich, neben Fuß- und Endnoten sofort nach dem Zitat im Text die Quellenangabe anzuführen. Dies erleichtert das Arbeiten, da das Kurzzitat im amerikanischen Modus weniger Mühe macht, es liefert aber dafür auch weniger Informationen als das deutsche Kurzzitat.

Wissenschaftliches Arbeiten

Ziele erreicht? – „Wissenschaftliches Arbeiten"

Selbstevaluation

Schätzen Sie sich selbst ein und beurteilen Sie Ihr eigenes Können. (Nehmen Sie dazu Ihre selbst verfassten Texte zur Hand und analysieren Sie sie.)

Feedback

Holen Sie Feedback über Ihre Kompetenz von einer Kollegin/einem Kollegen ein. (Geben Sie Ihre Texte an eine Kollegin/einen Kollegen weiter.)

Selbsteinschätzung kann ich	☺	😐	☹		Feedback kann sie/er	☺	😐	☹
Einleitung				**Anmerkungen**				
Klar formulierte Fragestellung								
Formulierung der Ziele								
Aufbau der Arbeit								
Hauptteil				**Anmerkungen**				
Logischer Aufbau der Arbeit								
Entwicklung eigener Ideen								
Reflexion und Einbindung relevanter Sekundärliteratur								
Logische Verknüpfung eigener Ideen mit Expertenmeinungen								
Umgang mit Zitaten und Quellen								
Gliederung (Aufteilung und Organisation der Inhalte)								
Schluss				**Anmerkungen**				
Zusammenfassende Darstellung								
Bewertung der Ergebnisse								
Bewert. der Forschungsmethode								
Resümee und Ausblick								
Formale/Sprachliche Kriterien				**Anmerkungen**				
Sprachlicher Umgang mit Fachtermini, Einsatz komplexer sprachlicher Strukturen								
Nachvollziehbare Gliederung								
Korrekte Zitation, angemessene Bibliografie								
In sich kohärente Formatierung								
Funktionaler Einsatz grafischer Darstellungen								
Umfang/Länge der Arbeit								
Rechtschreibung/Grammatik								

☺ = kann ich/sie/er sehr gut 😐 = kann ich/sie/er ☹ = kann ich/sie/er noch nicht

THEMEN

Sie haben bereits alles an textsortenspezifischer und -analytischer Arbeit für das **textsortengebundene Schreiben** geleistet. In diesem Abschnitt des vorliegenden „Blattwerk"-Bandes geht es nun an die praktische Umsetzung des Gelernten.

Medien – Kommunikation – Archivierung

Unter www.trauner.at/themen_hilfsmittel.aspx finden Sie
- eine Zusammenfassung der **maturarelevanten Textsorten** aus Blattwerk 5/6 AHS,
- **Analysebogen** zum Ausdrucken und
- eine Liste an **rhetorischen Stilfiguren**.

Mit dem Fernsehen haben wir das stabilste System aller Zeiten ermöglicht. Die Leute sind weg von der Straße, sie kommen auf keine dummen Gedanken mehr.

ZITAT AUS DEM FILM „FREE RAINER – DEIN FERNSEHER LÜGT"

Mit der Menge der Information steigt nicht die Informiertheit!

AUS EINEM ONLINE-FORUM

Medien

EINFÜHRUNG

Neil Postman
DAS MEDIUM IST DIE METAPHER (1885)

[...] Man muß also graben, wenn man begreifen will, wie beispielsweise die Uhr aus der Zeit eine vom Menschen unabhängige, mathematisch präzise Abfolge macht; wie das Schreiben aus dem Geist eine Tafel macht, auf der Erfahrungen eingetragen werden; wie der Telegraph aus der Nachricht eine
5 Ware macht. Aber diese Grabungsarbeiten werden leichter, wenn wir uns klarmachen, daß jedem Werkzeug, das wir erzeugen, eine Idee innewohnt, die über seine unmittelbare Funktion hinausweist. So hat man gezeigt, daß die Erfindung der Brille im 12. Jahrhundert nicht nur die Möglichkeit schuf, schwachen Augen neue Sehkraft zu verleihen, sondern zugleich die Vorstel-
10 lung weckte, der Mensch brauche die natürliche Ausstattung seines Körpers oder dessen altersbedingten Verfall nicht als endgültig hinzunehmen. Die Brille widerlegte die Auffassung, Anatomie sei Schicksal, indem sie die Idee entzündete, unser Körper und unser Geist seien verbesserungsfähig. [...]

Selbst das Mikroskop, eigentlich kein Instrument für den Alltagsgebrauch,
15 schließt eine einigermaßen überraschende Idee in sich – sie betrifft nicht unser biologisches, sondern unser psychologisches Wissen. Indem das Mikroskop eine dem Blick bislang verborgene Welt enthüllte, schuf es die Voraussetzungen für die Entfaltung neuer Vorstellungen über die mögliche Struktur von Geist und Psyche. Wenn die Dinge nicht sind, was sie zu sein
20 scheinen, wenn sich Mikroben auf und unter der Haut versteckt halten, wenn das Unsichtbare über das Sichtbare regiert, ist es dann nicht auch möglich, daß irgendwo in uns ein Es, ein Ich und ein Überich versteckt sind? Was ist die Psychoanalyse anderes als die Mikroskopie der Seele? Woher stammen unsere Begriffe von Geist und Seele, wenn nicht aus den Metaphern,
25 die wir mit unseren Werkzeugen hervorgebracht haben? Was bedeutet es, von jemandem zu sagen, er habe einen IQ von 126? In den Gehirnen der Menschen gibt es keine Zahlen, Intelligenz besitzt keine Quantität und keine Ausdehnung, es sei denn, wir glauben, es verhält sich so. Und warum glauben wir dies? Weil unseren Denkwerkzeugen die unausgesprochene Idee
30 innewohnt, daß der Geist so beschaffen sei. Diese Denkwerkzeuge begründen auch bestimmte Vorstellungen von der Beschaffenheit unseres Körpers, etwa wenn eine Frau auf ihre „biologische Uhr" verweist oder wenn wir von einem „genetischen Code" sprechen, wenn wir im Gesicht eines anderen „wie in einem Buch" lesen oder wenn unser Gesichtsausdruck anderen unse-
35 re Absichten „signalisiert".

Als Galilei erklärte, die Sprache der Natur sei die Mathematik, meinte er das metaphorisch. Die Natur selbst spricht nicht. Auch unser Geist spricht nicht, ebensowenig unser Körper oder der Staatskörper. Wenn wir uns über die Natur und über uns selbst austauschen, dann tun wir dies in allen möglichen
40 „Sprachen", deren Verwendung uns möglich und praktisch erscheint. Wir sehen die Natur, die Intelligenz, die menschliche Motivation oder die Ideologie nicht so, wie sie sind, sondern so, wie unsere Sprachen sie uns sehen lassen. Unsere Sprachen sind unsere Medien. Unsere Medien sind unsere Metaphern. Unsere Metaphern schaffen den Inhalt unserer Kultur.

NEIL POSTMAN: WIR AMÜSIEREN UNS ZU TODE, FISCHER – ALTE RECHTSCHREIBUNG

Sammeln Sie in einem ersten Schritt die von POSTMAN angeführten Werkzeuge, die über sich hinausweisen und damit zum Medium werden und unsere Kultur „beschreiben". Beginnen Sie mit der Uhr.

Sammeln Sie nun all jene Medien, die nach dem Fernsehen erfunden wurden, und suchen Sie nach den Ideen, die diesen „neuen" Medien zugrunde liegen. Stellen Sie Ihre Ergebnisse in Form eines **Thesenblattes** dar.

NEIL POSTMAN war einer der ersten und auch berühmtesten Medienkritiker, vor allem kritisierte er das Fernsehen und den Einfluss dieses Mediums auf unsere Gesellschaft.

POSTMAN spricht in der angeführten Textstelle davon, dass jedem Werkzeug, welches wir erfänden, eine Idee innewohne, die über seine unmittelbare Funktion hinausweise.

1 Journalismus TEXTWERK

Text 1

■ Das Bundesgesetz ist sehr allgemein formuliert – füllen Sie den Gesetzesausschnitt mit Leben und **ergänzen** Sie die allgemeinen Definitionen durch **konkrete Beispiele** in der Randspalte.

MEDIEN: BEGRIFFSBESTIMMUNGEN/BUNDESGESETZ

§ 1. (1) Im Sinn der Bestimmungen dieses Bundesgesetzes ist

1. „Medium": jedes Mittel zur Verbreitung von Mitteilungen oder Darbietungen mit gedanklichem Inhalt in Wort, Schrift, Ton oder Bild an einen größeren Personenkreis im Wege der Massenherstellung oder der Massenverbreitung;

1. a. „Medieninhalte": Mitteilungen oder Darbietungen mit gedanklichem Inhalt in Wort, Schrift, Ton oder Bild, die in einem Medium enthalten sind;

2. „periodisches Medium": ein periodisches Medienwerk oder ein periodisches elektronisches Medium;

3. „Medienwerk": ein zur Verbreitung an einen größeren Personenkreis bestimmter, in einem Massenherstellungsverfahren in Medienstücken vervielfältigter Träger von Mitteilungen oder Darbietungen mit gedanklichem Inhalt;

4. „Druckwerk": ein Medienwerk, durch das Mitteilungen oder Darbietungen ausschließlich in Schrift oder in Standbildern verbreitet werden;

5. „periodisches Medienwerk oder Druckwerk": ein Medienwerk oder Druckwerk, das unter demselben Namen in fortlaufenden Nummern wenigstens viermal im Kalenderjahr in gleichen oder ungleichen Abständen erscheint und dessen einzelne Nummern, mag auch jede ein in sich abgeschlossenes Ganzes bilden, durch ihren Inhalt im Zusammenhang stehen;

5. a. „periodisches elektronisches Medium": ein Medium, das auf elektronischem Wege
   a. ausgestrahlt wird (Rundfunkprogramm) oder
   b. abrufbar ist (Website) oder
   c. wenigstens vier Mal im Kalenderjahr in vergleichbarer Gestaltung verbreitet wird (wiederkehrendes elektronisches Medium);

6. „Medienunternehmen": ein Unternehmen, in dem die inhaltliche Gestaltung des Mediums besorgt wird sowie a) seine Herstellung und Verbreitung oder b) seine Ausstrahlung oder Abrufbarkeit entweder besorgt oder veranlasst werden;

7. „Mediendienst": ein Unternehmen, das Medienunternehmen wiederkehrend mit Beiträgen in Wort, Schrift, Ton oder Bild versorgt;

Wenn in der Folge in diesem Teil des „Blattwerks" von Medien gesprochen wird, so sind jene Medien gemeint, die im Bundesgesetz als Medien definiert sind.

8. „Medieninhaber": wer

    a. ein Medienunternehmen oder einen Mediendienst betreibt oder
    b. sonst die inhaltliche Gestaltung eines Medienwerks besorgt und dessen Herstellung und Verbreitung entweder besorgt oder veranlasst oder
    c. sonst im Fall eines elektronischen Mediums dessen inhaltliche Gestaltung besorgt und dessen Ausstrahlung, Abrufbarkeit oder Verbreitung entweder besorgt oder veranlasst oder
    d. sonst die inhaltliche Gestaltung eines Mediums zum Zweck der nachfolgenden Ausstrahlung, Abrufbarkeit oder Verbreitung besorgt;

9. „Herausgeber": wer die grundlegende Richtung des periodischen Mediums bestimmt;

10. „Hersteller": wer die Massenherstellung von Medienwerken besorgt;

11. „Medienmitarbeiter": wer in einem Medienunternehmen oder Mediendienst an der inhaltlichen Gestaltung eines Mediums oder der Mitteilungen des Mediendienstes journalistisch mitwirkt, sofern er als Angestellter des Medienunternehmens oder Mediendienstes oder als freier Mitarbeiter diese journalistische Tätigkeit ständig und nicht bloß als wirtschaftlich unbedeutende Nebenbeschäftigung ausübt;

12. „Medieninhaltsdelikt": eine durch den Inhalt eines Mediums begangene, mit gerichtlicher Strafe bedrohte Handlung, die in einer an einen größeren Personenkreis gerichteten Mitteilung oder Darbietung besteht.

(2) Zu den Medienwerken gehören auch die in Medienstücken vervielfältigten Mitteilungen der Mediendienste. Im Übrigen gelten die Mitteilungen der Mediendienste ohne Rücksicht auf die technische Form, in der sie geliefert werden, als Medien.

WWW.RIS.BKA.GV.AT

Text 2

1. An Ihrer Schule findet im Rahmen der Vortragsreihe „Moderner Journalismus" eine Podiumsdiskussion statt. Als Vorbereitung darauf fertigen Sie eine Zusammenfassung des Textes „Vom Wandel der journalistischen Praxis" an.
Lesen Sie den Bericht. Verfassen Sie nun die **Zusammenfassung** und bearbeiten Sie dabei die folgenden Arbeitsaufträge:

- **Geben** Sie die wichtigsten Veränderungen in der journalistischen Praxis **wieder.**
- **Beschreiben** Sie die Veränderungen in der Ausbildung und Berufspraxis der Journalistinnen und Journalisten.

Schreiben Sie zwischen 270 und 330 Wörter. Markieren Sie Absätze mittels Leerzeilen.

2. Im Zuge einer Schwerpunktveranstaltung „Moderner Journalismus" verfassen Sie in Ihrer Funktion als Schulsprecher/in zum Bericht „Vom Wandel der journalistischen Praxis" eine Erörterung.
Lesen Sie den Bericht, verfassen Sie Ihre **Erörterung** und bearbeiten Sie die folgenden Arbeitsaufträge:
- **Beschreiben** Sie die schwierige Situation, in der sich die klassischen Medien aufgrund von Internet und der schnell fortschreitenden Technologisierung befinden.
- **Setzen** Sie sich mit Prinzipien und Regeln **auseinander,** die von Journalistinnen und Journalisten eingehalten werden sollen. Welche Prinzipien und Gebote müssen eingehalten, welche Techniken beherrscht werden, um in der journalistischen Praxis mithalten oder auch eine Vorreiterrolle spielen zu können?
- **Diskutieren** Sie den gegenwärtigen Umgang der Beteiligten mit diesen Regeln und Verhaltensvorschriften.

Schreiben Sie zwischen 405 und 495 Wörter. Markieren Sie Absätze mittels Leerzeilen.

VOM WANDEL DER JOURNALISTISCHEN PRAXIS

Viel wird spekuliert über die Zukunft der Medien. Aber wohin entwickelt sich journalistisches Arbeiten? Ein Blick nach vorn – und in den Rückspiegel.

Tief gebeugt sitzen die Journalisten über ihren Schreibmaschinen, das Klappern der Typenhebel hallt durch den Raum und die fertigen Artikel werden mit der Rohrpost in die Setzerei geschickt, wo die Zeitung Zeile für Zeile in „Bleisatz" gegossen wird. Ein Bild aus einer anderen Zeit? Eigentlich ist es noch gar nicht so lange her, dass der Alltag in Redaktionen so ausgesehen hat, die älteren unter den Kollegen können sich noch gut daran erinnern. Inzwischen regieren Bits und Bytes statt Papier und Druckerschwärze. Der Wandel, den der Journalismus durchgemacht hat und weiter durchmacht, ist enorm. Und ein Gutteil dieses Wandels ist durch das Internet bedingt. „Früher hat man das Telefon zum Recherchieren gehabt", erzählt der ehemalige „Presse"-Chefredakteur Thomas Chorherr. „Man musste sich selbst auf die Beine machen." Heute wird gegoogelt.

Der Wandel in der Recherche ist eine der wesentlichsten Veränderungen der journalistischen Praxis. „Das persönliche Gespräch ist sicherlich weniger geworden", sagt Chorherr. Stattdessen nutzen Redakteure Suchmaschinen und Online-Enzyklopädien wie Wikipedia. Und natürlich Nachrichtenagenturen. Gerade Online-Redakteuren wird heute gern vorgeworfen, lediglich Agenturmeldungen zu kopieren. Dass auch die Nachrichtenselektion eine journalistische Kernkompetenz ist, wird vergessen. „Der Copy-&-Paste-Verdacht besteht zu Recht – aber das ist kein Ergebnis der Digitalisierung", sagt Andy Kaltenbrunner, Gesellschafter des Medienhauses Wien. „Da gibt es eine Verklärung des Journalismus von einst. Wer sich eine Zeitung aus den 1960er-Jahren zur Hand nimmt, wird feststellen, dass die nach unseren Maßstäben viel schlechteren Journalismus aus sehr viel weniger Agenturquellen gemacht haben."

Print ist nicht ersetzbar
Der Journalismus habe nicht an Qualität verloren – im Gegenteil. „Junge Journalisten sind heute in vielerlei Hinsicht besser vorbereitet", so Kaltenbrunner. Während man früher das Handwerk in Redaktionen – durchaus vor dem mitlesenden Publikum – gelernt hat, gibt es heute in Österreich so viele Ausbildungsstätten wie nie zuvor. Aber auch die Anforderungen haben sich verändert. „Die Qualitätsansprüche an den Einzelnen, eine breite Bildung und einen hohen Grad an Spezialisierung aufzuweisen, steigen", resümiert Kaltenbrunner. „Journalisten brauchen ein breiteres Verständnis von Kommunikation, dem Mediensystem und ihrem Publikum als etwa noch vor 20, 30 Jahren. Der Job ist aufregender, vielfältiger und viel härter geworden."

Das schlägt sich auch in den Arbeitszeiten nieder. Im Schnitt arbeiten angestellte Journalisten 48,7 Stunden pro Woche, ergab der „Journalisten Report II". Nicht berücksichtigt wurde, dass Arbeit und Freizeit zunehmend verschwimmen. „Morgenjournal" hören, „ZiB" schauen, Zeitung lesen: Job oder Vergnügen? Zu twittern gehört zum guten Ton – und zwar rund um die Uhr. Redaktionen stoßen inzwischen an ihre Grenzen. Personalabbau ist nach den krisenbedingten „Entschlackungskuren" kaum mehr möglich, jedenfalls nicht ohne Einbußen bei der Qualität. Glaubt man Kaltenbrunner, soll das Pendel künftig in die Gegenrichtung ausschlagen. „Punkten kann man nur mit massiven Investitionen in Qualität – in das Personal, in Weiterbildung und in die Strategiebildung", so der Medienberater. Denn eines ist klar: Die Journalisten von morgen müssen mehrere Plattformen bespielen können. Zwar existieren Online- und Printredaktionen heute vielfach noch neben- und nicht miteinander, aber das wird sich ändern. „Die integrierte Redaktion ist auf lange Sicht gesehen unausweichlich." Fürchten müssen sich aber selbst die Apokalyptiker unter den Medienbeobachtern nicht. „Die Papierproduktion wird drastisch zurückgehen, aber nicht verschwinden", sagt Kaltenbrunner. „Es gibt Bereiche, in denen Print nicht ersetzbar ist."

Wie aber wirkt sich die onlinegetriebene Nachrichtenflut, die sich mit jeder Smartphone- und Tablet-Generation verstärkt, auf die Praxis aus? Verschiebt sich der Fokus von reinen Nachrichten hin zu Meinungsartikeln, wie manche Beobachter meinen? „Nein. Gute Nachrichtenselektion durch glaubwürdige Profis wird im Gegenteil wichtiger, eben weil es scheinbar immer und überall einen Schwall davon gibt", sagt Kaltenbrunner. „Die häufige Annahme, dass Kommentare die wichtigste Perspektive des Journalismus sind, ist nur die halbe Wahrheit. Zuerst kommen solide Recherche, Wissenserwerb, Nachrichtenaufbereitung – und dann erst subjektiv Gescheites. Und das sollte sehr gescheit sein. Weil Meinungen gibt es im Web im Dutzend billiger."

Gewandelt hat sich auch die Kultur des Journalismus. Während Printartikel irgendwann in Druck gehen, können und müssen Onlinetexte ständig aktualisiert werden. Fertig ist man in dieser neuen Ära des Nichtloslassens somit eigentlich nie.

HEIDE RAMPETZREITER, DIE PRESSE

Erarbeiten Sie eine tabellarische **Gegenüberstellung** von „Journalismus damals" und „Journalismus heute". Ergänzen Sie die beiden Kategorien im Anschluss daran durch die dritte Kategorie „Journalismus morgen" und entwerfen Sie darin zukünftige Arbeitsmodalitäten.

Text 3

1. An Ihrer Schule wird eine Schwerpunktveranstaltung zum Thema „Medien – gestern – heute – morgen" durchgeführt. Einerseits stehen noch etliche Diskussionsrunden über die „journalistische Praxis" auf dem Programm, andererseits soll die Thematik auch ihren Niederschlag in Ihrer Schulzeitung finden. Folgende Aufgaben sind zu erledigen:

   a) **Analysieren** Sie den Text „In eigener Sache" nach formalem und inhaltlichem Aufbau, sprachlichen Mitteln und Argumentation.
   Notieren Sie Ihre Erkenntnisse in Stichworten und **diskutieren** Sie Ihr Ergebnis in der Gruppe.

   b) **Diskutieren** Sie im Anschluss an die Textanalyse die untenstehenden Begriffe und stellen Sie Bezüge zur im Text dargestellten Problematik her, in der sich ein/e Journalist/in befindet, so er/sie Reportagen über „den kleinen Mann" verfasst. Stellen Sie die Ergebnisse Ihrer Diskussion in Form eines **Thesenblattes** dar.

   - journalistische Empathie
   - Autorenkamera (Perspektive)
   - Publikumsinteresse (Auflage)
   - gesellschaftlicher Commonsense
   - Blattlinie

2. Im Zuge des Projektes „Moderner Journalismus" verfassen Sie einen Kommentar zum Thema „Zwischen Tatsachen und Auflagenzahlen", der in der Schülerzeitung Ihrer Schule publiziert werden soll.
   Lesen Sie den Text „In eigener Sache". Verfassen Sie Ihren **Kommentar** und bearbeiten Sie dabei die folgenden Arbeitsaufträge:

   - **Geben** Sie die im Bericht dargestellte Problematik von Journalistinnen und Journalisten **wieder.**
   - **Nehmen** Sie **Stellung** zum gegenwärtigen Stil des Journalismus in unterschiedlichen Medien.
   - **Diskutieren** Sie Lösungsvorschläge, wie Journalistinnen und Journalisten es schaffen können, einen guten Mittelweg zwischen Quote und fairer Darstellung zu finden.

   Schreiben Sie zwischen 405 und 495 Wörter. Markieren Sie Absätze mittels Leerzeilen.

IN EIGENER SACHE

Journalismus-Kritik. Journalisten haben einen Ruf zu verteidigen: Der Wahrheit verpflichtet, auf der Seite der Schwachen, und das alles auch noch gut geschrieben. [...] Berichte aus unserer Praxis

Der Reporter, ein undankbarer Gast

Es ist sechs Jahre her, dass ich die Familie T. zuletzt gesehen habe, aber ich erinnere mich gut an sie. „Der Jörg von der ZEIT ist da!", rief Herr T., als ich wieder einmal zu Besuch in die kleine Erdgeschosswohnung am Rand Berlins kam, ich war zum Mittagessen eingeladen. Herr T. hatte gekocht, er war als Handwerker gerade arbeitslos. Es gab Kassler und Kartoffelpüree. Dann saß ich mit den T.s und ihrem jüngsten Sohn im Wohnzimmer, stellte Fragen und machte Notizen. Sie ahnten nicht, dass Journalisten sich für solche Freundlichkeiten nicht unbedingt erkenntlich zeigen.

Ich fand die T.s sympathisch: normale Leute, ohne die Glätte der Mächtigen und Funktionsträger, auf die man als Reporter häufig trifft. Sie lachten gern über sich selbst – Vater, Mutter, Sohn witzelten über ihre größte gemeinsame Schwäche: Sie waren zu dick. Viel zu dick sogar. Und weil man das immer vor Augen hatte, nahmen ihre Witze einem etwas von der eigenen Befangenheit. So ließen die T.s auch den Druck aus dem mit Schuld und Scham besetzten Thema.

Herr T. grinste und lud sich den Teller voll. „Ich war als Kind schon pralle." „Biste heute noch!", rief der Sohn, er klatschte sich auf den Bauch.
Ich hatte die T.s über eine Ärztin kennengelernt, die dicken Kindern beim Abnehmen hilft. Ihr Sohn P. war elf Jahre alt und wog 80 Kilo. Er war jenes deutsche Kind, dessen Anblick Politiker im Jahr 2005 in Aufregung versetzte: Jedes fünfte Kind sei zu dick, hatten Statistiker herausgefunden, und es sah so aus, als würde das ganze Land über kurz oder lang fett und schlaff werden. In der Küche der T.s schien es um unser aller Zukunft zu gehen. Deshalb besuchte ich die T.s ein Jahr lang immer wieder, dann schrieb ich meine Eindrücke auf.

In der Redaktion wurde der Text gelobt. Die Familie T. habe ich nicht gefragt, wie sie ihn fand. Ich hatte sie öffentlich ausgestellt, zwar mit verändertem Namen und einem Foto, auf dem selbst Nachbarn den Sohn nicht erkennen konnten, aber doch auf der Basis freundlicher Begegnungen – ein leises Unbehagen hielt mich von einem Anruf ab. Könnten sie die Reportage als Beleidigung empfunden haben, diesen kalten Blick auf sich selbst? Weitere Fragen bohrten, auch beim Schreiben anderer Texte: Was macht man als Journalist mit den Menschen, über die man schreibt? Was bildet man da mit welchem Recht und welchen Folgen ab?

Journalisten sprechen oft von der nötigen „Zuspitzung". Sie meinen Dramatisierung. Jede Beschreibung ist nur ein Splitter der Realität, vielleicht sähe ein Zweiter im selben Moment etwas ganz anderes. Der Reporter ist immer im Zwiespalt: Er sucht das Farbige, Aussagekräftige, und zugleich müssen seine Sätze der Wirklichkeit gerecht werden. Was ist noch vertretbar, was schon zu viel? Und wieweit verpflichten Höflichkeit und Fairness gegenüber Menschen, die sich einem geöffnet haben? Das richtige Maß muss man finden. Bei Mächtigen können ganz andere Maßstäbe gelten als bei Leuten von nebenan. Ältere Kollegen geben gern den Rat, in jedem Fall so zu schreiben, dass man den Porträtierten ohne schlechtes Gewissen unter die Augen treten kann. Da muss was dran sein.

Die Reportage „Schweres Los", in großem Abstand wieder gelesen: Das Drama eines dicken Jungen, der eigentlich keine Chance hat, auch weil seine Eltern ihm das Dicksein als ausweglos vorleben. Eine Geschichte, die beim Leser kalkuliert Wirkung erzielt, weil dieser Junge wohl in jedem von uns ist: da, wo wir scheitern, ohne recht zu wissen, warum.
Die Familie ist nicht unsympathisch dargestellt, aber die Autorenkamera zeigt ausgiebig das Desolate. Wie die T.s über ihr Leid hinwegreden, es gar nicht als solches sehen. Trotzdem ist der Eindruck jetzt: Da ist etwas zu schwarz-weiß gezeichnet. Die kleinbürgerliche Familie auf dem Sofa wird ausgestellt „in riesigen Sweatshirts, die sie trotzdem ganz ausfüllen". Wo ist all das, was den Autor einmal für sie eingenommen hat? Es fehlt eine Schattierung. Haben die T.s sich in dieser Beschreibung am Ende halbwegs wiedergefunden oder den Autor verflucht?
Nun also doch: ein Anruf bei der Familie, sechs Jahre später. Es meldet sich P., der Sohn, seine Stimme ist viel tiefer als damals. Er muss heute 17 Jahre alt sein. Er erinnert sich sofort. Wie er den Artikel fand?

„Gut", brummt er. Mehr sagt er nicht, aber er wird ja auch überrumpelt. Er holt seine Mutter ans Telefon. „Der Artikel war nicht ganz so, wie ich ihn mir erhofft hatte", sagt sie freundlich. Aber sie erinnere sich nicht genau. Ob man ihn noch mal schicken könne?

Ein zweiter Anruf, ein paar Tage später. Frau T. hat der Familie laut vorgelesen. „Wir haben uns köstlich amüsiert", sagt sie und lacht. Im Ernst? „Na ja, manche Sachen waren schon komisch geschrieben, und manche passten nicht zu uns. Da war so ein vorwurfsvoller Ton. Und gar nichts über unseren Zusammenhalt. Es ist uns doch nicht egal, dass wir dick sind, so haben Sie uns aber dargestellt. Manchmal haben wir uns gedacht: Das sind nicht wir."

JÖRG BURGER U. A., ZEIT.DE

Grafik 1

Im Zuge der Schwerpunktveranstaltung zum Thema „Medien – gestern – heute – morgen" wurde in einer Podiumsdiskussion auch die Zukunft der Printmedien diskutiert.

Verfassen Sie eine **Textanalyse** zum Thema „Zukunft der Printmedien" und bearbeiten Sie die folgenden Arbeitsaufträge:

- **Beschreiben** Sie die die Unterschiede in der Nutzung von Internet und gedruckten Tageszeitungen der angeführten Altersgruppen.
- **Erläutern** Sie den Trend bei jüngeren Altersgruppen, vermehrt das Internet zur tagesaktuellen Informationsgewinnung zu nutzen.
- **Setzen** Sie sich kritisch mit der Zukunft der Zeitungen und Zeitschriften aus Ihrer Perspektive **auseinander**.

Schreiben Sie zwischen 405 und 495 Wörter. Markieren Sie Absätze mittels Leerzeilen.

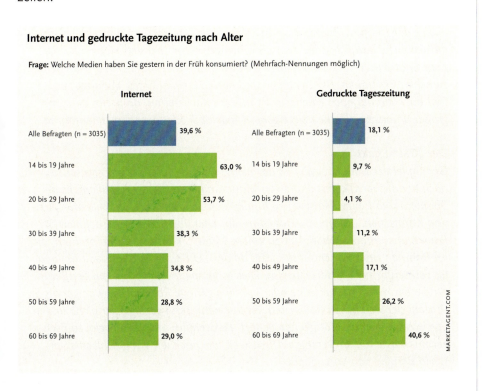

Internet und gedruckte Tageszeitung nach Alter

Frage: Welche Medien haben Sie gestern in der Früh konsumiert? (Mehrfach-Nennungen möglich)

	Internet	Gedruckte Tageszeitung
Alle Befragten (n = 3035)	39,6 %	18,1 %
14 bis 19 Jahre	63,0 %	9,7 %
20 bis 29 Jahre	53,7 %	4,1 %
30 bis 39 Jahre	38,3 %	11,2 %
40 bis 49 Jahre	34,8 %	17,1 %
50 bis 59 Jahre	28,8 %	26,2 %
60 bis 69 Jahre	29,0 %	40,6 %

MARKETAGENT.COM

2 Fernsehen

TEXTWERK

Text 1

Im Zuge des Deutschunterrichts haben Sie eine Präsentation zum Thema „Serien" durchzuführen. Die Form der Präsentation ist Ihnen überlassen. Sie haben sich entschieden, die für Sie wesentlichen Inhalte in einer Meinungsrede zu bündeln.

Verfassen Sie aufgrund der Informationen aus dem folgenden Bericht eine **Meinungsrede** und bearbeiten Sie dabei die folgenden Arbeitsaufträge:

- **Nennen** Sie einzelne Serien, die sich in Ihrem Umfeld einer Beliebtheit erfreuen.
- **Analysieren** Sie diese hinsichtlich der ihnen immanenten Rollendarstellungen.
- **Diskutieren** Sie die im Bericht genannten Thesen, dass die Fiktion Potenziale habe, die nicht genutzt würden, andererseits dass Fernsehserien sich um das Ist und nicht um das Soll zu kümmern hätten.
- **Appellieren** Sie an Ihre Zuhörer/innen, die in Serien dargestellten Inhalte auch immer wieder kritisch zu hinterfragen.

Schreiben Sie zwischen 540 und 660 Wörter. Markieren Sie Absätze mittels Leerzeilen.

DIE FERNSEH-KOMMISSARIN ALS ROLLENVORBILD

Jungen Frauen fehlen weibliche Vorbilder in naturwissenschaftlich-technischen Berufen. Daran ist wahrscheinlich auch das Fernsehen schuld.

Das Fernsehen zeigt gern das Bewährte: Er ist Landarzt, Anwalt oder Bauer aus Leidenschaft, während sie, nun ja, Frau ist. Das genügt. Nur selten reicht
5 *die weibliche Berufswelt im deutschsprachigen Film über den Horizont einer Kleinstadt hinaus; die Schauplätze weiblicher Selbstverwirklichung changieren zwischen Boutiquen, Blumenläden und netten kleinen Cafés. Verlangt der Plot doch einmal nach einer selbstständigen Karrierefrau, dann hat diese mit großer Wahrscheinlichkeit ein eigenes Modelabel oder dekoriert Innenräume.*

10 **Der „CSI"-Effekt**
Der Gipfel der Emanzipation ist das nicht. Wer im Unterhaltungsfernsehen nach beruflicher Gleichstellung von Mann und Frau sucht, wird allenfalls an Spitälern und Polizeidienststellen fündig, den Schauplätzen der beliebten Arzt- und Krimiserien. „Männer werden im Film eher über ihren Beruf definiert,
15 *Frauen über ihre Zugehörigkeit zu einem Mann", konstatiert Marion Esch, die im Rahmen eines Forschungsprojekts an der TU Berlin die Berufswelt fiktionaler Fernsehformate untersucht hat. Dies treffe sogar dann zu, wenn der Beruf für die Dramaturgie gar keine oder nur eine geringe Rolle spiele. Weniger als 5 Prozent der weiblichen Rollen würden in einem Beruf gezeigt, der nicht zu den*
20 *„typisch weiblichen" Tätigkeiten gehört. Fernsehfilm und Telenovela, so Esch, zeichnen eine radikal verengte Arbeitswelt, die nach wie vor geschlechtstypischen Berufen den Vorzug gibt.*

Man muss das nicht schlimm finden. Filmschaffende entscheiden selbstverständlich in künstlerischer Freiheit über die Ausgestaltung ihrer Figuren. Gleich-

wohl geht die Wirkung von Film und Fernsehen erwiesenermaßen über die reine Unterhaltung hinaus. Dass sie auch die Berufswahl beeinflusst, lässt sich etwa an der amerikanischen Krimiserie „Crime Scene Investigation" („CSI") ablesen: Im Zuge der Ausstrahlung schoss in den USA die Zahl der Studienanfängerinnen im Fach Forensik – zuvor eine Männerdomäne – auf 75 Prozent hoch. 2010, zehn Jahre nach dem Start der Serie, waren 60 Prozent aller Angestellten in forensischen Laboren weiblich – genau wie die smarten Ermittlerinnen der fiktiven „CSI"-Teams. Auch hierzulande zeitigte die weibliche Dominanz bei der fiktionalen Spurensicherung reale Folgen: Den 2004 neu eingeführten Bachelor-Studiengang „Science forensique" an der Universität Lausanne belegten gegen alle Erwartungen zu zwei Dritteln junge Frauen. In Deutschland wies Susanne Keuneke von der Universität Düsseldorf denselben „CSI"-Effekt bei den Studenten der Rechtsmedizin nach – der sich bei näherem Hinsehen als gar nicht so neu entpuppt: „Dr. Quincey" habe in den 1970er-Jahren einen vergleichbaren Ansturm auf die Rechtsmedizin ausgelöst, sagt Jo Reichertz, Medienwissenschafter an der Universität Duisburg-Essen.

Dahinter steckt ein letztlich simpler Mechanismus: Wo einer ein Berufsfeld nicht aus dem Kreis der Familie und Bekannten kenne, ersetzten medial vermittelte, fiktionale Rollenvorbilder die realen, erläutert Reichertz. Dabei kommt es nicht nur auf die Darstellung der konkreten Tätigkeit an, sondern auch auf Charakterzüge der Figur, die in einem bestimmten Beruf gezeigt wird. Suggeriert das mediale Vorbild erst noch, dass mit dem Beruf hohes Ansehen, gutes Gehalt und gesellschaftlicher Nutzen einhergehen, steigt die Nachfrage nach der entsprechenden Ausbildung.

Ähnliche Korrelationen haben Medienwissenschafter auch in Zusammenhang mit anderen TV-Serien beobachtet, allerdings sind diese wissenschaftlich weniger gut abgestützt als der „CSI"-Effekt. „L.A. Law" etwa lockte in den 1980er- und 1990er-Jahren zahlreiche Frauen zur Rechtswissenschaft, weil die Fernseh-Anwältinnen vor Gericht gegen Diskriminierung, Rassismus und häusliche Gewalt kämpften – Themen, die Frauen tendenziell ansprechen. Auch beim Polizeiberuf wird ein Einfluss des Fernsehens vermutet. Denn als die ersten Kommissarinnen im „Tatort" auftraten, galten in sämtlichen deutschen Bundesländern noch Gesetze, die Frauen den Dienst an der Waffe untersagten. Als die Verbote nach und nach fielen, waren die Ermittlerinnen in der öffentlichen Wahrnehmung schon so wohlgelitten, dass die Damen zahlenmäßig innert kürzester Zeit zu den männlichen Kollegen aufholten. Und sogar dem Beruf des Bestatters verlieh das Fernsehen mit „Six feet under" neue Noblesse, die sich in steigenden Interessentenzahlen niederschlug.

Vor diesem Hintergrund bekommen die eingefahrenen Geschlechterklischees zahlreicher Fernsehserien einen unschönen Beigeschmack. Setzen sich Politik und Pädagogik nicht seit Jahren für ausgewogene Geschlechterverhältnisse in möglichst allen Berufen ein? Torpediert das Fernsehen – bewusst oder unbewusst – die intensiven Bemühungen um die berufliche Gleichstellung beider Geschlechter?

Marion Esch plädiert deshalb dafür, in der Mainstream-Unterhaltung häufiger Berufe aus dem naturwissenschaftlich-technischen Bereich und vor allem mehr Frauen in diesen Berufen zu zeigen. „Fiktion hat Potenziale, die wir nicht nutzen", sagt Esch. Das Unterhaltungsfernsehen könne besser als andere Medien breitenwirksam vermitteln, dass Mädchen nicht nur gute Ärztinnen, Anwältinnen und Polizistinnen werden könnten, sondern auch das Zeug zur Ingenieurin, Mathematikerin oder Web-Programmiererin hätten. Das bleibe haften, wie die Beispiele der Kommissarinnen und der „CSI"-Ermittlerinnen zeigten. Nicht nur bei den Jugendlichen, sondern auch bei deren Eltern.

Soap als Gleichstellungsmotor
Diese Meinung teilen nicht alle. Martin Bloch, Programmentwickler der Abteilung Unterhaltung beim SRF, stuft den Einfluss fiktiver Erzählungen auf die Berufswahl junger Zuschauer als gering ein, zumal der Fernsehkonsum bei Jugendlichen rapide abnehme. Per Soap-Opera einer gesellschaftlichen Entwicklung vorzugreifen, lehnt Bloch ab: Fernsehunterhaltung kümmere sich „um das Ist und nicht um das Soll". Die Soap-Opera als Gleichstellungsmotor ist umstritten.

Gleichwohl lässt sich nicht beziffern, wie groß der allfällige Einfluss des Fernsehens auf die Berufswahl Jugendlicher ist. Nachfragen bei Berufsberatungsstellen, Medienwissenschaftern und Bildungsforschern hinterlassen kein eindeutiges Bild. Wissenschaftlich gesicherte Erkenntnisse über die pädagogische Wirkung filmischen Erzählens sind rar, schon weil etwaige Einflüsse des Fernsehens kaum getrennt vom gleichzeitig stattfindenden gesellschaftlichen Wandel untersucht werden können.

In welchem Maße die in Naturwissenschaft und Technik hochqualifizierte Frau derzeit noch immer unter dem Verdacht der Unglaubwürdigkeit steht, machte ausgerechnet ein Raumfahrt-Thriller deutlich: Der Astronautin Dr. Ryan Stone (Sandra Bullock) dichtete das Drehbuch zu Alfonso Cuaróns „Gravity" völlig unnötig einen „medical doctor" an – obwohl eine Ingenieursausbildung sie zweifellos besser für ihre Odyssee von einer kaputten Raumstation zur andern qualifiziert hätte und erst recht für die Eingangsszene des Films. Die nämlich zeigt Dr. Stone bei Reparaturarbeiten am Weltraumteleskop Hubble.

HELGA RIETZ, NEUE ZÜRCHER ZEITUNG

Text 2

Im Drama „Talkshow" von THOMAS ENZINGER geht es um eine Mutter namens Maria, deren Tochter Nadja von ihrem Vater jahrelang missbraucht worden ist. Das Mädchen outet sich auf Vermittlung durch eine Freundin live in einer Talkshow, begeht aber in der Folge Selbstmord.

Der Vater kommt hinter Gitter und die Mutter, Maria, sucht nun die Moderatorin der Show namens Laura auf und konfrontiert diese mit dem Tod ihrer Tochter. Laura will sich gerade auf den Weg zum Sender machen, wartet aber noch auf die Babysitterin, die auf ihr kleines Mädchen aufpassen soll. Maria bedroht Laura mit einem Messer und wirft sie aus der Wohnung, ohne dass Laura Gelegenheit erhält, ihr Kind mitzunehmen. Damit endet das Stück.

Menschen, die in Talkshows auftreten, kehren vor einem Millionenpublikum vielfach ihr Innerstes nach außen, vielleicht aus Geltungsdrang, vielleicht aufgrund der berühmt-berüchtigten „15 minutes of fame". An die Folgen wird dabei oft nicht gedacht. Der Sender wiederum befindet sich im Dilemma zwischen Quote und Verantwortungsbewusstsein den Showteilnehmerinnen und -teilnehmern gegenüber.

Lesen Sie den Auszug aus dem Theaterstück „Talkshow".
Verfassen Sie einen **Kommentar** zur Thematik des Stückes „Talkshow", der in der Schülerzeitung Ihrer Schule publiziert werden soll.
Bearbeiten Sie dabei die folgenden Arbeitsaufträge:

- **Beschreiben** Sie einzelne Vorfälle in Talkshows, an die Sie sich erinnern.
- **Vergleichen** Sie den Inhalt des Stückes „Talkshow" mit in der Realität vorkommenden Talkshow-Themen.
- **Analysieren** Sie die Funktion, die Talkshows in unserer medialisierten Welt und Gesellschaft einnehmen.
- **Setzen** Sie sich kritisch mit dem Begriff „Seelen-Striptease im TV" **auseinander.**

Schreiben Sie zwischen 540 und 660 Wörter. Markieren Sie Absätze mittels Leerzeilen.

Thomas Enzinger
TALKSHOW (2003)

LAURA: Meine Güte – ja – und ich stehe auch dazu. Ja, ich mache eine Unterhaltungssendung. Ja, ich will, daß sich die Zuseher unterhalten. Wenn das nicht mein Ziel wäre, dann wäre meine Sendung nicht mehr. Das sind nun einmal die Gesetze des Fernsehens, die Sie um allerwelt nicht begreifen wollen.

MARIA: Wegen einiger Minuten Unterhaltung haben Sie das Leben einer Familie zerstört.

LAURA: Ich habe niemandes Leben zerstört. Ich habe ein reines Gewissen. Ich habe keine Verbrechen begangen. Ihre Tochter wurde mißbraucht, vergewaltigt, seit sie neun Jahre alt war. Das war das Verbrechen. Warum kommt von Ihnen nie auch nur ein Wort darüber, auch nur ein Wort, daß hier das Unrecht lag, daß hier ein Verbrechen begangen wurde? Daß Ihr Mann ein Verbrecher ist.

MARIA: Ich habe nie ...

LAURA: Noch mal: Nicht das Fernsehen hat das Verbrechen begangen, das Verbrechen saß in Ihrer Familie. Und Sie stehen hier und beschuldigen mich. Während Sie Ihren Mann, den Sie auch noch verteidigen und ...

MARIA: *(laut)* Ich verteidige ihn nicht. Ich habe meinen Mann nie verteidigt. Wann habe ich ihn verteidigt? Wann? Sagen Sie mir. Wann? Wann habe ich ihn verteidigt? Mein Mann ist ein Schwein, und meinetwegen kann er im Gefängnis verrecken.

[...]

Halten Sie sich für Gott? Steht man denn über allen Gesetzen, wenn man eine Talkshow moderiert? Steht das Fernsehen denn immer außerhalb jeder Schuld?

LAURA: Nachdem Nadja ihre Geschichte in meiner Sendung erzählt hat, gab es unzählige Anrufe junger Mädchen, die Hilfe suchten. Die endlich auch den Mut fanden, aufzustehen und „nein" zu sagen. Die sich auflehnten gegen den wirklichen tagtäglichen Wahnsinn. Bestärkt durch Ihre Tochter. Das hat meine Sendung bewirkt. Das bewirken alle meine Sendungen. Das bewirkt das Fernsehen. Aufklärung. Und dagegen wehren Sie sich. Gegen die Wahrheit.

MARIA *(brüllt)*: Was denn für eine Wahrheit? Meine Tochter ist tot. Nadja ist tot. Das ist die Wahrheit. Hat das alles nicht mehr ertragen. Dem Druck nicht mehr standgehalten. Die Schuldgefühle, die sie auf sich geladen hat. Durch die Aussage im Fernsehen. Zu der Sie mein Kind getrieben haben. Sie hat das nicht gewollt. Diese ganze Öffentlichkeit. Sie hat nur Hilfe gesucht. Und hat sich damit an den Falschen gewandt. An Sie. Ist damit nicht fertiggeworden. Sie ist tot. So sieht die Wahrheit aus.

LAURA: Davon habe ich nichts gewußt, ich ...

MARIA: Sie haben sie umgebracht mit Ihrer Scheißsendung. Nadja war zu sensibel, um das alles zu ertragen. Das hätten Sie wissen müssen, bevor Sie ihr Innerstes vor Millionen von Menschen nach außen kehrten. Darüber hätten Sie nachdenken müssen. Das wäre auch Ihre Verantwortung gewesen. Nicht nur die Ihren perversen, sensationsgeilen Zusehern gegenüber.

LAURA: Ich hatte keine Ahnung, daß ...

MARIA: Vor einen Zug. Sie hat sich vor einen Zug geworfen. Sie war so verzweifelt, daß sie sich ... Und Sie haben nicht einmal davon gewußt. Daß Sie sie vernichtet haben. Haben sich nie weiter für sie interessiert. Wozu auch? Sie hatten ja bereits mit meinem Kind Ihre Einschaltquote. Also, wozu noch Interesse heucheln? Oder eine Träne vergießen? Schon gar nicht ohne Kamera in der Nähe. Sie haben mein Kind auf dem Gewissen. Sie alleine.

LAURA: Nein ...

THOMAS ENZINGER: TALKSHOW, ÖSTERREICHISCHER BÜHNENVERLAG –
ALTE RECHTSCHREIBUNG

3 Internet   TEXTWERK

Text 1

1. Im Zuge des Symposiums „Utopie oder Dystopie" an Ihrer Schule beschäftigen Sie sich mit der medialen Zukunft auf unserem Planeten. Als Vorbereitung auf eine Podiumsdiskussion **fassen** Sie den Text „Big Brothers" **zusammen,** indem Sie die Vorteile und die Gefahren des Internets einander gegenüberstellen. Bearbeiten Sie dabei die folgenden Arbeitsaufträge:

   - **Bestimmen** Sie die Herkunft des Begriffes „Big Brother".
   - **Geben** Sie die Vorteile und Gefahren der Internetnutzung **wieder.**
   - **Beschreiben** Sie, was Sven Gächter im folgenden Text unter einem aufgeklärten User versteht.

   Schreiben Sie zwischen 270 und 330 Wörter. Markieren Sie Absätze mittels Leerzeilen.

2. Im Zuge des Symposiums „Utopie oder Dystopie" an Ihrer Schule beschäftigen Sie sich mit der medialen Zukunft auf unserem Planeten. Verfassen Sie einen **Leserbrief,** in dem Sie Ihre Position erläutern und zu den Aussagen Sven Gächters Stellung nehmen. Bearbeiten Sie dabei die folgenden Arbeitsaufträge:

   - **Geben** Sie zentrale Aussagen, die Sven Gächter tätigt, **wieder.**
   - **Erläutern** Sie, warum von den meisten Usern die durch das Netz erlangte Freiheit sofort wieder aufgegeben wird.
   - **Setzen** Sie sich kritisch mit dem Begriff der „Freiheit im Netz" **auseinander.**

   Schreiben Sie zwischen 270 und 330 Wörter. Markieren Sie Absätze mittels Leerzeilen.

BIG BROTHERS

Das Internet hat den Menschen zum User gemacht.
Jetzt muss der User zusehen, wie er seine Menschenrechte verteidigt.

Große Brüder sind auch nicht mehr, was sie mal waren. Früher, in familienstrategisch intakten Zeiten, standen sie für den liebevollen Schutz der nachgeborenen Geschwister. Dann kam George Orwell und verzerrte dieses schöne Sinnbild fürsorglicher Beziehungsfunktionalität ins Perfid-Düstere: In dem antiutopischen Roman „1984" nannte er den allmächtigen Diktator eines totalitären Überwachungs- und Unterdrückungsstaates ausgerechnet Big Brother. Orwell starb 1950; er musste somit die ultimative Reinzeichnung seiner – rückblickend betrachtet – rührend naiven apokalyptischen Gesellschaftsskizze nicht mehr erleben.

Auf der Konferenz re:publica in Berlin zelebrierten vom 2. bis 4. Mai 4000 Besucher und 270 Vortragende aus mehr als 30 Ländern ein Hochamt des Internets. Der restlos durchdigitalisierte Alltag der Gegenwart wurde in all seinen Facetten und Verwerfungen verhandelt. Anders als bei den früheren Tagungen störten diesmal unüberhörbar kritische Töne die perspektiventrunkene Netzschwärmerei. Zwar gibt sich (fast) niemand mehr so vorgestrig und vernagelt, das Internet in Bausch und Bogen zu verteufeln – schließlich ist es von einem praktischen Hilfsmittel für Realitätsabbildung und -verarbeitung zu einem monströsen Realitätsgenerator geworden; doch mittlerweile gilt es nicht mehr

als schlechterdings uncool, sich beim Nachdenken und Reden über das Netz auch dessen Dysfunktionalitäten zu vergegenwärtigen – zumal sie System haben.

In diesem System hat das Prinzip Mensch laut Digitalromantikern seine ent-
25 *wicklungsgeschichtlich großartigste Ausformung erreicht: das Prinzip USER. Der User verfügt über unbeschränkten Zugang zum gesammelten Weltwissen, grenzenlose Mobilität und die süßeste aller Freiheiten – die Freiheit der permanenten Selbstdarstellung und somit Selbstverwirklichung. Die Geschichte lehrt jedoch, dass es angesichts einer so brutal herausfordernden Option wie Freiheit*
30 *kaum einen bequemeren menschlichen Reflex gibt, als diese Freiheit gleich wieder aufzugeben, sprich: an höhere Instanzen zu delegieren. Im Falle des Users, zumindest des durchschnittlich vernetzten Users, heißen diese Instanzen Google, Facebook, Twitter, Amazon, YouTube und iTunes; sie decken seinen Tageskommunikations- und -konsumbedarf über weite Strecken ab. Den*
35 *unzweifelhaften Komfort, den der User aus ihren Angeboten zieht, honoriert er leichten Herzens mit einer nahezu lückenlosen Preisgabe seiner Privatsphäre. Die neuen Big Brothers begnügen sich, anders als bei Orwell, nicht damit, nur einen Staat und seine Bevölkerung zu kontrollieren; ihr Einzugsgebiet umspannt den ganzen Globus und möglichst alles, was sich darauf bewegt.*

40 *Im ubiquitären Netzrauschen wird eine solche Sicht der Dinge umstandslos als defätistisch, fortschrittsfeindlich und krass unzeitgemäß ausgefiltert, was nichts daran ändert, dass sie im Kern berechtigt ist und immer öfter vertreten wird, von kundigen und aufgeklärten Usern etwa, die nicht nur die schicken Dienstleistungen von einer Handvoll Netzgiganten in Anspruch nehmen, sondern*
45 *auch auf der Höhe des Geschehens argumentieren wollen. Der Diskurs über das Internet ist in dem Maße endlich spannend und neuralgisch geworden, in dem er nicht allein Technologie-Nerds und Lifestyle-Hedonisten betrifft, weil es um wesentlich mehr als Technologie und Lifestyle geht; es geht – mit allem gebotenen Pathos – um die Rückbesinnung des netzformatierten Users auf sei-*
50 *ne Eigenschaften, Interessen und Rechte als Mensch, einschließlich der Pflicht, sein Menschenrecht auf überwachungsfreie Individualität einzufordern.*

Sven Gächter, Profil

Grafik 1

Sie arbeiten an einer Informationsbroschüre für Jugendliche und analysieren dafür Informationsgrafiken. Verfassen Sie eine **Textanalyse** zum Thema „Nutzung von Internetplattformen" und bearbeiten Sie die folgenden Arbeitsaufträge:
- **Beschreiben** Sie die Funktionen der wichtigsten Plattformen.
- **Erklären** Sie die Unterschiede zwischen Mädchen und Burschen hinsichtlich der Nutzung einzelner Plattformen.
- **Setzen** Sie sich kritisch mit der Nutzung von Internetplattformen **auseinander.**

Schreiben Sie zwischen 405 und 495 Wörter. Markieren Sie Absätze mittels Leerzeilen.

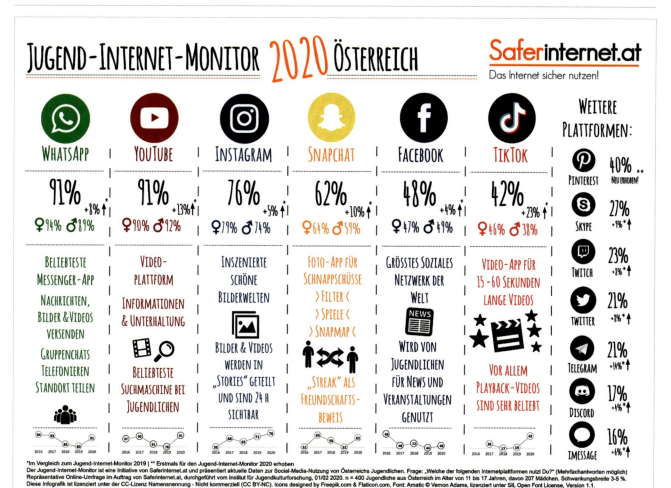

Text 2

E-Mail-Kommunikation entwickelte sich in den vergangenen zehn bis 15 Jahren zu jener Form der Kommunikation, die vielfach aus dem Privatbereich und aus dem Geschäftsleben nicht mehr wegzudenken ist. Benachrichtigungen, Liebesbriefe, Vereinbarungen, Kaufverträge etc. – nach und nach schenkte man diesem Medium immer mehr Vertrauen. Und nun soll das jähe Ende nahen? Können Sie das Ende dieser Ära bezeugen?

1. Als Vorbereitung für eine Präsentation schreiben Sie eine **Zusammenfassung** des Zeitungsberichts „Das Ende von @was" und bearbeiten dabei folgende Arbeitsaufträge:

   - **Geben** Sie die Perspektive der Jugendlichen auf das Kommunikationsmittel „E-Mail" **wieder**.
   - **Nennen** Sie die Gründe, warum das E-Mail in der heutigen Kommunikation nicht mehr zeitgemäß ist.
   - **Erschließen** Sie, warum auch in der Bürowelt, die als „letzte Bastion des E-Mails" gilt, diese Form der Kommunikation nicht mehr als zeitgerecht empfunden wird.

2. Verfassen Sie einen **Leserbrief** zum Zeitungsbericht „Das Ende von @was" und bearbeiten Sie dabei die folgenden Arbeitsaufträge:

- **Geben** Sie den Inhalt des Zeitungsberichtes in wenigen Sätzen **wieder**.
- **Vergleichen** Sie das im Bericht beschriebene Kommunikationsverhalten mit Ihrem eigenen.
- **Nehmen** Sie kritisch zu den Aussagen, die im Zeitungsbericht über die Zukunft des E-Mails getroffen werden, **Stellung**.

Schreiben Sie zwischen 270 und 330 Wörter. Markieren Sie Absätze mittels Leerzeilen.

DAS ENDE VON @WAS

Gerade erleidet die E-Mail das gleiche Schicksal wie der Brief: Sie wird abgeschafft.

Auf rund 40 000 Benutzer des Google-Dienstes Gmail wartete Anfang des Jahres ein morgendlicher Schock. Als sie ihre elektronischen Postfächer
5 *öffneten, waren diese leer gefegt. Liebesbriefe, Geschäftsabsprachen – alles weg. Ein Serverausfall hatte die Katastrophe verursacht, eine Datenrettung war nur mühsam möglich und dauerte mehrere Tage. Das Interessanteste an dem Zwischenfall: Für immer mehr Menschen unter 30 ist es gar nicht mehr dramatisch, wenn das E-Mail-Postfach zeitweilig stillgelegt ist. Sie kommuni-*
10 *zieren längst ganz anders. US-Teenager versenden laut einer Studie der Marktforschungsfirma Nielsen mittlerweile 3 339 Kurznachrichten pro Monat, dazu kommen Instant-Messenger-Chats sowie Facebook und andere soziale Netzwerke, auf denen sie sich schneller, öfter und informeller mitteilen können.*

Eine Universität in Boston hat bereits aufgehört, neuen Studenten eine
15 *E-Mail-Adresse zuzuweisen. „Sie haben die Konten in der letzten Zeit kaum noch genutzt", sagt eine Sprecherin. „Ihr Leben findet inzwischen anderswo statt." Die amerikanische Internetforscherin Danah Boyd, die sich seit Jahren mit der Mediennutzung von Jugendlichen beschäftigt, kommt zu dem gleichen Ergebnis. „Es gibt zur E-Mail keine emotionale Bindung mehr", schreibt sie in*
20 *ihrem Blog. „Aber wenn man den jungen Menschen ihre Handys oder Chat-Programme wegnimmt, werden sie nervös und beklagen sich, man hätte ihr Leben ruiniert."*

Für die Facebook-Generation ist eine E-Mail in etwa so förmlich wie ein Brief auf Papier. Doch nicht nur Teenager wenden sich vom @-Zeichen ab: Laut
25 *einer Studie des US-Marktforschers ComScore hat sich die E-Mail-Nutzung in den USA stark verringert. Bei den 12- bis 17-Jährigen fiel die Abwanderung mit 49 Prozent am stärksten aus, aber selbst die 45- bis 54-Jährigen mailten zwölf Prozent weniger.*

Früher, als man sich mühsam über die Telefonbuchse ins Internet einwählen
30 *musste, war die E-Mail perfekt. Heute sind alle immer online – mit der DSL-Flatrate oder mit dem Smartphone. Man kann also auch digital in Echtzeit kommunizieren, sei es über Sprach-Chat oder Videokonferenz. Warum noch eine Mail mit dem lustigen YouTube-Link oder den Urlaubsfotos verschicken, wenn man dasselbe auf seiner Facebook-Seite, auf WhatsApp oder Instagram*
35 *machen kann?*

Die Bürowelt galt lange als letzte Bastion der Mails, hier musste es schließlich noch seriöser zugehen als auf Onlinenetzwerken wie wer-kennt-wen.de oder Jappy. Doch auch hier findet ein Umdenken statt: Der französische IT-Dienstleister Atos Origin kündigte Anfang Februar an, binnen dreier Jahre komplett auf E-Mails zu verzichten. „Die Masse der E-Mails, die wir verschicken und erhalten, ist wirtschaftlich nicht mehr sinnvoll", sagte Atos-Chef Thierry Breton. „Manager verbringen 5 bis 20 Stunden pro Woche damit, sie zu lesen oder zu schreiben. E-Mails sind nicht mehr der beste Weg, eine Firma zu organisieren und Geschäfte zu machen." Andere Firmen, vom Chiphersteller Intel bis zu einer Hamburger Logistikfirma, haben bereits Mail-freie Tage eingeführt.

In der Tat verhindern Video-Chats wie Apple Facetime oder Skype die Missverständnisse, die in Mails lauern können – weil man sich gegenseitig hört und sieht, auch wenn man am anderen Ende der Welt sitzt. Sogenannte Wikis – also Plattformen, auf denen mehrere Autoren einen gemeinsamen Text bearbeiten können – eignen sich besser, um im Team zum Ergebnis zu kommen, als dutzendfaches Mail-Pingpong. Webseiten wie Doodle oder Polldaddy erleichtern es Gruppen, Termine oder Entscheidungen abzustimmen ohne nervige Rundmails und Rückfragen.

Denn jeder, der schon einmal eine Mail mit der Betreffzeile: „AW: AW: AW: AW: AW: AW: AW: Mittagessen" bekommen hat, wird Ray Tomlinson verflucht haben – ohne den Mann zu kennen. Doch er war es, der die E-Mail erfand. Sie hatte ein langes und erfülltes Leben.

Christoph Koch, Die Zeit – adaptiert

Text 3

1. Lesen Sie den Text und **fertigen** Sie ein übersichtlich strukturiertes **Exzerpt an.**

2. Besuchen Sie die Website https://www.projekt-gutenberg.org und verschaffen Sie sich einen Überblick über die dort vorhandenen literarischen Werke. Wählen Sie zwei Werke einer Gattungsform – zum Beispiel zwei Dramen. Lesen Sie eines via Internet und besorgen Sie sich das andere in Buchform. Verfassen Sie im Anschluss an die (Probe-)Lektüre eine **Empfehlung** an Ihre Mitschüler/innen und bearbeiten Sie dabei die folgenden Arbeitsaufträge:

   - **Beschreiben** Sie, unter welchen Umständen Sie im bzw. am jeweiligen Medium gelesen haben.
   - **Vergleichen** Sie die unterschiedlichen Eindrücke während des Lesens (Orientierung im gesamten Werk, Ablenkbarkeit, Konzentrationsfähigkeit etc.).
   - **Bewerten** Sie die jeweiligen Medien aufgrund der gemachten Leseerfahrung.

Schreiben Sie zwischen 270 und 330 Wörter. Markieren Sie Absätze mittels Leerzeilen.

Johannes Gutenberg, Erfinder des Buchdrucks mit beweglichen Metalllettern (1400–1468)

PROJEKT GUTENBERG-DE

Umfang des Projektes: über 5 500 Werke, über 1 100 Autoren.
Das Projekt Gutenberg-DE wird ständig erweitert und ergänzt, deshalb sind jetzt schon viele Werke digitalisiert, die wir erst im Laufe der nächsten Jahre veröffentlichen können: Das Copyright erlischt erst 70 Jahre nach dem Tod des Urhebers, bei fremdsprachigen Werken zusätzlich 70 Jahre nach dem Tod des Übersetzers. Zum Beispiel Stefan Zweig. Zweig starb 1942, d. h., seine Werke sind mit Ablauf seines 70. Todesjahres am 31. Dezember 2012 frei von Copyright.

Herkunft der Texte/Mitmachen
Der größte Teil des neueren Textbestandes kommt aus dem Gegenleseportal www.gaga.net. Nach Buchauswahl, Scan und OCR-Bearbeitung (Optical Character Recognition, ein Programm, das die Bilder von Buchstaben in Text verwandelt) korrigieren freiwillige Helfer die Fehler, die das Progamm gemacht hat. Die Nachkorrektur (erneute Rechtschreibprüfung, Formatierung und einiges mehr) macht das Gutenbergteam. Die wichtigste Quelle ist das Gutenbergteam selber, und auch einige freundliche Leser unterstützen uns durch die Einsendung von Texten.
Mitmachen: Sie können das Projekt durch Ihre Mitarbeit unterstützen, entweder durch Teilnahme am verteilten Korrekturlesen bei www.gaga.net oder durch die Einsendung von Werken.

Werktreue, Rechtschreibung
Bis auf offensichtliche Druckfehler wird der Text der Buchvorlage grundsätzlich nicht verändert. Kürzungen werden nur dann vorgenommen, wenn sie aus Copyrightgründen unumgänglich sind, beispielsweise, wenn ein Zeitgenosse Vor- oder Nachwort schrieb. [...]

Copyright/Nutzung der Werke
Alle Bücher im Projekt Gutenberg-DE sind nach unserem besten Wissen frei von Urheberrecht. Es wird keine Gewähr Dritten gegenüber für eventuell unbeabsichtigte Copyrightverletzungen übernommen. Die Ansprüche der Rechteinhaber bleiben gewahrt. Alle Gutenberg-DE Texte können zeitlich unbegrenzt für private Zwecke und beliebige Lesegeräte genutzt und vervielfältigt werden. Bei einer kommerziellen Nutzung des Textbestandes, auch in Teilen, für elektronische Lesegeräte, Mobiltelefone, Nachdruck und anderes bitten wir uns eine Lizenzgebühr aus. Abgesehen von der Verletzung des Urheberschutzgesetzes an der Zusammenstellung der Texte und des Gesetzes gegen den unlauteren Wettbewerb ist es unfair, kostenlos von unserer Arbeit zu profitieren. Der mittlere Zeitaufwand für die Digitalisierung eines Buches beträgt 40 Stunden oder anders ausgedrückt: Ein Buch zu digitalisieren kostet 1 000 €. Unter kommerzieller Nutzung verstehen wir auch das Kopieren von Gutenberg-Texten auf andere Internetseiten zum Download, insbesondere wenn das zur Werbung und Aufwertung von Verkaufsplattformen geschieht.

Zur Fortführung des Projektes sind wir auf Einnahmen aus Lizenzen und dem Verkauf eigener Produkte angewiesen: Das Projekt Gutenberg-DE erhält keinerlei staatliche Unterstützung. Zum Glück haben wir einige Sponsoren gefunden, die uns kostenlose Arbeitsmittel zur Verfügung stellen: FUJITSU mit einem zuverlässigen, leistungsfähigen Scanner, unserem Arbeitspferd, ABBYY mit OCR-Software für die Erkennung von Frakturschrift und PLUSTEC mit einem Gerät für den Scan in Handauflage.

GUTENBERG.SPIEGEL.DE – GEKÜRZT

4 Lesen oder dekodieren   TEXTWERK

Text 1

1. Verfassen Sie in Hinblick auf das Medienpuzzle auch eine **Zusammenfassung** zur „Bücherdämmerung" von Konrad Paul Liessmann. Bearbeiten Sie die folgenden Arbeitsaufträge:
   - **Beschreiben** Sie aus Liessmanns Perspektive die Unterschiede zwischen dem Medium Buch und dem Medium E-Reader.
   - **Geben Sie wieder,** wie Bücher und elektronische Medien von „alten" bzw. „jungen" Menschen wahrgenommen werden.
   - **Erschließen** Sie aus dem Text die Haltung Konrad Paul Liessmanns den beiden Medien gegenüber.

   Schreiben Sie zwischen 270 und 330 Wörter. Markieren Sie Absätze mittels Leerzeilen.

2. Im Zuge der Erarbeitung eines Medienportfolios gestalten Sie eine Textanalyse zum Text „Bücherdämmerung" von Konrad Paul Liessmann. Lesen Sie den Kommentar „Bücherdämmerung".
   Verfassen Sie Ihre **Textanalyse** und bearbeiten Sie dabei die folgenden Arbeitsaufträge:
   - **Fassen** Sie zentrale Inhalte des Textes in aller Kürze **zusammen.**
   - **Untersuchen** (bzw. recherchieren) Sie, was der Titel mit dem Inhalt des Textes zu tun haben könnte.
   - **Überprüfen** Sie, welche Haltung der Autor dem E-Reader bzw. den Büchern gegenüber einnimmt.

   Schreiben Sie zwischen 405 und 495 Wörter. Markieren Sie Absätze mittels Leerzeilen.

BÜCHERDÄMMERUNG

Wie praktisch: Die Urlaubslektüre ist ins E-Book gepackt und lässt sich leichter auf die Insel transportieren als je zuvor. Aber: Ist das Elektrobuch wirklich nur ein Vorteil?

Blättert man die Programme und Vorschauen der großen Buchverlage durch, stößt man bei immer mehr Titeln auf den meist farbig hervorgehobenen Hinweis: auch als E-Book. Texte, wir wissen es, erscheinen in mannigfacher Gestalt: in Steine oder Ziegel eingeritzt, auf Papyrus oder Pergament gepinselt und dann gerollt, als handgeschriebenes Manuskript, als geklebtes Typoskript, als in Leder oder Leinen gebundenes Buch, als zerfleddertes Paperback, als auf eine CD gepresstes Hörbuch, in Blindenschrift zum Ertasten und jetzt also auch in einer elektronischen Form. Hinter dem E-Book verbirgt sich aber mehr und vor allem anderes als lediglich die digitalisierte Form eines Textes. Diese gibt es seit Langem. […]

Lesen ist eine Haltungsfrage. Ein Buch muss in der Hand liegen können, das Buch muss sich nach dem Körper und seiner Lage, nicht der Körper nach dem Bildschirm richten. An einem Text oder mit Texten arbeiten ist etwas anderes als lesen.

Das eine kann man am Bildschirm erledigen, das andere nicht. Natürlich, man könnte das Stehpult reaktivieren, auf das man einst die schweren Folianten legen musste, um sie zu lesen, aber ein Bildschirm auf einem Pult ist nicht nur unbequem, sondern auch lächerlich. Jeder Redner, der vor sich kein Manuskript, sondern einen Laptop hat, mit dem er seinen Powerpoint-Vortrag dirigiert, setzt sich dieser Gefahr aus. Nein, die reine Möglichkeit, Texte in digitale Dateien zu verwandeln und diese über einen Computer lesbar zu machen, stellte, allen Unkenrufen zum Trotz, noch keinen Angriff auf das Buch in seiner traditionellen Gestalt dar.

Was aber, wenn das Buch als Buch digital simuliert wird? Die Erfindung des E-Book-Readers, des Lesegerätes für elektronische Bücher, intendiert genau dieses. Ein Gerät, mit dem man im Wesentlichen nur digitale Textdateien laden, speichern und abrufen kann, eine Bildschirmtechnologie, die eine Buchseite imitiert, keine Farben kennt, nicht selbst leuchtet und deshalb wie ein Buch im Sonnenlicht oder mit einer Leselampe gelesen werden kann, und eine programmatische Askese, die manche für einen Mangel halten, die aber die einzige Möglichkeit darstellt, dem elektronischen Buch überhaupt eine Chance zu geben: Mit solch einem E-Book-Reader kann man nur Bücher laden und sie dann lesen, sonst nichts.

Angebote, mit solch einem Reader auch im Internet zu surfen und Musik zu hören, sollten die Anbieter dieser Geräte dann auch wieder zurückziehen. Denn auch komfortable kleine Computer wie die modischen „Tablets" genügen den Ansprüchen eines lesenden Menschen nicht.

Mit der bunten Vielfalt ihrer Möglichkeiten lenken sie zu sehr ab; wer gleichzeitig auch surfen, einen Film ansehen, ein Musikstück hören, mit unzähligen Applikationen spielen und seine E-Mails abrufen könnte, kann nicht mehr konzentriert lesen. [...]

Was aber liest man, wenn man solch ein Lesegerät benützt? Ein Buch? Ganz klar ist das nicht. Tatsächlich lädt man sich in Sekundenschnelle nicht nur eine Textdatei auf sein Gerät, sondern einen Titel, der identisch ist mit einem Buch, das es auch als physisches Objekt gibt. Der Einband des Buches wird dann auch oft abgebildet, man schlägt virtuell die ersten Seiten auf und beginnt zu lesen, als läse man in einem Buch. Aber man hat kein Buch in der Hand, auch wenn das Lesegerät, in einem schützenden Einband verpackt, wie ein Buch in der Hand liegt und sich wie ein Buch den Bewegungen und Lebenslagen des Lesenden anpasst. Tatsächlich aber hält man ein Speichergerät für virtuelle Bücher zwischen seinen Fingern, wenn fleißig eingekauft und geladen wurde, eine ganze Bibliothek. [...]

Und dennoch: Das Gefühl, über eine Bibliothek zu verfügen und sich in dieser zu bewegen, will und will sich nicht einstellen. Es fehlt der Raum, es fehlt die Regalwand, es fehlen die verschiedenformatigen Buchrücken, es fehlen die knalligen und schlichten, schönen und hässlichen Einbände. Vielleicht sollte man bei dem, was man auf seinem Lesegerät gespeichert hat, nicht von Büchern sprechen. Der Terminus E-Book ist ein irreführender Euphemismus.

In Wahrheit handelt es sich um digitalisierte Texte, die wir mithilfe eines elektronischen Lesegeräts sichtbar und damit lesbar machen können. Nicht mehr, aber auch nicht weniger. [...]

Die Digitalisierung und die Erfindung des E-Books zwingen uns allerdings, nahezu platonisch nach dem Wesen, nach der „Idee" des Buches zu fragen. Lässt sich das Buch tatsächlich auf den reinen Text, auf den Informationsgehalt reduzieren? Ist ein E-Book wirklich identisch mit seinem physischen Pendant? Besteht ein Buch nur in einer Textmenge, die in unterschiedlichen Formen und Medien präsentiert werden kann, oder ist ein Buch nur dann ein Buch, wenn es sich als solches dinghaft und in seiner Einzelheit von einer physischen Umwelt abgrenzt und durch Form, Farbe, Gestalt und Zustand unverwechselbar definiert ist? Bücher haben eine Geschichte, und sie können diese auch zeigen; Bücher können verwittern, sie tragen die Spuren ihres Gebrauchs sichtbar an sich, manchmal verweisen diese auf Generationen von Besitzern und Lesern. Digitale Textdateien, auch wenn sie von unterschiedlichen Lesern mit Anmerkungen versehen werden können, haben keine Geschichte. Ihr Gebrauch, die Art und Weise, mit ihnen umzugehen, ist eine andere als die mit einem physischen Buch.

Ein Buch kann man im Wortsinn besitzen. Aber lässt sich von den Dateien, die man auf seinem Lesegerät gespeichert hat, wirklich sagen: Das sind meine Bücher? Und was, wenn sich, wie schon so oft geschehen, die technischen Standards ändern und man es verabsäumt, alles rechtzeitig zu konvertieren? Und was, wenn der Konzern, in dessen „Cloud" man seine virtuelle Bibliothek gespeichert hat, so schnell wieder verschwindet, wie er entstanden ist? Sind dann auch alle Bücher verschwunden, mit denen man vielleicht leben wollte oder die noch der Lektüre harrten? Zwingt uns die Digitalisierung tatsächlich zu einem Überdenken unseres Verhältnisses zu den Dingen dergestalt, dass zwar alles überall verfügbar ist, aber auch alles jederzeit verschwinden kann? Und was ist, wenn man sich in einen Text vergraben hat und das Lesegerät wird defekt? Würde man auf die berühmte einsame Insel tatsächlich einen E-Book-Reader mit 3 000 virtuellen Titeln oder nicht doch lieber 10 physische Bücher mitnehmen?

Als Dinge entwickeln Bücher – wie alle Dinge – ein Eigenleben. Sie stehen da, wohlgeordnet oder chaotisch gestapelt, und kommunizieren mit ihrem Eigentümer: Such mich, lies mich, ach, du hast mich schon gelesen und fast alles vergessen, was in mir steht, oder: Ich bin da und weiß: Du wirst mich nie lesen. Wer eine Wohnung betritt, in der es so etwas wie eine Bibliothek gibt, kann aus den versammelten Büchern sofort Rückschlüsse auf den Leser ziehen. Man sucht intuitiv das Ordnungsprinzip solch einer Bibliothek zu erfassen und sieht, was vorhanden ist und was fehlt, was es an Kostbarkeiten gibt und an Büchern, die man auch gerne hätte. Und wie schön ist es, findet man dort Bücher, die man selbst auch besitzt, gelesen hat oder lesen will. Man weiß sich eines Sinnes, man ist Bewohner ein und derselben Buchwelt. Und der überwältigende Eindruck, den die Prunksäle großer Bibliotheken oder die intime Atmosphäre von Klosterbibliotheken hinterlassen: In einer digitalisierten Welt wird dieser kaum noch nachvollziehbar sein. Natürlich kann man einwenden, dass es diese Bibliotheken und ihre alten Bestände auch weiterhin geben wird, musealisiert, aber zugänglich. Und auch im privaten Leben wird es, zumindest noch eine Zeitlang, eine Koexistenz zwischen physischen, platzraubenden Büchern und digitalen Buchdateien geben, die keinerlei physischen Raum mehr beanspruchen. [...]

Aber auch diese Zukunft könnte verschwinden. Die Bequemlichkeit, Verfügbarkeit, die Magie des raschen Zugriffs und die Logik des Marktes könnten die Epoche des gedruckten Buches allmählich beenden. Bücherdämmerung!

Das Lesen und die Begeisterung für Texte aller Art werden deshalb nicht verschwinden. Aber vieles wird sich ändern, und wer mit Büchern aufgewachsen ist, wird sich, bei aller Faszination für das nun technisch Mögliche, in solch einer Welt nicht wirklich wohlfühlen. Heranwachsende und kommende Generationen mögen dies aber anders sehen. Wer in vielleicht gar nicht so ferner Zukunft die Wohnung eines leidenschaftlichen Lesers betritt, könnte überrascht sein: leere Wände, daran vielleicht Bilder, Fotos, Spiegel, exotische Kultgegenstände und ein in Leder gehüllter E-Book-Reader auf einem Couchtisch. Aber kein Buch, nirgends.

KONRAD PAUL LIESSMANN, DER STANDARD

Text 2

Im Zuge einer Deutschschularbeit haben Sie zwei Aufgabenstellungen zu diesem Romanauszug zu erarbeiten:

1. **Verfassen** Sie eine **literarische Charakteristik** des Generals Stumm von Bordwehr.

   Zur literarischen Charakteristik siehe „Blattwerk Deutsch – Texte, 5/6 AHS"

2. Im Zuge einer Deutschschularbeit haben Sie eine Textinterpretation zum Romanauszug aus „Der Mann ohne Eigenschaften" von ROBERT MUSIL zu erarbeiten. General Stumm von Bordwehr erzählt seinem Freund Ulrich, dem Protagonisten des Romans, sein Erlebnis beim versuchten Eindringen in die Welt des Geistes.
   Lesen Sie den Romanausschnitt „Der Mann ohne Eigenschaften".
   Verfassen Sie Ihre **Textinterpretation** und bearbeiten Sie dabei die folgenden Arbeitsaufträge:

   - **Geben** Sie den Inhalt der Textstelle kurz und pointiert **wieder.**
   - **Untersuchen** Sie die Figur des Generals, indem Sie das Augenmerk auf das Zusammenprallen der geistigen mit der militärischen Welt legen.
   - **Überprüfen** Sie, mit welchen Mitteln die Pointe am Ende der Textstelle entsteht. Warum wirkt sie komisch? Wodurch kann diese Komik entstehen?
   - **Bewerten** Sie die literarische Qualität der Textstelle.

   Schreiben Sie zwischen 540 und 660 Wörter. Markieren Sie Absätze mittels Leerzeilen.

Robert Musil
DER MANN OHNE EIGENSCHAFTEN (1930)

General Stumm dringt in die Staatsbibliothek ein und sammelt Erfahrungen über Bibliothekare, Staatsdiener und geistige Ordnung

Eine der wichtigsten Bedingungen der Feldherrnkunst ist es, sich über die Stärke des Gegners Klarheit zu verschaffen. „Ich habe mir also", erzählte der General, „einen Eintrittsschein in unsere weltberühmte Hofbibliothek besorgen lassen und bin unter Führung eines Bibliothekars, der sich mir liebenswürdig zur Verfügung stellte, als ich ihm sagte, wer ich bin, in die feindlichen Linien eingedrungen. Wir sind den kolossalen Bücherschatz abgeschritten, und ich kann sagen, es hat mich weiter nicht erschüttert, diese Bücherreihen sind nicht schlimmer als eine Garnisonsparade. Nur habe ich nach einer

Weile anfangen müssen, im Kopf zu rechnen, und das hatte ein unerwartetes Ergebnis. Siehst du, ich hatte mir vorher gedacht, wenn ich jeden Tag da ein Buch lese, so müßte das zwar sehr anstrengend sein, aber irgendwann müßte ich damit zu Ende kommen und dürfte dann eine gewisse Position im Geistesleben beanspruchen, selbst wenn ich ein oder das andere auslasse. Aber was glaubst du, antwortete mir der Bibliothekar, wie unser Spaziergang kein Ende nimmt und ich ihn frage, wieviel Bände denn eigentlich diese verrückte Bibliothek enthält? Dreieinhalb Millionen Bände antwortet er!! Wir sind da, wie er das sagte, ungefähr beim siebenhunderttausendsten Buch gewesen, aber ich habe von dem Augenblick an ununterbrochen gerechnet; – ich will es dir ersparen, ich habe es im Ministerium noch einmal mit Bleistift und Papier nachgerechnet: Zehntausend Jahre würde ich auf diese Weise gebraucht haben, um mich mit meinem Vorsatz durchzusetzen!
In diesem Augenblick sind mir die Beine auf der Stelle stecken geblieben, und die Welt ist mir wie ein einziger Schwindel vorgekommen. Ich versichere dir noch jetzt, wo ich mich beruhigt habe: da stimmt etwas ganz grundlegend nicht.
Du kannst sagen, man braucht nicht alle Bücher zu lesen. Ich werde dir darauf erwidern: Man braucht im Krieg nicht jeden einzelnen Soldaten zu töten, und doch ist jeder notwendig. Aber siehst du, da stimmt schon etwas nicht, denn das ist nicht wahr; ich habe den Bibliothekar gefragt.
Lieber Freund, ich habe mir einfach gedacht, dieser Mensch lebt doch zwischen diesen Millionen Büchern, kennt jedes, weiß von jedem, wo es steht: der müßte mir also helfen können. Natürlich habe ich ihn nicht ohne weiteres fragen wollen: wie finde ich den schönsten Gedanken von der Welt? Das würde ja geradezu wie der Anfang von einem Märchen klingen, und so schlau bin ich schon, daß ich das merke, und überdies habe ich Märchenerzählen schon als Kind nicht leiden können; aber was willst du tun, irgend etwas Ähnliches mußte ich ihn schließlich fragen! Andererseits hat mir mein Gefühl für das Schickliche auch verboten, ihm die Wahrheit zu sagen, etwa meinem Anliegen Auskünfte über unsere Aktion vorauszuschicken und den Mann zu bitten, mich auf die Spur des würdigsten Ziels für sie zu setzen; dazu habe ich mich nicht ermächtigt gesehn. Also, ich hab schließlich eine kleine List angewendet. ‚Ach' – hab ich ganz harmlos zu sagen angefangen – ‚ach, ich habe mich zu unterrichten vergessen, wie Sie es eigentlich beginnen, in diesem unendlichen Bücherschatz immer das richtige Buch zu finden?!' – weißt du, genau so habe ich das gesagt, wie ich mir dachte, daß Diotima es sagen würde, und für ein paar Kreuzer Bewunderung für ihn habe ich auch in den Ton gelegt, damit er mir auf den Leim geht.
Und richtig fragt er mich sehr gehonigelt und dienstseifrig, was der Herr General denn zu wissen wünschen. Nun, das hat mich ein wenig in Verlegenheit gebracht. – ‚Oh, sehr vieles' – sage ich gedehnt.
‚Ich meine, mit welcher Frage oder welchem Autor beschäftigen Sie sich? Kriegsgeschichtliches?' sagte er.
‚Nein, gewiss nicht; eher Friedensgeschichtliches.'
‚Historisch? Oder aktuelle pazifistische Literatur?'
Nein, sage ich, das ließe sich durchaus nicht so einfach sagen. Zum Beispiel eine Zusammenstellung aller großen Menschheitsgedanken, ob es das gibt, frag ich ihn listig; du erinnerst dich ja, was ich auf dem Gebiet schon hab arbeiten lassen. Er schweigt. ‚Oder ein Buch über die Verwirklichung des Wichtigsten?' sag ich.
‚Also eine theologische Ethik?' meint er.

💡 General Stumm von Bordwehr stöbert an dieser Stelle des Romans „Der Mann ohne Eigenschaften" von ROBERT MUSIL einerseits Diotima nach, der schöngeistigen Gastgeberin von Zusammenkünften großer Köpfe des Landes Kakanien zur Ideenfindung für das 70-jährige Thronbesteigungsjubiläum Kaiser Franz Josephs, und andererseits möchte er sich mit militärischer Strategie an die Auffindung dieser Idee innerhalb der kakanischen Nationalbibliothek machen.

‚Es kann auch eine theologische Ethik sein, aber es muß darin auch etwas über die alte österreichische Kultur und über Grillparzer vorkommen', verlange ich. Weißt du, es muß offenbar in meinen Augen ein solcher Wissensdurst gebrannt haben, dass der Kerl plötzlich Angst bekommen hat, er könne bis auf den Grund ausgetrunken werden; ich sage noch etwas von etwas wie von Eisenbahnfahrplänen, die es gestatten müssen, zwischen den Gedanken jede beliebige Verbindung und jeden Anschluß herzustellen, da wird er geradezu unheimlich höflich und bietet mir an, mich ins Katalogzimmer zu führen und dort allein zu lassen, obgleich das eigentlich verboten ist, weil es nur von den Bibliothekaren benützt werden darf. Da war ich dann also wirklich im Allerheiligsten der Bibliothek. Ich kann dir sagen, ich habe die Empfindung gehabt, in das Innere eines Schädels eingetreten zu sein; rings herum nichts wie diese Regale mit ihren Bücherzellen, und überall Leitern zum Herumsteigen, und auf den Gestellen und den Tischen nichts wie Kataloge und Bibliographien, so der ganze Succus des Wissens, und nirgends ein vernünftiges Buch zum Lesen, sondern nur Bücher über Bücher; es hat ordentlich nach Gehirnphosphor gerochen, und ich bilde mir nichts ein, wenn ich sage, daß ich den Eindruck hatte, etwas erreicht zu haben! Aber natürlich war mir, wie der Mann mich allein lassen will, auch ganz sonderbar zumute, ich möchte sagen, unheimlich; andächtig und unheimlich.

Er fährt wie ein Affe eine Leiter hinauf und auf einen Band los, förmlich von unten gezielt, gerade auf diesen einen, holt ihn mir herunter, sagt: ‚Herr General, hier habe ich für Sie eine Bibliographie der Bibliographien' – du weißt, was das ist? – also das alphabetische Verzeichnis der alphabetischen Verzeichnisse der Titel jener Bücher und Arbeiten, die sich in den letzten fünf Jahren mit den Fortschritten der ethischen Fragen, ausschließlich der Moraltheologie und der schönen Literatur, beschäftigt haben – oder so ähnlich erklärt er es mir und will verschwinden. Aber ich packe ihn noch rechtzeitig an seinem Jackett und halte mich an ihm fest. ‚Herr Bibliothekar', rufe ich aus, ‚Sie dürfen mich nicht verlassen, ohne mir das Geheimnis verraten zu haben, wie Sie sich in diesem' – also ich habe unvorsichtigerweise Tollhaus gesagt, denn so war mir plötzlich zumute geworden – ‚wie Sie sich', sage ich also, ‚in diesem Tollhaus von Büchern selbst zurechtfinden.'
Er muß mich mißverstanden haben; nachträglich ist mir eingefallen, daß man behauptet, Wahnsinnige sollen mit Vorliebe anderen Menschen vorwerfen, daß sie wahnsinnig seien; jedenfalls hat er immerzu auf meinen Säbel geschaut und war nicht zu halten. Und dann hat er mir einen ordentlichen Schrecken eingejagt. Wie ich ihn nicht gleich loslasse, richtet er sich plötzlich auf, sagt mit einer Stimme, die jedes Wort bedeutungsvoll gedehnt hat, als ob er jetzt das Geheimnis dieser Wände aussprechen müßte: ‚Herr General', sagt er, ‚Sie wollen wissen, wieso ich jedes Buche kenne? Das kann ich Ihnen nun allerdings sagen: Weil ich keines lese!'
Weißt du, das war mir nun beinahe wirklich zu viel! Aber er hat es mir, wie er meine Bestürzung gesehen hat, auseinandergesetzt. Er wird niemals einen Überblick gewinnen!
Ich frage ihn atemlos: ‚Sie lesen also niemals eines von den Büchern?'
‚Nie; mit Ausnahme der Kataloge.'
‚Aber Sie sind doch Doktor?'
‚Gewiß. Sogar Universitätsdozent; Privatdozent für Bibliothekswesen. Die Bibliothekswissenschaft ist eine Wissenschaft auch allein für sich', erklärte er.

ROBERT MUSIL: DER MANN OHNE EIGENSCHAFTEN, ROWOHLT – ALTE RECHTSCHREIBUNG

Textübergreifende Aufgaben

1. Wissen vermehrt sich – rasend schnell. Im Zuge der Schwerpunktveranstaltung „Daten über Daten: Umgang mit digitalem Wissen" an Ihrer Schule halten Sie vor einer Podiumsdiskussion eine Meinungsrede mit dem Titel „Sind wir digitale Messies?".
Verfassen Sie Ihre **Meinungsrede** und bearbeiten Sie dabei die folgenden Arbeitsaufträge:

   - **Beschreiben** Sie die Veränderung der Speicherkapazitäten seit Ihrem persönlichen Einstieg in die Welt der Daten.
   - **Analysieren** Sie die Problematik der Veränderung von Speichersystemen und die Gefahr, dass in Zukunft die heutigen Daten gar nicht mehr gelesen werden können, da viele der heutigen Programme und Dateiformate nicht mehr existieren.
   - **Erörtern** Sie in Ihrer Rede, was warum gespeichert werden soll und welche Daten und Informationen dem Vergessen anheimfallen sollten.

   Schreiben Sie zwischen 405 und 495 Wörter. Markieren Sie Absätze mittels Leerzeilen.

2. An Ihrem Schulstandort wird diskutiert, ob das Internet während des Schreibens von Schularbeiten zugelassen oder verboten bzw. deaktiviert werden soll. Verfassen Sie als Schulsprecher/in eine Empfehlung, die Sie den Mitgliedern des Schulgemeinschaftsausschusses in schriftlicher Form zur Kenntnis bringen.
Verfassen Sie Ihre **Empfehlung** und bearbeiten Sie dabei die folgenden Arbeitsaufträge:

   - **Beschreiben** Sie die Voraussetzungen, unter denen gegenwärtig Schularbeiten geschrieben werden.
   - **Erläutern** Sie für einzelne Fächer besondere Bedingungen, wenn mit dem Computer gearbeitet wird.
   - **Diskutieren** Sie die Verwendung des Internets unter Bedachtnahme auf eine möglichst faire Beurteilung.
   - **Bewerten** Sie den Einsatz des Internets während Schularbeiten für einzelne Fächer.

   Schreiben Sie zwischen 540 und 660 Wörter. Markieren Sie Absätze mittels Leerzeilen.

3. „Geht's noch ein bisserl tiefer?" Durch Talkshows im Fernsehen und Internetseiten wie YouTube drängt sich immer mehr der Eindruck auf, dass sich die Menschen die „gesellschaftlichen Dekolletés" Intimität und Privatheit von ihrem Körper reißen, um sichtbar zu machen, worauf man im Grunde neugierig ist, was man aber letztlich doch nicht so genau sehen und wissen möchte.
Lesen Sie den Auszug aus dem Drama „Talkshow" (S. 372) und verfassen Sie einen **Kommentar** für die Schülerzeitung Ihrer Schule, in dem Sie sich mit dieser Art von medialem Exhibitionismus auseinandersetzen. Bearbeiten Sie dabei die folgenden Arbeitsaufträge:

- **Beschreiben** Sie die gegenwärtige Flut an Talkshows und Reality-Formaten im Fernsehen.
- **Analysieren** Sie, was Menschen dazu treibt, in aller Öffentlichkeit über intimste Gefühle und Geheimnisse zu reden.
- **Bewerten** Sie die Möglichkeit der Fernsehkonsumentinnen und Fernsehkonsumenten, ihr Innerstes vor einem Millionenpublikum nach außen zu kehren.

Schreiben Sie zwischen 540 und 660 Wörter. Markieren Sie Absätze mittels Leerzeilen.

4. Aufgrund einer an Ihrem Schulstandort abgehaltenen Schwerpunktveranstaltung zum Thema „Medien: gestern – heute – morgen" sind Sie zum Entschluss gekommen, an die Generalintendantin/den Generalintendanten des ORF einen offenen Brief zu schreiben, in dem Sie dafür eintreten, dass das öffentlich-rechtliche Fernsehen in Österreich, um in Zukunft weiterhin seiner Informations- und Bildungsaufgabe gerecht werden zu können, entsprechende Veränderungen in Angriff nehmen soll. Erörtern Sie darin, auf welche Art und Weise der ORF in Zukunft seine Aufgabe erfüllen soll.
Schreiben Sie Ihren **offenen Brief** und bearbeiten Sie dabei die folgenden Arbeitsaufträge:

- **Beschreiben** Sie jene Sendeformate, die im ORF an der Tagesordnung sind, die aber nichts mit einem öffentlich-rechtlichen Fernsehen zu tun haben.
- **Vergleichen** Sie das Programmangebot des ORF mit privaten Fernsehanbietern.
- **Nehmen** Sie zu Teilen des Programmangebotes kritisch **Stellung.**
- **Appellieren** Sie an die Generalintendantin/den Generalintendanten, sich konsequent(er) an den öffentlich-rechtlichen Auftrag des ORF zu halten.

Schreiben Sie zwischen 540 und 660 Wörter. Markieren Sie Absätze mittels Leerzeilen.

Projekte mit und für Medien   TEXTWERK

YouTube ist die größte Videoplattform und bietet mittlerweile von kreativer Kunst über Nachhilfevideos bis zu zweifelhaften Inhalten beinahe alles. Sogar Politiker kommen nicht mehr umhin, sich via YouTube zu präsentieren.

Arbeitsaufgaben „YouTube"

1. **„YouTube-Sprache"**
   Durch die Plattform wurden eigene Wörter geprägt. „Spiegel.de" veröffentlichte ein Online-Quiz mit dem Titel „Verstehen Sie YouTube?". Sechs Fragen daraus finden Sie hier. Können Sie die Fragen beantworten?

   a) Wie heißen Videos, in denen YouTuber den Inhalt ihrer Einkaufstüten präsentieren?
   ☐ Prank   ☐ Lifehack   ☐ Haul

   b) Wofür steht auf YouTube die Abkürzung FMA?
   ☐ Follow Me Around („Lauf mir nach")
   ☐ Feel My Art („Spür meine Kunst")
   ☐ For My Admirers („Für meine Verehrer")

   c) Heute lassen sich YouTube-Videos mit „Daumen hoch" und „Daumen runter" bewerten. Wie funktionierte die Bewertung bis zum Jahr 2010?
   ☐ mit bis zu fünf Sternen
   ☐ nur mit Nutzerkommentaren
   ☐ mit einem Herz

   d) Die Abkürzung ASMR steht für „Autonomous Meridian Sensory Response". Welches Gefühl sollen sogenannte ASMR-Videos auf YouTube auslösen?
   ☐ Lachkrampf
   ☐ Kopfkribbeln
   ☐ Weltschmerz

   e) Weshalb werden sogenannte Prankster auf YouTube häufig kritisiert?
   ☐ Sie versetzen mitunter nichts ahnende Leute in Panik.
   ☐ Sie testen in ihren Videos illegale Drogen.
   ☐ Sie machen Produkttests, die nicht als Werbung gekennzeichnet sind.

   f) Welche dieser Szenen passt in ein Lifehack-Video?
   ☐ Ein YouTuber stopft seinen Mund mit Marshmallows voll.
   ☐ Ein YouTuber kocht Filterkaffee mit einem Stück Küchenrolle.
   ☐ Ein YouTuber setzt sich im Park auf fremde Leute.

   SPIEGEL.DE

2. **Wissen erwerben mittels YouTube**
   - Einigen Sie sich im Klassenverband auf ein Thema, das viele von Ihnen interessiert. Formulieren Sie im Anschluss daran drei bis fünf Fragen zu diesem Thema.
   - Je nach Fragenvielfalt nehmen Sie sich zwischen einer halben und einer Stunde Zeit. Recherchieren Sie ausschließlich auf YouTube nach Filmausschnitten, die Ihre Fragen beantworten. Notieren Sie nicht nur die Antworten, sondern auch die jeweilige URL.
   - Diskutieren Sie anschließend mit Ihren Mitschülerinnen und Mitschülern, welche Vor- und Nachteile Wissensvermittlung via YouTube hat.

Medien – Kommunikation – Archivierung

3. **Ein YouTube-Video erstellen**
Ihr Auftrag ist es, ein Lehrvideo zu einer literarischen Epoche zu erstellen.

- Einigen Sie sich auf eine Epoche, die Sie entweder gerade im Unterricht besprechen oder bereits besprochen haben. Am besten ist es, Sie wählen eine Epoche, deren Werke nicht mehr urheberrechtlich geschützt sind (zumeist: älter als 70 Jahre).
- Wählen Sie mindestens drei Textbeispiele, die Sie besprechen wollen, aus den Literaturepochen-Kapiteln im „Blattwerk".
- Bilden Sie mindestens vier Gruppen: eine für die Bearbeitung der Epochencharakteristik, mindestens drei (je nachdem für wie viele Textbeispiele Sie sich entschieden haben) für die Umsetzung der Textbeispiele.
- Einigen Sie sich noch einmal gruppenübergreifend auf die Länge, die die jeweiligen Clips haben sollen.

Nun geht es in die Gruppenarbeit:
- Basis für die Gruppe, die die Epochencharakteristik behandelt, sind die WERKZEUG- und die BEISPIEL-Seite.
- Basis für die Gruppen, die ein Textbeispiel umsetzen, sind der Text samt Kommentaren und die erfüllten Arbeitsaufträge.

> ⚠ Sie dürfen außer den Auszügen aus literarischen Werken, die älter als 70 Jahre sind, nichts wortwörtlich übernehmen! Sie verstoßen sonst gegen das Urheberrechtsgesetz!

- Diskutieren Sie innerhalb der Gruppen, welche Inhalte notwendig sind, damit Ihr Clip informativ ist, aber trotzdem das vorgegebene Zeitlimit nicht überschreitet.
- Holen Sie zusätzliche Sachinformationen ein.
- Überlegen Sie, wie Sie die Informationen darbieten wollen (Bilder, Musik, Nachspielen der Textausschnitte, Vortragen/Performen von Gedichten ...).
- Zeichnen Sie ein Storyboard für Ihren Clip.
- Teilen Sie die Arbeit innerhalb der Gruppen auf: Wer übernimmt die Kameraarbeit? Wer spielt Szenen nach? Wer sucht die Bilder? – Achtung: Diese müssen entweder selbst erstellt werden oder gemeinfrei sein! Dasselbe gilt für Musik!
- Produzieren Sie Ihren Clip.
- Führen Sie Ihre Clips in der Klasse vor, holen Sie sich Feedback und überarbeiten Sie den Film.

Legen Sie nun eine Denkpause ein. Recherchieren Sie nach Gefahren, die sich mit dem Veröffentlichen von Filmen auf einer Plattform wie YouTube ergeben. Sammeln Sie auch Vorteile einer Veröffentlichung. Diskutieren Sie die Ergebnisse im Klassenverband.

Entscheiden Sie gemeinsam, ob Sie Ihre Filme (einzeln oder zusammengefügt) auf YouTube veröffentlichen wollen. – Begründen Sie Ihre Entscheidungen.

- Überprüfen Sie, egal ob Sie den Film veröffentlichen wollen oder sich dagegen entschieden haben, ob Sie kein Urheberrecht verletzt haben und alle Quellen angeführt haben.
- Falls Sie den Film veröffentlichen, vergessen Sie nicht, den Autorinnen/ dem Autor des „Blattwerk" ein Mail mit dem Link zu schicken, damit diese ihn liken können.

Erziehung – Bildung – Werte

AUGUSTE RODIN: „DER DENKER" (SKULPTUR)

[Erziehung ist] im Wesentlichen das Mittel, die Ausnahme zu ruinieren zugunsten der Regel.

FRIEDRICH NIETZSCHE

Ich weiß, dass ich nichts weiß.

SOKRATES, griechischer Philosoph (469–399 v. Chr.)

Unter www.trauner.at/themen_hilfsmittel.aspx finden Sie
- eine Zusammenfassung der **maturarelevanten Textsorten** aus Blattwerk 5/6 AHS,
- **Analysebogen** zum Ausdrucken und
- eine Liste an **rhetorischen Stilfiguren**.

Erziehung – Bildung – Werte

Erziehen
EINFÜHRUNG

WAS IST ERZIEHUNG?

Wenn man in einer Elternrunde über Erziehung spricht, stellt man fest, dass es sehr unterschiedliche Ansichten darüber gibt, was Erziehung bedeutet. Einfacher ist die Frage, welche Ziele damit erreicht werden sollen.

Sehr häufig sagen Eltern, dass ihr Kind glücklich und gesund aufwachsen soll oder dass es mit anderen Menschen gut auskommen soll. Andere wiederum betonen, dass es seine eigenen Fähigkeiten nützen und mit beiden Beinen im Leben stehen soll.

Verschiedene Vorstellungen
Wie solche Fernziele erreicht werden sollen und was die Eltern dazu beitragen können, darüber gibt es sehr unterschiedliche Meinungen. Jede Generation hat andere Vorstellungen darüber, wie gute Erziehung aussehen soll. Was bedeutet es, sich anständig bei Tisch zu benehmen? Dürfen sich Kinder einmischen, wenn Erwachsene sich unterhalten? Müssen Kinder folgsam sein, wenn die Eltern oder der Lehrer etwas sagen? Ab wann dürfen Kinder selber entscheiden, wie lange sie aufbleiben oder welche Sendungen sie ansehen dürfen?

Heutzutage schwieriger
Diese und ähnliche Fragen wurden noch vor zwei, drei Generationen äußerst selten thematisiert und diskutiert, denn es gab in der jeweiligen Gesellschaftsschicht ziemlich klare Vorstellungen davon, was gute Erziehung ausmachte. Heute ist es für Eltern sehr viel schwieriger, denn die Erziehungsmethoden der eigenen Eltern werden vielfach als nicht mehr zeitgemäß empfunden und selbst zwischen den jüngeren Eltern gibt es ziemlich unterschiedliche Vorstellungen darüber, was Kinder tun sollen und was nicht.

Was sagen Fachleute?
Wenn unter Fachleuten das Thema Erziehung angesprochen wird, geht es häufig auch um größere Zusammenhänge wie z. B. das Zusammenleben in Gruppen und darum, wie Kinder mit den Regeln und Anforderungen der Gesellschaft zurechtkommen können, und auch um die Notwendigkeit, sich an diese anzupassen. Beim Thema Erziehung geht es vor allem um das Verhalten der Eltern, denn wenn diese durch unterschiedliche Belastungen und die Erziehung ihrer Kinder häufig gestresst sind, wird es ihnen sehr schwerfallen, ruhig und entspannt zu bleiben und ausreichend Zeit mit den Kindern zu verbringen. Auch wenn Eltern unrealistische oder zu hohe Erwartungen haben, fühlen sich Eltern und Kinder häufig überfordert und frustriert. Wenn wir uns Ziele in der Erziehung unserer Kinder setzen, sollten wir uns fragen, wem sie am meisten nützen.

Die eigenen Wünsche nicht projizieren
Hinter den elterlichen Zielen verbergen sich manchmal Werte und Vorstellungen, die eher mit eigenen (unerfüllten) Wünschen in Zusammenhang stehen und oft auf die Erfüllung der eigenen Bedürfnisse ausgerichtet sind. Zum Beispiel beim Thema Schule und Ausbildung setzen viele Eltern ihre Kinder unter Druck, denn sehr häufig sollen die Kinder mit einer höheren Ausbildung das Ansehen und den Erfolg erreichen, der ihnen vielleicht selber verwehrt geblieben ist. Aussagen wie „Mein Kind soll es einmal besser haben, deshalb muss

---

Notieren Sie stichwortartig alle Gedanken, die Ihnen zum Thema „Erziehung" einfallen.

es die Matura machen" zeigen zwar die Wünsche der Eltern auf, sagen jedoch wenig über die Fähigkeiten des Kindes aus. Liebe Eltern, Ihr Kind ist nicht auf der Welt, um so zu sein, wie Sie es gerne hätten!

Ab wann soll man Kinder erziehen?
Wir können nicht nicht erziehen. Erziehung hat in erster Linie damit zu tun, wie ich mich verhalte, und nicht, dass ich jetzt als Erzieher eine bestimmte Rolle einnehmen muss. Eltern sind immer Vorbilder, denn Kinder lernen am meisten dadurch, indem sie anderen zusehen und das Verhalten nachahmen. Selbst wenn es mir nicht bewusst ist, wird mein Kind durch mein Agieren und Reagieren geprägt. Wenn Eltern also sehr gut miteinander auskommen, lernt das Kind, wie man gut miteinander auskommt. Das Gleiche passiert leider auch, wenn Eltern häufig streiten. Dann lernt das Kind eben, wie man streitet.

VERONIKA PINTER, BURGENLAND.ORF.AT

Erziehung ist die soziale Interaktion zwischen Menschen, bei der ein Erwachsener planvoll und zielgerichtet versucht, bei einem Kind unter Berücksichtigung der Bedürfnisse und der persönlichen Eigenart des Kindes gewünschtes Verhalten zu entfalten oder zu stärken.
Erziehung ist ein Bestandteil des umfassenden Sozialisationsprozesses; der Bestandteil nämlich, bei dem von Erwachsenen versucht wird, bewusst in den Prozess der Persönlichkeitsentwicklung von Kindern einzugreifen – mit dem Ziel, sie zu selbstständigen, leistungsfähigen und verantwortungsvollen Menschen zu bilden.

KLAUS HURRELMANN, DEUTSCHER SOZIALWISSENSCHAFTLER

Ruhig und langsam die Natur sich selbst helfen lassen und nur sehen, dass die umgebenden Verhältnisse die Arbeit der Natur unterstützen, das ist Erziehung.

ELLEN KEY, SCHWEDISCHE REFORMPÄDAGOGIN

Erziehung ist die Hilfe zum Selbstwerden in Freiheit.

KARL JASPERS, DEUTSCHER PSYCHIATER UND PHILOSOPH

Die Erziehung ist Sache der Familien; von da geht sie aus und dahin kehrt sie größtenteils zurück.

JOHANN FRIEDRICH HERBART, DEUTSCHER PÄDAGOGE

Diskutieren Sie mit Ihren Mitschülern/Mitschülerinnen:

- Was ist Erziehung?
- Was sollte das Ziel von Erziehung sein?
- Von wem/Wodurch wurden Sie erzogen?

Beziehen Sie in Ihre Überlegungen auch nebenstehende Zitate ein.

1 Werte und Normen TEXTWERK

Text 1

1. An Ihrer Schule wird eine Schwerpunktveranstaltung zum Thema „Gutes Benehmen – heute noch gefragt?" durchgeführt. Diese findet auch Niederschlag in der Schulzeitung Ihrer Schule. Wählen Sie ein oder zwei Benimm-Tipps des FREIHERRN VON KNIGGE. Lesen Sie den Text „Über den Umgang mit Menschen". Verfassen Sie nun einen **Kommentar** und bearbeiten Sie dabei folgende Arbeitsaufträge:

- **Geben** Sie den Tipp bzw. die Tipps kurz in eigenen Worten **wieder.**
- **Analysieren** Sie, welche Argumente für und/oder gegen die Umsetzung der Tipps in der heutigen Zeit sprechen.
- **Nehmen** Sie zur Wertigkeit von gutem Benehmen in unserer Gesellschaft **Stellung.**

Schreiben Sie zwischen 405 und 495 Wörter. Markieren Sie Absätze mittels Leerzeilen.

2. „**Übersetzen**" Sie die Ratschläge des FREIHERRN VON KNIGGE in heutiges Deutsch. Beachten Sie dabei auch, ob die Belege seiner Thesen noch zeitgemäß sind, und verändern Sie sie, wenn es notwendig sein sollte.

Adolph Freiherr von Knigge
ÜBER DEN UMGANG MIT MENSCHEN (1788)

2. Strebe nach Vollkommenheit, aber nicht nach dem Scheine der Vollkommenheit und Unfehlbarkeit! Die Menschen beurteilen und richten Dich nach dem Maßstabe Deiner Forderungen, und sie sind noch billig, wenn sie nur das tun, wenn sie Dir nicht Forderungen aufbürden. Dann heißt es, wenn Du auch nur des kleinsten Fehlers Dich schuldig machst: „Einem solchen Manne ist das gar nicht zu verzeihn"; und da die Schwachen sich ohnehin ein Fest daraus machen, an einem Menschen, der sie verdunkelt, Mängel zu entdecken, so wird Dir ein einzelner Fehltritt höher angerechnet als andern ein ganzes Register von Bosheiten und Pinseleien.

3. Sei aber nicht gar zu sehr ein Sklave der Meinungen andrer von Dir! Was kümmert Dich am Ende das Urteil der ganzen Welt, wenn Du tust, was Du sollst? Und was ist Dein ganzer Prunk von äußern Tugenden wert, wenn Du diesen Flitterputz nur über ein schwaches, niedriges Herz hängst, um in Gesellschaften Staat damit zu machen?

5. Schreibe aber auch nicht auf Deine Rechnung das, wovon andern der Verdienst gebührt! Wenn man Dir, aus Achtung gegen einen edlen Mann, dem Du angehörst, Vorzug oder Höflichkeit beweist, so brüste Dich damit nicht, sondern sei bescheiden genug, zu fühlen, daß dies alles wegfallen würde, wenn Du einzeln aufträtest! Suche aber selbst zu verdienen, daß man Dich um Deinetwillen ehre! Sei lieber das kleinste Lämpchen, das einen dunkeln Winkel mit eigenem Lichte erleuchtet, als ein Mond einer fremden Sonne oder gar Trabant eines Planeten!

7. Rühme aber auch nicht zu laut Deine glückliche Lage! Krame nicht zu glänzend Deine Pracht, Deinen Reichtum, Deine Talente aus! Die Menschen vertragen selten ein solches Übergewicht ohne Murren und Neid. Lege daher auch andern keine zu große Verbindlichkeit auf! Tue nicht zu

viel für Deine Mitmenschen! Sie fliehen den überschwenglichen Wohltäter, wie man einen Gläubigen flieht, den man nie bezahlen kann. Also hüte Dich, zu groß zu werden in Deiner Brüder Augen!

8. Enthülle nie auf unedle Art die Schwächen Deiner Nebenmenschen, um Dich zu erheben! Ziehe nicht ihre Fehler und Verirrungen an das Tageslicht, um auf ihre Unkosten zu schimmern!

14. Keine Regel ist so allgemein, keine so heilig zu halten, keine führt so sicher dahin, uns dauerhafte Achtung und Freundlichkeit zu erwerben, wie die unverbrüchlich, auch in den geringsten Kleinigkeiten, Wort zu halten, seiner Zusage treu und stets wahrhaftig zu sein in seinen Reden. Nie kann man Recht und erlaubte Ursachen haben, das Gegenteil von dem zu sagen, was man denkt, wenngleich man Befugnis und Gründe haben kann, nicht alles zu offenbaren, was in uns vorgeht. Es gibt keine Notlügen, noch nie ist eine Unwahrheit gesprochen worden, die nicht zu früh oder spät nachteilige Folgen für jemand gehabt hätte; der Mann aber, der dafür bekannt ist, strenge Wort zu halten, gewinnt gewiß Zutraun, guten Ruf und Hochachtung.

15. Sei strenge, pünktlich, ordentlich, arbeitsam, fleißig in Deinem Berufe! Bewahre Deine Papiere, Deine Schlüssel und alles so, daß Du jedes einzelne Stück auch im Dunkeln finden könntest. Verfahre noch ordentlicher mit fremden Sachen! Verleihe nie Bücher oder andre Dinge, die Dir sind geliehen worden; hast Du von andern dergleichen geborgt, so bringe oder schicke sie zu gehöriger Zeit wieder und erwarte nicht, daß sie oder ihre Domestiken noch Wege gehen, um diese Dinge abzuholen! – Jedermann geht gern mit einem Menschen um und treibt Geschäfte mit ihm, wenn man sich auf seine Pünktlichkeit in Wort und Tat verlassen kann. Finde Dich genau zur bestimmten und gehörigen Stunde da ein, wo Du erscheinen willst, und wärst Du auch der einzige, der diese Ordnung beobachtet; gute und böse Beispiele von der Art reizen zur Nachfolge, und die Unrechtlichkeit andrer Menschen rechtfertigt nicht die unsrige.

ADOLPH FREIHERR VON KNIGGE:
ÜBER DEN UMGANG MIT MENSCHEN, RECLAM

Grafiken 1 und 2

1. An Ihrer Schule wird eine Schwerpunktveranstaltung zum Thema „Gutes Benehmen – heute noch gefragt?" durchgeführt. Für eine Informationsveranstaltung haben Sie die Aufgabe übernommen, die nachstehenden Informationsgrafiken zu analysieren.
Lesen Sie zunächst die Informationsgrafiken.
Verfassen Sie nun eine **Textanalyse** und bearbeiten Sie dabei folgende Arbeitsaufträge:

- **Geben** Sie die Basisinformationen der beiden Informationsgrafiken **wieder.**
- **Untersuchen** Sie, bei welchen Personengruppen es hinsichtlich deren Einschätzung als Vorbild die größten Unterschiede zwischen Jugendlichen und Erwachsenen gibt.
- **Überprüfen** Sie, ob die am häufigsten genannten Vorbilder für Werte stehen, die von den Jugendlichen an die obersten Stellen gereiht wurden.

Schreiben Sie zwischen 270 und 330 Wörter. Markieren Sie Absätze mittels Leerzeilen.

Erziehung – Bildung – Werte

Verfassen Sie eine **Meinungsrede.** Bearbeiten Sie dabei folgende Aufträge:

- **Fassen** Sie die Kernaussagen der beiden Informationsgrafiken **zusammen.**
- **Setzen** Sie die Werte und Normen, die Ihnen wichtig erscheinen, mit den in der Grafik genannten **in Beziehung.**
- **Erörtern** Sie, welche Charakterzüge/Verhaltensmerkmale eine Person haben muss, um als Vorbild fungieren zu können, um diese Werte und Normen zu transportieren.

Schreiben Sie zwischen 405 und 495 Wörter. Markieren Sie Absätze mittels Leerzeilen.

Jugendliche und ihre Vorbilder (Angaben in Prozent)

Die wichtigsten Vorbilder für Jugendliche sind ...	14 bis 20 Jahre	14 bis 16 Jahre	17 bis 18 Jahre	19 bis 20 Jahre
die eigenen Eltern oder Großeltern	46	42	43	56
sozial engagierte Menschen	15	8	22	19
die eigenen Geschwister	9	14	7	4
Spitzensportler	9	13	7	5
Freunde	9	9	12	5
Popstars, Models, Schauspieler	5	9	2	1
sonstige/keine Angabe	5	3	5	8
Ich habe kein Vorbild	2	2	3	2

Quelle: TNS Emnid
Befragt wurden 501 Kinder und Jugendliche zwischen 14 und 20 Jahren

Wertorientierungen der Jugendlichen

Jugendliche im Alter von 12 bis 25 Jahren (Angaben in Prozent)

■ 2010
■ 2015

Jeder Mensch hat ja bestimmte Vorstellungen, die sein Leben und Verhalten bestimmen. Wenn du einmal daran denkst, was du in deinem Leben eigentlich anstrebst: Wie wichtig sind dann die folgenden Dinge für dich persönlich? (Skala 1 „unwichtig" bis 7 „außerordentlich wichtig")

Wichtig (5–7)

	2010	2015
Gute Freunde haben, die einen anerkennen	97	97
Einen Partner haben, dem man vertrauen kann	95	93
Ein gutes Familienleben führen	92	90
Eigenverantwortlich leben und handeln	90	88
Viele Kontakte zu anderen Menschen haben	87	80
Von anderen Menschen unabhängig sein	84	84
Fleißig und ehrgeizig sein	83	82
Gesetz und Ordnung respektieren	81	84
Seine Phantasie und Kreativität entwickeln	79	79
Nach Sicherheit streben	79	79
Das Leben in vollen Zügen genießen	78	80
Gesundheitsbewusst leben	78	80

SHELL JUGENDSTUDIE 2015 – TNS INFRATEST SOZIALFORSCHUNG

2. Führen Sie in Ihrer Klasse/Schule eine Umfrage durch. Gestalten Sie dazu einen Fragebogen. Die Antwortmöglichkeiten auf die Frage: „Wer kann aus Ihrer Sicht in den aktuellen Zeiten grundsätzlich ein Vorbild für Moral und Werte sein?" (z. B. Eltern, Familienangehörige, Sportler, Künstler etc.) sollen jeweils mit den Schulnoten von 1 bis 5 bewertet werden. Stellen Sie anschließend die Ergebnisse in einem Säulendiagramm dar.
Wenn Sie die Befragung ausweiten und z. B. auch Eltern, Großeltern etc. befragen, könnten Sie zusätzlich untersuchen, ob es in den Altersklassen Unterschiede bei der Beurteilung gibt. Dazu müssten Sie auch ankreuzen lassen, in welche Gruppe sich der/die jeweils Befragte einordnen lässt (z. B. 10 bis 14 Jahre, 15 bis 19 Jahre ...).

2 Manieren — TEXTWERK

Text 1

An Ihrer Schule wird eine Schwerpunktveranstaltung zum Thema „Gutes Benehmen – heute noch gefragt?" durchgeführt. In diesem Zusammenhang werden Sie aufgefordert, eine Meinungsrede vor Schülerinnen/Schülern und Lehrerinnen/Lehrern zu halten. Lesen Sie den Kommentar „Respekt? Leider Fehlanzeige". Verfassen Sie nun eine **Meinungsrede** und bearbeiten Sie dabei folgende Arbeitsaufträge:

- **Geben** Sie die wesentlichen Inhalte des Kommentars **wieder.**
- **Setzen** Sie die im Kommentar geäußerte Kritik **in Beziehung** zu Ihren Erfahrungen im Schulalltag.
- **Erörtern** Sie mögliche Gründe für respektloses Verhalten.
- **Appellieren** Sie an Ihre Zuhörer/innen, mehr Respekt und Manieren im schulischen Leben an den Tag zu legen.

Schreiben Sie zwischen 540 und 660 Wörter. Markieren Sie Absätze mittels Leerzeilen.

RESPEKT? LEIDER FEHLANZEIGE!

„Tschuldigen" ist ein Motto, das man sich auch in vielen Chefetagen von Unternehmen zu Herzen nehmen sollte.

Weit haben wir es als Gesellschaft gebracht, dass wir bereits Werbekampagnen wie die aktuelle der Stadt Wien mit dem Motto „Tschuldigen" brauchen, um auf unser schlechtes Benehmen im Umgang miteinander aufmerksam zu machen. Wer jedoch meint, schlechtes Benehmen sei nur in bestimmten Gesellschaftsschichten zu finden, den muss ich enttäuschen.

Leider sind jene Jahrgänge, die schon im Kindergarten bei Spucken, Beißen und dem Schmeißen von Spielzeugeisenbahnen keine Konsequenzen erfahren haben, inzwischen in den Führungsebenen angekommen. Gerade sie haben nur eine Erfahrung gemacht: „Ich bin so super." Regeln? Ja schon, aber bitte nur für andere.

Dieser tödliche Mix aus übersteigertem Selbstbewusstsein, wenig Können und geringer Sozialkompetenz ist leider häufig anzutreffen. Führungskräfte, die es nicht schaffen, „Guten Morgen", „Bitte" oder „Danke" zu sagen, die bei einem persönlichen Gespräch gleichzeitig ein E-Mail am Smartphone beantworten, sind keine Seltenheit. Und „Tschuldigen" gehört in der Regel auch nicht zum gängigen Wortschatz dieser Chefs, obwohl natürlich auch sie Fehler machen. Diese einzugestehen wäre sogar vertrauensbildend.

Die Uefa wirbt für „Respekt", zu sehen sind die Spots aktuell bei der Fußball-EM. Zielgruppe sind Hooligans, angesprochen fühlen sollen sich aber auch Hooligans in der Wirtschaft. Respektvoller Umgang in Unternehmen miteinander ist keineswegs selbstverständlich.

Gutes Benehmen rechnet sich

Wie wäre es etwa, wenn man Agenturen, die bei Ausschreibungen nicht zum Zug gekommen sind, trotzdem eine knappe Begründung gibt, warum sie nicht berücksichtigt werden konnten; wenn man Lieferanten zurückruft oder E-Mails wenigstens in aller Kürze beantwortet; wenn Unternehmen auf Bewerbungsschreiben eine Antwort senden und Mitarbeitern, von denen man sich trennt, die Möglichkeit eines Austrittsgespräches gibt, vielleicht sogar mit einer Begründung. Auch Kündigungen via SMS kommen vor. Respekt? Fehlanzeige. Dabei rechnet sich gutes Benehmen sogar. Unternehmen, die eine Kultur des vertrauensvollen, respektvollen Umgangs haben, schneiden durchschnittlich doppelt so gut ab wie Unternehmen, die diese Aspekte nicht berücksichtigen.

Führungskräfte haben natürlich an der Gestaltung und am Vorleben der Unternehmenskultur einen beträchtlichen Anteil. Aber wenn diese nicht einmal die Grundvoraussetzungen mitbringen, ist es um die Umgangskultur der Firmen schlecht bestellt. Meine Empfehlung: Raus mit den Managern ohne Respekt!

In unserer Gesellschaft ist es üblich, stets zu denken, „die anderen sollen sich ändern, damit es mir besser geht". Wichtig wäre es, zu begreifen, dass wir Teilnehmer und (Mit-)Gestalter unseres beruflichen und privaten Alltags sind, nicht Zuseher und Opfer. Jeder kann zu mehr Respekt im Umgang miteinander beitragen. Umso trauriger, dass es Kampagnen wie „Tschuldigen" und „Respekt" geben muss. Trotzdem gut, dass es sie gibt.

Übrigens: Tschuldigen, falls ich zu direkt war.

CHRISTIAN REITTERER, DIE PRESSE

Text 2

1. Sie bekommen die Chance, an der nächsten Ausgabe der Jugendbeilage einer österreichischen Tageszeitung mitzuarbeiten. Eine Ihrer Aufgaben ist es, einen Kommentar zum Thema „Kinder lernen durch Vorbilder" zu verfassen. Lesen Sie die Kolumne „Vom guten Benehmen". Verfassen Sie nun einen **Kommentar** und bearbeiten Sie dabei folgende Arbeitsaufträge:

   - **Geben** Sie das Beispiel aus der Kolumne in aller Kürze **wieder.**
   - **Nehmen** Sie kritisch **Stellung** zum Vorwurf, dass die Jugend ein schlechtes Benehmen an den Tag lege.
   - **Erörtern** Sie die Vorbildwirkung Erwachsener auf Jugendliche.

   Schreiben Sie zwischen 405 und 495 Wörter. Markieren Sie Absätze mittels Leerzeilen.

2. Verfassen Sie einen **offenen Brief** an „die Erwachsenen" und bearbeiten Sie dabei folgende Arbeitsaufträge:

   - **Benennen** Sie den Grund Ihres Schreibens.
   - **Bewerten** Sie die Tatsache, dass Kindern und Jugendlichen häufig schlechtes Benehmen nachgesagt wird.
   - **Appellieren** Sie an Ihre Leser/innen, jenes Benehmen auch vorzuleben, das sie von Ihnen fordern.

   Schreiben Sie zwischen 270 und 330 Wörter. Markieren Sie Absätze mittels Leerzeilen.

VOM GUTEN BENEHMEN

Da reden alle hübsch vom guten Benehmen und wenn Kinder sich am Ende der Schlange anstellen, drängt jeder vor.

Meine Tochter mag Vanilleeis. Klar: Das mag jeder, außer mir vielleicht, aber bei Hannah geht die Vorliebe noch weiter, sie isst ausschließlich Vanilleeis, keine Schokolade und keine Erdbeeren, keine Amarena-Kirsche und keine Brombeer-Buttermilch, sie bleibt Puristin – auch wenn Freunde sie belächeln und Eisverkäuferinnen ihr statt einer kleinen Tüte (zwei Kugeln) eine Kindertüte (eine Kugel) aushändigen: Wer verlangt schon, denken die Verkäuferinnen, nur eine Sorte, wenn er zwei haben kann?

Aus Erfahrung ist Hannah klüger geworden, um Missverständnissen vorzubeugen, fordert sie kein kleines Vanilleeis mehr, sondern „zwei Kugeln Vanille, Vanille", so wie „Schokolade, Stracciatella" (Marlene) oder „Schokolade, Zitrone" (ich) oder „Topfen, Baccio-ach-was-geben-Sie-mir-doch-drei-Kugeln" (mein Mann). Das hat auch immer gut geklappt, bis vorgestern. Da feierte Hannah die Rückkehr ihrer Freundin Nora aus dem Italien-Urlaub mit dem Besuch einer Wiener Gelateria, aber die Bestellung ging schief.

„Mama", sagt sie am Telefon. „Was soll ich machen, die hat mir Vanille, Mango gegeben?!" – „Du musst es ihr halt sagen", erkläre ich und laufe mit dem Handy aus dem Besprechungsraum. Die anderen sollen nicht mitbekommen, von welchen Bagatellen ich mich bei der Arbeit stören lasse, noch dazu, da Töchterl auch noch glatt von mir verlangt, ich soll am Apparat bleiben, während sie das Eis zurückgibt: zur Sicherheit, nur zur Sicherheit.

„Wer ist am Apparat?" Und darum bekomme ich alles mit: Wie Hannah erklärt, dass sie die falsche Sorte bekommen hat. Wie die Verkäuferin behauptet, dass Hannah aber Vanille, Marille verlangt hätte. (Alles klar! Ein Verhörer – einmal mehr dem unverwüstlichen Glauben geschuldet, dass keiner nur eine Sorte bestellt, wenn er zwei haben kann!) Ich bekomme mit, wie Hannah erklärt, dass sie Marille gar nicht mag und wie die Verkäuferin mit den Schultern zuckt – wirklich, so heftig zuckt sie mit den Achseln, dass ich es durchs Handy hören kann. Da gibt Hannah auf und reicht ihr Handy weiter. „Wer ist da dran?" – „Meine Mutter."
Zehn Sekunden später hat sie ihr Eis.

Aber mit Kindern kann man es ja machen, die kann man beiseiteschieben, wenn sie in der Schlange stehen (weshalb ich Hannah und Marlene im Theater nicht mehr die Mäntel holen lasse, die brauchen an der Garderobe ewig!); die kann man anstänkern, wenn sie auf dem Gehsteig zu langsam sind oder zu schnell oder überhaupt vorhanden; die kann der Bademeister stundenlang darauf warten lassen, dass das Sprungbrett freigegeben wird, was aber erst passiert, wenn ein Erwachsener danach fragt.

Aber die Jugend, das wissen wir alle: Die Jugend legt ein schlechtes Benehmen an den Tag.

BETTINA STEINER, DIE PRESSE

Text 3

Verfassen Sie eine **Interpretation**. Bearbeiten Sie dabei folgende Arbeitsaufträge:

- **Erklären** Sie, was Max Frisch unter Höflichkeit versteht.
- **Analysieren** Sie, welche Rolle(n) Frisch Ehrlichkeit zuspricht.
- **Untersuchen** Sie den Aufbau und die sprachliche Gestaltung.
- **Nehmen** Sie zu Frischs Meinung zu Ehrlichkeit und Höflichkeit **Stellung**.

Schreiben Sie zwischen 540 und 660 Wörter.

Max Frisch
HÖFLICHKEIT (1947)

Wenn wir zuweilen die Geduld verlieren, unsere Meinung einfach auf den Tisch werfen und dabei bemerken, daß der andere zusammenzuckt, berufen wir uns mit Vorliebe darauf, daß wir halt ehrlich sind. Oder wie man so gerne sagt, wenn man sich nicht mehr halten kann: Offen gestanden! Und dann, wenn
5 es heraus ist, sind wir zufrieden; denn wir sind ja nichts anderes als ehrlich gewesen, das ist ja die Hauptsache, und im Weiteren überlassen wir es dem anderen, was er mit der Ohrfeige anfängt, die ihm unsere Tugend versetzt. Was ist damit getan?
Wenn ich einem Nachbarn sage, daß ich ihn für einen Hornochsen halte –
10 vielleicht braucht es Mut dazu, wenigstens unter gewissen Umständen, aber noch lange keine Liebe, so wenig wie es Liebe ist, wenn ich lüge; wenn ich hingehe und ihm sage, ich bewundere ihn. Beide Haltungen, die wir wechselweise einnehmen, haben eines gemeinsam: sie wollen nicht helfen. Sie verändern nichts. Im Gegenteil, wir wollen nur die Aufgabe loswerden ... [...]
15 Der Wahrhaftige, der nicht höflich sein kann oder will, darf sich jedenfalls nicht wundern, wenn die menschliche Gesellschaft ihn ausschließt. [...] Er übt eine Wahrhaftigkeit, die stets auf Kosten der anderen geht [...].
Das Höfliche, oft als leere Fratze verachtet, offenbart sich als eine Gabe der Weisen. Ohne das Höfliche nämlich, das nicht im Gegensatz zum Wahrhaf-
20 tigen steht, sondern eine liebevolle Form für das Wahrhaftige ist, können wir nicht wahrhaftig sein und zugleich in menschlicher Gesellschaft leben, die hinwiederum allein auf der Wahrhaftigkeit bestehen kann – also auf der Höflichkeit. Höflichkeit natürlich nicht als die Summe von Regeln, die man drillt, sondern als eine innere Haltung, eine Bereitschaft, die sich von Fall zu
25 Fall bewähren muß – Man hat sie nicht ein für allemal.
Wesentlich, scheint mir, geht es darum, daß wir uns vorstellen können, wie sich ein Wort oder eine Handlung, die unseren eigenen Umständen entspringt, für den anderen ausnimmt. Man macht, obschon es vielleicht unsrer eignen Laune entspräche, keinen Witz über Leichen, wenn der andere gerade
30 seine Mutter verloren hat, und das setzt voraus, daß man an den andern denkt. Man bringt Blumen: als äußeren und sichtbaren Beweis, daß man an die andern gedacht hat, und auch alle weiteren Gebärden zeigen genau, worum es geht. Man hilft dem andern, wenn er den Mantel anzieht. Natürlich sind es meistens bloße Faxen; immerhin erinnern sie uns, worin das
35 Höfliche bestünde; das wirkliche, wenn es einmal nicht als Geste vorkommt, sondern als Tat, als lebendiges Gelingen –
Zum Beispiel:
Man begnügt sich nicht damit, daß man dem andern einfach seine Meinung sagt: man bemüht sich zugleich um ein Maß, damit sie den andern nicht
40 umwirft, sondern ihm hilft; wohl hält man ihm die Wahrheit hin, aber so, daß er hineinschlüpfen kann.

Max Frisch: Tagebuch 1946–1949, Suhrkamp – alte Rechtschreibung

3 Erziehung   TEXTWERK

- „Ich bin, was ich bin, weil ..." – Einflüsse auf meine Persönlichkeit: Unternehmen Sie einen gedanklichen Rundgang durch Ihre vergangene Erziehung und **erzählen** Sie schriftlich von prägenden Situationen. Beachten Sie dabei, dass unter Erziehung nicht nur bewusst gesetzte Erziehungsmaßnahmen fallen, sondern auch gelebtes beispielhaftes Verhalten.

Text 1

Bei Ihrer täglichen Zeitungslektüre sind Sie auf nachstehenden Bericht gestoßen. Sie beschließen, Ihrer Meinung zum Thema in Form eines Leserbriefs Ausdruck zu verleihen.
Lesen Sie den Text „Wie TV-Bilder die Fantasie von Kindern prägen".

1. Verfassen Sie nun einen **Leserbrief** und bearbeiten Sie dabei folgende Arbeitsaufträge:

    - **Geben** Sie wesentliche Inhalte des Berichts, auf die Sie sich in Ihren Ausführungen beziehen, **wieder.**
    - **Beurteilen** Sie, wie plausibel Ihnen die in der Textvorlage dargestellten Studienergebnisse erscheinen.
    - **Appellieren** Sie an Ihre Leser/innen, Konsequenzen aus Ihren Darstellungen zu ziehen.

    Schreiben Sie zwischen 270 und 330 Wörter. Markieren Sie Absätze mittels Leerzeilen.

2. Verfassen Sie eine **Erörterung.** Bearbeiten Sie dabei folgende Arbeitsaufträge:
    - **Beschreiben** Sie die Ergebnisse der Studie von Ladenthin.
    - **Vergleichen** Sie diese Ergebnisse mit Ihren Erfahrungen mit gewalthaltigen Inhalten in den Medien.
    - **Setzen** Sie sich mit dem Zitat „In der Jugend lernt man das Vokabular, mit dem man die Welt begreift." **auseinander.**
    - **Überprüfen** Sie, ob die Institution Schule in der Lage ist, Gegenbilder zu Gewalt in der Schule anzubieten.

    Schreiben Sie zwischen 405 und 495 Wörter. Markieren Sie Absätze mittels Leerzeilen.

Zusatzaufgabe:
Protokollieren Sie einen Tag lang, mit welchen Formen von Gewalt Sie in den Medien (nicht nur im TV) konfrontiert sind. Notieren Sie auch die Zeit, die Sie mit diesen Inhalten verbringen.

WIE TV-BILDER DIE FANTASIE VON KINDERN PRÄGEN

Verrohen Kinder und Jugendliche durch brutale Medieninhalte? Zumindest prägen Bilder aus Kino und Fernsehen massiv ihre Fantasie. Das zeigt eine Studie von Forschern der Universität Bonn. Vor allem Jungen scheinen für extrem gewalttätige Bilder empfänglich zu sein.
5 *Experten sprechen von einer gefährlichen Entwicklung.*

Littleton, Erfurt oder die finnische Kleinstadt Tuusula sind Schauplätze von Gewaltszenarien, die aus einem Film oder Computerspiel stammen könnten. Entsprechend schnell stehen die Medien unter Verdacht, für derartige Amokläufe die Vorlage geliefert zu haben.
10 „Unsere Studie zeigt in der Tat, wie sehr Medienbilder inzwischen die Fantasie von Kindern besetzen", erklärt Professor Volker Ladenthin von der Universität

Bonn. „Also auch jene Fantasie, mit der sie ihr späteres Handeln planen."
Ladenthin hat zusammen mit seinen Forscherkollegen untersucht, welche Bilder in den Köpfen von Kindern herumspuken. Die Wissenschaftler ließen nach
15 Angaben knapp 300 Schüler der Klassenstufen 7 und 8 zu einem klassischen Märchenanfang einen Schluss schreiben.
Die Fantasien der Jungen und Mädchen unterschieden sich deutlich: So ließen Schüler ihre Märchen oft in wahren Blutorgien enden. Die Schülerinnen ließen das Märchen dagegen meist gewaltfrei enden, nahmen aber stattdessen gerne
20 Anleihen bei romantischen „Daily Soaps".
„Unsere Studie kann und will nicht nach den Ursachen von konkreten Gewaltverbrechen jugendlicher Täter fragen", betont die an der Studie mitwirkende Medienwissenschaftlerin Jessica von Wülfing. Das Experiment zeige jedoch, wie sehr Bilder aus den Medien die Vorstellungswelt Heranwachsender prägen.
25 „Das ist eine gefährliche Entwicklung", warnt Ladenthin, auf den die Idee zu dem Projekt zurückgeht: „In der Jugend lernt man das Vokabular, mit dem man die Welt begreift. Wenn darin bestimmte Vokabeln fehlen – Mitgefühl, Liebe, aber auch Mitleid oder Schuld –, führt das zu Defiziten in der Wahrnehmung und in letzter Konsequenz auch im eigenen Verhalten." Wer nie
30 Musik gehört hat, kann keine Vorstellung entwickeln, was Musik überhaupt ist. Ähnlich kann man in Horrorfilmen und Ballerspielen vieles lernen, aber kein Mitgefühl.
Sind die Jungen mit den brutalsten Märchen also allesamt potenzielle Gewalttäter? Sicherlich nicht, relativiert der Bonner Erziehungswissenschaftler.
35 Gefährlich werde es aber dann, wenn positive Alternativbilder fehlten: Dann bleibe das Vokabular lückenhaft. Aufgabe der Schule sei es daher, Gegenbilder anzubieten.

WELT.DE, OHNE VERFASSER/IN

Text 2

Sie haben die Chance erhalten, bei einer großen Tageszeitung an einem Workshop für Nachwuchsjournalistinnen und -journalisten teilzunehmen. Als Resultat soll eine Beilage, die sich an Jugendliche richtet, mit dem Titel „Diversity: Unterschiede leben und akzeptieren" erscheinen. Folgende Aufgaben haben Sie übernommen:

1. **Fassen** Sie die Inhalte dieses Interviews in Form eines Berichts, der in dieser Beilage zur Tageszeitung erscheinen könnte, **zusammen.**

   - **Beschreiben** Sie den Einfluss von kulturellem Hintergrund und sozialer Schicht auf das Erziehungsverhalten.
   - **Erschließen** Sie die besonderen Anforderungen an Eltern mit Migrationshintergrund.
   - **Geben** Sie den Grund **wieder,** warum Elternratgeber nicht funktionieren.

   Schreiben Sie zwischen 270 und 330 Wörter. Markieren Sie Absätze mittels Leerzeilen.

2. **Verfassen** Sie einen **Essay.** Bewerten Sie darin die Aussagen von HACI-HALIL USLUCAN, diskutieren Sie aber auch eigene Erfahrungen mit Erziehungsstilen und -werten in anderen Kulturen, die Sie bei Auslandsaufenthalten, Gesprächen mit Migranten/Migrantinnen usw. gewinnen konnten.

„ELTERN ERZIEHEN IHRE KINDER SO, WIE SIE SELBST ERZOGEN WURDEN"

Können Eltern frei entscheiden, wie sie erziehen wollen? Der Bildungspsychologe Haci-Halil Uslucan sagt, dieser Glaube sei eine Illusion.

Wie sehr ist Erziehung vom kulturellen Hintergrund beeinflusst?
Haci-Halil Uslucan: Erziehung ist immer vom kulturellen Hintergrund beeinflusst. Aber man muss bei Migranten auch die Varianzen innerhalb der Kulturen sehen. So ist etwa die Erziehung in der Osttürkei eine ganz andere als die in der Westtürkei. Es stehen etwa ländliche Konzepte urbanen Vorstellungen gegenüber. In der Osttürkei liegt die Geburtenrate im Schnitt bei 6,0. In der Westtürkei bei 1,9. Das zeigt enorme Unterschiede, die wir in Deutschland oder Österreich nicht haben.

Welche Rolle spielt die soziale Schicht?
Die wird an der Bedeutung der Kinder für die Eltern offensichtlich. Sollen sie zum Familieneinkommen beitragen? Oder wird ein Kind gewünscht, um das Glücksgefühl der Eltern zu steigern und sie in ihrer Identität aufzuwerten? In der Unterschicht steht in allen Gesellschaften die Belastung durch Kinder und auch die Frage nach ihrem Nutzen im Vordergrund. Währenddessen spielt in der Mittel- und Oberschicht immer die psychologische Bedeutung der Kinder eine Rolle.

Kann man jemals frei entscheiden, wie man sein Kind erziehen will?
Weltweit erziehen Eltern ihre Kinder so, wie sie selbst erzogen wurden. Das ist eine Grundregel. Aber es gibt Ausnahmen: Personen, die eine pädagogische oder psychologische Ausbildung haben. Oder Personen, die unter ihrer Erziehung gelitten und sie aufgearbeitet haben. In diesem Fall erfolgt eine methodische Brechung und man erzieht die eigenen Kinder anders, als man selbst erzogen wurde. Ein dritter Aspekt: Migranten erkennen, dass andere Modelle angewendet werden, und müssen sich damit auseinandersetzen. Aber die freie Wahl bei der Erziehung ist eine Illusion. Man ist vielen Zwängen ausgesetzt.

Viele Eltern hoffen, mithilfe von Ratgebern zu besseren Erziehern zu werden.
Die Vorstellung der Eltern ist, dass sie etwas investieren und beim Kind etwas herauskommt. Aber die Bereitschaft des Kindes, sich erziehen zu lassen, ist auch eine wichtige Variable. Die hängt von Merkmalen wie sicherer frühkindlicher Bindung ab. Kinder, die eine unsichere Bindung aufweisen, haben weniger Angst, die Liebe der Mutter zu verlieren, und leisten mütterlichen Anweisungen weniger Folge. Studien haben auch gezeigt, dass derselbe Erziehungsstil bei Kindern mit unterschiedlichem Temperament zu unterschiedlichen Entwicklungen führt. So tut mütterliche Strenge einem Kind, das sehr unruhig ist, mittelfristig gut. Aber bei demselben Erziehungsstil können sich bei einem Kind, das in sich gekehrt ist, leichter Depressionen entwickeln.

Wie sicher sind sich Migranten bei der Erziehung?
Wir sind alle verunsichert, ob unsere Erziehung angemessen ist. Aber Migranteneltern erleben das stärker. Sie wissen einerseits nicht, wie sie ihr Kind richtig erziehen sollen, und glauben zugleich, dass die Art, wie sie selbst erzogen wurden, nicht mehr angemessen ist. Die Konsequenz für einige ist, dass sie sich noch stärker zurückziehen. Sie halten sich noch mehr an traditionelle oder religiöse Vorgaben. Das erzeugt eine Illusion der Sicherheit.

Haben Eltern unterschiedlicher Herkunft unterschiedliche Erwartungen an Kinder?

Für türkische Eltern gibt es eine einfache Erziehungsmaxime: Respektiere die Älteren, liebe die Jüngeren. Das ist eine simple Hierarchisierung und bedeutet,
50 *dass man den älteren Geschwistern folgen und auf die jüngeren aufpassen muss. In Deutschland heißt es oft, dass die Kinder gleichberechtigt sind. In asiatischen Traditionen ist wiederum Gehorsam positiv besetzt. Damit tun wir uns schwer, weil wir unter Gehorsam militärischen Gehorsam verstehen. In Asien bedeutet Gehorsam aber, dass Eltern in ihrer Erziehung nicht versagt haben.*

55 *Wie sehr nehmen die gemeinsamen Werte in der zweiten und dritten Generation von Migranten ab?*

Es ist nicht immer so, dass sie abnehmen. In bestimmten Konstellationen ist es sogar umgekehrt. In Deutschland hat eine deutsche Mutter gegenüber ihrer Tochter unterschiedlichere Werte als eine türkische gegenüber ihrer Tochter.
60 *Wenn ich in einer Minderheit bin, erlebe ich meine Werte als bedroht, also muss ich sie viel stärker vermitteln. Hinzu kommt: In modernen Gesellschaften ist der Wertewandel viel stärker.*

ROSA SCHMIDT-VIERTHALER, DIE PRESSE

Text 3

Im Rahmen einer Schularbeit aus Deutsch sollen Sie nachweisen, dass Sie fähig sind, literarische Texte zu analysieren und zu interpretieren. **Analysieren** und **interpretieren** Sie den Liedtext „Sind so kleine Hände". Schreiben Sie zwischen 405 und 495 Wörter. Bearbeiten Sie dabei folgende Aufträge:

- **Fassen** Sie knapp die gedanklichen Leitlinien des Liedtextes **zusammen.**
- **Analysieren** Sie den Text nach sprachlichen und formalen Kriterien.
- **Kommentieren** Sie die Aussage(n) des Liedtextes.

Bettina Wegner
SIND SO KLEINE HÄNDE (1976)

Sind so kleine Hände
winz'ge Finger dran.
Darf man nie drauf schlagen
4 die zerbrechen dann.

Sind so kleine Füße
mit so kleinen Zehn.
Darf man nie drauf treten
8 Könn' sie sonst nicht geh'n.

Sind so kleine Ohren
scharf, und ihr erlaubt.
Darf man nie zerbrüllen
12 werden davon taub.

Sind so schöne Münder
sprechen alles aus.
Darf man nie verbieten
16 kommt sonst nichts mehr raus.

Sind so klare Augen
die noch alles sehn.
Darf man nie verbinden
20 könn' sie nichts versteh'n.

Sind so kleine Seelen
offen und ganz frei.
Darf man niemals quälen
24 Geh'n kaputt dabei.

Ist so'n kleines Rückgrat
sieht man fast noch nicht.
Darf man niemals beugen
28 weil es sonst zerbricht.

Grade, klare Menschen
wär'n ein schönes Ziel.
Leute ohne Rückgrat
32 hab'n wir schon zu viel.

YOUTUBE.COM

3 Erziehung

Text 4

Sie nehmen als Vertreter/in Ihrer Schule an einer Veranstaltung des Bildungsministeriums mit dem Titel „Was die Jugend von heute wirklich braucht" teil. Folgende Aufgaben haben Sie übernommen:

1. Verfassen Sie eine **Meinungsrede**. Bearbeiten Sie dabei folgende Arbeitsaufträge:
   - **Geben** Sie Ursachen und Folgen von Kindesvernachlässigung **wieder**.
   - **Erläutern** Sie die Maslow'sche Bedürfnispyramide und ergänzen Sie Ihre Ausführungen mit einprägsamen Beispielen.
   - **Diskutieren** Sie geeignete Maßnahmen gegen Kindesvernachlässigung.

   Schreiben Sie zwischen 405 und 495 Wörter. Markieren Sie Absätze mittels Leerzeilen.

2. Sie nehmen als Vertreter/in Ihrer Schule an einer Veranstaltung des Bildungsministeriums mit dem Titel „Was die Jugend von heute braucht" teil. Unter anderem haben Sie die Aufgabe übernommen, eine Erörterung zu verfassen. Erscheinen soll diese in einer Broschüre, die allen Teilnehmenden ausgehändigt wird.
   Lesen Sie den Bericht „Das Drama des vernachlässigten Kindes".
   Verfassen Sie nun eine **Erörterung** und bearbeiten Sie dabei folgende Arbeitsaufträge:
   - **Nennen** Sie Daten und Fakten zu Kindesvernachlässigung in Österreich.
   - **Erklären** Sie, was unter Vernachlässigung zu verstehen ist.
   - **Beurteilen** Sie, wo der Unterschied zwischen Erziehung zur Selbstständigkeit und Vernachlässigung liegt.
   - **Diskutieren** Sie, wie Erziehung zur Selbstständigkeit, ohne die Grenze zur Vernachlässigung zu überschreiten, möglich ist.

   Schreiben Sie zwischen 540 und 660 Wörter. Markieren Sie Absätze mittels Leerzeilen.

Maslow'sche Bedürfnispyramide

Bedürfnis nach ...

... Selbstverwirklichung

... Anregung, Spiel und Leistung

... seelischer und körperlicher Wertschätzung

... Verständnis und sozialer Bindung

... Schutz und Sicherheit

... Essen, Trinken, Schlafen (Grundbedürfnisse)

DAS DRAMA DES VERNACHLÄSSIGTEN KINDES

Vernachlässigung von Kindern reicht von unzureichender Ernährung bis zu völliger Ignoranz gegenüber ihrem Bedürfnis nach Zuwendung. Die Zahl vernachlässigter Kinder steigt, die Jugendämter versuchen mit Elterntraining gegenzusteuern.

5   *Es gibt Kinder, die auf die Frage, woran sie sich gern erinnern, antworten: „Einmal hat meine Mama zu Weihnachten mit mir ‚Mensch ärgere Dich nicht' gespielt." Es gibt Jugendliche, die als Reaktion auf ihre Ansage, die Schule schmeißen zu wollen, nicht mehr zu hören bekommen als: „Wenn du meinst." Und es gibt Eltern, die einfach ein tiefgekühltes Fertiggericht auf den Tisch
10 stellen – wenn es halbwegs aufgetaut ist, können die Kinder zu Mittag essen. Vernachlässigung hat viele Facetten – vom schlichten Nichterkennen der Bedürfnisse von Kindern (siehe „Maslow'sche Bedürfnispyramide") bis hin zur wissentlichen Verweigerung von Zuwendung etwa als Strafmaßnahme, wenn das Kind wieder einmal frech war. Ob die elementaren Bedürfnisse nach Für-
15 sorge, Ansprache oder einfach Nahrung bewusst oder unbewusst vernachlässigt werden – für die Kinder macht es keinen Unterschied. Die Folgen reichen von Entwicklungs- und Persönlichkeitsstörungen bis hin zu körperlichen Schäden.*

Kein urbanes Phänomen

Das Desinteresse an Kindern geht manchmal so weit, „dass nicht einmal mehr geschimpft wird", erzählt Hedwig Wölfl, die fachliche Leiterin des Kinderschutzzentrums Möwe. Nicht auf die Bedürfnisse der Kinder einzugehen sei „eine stille Form der Vernachlässigung, die oft übersehen wird". Darunter fielen auch jene Kinder, die statt Zuwendung 200 Euro in die Hand gedrückt bekommen. Dabei handle es sich aber keinesfalls um ein urbanes Phänomen, betont Wölfl, auch auf dem Land gebe es immer häufiger diese besondere Form des Alleinlassens mit dem riesigen Flatscreen im Kinderzimmer. Doch auch wenn Kinder zum Partnerersatz würden, widerspreche dies den kindlichen Bedürfnissen. 10 500 Gefährdungsmeldungen erreichten das Wiener Jugendamt im Vorjahr – mehr als die Hälfte betraf Fälle von Vernachlässigung. Bei der Innsbrucker Jugendwohlfahrt sind diese Meldungen um 54 Prozent gestiegen. Gabriele Herlitschka, die Leiterin, sieht einen Zusammenhang mit der Wirtschaftskrise, viele Eltern seien ausgelaugt.

„Die Kinder werden dadurch viel zu früh sich selbst überlassen." Kindergartenpädagoginnen und Lehrer berichten, dass manche Kinder nie eine Jause mitbekämen und sich beim Mittagessen oft zeige, wie ausgehungert die Kleinen seien. Im Rahmen einer Studie des Österreichischen Instituts für Familienforschung gaben 23,8 Prozent der Frauen und 14 Prozent der Männer an, als Kinder körperlich oder seelisch vernachlässigt worden zu sein. 27,9 Prozent der Frauen wurden mit Liebesentzug bestraft, bei den Männern waren es 17,8 Prozent.

Spirale der Erschöpfung

Vernachlässigung kommt in allen gesellschaftlichen Gruppen vor. Finanzielle Sorgen, Probleme in der Partnerschaft oder Misshandlungen in der eigenen Kindheit sind Risikofaktoren. In der Spirale der Erschöpfung entsteht oft Teilnahmslosigkeit gegenüber dem eigenen Kind. „Viele überspielen den Druck und reden sich ein, die Kinder sollen sich selbst durchschlagen", schildert Christian Tesar von den Grünen im 15. Bezirk – jenem Bezirk mit dem geringsten Durchschnittseinkommen Wiens. Oft ist der Wohnraum so beengt, dass die Kinder in Parks ausweichen müssen. Zu sagen, „den Eltern ist alles wurscht", greife zu kurz, sagt Tesar. Viele lebten in „Working poor"-Situationen. Für die Kinder bleibt im Überlebenskampf kaum Zeit.

Doch auch Gutverdienende, die sich vermeintlich Zeit für die Kinder nähmen, ignorierten deren Bedürfnisse oft, sagt Möwe-Expertin Wölfl. „Nur zu fragen: Wie war dein Tag?, reicht nicht – wenn bereits keiner mehr zuhört, sobald das Kind zu erzählen beginnt."

Wissen: Bedürfnisse

Kinder benötigen zuverlässige und berechenbare Beziehungen. Werden grundlegende Bedürfnisse ignoriert, kommt es zu Störungen auf den nächsten Ebenen – etwa bei der Ausbildung von Empathie oder Konfliktfähigkeit. Wirtschaftliche und psychische Krisen in der Familie erhöhen die Gefahr von Vernachlässigung ebenso wie Unerwünschtheit oder Behinderung des Kindes. In Österreich regelt der § 199 im Strafgesetzbuch Vernachlässigung: Wer seine Aufsichts-, Pflege- oder Erziehungspflicht vernachlässigt, kann mit einer Freiheitsstrafe bis zu sechs Monate bestraft werden.

Bettina Fernsebner-Kokert, Julia Herrnböck, Der Standard

4 Bildung gestern und heute — TEXTWERK

Text 1

Johann Wolfgang von Goethe
FAUST. DER TRAGÖDIE ERSTER TEIL (1808)

Habe nun, ach! Philosophie,
Juristerei und Medizin,
Und leider auch Theologie
Durchaus studiert, mit heißem Bemühn.
Da steh ich nun, ich armer Tor!
Und bin so klug als wie zuvor;
Heiße Magister, heiße Doktor gar,
Und ziehe schon an die zehen Jahr
Herauf, herab und quer und krumm,
Meine Schüler an der Nase herum –
Und sehe, daß wir nichts wissen können!
Das will mir schier das Herz verbrennen.
Zwar bin ich gescheiter als all die Laffen,
Doktoren, Magister, Schreiber und Pfaffen;
Mich plagen keine Skrupel noch Zweifel,
Fürchte mich weder vor Hölle noch Teufel –
Dafür ist mir auch alle Freud entrissen,
Bilde mir nicht ein, was Rechts zu wissen,
Bilde mir nicht ein, ich könnte was lehren,
Die Menschen zu bessern und zu bekehren.
Auch hab ich weder Gut noch Geld,
Noch Ehr und Herrlichkeit der Welt;
Es möchte kein Hund so länger leben!
Drum hab ich mich der Magie ergeben,
Ob mir, durch Geistes Kraft und Mund
Nicht manch Geheimnis würde kund;
Daß ich nicht mehr mit saurem Schweiß,
Zu sagen brauche, was ich nicht weiß;
Daß ich erkenne, was die Welt
Im Innersten zusammenhält,
Schau alle Wirkenskraft und Samen,
Und tu nicht mehr in Worten kramen.

Johann Wolfgang v. Goethe: Faust. Der Tragödie erster Teil, Reclam

1. **Geben** Sie **wieder**, worüber Heinrich Faust in seinem Monolog Klage führt.

2. Welcher Begriff von Bildung wird in diesem Ausschnitt aus „Faust I" von Johann Wolfgang von Goethe dargestellt? **Analysieren** und **diskutieren** Sie.

Text 2

1. Als Vorbereitung auf eine Präsentation zur Epoche der Aufklärung, die Sie vor Ihren Mitschülerinnen und Mitschülern halten, gestalten Sie zum Text „Was ist Aufklärung?" von Immanuel Kant ein **Informationsblatt**, auf dem Sie die wichtigsten Aussagen Immanuel Kants kurz (und in ganzen Sätzen) wiedergeben.

Bilden Sie möglichst viele **Abwandlungen** mit dem Begriff *-bild* und besprechen Sie deren Bedeutung.

2. Verschriftlichen Sie Ihre Präsentation für Ihre Portfolio-Mappe, indem Sie eine **Erörterung** zum Text von KANT verfassen.
Bearbeiten Sie dabei die folgenden Arbeitsaufträge:

- **Beschreiben** Sie, inwieweit die Menschen der damaligen Gesellschaft fähig sind, ihren eigenen Verstand ohne Leitung eines anderen einzusetzen.
- **Erläutern** Sie Kants Verständnis von Bildung anhand seines Textes.
- **Überprüfen** Sie, ob es gegenwärtig in unserer Gesellschaft Aufholbedarf in der Fähigkeit, eigenständig zu denken, gibt.
- **Diskutieren** Sie Möglichkeiten, den Menschen zu einem selbstverantwortlichen, aktiven, wissenden Mitglied der Gesellschaft zu machen.

Schreiben Sie zwischen 405 und 495 Wörter. Markieren Sie Absätze mittels Leerzeilen.

IMMANUEL KANT, deutscher Philosoph (1724–1804)

Immanuel Kant
WAS IST AUFKLÄRUNG? (1784)

Aufklärung ist der Ausgang des Menschen aus seiner selbst verschuldeten Unmündigkeit. Unmündigkeit ist das Unvermögen, sich seines Verstandes ohne Leitung eines anderen zu bedienen. Selbst verschuldet ist diese Unmündigkeit, wenn die Ursache derselben nicht am Mangel des Verstandes,
5 sondern der Entschließung und des Mutes liegt, sich seiner ohne Leitung eines anderen zu bedienen. Sapere aude! „Habe Mut, dich deines eigenen Verstandes zu bedienen!" ist also der Wahlspruch der Aufklärung.

Faulheit und Feigheit sind die Ursachen, warum ein so großer Teil der Menschen, nachdem sie die Natur längst von fremder Leitung freigespro-
10 chen, dennoch zeitlebens gerne unmündig bleiben; und warum es anderen so leicht wird, sich zu deren Vormündern aufzuwerfen. Es ist so bequem, unmündig zu sein. Habe ich ein Buch, das für mich Verstand hat, einen Seelsorger, der für mich Gewissen hat, einen Arzt, der für mich die Diät beurteilt, usw.: So brauche ich mich ja nicht selbst zu bemühen. Ich habe nicht nötig
15 zu denken, wenn ich nur bezahlen kann; andere werden das verdrießliche Geschäft schon für mich übernehmen. Dass der bei Weitem größte Teil der Menschen (darunter das ganze schöne Geschlecht) den Schritt zur Mündigkeit, außer dass er beschwerlich ist, auch für sehr gefährlich hält: Dafür sorgen schon jene Vormünder, die die Oberaufsicht über sie gütigst über-
20 nommen haben. Nachdem sie ihr Hausvieh zuerst dumm gemacht haben und sorgfältig verhüteten, dass diese ruhigen Geschöpfe ja keinen Schritt außer dem Gängelwagen, darin sie sie einsperrten, wagen durften: So zeigen sie ihnen nachher die Gefahr, die ihnen droht, wenn sie es versuchen, allein zu gehen. Nun ist diese Gefahr zwar eben so groß nicht, denn sie würden
25 durch einige Mal Fallen wohl endlich gehen lernen; allein ein Beispiel von der Art macht doch schüchtern und schreckt gemeiniglich von allen ferneren Versuchen ab.

Es ist also für jeden einzelnen Menschen schwer, sich aus der ihm beinahe zur Natur gewordenen Unmündigkeit herauszuarbeiten. Er hat sie sogar lieb
30 gewonnen und ist vorderhand wirklich unfähig, sich seines eigenen Verstandes zu bedienen, weil man ihn niemals den Versuch davon machen ließ. [...]

Daher kann ein Publikum nur langsam zur Aufklärung gelangen. Durch eine Revolution wird vielleicht wohl ein Abfall von persönlichem Despotismus und gewinnsüchtiger oder herrschsüchtiger Bedrückung, aber niemals wahre
35 Reform der Denkungsart zustande kommen; sondern neue Vorurteile werden, ebensowohl als die alten, zum Leitbande des gedankenlosen großen

Haufens dienen. Zu dieser Aufklärung aber wird nichts erfordert als die Freiheit; und zwar die unschädlichste unter allem, was nur Freiheit heißen mag, nämlich die: Von seiner Vernunft in allen Stücken öffentlichen Gebrauch zu machen. Nun höre ich aber von allen Seiten rufen: Räsoniert nicht! Der Offizier sagt: Räsoniert nicht, sondern exerziert! Der Finanzrat: Räsoniert nicht, sondern bezahlt! Der Geistliche: Räsoniert nicht, sondern glaubt! [...] Hier ist überall Einschränkung der Freiheit. [...]

räsonieren = vernünftig reden, Schlüsse ziehen

Ein Zeitalter kann sich nicht verbünden und darauf verschwören, das folgende in einen Zustand zu setzen, darin es ihm unmöglich werden muss, seine Erkenntnisse zu erweitern, von Irrtümern zu reinigen und überhaupt in der Aufklärung weiterzuschreiten. Das wäre ein Verbrechen wider die menschliche Natur, deren ursprüngliche Bestimmung gerade in diesem Fortschreiten besteht [...]. Der Probierstein alles dessen, was über ein Volk als Gesetz beschlossen werden kann, liegt in der Frage, ob ein Volk sich selbst wohl ein solches Gesetz auferlegen würde. [...]

Ein Mensch kann zwar für seine Person, und auch alsdann nur auf einige Zeit, in dem, was ihm zu wissen obliegt, die Aufklärung aufschieben; aber auf sie Verzicht zu tun, es sei für seine Person, mehr aber noch für seine Nachkommenschaft, heißt die heiligen Rechte der Menschheit verletzen und mit Füßen treten. [...]

Wenn nun gefragt wird: „Leben wir jetzt in einem aufgeklärten Zeitalter?", so ist die Antwort: „Nein, aber wohl in einem Zeitalter der Aufklärung." Dass die Menschen, wie die Sachen jetzt stehen, im Ganzen genommen schon imstande wären oder darein auch nur versetzt werden könnten, in Religionsdingen sich ihres eigenen Verstandes ohne Leitung eines andern sicher und gut zu bedienen, daran fehlt noch sehr viel. Allein, dass jetzt ihnen doch das Feld geöffnet wird, sich dahin frei zu bearbeiten, und die Hindernisse der allgemeinen Aufklärung oder des Ausganges aus ihrer selbst verschuldeten Unmündigkeit allmählich weniger werden, davon haben wir doch deutliche Anzeichen. In diesem Betracht ist dieses Zeitalter das Zeitalter der Aufklärung.

IMMANUEL KANT: BEANTWORTUNG DER FRAGE: WAS IST AUFKLÄRUNG?
IN: BERLINISCHE MONATSSCHRIFT – GEKÜRZT

3. Sie als Vertreter/in im Europäischen Schülerinnen- und Schülerparlament halten eine Meinungsrede zum Thema „Aufklärung durch Bildung", in der Sie sich damit auseinandersetzen, dass in einzelnen Mitgliedsstaaten der Europäischen Union das Budget für Bildung zwar meist nicht gekürzt, jedoch auch nicht erhöht wird.
Verfassen Sie das Manuskript Ihrer **Meinungsrede** (540–660 Wörter) und bearbeiten Sie dabei die folgenden Arbeitsaufträge:

- **Beschreiben** Sie die Aufgeklärtheit der Jugendlichen in gesellschaftlicher, wissenschaftlicher und politischer Hinsicht.
- **Erläutern** Sie die fatalen Folgen, die eine Gesellschaft zu spüren bekommen kann, wenn es der/dem Einzelnen immer schwerer gemacht wird, eine fundierte und hochwertige Ausbildung durchlaufen zu können.
- **Überprüfen** Sie in Ihrer Rede auch, ob ein wenig gebildetes Volk von der Politik leichter lenkbar und verführbar ist und es allein aufgrund dieses Aspektes für eine Demokratie von existenzieller Bedeutung ist, dass sie sich aus mündigen und aufgeklärten Bürgerinnen und Bürgern zusammensetzt.

Erziehung – Bildung – Werte

Text 3

1. Im Zuge des Projektes „Schule gestern – heute – morgen" haben Sie es übernommen, mittels einer Präsentation Ihre Mitschülerinnen und Mitschüler umfassend über den Begriff „Bildung" zu informieren.
Gestalten Sie ein **Thesenblatt** zu den wichtigsten Aussagen von Wilhelm von Humboldt und **stellen** Sie seine Thesen zur Bildung gegenwärtigen Entwicklungen **gegenüber.**

2. Im Zuge des Projektes „Schule gestern – heute – morgen" halten Sie auch eine **Meinungsrede** vor Ihren Mitschülerinnen und Mitschülern.
Lesen Sie das Interview „Humboldt wird missbraucht".
Verfassen Sie das Manuskript Ihrer Rede und bearbeiten Sie dabei die folgenden Arbeitsaufträge:

   - **Benennen** Sie Forderungen von Wilhelm von Humboldt, die auch in unserer heutigen Gesellschaft noch Gültigkeit besitzen.
   - **Setzen** Sie sich mit Veränderungen **auseinander,** die an und in unserem Schulsystem vorgenommen werden sollen. Wählen Sie Wilhelm von Humboldts Thesen als Ausgangs- und Referenzpunkt für Ihre Ausführungen.
   - **Appellieren** Sie an Ihr Publikum, sich aktiv für eine zukunftsweisende Bildungspolitik einzusetzen.

   Schreiben Sie zwischen 540 und 660 Wörter. Markieren Sie Absätze mittels Leerzeilen.

„HUMBOLDT WIRD MISSBRAUCHT"

Der Berliner Bildungshistoriker Heinz-Elmar Tenorth über falsch verstandene Chancengleichheit, faule Professoren und das Vermächtnis des preußischen Reformers Wilhelm von Humboldt

Spiegel: Herr Tenorth, vor 210 Jahren, im Februar 1809, trat Wilhelm von
5 *Humboldt seinen neuen Job als preußischer Kultusminister an. Der Mann ist bekanntlich lange tot, Preußen vor Jahrzehnten untergegangen. Dennoch fällt Humboldts Name in jeder bildungspolitischen Debatte in diesem Land. Warum eigentlich?*
Heinz-Elmar Tenorth: Weil er in den 16 Monaten seiner Amtszeit alle zentra-
10 len Probleme der Bildungspolitik angegangen ist und dabei die Art und Weise geprägt hat, wie wir bis heute über Bildung sprechen.

Das klingt eher wolkig.
Gar nicht. Eine gängige Formel für das, was wir heute von den Absolventen unserer Schulen erwarten, lautet: Sie müssen das Lernen des Lernens lernen.
15 Das ist haargenau die Funktion von Schule, die Humboldt in seinem Königsberger Schulplan von 1809 festschreibt.

Es gab doch schon vorher Schulen ...
... aber erst Humboldt hat zukunftsfähig definiert, was Schulabgänger können müssen, um in Gesellschaft und Beruf zu bestehen. Heute heißt das
20 „Kompetenz-Orientierung", bei ihm „Bildung". Und das ist nicht alles: Er hat Prüfungen für angehende Lehrer eingeführt und die Forschung zur Aufgabe der Universitäten erklärt. Auch das Abitur geht wesentlich auf ihn zurück, also eine verbindliche Prüfung als Voraussetzung des Uni-Besuchs. Humboldt hat das ganze Bildungssystem strukturiert.

Und stets spielte dabei der Staat die zentrale Rolle. Liegen hierin die Wurzeln unserer heutigen Bildungsmisere?
Humboldt wollte nicht, dass der Staat alles bis ins Detail reguliert. Er setzte auf überprüfbare Standards und vertraute dann darauf, dass die entsprechenden Leistungen erbracht wurden. Er ließ die Abiturprüfungen von Fachleuten kontrollieren, ebenso die Leistung der Schulen, nach dem Prinzip: „Zeigt mir, dass ihr Lehrer habt, die die Schüler zur Hochschulreife bringen. Ansonsten habt ihr Gestaltungsfreiheit."

Die jetzige Renaissance von Privatschulen ist also keine Abkehr von Humboldt'schen Prinzipien?
Nein, gar nicht. Humboldt sah eine Pflicht zum Unterricht, aber der konnte auch in der Familie stattfinden. Und wo ihn Gemeinde, Kirche oder Staat übernahmen, war die Rolle der Eltern stark: „Hier, mein Kind braucht Abitur. Sieh zu, dass deine Schule besser wird." Und das hat unglaublich gut funktioniert. [...]

Wie würde unser Bildungssystem heute aussehen, wenn Humboldts Prinzipien fest verankert worden wären?
Unsere Schulen wären eigenständiger, lokal stärker verankert und dort in der Verantwortung, staatlich finanziert, aber nicht gegängelt. Wir hätten eine Gesellschaft, die viel in Bildung investiert, wie Humboldt das forderte. Humboldt hinterlässt uns insofern eine Vision.

Nämlich?
Humboldt wollte alle jungen Menschen mitnehmen, zum Entsetzen mancher Zeitgenossen, die damals fürchteten, man würde sich die Revolution ins Haus holen, wenn man die Leute alphabetisiert. Aufgabe der Schulen war für Humboldt dabei nichts weniger als „allgemeine Menschenbildung".

Was soll das sein?
Bildung unabhängig von Herkunft und Beruf und in den grundlegenden Fähigkeiten. Der Tagelöhner wie der Gelehrte müssen laut Humboldt so ausgebildet werden, dass der eine nicht zu roh und der andere nicht zu verschroben wird – beide sollen also über eine lebensnahe Grundbildung verfügen. Zugleich ist Humboldt ein Vordenker der Chancengleichheit: Wer Leistung bringt, marschiert nach oben durch, egal wo er herkommt. Kein Wunder, dass der Adel mit seinen Privilegien Sturm lief gegen die Reformen. Heute definieren wir Gleichheit eher in einem sozialistisch-egalitären Sinne.

Inwiefern?
Wir denken Gleichheit vom Ergebnis her. Humboldt hingegen ging es um die Gleichheit der Chancen im Wettbewerb. Der größte Fehler der letzten Jahrzehnte war doch, das Leistungsprinzip als undemokratisch zu denunzieren. Dabei ist das Gegenteil der Fall. Die Abkehr vom Leistungsgedanken hilft auch den Kindern nicht, denn sie wollen etwas leisten. Seit PISA kann man zum Glück wieder über Leistung reden, ohne beschimpft zu werden.

Die Ex-Kanzler Gerhard Schröder und Willy Brandt, VW-Chef Martin Winterkorn – Beispiele für Aufstieg durch Bildung gibt es genug.
So lautete die Parole schon zu Zeiten von Kaiser Wilhelm II.: Freie Bahn dem Tüchtigen, was im Umkehrschluss bedeutet, der Rest sei untüchtig und zu Recht da unten. Aufstieg durch Bildung ist eine Erfindung zur Befriedung der Massen. Es ist eine Fiktion zu glauben, Bildung beseitige Klassengrenzen. [...]

Wenn Bildung angeblich eine so geringe Rolle spielt: Was entscheidet dann, wer oben ist und wer unten?

Besitz und Macht, dann vielleicht Bildung, mehr noch Herkunft. Das hat etwas mit gelerntem sozialen Verhalten zu tun, das durch das Elternhaus vermittelt wird. Warum sind denn so viele Vorstände von Dax-Konzernen ihrerseits Kinder aus der Oberschicht? Es ist die Fähigkeit, sich so zu bewegen, dass man in einem gehobenen Milieu nicht negativ auffällt. Stellen Sie sich vor, ich säße jetzt hier mit zerrissenen Jeans und T-Shirt.

Wir würden das schon aushalten ...

... für soziale Unterschiede haben schon Grundschullehrer eine Antenne. Bei den Empfehlungen für die weiterführenden Schulen überlegen sie: Kommt jemand aus dem falschen Elternhaus? Dann wird er oder sie wahrscheinlich scheitern. Die Lehrer raten dann vom Gymnasium ab.

Die Lehrer als Agenten der Klassengesellschaft?

Solche Tendenzen zementieren natürlich bestehende Ungleichheiten. Die Bildungskarriere hängt eben nicht nur von eigenen intellektuellen Fähigkeiten ab, es braucht auch ein Elternhaus, das die Kinder und Jugendlichen entsprechend fördert. Ich selbst komme aus einer Risikogruppe ...

... willkommen im Club der Einzelfälle.

Doch ich hatte Glück, der Bruder meines Vaters war katholischer Geistlicher. Ich wurde kostenlos in der Schule seines Ordens unterrichtet. Diese Chance bekommen türkische Jugendliche aus Kreuzberg nicht.

WILHELM VON HUMBOLDT,
Bildungsreformer
(1767–1835)

Wie können die Anschluss an den Leistungswettbewerb finden?

Für Humboldt sind Bildung und Schule Einrichtungen der Integration in die Gesellschaft, zugleich wird die Eigenkultur von Minderheiten, beispielsweise die Religion bei den Katholiken im zeitweise preußisch regierten Litauen oder den Juden in den Städten, im Bildungswesen anerkannt. Das ist das erste Modell interkultureller Erziehung, das ich kenne. Humboldts Konzept: Die Schüler sollen in ihrer eigenen Sprache handlungsfähig sein und gleichzeitig im Deutschen, also in der Verkehrssprache, kommunizieren können, um an der nationalen Gemeinschaft teilnehmen zu können.

Das klingt staatstragend.

Humboldt geht es um politische Teilhabe. Die Nation ist für ihn die Gemeinschaft der gebildeten Bürger. Ihre Mitglieder sind fähig, die öffentlichen Dinge zu gestalten.

Humboldt zielte damit auf die oberen Zehntausend der preußischen Gesellschaft.

Nein, er meinte alle, auch das Volk, seine Prinzipien waren modern. Bildung soll zentrale Normen vermitteln, nach denen wir unser Leben regulieren. Es geht um das Bewusstsein, sein Leben über eigene Anstrengung zu organisieren und sich zivil und kultiviert zu verhalten.

JAN FRIEDMANN, KLAUS WIEGREFE, DER SPIEGEL – GEKÜRZT

5 Unterricht — TEXTWERK

Text 1

1. Die Lehrperson ist mit den Schülerinnen und Schülern per Sie. Was halten Sie davon? Ist dies in unserer heutigen Gesellschaft noch zeitgemäß? Oder umgekehrt: Ist es nicht eine Anmaßung, wenn Lehrer/innen Schüler/innen einfach duzen? Im Zuge einer Deutschschularbeit stellen Sie Ihre Meinung in Form einer Erörterung dar, die sich an Ihre Lehrpersonen richtet. Verfassen Sie eine **Erörterung** und bearbeiten Sie dabei die folgenden Arbeitsaufträge:

   - **Geben** Sie den Umgang mit dem „Du" bzw. dem „Sie" in Ihrem Umfeld **wieder.**
   - **Diskutieren** Sie das Anredeverhalten zwischen Schüler/innen und Lehrer/innen in unterschiedlichen Schulstufen.
   - **Begründen** Sie Ihre Entscheidung für einen passenden Umgang von Schülerinnen/Schülern und Lehrerinnen/Lehrern hinsichtlich ihres Anredeverhaltens.

   Schreiben Sie zwischen 405 und 495 Wörter. Markieren Sie Absätze mittels Leerzeilen.

2. Im Zuge einer Deutschschularbeit analysieren und interpretieren Sie die literarische Miniatur „unterricht". Lesen Sie den Text von FRIEDRICH ACHLEITNER. Verfassen Sie eine **Textinterpretation** und bearbeiten Sie dabei die folgenden Arbeitsaufträge:

   - **Benennen** Sie die im Text dargestellte Thematik.
   - **Analysieren** Sie die inhaltlichen und sprachlichen Mittel, die auf eine Unterrichtssituation hinweisen.
   - **Setzen** Sie den ersten Satz des Textes mit dem letzten **in Beziehung.**
   - **Nehmen** Sie zur Aussage „Früher war alles besser" **Stellung.**

   Schreiben Sie zwischen 405 und 495 Wörter. Markieren Sie Absätze mittels Leerzeilen.

UNTERRICHT

die gegenwart war immer banal, gnadenlos stumpfsinnig
die vergangenheit immer herrlich, schöner, interessanter und die zukunft immer fürchterlich, grauenvoll. stehen sie auf, wenn ich mit ihnen spreche.
oder meinen sie die vergangenheit war immer schrecklich banal, stumpfsinnig, die zukunft aber immer schöner, verheißungsvoller und die gegenwart zum kotzen. setzen sie sich. wahrscheinlich vermuten sie, dass eher die zukunft banal, stumpfsinnig, gnadenlos oder trivial war und die gegenwart am schönsten und die vergangenheit fürchterlich, schrecklich. beweise?
wir sind hier beim permutieren, mein lieber, und jede permutation hat recht. das ist ein mathematisches axiom, oder wie man diese komischen dinger nennt. schließlich sind vergangenheit, gegenwart und zukunft kopfgeburten. reine kopfgeburten. verstehen sie? es gibt weder vergangenheit noch gegenwart noch zukunft. stehen sie auf, wenn ich mit ihnen spreche.

FRIEDRICH ACHLEITNER, Architekt und Schriftsteller (1930–2019)

Erziehung – Bildung – Werte

allerdings ist von den vielen varianten nur eine permutation mehrheits-
15 *fähig. das sage ich ihnen. bedenken sie das. nur eine permutation ist immer mehrheitsfähig gewesen. kennen sie das lied „seit den römern gehts bergab, holladrio"?*
ja? na, dann singen wir jetzt alle das lied „seit den römern gehts bergab, holladrio ...".

FRIEDRICH ACHLEITNER, DER STANDARD

Text 2

Im Zuge der Deutschschularbeit analysieren und interpretieren Sie folgendes Gedicht von CHRISTINE NÖSTLINGER.
Verfassen Sie Ihre **Textinterpretation** und bearbeiten Sie dabei die folgenden Arbeitsaufträge:

- **Benennen** Sie die im Text dargestellte Thematik.
- **Setzen** Sie die Verwendung des Dialektes mit der Thematik **in Beziehung.**
- **Analysieren** Sie, in welchen sozialen Schichten unserer Gesellschaft welches Wissen relevant ist.
- **Erörtern** Sie die Wertigkeit schulischen und außerschulischen Wissens in unserer Gesellschaft.

Schreiben Sie zwischen 540 und 660 Wörter. Markieren Sie Absätze mittels Leerzeilen.

Lesen Sie den Text und klären Sie all jene Wörter, die Sie aufgrund der dialektalen Darstellung nicht verstehen! Eine mögliche Hilfestellung für das Entschlüsseln einzelner Wortbedeutungen kann das **laute Vorlesen** bilden.

Christine Nöstlinger
DE GUADN UND DE AUNDAN (1996)

Es is ima des söbe.
de an haum de guadn notn
und de aundan san bled.
Waun i mi in da schui beim redn ir
5 und sog:
die was,
don lochn di guadn
und da lera vadrad di augn.
Mei papa kent si ned aus midn
10 dritn und viatn foi,
und mei mama hod no nia
midn ansavuateu muldibliziad.
Aufn aufsoz iban broda
hob i an fünfa griagt.
15 Weu i gschrim hob,
wiad Gabi gschbim hod,
und da papa auf amoi
vaschwundn gwesn is.
Des is nix zum schreim,
20 hod da lera gsogt.
I hedad soin schreim,
wia si de pfertaln dran
und wia de zukawata schmeckt.
Oba was ma do schreibt, des wisn
25 oiweu nua de guadn.

I was a olahaund:
Wia ma de mülefrau auschaun muas,
damids weida aufschreibt.
Wia ma firn bruada a grieskoch kocht
und hosntraga säba aunad
und sicharung flikt
undn gaung aufwoscht,
waund mama graung is.
Oba in da schui,
do wiad des ned gfrogt.
Fia soachane sochn
hod da hea lera
kan ansa.

CHRISTINE NÖSTLINGER: IBA DE GAUNZ OAMAN KINDA, JUGEND & VOLK

Text 3

Im Zuge der Deutschschularbeit analysieren und interpretieren Sie die Textstelle aus dem Roman „Frost" von THOMAS BERNHARD, in welcher sich der Maler Strauch Gedanken über Unterricht und Schule macht.
Lesen Sie den Ausschnitt aus dem Roman „Frost".
Verfassen Sie Ihre **Textinterpretation** und bearbeiten Sie dabei die folgenden Arbeitsaufträge:

- **Geben** Sie die Kernaussage der Textstelle **wieder.**
- **Analysieren** Sie die Bedeutung und Wirkung der im Text vorkommenden Wiederholungen auf der sprachlichen und auf der inhaltlichen Ebene.
- **Deuten** Sie den Zusammenhang zwischen Schlachthäusern und Schulen bzw. Universitäten.

Schreiben Sie zwischen 405 und 495 Wörter. Markieren Sie Absätze mittels Leerzeilen.

Thomas Bernhard
FROST (1963)

Man sollte die Lehre von den Menschen und von den Unmenschen und von den Menschenansichten und von der großen Menschenverschweigung, die Lehre von den großen Gedächtnisprotokollen der Großexistenz, an Hand der Schlachthäuser anfangen! Man sollte die Schulpflichtigen nicht in warm geheizte Schulzimmer führen, sondern zuerst in die Schlachthäuser; ich verspreche mir für die Wissenschaft von der Welt und für die blutige Existenz der Welt nur etwas in den Schlachthäusern. Unsere Lehrer sollten in unseren Schlachthäusern unterrichten. Nicht aus Büchern sollten sie vorlesen, sondern Keulen schwingen, Hacken fallen lassen, mit Messern zuschneiden ... Der Leseunterricht hat an Hand der Gedärme vor sich zu gehen, nicht an Hand von nutzlosen Bücherzeilen ... Das Wort Nektar hat schon früh gegen das Wort Blut eingetauscht zu werden ...

Sehen Sie, sagt der Maler, das Schlachthaus ist das einzige grundphilosophische Schulzimmer. Das Schlachthaus ist das Schulzimmer und der Hörsaal. Die einzige Weisheit ist die Schlachthausweisheit!

THOMAS BERNHARD: FROST, SUHRKAMP

Erziehung – Bildung – Werte

6 Lernen TEXTWERK

Text 1

💡 **Gehirnforscher MANFRED SPITZER,** geboren 1958, studierte Medizin, Psychologie und Philosophie. Er war Gastprofessor an der Harvard University und leitet(e) die Psychiatrische Universitätsklinik in Ulm sowie das Transferzentrum für Neurowissenschaften und Lernen. Auf Bayern Alpha moderiert(e) er die Sendereihe „Geist & Gehirn". MANFRED SPITZER ist einer der bedeutendsten deutschen Gehirnforscher.

1. Im Zuge des Projektes „Lernumgebungen der Zukunft" haben Sie es übernommen, einen Vortrag vor interessierten Schülerinnen und Schülern über die Gefahren der Computer- und Internetnutzung fürs Lernen zu halten. Als Vorbereitung darauf geben Sie die wichtigsten Aussagen des Interviews mit MANFRED SPITZER in Form einer Zusammenfassung wieder. Schreiben Sie Ihre **Zusammenfassung** und bearbeiten Sie dabei die folgenden Arbeitsaufträge:

   - **Beschreiben** Sie, warum vor allem Kinder der unteren sozialen Schichten von digitalen Medien nicht profitieren.
   - **Geben** Sie SPITZERS Ansicht zu „Multitasking" **wieder.**
   - **Erschließen** Sie die Voraussetzungen, die gegeben sein müssen, damit Jugendlichen der Umgang mit Computern mehr Nutzen als Schaden bringt.

   Schreiben Sie zwischen 270 und 330 Wörter. Markieren Sie Absätze mittels Leerzeilen.

2. Lesen Sie das Interview „Macht googeln blöd?".
   Stimmen Sie in allem und jedem mit Herrn SPITZER überein? Reagieren Sie auf das Interview in Form eines Leserbriefes oder eines Kommentars. Der von Ihnen verfasste Text soll in der Schulzeitung veröffentlicht werden. Verfassen Sie Ihren **Leserbrief** und bearbeiten Sie dabei die folgenden Arbeitsaufträge:

   - **Beschreiben** Sie Ihren persönlichen Umgang mit den neuen Medien, mit Suchmaschinen etc.
   - **Analysieren** Sie das Lernverhalten von anderen Jugendlichen Ihrer Altersgruppe.
   - **Setzen** Sie sich kritisch mit den Aussagen von Manfred Spitzer **auseinander.**

   Schreiben Sie zwischen 270 und 330 Wörter. Markieren Sie Absätze mittels Leerzeilen.

3. Verfassen Sie Ihren **Kommentar** und bearbeiten Sie dabei die folgenden Arbeitsaufträge:

   - **Beschreiben** Sie die Einsatzbereiche des Internets in unterschiedlichen gesellschaftlichen Bereichen, vor allem aber in der Schule.
   - **Setzen** Sie das Lernverhalten der heutigen Jugendlichen mit der Verwendung des Internets **in Beziehung.**
   - **Erörtern** Sie einzelne Thesen von MANFRED SPITZER und prüfen Sie diese auf ihre Gültigkeit hin.

   Schreiben Sie jeweils zwischen 405 und 495 Wörter. Markieren Sie Absätze mittels Leerzeilen.

MACHT GOOGELN BLÖD?

Was wir früher mit dem Kopf gemacht haben, erledigen heute Computer. Der Hirnforscher Manfred Spitzer geißelt die „digitale Demenz".

Die Nummern von Freunden und Verwandten, die Termine mit Geschäftspartnern und die Wege zum Treff dazu, Fotos, E-Mails, Bücher, Musik – alles gespeichert in unserem digitalen Gedächtnis. Mitdenken, abwägen, kritisch hinterfragen – Fehlanzeige! Wir lassen zunehmend denken und werden digital dement, behauptet der Gehirnforscher Manfred Spitzer und legt aktuelle wissenschaftliche Studien und eigene Schlussfolgerungen vor. Titel des neuen, kontroversen Buches: Digitale Demenz – Wie wir uns und unsere Kinder um den Verstand bringen. Kostprobe gefällig: „Die Nutzung digitaler Medien in Kindergarten und Grundschule entspricht – aufgrund der im Kindesalter besonders großen Formbarkeit des Gehirns – tatsächlich dem Anfixen junger Menschen mit einer gefährlichen Suchtdroge."

Kurier: In der Buch-Ankündigung liest man: „Digitale Medien machen dick, dumm und aggressiv." Prof. Spitzer, Sie machen sich Sorgen. Warum?
Manfred Spitzer: Weil unsere Kinder auf dem Spiel stehen. Wir arbeiten alle mit digitalen Medien. Dagegen habe ich auch nichts einzuwenden. Die Frage ist, ob wir unseren Kindern mit Medien schon im Kindergarten einen Gefallen tun. Diese haben nämlich Risiken und Nebenwirkungen.

Welche?
Wenn wir geistige Arbeit an Maschinen abgeben – und digitale Medien sind nichts anderes als Denkmaschinen –, findet die geistige Arbeit nicht mehr in unserem Hirn statt. Beispiel: Wer Auto fährt, benutzt nicht seine Muskeln zur Fortbewegung, sondern einen Motor. Wenn man nun mit Navi fährt, erledigt nicht unser Gehirn das Navigieren, sondern das kleine Kästchen. Beim einen schrumpfen die Muskeln, beim anderen schrumpft das Gehirn.

Damit sind wir bei einem Kernsatz Ihres Buches: Wir lagern unser Gedächtnis aus.
Richtig. Studien haben beispielsweise gezeigt, dass Googeln dafür sorgt, dass sich die Information weniger gut festsetzt, als wenn man sie aus anderen Quellen zieht. Man hat immer im Hinterkopf, dass man die Info selbst nicht abzuspeichern braucht – und tut es auch nicht. Unser Gedächtnis leidet. Erwachsene sagen: Naja, das nehme ich in Kauf. Wer sich das aber keinesfalls leisten kann, sind Kinder und Jugendliche. Denn diese müssen erst Wissen erwerben, damit sie überhaupt googeln können. Wenn man nichts weiß, nützt einem eine Suchmaschine auch nichts. Ich brauche Vorwissen, das ich als Filter verwenden kann, um die Spreu vom Weizen zu trennen. Daher ist es ganz schlecht, in der Schule und für die Schule zu googeln: Der Wissenserwerb auf diesem Weg ist erwiesenermaßen geringer.

Heißt das, eine dumme Generation wächst nach?
Das Risiko besteht. Studien zeigen, dass die Gefahr für diejenigen besonders hoch ist, von denen man glaubte, sie könnten von den digitalen Medien profitieren – die Unterschicht. Diese Hoffnung gab es schon beim Fernsehen – endlich höhere Bildung in die Welt zu transportieren. Heute wissen wir, dass das beim Fernsehen nicht geklappt hat, und die Untersuchungen, die es zu digitalen Medien gibt, zeichnen dasselbe Bild. Sie vergrößern den Unterschied zwischen Gebildeten und Ungebildeten und damit auch zwischen Arm und Reich. Sie haben damit ganz unsoziale Auswirkungen.

Sie sagen auch, dass Computer im Haus für schlechte Schulleistungen sorgen.
Das sagen auch die PISA-Daten, die an 250 000 15-jährigen Schülern gewonnen wurden. Lernen bedeutet, seinen Geist zu benutzen, und das hinterlässt Spuren im Gehirn. Wenn man geistige Arbeit auslagert – etwa statt mit der Hand zu schreiben am Computer rasch copy-and-paste macht –, muss man

sich gar nichts denken. In Alabama wurden 15 000 Computer an Schüler verteilt. Hoffnung: ihre Bildung zu verbessern. Das Experiment wurde nach drei Jahren abgebrochen, weil der Bildungsstand der Schüler sich gegenüber jenen deutlich verschlechtert hatte, die keine Computer hatten.

Ist es nicht egal, wo man etwas liest, es kommt doch auf den Inhalt des Gelesenen an?
Die Gefahr liegt darin, dass die Inhalte im Internet mit Hyperlinks aufgefettet sind. Das sind die Dinge, die eher schaden. Man verzettelt sich, wird unaufmerksam. E-Books haben angeblich den Vorteil, dass sie ein interaktives Medium sind. Aber genau das scheint ein Nachteil zu sein, weil man sich Konzentrationsunfähigkeit antrainiert.

Reden wir übers Multitasking!
Einen Text auf dem Bildschirm bearbeiten, eine E-Mail beantworten und telefonieren – wir machen alles gleichzeitig. Angeblich müssen wir das lernen, damit wir in der modernen, digitalen Welt erfolgreich sein können. Doch die Menschen sind schlichtweg nicht dafür gebaut, mehr als einem Handlungsstrang zu folgen. Versuchen Sie mal zwei Unterhaltungen gleichzeitig zu führen! Es geht nicht! Tut man es trotzdem, trainiert man sich eine Aufmerksamkeitsstörung an. Multitasker beherrschen alle geistigen Fähigkeiten, die sie zum Multitasken brauchen (Unwichtiges wegdrücken, Aufgabenwechsel), schlechter als Leute, die nicht multitasken. Und: Sie haben nachweislich Probleme bei der Kontrolle ihres Geistes.

Herr Professor, sind Sie fortschrittsfeindlich?
Gar nicht! Ich profitiere enorm und arbeite den ganzen Tag mit elektronischen Medien. Aber im Hinblick auf das Suchtpotenzial und die geistige Verflachung müssen wir uns fragen, ob es sinnvoll ist, Medien und Computer in Kindergarten und Schule einzuführen.

Wenn keiner auf Ihre Warnungen hört, wie schaut die Welt in zehn Jahren aus?
Auch darüber gibt es eine Studie, für die man tausend US-Internet-Spezialisten befragt hat. Etwa die Hälfte glaubt, dass alles ganz prima werden wird. Die andere Hälfte meint, dass wir uns geistig in eine schlechte Richtung entwickeln, sehr viel unkonzentrierter werden und es darauf hinausläuft, dass wir uns weniger im Griff haben.

Sie haben selbst Kinder. Was würden Sie Eltern raten?
Die Dosis beschränken. Bei uns stand der nicht allzu schnelle Computer – es gab nur einen für fünf Kinder – in einer zugigen Ecke. Stundenlang davorsitzen hat also keinen Spaß gemacht. Zudem habe ich die Parole ausgegeben: Wenn ich nur ein Computerspiel darauf erspähe, mit dem Zeit totgeschlagen wird, ist der Computer weg. So konnte ich meine Kinder vor den Schrecklichkeiten der digitalen Segnungen weitestgehend bewahren.

Wobei es vor einigen Jahren noch leichter war ...
... es war leichter, weil es noch keine Smartphones gab, die ja bekanntlich auch versteckte Spielekonsolen mit Zugang zum Netz sind. Ich kann nur an alle appellieren, den gesunden Menschenverstand walten zu lassen und nicht auf die Marktschreier zu hören.

KURIER, OHNE VERFASSER/IN

Grafik 1

Im Zuge einer Präsentation zum Thema „Bildungsstandort Österreich" im Deutschunterricht gehen Sie auch auf die PISA-Studie ein und zeigen die folgende Statistik. Als Vorbereitung darauf analysieren, beschreiben und interpretieren Sie die Informationsgrafik.
Verfassen Sie Ihre **Textanalyse** und bearbeiten Sie dabei die folgenden Arbeitsaufträge:

- **Vergleichen** Sie das Abschneiden der Jugendlichen außereuropäischer Länder mit jenem der europäischen Jugendlichen.
- **Geben** Sie das Abschneiden Österreichs in den PISA-Studien der vergangenen zwölf Jahre **wieder.**
- **Begründen** Sie, warum österreichische Jugendliche im Bereich Lesen schlechter abschneiden als in Mathematik und Naturwissenschaften.

Schreiben Sie zwischen 270 und 330 Wörter. Markieren Sie Absätze mittels Leerzeilen.

PISA-Schülertest – Ergebnisse 2018
15–16-Jährige, Punkte, Länderauswahl

Naturwissenschaft		Lesen		Mathematik	
China*	590	China*	555	China*	591
Estland	530	Estland	523	Estland	523
Finnland	522	Finnland	520	Schweiz	515
Slowenien	507	USA	505	Slowenien	509
Deutschland	503	Deutschland	498	Finnland	507
USA	502	Slowenien	495	Deutschland	500
Schweiz	495	Österreich	484	Österreich	499
Österreich	490	Schweiz	484	Italien	487
Italien	468	Italien	476	USA	478
Türkei	468	Türkei	466	Türkei	454
Kolumbien	413	Kolumbien	412	Kolumbien	391
⌀ OECD 489		⌀ OECD 487		⌀ OECD 489	

* Provinzen Zhejiang und Jiangsu sowie Städte Shanghai und Peking

Österreich-Ergebnisse seit 2006
— OECD-Schnitt
— Österreich

Naturwissenschaft: 511, 506, 495, 490 / 500, 494, 489
Lesen: 492, 487 / 490, 470, 490, 485, 484
Mathematik: 505, 506, 497, 499 / 498, 496, 487
2006 | 2009 | 2012 | 2015 | 2018

OECD/KURIER

Text 2

1. Im Zuge der Deutschschularbeit analysieren Sie den lyrischen Text „menschenfleiß" von Ernst Jandl.
Lesen Sie den Text, verfassen Sie Ihre **Textinterpretation** und bearbeiten Sie dabei die folgenden Arbeitsaufträge:

- **Geben** Sie den Inhalt des lyrischen Textes **wieder.**
- **Analysieren** Sie die Verwendung der Sprache, vor allem die doppelte Verneinung.
- **Überprüfen** Sie in Ihrer Interpretation, welche Tätigkeiten in unserer Gesellschaft als Faulheit bzw. als Fleiß gelten.

Schreiben Sie zwischen 405 und 495 Wörter. Markieren Sie Absätze mittels Leerzeilen.

Erziehung – Bildung – Werte

2. Weiters sollen Sie eine **Erörterung** zum Thema „Lern-Arbeit" verfassen. Erarbeiten Sie dafür die folgenden Arbeitsaufträge:

- **Untersuchen** Sie, wie sehr das „Lernen" heutzutage anstrengen darf.
- **Setzen** Sie sich damit **auseinander**, wann Lernen Freude bereitet und Spaß macht und wann dies nicht der Fall ist.
- **Überprüfen** Sie produktive Arten des Feedbacks, aufgrund derer Sie Lernarbeit gerne leisten.

Schreiben Sie zwischen 405 und 495 Wörter. Markieren Sie Absätze mittels Leerzeilen.

Ernst Jandl,
österreichischer Dichter
und Schriftsteller
(1925–2000)

Ernst Jandl
MENSCHENFLEISS (1978)

ein faulsein
ist nicht lesen kein buch
ist nicht lesen keine zeitung
4 ist überhaupt nicht kein lesen
ein faulsein
ist nicht lernen kein lesen und
schreiben
8 ist nicht lernen kein rechnen
ist überhaupt nicht kein lernen

ein faulsein
ist nicht rühren keinen finger
12 ist nicht tun keinen handgriff
ist überhaupt nicht kein arbeiten
ein faulsein
solang mund geht auf und zu
16 solang luft geht aus und ein
ist überhaupt nicht

Ernst Jandl: Die Bearbeitung der Mütze, Luchterhand

 Textübergreifende Aufgaben

1. Im Zuge einer Deutschschularbeit haben Sie eine Erörterung zu verfassen, in welcher Kants kategorischer Imperativ auf verschiedenste Bereiche unseres gesellschaftlichen Zusammenlebens angewendet werden soll. Der kategorische Imperativ von Immanuel Kant lautet sinngemäß: „Handle nur nach derjenigen Maxime, durch die du zugleich wollen kannst, dass sie zu einem allgemeinen Gesetz erhoben werde." Verfassen Sie Ihre **Erörterung** und bearbeiten Sie dabei die folgenden Arbeitsaufträge:

- **Erläutern** Sie den kategorischen Imperativ in unterschiedlichen gesellschaftlichen Zusammenhängen.
- **Setzen** Sie sich kritisch mit der generellen Anwendbarkeit von Kants Forderung **auseinander.**

Schreiben Sie zwischen 540 und 660 Wörter.

Technologie ist ein Geschenk Gottes. Sie ist Mutter der Zivilisation, der Künste und der Wissenschaft.
Freeman Dyson,
Physiker

Nanotechnologie und Nanoroboter in unserem Körper werden uns dazu befähigen, ewig zu leben.
Ray Kurzweil, Autor,
Erfinder und Futurist

Wenn die Menschen im Besitz ihres Genoms sind, übernehmen sie die Kontrolle über ihr Leben.
J. Craig Venter,
US-Gen-Pionier

2. Im Zuge des Deutschprojektes „Unser Morgen: Utopie oder Dystopie?" verfassen Sie einen Kommentar, der in der Schülerzeitung abgedruckt werden soll. Nehmen Sie auf die Aussagen in der Randspalte Bezug, indem Sie diese widerlegen oder belegen und fortschreiben. Verfassen Sie Ihren **Kommentar** und bearbeiten Sie dabei die folgenden Arbeitsaufträge:

- **Beschreiben** Sie Zukunftsszenarien, die Sie selbst erdacht haben oder aus Science-Fiction-Filmen kennen.
- **Setzen** Sie alte, in der Vergangenheit als utopisch angesehene Wünsche des Menschen mit gegenwärtigen Möglichkeiten **in Beziehung.**
- **Setzen** Sie sich kritisch mit den zukünftigen technischen und wissenschaftlichen Möglichkeiten von uns Menschen **auseinander.**

Schreiben Sie zwischen 540 und 660 Wörter.

Jugend – Revolte – Pubertät

Unter www.trauner.at/themen_hilfsmittel.aspx finden Sie

- eine Zusammenfassung der **maturarelevanten Textsorten** aus Blattwerk 5/6 AHS,
- **Analysebogen** zum Ausdrucken und
- eine Liste an **rhetorischen Stilfiguren**.

*Wenn die Eltern schon alles aufgebaut haben,
bleibt den Söhnen und Töchtern nur noch das Einreißen.*

KARL KRAUS, österreichischer Kritiker, Satiriker, Essayist und Dramatiker (1874–1936)

*Es ist das Vorrecht der Jugend, Fehler zu begehen,
denn sie hat genug Zeit, zu korrigieren.*

ERNST BARLACH, deutscher Maler und Bildhauer (1870–1938)

*Nicht der ist arm, der sich keinen Jugendtraum erfüllt hat,
sondern der schon in der Jugend nichts träumte.*

ADOLF NOWACZYNSKI, polnischer Schriftsteller (1876–1944)

Jugend – Revolte – Pubertät

Jugend   EINFÜHRUNG

Die Jugend ist etwas Wundervolles. Es ist eine Schande, daß man sie an die Kinder vergeudet.
GEORGE BERNARD SHAW, IRISCHER SCHRIFTSTELLER (1856–1950)

Götz (antwortet): Mich ergeben! Auf Gnad und Ungnad! Mit wem redet Ihr! Bin ich ein Räuber! Sag deinem Hauptmann: Vor Ihro Kaiserliche Majestät hab ich, wie immer, schuldigen Respekt. Er aber, sag's ihm, er kann mich - - - (Schmeißt das Fenster zu.)
JOHANN WOLFGANG VON GOETHE, DEUTSCHER SCHRIFTSTELLER (1749–1832)

Der Jugend gehört die Zukunft – aber eben erst die Zukunft.
KURT SONTHEIMER, DEUTSCHER POLITOLOGE (1928–2005)

Die junge Generation hat wirklich Respekt vor dem Alter – zumindest beim Wein, beim Whisky und bei antiken Möbeln.
QUELLE UNBEKANNT

Der größte Fehler, den die Jugend von heute hat, ist der, daß man nicht mehr zu ihr gehört.
SALVADOR DALÍ, SPANISCHER SURREALISTISCHER MALER (1904–1989)

Gestalten Sie zum Begriff „Jugend" eine Mindmap, indem Sie den begonnenen Cluster erweitern. Sie können dem Cluster auch noch weitere Hauptäste anfügen.

1 Jugend und Gesellschaft   TEXTWERK

Text 1

1. Im folgenden Interview wird der Begriff des „Dramas" verwendet, welches notwendig sei, um die Aufmerksamkeit der Jugendlichen auf Politik lenken zu können. Inwieweit müssen heutzutage schwierige gesellschaftspolitische Inhalte als „Spektakel" inszeniert werden, damit das Interesse der Jugendlichen geweckt werden kann? Wie können solche Inszenierungen aussehen? Sie reagieren auf dieses Interview mit einem **Leserbrief** und bearbeiten die folgenden Arbeitsaufträge:

- **Beschreiben** Sie die Art und Weise, wie (schwierige) Inhalte aufbereitet werden sollen, damit sie den Konsumgewohnheiten der Jugendlichen entsprechen.
- **Analysieren** Sie, warum Jugendliche politischen Inhalten geringes Interesse entgegenbringen.
- **Bewerten** Sie unterschiedliche Möglichkeiten, das politische Interesse der Jugendlichen zu wecken bzw. zu intensivieren.

Schreiben Sie zwischen 270 und 330 Wörter. Markieren Sie Absätze mittels Leerzeilen.

2. Jugendliche werden im Interview tendenziell als ichbezogen und wenig am Gemeinwohl interessiert dargestellt. Erörtern Sie diese Position in Form eines Kommentars. Auch dieser Text soll in der nächsten Ausgabe der Schülerzeitung Ihrer Schule, in der als Schwerpunktthema das Interesse der Jugendlichen an Politik im Zentrum stehen wird, zu lesen sein.
Lesen Sie das Interview „Eine Generation verhinderter Spießer".
Verfassen Sie Ihren **Kommentar** und bearbeiten Sie dabei die folgenden Arbeitsaufträge:

- **Geben** Sie **wieder,** wo sich Jugendliche freiwillig engagieren.
- **Setzen** Sie das fehlende Engagement von Jugendlichen mit der distanzierten Haltung der Erwachsenenwelt ihnen gegenüber **in Beziehung.**
- **Erörtern** Sie einzelne Aussagen des Jugendforschers.
- **Überprüfen** Sie die Richtigkeit der Aussagen des Forschers.

Schreiben Sie zwischen 540 und 660 Wörter. Markieren Sie Absätze mittels Leerzeilen.

„EINE GENERATION VERHINDERTER SPIESSER"

Jugendforscher Philipp Ikrath über das feine Gespür der apolitischen Jugend für das Politische, ihre Sehnsucht nach Idylle mit Golden Retriever, passive Solidaritätsrufe, Drama-Kick und düster-rosige Zukunftsvisionen

Wie politisch ist denn die heutige Jugend eigentlich?
Philipp Ikrath: Wenn man unter dem Politischsein die Bindung an politische Akteure, ob an Parteien oder aber auch an neue soziale Bewegungen, versteht, kann man die Jugendlichen als apolitisch bezeichnen. Solche Themen sind nur für eine kleine Minderheit interessant. Das heißt aber nicht, dass Jugendliche sich nicht für genuin politische Themen interessieren würden. Für solche, die in ihrer Lebenswirklichkeit vorkommen oder die ihnen Angst machen, wie der Rückbau des Sozialstaates, Bildung bis hin zu Rauchverboten, haben sie ein

feines Gespür. Nur sind das in ihrer Wahrnehmung eben keine „politischen" Themen. Mit Politik verbinden sie vor allem das System der Parlamente, Parteien und Regierungen.

Mit welchen Etiketten lässt sich die Jugend heute am ehesten beschreiben?
Man könnte sie als eine Generation verhinderter Spießer bezeichnen. Sie sehnen sich nach einem Leben mit heiler Familie, Haus im Grünen und Golden-Retriever-Welpen. In der Realität sind sie aber mit überzogenen Mobilitätsanforderungen, ständigem Leistungsdruck und beinhartem Konkurrenzkampf konfrontiert, was ein unauffälliges, dafür aber zufriedenes Leben für sie zunehmend utopisch erscheinen lässt.

Sie haben eine Jugend-Studie vorgelegt. Welche Werte sind wichtig?
Im Zuge der Globalisierung – und der damit verbundenen steigenden Komplexität und Unsicherheit – sowie der Zunahme rationaler, ökonomischer Denkmuster in allen Lebensbereichen rücken Familie und Freunde wieder in den Fokus. Hier findet man den sicheren Rück- und Zusammenhalt und die emotionale Wärme, die man in der „Welt da draußen" vergeblich sucht.

Wo rangiert da Politik?
Im Leben der meisten Jugendlichen hat die Politik schon über die letzten 20 Jahre hinweg keine große Rolle gespielt. Und daran hat sich wenig geändert. Was sich geändert hat, ist die Einstellung der Jugendlichen zur Politik. Von betont kritischer Distanz oder freundlichem Gewährenlassen ehedem hin zu tiefem Misstrauen und offen zur Schau gestelltem Desinteresse heute.

Was ist den Jugendlichen wichtig, auf das die Politik potenziell Einfluss hat?
Wichtig ist ihnen in all diesen Bereichen, dass die Politik ihren individuellen Zielen nicht im Wege steht. Das bedeutet etwa, dass man Gerechtigkeit so lange hochhält, solange man selbst nichts abgeben muss. Solidarität wird zwar gerne eingefordert, aber ungern selbst geübt.

Wie kann die Politik die Jugendlichen erreichen?
Wo sich die Positionen der Parteien einander immer weiter annähern, rücken die Personen und die Prozesse in den Vordergrund. Den Piraten etwa wird von politischen Kommentatoren immer wieder Inhaltsleere vorgeworfen. Bei den Jugendlichen sind sie aber genau deswegen beliebt, weil sie Mitbestimmung und Transparenz versprechen und nicht nur die Identifikation mit fertigen Parteiprogrammen, die ohnedies fast niemand mehr liest.

Was erregt das Interesse der Jugend an Politik, was stößt ab?
Was ihre Aufmerksamkeit erregt, ist vor allem das Spektakel, das politische Drama. Dass politische Entscheidungen zunehmend als „alternativlos" dargestellt werden, stößt bei ihnen auf Ablehnung. Sie wünschen sich mehr offene und kontroverse Diskussionen über unterschiedliche politische Standpunkte und eine klare Positionierung der Parteien.

Gibt es in dieser krisenhaften Zeit (Euro, Jugendarbeitslosigkeit etc.) auch vermehrt ein Bedürfnis nach „starken" Politikern?
Den sprichwörtlichen „starken Mann" als autoritäre Führerfigur lehnen junge Menschen ab, die Demokratie gilt ihnen als die beste Staatsform. Was sie aber wollen, sind starke demokratische Politiker, die sich gegen die Macht der Märkte auflehnen, eine „starke Demokratie, die aufstampft und Maßnahmen ergreift", um es mit den Worten einer Jugendlichen auszudrücken.

1 Jugend und Gesellschaft

Wie reagieren Jugendliche auf die aktuellen Krisen – Rückzug ins private, kleine Glück?

Die Jugendlichen entkoppeln die Entwicklung der Gesellschaft immer stärker von der jeweils persönlichen. Die Zukunft des Gemeinwesens sehen sie düster, die eigene rosig. Deswegen haben die meisten auch das Gefühl, von der Krise nicht persönlich betroffen zu sein, und wenn doch, wird diese Betroffenheit selten als existenziell erlebt.

Welche Rolle spielen für die junge Generation gesellschaftlicher Zusammenhalt oder zivilgesellschaftliches Engagement?

Die Jugendlichen nehmen sehr klar gesellschaftliche Entsolidarisierungstendenzen wahr und beklagen diese auch, da sie sich, etwa angesichts der Pensionsdebatte, als deren Hauptleidtragende sehen. Fast die Hälfte von ihnen hat das Gefühl, auf sich alleine gestellt zu sein und von niemandem Hilfe erwarten zu können. Deswegen ist die Bereitschaft zu langfristigem gesellschaftlichem Engagement gering ausgeprägt, zuerst möchte man das eigene Wohlergehen sicherstellen. Wenn man sich für andere einsetzt, dann passiert das eher punktuell in informellen, nicht organisationsgebundenen Zusammenhängen im eigenen Alltag.

LISA NIMMERVOLL, DER STANDARD

Grafik 1

1. Überprüfen Sie die in der Grafik dargestellten Ergebnisse und stellen Sie Ihre persönliche Meinung zu den abgefragten Inhalten in Form eines Kommentars dar, welcher in der nächsten Ausgabe der Schülerzeitung Ihrer Schule erscheinen wird.
   Lesen Sie die Grafik „Gleichberechtigung in der Welt". Verfassen Sie den **Kommentar** und bearbeiten Sie dabei die folgenden Arbeitsaufträge:

   - **Geben** Sie einzelne Ergebnisse der Befragung **wieder.**
   - **Setzen** Sie die Ergebnisse mit Ihrer eigenen Wahrnehmung **in Beziehung.**
   - **Erörtern** Sie, warum Frauen nach wie vor nicht als gleichberechtigt empfunden werden.

   Schreiben Sie zwischen 405 und 495 Wörter. Markieren Sie Absätze mittels Leerzeilen.

Gleichberechtigung in der Welt

Inwieweit stimmen Sie der folgenden Aussage zu: „Ich glaube es gibt derzeit in meinem Land eine Ungleichheit zwischen Männern und Frauen in Bezug auf soziale, politische und/oder wirtschaftliche Rechte"?

Land	%
Total	72 %
Schweden	84 %
Indien	80 %
Frankreich	78 %
Spanien	77 %
China	75 %
Ungarn	72 %
USA	72 %
Großbritannien	71 %
Türkei	71 %
Italien	68 %
Japan	68 %
Argentinien	67 %
Deutschland	63 %
Polen	59 %
Russland	42 %

Inwieweit stimmen Sie der folgenden Aussage zu: „Ich glaube, dass Männer fähiger sind als Frauen, wenn es ums Arbeiten, Geldverdienen, um Bildung und Lehre geht"?

Land	%
Total	25 %
China	56 %
Russland	54 %
Indien	48 %
Türkei	30 %
Ungarn	28 %
Polen	25 %
USA	22 %
Italien	21 %
Deutschland	20 %
Großbritannien	16 %
Frankreich	15 %
Argentinien	13 %
Schweden	12 %
Kanada	11 %
Spanien	9 %

Die Mehrheit sieht die Gleichberechtigung noch nicht verwirklicht (außer in Russland).

Etwa jeder Zweite in China, Russland und Indien glaubt, Männer sind fähiger als Frauen.

Basis: 17 551 Personen im Alter von 16/18–64 in 24 Ländern weltweit. Feldzeit: Jan–Feb 2017
(Die Grafik zeigt einen Auszug der befragten Länder)

Jugend – Revolte – Pubertät

2 Generationenkonflikt TEXTWERK

Text 1

Als Vorbereitung auf die schriftliche Matura untersuchen Sie den Text „Alter Sack spricht zur Jugend" und stellen Ihre Ergebnisse in Form einer Textanalyse dar.
Lesen Sie die Kolumne „Alter Sack spricht zur Jugend".
Verfassen Sie Ihre **Textanalyse** und bearbeiten Sie dabei die folgenden Arbeitsaufträge:

- **Geben** Sie den Inhalt des Textes **wieder.**
- **Analysieren** Sie den Text hinsichtlich der unterschiedlichen sprachlichen Mittel.
- **Charakterisieren** Sie die heutige Jugend, so wie sie im Text dargestellt wird.

Schreiben Sie zwischen 405 und 495 Wörter. Markieren Sie Absätze mittels Leerzeilen.

2. **Verfassen** Sie für die nächste Ausgabe der Schülerzeitung mit dem Schwerpunktthema „Die ewigen Spießer!" eine **Glosse,** in der Sie das Weinen der Alten, die sich von den Jugendlichen verdrängt fühlen, aufs Korn nehmen. (Textlänge: 270 bis 330 Wörter)

ALTER SACK SPRICHT ZUR JUGEND

Der Protestsongcontest manövrierte mich letzte Woche in einen Generationskonflikt hinein, und noch nie war es so definitiv: Ich stehe jetzt auf der anderen Seite. Ich stehe jetzt bei den alten Säcken, die Jugendkultur nicht verstehen und Jugendkultur verhindern und sich deshalb bitte nicht über Jugendkultur
5 *äußern sollen. Auf keinen Fall sollten alte Säcke wie ich in der Jury des Protestsongcontests sitzen. Was hat die da verloren, lese ich bei den Postings (Postings lesen: immer ein Fehler) auf der FM4-Website.*

Zum Beispiel: Alte Säcke wie ich haben ihn erfunden. Ohne uns alte Säcke gäbs den Protestsongcontest gar nicht, so ist es nämlich, und ihr kleinen
10 *Scheißer könntet nicht im Publikum stehen und uns ausbuhen, weil unsere Altesackheit so krass nervt, und euch danach darüber ausheulen, dass alte Säcke gewonnen haben. Woran ich übrigens völlig unschuldig bin, weil ich meine neun Punkte an die tüchtig jungen Squishy Squid gegeben habe. (Und nirgends steht, dass der PSC ein Kiddy-Contest mit anderen Mitteln sei. Oder?*
15 *Nein.)*

Natürlich hat es überhaupt keinen Sinn, in dieser Kolumne Botschaften an die Jugend zu richten, weil die die Falter-Kolumnen sowieso nicht liest. Um ein Uhr früh stand ich vor dem Rabenhof auf der Straße und wartete auf ein Taxi, schnorrten mich drei Zwanzigetwasse um Tschik an. Und ich war, ich sage
20 *es ungern, in der Position, ihrem Wunsch zu entsprechen; aber gerne, wo ihr mich doch vorher so nett ausgebuht habt. Oh, na, sagte der junge Herr, das sei er nicht gewesen, das war sein Bruder, könnten sie vielleicht zwei haben? Aber klar. Man begehrte zu wissen, was ich denn so mache, normalerweise? Ich sagte wahrheitsgemäß, ich schriebe Kolumnen. Wo denn? Kurier und*
25 *Falter. Kannten sie nicht, aber eine der jungen Frauen meinte, Kolumnen, aha, dazu müsse sie sagen, wir fladerten ja doch nur ihre Ideen, also die der Jungen. Sie trug dazu eine putzige Brille aus den 1970er Jahren.*

426

Aha. So also. Unablässig wird einem vorgeworfen, man verspießere, das sei, gerade angesichts dessen, wie man früher einmal gewesen sei, richtig gruselig, dieses aggressive Verspießern jetzt. Aber kaum tut man es einen Abend lang nicht, ist es auch nicht recht. Gar nicht recht ist es. Einmischung ist es, feindliche Übernahme von Ideen, die uns nichts mehr angehen. Geht's heim, Greise, haltet euch raus.

Ich habe eine eigene Idee: Machts euch euren Protestsongcontest doch selber, in eurem eigenen, selbsteroberten altesäckefreien Jungemenschenlokal und übertragts ihn in eurem eigenen Radio. Derlei haben wir alte Säcke in eurem Alter gemacht, aber das braucht euch nicht zu interessieren. Uns ists eh wurscht, wir sind mit dem Verspießern hübsch ausgelastet und mit der Aufzucht jener Generation, die euch den alten Sack überstülpen wird, lange bevor ihr mit dem Jungsein auch nur annähernd fertig seid. Huachts zua: Das ist bälder, als ihr denkt.

Doris Knecht, Falter

Text 2

1. Im Zuge einer Deutschschularbeit haben Sie den Text „Die Alten und die Jungen" zu erschließen und Ihre Ergebnisse in Form einer Textanalyse darzustellen.
Lesen Sie das Gedicht „Die Alten und die Jungen".
Verfassen Sie Ihre **Textanalyse** und bearbeiten Sie dabei die folgenden Arbeitsaufträge:

   - **Geben** Sie den Inhalt des Textes **wieder.**
   - **Untersuchen** Sie den Text hinsichtlich der sprachlichen und rhetorischen Mittel.
   - **Analysieren** Sie, ob das lyrische Ich der Gruppe der Alten oder der Gruppe der Jungen zuzuordnen ist.

   Schreiben Sie zwischen 270 und 330 Wörter. Markieren Sie Absätze mittels Leerzeilen.

2. Als Vorbereitung auf die schriftliche Matura vergleichen Sie das Gedicht „Die Alten und die Jungen" von Theodor Fontane (Text 2) mit der Kolumne „Alter Sack spricht zur Jugend" von Doris Knecht (Text 1) und verfassen eine Textinterpretation.
Verfassen Sie Ihre **Textinterpretation** und bearbeiten Sie dabei die folgenden Arbeitsaufträge:

   - **Geben** Sie die Inhalte der beiden Texte in aller Kürze **wieder.**
   - **Vergleichen** Sie die beiden Texte anhand der Stilebenen, die in ihnen zur Anwendung kommen.
   - **Erläutern** Sie das Konfliktpotenzial zwischen der Jugend und dem Alter anhand der beiden Texte.
   - **Bewerten** Sie die Authentizität und Vehemenz in der Darstellung der Inhalte der beiden Texte.

   Schreiben Sie zwischen 540 und 660 Wörter. Markieren Sie Absätze mittels Leerzeilen.

Jugend – Revolte – Pubertät

THEODOR FONTANE, deutscher Schriftsteller (1819–1898)

Theodor Fontane
DIE ALTEN UND DIE JUNGEN (verfasst 1847, erschienen 1905)

„Unverständlich sind uns die Jungen",
wird von den Alten beständig gesungen;
meinerseits möchte ich's damit halten:
„Unverständlich sind mir die Alten."
5 Dieses am Ruder-bleiben-Wollen
in allen Stücken und Rollen,
dieses Sich-unentbehrlich-Vermeinen
samt ihrer „Augen stillem Weinen",
als wäre der Welt ein Weh getan –
10 ach, ich kann es nicht verstahn.
Ob unsere Jungen, in ihrem Erdreisten,
wirklich etwas Besseres schaffen und leisten,
ob dem Parnasse sie näher gekommen
oder bloß einen Maulwurfshügel erklommen,
15 ob sie, mit andern Neusittenverfechtern,
die Menschheit bessern oder verschlechtern,
ob sie Frieden säen oder Sturm entfachen,
ob sie Himmel oder Hölle machen –
eins läßt sie stehn auf siegreichem Grunde:
20 sie haben den Tag, sie haben die Stunde;
der Mohr kann gehen, neu' Spiel hebt an,
sie beherrschen die Szene, sie sind dran.

THEODOR FONTANE: SÄMTLICHE WERKE, BD. 20, MÜNCHEN

Text 3

Das Schwerpunktthema der nächsten Ausgabe der Schülerzeitung lautet: „Die ewigen Spießer!" und Sie haben es übernommen, den Leitartikel zu verfassen. Führen Sie Recherchen zum Begriff des „Spießers" durch und diskutieren Sie, welche Unterschiede in den Zuschreibungen zum Begriff des Spießers in den Texten 3 und 4 vorhanden sind.
Stellen Sie die Ergebnisse in Form eines **Kommentars** dar und bearbeiten Sie dabei die folgenden Arbeitsaufträge:

- **Beschreiben** Sie aus Ihrer individuellen Perspektive, was Sie unter einem Spießer verstehen.
- **Vergleichen** Sie die unterschiedlichen Zuschreibungen und die Gemeinsamkeiten zum Begriff des Spießers in den Texten 3 und 4.
- **Setzen** Sie sich kritisch mit dem „Spießertum" **auseinander.**
- **Beurteilen** Sie, wo das Spießertum (gerade noch nicht) beginnt.

Schreiben Sie zwischen 405 und 495 Wörter. Markieren Sie Absätze mittels Leerzeilen.

ER ABER, SAG'S IHM, ER KANN MICH - - -

Das Stück „Götz von Berlichingen" von Johann Wolfgang von Goethe war zu seiner Zeit (1773) als Provokation gedacht, als Affront gegen alle „ewig Gestrigen" in der Kunst. Als Goethe das erste Exemplar des Götz seinem engen Freunde Johann Heinrich Merck zukommen lässt, ist im Begleitschreiben
5 unter anderem zu lesen:

„... Und allen Perrückeurs und Fratzen
Und allen literarischen Katzen
Und Räthen, Schreibern, Maidels, Kindern
Und wissenschaftlich schönen Sündern
Sey Trotz und Hohn gesprochen hier
Und Ärger für und für.
Weisen wir also diesen Geschwistern
Wohl ein jeder aus seinem Haus
Seinen A. zum Fenster hinaus."

WALTRAUD LEWIN: GOETHE, CIB-VERLAG

Text 4

Verfassen Sie für die Schülerzeitung mit dem Schwerpunktthema „Die ewigen Spießer!" eine **Rezension** zum Song „Spießer".
Gehen Sie wie folgt vor:

- **Analysieren** Sie in einem ersten Schritt den Songtext.
- Sehen Sie sich das Video im Internet an und **setzen** Sie Ihre Textanalyse mit der Vertonung und den Bildern des Videos **in Beziehung.**

Die Fantastischen Vier
SPIESSER (1991)

S.M.U.D.O. – hallo, guten Tag
das hier ist für Spießer, die ich überhaupt nicht mag
für all die Lebensplaner, Ordnungsmahner, Blumengießer
für all die Geldsparer, Daimlerfahrer, Volksmusikgenießer
was läuft da falsch, Mann, was hat sich da verrenkt
wenn man am Samstagmorgen schon ans Autowaschen denkt?
oder ans Heckenschneiden oder im Garten harken?
oder auf der Straße gucken wie die Autos parken?
sag mal hast Du denn 'ne Ahnung was Du da machst
wenn Du Dir Dein ganzes Leben nur die gleiche Scheiße sagst?
wegen Eigenheim und Rente auf den Rest des Lebens pfeifen
das ist mir viel zu hoch, das kann ich nicht begreifen
Mensch, plötzlich wirst du 65, und guckst Dich um
und fragst Dich: „was hab ich nur gemacht? und warum?
warum war ich denn mein ganzes Leben verdammt noch mal so bieder?"
tja, das ist nicht mein Problem, denn jetzt geh ich wieder

WWW.SONGTEXTE.COM

Text 5

Im Zuge einer Deutschschularbeit verfassen Sie eine Textinterpretation zur Textvorlage aus den „Räubern". Die Handlung setzt ein, nachdem Karl Moor den Brief von seinem Vater, den jedoch sein Bruder Franz geschrieben hat, gelesen hat. Karl hat sich erwartet, dass sein Vater ihm verzeiht. Im Brief ist jedoch zu lesen, dass ihn der Vater verdammt und nicht mehr als seinen Sohn anerkennt.
Lesen Sie die Textvorlage aus den „Räubern" von FRIEDRICH SCHILLER.

Jugend – Revolte – Pubertät

Verfassen Sie Ihre **Textinterpretation** und bearbeiten Sie dabei die folgenden Arbeitsaufträge:

- **Geben** Sie den Inhalt der Textvorlage **wieder.**
- **Charakterisieren** Sie Karl Moor anhand der Textvorlage.
- **Untersuchen** Sie die Textvorlage hinsichtlich ihrer sprachlichen Mittel, mit deren Hilfe die Emotionalität Karl Moors dargestellt wird.
- **Bewerten** Sie die Reaktion Moors, nachdem er die vermeintliche Verdammung des Vaters gelesen hat.

Schreiben Sie zwischen 540 und 660 Wörter. Markieren Sie Absätze mittels Leerzeilen.

Friedrich Schiller
DIE RÄUBER (1781)

MOOR: *(tritt herein in wilder Bewegung und läuft heftig im Zimmer auf und nieder, mit sich selber).* Menschen – Menschen! falsche, heuchlerische Krokodilbrut! Ihre Augen sind Wasser! ihre Herzen sind Erz! Küsse auf den Lippen! Schwerter im Busen! Löwen und Leoparden füttern ihre Jungen, Raben
5 tischen ihren Kleinen auf dem Aas, und Er, Er – Bosheit hab' ich dulden gelernt, kann dazu lächeln, wenn mein erboster Feind mir mein eigen Herzblut zutrinkt – aber wenn Blutliebe zur Verrätherin, wenn Vaterliebe zur Megäre wird: und so fange Feuer, männliche Gelassenheit! verwilde zum Tiger, sanftmüthiges Lamm! und jede Faser recke sich auf zu Grimm und Verderben!

10 ROLLER: Höre, Moor! Was denkst du davon? Ein Räuberleben ist doch auch besser als bei Wasser und Brod im untersten Gewölbe der Thürme?

MOOR: Warum ist dieser Geist nicht in einen Tiger gefahren, der sein wüthendes Gebiß in Menschenfleisch haut? Ist das Vatertreue? Ist das Liebe für Liebe? Ich möchte ein Bär sein und die Bären des Nordlands wider dies
15 mörderische Geschlecht anhetzen – Reue und keine Gnade! Oh ich möchte den Ocean vergiften, daß sie den Tod aus allen Quellen saufen! Vertrauen, unüberwindliche Zuversicht, und kein Erbarmen!

ROLLER: So höre doch, Moor, was ich dir sage!

MOOR: Es ist unglaublich, es ist ein Traum, eine Täuschung – So eine rüh-
20 rende Bitte, so eine lebendige Schilderung des Elends und der zerfließenden Reue – die wilde Bestie wär' in Mitleid zerschmolzen! Steine hätten Thränen vergossen, und doch – man würde es für ein boshaftes Pasquill aufs Menschengeschlecht halten, wenn ich's aussagen wollte – und doch, doch – oh daß und durch die ganze Natur das Horn des Aufruhrs blasen könnte, Luft,
25 Erde und Meer wider das Hyänengezücht ins Treffen zu führen!

GRIMM: Höre doch, höre! vor Rasen hörst du ja nicht.

MOOR: Weg, weg von mir! Ist dein Name nicht Mensch! Hat dich das Weib nicht geboren? – Aus meinen Augen, du mit dem Menschengesicht! – Ich habe ihn so unaussprechlich geliebt! so liebte kein Sohn; ich hätte tausend
30 Leben für ihn – *(Schäumend auf die Erde stampfend.)* Ha! – wer mir jetzt ein Schwert in die Hand gäb', dieser Otterbrut eine brennende Wunde zu versetzen! wer mir sagte, wo ich das Herz ihres Lebens erzielen, zermalmen, zernichten! – Er sei mein Freund, mein Engel, mein Gott – ich will ihn anbeten!

ROLLER: Eben diese Freunde wollen ja wir sein, laß dich doch weisen!

Lesen Sie den Text „Die Räuber" mit verteilten Rollen. Nehmen Sie sich vor Ihrem Vortrag mindestens fünf bis zehn Minuten Zeit, um das Lesen der Rolle vorzubereiten.

SCHWARZ: Komm mit uns in die böhmischen Wälder! Wir wollen eine Räuberbande sammeln, und du – *(Moor stiert ihn an.)*

SCHWEIZER: Du sollst unser Hauptmann sein! Du mußt unser Hauptmann sein!

SPIEGELBERG: *(wirft sich wild in einen Sessel).* Sklaven und Memmen!

MOOR: Wer blies dir das Wort ein? Höre, Kerl! *(indem er Schwarzen hart ergreift)* das hast du nicht aus deiner Menschenseele hervorgeholt! Wer blies dir das Wort ein? Ja, bei dem tausendarmigen Tod! das wollen wir! das müssen wir! der Gedanke verdient Vergötterung – Räuber und Mörder! – So wahr meine Seele lebt, ich bin euer Hauptmann!

ALLE: *(mit lärmendem Geschrei).* Es lebe der Hauptmann!

SPIEGELBERG: *(aufspringend, vor sich).* Bis ich ihm hinhelfe!

MOOR: Siehe, da fällt's wie der Staar von meinen Augen, was für ein Thor ich war, daß ich ins Käficht zurück wollte! – Mein Geist dürstet nach Thaten, mein Athem nach Freiheit. – Mörder, Räuber! – mit diesem Wort war das Gesetz unter meine Füße gerollt – Menschen haben Menschheit vor mir verborgen, da ich an Menschheit appellierte, weg denn von mir, Sympathie und menschliche Schonung! – Ich habe keinen Vater mehr, ich habe keine Liebe mehr, und Blut und Tod soll mich vergessen lehren, daß mir jemals etwas theuer war! – Kommt, kommt! – Oh ich will mir eine fürchterliche Zerstreuung machen – es bleibt dabei, ich bin euer Hauptmann! und Glück zu dem Meister unter euch, der am wildesten sengt, am gräßlichsten mordet, denn ich sage euch, er soll königlich belohnt werden – Tretet her um mich ein Jeder, und schwöret mir Treue und Gehorsam zu bis in den Tod! – Schwört mir das bei dieser männlichen Rechten!

ALLE: *(geben ihm die Hand).* Wir schwören dir Treu und Gehorsam bis in den Tod!

MOOR: Nun, und bei dieser männlichen Rechte schwör' ich euch hier, treu und standhaft euer Hauptmann zu bleiben bis in den Tod! Den soll dieser Arm gleich zur Leiche machen, der jemals zagt oder zweifelt oder zurücktritt! Ein Gleiches widerfahre mir von Jedem unter euch, wenn ich meinen Schwur verletze! Seid ihr's zufrieden? *(Spiegelberg läuft wütend auf und nieder.)*

ALLE: *(mit aufgeworfenen Hüten).* Wir sind's zufrieden.

MOOR: Nun denn, so laßt uns gehn! Fürchtet euch nicht vor Tod und Gefahr, denn über uns waltet ein unbeugsames Fatum! Jeden ereilet endlich sein Tag, es sei auf dem weichen Kissen von Flaum oder im rauhen Gewühl des Gefechts oder auf offenem Galgen und Rad! Eins davon ist unser Schicksal! *(Sie gehen ab.)*

SPIEGELBERG: *(ihnen nachsehend, nach einer Pause).* Dein Register hat ein Loch. Du hast das Gift weggelassen. *(Ab.)*

FRIEDRICH SCHILLER: DIE RÄUBER, RECLAM

Verfassen Sie einen **lyrischen Text,** der die Emotionen von Karl Moor zum Ausdruck bringt.

3 Pubertät — TEXTWERK

Text 1

1. Lesen Sie den Zeitungsbericht „Das Leben mit dem Alien" aus der Zeitschrift „Profil" und **verfassen** Sie ein übersichtlich strukturiertes **Exzerpt**.

2. Verfassen Sie eine Meinungsrede zum Thema „Was Jugendliche wirklich wollen", die Sie als Schülervertreter/in vor Eltern und Ihren Schulkolleginnen und -kollegen im Zuge einer Schwerpunktveranstaltung in Ihrer Schule halten.
   Lesen Sie den Zeitungsbericht „Das Leben mit dem Alien". Schreiben Sie das Manuskript Ihrer **Meinungsrede** und bearbeiten Sie dabei die folgenden Arbeitsaufträge:

   - **Beschreiben** Sie aus Ihrer eigenen Erfahrung, wie die Phase der Pubertät die Beziehung zu Ihren Eltern verändert hat.
   - **Setzen** Sie das oft provokative Verhalten der Jugendlichen mit den Reaktionen der Erwachsenen **in Beziehung.**
   - **Setzen** Sie sich kritisch mit der Welt der Erwachsenen und deren Gesetzen **auseinander,** die für Jugendliche einerseits Sicherheit, andererseits die Beschneidung ihres sprühenden Geistes bedeuten können.
   - **Appellieren** Sie an Ihre Zuhörer/innen, Sorgen und Wünschen der Jugendlichen mit offenen Ohren und Herzen zu begegnen.

   Schreiben Sie zwischen 540 und 660 Wörter. Markieren Sie Absätze mittels Leerzeilen.

3. Sie haben die Glosse „Alter Sack spricht zur Jugend" (S. 426) und den Zeitungsbericht „Das Leben mit dem Alien" gelesen und beschließen, darauf mit einem Kommentar zu reagieren. Verfassen Sie Ihren **Kommentar** und bearbeiten Sie die folgenden Arbeitsaufträge:

   - **Beschreiben** Sie Krisen- und Konfliktsituationen zwischen Jugendlichen und Erwachsenen.
   - **Erklären** Sie mögliche Ursachen für Konfliktsituation zwischen Jugendlichen und Erwachsenen.
   - **Machen Sie Vorschläge** für hilfreiche Reaktionen von Erwachsenen auf in deren Augen unangepasstes Verhalten von Jugendlichen.

   Schreiben Sie zwischen 540 und 660 Wörter. Markieren Sie Absätze mittels Leerzeilen.

4. **Verfassen** Sie eine **Reportage** über sich und Ihre eigene Pubertät.
   Ihr Text wird neben etlichen anderen im Zuge der Schwerpunktveranstaltung „Was Jugendliche wirklich wollen" an einer Wandtafel präsentiert.
   Schreiben Sie einerseits von sich in der dritten Person, führen Sie andererseits immer wieder Daten und Fakten aus dem Artikel an.

DAS LEBEN MIT DEM ALIEN

Pubertät. Null Bock, Weltschmerz und häusliche Konflikte – was die Lebensphase der Adoleszenz mit Jugendlichen anstellen kann. Was Eltern falsch machen. Wozu Psychologen und Pädagogen raten. Plus: der Überblick über neue Strömungen in der Jugendkultur.

[...] Null Bock auf alles, Schulversagen, Weltschmerz, Stimmungsschwankungen, verbaler Schlagabtausch zu Hause: Die Pubertät, die bei Mädchen heute durchschnittlich mit 12,4 Jahren, bei Buben zwei Jahre später einsetzt, wird zum Härtetest für Eltern wie Jugendliche. Besonders rund um den Schulschluss wird die familiäre Idylle oftmals zum Pulverfass. Auch heuer wird für rund 41 000 Schüler das Schuljahr mit dem deprimierenden Beigeschmack einer Nachprüfung im Herbst enden. Knapp vier Prozent aller österreichischen Schüler bleiben laut Statistik Austria jährlich sitzen. Den höchsten Prozentsatz an Nichtaufstiegsberechtigten weist die neunte Schulstufe auf – in den fünften Klassen der AHS bleiben 12,5 Prozent der Schüler sitzen. Mit dem Ende der pubertären Phase sinkt der Anteil der Wiederholungstäter beträchtlich, in der Maturaklasse scheitern nur mehr fünf Prozent. Kein Wunder, denn in der Zeit davor sind Jugendliche vorrangig mit den Veränderungen ihres Körpers und ihrer Psyche beschäftigt. Dass das traditionelle Schulsystem diesen – für die Betroffenen äußerst anstrengenden – Entwicklungsschub unbeachtet lässt, empfindet der Psychoanalytiker Helmuth Figdor als eklatantes pädagogisches Versäumnis.

Die für die Eltern oft als rasant empfundene Verwandlung vom liebenswerten, lenkbaren Kind zu einem widerborstigen, stets provokationsbereiten Teenager, der zunehmend fremd wird, erklärte die Wissenschaft über Jahre mit den mit Donnergetöse einziehenden Hormonen. Erst vor Kurzem gelang es Neurologen am National Institute of Mental Health in Washington, Einblicke in Teenagergehirne zu gewinnen. Mit dem Erkenntnisresultat, dass, so der Studienleiter und Kinderpsychiater Jay Gieed, „sich das Hirn in dieser Zeit weitaus dynamischer entwickelt als bisher angenommen". In dieser Lebensphase sollte man sich den pubertären Denkapparat wie eine betriebsame Baustelle vorstellen, auf der ständig Gerüste errichtet, neue Verbindungen gelegt und alte abgerissen werden. Auf die gebrüllte Frage der Eltern „Hast du mich endlich verstanden?" müsste ein Teenager wahrheitsgemäß antworten: „Nein, ich denke nämlich anders als ihr." Denn das Präfrontalhirn, verantwortlich für Arbeitsbereiche wie Zeitempfinden, Orientierung, Entscheidungen und Empathie, funktioniert in dieser Periode nur wesentlich verlangsamt und reduziert. Doch dieser Erkenntnisstand wird im täglichen Frontgefecht mit all den angegriffenen Nerven irrelevant. „Eltern, die ihre Kinder durch die Pubertät begleiten", so der fünffache Vater, ehemalige Familien- und aktuelle Wirtschaftsminister Martin Bartenstein, „brauchen mitunter mehr Sozialkompetenz als Führungskräfte."

Es geht vor allem um die heikle Gratwanderung, Freiräume zuzulassen, ohne die emotionale Präsenz aufzugeben. Drakonisches Sanktionieren zielt ebenso ins Leere wie ein Kuschelkurs. Das Erziehungsrelikt der 68er-Generation, den eigenen Kindern auf Kumpelstatus begegnen zu wollen, ist genauso daneben wie eine Kommunikationsstrategie, die auf ständiger Torpedierung durch Vorwürfe basiert. „Wie Kinder brauchen auch Jugendliche eine Leine mit wechselnder Spannkraft und Länge, aber eine Leine", so die Gesundheitsbeauftragte der Stadt Wien, Beate Wimmer-Puchinger.

Das Gefühl von Resignation und Verzweiflung befällt Eltern Pubertierender vor allem im Zusammenhang mit dem Krisengebiet Schule. „Eltern sollten lernen, ihre damit verbundenen Schmerzen zu artikulieren", so die Pubertätsforscherinnen Cheryl Benard und Edit Schlaffer, „harter Druck geht ins Leere."

Verunsicherung

Das Marktvolumen für Nachhilfe in Österreich beziffert eine aktuelle Studie der Arbeiterkammer auf rund 140 Millionen Euro jährlich – doppelt so viel wie noch vor zehn Jahren. Neben der Abgehobenheit des Lehrstoffs, „der nahezu schandhaften Vernachlässigung der psychologischen Ausbildung des

---

In der vorliegenden wissenschaftlichen Literatur scheint ein Konsens zu bestehen, dass die „heutige Jugend" ihre Lebenswelt anders erlebt als ihre Elterngeneration. Als Gründe dafür werden angeführt:
- Die Individualisierung und die damit verbundene Heterogenität von Biografien und Lebensstilen nehmen stark zu.
- Freunde und Gleichaltrige gewinnen an Wert – die Bedeutung der eigenen Ursprungsfamilie dagegen nimmt eher ab.
- Neue Medien und Technologien verändern nicht nur das Konsumverhalten, sondern auch die soziale Welt von Jugendlichen nachhaltig.

Lehrpersonals", so der ehemalige Wiener Stadtschulrat Kurt Scholz, spielt die wachsende Zukunftsverunsicherung unter Jugendlichen eine unterschätzte Rolle. In einer Umfrage zum Thema Zukunftsängste gaben 59,2 Prozent der Befragten an, sich am meisten davor zu fürchten, „dass ich einmal keine Arbeit finden oder arbeitslos werden könnte". Psychoanalytiker Helmuth Figdor unterscheidet bei schulischen Problem-Teenies zwischen „denen, die die Schule als irrelevant betrachten", und jenen, „die sie zwar als lästig empfinden, aber denen sie doch wichtig ist". Für Vertreter der ersten Kategorie sollte man sich „um Alternativen wie eine Lehre bemühen". Denn es gelte der Kerngedanke: „Man kann Jugendliche zu nichts zwingen. Wenn sie etwas nicht wollen, strafen sie es mit Scheitern."

Ist der Fernseher in den Generationen davor zum pädagogischen Antichrist stilisiert worden, hat diese Rolle der Computer übernommen. Der klassische TV-Konsum unterliegt im Freizeitverhalten heutiger Teenies schwindender Bedeutung. Die Kommunikation mit Freunden findet längst zunehmend über soziale Netzwerkseiten wie Facebook und Chatdienste wie WhatsApp statt. Was das Sozialverhalten entsprechend beeinflusst: Nie konnte man so schnell und leicht Freunde gewinnen, denen man in der Realität nie begegnen muss. An den New Yorker Universitäten existieren inzwischen bereits Kursangebote mit dem Titel „Facebook in Flesh", wo Studenten die direkte Kontaktnahme von Angesicht zu Angesicht erst einmal wieder üben müssen. Eine Reglementierung, was die Benutzung des Computers betrifft, sollte sehr früh stattfinden. Verpasst man den Zeitpunkt, „stellt sich ohne Computer beim Kind eine gähnende Leere ein, aus der es sich nicht mehr selbst hinausmanövrieren kann", so Helmuth Figdor. Dann wäre professionelle Hilfe notwendig. Eineinhalb Stunden online sind – wie beim TV-Konsum für kleinere Kinder – ein vernünftiger täglicher Mittelwert.

Online-Sucht

Das Kippen in die Online-Sucht verläuft schleichend. Erkennungsmerkmal ist das drastische Abnehmen sämtlicher anderer Freizeitaktivitäten. Die Suchtspezialistin und Psychiaterin Gabriele Fischer rät dazu, „den Computer zentral im Wohnbereich zu positionieren und das Kind dort ‚World of Warcraft' spielen zu lassen". Stundenlange Isolation im eigenen Zimmer wirkt sich massiv auf die soziale Kompetenz aus. Etwa zehn Prozent der Kinder an Deutschlands Schulen gelten als gefährdet. In Korea existieren bereits Hilfsprogramme der Regierung in Form einer Jump Up Internet Rescue School, wo nach tagelangem Spielen am PC zusammengebrochene Teenies langsam wieder in die Realität zurückgeführt werden. Das Internet beeinflusst aber auch indirekt das Selbstwertgefühl und Sexualverhalten der Teenager. Durch die ständige Konfrontation mit einer digital idealisierten Bilderwelt empfinden vor allem Mädchen ihr Äußeres zunehmend als unzulänglich. „Diese Internet-bedingte Pornografisierung macht uns große Sorgen", so die Gesundheitsbeauftragte Beate Wimmer-Puchinger.

Als unterversorgt in ihrer sexuellen Aufklärung gelten die Buben. Was durch die Scheidungsrate, die wachsende Zahl von Alleinerzieherinnen und das oftmalige Fehlen von männlichen Bezugspersonen zu erklären ist: „Mütter reden mit ihren Töchtern. Die Söhne bleiben da oft über. Da besteht ein großer Aufholbedarf." Trotz der medialen Übersexualisierung hält sich das Durchschnittsalter für das erste Mal bei knapp über 15 Jahren, wobei sich der Altersschnitt von Buben und Mädchen zunehmend annähert. Während in den Jugendumfragen der vergangenen Jahre eine Beziehung als wichtigste Voraussetzung für den ersten Geschlechtsverkehr angeführt wurde, macht sich in den aktuellen Studien eine wachsende Trennung zwischen Gefühlen und Sexualität bemerkbar. „‚Ich will mit Victoria von den Spice Girls ficken', sagt Janosch. Er deutet mit den

Fingern auf ein Foto der Popband im ‚Playboy', ‚die hat tolle Brüste.'" Auszug aus „Crazy", Benjamin Leberts Pubertätsroman, der symptomatisch für das Sexualverhalten der Teenies ist. Der Tendenz zum Sex ohne Emotionen sollte man entgegenwirken. Durch Gespräche und durch die Integration der Partner der Jugendlichen in die Familie.
„Besser, die Kids schlafen mit ihren Sexualpartnern unter dem Dach der Eltern, als irgendwo", so Wimmer-Puchinger.
[...] Seit einem Jahr geistert das Schreckgespenst „Komatrinken" durch die Medien. Statistiken zeigen, dass Alkohol tatsächlich die am weitesten verbreitete Droge ist: Mehr als 90 Prozent der 15- bis 16-Jährigen sind in den letzten zwölf Monaten mit Alkohol in Berührung gekommen. Andererseits kommt es pro Jahr nur zu rund 1 400 alkoholbedingten Spitalseinlieferungen von Jugendlichen in Österreich; das entspricht 0,15 Prozent der Zehn- bis 19-Jährigen – ein Wert, der seit Jahren konstant bleibt. Gabriele Fischer, Leiterin der Drogenambulanz des AKH Wien, ortet dennoch eine markante Entwicklung: „Man fängt im Schnitt zwei Jahre früher, also mit 13 oder 14 Jahren, an, Alkohol zu konsumieren; außerdem haben die Mädchen beträchtlich aufgeholt." Wenn das eigene Kind als Folge eines einmaligen Alkoholexzesses im Krankenhaus aufwacht, sind Sorgen zwar durchaus angebracht. Doch die unmittelbare Gefahr, dass sich daraus eine Abhängigkeit entwickelt, besteht nicht. Fischer: „Normalerweise reicht der Schockeffekt, damit man in Zukunft vorsichtiger ist. Ein einmaliger Vollrausch ist noch kein Indikator für Alkoholsucht; von einem Problem kann man erst bei wiederholten Vorfällen oder dem kombinierten Konsum mit anderen Drogen sprechen." Laut einer Statistik der europäischen Forschungsinitiative ESPAD haben 21 Prozent der 15- bis 16-jährigen Österreicher bereits Erfahrungen mit Cannabis gemacht. Ansonsten zählen zu den aktuellen Modedrogen primär „Aufputscher, also Amphetamine. Dazu gehört auch Ritalin, das eigentlich gegen Aufmerksamkeitsstörungen verschrieben wird." Diese helfen bei Leistungsdruck und sind laut Fischer „vor allem bei jungen Mädchen beliebt, da sie den Appetit zügeln". Die Fertigkeit des Gratwanderns der Eltern ist auch hier gefragt. Zu heftiges, offensives Vorgehen treibe die Teenies in die Isolation; klare, mit Konsequenz betriebene Grenzen müssen jedoch auch hier gezogen werden.
Das Expertenfazit: Die Pubertät wäre jene Phase, in der Kids die Eltern so dringend wie sonst nur im Kleinkindstatus brauchen. Die schlechte Nachricht: Sie sind nicht in der Lage, diese Message ankommen zu lassen.

LAURA BRONNER, ANGELIKA HAGER, PROFIL – GEKÜRZT

Text 2

Der Bericht „Wenn das Herz schmerzt" wendet sich gleichermaßen an Jugendliche wie Erwachsene. Für die Kummerecke Ihrer Schulzeitung verfassen Sie zu diesem Zeitungsbericht einen Leserbrief.
Lesen Sie den Zeitungsbericht „Wenn das Herz schmerzt". Verfassen Sie Ihren **Leserbrief** und bearbeiten Sie dabei die folgenden Arbeitsaufträge:

- **Geben** Sie die Thematik und wesentliche Inhalte des Zeitungsberichtes **wieder.**
- **Analysieren** Sie, ob im Zeitungsbericht Ihrer Meinung nach übertrieben wird.
- **Nehmen** Sie zu ausgewählten Inhalten bzw. Thesen des Zeitungsberichtes **Stellung.**

Schreiben Sie zwischen 270 und 330 Wörter. Markieren Sie Absätze mittels Leerzeilen.

WENN DAS HERZ SCHMERZT

Verlassenwerden ist ein traumatisches Erlebnis – Gegen den Kummer helfen auch keine Erfolg versprechenden Pillen.

„Bei Liebeskummer und Trennungen", steht auf der Verpackung des Nahrungsergänzungsmittels Amorex, das in österreichischen Apotheken erhältlich ist. Es verspricht Erleichterung bei Liebesleiden aller Art. Doch Liebeskummer in all seinen Facetten lässt sich nicht mit Pillen hinunterschlucken. Aussichtslose Schwärmerei für einen Star, unerwiderte Verliebtheit in einen Klassenkameraden oder eine Schulkollegin oder Verlassenwerden vom Partner nach langjähriger Beziehung. Das alles tut weh. Nicht jeder Liebeskummer fällt gleich unter das Label Krankheit, genauso wenig wie jeder Liebeskummer harmlos ist. Das gilt für Jugendliche genauso wie für Erwachsene. Wie bei anderen Traumata auch, durchleben Betroffene die Phasen Schock, Reaktion mit psychischen Abwehrmechanismen wie etwa Verleugnung, Bearbeitung und Neuorientierung. Eine quasi Erste-Hilfe-Maßnahme bei Liebeskummer ist Reden: „Mit jemandem darüber sprechen, man muss auch schimpfen können, um den affektiven Stau loszuwerden", rät Gernot Sonneck, ehemaliger Vorstand des Instituts für Medizinische Psychologie an der MedUni Wien. Oft genüge es, wenn Familienmitglieder oder Freunde zuhören. Manchmal bedarf es aber auch professioneller Hilfe durch Fachärzte, Psychologen oder Therapeuten. „Tendenziell ist jeder Liebeskummer ernst zu nehmen", sagt Martina Morawitz, Beraterin an der „First Love Ambulanz" in Wien. Die Einrichtung bietet Beratung und Information für Jugendliche zu den Themen erste Liebe, Sexualität und Schwangerschaft.

Krankhafter Schmerz. Krankhaft kann der Kummer dann werden, wenn Menschen über längere Zeit glauben, sie können die schwere Kränkung alleine nicht überleben. „Das ist oft dann der Fall, wenn eine schreckliche Abhängigkeit von dem verlorenen Partner besteht", erklärt der Mediziner. Das treffe häufig auf Menschen zu, die unselbstständig sind, ein geringes Selbstwertgefühl haben und entscheidungs- und handlungsunfähig sind. Für sie ist eine Trennung eine Katastrophe.

Psychische Gefahr. Bei genetischer Disposition und mangelnder sozialer Unterstützung kann sich sogar eine Depression aus dem Kummer entwickeln, aber auch Substanzmissbrauch und nicht-substanzgebundene Abhängigkeiten wie Spielsucht. „Fast ein Drittel aller jüngeren Menschen kommt aufgrund von Trennungen zu uns in die Beratung. Bei ihnen darf man suizidales Verhalten nicht übersehen", sagt Gernot Sonneck, der am Kriseninterventionszentrum in Wien arbeitet. In der schwierigen Phase der Pubertät geht es oft auch um Oberflächlichkeiten: „Mir erzählen Mädchen, dass ihr Freund mit ihnen Schluss gemacht hat, weil sie einen kleinen Busen hätten oder zu dick seien", sagt Martina Morawitz. Bei manchen Jugendlichen reguliere sich die Trauer und Enttäuschung nicht von selbst, vor allem dann, wenn es auch im Elternhaus Probleme gibt. Die Beraterin kennt Jugendliche, die nach einer Trennung Essstörungen entwickelten oder begannen, sich selbst zu schneiden. Genauso wie bei Erwachsenen, die eine Trennung nicht verarbeiten können, reicht hier Zuhören von Freunden alleine nicht mehr aus. [...]

Der Körper leidet mit. Liebeskummer ist aber nicht nur eine emotionale Belastung. Forscher an der Universität Amsterdam haben nachgewiesen, dass soziale Ablehnung den Körper beeinflusst. Unerwartete Zurückweisung *wirkt sich laut der Studie auf das vegetative Nervensystem aus und lässt das Herz langsamer schlagen. „Eine Krise verändert sehr viel in uns, im vegetativen und hormonellen Bereich", bestätigt Gernot Sonneck. Auch körperliche Krankheiten können also entstehen und bestehende Leiden verstärkt werden: „Bei asthmoider Bronchitis kann es etwa zu häufigeren Anfällen kommen, bei chronisch entzündlichen Krankheiten kann der Stress neuerliche Schübe auslösen", sagt der Mediziner. Bekannt ist auch das Broken Heart Syndrom, dessen Symptome sogar jenen eines Herzinfarkts ähneln.*

MARIETTA TÜRK, DER STANDARD – GEKÜRZT

Text 3

1. Für die nächste Ausgabe der Schülerzeitung Ihrer Schule mit dem Schwerpunktthema „Jugendkulturen" verfassen Sie einen Kommentar zum Thema „Macht und Ohnmacht der Marke".
   Lesen Sie den Zeitungsbericht „Nicht ohne meine Marke: Jetzt erst recht". Verfassen Sie Ihren **Kommentar** und bearbeiten Sie dabei die folgenden Arbeitsaufträge:

   - **Beschreiben** Sie einzelne Insignien des Lebensstiles eines „typischen" Jugendlichen Ihrer Generation.
   - **Setzen** Sie einzelne Thesen des Zeitungsberichtes mit Ihrem eigenen Markenbewusstsein **in Beziehung.**
   - **Überprüfen** Sie die Stichhaltigkeit einzelner Thesen des Zeitungsberichtes aus Ihrer Perspektive.

   Schreiben Sie zwischen 405 und 495 Wörter. Markieren Sie Absätze mittels Leerzeilen.

2. Als Vorbereitung auf eine Präsentation zum Thema „Jugendkulturen" **fassen** Sie den folgenden Zeitungsbericht **zusammen,** indem Sie sämtliche relevante Aspekte rund um die Marke beleuchten, die im Zeitungsbericht angeführt werden. Stellen Sie Ihre Ergebnisse in Form eines **Thesenblattes** dar.

3. Unter dem Titel „Das große „Ich bin Ich" **verfassen** Sie einen **Essay** für die gegenwärtige Ausgabe der Schülerzeitung Ihrer Schule.
   Erörtern Sie darin die Schwierigkeit, ein eigenes Ich, eigene Meinungen und Lebensansichten zu entwickeln, also erwachsen zu werden.

4. Einerseits Individualisierung und Differenz, andererseits Einheitsstil und Gruppenzugehörigkeit.
   Lesen Sie den Bericht „Nicht ohne meine Marke: Jetzt erst recht" und verfassen Sie eine Erörterung, die in der Schwerpunktausgabe „Wer ist Ich?" der Schülerzeitung Ihrer Schule publiziert werden soll. Verfassen Sie die **Erörterung** (405–495 Wörter) und bearbeiten Sie dabei die folgenden Arbeitsaufträge:

   - **Beschreiben** Sie, auf welche Art und Weise sich Teenager und Jugendliche abgrenzen bzw. anpassen, um sich als individuell und gleichzeitig als zugehörig begreifen zu können.
   - **Vergleichen** Sie die dargestellten Lebenswahrheiten Jugendlicher mit Ihrem eigenen Zugang.
   - **Erörtern** Sie aus Ihrer Perspektive, warum unter Jugendlichen neben Verbindendem oft Trennendes im Vordergrund stehen muss.

NICHT OHNE MEINE MARKE: JETZT ERST RECHT

Jugendliche glauben an Marken und brauchen sie, um zu wissen, wer sie sind und wo sie hingehören. Die krisenbedingte Kritik an materiellen Werten ändert daran nichts, im Gegenteil: Marken werden wichtiger.

Nein, es ist nicht nur eine Hose. Es ist ein Lebensgefühl, symbolisiert durch junge, muskulöse Männer, die mit nackten Oberkörpern und in engen Jeans freundlich lächelnd durch den Shop tanzen. Fragen zur passenden Größe können sie zwar nicht beantworten, das müssen sie aber auch nicht. Sie haben eine viel wichtigere Aufgabe: Sie sagen den Kundinnen – genauso wie das ihre Kolleginnen bei den Herren in der Männerabteilung tun – allein durch ihre Präsenz, warum sie hier sind: Weil sie jung sind, weil sie sexy sind und weil sie dazugehören.

Dann ergibt sich die kleine Nebensächlichkeit, mit der die amerikanische Modemarke Abercrombie & Fitch im Vorjahr in mehr als 1 000 Shops in den USA, Kanada und Europa knapp 3,5 Milliarden Dollar umgesetzt hat, wie von selbst: Sich doch das eine oder andere textile Stück zu kaufen, damit der Rest der Bande – in diesem Fall die jungen Siegertypen, die einen recht entspannten Zugang zu Sex haben – auch weiß, dass man oder frau dazugehört. Immerhin ist die Jugend eine der spannendsten Phasen des Lebens, in der niemand Zeit damit verlieren will, in den falschen Kreisen erfolglos nach Gleichgesinnten zu suchen.

Und genau da kommen Marken ins Spiel, die bei der Jugend – zwischen Pubertät und Mitte zwanzig – eine wichtige Orientierungshilfe sind. Das ist schon lange so, und das wird sich – Krise hin, Kritik an materiellen Werten her – nicht so schnell ändern. Denn während die Elterngeneration der heutigen Jugend, zumindest ein Teil davon, der Konsumverweigerung etwas abverlangen konnte, ist das heute nicht einmal mehr bei Randgruppen der Fall. Die Jugend glaubt an Konsum und somit auch an Marken. Immerhin gibt es ja auch für jene, denen es wichtig ist, auf Mitmenschen und Umwelt Rücksicht zu nehmen, entsprechende Marken, die sich genau diese sozialen, fairen und naturbezogenen Aspekte als charakteristischen Teil der Marke angeeignet haben. „Konsumkritiker kritisieren heute nicht mehr den Konsum an sich, sondern den Massenkonsum", sagt dazu Jugendforscher Philipp Ikrath, Geschäftsführer der Agentur T-Factory. Der Glaube an Konsum wird für ihn auch daran deutlich, dass Konsumboykott als wesentlich effektiveres politisches Instrument wahrgenommen wird als etwa Demonstrationen.

Die Jugend als Seismograf

Wobei die Markenaffinität keineswegs eine Spezialität der Jugend ist. Immerhin müssen die Jungen ebendiese ja auch von irgendwoher haben, sprich sich die Aufmerksamkeit, die gewissen Produkten – egal, ob etwa textiler oder elektronischer Natur – entgegengebracht wird, abschauen. „Die Jugend ist aber eine gesellschaftlich seismografische Altersgruppe, da sie alles ein bisschen extremer betreibt", sagt Ikrath dazu. Und: Jugendliche verwenden Marken dazu, sich mit bestimmten Werten, die diese vermittelt, zu identifizieren und sich von bestimmten Gruppen abzugrenzen. Sofern Marken bei Jugendlichen nicht einen zu großen Stellenwert einnehmen, kann dieser identitätsstiftende Aspekt auch positiv sein. Problematisch wird es erst dann, wenn junge Menschen ihr Selbstwertgefühl an den Besitz gewisser Produkte koppeln.

Der klinische Psychologe und Psychotherapeut Gerald Kral rät Eltern, die bei dem jugendlichen Hype um die Marke nicht mehr mithalten können oder wollen, zum Gespräch: „Wenn einem die Kinder erklären, dass sie gewisse Dinge brauchen, dann sollte man sie auch bitten, zu erklären, warum." Außerdem kann auch ein bisschen Selbstreflexion nicht schaden. Damit meint er nicht nur die Vorbildfunktion, also den eigenen Umgang mit manchen Produkten, sondern auch das Thema Anerkennung. „Man sollte sich anschauen, wie, bei welchen Gelegenheiten und wofür man Anerkennung gibt. Wenn das ausschließlich an Leistung gekoppelt ist, ist das ein problematischer Ansatz."

Jugendforscher Ikrath hat auf die Frage nach dem Warum bei Jugendlichen sehr oft das Argument der Qualität gehört. „Da werden emotionale Entscheidungen, also sich mit etwas zu identifizieren, schnell mit dem Qualitätsargument rationalisiert." Dass Markenbewusstsein ein schichtspezifisches Phänomen ist, glaubt er nicht. „Gerade in höheren Bildungsschichten ist ein klares Bekenntnis zur Marke nicht besonders cool. Sie lehnen Marken zwar ab oder sagen das zumindest, tragen dann aber genauso nur bestimmte Turnschuhe."

Wobei es sich bei den Marken nicht immer nur um Schuhe und Mode handeln muss. Am meisten Wert legen heimische Jugendliche auf das richtige Logo bei Computern und Laptops, gefolgt von Handys und Turnschuhen. Immerhin klappt es bei elektronischen Produkten, wie man am Beispiel Apple sieht, besonders gut, einen gewissen Lebensstil zu transportieren. Und: Die Produkte bieten gleichzeitig die Möglichkeit zu zeigen, dass man sich damit auskennt. Das kommt etwa Linux – dem Gegenstück zu Apple – zugute. Die Marke ist für alle jene interessant, die zeigen wollen, dass sie weniger an Design und dem ganzen Drumherum interessiert sind, sondern an der Funktionalität. Auch der bewusste Verzicht auf die Vermittlung eines gewissen Lebensstils kann also Ausdruck eines Lebensstils sein.

Die Industrie ist naturgemäß daran interessiert, wenn auch nicht Trends zu setzen – diese werden von den Zielgruppen selten direkt aufgenommen –, so doch diese zu stärken oder aufzuschaukeln, wie auch der deutsche Trendforscher Peter Wippermann meint.

Die Marke als Antwort.
„Dass Firmen zu 100 Prozent beeinflussen können, was Konsumenten kaufen, war vielleicht früher der Fall. Heute ist es für sie schwieriger, Konsumenten zu steuern", sagt dazu auch Barbara Stöttinger, Marketingexpertin an der Wirtschaftsuniversität Wien. Strategien, um eine Marke zu positionieren, gibt es natürlich dennoch. Am Beginn der Markenbildung stehen ein Produkt, eine Zielgruppe, ein Preis, verschiedene Vertriebskanäle. Damit daraus aber eine Marke wird, bedarf es einer Geschichte. „Häufig greifen Unternehmen eine gesellschaftliche Spannung auf und präsentieren ihr Produkt als Lösung dafür", sagt dazu Marius Lüdicke, der am Brand Research Laboratory in Innsbruck zu Konsum- und Markenkultur forscht. Ein Beispiel dafür bietet die Modefirma Diesel. In den Jahren 2004/2005, als sich die Jungen hierzulande (medial) der Kritik ausgesetzt sahen, sich in allen Lebenslagen zu wenig zu engagieren, griff das Unternehmen genau dieses Thema mit einem Augenzwinkern auf und warb mit demonstrierenden Jugendlichen und dem Slogan „We try hard to respect our moms".

Andere wiederum setzten lieber auf Stars oder andere Trendsetter, um eine Marke zu positionieren. Immerhin schenken Jugendliche ihnen mehr Vertrauen als einem Unternehmen. „Ein Trend entsteht in einer Subkultur. Es sind die

WELCHER TYP?

Die Trendagentur T-Factory hat vier jugendliche Markentypen zusammengefasst. Wobei klar ist: Kaum jemand ist nur ein Typ, oft liegt die Wahrheit irgendwo dazwischen.

Statusorientierte Markenbewusste
Ihnen sind Designermarken wie Tommy Hilfiger, Ralph Lauren, Boss, Joop, Diesel oder Nike wichtig.

Jugendkultureller Typ
Marken wie Billabong, Ed Hardy's, G-Star oder D&G sollen die Szenezugehörigkeit signalisieren.

Bürgerlich angepasster Chic
Lieber unauffällig lautet das Motto bei den Trägern und Trägerinnen von Esprit, S. Oliver oder Mexx.

Preisbewusster Mainstream
Bei Marken wie C&A, New Yorker oder Orsay zählt für die Zielgruppe in erster Linie das Preisargument.

Follower, die ihn bekannt machen", sagt Lüdicke. Denn spätestens wenn dieser bei der Masse angekommen ist, machen sich die Trendsetter auf die Suche nach dem nächsten, noch unentdeckten Terrain.

Um aus der Zielgruppe aber eine treue Zielgruppe zu machen, ist es für eine Marke unerlässlich, sich den veränderten gesellschaftlichen Gegebenheiten anzupassen. Und diese verlangen derzeit eben nach einem bewussteren Umgang mit der Natur, den Ressourcen und dem Leben an sich. Nicht umsonst setzen derzeit von der Unterwäschefirma bis zum Geschirrhändler viele auf eine Second-Sale-Kultur. Wer etwa den ausgeleierten Bikini zwecks Recyclings zurückbringt, erhält auf das neue Modell Rabatt. Ebenso ist etwa auch bei H&M oder C&A Biobaumwolle längst selbstverständlich.

Die Zeiten ändern also nichts an der Relevanz von Marken, sondern lediglich den Anspruch an diese. Und der lautet momentan: Gib mir das Gefühl, dass ich ein gutes Leben führe.

Karin Schuh, Julia Kern, Die Presse

Textübergreifende Aufgabe

- An Ihrer Schule findet die Veranstaltung „Wir Jungen, wir Alten" statt, die sich mit dem Aufeinanderangewiesensein, dem Aufeinanderprallen und dem Voneinanderlernen einzelner Generationen beschäftigt. Sie als Schulsprecher/in und Vertreter/in der jungen Generation halten eine Meinungsrede mit dem Thema „Revolutionäre Vorbilder?!" als Auftakt zu einer Podiumsdiskussion. Eingeladen sind Eltern und alle am Schulwesen Beteiligten.

Verfassen Sie das Manuskript Ihrer **Meinungsrede** und bearbeiten Sie dabei die folgenden Arbeitsaufträge:

- **Beschreiben** Sie Arten der Jugendlichen zu revoltieren.
- **Untersuchen** Sie unterschiedliche Konfliktsituationen, die zwischen Jugendlichen und Erwachsenen immer wieder auftreten.
- **Setzen** Sie sich in Ihrer Rede kritisch mit dem Vorwurf **auseinander,** dass die Jugend heute nicht mehr revoltiere.
- **Erörtern** Sie die Frage, ob denn die ältere Generation, die der Jugend dieses vorwirft, jemals revoltiert habe.

Schreiben Sie zwischen 540 und 660 Wörter. Markieren Sie Absätze mittels Leerzeilen.

Sprache

Wohlauf, laßt uns herniederfahren und ihre Sprache daselbst verwirren, daß keiner des andern Sprache verstehe.

1. Buch Mose (Genesis) – Kapitel 11 – Vers 7, Altes Testament

Unter www.trauner.at/themen_hilfsmittel.aspx finden Sie
- eine Zusammenfassung der **maturarelevanten Textsorten** aus Blattwerk 5/6 AHS,
- **Analysebogen** zum Ausdrucken und
- eine Liste an **rhetorischen Stilfiguren.**

Interpretieren Sie das Bild „Großer Turmbau zu Babel" (1563) von Pieter Bruegel dem Älteren.

Sprache

Was ist Sprache? EINFÜHRUNG

Arbeitsaufgaben

a) Verfassen Sie eine Mindmap, in der Sie alle Ideen notieren, die Ihnen zum Thema „Sprache" einfallen.

b) Welche Bedeutung hat Sprache in Ihrem täglichen Leben?

c) „Wer die Sprache hat, hat die Macht." – Können Sie dieser Aussage zustimmen?

DIE SPRACHE IST EINE WAFFE
Aber sie lässt uns auch träumen, sie erklärt uns die Welt.
Seien wir gut zu ihr!

Was wir hören, was wir lesen, wie wir sprechen, wie wir schreiben: Nichts formt uns und bewegt uns, nichts bereichert uns mehr, nichts prägt unsere Rolle unter den Menschen stärker als unser Umgang mit der Sprache. Sie ist das gewaltige Erbe, in das wir hineingeboren worden sind – in tausend Generationen aufgehäuft und fortentwickelt, beladen mit allen Irrtümern und Vorurteilen unserer Ahnen, beflügelt von ihren Träumen, Visionen, Ideen.
Begriffe bilden, Ideale aufstellen und mit ihnen die Wirklichkeit verändern: Das ist, weit über die Verständigung hinaus, die wichtigste Leistung der Sprache. Gerechtigkeit! Finden wir sie etwa in der Natur? Sind wir uns auch nur einig darüber, was sie im konkreten Fall bedeuten soll? Aber das große Wort ist da, als Banner steht es über uns, und so trägt es dazu bei, dem Ideal, das da kühn und unscharf ins Wort gehoben worden ist, ein wenig näher zu kommen, als wenn wir es in unserem Wortschatz nicht vorgefunden hätten. Es gehört zu jenem „ungeheure[n] Gebälk und Bretterwerk der Begriffe, an das sich klammernd der bedürftige Mensch durch das Leben rettet", sagt Nietzsche.
Oft gehen wir so weit, der Wirklichkeit mit unseren Wörtern Eigenschaften vorzuschreiben, die sie nicht hat: Ist die Natur denn bereit, am 1. Juni (meteorologisch) oder am 21. Juni (astronomisch, kurios genug) mit dem „Sommer" zu beginnen – bloß weil wir das Wort in die Welt gesetzt haben und es noch dazu mit der Erwartung von ständiger Sonne und Wärme verknüpfen, aller deutschen Wahrscheinlichkeit zuwider? Wir können wetten: Irgendwann im Juli werden Journalisten und Fernsehmeteorologen tadelnd fragen, wo „der Sommer" bleibt.
Nichts zeigt die Macht der Sprache eklatanter: Wie wir etwas nennen, ist uns wichtiger, als wie es ist. Mit unseren Wörtern etikettieren wir die Fülle der Erscheinungen und erwarten dafür Gehorsam von ihnen. Wörter sind heilig. Sie tragen unsere Hoffnungen und unsere Ängste, unsere Wünsche und Gebete und unseren Trost; mit ihnen erschaffen wir die Philosophie und die Utopie, die Poesie und den Witz. Dieses schillernde, grandiose Erbe zu vergeuden oder gar zu verhunzen ist die größte Torheit, die wir begehen können. Aber begangen wird sie.

WOLF SCHNEIDER, WWW.ZEIT.DE

Diskutieren Sie mit Ihren Klassenkolleginnen/Klassenkollegen: Wie definieren Sie Sprache? Betrachten Sie dazu das nebenstehende Zitat.

1. Fähigkeit des Menschen zu sprechen; das Sprechen als Anlage, als Möglichkeit des Menschen sich auszudrücken

2. das Sprechen; Rede

3. a. Art des Sprechens; Stimme, Redeweise,
   b. Ausdrucksweise, Stil

4. a. (historisch entstandenes und sich entwickelndes) System von Zeichen und Regeln, das einer Sprachgemeinschaft als Verständigungsmittel dient; Sprachsystem
   b. System von Zeichen (das der Kommunikation o. Ä. dient)

WWW.DUDEN.DE – STICHWORT: SPRACHE

1 Was Sprache leistet — TEXTWERK

Text 1

1. Geben Sie die Kernaussage des Textes mit eigenen Worten **wieder**.

2. Ein und dasselbe Wort kann unterschiedlich verstanden und inhaltlich gefüllt werden.
Verfassen Sie einen **erzählenden Text,** in dessen Zentrum die unterschiedliche Wahrnehmung eines Begriffs durch zwei Menschen steht.

DAS PROBLEM DES WORTINHALTS

Was bezeichnen Wörter wie Elite oder Sozialismus eigentlich genau? Wer sich diese Frage stellt, wird merken: Sprache ist kein Abbild einer objektiven Realität, denn kein Wort haftet naturgegeben einem Gegenstand oder Sachverhalt an.

„Deutsche bewerten ‚die Elite' positiv. Noch vor wenigen Jahren war das Wort ‚Elite' verpönt. Nach dem Pisa-Schock hat sich der Zeitgeist verändert."
(Rheinische Post)

„Das böse Wort Elite. Die Grünen sind gegen Elite-Universitäten. Sie haben Probleme mit dem Begriff."   *(Rheinische Post, nur einen Tag später)*

Ist „Elite" nun eine positive oder eine negative Bezeichnung? Lässt sich diese Frage überhaupt entscheiden? Ein und dasselbe Wort kann offenbar – entgegen der landläufigen Annahme, Sprache sei einheitlich und eindeutig – unterschiedlich verstanden und inhaltlich gefüllt werden. Oder umgekehrt kann es unterschiedliche Bezeichnungen für dieselbe Sache oder Konzeption geben. Hier zeigt sich ein Problem, das der Mehrzahl der Sprachteilnehmer zunächst nicht bewusst ist, nämlich dass Sprache kein Abbild einer objektiven Realität ist und ein Wort kein Etikett, das naturgegeben an einem Gegenstand, Sach- oder Problemverhalt haftet.

Wort und Wortinhalt

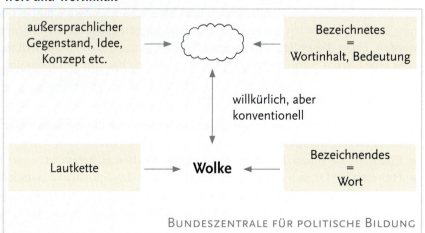

BUNDESZENTRALE FÜR POLITISCHE BILDUNG

Vielmehr ist die Verbindung zwischen einem Wort und dem Gegenstand oder der Vorstellung, den bzw. die es bezeichnet, also zwischen seinem Ausdruck (Zeichen- oder Lautkette) und seiner Bedeutung beliebig – andernfalls gäbe es keine unterschiedlichen Sprachen. Zwischen dem Ausdruck „Elite" und der

Sprache

damit bezeichneten gedanklichen Konzeption besteht keine natürliche Beziehung, weshalb sich dasselbe Konzept auch genauso treffend als „Auslese" bezeichnen lässt. Die Beziehung zwischen „Bezeichnung" und „Bezeichnetem" ist willkürlich, aber nicht völlig, denn wenn jeder Sprecher Dinge und Ideen so bezeichnete, wie er wollte, wäre eine Verständigung untereinander unmöglich. Darum sind Wörter immer auch konventionell, d. h., die Sprecher einer Sprachgemeinschaft sind sich darüber einig bzw. einigen sich im- oder explizit darauf, welche Bedeutung oder Bedeutungen sie einem Wort zuordnen.

Während diese Beliebigkeit es einem Sprecher ermöglicht, Gegenstände unterschiedlich zu bezeichnen, wobei subjektive Werte und Ziele, eigene Wirklichkeitsdeutungen einfließen, muss er zugleich im Rahmen der sprachlichen Normen einer Gemeinschaft bleiben, um verständlich zu bleiben. Im konkreten Gebrauch im situativen Kontext gibt ein Sprecher einem Wort seine Bedeutung. Der Mensch erfasst und beurteilt seine Welt also durch Sprache, indem die Sprache bzw. der Sprachgebrauch erst gedankliche Inhalte erzeugt und nicht nur außersprachlich vorgegebene bezeichnet. Durch Sprache macht er sie für sich in der Kommunikation mit anderen Menschen sinnvoll, durch Sprache wird so Wirklichkeit erzeugt.

THORSTEN ELTZ, WWW.BPB.DE

Text 2

1. Lesen Sie den Text aufmerksam und **ordnen** Sie anschließend die Begriffe „Index", „Ikon" und „Symbol" den Abbildungen **zu.** Begründen Sie bitte Ihre Zuordnung.

_____   _____   _____

2. Immer wieder tauchen in den Medien Berichte und Kommentare auf, in denen Kleidungsvorlieben der Jugendlichen und jungen Erwachsenen kritisiert werden. Einen dieser Berichte nehmen Sie zum Anlass, einen **Kommentar** oder eine **Glosse** zum Thema „Die Kleidung als Zeichen" zu verfassen und als Leserreaktion an die Redaktion der Tageszeitung zu schicken. Bearbeiten Sie dabei folgende Aufträge:

- **Beschreiben** Sie kurz anhand einiger Modetrends der Jugendlichen, was diese aussagen (sollen).
- **Erläutern** Sie knapp, inwiefern Kleidung als Zeichen zu sehen ist.
- **Nehmen** Sie kritisch **Stellung** zur Frage, ob sich das Sprichwort „Kleider machen Leute" im Alltag bewahrheitet.
- **Beurteilen** Sie, ob es sinnvoll ist, Kleidung stets als Zeichen zu interpretieren.

Schreiben Sie zwischen 405 und 495 Wörter. Markieren Sie Absätze mittels Leerzeilen.

SEMIOTIK – WAS MACHT DAS ZEICHEN ZUM ZEICHEN?

Wenn Sie dieses Buch in Händen halten, ist das ein Zeichen. Es zeigt zunächst einmal, dass Sie sich (hoffentlich) für Linguistik interessieren. Darüber hinaus enthält dieses Buch eine ganze Menge Zeichen – in erster Linie Buchstaben, aber auch Bilder, Zeichnungen, Zahlen usw. Die Fragen, die sich nun stellen, sind: Was macht das Zeichen zum Zeichen? Was macht aus einem Buch ein Zeichen für das Interesse an einem bestimmten Gegenstand? Was macht aus einem kleinen, manchmal ovalen Kreis einen Buchstaben, den wir O nennen?

Die Antwort lautet: Das, was das Zeichen zum Zeichen macht, ist seine sogenannte STELLVERTRETER-FUNKTION. Das Zeichen steht also für etwas anderes, wie es in der Scholastik in einer auf Aristoteles zurückgehenden Definition ausgedrückt wird: aliquid stat pro aliquo. Wenn wir in einem Auto sitzen und vor uns das Schild [Abbildung in der Randspalte] auftaucht, dann freuen wir uns nicht über das schöne rote Schild, sondern registrieren seine Bedeutung und fahren besser nicht falsch herum in die Einbahnstraße.

Wenn man die Definition des Zeichens so weit fasst, wie hier geschehen, ergibt sich die Frage, ob es irgendetwas gibt, was man nicht als Zeichen interpretieren kann. Versuchen Sie es selbst, indem Sie sich dort umschauen, wo Sie sich gerade befinden. Sie können z. B. den Stuhl, auf dem Sie möglicherweise gerade sitzen, als ein Zeichen Ihres momentanen Aufenthaltsortes betrachten. Ist es ein Küchenstuhl, sitzen Sie vermutlich in der Küche; ist es ein Schreibtischstuhl, dann befinden Sie sich wohl im Arbeitszimmer. Sie haben kein Arbeitszimmer? Das können Sie als Zeichen dafür werten, dass Sie studieren und sich daher noch keines leisten können.

Die Disziplin, die sich mit den Zeichen im Allgemeinen beschäftigt, ist die Semiotik. Bei einer so weiten Zeichendefinition, wie sie hier vorgestellt wurde, ist das erste Problem, das sich stellt, das ihrer Grenzen, wie Umberto Eco 1972 in seiner „Einführung in die Semiotik" feststellt. Er bezieht sich dabei auf zwei prominente Autoren, deren Definitionen und Konzepte die Semiotik bis heute prägen: Ferdinand de Saussure (1857–1913) und Charles Sanders Peirce (1839–1914). Deren Ansätze sollen im Folgenden erläutert werden, um somit das Feld der Semiotik abzustecken.

Zeichentypen

Es ist offensichtlich, dass es sich bei einem Verkehrsschild, einem Buchstaben und einem Schreibtischstuhl auch aus semiotischer Sicht um sehr unterschiedliche Zeichentypen handelt. Mit diesem Phänomen hat sich Peirce beschäftigt, der die Zeichen in drei verschiedene Kategorien einteilt, je nachdem, welche Beziehung zwischen dem Zeichen und dem Bezeichneten besteht: INDEX, IKON und SYMBOL.

Von einem Index (lat.: Anzeiger, Zeigefinger) oder SYMPTOM (griech.: symptoma = Krankheitserscheinung) spricht Peirce, wenn das Zeichen eine Folge eines Geschehens darstellt. Wenn beispielsweise jemand, den Sie gestern noch gesehen haben, heute eine ganz andere Frisur hat, ist diese neue Frisur ein Zeichen dafür, dass er beim Friseur war. Ist die Frisur völlig misslungen, könnte das ein indexikalisches Zeichen eines schlechten Geschmacks oder Friseurs sein – oder dass er Opfer eines Selbstversuchs geworden ist. Die Beziehung zwischen dem Zeichen und dem, wofür es steht, lässt sich also als Folge-Verhältnis oder Wenn-Dann-Relation beschreiben. Dabei ist es wichtig zu beachten, dass das Zeichen die Folge darstellt: Erst geht man zum Friseur,

dann sieht man das Zeichen der veränderten Frisur. Indexikalische Zeichen kann man daher auch Anzeichen nennen.

Bei Ikonen (oder engl. icons; griech.: eikon = [Ab-]Bild) herrscht zwischen dem Zeichen und dem Bezeichneten ein Ähnlichkeitsverhältnis. Wenn Sie sich z. B. das Verkehrsschild in der Randspalte anschauen, können Sie in dem Piktogramm ein Fahrzeug erkennen, das leicht schräg steht. Steht ein solches Schild am Straßenrand, so können Sie sich mit Hilfe Ihres Weltwissens denken, dass Sie an der entsprechenden Stelle mit zwei Rädern auf dem Gehweg parken sollen.

Die Klasse der symbolischen Zeichen (griech.: symbolon = Zeichen, Kennzeichen; von symballo = zusammentreffen, zusammenstellen; deuten) zeichnet sich weder durch ein Ähnlichkeits- noch durch ein Folgeverhältnis aus. Dass z. B. ausgerechnet die Taube ein Symbol des Friedens ist, nehmen die meisten Zeitgenossen als gegeben hin. Und warum der Buchstabe A so aussieht, wie er aussieht, ist zumindest für den Laien auch vollkommen unerklärlich. Diese willkürliche Beziehung zum Bezeichneten gilt für die meisten sprachlichen Zeichen.

Wenn man die verschiedenen Zeichentypen miteinander vergleicht, lassen sich einige wesentliche Gemeinsamkeiten festhalten. Zunächst einmal wird deutlich, dass alle Zeichentypen ein bestimmtes Welt- oder Vorwissen voraussetzen, damit sie richtig interpretiert werden können. Ohne eine gewisse Erfahrung im Straßenverkehr ist man nicht in der Lage, runde weiße Schilder mit einem roten Rand und einer schwarzen Zahl als Geschwindigkeitsbeschränkung aufzufassen. Eng mit dem nötigen Vorwissen hängt die Tatsache zusammen, dass der Kontext die Interpretation eines Zeichens beeinflusst. Das gilt besonders für indexikalische Zeichen. So kann eine zerrissene Jeans als Zeichen von Armut oder Ungepflegtheit interpretiert werden, aber auch als besonders chic gelten.

Eine wesentliche Gemeinsamkeit zwischen den ikonischen und symbolischen Zeichen besteht darin, dass sie immer von einem ZEICHENBENUTZER verwendet werden. Man findet keine Verkehrsschilder und keine Texte, die nicht vorher jemand mit einer bestimmten Intention aufgestellt oder aufgeschrieben hat. Ein indexikalisches Zeichen wie z. B. eine nasse Straße erhält seinen Zeichencharakter hingegen erst durch seine Interpretation als Zeichen (in diesem Falle dafür, dass es geregnet hat). Infolgedessen werden Indices oft nicht als Zeichen im eigentlichen Sinne gesehen.

ALBERT BUSCH, OLIVER STENSCHKE: GERMANISTISCHE LINGUISTIK, NARR FRANCKE ATTEMPTO

Text 3

- Lesen Sie den folgenden Text aufmerksam und notieren Sie wichtige Sachinformationen.
  Stellen Sie anschließend die Inhalte des Textes in einer **Grafik** (Mindmap, Organigramm, Wortsonne etc.) dar.

Karl Bühler
DIE DREIFACHE LEISTUNG DER SPRACHE

Der Sohn Preyers schnappte am ersten Jahrestag seiner Geburt das Wort „Geburtstag" auf, sprach es eifrig als *burta* nach und von nun an kam dieses Wort immer dann zum Vorschein, wenn irgendetwas dem Kind Freude machte, es war also eine Art Freuderuf, Jubelruf. Das ist typisch, die ersten sinnvollen Wörter sind solche Affektausdrücke oder die Zeichen irgendeines Wunsches. Wenn das Kind *mama* sagt, verschafft es sich dadurch einen Affekt, der mit der Mutter im Zusammenhang steht, oder es will etwas von der Mutter haben. Bis hierher ist in der Kindersprache nichts zu finden, was im Prinzip nicht ebenso gut bei irgendeinem Tiere vorkommen könnte. Die einzelnen Laute sind nichts spezifisch Menschliches, höchstens ihre Komplexe und auch diese bringt jeder ordentlich dressierte Papagei mindestens ebenso gut heraus wie das einjährige Kind. Und auch der Sinn dieser Laute ist nichts spezifisch Menschliches, denn Affekte und Begehrungen verschaffen sich genauso z. B. beim Hund einen differenzierten lautlichen Ausdruck, d. h., sie sind anders bei Freude, Wut, Angst oder wenn er „bettelt". Wir wollen das nun auf Begriffe bringen und setzen fest: Wenn ein Laut (oder ein anderes Zeichen, z. B. eine Gebärde) dazu da (geeignet) ist, einen seelischen Zustand des Zeichengebers zu verraten, anzuzeigen, so soll diese Funktion *Kundgabe* heißen. Wenn ein Laut dazu da (geeignet) ist, im Hörer ein bestimmtes Verhalten auszulösen, so wollen wir diese Funktion *Auslösung* nennen. Das Locken der Henne z. B. erfüllt sichtlich den Naturzweck, die Kücklein zur Mutter eilen zu lassen oder sie wenigstens beim Haufen zu halten, auch der sogenannte Warnruf mancher Rudeltiere, die wie die Gämsen „Wachen" aufstellen, gehört hierher. Wenn das abgesonderte, besonders aufmerksame Tier etwas Verdächtiges bemerkt, stößt es einen Ruf aus und das ganze Rudel ergreift die Flucht. Das ist Auslösung. Ob das Tier selbst etwas von dem objektiv zweckvollen Zusammenhang weiß oder nicht, ist für diese Begriffsbildung zunächst gleichgültig.

Nun gilt folgender Satz: Die Funktion der Kundgabe und Auslösung hat die menschliche Sprache mit den Schreien und Rufen der Tiere gemeinsam. Kundgabe und Auslösung, die biologisch ältesten Naturzwecke der sprachähnlichen Laute, treten auch als Erstes auf, wenn die Lallworte des Kindes sinnvoll werden. Die menschliche Sprache hat aber noch eine dritte Grundfunktion, die bis heute noch bei keinem Tier nachgewiesen worden ist, ich nenne sie ihre *Darstellungsfunktion*.

Irgendein Satz aus einem wissenschaftlichen Buch kann zur Erläuterung des neuen Begriffs dienen, z. B. der Satz „London liegt an der Themse". Was soll dieser Satz in dem Geografiebuch? Was leistet er? Doch offenbar dies, dass man aus ihm einen bestimmten Sachverhalt entnehmen kann, d. h. etwas Ähnliches, was unter Umständen eine geografische Karte auch zu leisten vermag. Dass der Kölner Dom zwei Türme hat, könnte ich statt aus dem Satz auch aus einer Fotografie, dass das Fieber am Abend auf 40,5 Grad anstieg, könnte ich auch aus einer Fieberkurve „ablesen". Zusammengefasst: Geografische Karten, Fotografien, Kurven sind Darstellungsmittel für Gegenstände und Sachverhalte, ein jedes in seiner Art. Das allgemeinste und wichtigste Darstellungsmittel aber, welches der Mensch erschaffen hat, ist die Sprache.

Karl Bühler: Abriss der geistigen Entwicklung des Kindes, Quelle und Meyer

Sprache

Text 4

1. Schreiben Sie eine **Zusammenfassung** des Interviews und bearbeiten Sie die folgenden Arbeitsaufträge:

   - **Nennen** Sie, was Sprachen voneinander unterscheidet.
   - **Beschreiben** Sie die Entwicklung von Sprache.
   - **Erklären** Sie den Zusammenhang von Sprache und Weltbild.

   Schreiben Sie zwischen 270 und 330 Wörter. Markieren Sie Absätze mittels Leerzeilen.

2. Sie arbeiten an einem Portfolio im Unterrichtsfach Deutsch zum Thema „Sprache – Sprachwandel". Eine Ihrer Aufgaben ist es, einen offenen Brief zu verfassen, der sich an junge Erwachsene richtet.
   Lesen Sie das Interview „Sprache muss sich ständig ändern".
   Verfassen Sie nun einen **offenen Brief** und bearbeiten Sie dabei folgende Arbeitsaufträge:

   - **Erläutern** Sie die Bedeutung der Sprache für das Leben der/des Einzelnen.
   - **Bewerten** Sie den Umgang mit Sprache, wie Sie ihn in Ihrem Umfeld erleben.
   - **Appellieren** Sie, mit Sprache sorgsamer und bewusster umzugehen.

   Schreiben Sie zwischen 405 und 495 Wörter. Markieren Sie Absätze mittels Leerzeilen.

 Notizen

„SPRACHE MUSS SICH STÄNDIG ÄNDERN"

Ein Interview mit dem Sprachforscher Harald Haarmann

Wie kam die Sprache überhaupt in die Welt?
Harald Haarmann: So eine Art Big Bang wie bei der Entstehung des Universums gab es da nicht. Die Sprache kam in Schritten zu uns. Schon die
5 Hominiden, also die frühen Menschenaffen, haben mit Händen und Füßen kommuniziert. Das waren soziale Wesen in einer Gruppe, die sich mit den anderen verständigten. Zu den Gesten kamen dann Sprachlaute hinzu – weil die Lebensbedingungen komplexer wurden und so die Ansprüche an die Kommunikation zunahmen. Wenn ich nur Nahrung sammle, reicht es, am Lagerplatz
10 zu gestikulieren. Wenn ich aber anfange, große Tiere wie Mammuts zu jagen, dann geht das nur in der Gruppe. Das heißt, alle müssen sich darüber unterhalten, wie man die Falle baut, wer wann was macht und wie man Fleisch, Knochen und Fell später nutzt. Auch wenn man Werkzeuge herstellt, muss man den anderen zu ihrem Gebrauch etwas erklären. Die Entwicklung der
15 Sprache folgte also einer Art Evolutionsdruck.

Je komplizierter die Welt wird, desto komplexer wird also die Sprache?
Genau. Vor allem, wenn der Mensch damit beginnt, über andere Dinge als über das Jagen nachzudenken. Etwa darüber, wie seine Stellung in der Welt ist oder ob es eine höhere Lenkungsmacht gibt. Heute sind es die Kinder, die diese
20 Evolution der Sprache im Kleinen noch mal vorleben. Sie fangen bei Einwortsätzen an, und so ein Wort kann viel bedeuten. Mama kann heißen: „Hier bin ich" oder auch: „Komm doch mal". Oder: „Ich habe die Hosen voll."

448

1 Was Sprache leistet

Es gibt über 6000 Sprachen. Was ist überhaupt eine Sprache?
Es gibt verschiedene Kriterien, wonach man Sprachen voneinander und diese von Dialekten unterscheidet. Es geht um Unterschiede bei Lautsystem, Wortschatz und Grammatik. Wie etwa beim Deutschen und Chinesischen, die auch nicht historisch miteinander verwandt sind. Das Finnische ist ganz verschieden vom Schwedischen, weil diese Sprachen zu verschiedenen Sprachfamilien gehören. Bayrisch ist keine eigene Sprache, obwohl seine Sprecher dies gern behaupten. Das gemeinsame Band, das sämtliche Dialekte des Deutschen miteinander verbindet, ist die deutsche Schriftsprache, die alle lokalen Dialekte überdacht und die eine Kommunikation über Dialektgrenzen hinweg gewährleistet.

Ist der Mensch nicht erst Mensch, wenn er redet?
Der Mensch ist Mensch, wenn er symbolische Tätigkeiten vollzieht. Das kann auch die Verwendung von Zeichen sein. Man hat Knochen gefunden, auf denen der Homo erectus Ritzungen vorgenommen hat: erst sieben, dann vierzehn, dann wieder sieben – also zusammengenommen eine Mondphase: eine kalendarische Notation, die 300 000 Jahre alt ist. Sprache hat der Homo erectus nicht besessen, aber er hat visuell etwas formulieren können.

Inwieweit beeinflusst die Sprache die Welt, die wir wahrnehmen?
Sehr stark. Wenn Sie in eine Kultur hineinwachsen, sind die Begriffe oft schon in eine Richtung gelenkt. Als junger Mensch hat man gar nicht mehr die Möglichkeit, sich auf einen Stein zu setzen und alles neu zu überdenken. Die Sprache bringt dem Individuum gleichsam eine Bewertung, wie die Gesellschaft die Welt sieht.

„Die Grenzen meiner Sprache bedeuten die Grenzen meiner Welt", hat der Philosoph Ludwig Wittgenstein gesagt.
Das kann man so sagen. In jeder Sprache ist das Weltbild der Gesellschaft eingeprägt, in die man hineingeboren wurde und deren Kategorien man annimmt. Wenn ich eine andere Sprache lerne, bleibe ich daher in den meisten Fällen außen vor. Die Grenzen bestehen aus Tradition und Gewohnheiten. Wenn man mit Palästinensern und Israelis über grundsätzliche Fragen spricht, merkt man schnell, wie viele Vorurteile und Stereotype in die Sprache eingeflossen sind. Das wird von Generation zu Generation weitergegeben. Selbst wenn man miteinander spricht, spricht man über verschiedene Sachen.

Verbirgt sich im Klang einer Sprache auch die Mentalität einer Gesellschaft? Das Deutsche klingt ja für französische Ohren wenig romantisch.
Natürlich gibt es Themen, die eine Sprache prägen, aber noch viel mehr bestimmen soziale Schichten und Milieus die Sprache. Die Franzosen hatten über Jahrhunderte eine höfische Kultur gehabt – da ist ein gewisser Subtext vorprogrammiert. Deswegen ist es auch problematisch, Übersetzungsprogramme zu benutzen. Die helfen so viel, wie sie verzerren, weil man die kulturelle Einbettung, das Unterschwellige nicht mitübersetzen kann.

Sind im Zuge der Globalisierung Sprachen vom Aussterben bedroht?
Einige Forscher befürchten, dass bis zum Jahr 2100 rund 90 Prozent der derzeit 6000 Sprachen aussterben. Ich sehe es nicht so apokalyptisch, gehe aber davon aus, dass fast die Hälfte verschwindet. Auch das ist alarmierend.

Was ist denn so schlimm daran? 3000 Sprachen müssten doch reichen.
Die Sprache ist ein Träger der Identität einer Gemeinschaft. In dem Moment, in dem die Menschen ihre Muttersprache aufgeben, werden sie passiv und nehmen nicht mehr engagiert am gesellschaftlichen Leben teil.

OLIVER GEHRS, FLUTER

2 Multilingualität

TEXTWERK

Text 1

1. Die Initiative AKTION365PLUS ruft gemeinsam mit dem Bundesministerium für Bildung zu einem Aufsatzwettbewerb auf.
Zu **verfassen** ist ein **Essay. Vergleichen** Sie die Aussage des Zitats in der Randspalte mit den Darstellungen Canettis im Text und **setzen** Sie sie miteinander in Form eines Essays **in Beziehung.**

2. **Erzählen** Sie von einem Kindheitserlebnis, in dem Sprache eine Rolle spielt, z. B. vom ersten Kontakt mit einer Fremdsprache, von einem Auslandsaufenthalt.

Elias Canetti
WÖLFE UND WERWÖLFE (1977)

So wurden Wölfe die wilden Tiere, die meine Phantasie zuerst erfüllten. Der Schrecken vor ihnen wurde genährt durch die Märchen, die ich von den bulgarischen Bauernmädchen hörte. Fünf, sechs von ihnen lebten immer bei uns im Hause. Sie waren ganz jung, vielleicht zehn oder zwölf, und waren
5 von ihren Familien aus den Dörfern in die Stadt gebracht worden, wo man sie als Dienstmädchen in die Häuser der Bürger verdingte. Sie liefen barfuß im Hause herum und waren stets guter Dinge, viel hatten sie nicht zu tun, sie taten alles zusammen, sie wurden zu meinen frühesten Spielgefährten.

Abends, wenn die Eltern ausgegangen waren, blieb ich mit ihnen zu Hause.
10 [...] Wenn es dunkel wurde, bekamen die Mädchen Angst. Auf einem der Sofas gleich beim Fenster kauerten wir uns alle dicht zusammen, mich nahmen sie in die Mitte, und nun begannen ihre Geschichten von Werwölfen und Vampiren. Kaum war eine zu Ende, begannen sie mit der nächsten, es war schaurig, und doch fühlte ich mich, an allen Seiten fest an die Mädchen
15 gepreßt, wohl. Wir hatten solche Angst, daß niemand aufzustehen wagte, und wenn die Eltern nach Hause kamen, fanden sie uns alle schlotternd auf einem Haufen.

Von den Märchen, die ich hörte, sind mir nur die über Werwölfe und Vampire in Erinnerung geblieben. Vielleicht wurden keine anderen erzählt. Ich kann
20 kein Buch mit Balkanmärchen in die Hand nehmen, ohne manche von ihnen auf der Stelle zu erkennen. Sie sind mir in allen Einzelheiten gegenwärtig, aber nicht in der Sprache, in der ich sie gehört habe. Ich habe sie auf bulgarisch gehört, aber ich kenne sie deutsch, diese geheimnisvolle Übertragung ist vielleicht das Merkwürdigste, was ich aus meiner Jugend zu berichten
25 habe, und da das sprachliche Schicksal der meisten Kinder anders verläuft, sollte ich vielleicht etwas darüber sagen.

Meine Eltern untereinander sprachen deutsch, wovon ich nichts verstehen durfte. Zu uns Kindern und zu allen Verwandten und Freunden sprachen sie spanisch. Das war die eigentliche Umgangssprache, allerdings ein alter-
30 tümliches Spanisch, ich hörte es auch später oft und habe es nie verlernt.

Die Bauernmädchen zu Hause konnten nur Bulgarisch, und hauptsächlich mit ihnen wohl habe ich es auch gelernt. Aber da ich nie in eine bulgarische Schule ging und Rustschuk mit sechs Jahren verließ, habe ich es sehr bald vollkommen vergessen. Alle Ereignisse jener ersten Jahre spielten sich auf
35 spanisch oder bulgarisch ab. Sie haben sich mir später zum größten Teil ins

---

„Sprache ist" – so die Linguistin Els Oksaar – *„als ein psychosoziales Phänomen zu betrachten und soziale wie kulturelle Kontexte sind für den Spracherwerb bedeutsam: Mit der Sprache werden zugleich soziale Normen und Verhaltensweisen sowie kulturelle Tradierungen erworben – also eine kulturelle Identität.*

Jede Sprache drückt Gedanken auf eine verschiedene Weise aus, ebenso wie sich die Kommunikationsformen verschiedener Kulturen voneinander unterscheiden. Sprache existiert nicht in einem luftleeren Raum und kann nie isoliert vom Individuum, seiner Gruppe und der Gesellschaft, zu der es gehört, gesehen werden."

WWW.ERZIEHERIN.DE

Deutsche übersetzt. Nur besonders dramatische Vorgänge, Mord und Totschlag sozusagen, und die ärgsten Schrecken, sind mir in ihrem spanischen Wortlaut geblieben, aber diese sehr genau und unzerstörbar. Alles übrige, also das meiste, und ganz besonders alles Bulgarische, wie die Märchen, trage ich deutsch im Kopf.

Wie das genau vor sich ging, kann ich nicht sagen. Ich weiß nicht, zu welchem Zeitpunkt, bei welcher Gelegenheit dies oder jenes sich übersetzt hat. Ich bin der Sache nie nachgegangen, vielleicht hatte ich eine Scheu davor, das Kostbarste, was ich an Erinnerung in mir trage, durch eine methodisch und nach strengen Prinzipien geführte Untersuchung zu zerstören.

Ich kann nur eines mit Sicherheit sagen: die Ereignisse jener Jahre sind mir mit aller Kraft und Frische gegenwärtig – mehr als sechzig Jahre habe ich mich von ihnen genährt –, aber sie sind zum allergrößten Teil an Worte gebunden, die ich damals nicht kannte. Es scheint mir natürlich, sie jetzt niederzuschreiben, ich habe nicht das Gefühl, daß ich dabei etwas verändere oder entstelle. Es ist nicht wie die literarische Übersetzung eines Buches von einer Sprache in die andere, es ist eine Übersetzung, die sich von selbst im Unbewußten vollzogen hat, und da ich dieses durch übermäßigen Gebrauch nichtssagend gewordene Wort sonst wie die Pest meide, mag man mir seinen Gebrauch in diesem einen und einzigen Falle nachsehen.

ELIAS CANETTI: DIE GERETTETE ZUNGE, FISCHER – ALTE RECHTSCHREIBUNG

ELIAS CANETTI,
Schriftsteller deutscher
Sprache (1905–1994)

Grafik 1

Sie absolvieren ein Ferialpraktikum in einem Sprachinstitut, das Fremdsprachenkurse anbietet. Für die Instituts-Website sollen Sie die Informationsgrafiken analysieren.
Verfassen Sie eine **Textanalyse** und bearbeiten Sie dabei folgende Arbeitsaufträge:

- **Beschreiben** Sie die Ergebnisse beider Grafiken.
- **Setzen** Sie deren Aussagen miteinander **in Beziehung.**

Konkrete Fremdsprachenkenntnisse

Frage: Und welche Sprachen sind das, in denen Sie eine einfache Unterhaltung führen können (Alltagssituationen)? Bitte nennen Sie mir alle Sprachen, in denen Sie eine Unterhaltung führen können.

Sprache	%
Englisch	99 %
Französisch	13 %
Italienisch	13 %
Spanisch	5 %
Serbisch/Kroatisch	2 %
Ungarisch	1 %
Russisch	1 %
Polnisch	1 %
Tschechisch/Slowakisch	0
Slowenisch	0
Andere	3 %

Basis: Personen, die in einer oder mehr Fremdsprachen eine Unterhaltung führen können

Ergebnisse einer Online-Befragung unter 500 Österreichern, repräsentativ für die österreichische Bevölkerung ab 16 Jahren

WWW.MARKET.DE

You don't understand me?

Österreicher sind Fremdsprachen-Muffel – 79 % der österreichischen Unternehmen fordern Fremdsprachenkenntnisse

nur **55 %** der Bewerber/innen entsprechen diesen Anforderungen ...

... davon sind nur **5 %** „sehr gut"

GALLUP

Text 2

1. Die nächste Ausgabe der Schülerzeitung Ihrer Schule ist dem Schwerpunkt „Vielfalt der Sprachen" gewidmet. Ihre Aufgabe ist es, einen Kommentar oder eine Glosse mit dem Thema „Gute Sprachen – schlechte Sprachen?" zu verfassen.
Lesen Sie den Zeitungsbericht „Migranten verlernen ihre Erstsprache". Verfassen Sie nun einen **Kommentar/**eine **Glosse** und bearbeiten Sie dabei folgende Arbeitsaufträge:

   - **Geben** Sie **wieder,** was unter „Sprachenrassismus" zu verstehen ist und welche Probleme er mit sich bringt.
   - **Diskutieren** Sie Ursachen für die unterschiedliche Bewertung von Sprachen.
   - **Beurteilen** Sie die Tatsache, dass es Fremdsprachen mit positivem Image und solche mit negativem Image gibt.

   Schreiben Sie zwischen 405 und 495 Wörter. Markieren Sie Absätze mittels Leerzeilen.

2. An Ihrer Schule wird überlegt, bilingualen Unterricht (etwa Türkisch und Deutsch) einzuführen. Sie als Schulsprecher/in sollen eine Empfehlung verfassen, die als Diskussionsgrundlage für die nächste Sitzung des Schulgemeinschaftsausschusses dienen soll.
Verfassen Sie eine **Empfehlung** zu diesem Thema.
Bearbeiten Sie dabei folgende Aufträge:

   - **Beschreiben** Sie kurz das im Zeitungsbericht beschriebene Problem.
   - **Beurteilen** Sie, ob und inwieweit durch bilingualen Unterricht die im Zeitungsbericht aufgezeigten Schwierigkeiten eingedämmt werden können.
   - **Erörtern** Sie die Vor- und Nachteile, die bilingualer Unterricht bringen könnte.
   - **Begründen** Sie Ihre Empfehlung.

   Schreiben Sie zwischen 540 und 660 Wörter. Markieren Sie Absätze mittels Leerzeilen.

MIGRANTEN VERLERNEN IHRE ERSTSPRACHE

Nur 15 Prozent der Kinder mit Migrationshintergrund lernen in ihrer Erstsprache lesen und schreiben. Mehrsprachigkeit müsse stärker gefördert werden, fordern Experten.

Etwa 207 000 Kinder in Österreich wachsen mit einer anderen Erstsprache als Deutsch auf. Die meisten von ihnen mit Türkisch oder Serbisch. Schulunterricht in ihrer Muttersprache erhielten im vergangenen Jahr allerdings nur 15 Prozent dieser Kinder. Das heißt: Nur ein Bruchteil von ihnen lernte lesen und schreiben in der Erstsprache.
Das Problem dabei: Viele Experten erachten die Beherrschung der Erstsprache in Wort und Schrift als Grundlage, um weitere Sprachen – hierzulande in erster Linie Deutsch – zu lernen. Diese Meinung – die in der bildungspolitischen Debatte nicht unumstritten ist – vertritt auch Sabine Schmölzer-Eibinger vom Germanistik-Institut der Universität Graz: „Ist das Fundament brüchig, ist jeder weitere Spracherwerb gefährdet."

Seit dem Jahr 1992 gibt es in Österreich Lehrpläne für den sogenannten muttersprachlichen Unterricht. „Wir decken den Bedarf gut ab", heißt es aus dem Unterrichtsministerium. Und das, obwohl die Statistik des Ministeriums zeigt, dass der Großteil der betroffenen Kinder keinen Muttersprachenunterricht bekommt. Am höchsten ist die Zahl der Lehrer (236), die solche Unterrichtsstunden (4 492) anbieten, in Wien – mehr als fünf Mal so hoch wie im nächstfolgenden Bundesland Oberösterreich; auf Platz drei kommt die Steiermark. Dass muttersprachlicher Unterricht in bildungspolitischen Überlegungen insgesamt stets nur eine randständige Rolle spiele, kritisiert Hans-Jürgen Krumm, der an der Universität Wien erforscht, wie Kinder Fremdsprachen lernen. In der Praxis wird muttersprachlicher Unterricht nämlich nur dann angeboten, wenn Lehrer ihn selbstständig als unverbindliche Übung oder als Freigegenstand organisieren. Zum Vergleich: Für Deutschförderung stellt das Ministerium 47 Millionen Euro und 400 Planstellen zur Verfügung. Auch muttersprachlicher Unterricht sollte als reguläres Fach angeboten und als gleichwertig mit anderen Fächern angesehen werden, fordert Krumm.

Durch seine Organisationsform als Freigegenstand ist erstsprachlicher Unterricht außerdem von den anderen Fächern völlig abgekoppelt. Nur teilweise wird dieser Gegenstand in Volksschulen integrativ etwa in Form von Team-Teaching durchgeführt. Genau diese integrative Variante sei aber die sinnvollste, sind sich die Experten einig. Auf jeden Fall sollten Erstsprachen- und Deutschlehrer enger kooperieren, indem sie zum Beispiel gleichzeitig dieselben Textsorten im Unterricht behandeln. So würden die Kinder auch lernen, die Unterschiede zwischen den beiden Sprachen wahrzunehmen. Außerdem sollten Lehrer den Schülern in allen Fächern erlauben, bei Gruppenarbeiten die Erstsprache zu verwenden.
Auch der Sprachwissenschaftler Rudolf de Cillia von der Universität Wien warnt vor den Defiziten, die entstehen, wenn ein Kind nicht von klein auf in seiner Erstsprache gebildet wird. Denn die Lehrer würden das zumeist erst in der Oberstufe bemerken, wenn die Alltagssprache für das Verständnis des Unterrichts in den verschiedensten Fächern nicht mehr ausreicht. De Cillia geht aber noch einen Schritt weiter – und fordert, den muttersprachlichen Unterricht überhaupt nach dem Vorbild der slowenischsprachigen Schulen in Kärnten aufzubauen. „Jedes Kind hat das Recht auf die volle Ausbildung seiner Muttersprache."

Ein weiteres Problem für zweisprachige Kinder in Österreich: Nicht immer wird ihre Mehrsprachigkeit positiv bewertet. Krumm nennt das Phänomen „Sprachenrassismus". Englisch und Französisch seien sehr prestigeträchtige Sprachen, spreche ein Kind aber fließend Serbisch oder Türkisch, werde das kaum geschätzt. „Es gibt in Österreich eine Elitenmehrsprachigkeit – und Armutsmehrsprachigkeit." Dabei sollte eigentlich klar sein, dass es sich bei beiden um wichtige Sprachen handle.
Und den Kindern bliebe ja auch nicht verborgen, wie ihr Umfeld auf ihre Zweisprachigkeit reagiert. In Tirol wurde Schülern etwa verboten, in der Pause Türkisch zu sprechen. „Das Verbot der Muttersprache ist ein schweres Trauma", erklärt de Cillia. Durch ein solches Trauma würde die Muttersprache von den Kindern abgelehnt oder sogar verdrängt. „Ein Kind, das sich außerhalb der Schule sinnvoll verständigen kann, wird plötzlich ein defizitäres Kind", kritisiert Krumm. Der erstsprachliche Unterricht könne dazu beitragen, „sprachliches Selbstbewusstsein" zu vermitteln, sind sich die Experten einig. Dieses Selbstbewusstsein würde nicht zuletzt auch die Motivation in anderen Schulfächern steigern.

MAGDALENA LIEDL, DIE PRESSE

3 Sprache und Denken – Political Correctness

TEXTWERK

Text 1

■ Im Rahmen eines Projekts zum Thema „Political Correctness in der Sprache" haben Sie die Aufgabe übernommen, den Einfluss der Sprache auf das Denken darzulegen.
Dazu **geben** Sie den Text „Wie Sprache das Denken formt" in Form eines Informationsblattes **wieder.** Achten Sie bitte darauf, dass Sie Ihre Sprache einer jugendlichen Leserschaft anpassen.

Schreiben Sie zwischen 405 und 495 Wörter. Markieren Sie Absätze mittels Leerzeilen.

WIE DIE SPRACHE DAS DENKEN FORMT

Menschen leben in unterschiedlichen Kulturen und sprechen die verschiedensten Sprachen. Deren Strukturen prägen in ungeahntem Ausmaß die Art und Weise, wie wir die Welt wahrnehmen.

Pormpuraaw ist eine kleine Siedlung der Aborigines am Westrand der Halbinsel Cape York in Nordaustralien. Ich bitte ein fünf Jahre altes Mädchen, nach Norden zu zeigen. Ohne zu zögern, deutet sie in eine bestimmte Richtung. Mein Kompass bestätigt: Sie hat recht. Nach meiner Rückkehr in die USA stelle ich dieselbe Frage in einem Hörsaal der Stanford University. Vor mir sitzen angesehene, mehrfach ausgezeichnete Gelehrte; manche besuchen seit 40 Jahren Vorträge in diesem Saal. Ich bitte sie, die Augen zu schließen und nach Norden zu zeigen. Viele weigern sich, weil sie keine Ahnung haben, wo Norden liegt. Die Übrigen denken eine Weile nach und deuten dann in alle möglichen Richtungen. Ich habe diesen Versuch nicht nur in Harvard und Princeton wiederholt, sondern auch in Moskau, London und Peking – stets mit demselben Resultat.

Eine Fünfjährige aus einer bestimmten Kultur bringt ohne Weiteres etwas fertig, was angesehene Forscher einer anderen Kultur überfordert. Was ist der Grund für die höchst unterschiedliche kognitive Fähigkeit? Die überraschende Antwort lautet: die Sprache. Die Idee, dass Sprachunterschiede die Kognition beeinflussen, ist an sich jahrhundertealt; in Deutschland vertraten sie vor allem Johann Gottfried Herder (1744–1803) und Wilhelm von Humboldt (1767–1835). Seit den 1930er-Jahren wird sie oft den amerikanischen Linguisten Edward Sapir (1884–1939) und Benjamin Lee Whorf (1897–1941) zugeschrieben. Die beiden untersuchten die Grammatik nordamerikanischer Indianer und mutmaßten: Wenn Menschen grundverschieden sprechen, dann denken sie auch unterschiedlich.

Zwar fand die Idee zunächst großen Anklang, doch empirische Belege fehlten fast völlig. In den 1970er-Jahren verblasste der Ruhm der Sapir-Whorf-Hypothese. Sie wurde fast völlig zu Gunsten einer neuen Theorie aufgegeben, der zufolge Sprache und Denken universelles menschliches Gemeingut sind. Doch nun, Jahrzehnte später, liegen endlich überzeugende Indizien dafür vor, wie Sprache das Denken formt. Sie stürzen das lange herrschende Dogma von den Sprachuniversalien und liefern faszinierende Erkenntnisse über den Ursprung des Wissens und die Konstruktion der Wirklichkeit.

Der Einfluss der Wörter

Rund um den Globus kommunizieren Menschen miteinander auf vielfältige Weise, und jede der schätzungsweise 7000 Sprachen verlangt von denen, die sie verwenden, ganz unterschiedliche Leistungen. Angenommen, ich möchte Ihnen mitteilen, dass ich Anton Tschechows Drama „Onkel Wanja" auf einer Bühne in der 42. Straße New Yorks gesehen habe. Auf Mian, das in Papua-Neuguinea gesprochen wird, würde das Verb aussagen, ob das Stück soeben, gestern oder vor langer Zeit gespielt wurde. Das Indonesische dagegen gibt damit nicht einmal preis, ob die Aufführung bereits stattfand oder noch bevorsteht. Auf Russisch enthüllt das Verb mein Geschlecht. Wenn ich Mandarin verwende, muss ich wissen, ob Onkel Wanja ein Bruder der Mutter oder des Vaters ist und ob er blutsverwandt oder angeheiratet ist, denn für jeden dieser Fälle gibt es einen speziellen Ausdruck.

Tatsächlich besagt die chinesische Übersetzung eindeutig, dass Wanja ein Bruder der Mutter ist. Und mit Pirahã, einer in Amazonien beheimateten Sprache, könnte ich „42. Straße" gar nicht ausdrücken, weil es darin keine exakten Zahlwörter gibt, sondern nur Bezeichnungen für „wenige" und „viele". Sprachen unterscheiden sich auf unzählige Arten voneinander, aber das muss nicht automatisch heißen, dass die Sprecher auch unterschiedlich denken. Lange war unklar, ob der Gebrauch von Mian, Russisch, Indonesisch, Mandarin oder Pirahã wirklich zu jeweils eigenen Wahrnehmungen, Erinnerungen und Überlegungen führt. Doch zahlreiche Forschungen – unter anderem in meinem Labor – haben inzwischen gezeigt, dass die Sprache sogar die grundlegenden Dimensionen menschlicher Erfahrung prägt: Raum, Zeit, Kausalität und die Beziehung zu anderen.

Kehren wir nach Pormpuraaw zurück. Anders als Englisch oder Deutsch enthält die dort gesprochene Sprache Kuuk Thaayorre keine relativen Raumausdrücke wie links und rechts. Wer Kuuk Thaayorre spricht, gebraucht absolute Hauptrichtungen wie Norden, Süden, Osten, Westen und so weiter. Zwar geschieht das auch im Deutschen, aber nur bei großen Entfernungen. Wir würden beispielsweise nie sagen: „Diese Banausen platzieren die Suppenlöffel südöstlich von den Gabeln!" Doch auf Kuuk Thaayorre werden immer Himmelsrichtungen verwendet. Darum sagt man etwa „Die Tasse steht südöstlich vom Teller" oder „Der südlich von Maria stehende Knabe ist mein Bruder". Um sich in Pormpuraaw verständlich auszudrücken, muss man daher immer die Windrose im Kopf haben.

Raum- und Zeitvorstellungen

In den vergangenen zwei Jahrzehnten haben Stephen C. Levinson vom Max-Planck-Institut für Psycholinguistik in Nimwegen (Niederlande) und John B. Haviland von der University of California in San Diego nachgewiesen, dass Menschen, die Sprachen mit absoluten Richtungen verwenden, auffallend gut in unbekannten Gegenden oder Gebäuden zurechtkommen. Sie orientieren sich besser als Personen, die dort zu Hause sind, aber nicht solche Sprachen sprechen – ja sogar besser, als die Forscher dies für menschenmöglich gehalten hatten.

Die Erfordernisse dieser Sprachen erzwingen und trainieren demnach eine erstaunliche kognitive Fertigkeit. Wer anders über den Raum denkt, hat vielleicht auch eine andere Zeitvorstellung. Meine Kollegin Alice Gaby von der University of California in Berkeley und ich legten daher Kuuk Thaayorre sprechenden Aborigines Bildfolgen vor, die Zeitabläufe zeigten: Ein Mann altert, ein Krokodil wächst, eine Banane wird verspeist. Dann baten wir sie, die durchmischten Fotos zeitlich zu ordnen. Wir führten den Test je zweimal durch, wobei die Person jedes Mal in eine andere Himmelsrichtung schaute. Jemand, der englisch oder deutsch spricht, ordnet die Bilder so, dass die Zeit von links nach rechts fortschreitet. Hebräisch oder arabisch Sprechende legen die Karten eher von rechts nach links.

Dies zeigt, dass die Schreibrichtung beeinflusst, wie wir Zeit organisieren. Doch die Aborigines sortierten die Karten weder grundsätzlich von links nach rechts noch umgekehrt, sondern stets von Osten nach Westen. Wenn die Testperson so saß, dass sie nach Süden schaute, verliefen die Karten von links nach rechts. Schaute sie nach Norden, ordnete sie die Bilder von rechts nach links. Hatte die Person Osten vor sich, lief die Kartenfolge auf den Körper zu, und so weiter. Dabei sagten wir den Probanden nie, welche Himmelsrichtung sie vor sich hatten – die Aborigines wussten das ohnehin. [...]

Fassetten der Erinnerung

Die Sprache beeinflusst auch, wie Menschen Ereignisse beschreiben – und wie gut sie sich daran erinnern, wer was getan hat. Nehmen wir als Beispiel den Jagdunfall, bei dem der frühere US-Vizepräsident Dick Cheney seinen Freund Harry Whittington verletzte. Man könnte sagen „Cheney schoss auf Whittington", wobei Cheney die unmittelbare Ursache ist, oder „Whittington wurde von Cheney angeschossen", wodurch Cheney etwas in den Hintergrund tritt, oder „Whittington bekam eine Schrotladung ab", wobei Cheney ganz aus dem Spiel bleibt. Der Vizepräsident sagte: „Letztlich bin ich derjenige, der den Abzug betätigte, welcher die Ladung abfeuerte, die Harry traf." Damit stellte er eine lange Ereigniskette zwischen sich und das Resultat.

Eine noch raffiniertere Reinwaschung gelang Präsident George Bush mit dem Ausspruch: „Er hörte eine Wachtel auffliegen, drehte sich um, drückte ab und sah, dass sein Freund verwundet war." Der Satz verwandelt Cheney vom Täter zum bloßen Zeugen. Unsere Öffentlichkeit lässt sich von solchen sprachlichen Tricks allerdings kaum beeindrucken, denn Passivkonstruktionen wirken ausweichend – typisch für Drückeberger und Politiker. Wir bevorzugen sogar für ein Missgeschick meist aktive Transitivkonstruktionen wie „Hans zerbrach die Vase". Hingegen erwähnt man im Japanischen oder Spanischen den Verursacher eher ungern. Auf Spanisch sagt man lieber „Se rompió el florero", was übersetzt heißt: „Die Vase zerbrach sich".

Wie meine Studentin Caitlin M. Fausey und ich 2010 herausgefunden haben, beeinflussen solche linguistischen Unterschiede die Rekonstruktion von Ereignissen, was beispielsweise Konsequenzen für Zeugenaussagen hat. Wir ließen englisch, spanisch und japanisch sprechende Personen Videos betrachten, auf denen zwei Männer entweder absichtlich oder unabsichtlich Luftballons zerstachen, Eier zerbrachen und Getränke verschütteten. Später mussten die Versuchspersonen einen Gedächtnistest bestehen. Für jedes Ereignis, das sie beobachtet hatten, sollten sie den Täter identifizieren – wie bei einer polizeilichen Gegenüberstellung. Eine andere Gruppe von englisch, spanisch und japanisch sprechenden Personen beschrieb dieselben Vorkommnisse.

Was kam dabei heraus? Vertreter aller drei Sprachen beschrieben absichtliche Ereignisse aktiv – etwa „Er zerstach den Ballon" –, und alle erinnerten sich im Mittel gleich gut daran, wer diese Taten begangen hatte. Das zeigte auch, dass keine der Gruppen ein grundsätzlich schlechteres Gedächtnis aufwies. Doch wenn es um unabsichtliche Missgeschicke ging, ergaben sich deutliche Unterschiede. Spanisch und japanisch Sprechende waren weniger geneigt als englisch Sprechende, die Unfälle aktiv zu beschreiben – und sie erinnerten sich auch schlechter an die Verursacher. [...]

Von der Sprache hängt sogar ab, wie schnell Kinder herausfinden, ob sie Jungen oder Mädchen sind. 1983 verglich Alexander Guiora von der University of Michigan in Ann Arbor drei Gruppen von Kindern, die Hebräisch, Englisch oder Finnisch als Muttersprache hatten. Das Hebräische bezeichnet das Geschlecht ausgiebig – sogar das Wort „du" variiert dementsprechend –, Finnisch macht keine solchen Unterschiede, und Englisch liegt dazwischen. Dementsprechend finden hebräische Kinder ihr eigenes Geschlecht rund ein Jahr früher heraus als finnische; englische nehmen diesbezüglich einen Mittelplatz ein.

Was formt was?

Aber rufen nun Sprachunterschiede unterschiedliches Denken hervor – oder ist es eher umgekehrt? Wie sich zeigt, trifft beides zu: Unsere Denkweise prägt die Art, wie wir sprechen, aber der Einfluss wirkt auch in der Gegenrichtung. Bringt man Menschen zum Beispiel neue Farbwörter bei, verändert dies ihre Fähigkeit, Farben zu unterscheiden. Lehrt man sie, auf eine neue Weise über Zeit zu sprechen, so beginnen sie, anders darüber zu denken. Man kann sich der Frage auch anhand von Menschen nähern, die zwei Sprachen fließend sprechen. Nachweislich ändern bilinguale Personen ihre Weltsicht je nachdem, welche Sprache sie gerade verwenden. Wie zwei Studien 2010 zeigten, hängen sogar grundlegende Vorlieben und Abneigungen von der Sprache ab, in der danach gefragt wird.

Teams um Oludamini Ogunnaike an der Harvard University sowie um Shai Danziger an der Ben-Gurion University of the Negev (Israel) studierten arabisch-französische Bilinguale in Marokko, spanisch-englische Zweisprachler in den USA und arabisch-hebräische in Israel. Dabei testeten sie die unausgesprochenen Neigungen der Teilnehmer. Beispielsweise forderten sie arabisch-hebräische Zweisprachler auf, unter verschiedenen Bedingungen auf Wörter mit einem schnellen Knopfdruck zu reagieren. Die Teilnehmer einer Gruppe sollten „M" drücken, sobald sie einen jüdischen Namen wie „Yair" oder eine positive Eigenschaft wie „gut" oder „stark" sahen, bei einem arabischen Namen wie „Achmed" oder einem negativen Wort wie „schlecht" oder „schwach" sollten sie „X" drücken. Bei anderen Probanden wurde die Paarung vertauscht, sodass nun jüdische Namen und negative Eigenschaften denselben Knopfdruck verlangten, während arabische Namen und positive Bewertungen zusammengehörten.

Die Forscher maßen, wie schnell die Teilnehmer unter den beiden Bedingungen reagieren konnten. Diese Aufgabe dient dazu, unwillkürliche oder automatische Voreingenommenheiten zu messen: etwa, wie selbstverständlich positive Eigenschaften und bestimmte ethnische Gruppen im Kopf der Leute zusammengehören. Je besser für die Menschen die beiden Vorstellungen harmonierten, bei denen sie auf denselben Knopf drücken sollten, desto schneller erfolgte die Reaktion. Überraschenderweise verschoben sich bei den Zweisprachlern diese unwillkürlichen Vorurteile je nach der Sprache, in der die Tests durchgeführt wurden. Wenn die arabisch-hebräischen bilingualen Teilnehmer auf Hebräisch getestet wurden, zeigten sie gegenüber Juden eine positivere Grundhaltung als bei den gleichen Tests auf Arabisch. Anscheinend spielt die Sprache eine viel größere Rolle für unser geistiges Leben, als die Wissenschaftler früher annahmen. [...]

All diesen Forschungsergebnissen zufolge wirken die Kategorien und Unterscheidungen, die in speziellen Sprachen existieren, stark auf unser geistiges Leben ein. Was die Forscher „Denken" nennen, ist offenbar in Wirklichkeit eine Ansammlung linguistischer und nichtlinguistischer Prozesse. Demnach dürfte es beim Erwachsenen kaum Denkvorgänge geben, bei denen die Sprache keine Rolle spielt. Ein Grundzug menschlicher Intelligenz ist ihre Anpassungsfähigkeit – die Gabe, Konzepte über die Welt zu erfinden und so abzuändern, dass sie zu wechselnden Zielen und Umgebungen passen.

Eine Folge dieser Flexibilität ist die Vielfalt der Sprachen. Jede enthält eine Art und Weise, die Welt wahrzunehmen, sie zu begreifen und mit Bedeutung zu füllen – ein Reiseführer, den unsere Vorfahren entwickelt und verfeinert haben. Indem Wissenschaftler erforschen, wie die Sprache unsere Denkweise formt, enthüllen sie, wie wir Wissen erzeugen und die Realität konstruieren. Diese Erkenntnis hilft uns zu verstehen, was uns zu Menschen macht.

LERA BORODITSKY, SPEKTRUM.DE

Die Autorin ist Assistant Professor für kognitive Psychologie an der Stanford University (Kalifornien) und Chefredakteurin der Fachzeitschrift „Frontiers in Cultural Psychology". Ihr Labor erforscht weltweit den Einfluss der Sprache auf die Kognition.

Text 2

Für ein Portfolio im Unterrichtsfach Deutsch zum Thema „1984" sollen Sie unter anderem folgende Aufgaben bearbeiten:

1. **Nehmen** Sie **Stellung** zu unten stehendem Zitat.
   Bearbeiten Sie dabei folgende Aufträge:

   - **Geben** Sie knapp die Theorie zur Neusprache und die These von ALFONS KRIEGLSTEINER **wieder.**
   - **Begründen** Sie, ob Sie dieser These von ALFONS KRIEGLSTEINER zustimmen können.

Die organisierte Begriffsvermummung, in „1984" als „Neusprech" (Newspeak) tituliert, gehört längst zum Alltag. Die Besonderheiten der „Neusprache" kulminieren laut Orwell darin, „dass es immer weniger Worte mit immer starrerer Bedeutung geben wird".

Und heute? Heute gibt es generalisierte Adjektive wie „cool" oder „geil", die eine Vielzahl von Bedeutungen abdecken. Es gibt Angriffskriege, die als „Selbstverteidigung" beschönigt werden, oder Massenvernichtung, die als „Kollateralschaden" verniedlicht wird.

ALFONS KRIEGLSTEINER, OBERÖSTERREICHISCHE NACHRICHTEN

2. Neusprache heute? – ORWELLS Neusprache führt zu einer Sprachverarmung und zu Manipulation. Und Political Correctness in der Sprache?
Legen Sie Ihre Gedanken zu diesem Thema in Form eines **Essays dar.**

George Orwell
1984 (1949)

Kleine Grammatik

Die Neusprache war die in Ozeanien eingeführte Amtssprache und zur Deckung der ideologischen Bedürfnisse des *Engsoz* erfunden worden. Sie hatte nicht nur den Zweck, ein Ausdrucksmittel für die Weltanschauung und geistige Haltung zu sein, die den Anhängern des *Engsoz* allein angemessen war, sondern darüber hinaus jede Art anderen Denkens auszuschalten. Wenn die Neusprache erst ein für allemal angekommen und die Altsprache vergessen worden war (etwa im Jahr 2050), sollte sich ein unorthodoxer – d. h. von den Grundsätzen des *Engsoz* abweichender – Gedanke buchstäblich nicht mehr denken lassen, wenigstens insoweit Denken eine Funktion der Sprache ist.

Der Wortschatz der Neusprache war so konstruiert, daß jeder Mitteilung, die ein Parteimitglied berechtigterweise machen wollte, eine genaue und oft sehr differenzierte Form verliehen werden konnte, während alle anderen Inhalte ausgeschlossen wurden, ebenso wie die Möglichkeit, etwa auf indirekte Weise das Gewünschte auszudrücken. Das wurde teils durch die Erfindung neuer, hauptsächlich aber durch die Ausmerzung unerwünschter Worte erreicht und indem man die übriggebliebenen Worte so weitgehend wie möglich jeder unorthodoxen Nebenbedeutung entkleidete. Ein Beispiel hierfür: das Wort frei gab es zwar in der Neusprache noch, aber es konnte nur in Sätzen wie: „Dieser Hund ist frei von Flöhen." oder „Dieses Feld ist frei von Unkraut." angewandt werden. In seinem alten Sinn von „politisch frei" oder „geistig frei" konnte es nicht gebraucht werden, da es diese politische oder geistige Freiheit nicht einmal mehr als Begriff gab und infolgedessen auch keine Bezeichnung dafür vorhanden war.

[...]

Ein mit der Neusprache als einzigem Verständigungsmittel aufwachsender Mensch würde nicht mehr wissen, daß gleich einmal die Nebenbedeutung von „politisch gleichberechtigt" gehabt oder daß frei einmal „geistig frei" bedeutet hatte, genausowenig wie ein Mensch, der noch nie etwas vom Schachspiel gehört hat, die darauf bezüglichen Nebenbedeutungen von Königin und Turm kennen kann. Viele Verbrechen und Vergehen würde dieser Mensch nicht mehr begehen können, weil er keinen Namen mehr dafür hatte und sie sich deshalb gar nicht mehr vorstellen könnte.

GEORGE ORWELL: 1984, ULLSTEIN

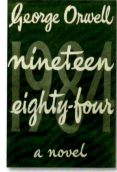

Cover der Erstausgabe, London 1949

Sprache

Text 3

1. Im Rahmen einer Schularbeit aus Deutsch sollen Sie nachweisen, dass Sie fähig sind, Texte zu **analysieren.**
   Bearbeiten Sie dabei folgende Aufträge:

   - **Fassen** Sie die Meinung der Autorin im folgenden Text kurz **zusammen.**
   - **Analysieren** Sie den Aufbau des Textes.
   - **Beurteilen** Sie, ob die Argumentation der Autorin überzeugend wirkt.

   Schreiben Sie zwischen 405 und 495 Wörter. Markieren Sie Absätze mittels Leerzeilen.

2. Die „Salzburger Nachrichten" rufen Leser/innen unter 25 dazu auf, ihren Standpunkt zu aktuellen Themen in „MeinJung" kundzutun. Ein Thema lautet: „Binnen-I, Querstriche und Nennungen beider Geschlechter sind in offiziellen Texten heutzutage die Norm. Das macht sie nicht gerade leichter verständlich. Soll wirklich Political Correctness vor Verständlichkeit gehen?"
   Verfassen Sie einen **Leserbrief,** bearbeiten Sie folgende Aufträge:

   - **Beschreiben** Sie Ihre Erfahrung mit der Rezeption von gegenderten Texten.
   - **Erörtern** Sie, ob alle offiziellen Texte gegendert sein sollten.
   - **Begründen** Sie, ob Ihrer Meinung nach Verständlichkeit oder Political Correctness Vorrang hat.
   - **Prüfen** Sie, ob es eine Möglichkeit gibt, Verständlichkeit und geschlechtergerechtes Formulieren zu vereinbaren.

   Schreiben Sie zwischen 270 und 330 Wörter. Markieren Sie Absätze mittels Leerzeilen.

PSYCHOLOGISCHE WIRKUNG IST WICHTIG

Zwischen Korrektheit und Verständlichkeit: Die Forderung nach Zurückhaltung beim „Gendern" muss bestritten werden. Rechtsnormen sollten nicht bloß einfach lesbar, sondern auch gerecht formuliert sein.

Im „Rechtspanorama" vom 13. Dezember setzte sich Frau Dr.in Gerlinde Ondrej mit der sprachlichen Gleichbehandlung von Frau und Mann in juristischen Texten auseinander. Sie kritisierte Gesetzesstellen und höchstgerichtliche Judikate, in denen sowohl weibliche als auch männliche Bezeichnungen verwendet wurden, und rief „zur Zurückhaltung" auf, „um die Verständlichkeit von Rechtstexten zu fördern".
Ondrej gestand zwar zu, dass „[...] rechtliche Regelungen zur Gleichstellung von Mann und Frau beitragen können und dass durch eine eindeutig männliche Formulierung die Wertschätzung der Frau in Schieflage gerät und das traditionelle Bild von Frauen- und Männerwelten tradiert wird". Sie fragte sich aber, ob die verfassungsrechtliche Grundlage für das legistische Vorgehen, der in Art. 7 B-VG geregelte Gleichheitsgrundsatz, nicht einschränkender beurteilt werden sollte. Ondrej hegt gar verfassungsrechtliche Bedenken gegen geschlechtergerechte Formulierungen, da die so abgefassten Gesetzestexte nicht (mehr) verständlich seien. Vielmehr habe Professor Eugen Klunzinger, Ordinarius an der Juristischen Fakultät der Universität Tübingen, recht, wenn er ausführt: „Die konstante Beachtung der ‚political correctness' führt unweigerlich zur Kastration jeder lebendigen Rhetorik."

Ondrejs Appell ist nicht zu folgen. Die Gleichberechtigung von Frau und Mann erfordert jedenfalls auch eine sprachliche Gleichbehandlung. Ondrej lässt außer Acht, dass Sprache das Bewusstsein prägt, und unterschätzt damit die psychologische Wirkung der Sprache: Wenn in einem Bericht über die Arbeitswelt permanent von „dem Chef" die Rede ist, wird – unweigerlich – suggeriert, dass Führungspositionen in Unternehmen und/oder Behörden – vornehmlich – männlich zu besetzen sind. Die Vorstellung, dass auch Frauen („Chefin") Leitungsfunktionen übernehmen können, wird in der Person, die mit diesem Text befasst ist, erst gar nicht erzeugt. Sehr wohl aber, wenn auf geschlechtergerechte Formulierungen geachtet wird. Je öfter weibliche Bezeichnungen verwendet werden, desto mehr werden Frauen in der gesellschaftlichen Realität wahr- und ernst genommen. Rechtstexte sollten daher – entgegen Ondrejs Ansicht – nicht bloß einfach lesbar, sondern auch gerecht formuliert sein. Dass damit ein gewisser Aufwand verbunden ist, ist geradezu selbstverständlich. Die Gleichberechtigung zwischen den Geschlechtern wird in keinem Lebensbereich ohne Anstrengung und Überwindung zu erreichen sein.

Eine (rein) männlich formulierte Sprache konserviert die traditionellen Rollenmodelle und damit die männliche Hegemonie. Eine moderne Gesellschaft, die die Gleichberechtigung zwischen Frau und Mann als einen ihrer Grundwerte ansieht, sollte daher eine entsprechende sprachliche Weiterentwicklung vollziehen. Ebendies versucht die Gesetzgebung, wenn sie Texte geschlechtergerecht bzw. möglichst neutral formuliert. Ihre Intention ist es nicht, den „Wiedererkennungswert von Normen zu verschleiern", sondern das verfassungsrechtliche Postulat der Gleichberechtigung umzusetzen.

ALEXIA STUEFER, DIE PRESSE

Text 4

GENDERSPRACHE IST PENETRANT UNSYMPATHISCH

Nach meinem Dafürhalten ist es eines Mediums wie des Online-Standard unwürdig, sich weitläufig einer derart absurden Gendersprache zu bedienen, gemischt mit Neoanglizismen wie „User" und „Userinnen" (ein englisches Wort mit einer deutschen femininen Endung, was soll denn das sein ...?). Auch bei der Abkürzung des Magisteriums bei Frauen ein Mag.ª zu schreiben, ist mehr als grenzwertig und völlig überzogen. Damit unterwirft sich derStandard.at einem Zeitgeist, der dem linken ideologischen Herdenvieh zuzuordnen ist, wodurch der Online-Standard seine eigentliche Vorgabe, ein wohltuendes journalistisches „Nischenprodukt" zu sein, weit verfehlt.

Gendersprache zeugt nicht nur von sprachlicher Engstirnigkeit und Einfalt, sondern hat auch etwas sehr penetrant Unsympathisches. Anstatt Frauen „sichtbarer" zu machen, ist sie für viele wie auch mich ein reines Ärgernis und erreicht somit das völlige Gegenteil. Gendersprache stellt sich vor den eigentlichen Textinhalt, der ja im Vordergrund stehen sollte. Sie verwässert die sprachliche und journalistische Prägnanz, was inakzeptabel ist, da es die Grundessenz journalistischer Tätigkeit abseits des Boulevards bedeutet. Mir ist aber klar, dass Menschen, die sich mit diesem Gendervirus „angesteckt" haben, nahezu unheilbar sind und sich dieser Doktrin mit spiritueller Hingabe verschrieben haben, weshalb ich diesen Kommentar als reine Kundgabe einer Einzelmeinung intendiere, ohne die Hoffnung, dass er auf fruchtbaren Boden fällt.

CHRISTIAN DENKMAIR, DERSTANDARD.AT – LESERKOMMENTAR

Bei Ihrer Zeitungslektüre sind Sie auf nebenstehenden Leserkommentar gestoßen. Davon angeregt, verfassen Sie einen Antwortkommentar, der ebenfalls im „Standard" abgedruckt werden soll. Lesen Sie den Kommentar „Gendersprache ist penetrant unsympathisch".
Verfassen Sie nun einen **Kommentar** und bearbeiten Sie dabei folgende Arbeitsaufträge:

- **Geben** Sie die Kritik Denkmairs an der Gendersprache **wieder.**
- **Beurteilen** Sie die Argumentation Denkmairs.
- **Nehmen** Sie zur Notwendigkeit des Genderns in Zeitungen kritisch **Stellung.**

Schreiben Sie zwischen 270 und 330 Wörter. Markieren Sie Absätze mittels Leerzeilen.

Christian Denkmair (36 Jahre zum Zeitpunkt der Kommentarabgabe), Informatiker in Wien

Textübergreifende Aufgaben

1. Für Ihr Kulturportfolio **verfassen** Sie einen **Essay** zum Thema „Wenn Sprache unsere Welt verändert".
   Lassen Sie Informationen aus den folgenden Texten einfließen:
   - „Sprache muss sich ständig ändern" (S. 448)
   - „Migranten verlernen ihre Erstsprache" (S. 452)
   - „1984" (S. 459)

2. In Ihrer Funktion als Schülervertreter/in sind Sie zu einer Enquete „Schule und Sprachen" geladen, wo Sie eine **Meinungsrede** halten sollen.

   - **Benennen** Sie die wichtigsten Ergebnisse der Grafik „Konkrete Fremdsprachenkenntnisse" (S. 451).
   - **Vergleichen** Sie diese mit dem Steinke-Sprachenindex (siehe unten).
   - **Erörtern** Sie, warum viele Jugendliche nicht die von der Wirtschaft benötigten Sprachkenntnisse erwerben. Beziehen Sie dazu auch Erkenntnisse aus dem Zeitungsbericht „Migranten verlernen ihre Erstsprache" (S. 452) ein.
   - **Diskutieren** Sie abschließend, welche Wege in der Schule gegangen werden könnten, um den Anforderungen der Wirtschaft gerecht werden zu können.

   Schreiben Sie zwischen 540 und 660 Wörter. Markieren Sie Absätze mittels Leerzeilen.

Das Bonner Steinke-Institut, ein Sprach- und Fortbildungsinstitut, hat den Steinke-Sprachenindex entwickelt. Dieser ermittelt das auf das Jahr 2025 fortgeschriebene Bruttosozialprodukt aller Länder der Welt und rechnet dieses auf die betreffenden Sprachen um.

⁵ *Zu den wichtigsten Ergebnissen des Steinke-Sprachenindex zählen folgende: Englisch wird auch im Jahre 2025 mit großem Abstand die wichtigste Fremdsprache sein, deren Erlernen für die Karriere unabdingbar sein wird. Auf Rang zwei folgt dann schon Chinesisch. Es folgen auf den Rängen drei bis zehn Japanisch, Spanisch, Deutsch, Französisch, Italienisch,* ¹⁰ *Russisch, Portugiesisch und Koreanisch. Gemessen am Bedeutungszuwachs von heute bis 2025 sind ferner u. a. folgende Sprachen stark im Kommen: Türkisch, Hindi, Polnisch, Rumänisch, Persisch, Thai und auch Vietnamesisch.*

ONLINEZEITUNG24.DE, OHNE VERFASSER/IN

Einwandern – Auswandern – Zuhause sein

Was wichtig ist, sieht man nicht.

AUS „DER KLEINE PRINZ" VON ANTOINE DE SAINT-EXUPÉRY,
französischer Schriftsteller (1900–1944)

 Unter www.trauner.at/themen_hilfsmittel.aspx finden Sie
- eine Zusammenfassung der **maturarelevanten Textsorten** aus Blattwerk 5/6 AHS,
- **Analysebogen** zum Ausdrucken und
- eine Liste an **rhetorischen Stilfiguren.**

Einwandern – Auswandern – Zuhause sein

Migration
EINFÜHRUNG

ALT- VS. NEO-ÖSTERREICHER

💬 Welche der im „Migrationslexikon" gelisteten Bezeichnungen sind Ihnen unbekannt, welche geläufig? Markieren Sie jene Ausdrücke, die Sie negativ konnotieren! – Diskutieren Sie, warum einige der angeführten Wörter einen negativen Beiklang haben, andere nicht.

An Wörtern zur Beschreibung von Menschen mangelt es grundsätzlich nicht. Wo man früher einfach Österreicher sagte, heißt es immer öfter Altösterreicher oder autochthone Österreicher, um die Grenze zu jenen Menschen zu ziehen, die eingebürgert wurden. Und für die Zuwanderer gibt es eine regelrechte
5   Begriffsflut. Einige Einblicke, wer tatsächlich gemeint ist, wenn von Neo-Österreichern, Menschen mit Migrationshintergrund oder Weltenbürgern die Rede ist, soll das Migrationslexikon liefern.

Autochthoner Österreicher, der. Mensch, der die österreichische Staatsbürgerschaft und keinen Migrationshintergrund hat, auch indigener Österreicher.
10 Wird als Abgrenzung zu eingebürgerten Österreichern und Österreichern mit Migrationshintergrund gebraucht.

Asylwerber, der. Mensch, der einen Antrag auf internationalen Schutz, also einen Asylantrag stellt. Bis zum Abschluss des Verfahrens gilt er als Fremder und ist als Asylwerber (in Deutschland: Asylbewerber) zu bezeichnen. Bei positivem
15 Bescheid ändert sich der Status zu Asylberechtigter bzw. Anerkannter Flüchtling (siehe Flüchtling). Asylwerber werden oft auch als Asylanten (verächtlich) bezeichnet, siehe auch Scheinasylant.

Bio-Österreicher, der (umstritten). Menschen, die indigen-österreichische Wurzeln haben. Kein Mitglied der Familie hat in jüngerer Zeit Migrationser-
20 fahrung oder Migrationshintergrund. Unterstellt, dass Österreichersein auf biologischen Faktoren beruht. Wird als Abgrenzung zu eingebürgerten Österreichern bzw. → Migranten verwendet.

Drittstaatsangehöriger, der. Rechtsbegriff der Europäischen Gemeinschaft für Staatsbürger von Ländern, die weder in der EU noch im EWR (Europäischen
25 Wirtschaftsraum) sind. Wird meist im Kontext von Fremdenrechtsgesetzen bzw. Asylpolitik gebraucht.

Eingebürgerter, der. Österreicher, der ursprünglich eine andere Staatsbürgerschaft hatte. Eine Voraussetzung: Kenntnisse der deutschen Sprache; Ausnahmen: bei besonderen Verdiensten kann um vorzeitige Verleihung der Staatsbür-
30 gerschaft angesucht werden, Bsp.: Spitzensportler – Deutschkenntnisse nicht erforderlich. Bis 2005 starker Anstieg der Einbürgerungszahlen, seit damals kontinuierlich im Sinken.

Einheimischer, der. Mensch ohne Migrationshintergrund bzw. indigene Bevölkerung eines Landes (Autochthone Österreicher), allerdings gelten auch
35 Menschen mit Migrationshintergrund, die im Land geboren sind, als Einheimische.

Flüchtling, der. Person, die ihre Heimat aus politischen, religiösen, wirtschaftlichen oder ethnischen Gründen (nach den Kriterien der Genfer Flüchtlingskonvention) verlassen hat und auf internationalen Schutz angewiesen ist.
40 Rechtlich gelten Menschen erst dann als F., wenn sie in einem Land einen positiven Asylbescheid erhalten haben.

Fremder, der. *Person, die aus einem anderen Land stammt, Gegenteil von Einheimischer (negativer Gebrauch). Bei F. handelt es sich etwa um Bürger des EWR-Raumes oder* → *Drittstaatsangehörige. Der Begriff wird unter anderem im Fremdenrechtsgesetz verwendet. Wird zum Teil auch (positiv besetzt) für Gäste im heimischen Tourismus gebraucht.*

Illegaler, der. *1) Migrationssoziologie: Person, die unerlaubt in ein Land einreist oder sich darin ohne behördliche Genehmigung aufhält.*
2) Alltag: Begriff für einen Menschen ohne gültige Papiere.

Integrationswilligkeit, die. *Die Bereitschaft, sich zu integrieren. Wird von Menschen mit* → *Migrationshintergrund eingefordert. Integrieren meint Eingliederung in die Mehrheitsgesellschaft, wird häufig auch mit Assimiliation (Anpassung) verwechselt. Der Begriff I. wird von vielen Migranten abgelehnt.*

Kulturbereicherer, der. *Bezeichnung für Menschen mit anderem kulturellen Hintergrund, abwertend und spottend verwendet.*

Migrant, der. *Mensch, der eine Migration unternimmt, also in ein anderes Land, Gegend oder Ort auswandert. Binnenmigranten (Migration findet innerhalb eines Landes statt) werden meist nicht als Migranten bezeichnet.*

Migrationshintergrund, der. *Kategorie für Menschen, deren Eltern im Ausland geboren wurden. Unterschieden wird zwischen* → *Migranten erster Generation, das heißt im Ausland Geborenen, und Migranten zweiter Generation, d. h. im Inland geborenen Kindern von Zuwanderern.*

Migrationsvordergrund, der. *Selbstbezeichnung für Menschen, die wegen ihres Erscheinungsbildes den Anschein erwecken, Migrationserfahrung gemacht zu haben. Menschen mit z. B. schwarzer Hautfarbe haben verstärkt mit Diskriminierung zu tun. Sie tragen ihren Hintergrund in den Vordergrund.*

Neo-Österreicher, der. *Österreicher mit Migrationshintergrund, der sich mit Österreich identifiziert. Gegensatz zu Altösterreichern (autochthone Österreicher).*

Scheinasylant, der (verächtlich). *Aslywerber bzw. Flüchtling, dem unterstellt wird, sich den Flüchtlingsstatus durch falsche Angaben erschleichen zu wollen bzw. sich erschlichen zu haben. Wird häufig synonym für* → *Wirtschaftsflüchtling verwendet.*

Vorzeigemigrant, der. *Mensch mit Migrationshintergrund und hoher Integrationswilligkeit bzw. erbrachter beruflicher/sozialer Leistung. Häufige mediale Erwähnung, Vorbildwirkung für andere Migranten.*

Weltenbürger, der (meist idealisierte Selbstdefinition). *Mensch, der sich keinem Nationalstaat zugehörig fühlt und die ganze Welt als Heimat betrachtet. Häufige Verwendung für gut betuchte Globetrotter auf Weltreise.*

Wirtschaftsflüchtling, der. *Zuwanderer, der wegen schlechter ökonomischer Chancen in seinem Heimatland in ein anderes Land reist. Wird meist abwertend benutzt (auch* → *Scheinasylant).*

Clara Akinyosoye u. a., Die Presse – gekürzt

Migration

TEXTWERK

Text 1

Die nächste Ausgabe der Schülerzeitung Ihrer Schule ist dem Schwerpunkt „Einwandern – Auswandern" gewidmet. Im Zuge Ihrer Recherchen stoßen Sie auf den Zeitungsbericht „Fakten gegen Vorurteile".

Verfassen Sie einen **Leserbrief,** bearbeiten Sie dabei folgende Aufträge:

- **Geben** Sie in aller Kürze Inhalte **wieder,** auf die Sie sich in Ihrem Leserbrief beziehen.
- **Beurteilen** Sie den Kommentar eines Experten zu mindestens einem der genannten Vorurteile.
- **Nehmen** Sie zu einem der genannten Vorurteile **kritisch Stellung.**
- **Erörtern** Sie, warum es zu so vielen Vorurteilen Zuwanderern gegenüber kommt.

Schreiben Sie zwischen 270 und 330 Wörter. Markieren Sie Absätze mittels Leerzeilen.

FAKTEN GEGEN VORURTEILE

Bildungsscheu, integrationsunwillig und inkompatibel mit unseren Werten? Manche Behauptungen über Migranten halten sich hartnäckig. Die FURCHE fragte bei Experten nach, was dran ist.

Zirka 8,8 Millionen Menschen leben in Österreich, 1.090 000 von ihnen wur-
5 *den nicht hier geboren. Dazu kommen noch rund 363 000 Menschen, deren Eltern im Ausland geboren wurden, die sogenannte „zweite Generation". Und das ist gut so: Ohne Zuwanderung würde Österreich rasch schrumpfen. Im Jahr 2040 würden weniger als acht Millionen hier leben, 2075 nicht einmal sechs Millionen.*

10 *Das multikulturelle Zusammenleben funktioniert oft gar nicht so schlecht, wie es die politische Debatte vermuten lässt: Eine Umfrage des Österreichischen Integrationsfonds ergab im Dezember, dass 59 Prozent der Österreicher mit dem Zusammenleben zufrieden sind. Und laut der letzten großen Integrationsstudie von Meinungsforscher Peter Ulram fühlen sich 87 Prozent der*
15 *Migranten in Österreich einigermaßen heimisch und integriert. Trotzdem wird kaum eine Diskussion so hitzig geführt wie die über Zuwanderung. Die FURCHE hat mit Integrationsforschern und Sozialwissenschaftern gesprochen, um gängigen Mythen auf den Grund zu gehen.*

These zur Bildung: In Bildungsstatistiken schneiden Zuwanderer schlechter
20 *ab als Österreicher. Das beweist, dass sie bildungsunwilliger sind.*

Pauschal lässt sich das nicht sagen. Unter Migranten gibt es zwar mehr Personen mit einfachem Bildungsgrad, aber auch mehr Akademiker als unter Österreichern. Allerdings: Während die Wahrscheinlichkeit, dass ein 15- bis 19-jähriger Österreicher, der die Pflichtschule abgeschlossen hat, in Ausbildung ist, bei
25 *90 Prozent liegt, sind es bei Jugendlichen aus dem ehemaligen Jugoslawien nur 70 Prozent und bei Jugendlichen mit türkischen Wurzeln nur mehr 60 Prozent. Gibt es in Haushalten mit Migrationshintergrund also einen Widerstand gegen Bildung, der vielleicht sogar mit Strafen gebrochen werden muss?*

Der Mikrozensusforscher August Gächter vom Zentrum für Soziale Innovation hat jetzt untersucht, welche Auswirkung die äußeren Umstände, unter denen Kinder aufwachsen, auf deren Bildungsbeteiligung haben, und kam zu spannenden Ergebnissen: Der Herkunftsstaat ist nur der elftwichtigste Faktor mit Auswirkung auf die Bildungsbeteiligung. Viel wichtiger sind Bildung, Beruf und Jobsituation der Eltern oder die ökonomische Situation des Haushaltes. Wenn man diese Faktoren in der Statistik angleicht, also annimmt, dass der durchschnittlich türkischstämmige Haushalt unter denselben Umständen lebt wie der durchschnittlich österreichische Haushalt, liegt die Bildungsbeteiligung bei allen Jugendlichen – egal welcher Herkunft – bei 90 Prozent. Gächters Fazit: „Wenn die Umstände gleich sind, ist es auch die Bildungsbeteiligung."

These zur Sprache: Deutsch ist der Schlüssel zur Integration. Wer die Sprache nicht kann, hat keine Chance.

Natürlich lässt sich die Rolle der Sprache im Integrationsprozess nicht kleinreden. Der Zugang zu Bildung und Arbeitsmarkt hängt stark davon ab. „Aber zu einem Schlüssel gehört auch ein Haus mit einer Tür, die sich mit dem Schlüssel öffnen lässt", gibt Hans-Jürgen Krumm, Germanistikprofessor an der Universität Wien, zu bedenken. Für Kinder, die hier aufwachsen, ist die Bedeutung von Sprachförderung – so viel und so früh wie möglich – unumstritten. Für Erwachsene, die einwandern, nicht.

„Wie viel Sprache und ab wann man sie können muss, lässt sich nicht eindeutig beantworten", sagt Krumm: „Hervorragende Sprachkenntnisse haben noch niemanden vor einer Abschiebung bewahrt oder Einheimische wie Migranten vor Arbeitslosigkeit geschützt." Er warnt daher vor einer „Es-kommt-nur-auf-die-Sprache-an-Obsession" und appelliert, dass die Verpflichtung zu Deutschkursen an Anreize statt an Sanktionen gekoppelt werden soll. Außerdem soll man nicht nur nach der einen Sprache fragen, sondern auch danach, welche anderen Sprachen und (beruflichen) Qualifikationen Migranten mitbringen. Von rund 40 Prozent aller Ausländer, die in Österreich leben, wird im Übrigen gar kein Sprachnachweis verlangt: Sie kommen aus anderen EU-Ländern und dürfen auch ohne Deutsch-Zeugnis hier leben.

These zur Herkunft: Die Integration von bestimmten Gruppen funktioniert offensichtlich nicht gut.

Das behauptete man auch über die Deutschen in der Hauptphase der deutschen Einwanderung in die USA Mitte des 19. Jahrhunderts. Man warf ihnen vor, dass sie sich weigerten, Englisch zu lernen und Ehepartner aus der alten Heimat zu holen. Ähnlich ging es den Iren in Großbritannien: Sie würden nur auf den Papst hören und sich nicht an das liberale Wertesystem anpassen. In der Wissenschaft hält man sich ans Drei-Generationen-Schema: Rund hundert Jahre, oder eben drei Generationen, braucht es, bis eine Gruppe von Zuwanderern, die nicht hochgebildet ist, als assimiliert gilt. Der Soziologe August Gächter ortet überdies ein Wahrnehmungsproblem: „Es gibt laufend neuen Zuzug, also eine immer neue erste Generation, die wieder drei Generationen brauchen wird. So entsteht der falsche Eindruck, dass Integration eine Sisyphusarbeit ist."

VERONIKA DOLNA, DIE FURCHE – GEKÜRZT

Einwandern – Auswandern – Zuhause sein

Text 2

1. Lesen Sie den Bericht „Eine Zeit, um sich auszuprobieren". Verfassen Sie eine **Erörterung** und bearbeiten Sie dabei folgende Arbeitsaufträge:

   - **Geben** Sie die in der Textvorlage genannten Vorteile eines Auslandssemesters **wieder.**
   - **Überprüfen** Sie, ob die im Bericht genannten positiven Effekte eines Auslandsaufenthalts auch auf anderem Weg erzielt werden können.
   - **Beurteilen** Sie, ob den genannten Vorteilen gravierende Nachteile gegenüberstehen.
   - **Begründen** Sie, warum Sie (nicht) planen, eine Zeit lang im Ausland zu studieren.

   Schreiben Sie zwischen 540 und 660 Wörter. Markieren Sie Absätze mittels Leerzeilen.

2. Auch für Schüler/innen wird von unterschiedlichen Organisationen bzw. im Rahmen des ERASMUS-Programms ein Auslandssemester bzw. -jahr angeboten. Recherchieren Sie dazu.
   Verfassen Sie anschließend eine **Empfehlung,** die als Diskussionsgrundlage dienen kann, und bearbeiten Sie dabei folgende Aufträge:

   - **Geben** Sie **wieder,** welche Vorteile eines Auslandssemesters/-jahres während des Studiums in der Textvorlage angeführt werden.
   - **Beurteilen** Sie, ob diese Vorteile auch auf ein Auslandssemester/-jahr während der Schulzeit zutreffen.
   - **Erörtern** Sie, ob etwaige Nachteile die Vorteile überwiegen.
   - **Appellieren** Sie für oder gegen das Absolvieren eines Auslandssemesters/-jahres.

   Schreiben Sie zwischen 405 und 495 Wörter. Markieren Sie Absätze mittels Leerzeilen.

EINE ZEIT, UM SICH AUSZUPROBIEREN

Was bringen Erasmus und Co.? Je nach Studienfach und angestrebtem Job zählen Auslandserfahrung und Sprachkenntnisse unterschiedlich viel. Lebenserfahrung allerdings wird immer gebraucht.

Was bringen Erasmus und Co. eigentlich für danach, für den Job? Oder anders gefragt: Muss man im Ausland studiert haben, damit die Bewerbung nicht gleich in der Rundablage landet? Gar nicht so einfach. Pauschal, so heißt es aus den Karrierecentern der Unis, könne man das nicht beantworten. Je nach Fach und Jobwunsch zählen Auslandserfahrung und Sprachkenntnisse unterschiedlich viel. Während das Auslandssemester oder -praktikum für Wirtschaftsabsolventen heute fast ein Muss ist, sind die Techniker am Arbeitsmarkt ohnehin gefragt – ob mit oder ohne Auslandserfahrung. All jene, deren Studienfach ein „international" im Namen trägt, müssen indessen gut argumentieren, warum sie auf das Ausland verzichtet haben. Das gilt auch für alle, die Sprachen studieren, meint Bernhard Wundsam vom Karrierecenter der Uni Wien. Wer schon zu Studienzeiten weiß, dass er in die Unternehmensberatung oder in einen internationalen Konzern will, sollte ebenfalls irgendeine Erfahrung im Ausland sammeln.

Wohlüberlegt soll es sein.

Klar ist: Mit einem Auslandsaufenthalt – und womöglich einer dritten Sprache neben Englisch – kann man sich für potenzielle Arbeitgeber interessant machen. Vor allem für Geistes- und Sozialwissenschaftler, die sich auf einem bisweilen schwierigeren Jobmarkt behaupten müssen als alle anderen, gilt das. Einfach irgendwohin zu gehen, ist aber dennoch zu wenig. Das Auslandssemester soll, wenn man denn damit hervorstechen will, wohlüberlegt sein, sagt Wundsam. Man sollte bewusst entscheiden, welche Sprache, welches Land, welche Uni man wählt. „Was will ich – abgesehen von Sangriatrinken?" Sangria klingt nach Klischee, ist aber ein gutes Stichwort. Denn das Lieblingsland der österreichischen Erasmusstudenten ist Spanien, jeden Zehnten zieht es dorthin. Weitere beliebte Destinationen sind Frankreich und England. Relativ wenige wollen hingegen in den Osten – Albanien, Bulgarien und Co. liegen weit hinten. Dabei könnten gerade Länder abseits des ausgetrampelten Erasmuspfades spannendere Erfahrungen bieten als die herkömmlichen Ziele. Und auch, wenn es um den Job geht, bringen sie vielleicht mehr: „Aus österreichischer Sicht helfen Bulgarischkenntnisse mehr als Spanisch, weil relativ viele heimische Firmen in Osteuropa tätig sind", sagt Wundsam.

Wer sich jetzt zähneknirschend ein osteuropäisches Land sucht, ist dennoch nicht gut beraten. Nach Bulgarien (oder sonst wohin) zu gehen, bloß um den Lebenslauf auszuschmücken, macht nicht nur keinen Spaß. Es bringt auch womöglich nicht einmal bei der Jobsuche die Extrapunkte, die man anstrebt. „Das wirkt nicht authentisch", sagt Wundsam. Gerade Sprache und Kultur muss etwas sein, das einen auch fasziniert.

Womit man hingegen wirklich punkten kann, ist der Name der Uni – etwas, das viele ob der Frage nach dem richtigen Land oftmals übersehen. Dabei kann gerade eine renommierte Hochschule tatsächlich Punkte bringen. „Wenn jemand etwa an der London School of Economics war, bleibt man mit dem Blick schon hängen", meint Ursula Axmann vom Karrierecenter der WU. Bleibt noch die Frage, was man dort gemacht hat. Denn dass die Studiendauer mit dem Auslandsaufenthalt leidet, ist kein Geheimnis. Ist das ein Nachteil bei der Jobsuche? Nicht wirklich. „Es gibt einige wenige Firmen, die die Mindeststudiendauer als absolutes Selektionskriterium in ihrem Katalog haben", sagt Axmann. Sonst gilt: Auslandsaufenthalt wird höher bewertet als Studium in Rekordzeit. Je länger man braucht, desto besser muss man das eben argumentieren können, sagt dazu Wundsam. „Karriere- und Ausbildungsverläufe sind nicht mehr so geradlinig wie früher. Sie werden bunter."

Ein bisschen Lebenserfahrung

Die Arbeitgeber wünschen sich das – jedenfalls zum Teil – sogar. Immer wieder ächzen Personaler, nicht zuletzt aufgrund der Bachelors, über junge Bewerber ohne Lebenserfahrung. Wer dagegen (mit Maß und Ziel) durch die Welt gezogen ist, sei einfach routinierter im Umgang mit neuen Herausforderungen. „Die Lebenserfahrung wird wertgeschätzt", versichert Daniela Haiden-Schroll vom Karrierecenter der TU Wien.

Das Studium sollte auch eine Zeit sein, um sich auszuprobieren. Gerade wenn das Berufsbild nicht so klar ist, sollte man das tun.

BERNADETTE BAYRHAMMER, DIE PRESSE, UNI LIVE

Einige Zahlen

20 Prozent der Studierenden in Österreich haben bereits ein Semester bzw. ein Praktikum im Ausland absolviert.

15 Prozent der Studierenden planen noch einen Auslandsaufenthalt. Insgesamt liegt das Mobilitätspotenzial damit bei einem Drittel.

16 Prozent der absolvierten Auslandssemester waren im Studienplan vorgesehen. Bei den Auslandspraktika sind es 40 Prozent.

75 Prozent der Absolventen eines Semesters oder eines Praktikums im Ausland haben ein Zielland in Europa gewählt.

11 Prozent der Studenten, die ein Auslandssemester absolvierten, machten das in Spanien. Damit ist es das Topzielland.

63 Prozent der Studierenden, die ein Auslandssemester absolviert haben, verteilen sich auf zehn Zielländer.

64 Prozent jener Studierenden, die bereits ein Austauschsemester gemacht haben, taten dies mit dem Erasmus-Programm.

Text 3

Im Rahmen einer Schularbeit aus Deutsch sollen Sie nachweisen, dass Sie fähig sind, literarische Texte zu analysieren und zu interpretieren.
Analysieren und **interpretieren** Sie das Gedicht „Heimkunft".
Bearbeiten Sie dabei folgende Aufträge:

- **Fassen** Sie knapp die gedanklichen Leitlinien des Gedichts **zusammen.**
- **Analysieren** Sie den Text nach sprachlichen und formalen Kriterien.
- **Kommentieren** Sie die Aussage(n) des Gedichts.

Schreiben Sie zwischen 405 und 495 Wörter. Markieren Sie Absätze mittels Leerzeilen.

Günter Kunert
HEIMKUNFT

Was für ein Land ist das
das wie nirgendwo ist
besonders in den nächtlichen Grotten
vereinsamter Bahnhöfe.
5 Viel zu wenig Licht. Viel zu viel
Regen.
Habt ihr jemals beobachtet
wie sie den Abteilen entsteigen
enttäuscht über die Ankunft:
10 Wieder nichts als Kälte und Nässe
als Dunkel und Rauch.
Wieder nichts. Wieder ein Traum misslungen.
Schon stolpern sie
15 über den eigenen Schatten davon
von keiner Penelope erwartet
in den Hades ihrer endgültigen Heimat.

In: Bernd Seidensticker, Antje Wessel (Hg.):
Kunerts Antike, Rombach

Text 4

Sie nehmen an einem Redewettbewerb zum Thema „Intergration" teil. Als Input erhalten Sie einen Post (Text a) und einen Textausschnitt aus der Einleitung zu Amartya Sens „Die Identitätsfalle" (Text b).
Verfassen Sie eine **Meinungsrede** und bearbeiten Sie dabei folgende Aufträge:

- **Geben** Sie jeweils den Kerngedanken des Posts und des Textausschnittes **wieder.**
- **Nehmen** Sie zu den beiden Texten kritisch **Stellung.**
- **Erörtern** Sie, warum wir uns einerseits von anderen abgrenzen, uns andererseits aber zu Gruppen zugehörig fühlen wollen.

Schreiben Sie zwischen 405 und 495 Wörter. Markieren Sie Absätze mittels Leerzeilen.

a) *Johanna Miller*
INTEGRATIONSFÄHIGKEIT? (Online-Posting)

Erst wenn berichtet wird, wie toll es ist, dass sich ein Tiroler Wirtschaftsflüchtling in Wien trotz anfänglicher Sprachprobleme gut in seine fremde Umgebung eingefügt hat, oder wie Kärntner Auswanderer in Niederösterreich Anstoß erregen, weil sie sich zerlassenes Schweinefett mit Speckteil-

chen aufs Brot schmieren und in der Buschenschank den Liptauer verweigern wie die türkischen Auswanderer die Putenwurst, ist die Integration erreicht. Oder wir sparen die Patronisierung irgendwelcher, jedweder nach willkürlichen Kriterien (Nationalität, Herkunft) ausgewählter Menschengruppen. Und noch wichtiger: ihre Diskriminierung.

DERSTANDARD.AT

b) Amartya Sen
DIE IDENTITÄTSFALLE (2007)

Im normalen Leben begreifen wir uns als Mitglieder einer Vielzahl von Gruppen – ihnen allen gehören wir an. Eine Person kann gänzlich widerspruchsfrei amerikanische Bürgerin, von karibischer Herkunft, mit afrikanischen Vorfahren, Christin, Liberale, Frau, Vegetarierin, Langstreckenläuferin, Historikerin, Lehrerin, Romanautorin, Feministin, Heterosexuelle, Verfechterin der Rechte von Schwulen und Lesben, Theaterliebhaberin, Umweltschützerin, Tennisfan, Jazzmusikerin und der tiefen Überzeugung sein, dass es im All intelligente Wesen gibt, mit denen man sich ganz dringend verständigen muss (vorzugsweise auf Englisch). Jede dieser Gruppen, denen allen diese Person gleichzeitig angehört, vermittelt ihr eine bestimmte Identität. Keine von ihnen kann als einzige Identitäts- oder Zugehörigkeitskategorie dieser Person aufgefasst werden. Angesichts unserer unausweichlich pluralen Identität müssen wir im jeweils gegebenen Kontext entscheiden, welche Bedeutung wir unseren einzelnen Bindungen und Zugehörigkeiten zumessen.

AMARTYA SEN: DIE IDENTITÄTSFALLE, DTV

Text 5

An Ihrer Schule finden Projekttage zum Thema „Europa und wir" statt. Bei der Eröffnungsveranstaltung halten Sie eine **Meinungsrede**.
Verfassen Sie das Manuskript und bearbeiten Sie dabei folgende Arbeitsaufträge:

- **Geben** Sie NIETZSCHES Ausführungen **wieder**.
- **Beurteilen** Sie, ob NIETZSCHES Vision bereits Realität geworden ist.
- **Erörtern** Sie, ob NIETZSCHES Vorstellungen wünschenswert sind.

Schreiben Sie zwischen 405 und 495 Wörter. Markieren Sie Absätze mittels Leerzeilen.

Friedrich Nietzsche
DER EUROPÄISCHE MENSCH UND DIE VERNICHTUNG DER NATIONEN (1878)

Der Handel und die Industrie, der Bücher- und Briefverkehr, die Gemeinsamkeit aller höheren Kultur, das schnelle Wechseln von Haus und Landschaft, das jetzige Nomadenleben aller Nicht-Landbesitzer – diese Umstände bringen notwendig eine Schwächung und zuletzt eine Vernichtung der Nationen, mindestens der europäischen, mit sich: so daß aus ihnen allen, infolge fortwährender Kreuzungen, eine Mischrasse, die des europäischen Menschen,

entstehen muß. Diesem Ziele wirkt jetzt, bewußt oder unbewußt, die Abschließung der Nationen durch Erzeugung nationaler Feindseligkeiten entgegen, aber langsam geht der Gang jener Mischung dennoch vorwärts, trotz jenen zeitweiligen Gegenströmungen: dieser künstliche Nationalismus ist übrigens so gefährlich, wie der künstliche Katholizismus es gewesen ist, denn er ist in seinem Wesen ein gewaltsamer Not- und Belagerungszustand, welcher von wenigen über viele verhängt ist, und braucht List, Lüge und Gewalt, um sich in Ansehen zu halten. Nicht das Interesse der Vielen (der
15 Völker), wie man wohl sagt, sondern vor allem das Interesse bestimmter Fürstendynastien, sodann das bestimmter Klassen des Handels und der Gesellschaft, treibt zu diesem Nationalismus; hat man dies einmal erkannt, so soll man sich nur ungescheut als guten Europäer ausgeben und durch die Tat an der Verschmelzung der Nationen arbeiten: [...]

FRIEDRICH NIETZSCHE: MENSCHLICHES, ALLZUMENSCHLICHES,
HOLZINGER – ALTE RECHTSCHREIBUNG

Textübergreifende Aufgaben

1. Aufgrund einer an Ihrem Schulstandort abgehaltenen Schwerpunktveranstaltung zum Thema „Integration und Schule" haben Sie sich entschlossen, an die Ministerin/den Minister für Bildung einen **offenen Brief** zu schreiben.
Verfassen Sie diesen Brief und bearbeiten Sie dabei folgende Arbeitsaufträge:

- **Beschreiben** Sie, wie Sie die Situation derzeit an den Schulen wahrnehmen.
- **Setzen** Sie Ihre Erfahrungen in puncto Integration mit medial transportierten Aussagen **in Beziehung.**
- **Begründen** Sie Ihre Forderungen nach konkreten Maßnahmen, die eine Integration erleichtern sollen.

Schreiben Sie zwischen 405 und 495 Wörter. Markieren Sie Absätze mittels Leerzeilen.

2. Im Rahmen einer Schularbeit aus Deutsch sollen Sie nachweisen, dass Sie fähig sind, Texte zu analysieren und zu interpretieren. Lesen Sie die Textvorlagen: „Der europäische Mensch und die Vernichtung der Nationen" (S. 471) und den Ausschnitt aus „Die Identitätsfalle" (S. 471), und verfassen Sie eine vergleichende **Interpretation.**
Bearbeiten Sie dabei folgende Arbeitsaufträge:

- **Fassen** Sie knapp die Aussagen der beiden Textvorlagen **zusammen.**
- **Setzen** Sie die Aussagen der beiden Textvorlagen zueinander **in Beziehung.**
- **Analysieren** Sie sprachliche Auffälligkeiten und überprüfen Sie, inwiefern diese geeignet sind, die Botschaft zu transportieren.
- **Begründen** Sie, welcher Textausschnitt Sie mehr anspricht.

Schreiben Sie zwischen 540 und 660 Wörter. Markieren Sie Absätze mittels Leerzeilen.

Sterben – Tod – Vergänglichkeit

Unter www.trauner.at/themen_hilfsmittel.aspx finden Sie
- eine Zusammenfassung der **maturarelevanten Textsorten** aus Blattwerk 5/6 AHS,
- **Analysebogen** zum Ausdrucken und
- eine Liste an **rhetorischen Stilfiguren.**

Alles ist lächerlich, wenn man an den Tod denkt.

THOMAS BERNHARD, österreichischer Schriftsteller (1931–1989)

Sterben – Tod – Vergänglichkeit

Sterben – Tod – Vergänglichkeit

EINFÜHRUNG

Schreiben Sie – völlig unzensuriert – alle Gedanken auf, die Sie mit dem Thema „Tod und Sterben" verbinden. Fügen Sie so viele Äste an, wie Sie benötigen.

Vergleichen Sie im Anschluss Ihre Ergebnisse – so sie Ihnen nicht zu privat erscheinen – mit jenen einiger Ihrer Klassenkameraden/Klassenkameradinnen.

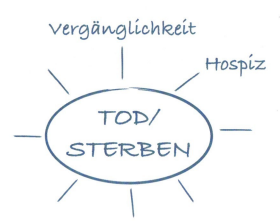

Sterben – Tod – Vergänglichkeit

a) *Zur Vollendung des Menschen gehört auch der Tod, denn auch er gehört zur Bestimmung, das heißt zur Natur des Menschen. Darum heißt der Tote mit Recht der Vollendete.*
Menschlich zu sterben, zu sterben mit dem Bewusstsein, dass du im Tode deine letzte Bestimmung erfüllst, zu sterben also im Frieden mit dem Tode – das sei dein letzter Wunsch, dein letztes Ziel.
Dann triumphierst du auch noch im Tode über den üppigen Traum der christlichen Unsterblichkeit; dann hast du endlich mehr erreicht, als du im Jenseits erreichen willst und doch nimmermehr erreichst.

LUDWIG FEUERBACH

These: _____

Lesen Sie die Zitate, versuchen Sie die Aussagen mit eigenen Worten als Thesen zu formulieren.

Überlegen Sie anschließend, ob Sie diesen Thesen zustimmen können, und **diskutieren** Sie darüber mit Ihren Mitschülern/Mitschülerinnen.

b) *Wer im Gedächtnis seiner Lieben lebt, der ist nicht tot, der ist nur fern; tot ist nur, wer vergessen wird.*

IMMANUEL KANT

These: _____

c) *Nun ist es Zeit wegzugehen: für mich, um zu sterben, für euch, um zu leben. Wer von uns dem Besseren entgegengeht, ist jedem verborgen.*

SOKRATES

These: _____

d) *Die Uhr schlägt. Alle.*

STANISŁAW JERZY LEC

These: _____

Sterben – Tod – Vergänglichkeit

1 Nachdenken über Tod und Sterben

TEXTWERK

Text 1

Sie haben eine Ausstellung zum Thema „Medien und der Tod" besucht. Davon inspiriert, verfassen Sie einen Kommentar für die Schülerzeitung Ihrer Schule. Lesen Sie die Rede „Sterben und Tod weiterhin ein Tabu oder ein Thema für die Medien –".

Verfassen Sie nun einen **Kommentar** und bearbeiten Sie dabei folgende Arbeitsaufträge:

- **Geben** Sie in aller Kürze **wieder,** was Kloeppel zur Verbindung von Medien und dem Tod/dem Sterben sagt.
- **Erörtern** Sie, warum Tod und Sterben einen Dauerbrenner in den Medien darstellen, während das „alltägliche" Sterben aus dem Bewusstsein der Menschen verdrängt zu sein scheint.
- **Beurteilen** Sie Kloeppels Aussage, dass „wir einen gesellschaftlichen, medialen und politischen Diskurs über die Frage, wie wir unser Leben verbringen UND unser Sterben" bräuchten.

Schreiben Sie zwischen 405 und 495 Wörter. Markieren Sie Absätze mittels Leerzeilen.

---

der Tod muß abgeschafft werden, diese verdammte Schweinerei muß aufhören. Wer ein Wort des Trostes spricht, ist ein Verräter
Bazon Brock

Prägeschild in den Hackeschen Höfen in Berlin

STERBEN UND TOD WEITERHIN EIN TABU ODER EIN THEMA FÜR DIE MEDIEN –

Wie gelingt eine erfolgreiche Kommunikation in der Öffentlichkeit?

Vor zwei Wochen wurden wir auf der Titelseite mancher Zeitungen mit dem Bild eines sterbenden oder gerade gestorbenen Mannes konfrontiert – ein Bild, das Menschen erschüttern, anrühren, auf jeden Fall bewegen kann. Es war das
5 *Bild von Michael Jackson auf dem Sterbebett. In vielen Redaktionen dieser Republik, wahrscheinlich sogar auf der ganzen Welt hat man sich die Frage gestellt: Kann man, soll man, muss man das zeigen? Und viele Leser werden sich auch gefragt haben: Kann man, soll man, muss man, will man das sehen? Das erscheint wie eine einfache Frage, aber es gibt darauf keine einfache Ant-*
10 *wort. Und wie man feststellen konnte: In vielen Zeitungen tauchte das Foto nicht auf, auch nicht in allen Fernsehsendungen dieser Republik. Offenbar gibt es keine allgemein gültige Herangehensweise bei DIESER Form der Thematisierung des Todes. Denn ein Tabu ist der Tod in unserer Gesellschaft beileibe nicht – dafür ist seine Präsenz einfach viel zu groß. Vor allem in den Medien.*

15 *Der Tod und die Medien – das scheint eine unauflösliche Verbindung zu sein. Man kann sogar sagen, dass die menschliche Erfahrung mit dem Tod fast nur noch über die Medien vermittelt wird, denn in den vergangenen Jahrzehnten haben wir einen großen Teil unserer traditionellen Erfahrungen mit dem Sterben verloren. Das Todes-„Erlebnis" wird ersetzt durch Beschreibungen oder*
20 *Darstellungen des Todes und die Auflistung von Todesfällen.*

Kein Tag vergeht im Fernsehen ohne Krimi mit Toten, kein Tag aber auch, an dem eine Zeitung oder eine Nachrichtensendung NICHT über den Tod von Menschen berichtet. Da gibt es den Tod von Prominenten, der uns erschüttert, weil sie möglicherweise so „plötzlich aus unserer Mitte gerissen wurden" und
25 *uns damit unsere eigene Vergänglichkeit offen vor Augen halten.*

Da gibt es den Tod durch Naturkatastrophen. Erinnern wir uns an den Tsunami in Japan: Haben wir da nicht mit vor Schreck geweiteten Augen die Bilder von der Flutwelle angesehen, die das Land überrollte und alles mit sich riss? Haben wir da nicht zugeschaut, wissend, dass es für Menschen in dieser Flut keine Überlebenschance gab?

Es gibt den Tod durch Mord, Totschlag, tödliche Verletzungen, Unfälle. Alles sehr real, und leider auch sehr alltäglich.

Es gibt den Tod im Film und im Theater – schon die griechischen Tragödien spielten erfolgreich mit dem Schauder der Zuschauer.

Und es gibt natürlich den Tod in der Literatur. Wenn man beim weltgrößten Online-Bücherhändler Amazon das Wort „Tod" in die Suchmaske eingibt, erhält man 35 842 Ergebnisse allein für Bücher mit dem Wort „Tod" im Titel. Selbst unsere Kinder werden bei der Lektüre von Jugendbüchern mit dem Tod konfrontiert, im Zauberer-Internat Hogwarts bei Harry Potter ist er ein ständiger Begleiter. [...]

Der Tod übt über die Medien eine düstere Faszination auf uns aus – und mit „uns" meine ich sowohl die Medienmacher, die Journalisten, als auch die Konsumenten von Medien, also die Zeitungsleser, die TV-Zuschauer, Radiohörer und Internet-Nutzer. Also eigentlich die ganze Gesellschaft. Wahrscheinlich hat dieses „Faszinosum" auch viel damit zu tun, dass der mediale Tod in gewisser Weise, wie der Sozialhistoriker Norbert Fischer gesagt hat, immateriell abstrakt bleibt. Zitat: „Der Tod erscheint uns als der Tod des Anderen – wir goutieren ihn – beruhigend zu wissen, dass die, die im Film und Fernsehen sterben, weit entfernt von uns selbst sind."

Die Medien berichten immer wieder über den Tod, vor allem über den plötzlichen, unerwarteten. Nicht selten gerät die Verhältnismäßigkeit aus dem Lot. Singuläre Todesfälle von Menschen, denen wir uns – auch wieder über die Medien – „nahe" fühlen, nehmen uns oft emotional tiefer und länger gefangen als rational nachvollziehbar. Das Sterben von Zehntausenden dagegen – wie zum Beispiel in diesen Monaten hungernder Menschen in Somalia und Äthiopien – beherrscht die Schlagzeilen oft nur für ein paar Tage. Dann verschwinden diese Schlagzeilen wieder und machen Platz für neue Nachrichten, die uns aufregen, erfreuen oder erschrecken.
[...]

Dabei ist es nicht so, dass Medienmacher keine konkreteren Regeln für den Umgang mit Tod und Sterben hätten. Es ist sogar relativ einfach, Regeln der Berichterstattung aufzustellen – sie dann im Alltag aber auch immer kategorisch anzuwenden, ist oft umso schwerer.

Der Pressekodex, eine Selbstverpflichtung von Journalisten, ist ein wichtiger Leitfaden. Darin steht zum Beispiel: „Die Berichterstattung über Selbsttötung gebietet Zurückhaltung." Eine gute Regel, aber sie hat auch ihre Ausnahmen. Zum Beispiel wenn es Prominente betrifft, die sich das Leben genommen haben. Oder als kürzlich drei junge Mädchen gemeinsam beschlossen haben, aus dem Leben zu scheiden, und dies dann auch tun. Dabei kann man sich im Pressekodex auf den Satz berufen: „Eine Ausnahme ist zu rechtfertigen, wenn es sich um einen Vorfall der Zeitgeschichte von öffentlichem Interesse handelt." Doch wer definiert so eindeutig das öffentliche Interesse?

In vielen Fernseh-Redaktionen gilt in Anlehnung an den Pressekodex zum Beispiel die Regel, den Tod, oder besser gesagt: das Sterben eines Menschen nicht zu zeigen. So hat man sich weitgehend darauf geeinigt, die fallenden Körper von Menschen, die in höchster Verzweiflung aus dem World Trade Center sprangen, nicht mehr zu zeigen. Doch fast alle haben die Bilder gezeigt, als sie uns zum ersten Mal über Satellit aus Amerika erreichten. Fast als bräuchten wir noch einen Beleg dafür, in welch aussichtsloser Lage sich die dem Tod geweihten Personen befanden. Erst als wir erkannten oder, besser gesagt, begriffen, was wir da eigentlich sahen, blickten wir weg, wandten wir die Augen ab von unserem eigenen Tun.

Wir bewegen uns in Grenzbereichen. Nicht selten gilt das Zeigen des Todes als Beleg für die Wahrhaftigkeit einer Aussage oder eines Vorwurfes – und nicht selten fragen wir uns dann: Wie weit kann man dabei gehen? [...]

Der ehemalige Direktor der Landesmedienanstalt von Nordrhein-Westfalen Norbert Schneider hat einmal gesagt, dass die Frequenz von Berichten über Tote und die Entwicklung des Fernsehens zu einem überwiegend unterhaltsamen Medium in einer inneren Beziehung zueinander stehen: „Je mehr Unterhaltung, desto mehr Sterben." Man könnte diesen Gedanken fortsetzen und sagen, das Sterben ist ein notwendiger Kontrapunkt zur Entertainisierung unserer Welt.

Der alltägliche Tod dagegen, durch Krankheit oder Alter ausgelöst, wird von den Medien so gut wie nicht wahrgenommen. Dabei tritt dieser Fall in Deutschland über 850 000 Mal im Jahr ein. Wir können es uns aber auch nicht „leicht machen", indem wir dem griechischen Philosophen Epikur folgen. Er hat unser bewusstes oder unbewusstes Verdrängen des Todes folgendermaßen zusammengefasst: „Der Tod hat keine Bedeutung für uns: Solange wir da sind, ist der Tod nicht da. Wenn aber der Tod da ist, sind wir nicht mehr da."

Angst vorm Tod haben wir fast alle, besonders vor dem überraschenden Tod oder den Schmerzen, die er mit sich bringen kann, und wir haben Angst vor der Einsamkeit im Sterben. Umso lohnenswerter ist die Aufgabe, der Sie sich widmen. Denn es geht nicht darum, den Tod zu verdrängen, die letzten Dinge des Lebens ins Dunkle abzudrängen, sondern sie erträglicher zu machen, für die betroffenen Menschen, ihre Angehörigen, Freunde und Familien.

Wir dürfen nicht erst dann über das Sterben sprechen, wenn es dafür zu spät ist, und wir können den Tod auch nicht totschweigen. Das Sterben erschüttert uns oft mehr als die Endgültigkeit des Todes, und gerade deshalb dürfen wir es nicht tabuisieren. Es betrifft uns alle – irgendwann. Deshalb brauchen wir einen gesellschaftlichen, medialen und politischen Diskurs über die Frage, wie wir unser Leben verbringen UND unser Sterben. Gerade jetzt, wo unsere Lebenserwartung mit jedem Jahr steigt, unsere Gesellschaft älter wird und man angesichts medizinischer Fortschritte vor dem Sterben in Form des erzwungenen Überlebens manchmal mehr Angst hat als vor dem Tod.

Kann man und vor allem darf man in diesem Zusammenhang überhaupt von einer erfolgreichen Kommunikation in der Öffentlichkeit sprechen? Hat das nicht den Unterton von – flapsig ausgedrückt: „Take it easy, Sterben ist gar nicht so schlimm." Ich persönlich tue mich schwer, für dieses Thema eine Kommunikationsstrategie einzufordern, geschweige denn anzubieten. Wie so oft sind es die kleinen Schritte, die mehr Erfolg versprechen als die großen Strategien oder PR-Kampagnen. Kleine Schritte, die jeder von uns gehen

Diskutieren Sie mit Ihren Mitschülern/Mitschülerinnen:

- Warum sind Tod und Sterben Tabuthemen in unserer Gesellschaft?
- KLOEPPEL meinte in seinem Vortrag: „*Der Tod übt über die Medien eine düstere Faszination auf uns aus [...].*" – Wie erklären Sie sich diese Faszination?
- Wie weit darf man bei der Darstellung von Sterben und Tod in den Medien gehen?

muss, im täglichen Gespräch mit Verwandten, Freunden, Patienten, Ärzten, Pflegekräften, Medienvertretern, Meinungsbildnern. Es müssen Gesprächs- und Denkbarrieren beseitigt werden, aber behutsam wie bei allen sensiblen Themen, nicht mit dem Vorschlaghammer. Und erfolgreich lässt sich dies nur bewerkstelligen, wenn sich jeder für diese Kommunikation mitverantwortlich fühlt – nur dann wird sie auch als kompetent und verantwortungsbewusst angesehen.

Der Tod wird nie zur „Normalität" im Leben – auch nicht durch die mannigfachen medialen Darstellungsformen. Das können wir uns einfach nicht wünschen. Aber was ich mir wünschen würde, wäre, dass alle Institutionen, ob es nun Krankenhäuser, Altenheime, Pflegedienste, die Pharmaindustrie, Krankenkassen und -versicherungen sind, aber auch die Politik, dass sie alle die Notwendigkeit verstehen: Sterbebegleitung im Rahmen der Hospizbewegung und der Palliativmedizin ist Teil einer humanen Gesellschaft, für den es sich einzusetzen lohnt. Denn wenn wir alle schon nicht die Frage nach dem „Wann" beantworten können, sollten wir wenigstens eine Antwort auf die Frage nach dem „Wie" geben können.

Peter Kloeppel, www.dhpv.de

Hospiz = Einrichtung zur Betreuung schwer kranker oder sterbender Menschen

palliativ = schmerzlindernd

DHPV = **D**eutscher **H**ospiz- und **P**alliativ-**V**erband

Text 2

Im Rahmen einer Schularbeit aus Deutsch sollen Sie nachweisen, dass Sie fähig sind, literarische Texte zu analysieren, zu interpretieren und miteinander in Bezug zu setzen. **Analysieren** und **interpretieren** Sie den Gedicht-Ausschnitt aus Rainer Maria Rilkes „Stundenbuch" (Randspalte) und den Textausschnitt aus „Malte Laurids Brigge".
Bearbeiten Sie dabei folgende Aufträge:

- **Fassen** Sie die gedanklichen Leitlinien beider Texte **zusammen.**
- **Analysieren** Sie den Romanausschnitt nach sprachlichen Auffälligkeiten.
- **Setzen** Sie die Aussage des Romanausschnitts **in Beziehung** zum Ausschnitt aus Rilkes „Stundenbuch".

Schreiben Sie zwischen 405 und 495 Wörter. Markieren Sie Absätze mittels Leerzeilen.

Rainer Maria Rilke
DIE AUFZEICHNUNGEN DES MALTE LAURIDS BRIGGE (1910)

Dieses ausgezeichnete Hotel ist sehr alt, schon zu König Chlodwigs Zeiten starb man darin in einigen Betten. Jetzt wird in 559 Betten gestorben. Natürlich fabriksmäßig. Bei so enormer Produktion ist der einzelne Tod nicht so gut ausgeführt, aber darauf kommt es auch nicht an. Die Masse macht es. Wer gibt heute noch etwas für einen gut ausgearbeiteten Tod? Niemand. Sogar die Reichen, die es sich doch leisten könnten, ausführlich zu sterben, fangen an, nachlässig und gleichgültig zu werden; der Wunsch, einen eigenen Tod zu haben, wird immer seltener. Eine Weile noch, und er wird ebenso selten sein wie ein eigenes Leben. Gott, das ist alles da. Man kommt, man findet ein Leben, fertig, man hat es nur anzuziehen. Man will gehen oder

Rainer Maria Rilke
DAS STUNDENBUCH
(Ausschnitt)

O Herr, gib jedem seinen
  eignen Tod,
das Sterben, das aus jenem
  Leben geht,
darin er Liebe hatte, Sinn
  und Not.

Denn wir sind nur die Schale
  und das Blatt.
Der große Tod, den jeder in
  sich hat,
das ist die Frucht, um die
  sich alles dreht.

Rainer Maria Rilke: das
Stundenbuch, Insel

man ist dazu gezwungen: nun, keine Anstrengung: Voilà votre mort, monsieur. Man stirbt, wie es gerade kommt: Man stirbt den Tod, der zu der Krankheit gehört, die man hat (denn seit man alle Krankheiten kennt, weiß man auch, dass die verschiedenen letalen Abschlüsse zu den Krankheiten gehören und nicht zu den Menschen; und der Kranke hat sozusagen nichts zu tun).

In den Sanatorien, wo ja gern und mit so viel Dankbarkeit gegen Ärzte und Schwestern gestorben wird, stirbt man einen von den an der Anstalt angestellten Toden: Das wird gern gesehen. Wenn man aber zu Hause stirbt, ist es natürlich, jenen höflichen Tod der guten Kreise zu wählen, mit dem gleichsam das Begräbnis erster Klasse schon anfängt und die ganze Folge seiner wunderschönen Gebräuche. Da stehen dann die Armen vor so einem Haus und sehen sich satt. Ihr Tod ist natürlich banal, ohne alle Umstände. Sie sind froh, wenn sie einen finden, der ungefähr passt. Zu weit darf er sein: Man wächst immer noch ein bisschen. Nur wenn er nicht zugeht über der Brust oder würgt, dann hat er seine Not!

RAINER MARIA RILKE: DIE AUFZEICHNUNGEN DES MALTE LAURIDS BRIGGE, INSEL

Text 3

Im Rahmen des Ethik-/Religionsunterrichts wurde das Thema Sterbehilfe diskutiert. Zur Ergebnissicherung dieser Unterrichtseinheit sollen Sie eine Erörterung zum Thema „Sollte Sterbehilfe legalisiert werden?" schreiben.
Lesen Sie das Interview „Sterbehilfe muss legalisiert werden".
Verfassen Sie nun eine **Erörterung** und bearbeiten Sie dabei folgende Arbeitsaufträge:

- **Geben** Sie Herrn Domians Meinung zu Sterbehilfe **wieder.**
- **Setzen** Sie Herrn Domians Wunsch nach Legalisierung der Sterbehilfe mit der gesetzlichen Lage in Österreich **in Beziehung.**
- **Diskutieren** Sie Vor- und Nachteile einer Legalisierung von Sterbehilfe.

Schreiben Sie zwischen 540 und 660 Wörter. Markieren Sie Absätze mittels Leerzeilen.

„STERBEHILFE MUSS LEGALISIERT WERDEN"

Jürgen Domian, Telefon-Talk-Moderator, unterhält sich in seinem neuen Buch mit dem Tod.

Warum wollten Sie ein Interview mit dem Tod führen, warum nicht mit Gott?
Jürgen Domian: Der Tod ist mein Lebensthema schlechthin, er hat mich schon als kleiner Junge beschäftigt. Er ist das größte Mysterium unserer Existenz. Die Frage nach Tod und Endlichkeit ist immer mit der Frage nach dem Sinn des Lebens verbunden. Für die Dialogform habe ich mich entschieden, weil ich glaube, dass der Dialog direkter und sinnlicher als ein Text beschreibt. In meiner Sendung bin ich so oft mit dem Thema Sterben und Tod konfrontiert. Und ich möchte in meinem kleinen Wirkungsrahmen dazu beitragen,

dass der Tod wieder mehr zu unserem Leben als Einheit gedacht wird – und das ist in unserer westlichen Welt nicht der Fall.

Der Tod klingt in dem Buch, als würden Sie sich mit Ihrem Alter Ego unterhalten.
Es war in der Tat ein tiefer, innerer Dialog. Bei der Konzeption war es für mich das Schwierigste, dem Tod eine Haltung zu geben. Ich habe lange mit mir gerungen und mit meinem Lektor darüber gesprochen, wie ich das machen sollte. Ich habe mich viele Jahre mit interreligiöser Mystik beschäftigt, unter anderem mit Zen-Buddhismus. Und in diesem Buch musste ich den Tod mit allen existenziellen Fragen konfrontieren, die uns Menschen betreffen. Ich habe mir den Tod aber nicht vorgestellt, ich habe ihn bloß mit meinem inneren Ohr gehört.

In einer Antwort auf Ihre Fragen rät der Tod, wie man mit dem Abschied von Menschen im Todesfall umgehen soll – es soll die Freude überwiegen, dass es den Menschen einmal gegeben hat. Bringen Sie diese Freude beim Verlust eines Menschen selbst zustande?
Das ist eines der schwierigsten Themen des Buches. Es ist ein Versuch des Trostes. Ich glaube, dass man dazu nur imstande ist, wenn man schon einen langen Lebensweg gegangen ist, einen Weg der Kontemplation, eine tiefe Sinnsuche. Wenn ich in meiner Sendung mit der Mutter eines ermordeten oder vor Kurzem verstorbenen Kindes spreche, dann gibt es keinen Trost. Ich kann das nicht. Der Tod ist so gegenwärtig, meine Funktion ist das Dasein und das Zuhören.

Sie schreiben unter anderem über eine Frau, die ankündigt, sie werde in der Schweiz Sterbehilfe in Anspruch nehmen. Wäre Sterbehilfe ein Weg für Sie, den Zeitpunkt Ihres Todes selbst zu bestimmen?
Sterbehilfe muss legalisiert werden. Es wäre schon ein großer Fortschritt, sofern der assistierte Suizid erlaubt werden würde – wie in der Schweiz. Nicht in Form einer Sterbehilfe-Gruppe, sondern im Rahmen einer Klinik oder im hausärztlichen Bereich. Ich weiß nicht, ob ich jemals Sterbehilfe in Anspruch nehmen würde, aber es wäre für mich so beruhigend, wenn es zu einer extremen Situation kommt, diese Möglichkeit zu haben. Der Tod soll die letzte Freiheit des Menschen sein, man soll sagen können: „Erlöst mich, bitte schenkt mir den Tod." Natürlich auf der Basis strengster Regelungen, nur im finalen Krankheitsfall und ausschließlich klaren Geistes. Ich empfinde es als einen Skandal, dass wir alle möglichen Freiheiten haben, aber wir können nicht verbindlich das Ende unseres Lebens festlegen.

Hat sich Ihr Verhältnis zum Tod durch die intensive Auseinandersetzung verändert?
Ja, eindeutig, auch durch das Schreiben dieses Buches. Ich habe meine Angst vor dem Tod weitgehend verloren, nicht die Angst vor dem Sterben, aber jene vor dem Tod. Ich wünsche mir, dorthin zu kommen, dass, wenn es eines Tages so weit sein wird, ich die Abgeklärtheit habe, dass es in diesem Moment auch gut ist. Große, weise Menschen können das. Alle spirituellen Weltanschauungen sagen, dass man Tod und Leben als Einheit sehen muss. Im Psalm 90 finden wir den Satz: „Herr, lehre uns zu erkennen, dass wir sterblich sind, auf dass wir klug werden." Und Buddha sagt: „Die höchste Meditation aller Meditationen ist die vor dem Tod." Und wenn man schon vor Jahrtausenden diese Erkenntnisse gehabt hat, dann muss ja auch was dran sein.

OBERÖSTERREICHISCHE NACHRICHTEN, OHNE VERFASSER/IN

Stellen Sie sich vor, Sie hätten die Möglichkeit, ein **Interview** mit dem Tod zu führen. Welche Fragen würden Sie ihm stellen?
Listen Sie diese **auf.** Vielleicht gelingt es Ihnen auch, zu manchen Ihrer Fragen Antworten zu formulieren.

Text 4

Im Rahmen einer Schularbeit aus Deutsch sollen Sie nachweisen, dass Sie fähig sind, literarische Texte zu analysieren und zu interpretieren.
Analysieren und **interpretieren** Sie das Gedicht „Vom Tod ohne Übertreibung" und bearbeiten Sie dabei folgende Aufträge:

- **Fassen** Sie die gedanklichen Leitlinien des Gedichtes **zusammen.**
- **Analysieren** Sie das Gedicht nach formalen und sprachlichen Kriterien.
- **Charakterisieren** Sie den Tod, wie Szymborska ihn darstellt.
- **Beurteilen** Sie diese Darstellung.

Schreiben Sie zwischen 540 und 660 Wörter. Markieren Sie Absätze mittels Leerzeilen.

Wisława Szymborska
VOM TOD OHNE ÜBERTREIBUNG

Er kennt keinen Spaß,
keine Sterne, Brücken, Webereien,
weder Bergwerk, Landwirtschaft
4 noch Schiffsbau oder Kuchen-
    bäckerei.

Schmieden wir Pläne für morgen,
spricht er das letzte Wort
nicht zum Thema.

8 Er kann nicht einmal das,
was zu seinem Beruf gehört:
die Gruft ausheben,
den Sarg zimmern,
12 danach aufräumen.

Mit dem Töten beschäftigt,
tut er es linkisch,
ohne System und Übung.
16 Als müsste er's an jedem von uns
    noch erlernen.

Sieg hin, Sieg her,
doch wie viele Niederlagen,
Fehlschläge,
20 und immerzu neue Versuche!

Manchmal fehlt ihm die Kraft,
eine Fliege in der Luft zu fangen.
Gegen manche Raupe
24 verliert er den Wettlauf im
    Kriechen.

All diese Knollen, Hülsen,
Fühler, Flossen, Atemröhren,
Festgefieder und Winterfelle
28 zeugen von Rückständen
    seiner Plackerei.

Böser Wille genügt nicht,
sogar unser Beistand bei Kriegen
    und Revolutionen
32 half bis jetzt wenig.

In Eiern pochen Herzen.
Säuglingsskelette wachsen.
Samenkörner treiben die ersten
    zwei Blätter,
36 oft wachsen sie zu hohen Bäumen
    am Horizont.

Wer behauptet, der Tod sei all-
    mächtig,
ist lebendiger Gegenbeweis.

Es gibt kein Leben,
40 das nicht wenigstens für einen
    Augenblick
unsterblich wäre.

Der Tod
kommt immer um einen Augen-
    blick zu spät.

44 Umsonst rüttelt er am Griff
der unsichtbaren Tür.
Er kann, was jemand erreicht hat,
nicht rückgängig machen.

WISŁAWA SZYMBORSKA: AUF WIEDERSEHN. BIS MORGEN, SUHRKAMP

Text 5

Für eine Website, die Schülerinnen und Schülern Lektürehilfe bietet, verfassen Sie eine Interpretation des Schlusses von SAINT-EXUPÉRYS „Der kleine Prinz". Lesen Sie den Auszug aus „Der kleine Prinz".
Verfassen Sie nun eine **Interpretation** und bearbeiten Sie dabei folgende Arbeitsaufträge:

- **Fassen** Sie den Auszug aus „Der kleine Prinz" **zusammen.**
- **Erklären** Sie, wie Sterben und Tod dargestellt werden.
- **Deuten** Sie, was dieses Zuhause ist, zu dem der kleine Prinz nach dem Schlangenbiss reist.

Schreiben Sie zwischen 405 und 495 Wörter. Markieren Sie Absätze mittels Leerzeilen.

Antoine de Saint-Exupéry
DER KLEINE PRINZ (1943)

Neben dem Brunnen stand die Ruine einer alten Steinmauer. Als ich am nächsten Abend von meiner Arbeit zurückkam, sah ich von weitem meinen kleinen Prinzen da oben sitzen, mit herabhängenden Beinen. Und ich hörte ihn sprechen.
„Du erinnerst dich also nicht mehr?", sagt er. „Es ist nicht ganz genau hier!" Zweifellos antwortete ihm eine andere Stimme, da er erwiderte: „Doch! Doch! Es ist wohl der Tag, aber nicht ganz genau der Ort ..."
Ich setzte meinen Weg zur Mauer fort. Ich sah und hörte niemanden. Dennoch erwiderte der kleine Prinz von neuem:
„Gewiß. Du wirst sehen, wo meine Spur im Sand beginnt. Du brauchst mich nur dort zu erwarten. Ich werde heute nacht dort sein."
Ich war zwanzig Meter von der Mauer entfernt und sah noch immer nichts. Der kleine Prinz sagte noch, nach einem kurzen Schweigen:
„Du hast gutes Gift? Bist du sicher, daß du mich nicht lange leiden läßt?"
Ich blieb stehen, und das Herz preßte sich mir zusammen, aber ich verstand noch immer nicht.
„Jetzt geh weg", sagt er, „ich will hinunterspringen!"
Da richtete ich selbst den Blick auf den Fuß der Mauer, und ich machte einen Satz! Da war, zum kleinen Prinzen emporgereckt, eine dieser gelben Schlangen, die euch in dreißig Sekunden erledigen. Ich wühlte in meiner Tasche nach meinem Revolver und begann zu laufen, aber bei dem Lärm, den ich machte, ließ sich die Schlange sachte in den Sand gleiten, wie ein Wasserstrahl, der stirbt, und ohne allzu große Eile schlüpfte sie mit einem leichten metallenen Klirren zwischen die Steine.
Gerade rechtzeitig kam ich zur Mauer, um mein kleines Kerlchen von einem Prinzen in meinen Armen aufzufangen; er war bleich wie der Schnee.
„Was sind das für Geschichten! Du sprichst jetzt mit Schlangen?!"
Ich hatte ihm sein ewiges gelbes Halstuch abgenommen. Ich hatte ihm die Schläfen genetzt und ihm zu trinken gegeben. Und jetzt wagte ich nicht, ihn weiter zu fragen.
Er schaute mich ernsthaft an und legte seine Arme um meinen Hals. Ich fühlte sein Herz klopfen wie das eines sterbenden Vogels, den man mit der Flinte geschossen hat. Er sagte zu mir:
„Ich bin froh, daß du gefunden hast, was an deiner Maschine fehlte. Du wirst nach Hause zurückkehren können ..."
„Woher weißt du das?"
Ich hatte ihm gerade erzählen wollen, daß mir gegen alle Erwartungen meine Arbeit geglückt sei.

Der kleine Prinz (Graffito)

> Was wichtig ist,
> sieht man nicht ...
> Das ist wie mit der Blume.
> Wenn du eine Blume
> liebst, die auf einem Stern
> wohnt, so ist es süß, bei
> Nacht den Himmel zu
> betrachten. Alle Sterne
> sind voll Blumen.

Er antwortete nicht auf meine Frage, fuhr aber fort:

40 „Auch ich werde heute nach Hause zurückkehren ..."

Dann schwermütig: „Das ist viel weiter ... Das ist viel schwieriger ..."

Ich fühlte wohl, daß etwas Außergewöhnliches vorging.

Ich schloß ihn fest in die Arme wie ein kleines Kind, und doch schien es mir, als stürzte er senkrecht in einen Abgrund, ohne daß ich imstande war, ihn
45 zurückzuhalten ...

Sein Blick war ernst; er verlor sich in weiter Ferne:

„Ich habe dein Schaf. Und ich habe die Kiste für das Schaf. Und ich habe den Maulkorb ..."

Und er lächelte schwermütig.

50 Ich wartete lange. Ich fühlte, daß er sich mehr und mehr erwärmte:

„Kleines Kerlchen, du hast Angst gehabt ..."

Er hatte Angst gehabt, ganz gewiß! Aber er lachte sanft:

„Ich werde heute abend noch viel mehr Angst haben ..."

Wieder lief es mir eisig über den Rücken bei dem Gefühl des Unabwend-
55 baren. Dieses Lachen nie mehr zu hören – ich begriff, daß ich den Gedanken nicht ertrug. Es war für mich ein Brunnen in der Wüste.

„Kleines Kerlchen, ich will dich noch mehr lachen hören ..."

Aber er sagte zu mir:

„Diese Nacht wird es ein Jahr. Mein Stern wird sich gerade über dem Ort
60 befinden, wo ich letztes Jahr gelandet bin ..."

„Kleines Kerlchen, ist sie nicht ein böser Traum, diese Geschichte mit der Schlange und der Vereinbarung und dem Stern ..."

Aber er antwortete nicht auf meine Frage.

Er sagte: „Was wichtig ist, sieht man nicht ..."

65 „Gewiß ..."

„Das ist wie mit der Blume. Wenn du eine Blume liebst, die auf einem Stern wohnt, so ist es süß, bei Nacht den Himmel zu betrachten. Alle Sterne sind voll Blumen."

„Gewiß ..."

70 „Das ist wie mit dem Wasser. Was du mir zu trinken gabst, war wie Musik, die Winde und das Seil ... du erinnerst dich ... es war gut."

„Gewiß ..."

„Du wirst in der Nacht die Sterne anschauen. Mein Zuhause ist zu klein, um dir zeigen zu können, wo es umgeht. Es ist besser so. Mein Stern wird
75 für dich einer der Sterne sein. Dann wirst du alle Sterne gern anschauen ... Alle werden sie deine Freunde sein. Und dann werde ich dir ein Geschenk machen ..."

Er lachte noch.

„Ach! Kleines Kerlchen, kleines Kerlchen! Ich höre dieses Lachen so gern!"

80 „Gerade das wird mein Geschenk sein ... Es wird sein wie mit dem Wasser ..."

„Was willst du sagen?" Die Leute haben Sterne, aber es sind nicht die gleichen. Für die einen, die reisen, sind die Sterne Führer. Für andere sind sie nichts als kleine Lichter. Für wieder andere, die Gelehrten, sind sie Probleme.
85 Für meinen Geschäftsmann waren sie Gold. Aber alle diese Sterne schweigen. Du, du wirst Sterne haben, wie sie niemand hat ..."

„Was willst du sagen?"

„Wenn du bei Nacht den Himmel anschaust, wird es dir sein, als lachten alle Sterne, weil ich auf einem von ihnen wohne, weil ich auf einem von ihnen
90 lache. Du allein wirst Sterne haben, die lachen können!"

Und er lachte wieder.

„Und wenn du dich getröstet hast (man tröstet sich immer), wirst du froh sein, mich gekannt zu haben. Du wirst immer mein Freund sein. Du wirst Lust haben, mit mir zu lachen. Und du wirst manchmal dein Fenster öffnen, gerade so, zum Vergnügen ... Und deine Freunde werden sehr erstaunt sein, wenn sie sehen, daß du den Himmel anblickst und lachst. Dann wirst du ihnen sagen: ‚Ja, die Sterne, die bringen mich immer zum Lachen!' Und sie werden dich für verrückt halten. Ich werde dir einen hübschen Streich gespielt haben ..."

Und er lachte wieder.

„Es wird sein, als hätte ich dir statt der Sterne eine Menge kleiner Schellen geschenkt, die lachen können ..."

Und er lachte noch immer. Dann wurde er wieder ernst:

„Diese Nacht ... weißt du ... komm nicht!"

„Ich werde dich nicht verlassen." [...]

Aber er war voll Sorge.

„Ich sage dir das ... auch wegen der Schlange. Sie darf dich nicht beißen ... Die Schlangen sind böse. Sie können zum Vergnügen beißen ..."

„Ich werde dich nicht verlassen."

Aber etwas beruhigte ihn:

„Es ist wahr, sie haben für den zweiten Biß kein Gift mehr ..."

Ich habe es nicht gesehen, wie er sich in der Nacht auf den Weg machte. Er war lautlos entwischt. Als es mir gelang, ihn einzuholen, marschierte er mit raschem, entschlossenem Schritt dahin.

Er sagte nur:

„Ah, du bist da ..."

Und er nahm mich bei der Hand. Aber er quälte sich noch:

„Du hast nicht recht getan. Es wird dir Schmerz bereiten. Es wird aussehen, als wäre ich tot, und das wird nicht wahr sein ..."

Ich schwieg.

„Du verstehst. Es ist zu weit. Ich kann diesen Leib da nicht mitnehmen. Er ist zu schwer."

Ich schwieg.

„Aber er wird daliegen wie eine alte verlassene Hülle. Man soll nicht traurig sein um solche alten Hüllen ..."

Ich schwieg.

Er verlor ein bißchen den Mut. Aber er gab sich noch Mühe:

„Weißt du, es wird allerliebst sein. Auch ich werde die Sterne anschauen. Alle Sterne werden Brunnen sein mit einer verrosteten Winde. Alle Sterne werden mir zu trinken geben ..."

Ich schwieg.

„Das wird so lustig sein! Du wirst fünfhundert Millionen Schellen haben, ich werde fünfhundert Millionen Brunnen haben ..."

Und auch er schwieg, weil er weinte ...

„Da ist es. Laß mich einen Schritt ganz allein tun."

Und er setzte sich, weil er Angst hatte.

Er sagte noch:

„Du weißt ... meine Blume ... ich bin für sie verantwortlich! Und sie ist so schwach! Und sie ist so kindlich. Sie hat vier Dornen, die nicht taugen, sie gegen die Welt zu schützen ..."

Ich setzte mich, weil ich mich nicht mehr aufrecht halten konnte.

Er sagte: „Hier ... Das ist alles ..."

Er zögerte noch ein bißchen, dann erhob er sich. Er tat einen Schritt. Ich konnte mich nicht rühren.

Es war nichts als ein gelber Blitz bei seinem Knöchel. Er blieb einen Augenblick reglos. Er schrie nicht. Er fiel sachte, wie ein Blatt fällt. Ohne das leiseste Geräusch fiel er in den Sand.

ANTOINE DE SAINT-EXUPÉRY: DER KLEINE PRINZ, KARL RAUCH – ALTE RECHTSCHREIBUNG

Ein anderes Gespräch: Wie könnte der Ich-Erzähler den kleinen Prinzen zum Bleiben bewegen? **Verfassen** Sie einen **Dialog**.

2 Vergänglichkeit — TEXTWERK

Text 1

■ Lesen und interpretieren Sie das Gedicht.
Verfassen Sie anschließend einen **inneren Monolog,** der die Gedanken des lyrischen Ichs wiedergibt.

Hugo von Hofmannsthal
TERZINEN ÜBER VERGÄNGLICHKEIT (verfasst 1894, erschienen 1922)

Noch spür' ich ihren Atem auf den Wangen:
wie kann das sein, daß diese nahen Tage
3 fort sind, für immer fort, und ganz vergangen?

Dies ist ein Ding, das keiner voll aussinnt,
und viel zu grauenvoll, als daß man klage:
6 daß alles gleitet und vorüberrinnt

und daß mein eignes Ich, durch nichts gehemmt,
herüberglitt aus einem kleinen Kind
9 mir wie ein Hund unheimlich stumm und fremd.

Dann: daß ich auch vor hundert Jahren war
und meine Ahnen, die im Totenhemd,
12 mit mir verwandt sind wie mein eignes Haar,

so eins mit mir als wie mein eignes Haar.

In: Marcel Reich-Ranicki (Hg.): Die besten Deutschen Gedichte, Insel

Hugo von Hofmannsthal, österreichischer Schriftsteller (1874–1929)

Text 2

■ Erstellen Sie eine „**visualisierende Interpretation**" (mit oder ohne Powerpoint) zu Kafkas „Kleider".

  ▶ Lassen Sie zuerst den Text in Ihrem Kopf zu **Bildern** werden.
  Nun haben Sie zwei Möglichkeiten: Entweder Sie zeichnen diese Bilder auf oder Sie suchen passende Bilder im Internet, die Sie als Hintergrund verwenden.
  ▶ Anschließend **gestalten** Sie den **Text:** Beachten Sie, dass unterschiedliche Schriftarten oder -grade unterschiedliche Assoziationen beim Betrachter hervorrufen.

Franz Kafka
KLEIDER (1913)

Oft wenn ich Kleider mit vielfachen Falten, Rüschen und Behängen sehe,
die über schönen Körpern sich legen, dann denke ich, daß sie nicht lange so
erhalten bleiben, sondern Falten bekommen, nicht mehr geradezuglätten,
Staub bekommen, der, dick in der Verzierung, nicht mehr zu entfernen ist,
5 und daß niemand so traurig und lächerlich sich wird machen wollen, täglich
das gleiche kostbare Kleid früh anzulegen und abends auszuziehn.

Doch sehe ich Mädchen, die wohl schön sind und vielfach reizende Muskeln und Knöchelchen und gespannte Haut und Massen dünner Haare zeigen, und doch tagtäglich in diesem einen Maskenanzug erscheinen, immer das gleiche Gesicht in die gleichen Handflächen legen und von ihrem Spiegel widerscheinen lassen.

Nur manchmal am Abend, wenn sie spät von einem Feste kommen, scheint es ihnen im Spiegel abgenützt, gedunsen, verstaubt, von allen schon gesehn und kaum mehr tragbar.

Franz Kafka: Die Erzählungen, Fischer – alte Rechtschreibung

Text 3

1. Im Rahmen einer Schularbeit aus Deutsch sollen Sie nachweisen, dass Sie fähig sind, Erörterungen zu verfassen.
   Lesen Sie den Bericht „Der letzte Schrei? Twittern aus dem Jenseits".
   Verfassen Sie nun eine **Erörterung** und bearbeiten Sie dabei folgende Arbeitsaufträge:

   - **Beschreiben** Sie, was „Dead Social" ist und welche Dienste es anbietet.
   - **Beurteilen** Sie Norris' Aussage, „Dead Social" könne auch therapeutisch sein.
   - **Begründen** Sie Ihre Entscheidung, sich (nicht) bei „Dead Social" zu registrieren.
   - **Diskutieren** Sie die Sinnhaftigkeit, mittels sozialer Netzwerke Unsterblichkeit erlangen zu wollen.

   Schreiben Sie zwischen 540 und 660 Wörter. Markieren Sie Absätze mittels Leerzeilen.

2. Eine große Tageszeitung lässt in ihrem Feuilleton-Teil Jugendliche zu Wort kommen. Thema des Beitrags soll sein: Um unsterblich zu sein oder nachhaltige Spuren auf der Erde zu hinterlassen, unternehmen viele Menschen große Anstrengungen.
   Gehen Sie in einem **Essay** der Frage nach, woher unser Wunsch nach Unsterblichkeit wohl kommen mag.

DER LETZTE SCHREI? TWITTERN AUS DEM JENSEITS

Ein neuer Dienst ermöglicht es, auch nach dem Tod Nachrichten über Facebook, Twitter und Co. zu verschicken.

*Auf der Homepage prangen die Porträts verstorbener Berühmtheiten wie Marilyn Monroe, Steve Jobs und Amy Winehouse. „Register forever free", wird der User eingeladen. Dead Social ist ein Dienst zur Verbreitung von Nachrichten, die Menschen nach ihrem Ableben über diverse Social Networks wie Facebook, Twitter und Google+ versenden können. „Das ermöglicht es, unser digitales Leben im Netz zu verlängern", sagt Gründer James Norris.
Wie das funktioniert? User können sich bei deadsoci.al registrieren und Botschaften verfassen, die zu einem bestimmten Zeitpunkt (nach ihrem Tod) an bestimmte Leute verschickt werden. So kann ein Vater seinen Kindern jedes*

Jahr zum Geburtstag gratulieren, auch Jahre nach seinem Tod. Damit das System weiß, dass man tot ist, muss allerdings ein Vertrauter die notwendigen Änderungen vornehmen.

„I'm dead", postet einer der User: Auf dem Profilfoto ist ein älterer Herr zu sehen, dem eine Giraffe über das Gesicht leckt. „OK, ich bin jetzt tot, also vergesst die Regeln nicht: Kein Geheule auf meiner Beerdigung – niemand weinte für mich, als ich noch am Leben war, wieso also jetzt anfangen? Und: Es sollte Bier geben." Und eine Nutzerin freut sich über den neuen Webdienst: „Gott sei Dank kann ich meine Facebook-Freunde jetzt auch als Tote noch belästigen." Ein anderer schreibt: „Seht her, ich stehe über dem Jordan und lächle ... gesund und munter. Wir sehen uns später ;-p." Auch Gruppen können gegründet werden. „Vegans and Vegetarians of the Afterlife" heißt eine von ihnen: „Für Menschen die zu ihren Lebzeiten Tiere liebten und damit auch nach ihrem Tod nicht aufhören werden!"

Ende April präsentierte Norris seine Idee bei der Internetkonferenz „The Next Web" in Amsterdam. Die Reaktionen reichten von Verwirrung bis Empörung, Kritiker merken an, dass man den Verlust einer Person akzeptieren sollte, anstatt auf Nachrichten aus dem Jenseits zu hoffen. Norris ist selbstverständlich anderer Meinung. „Es wäre doch unglaublich, eine Nachricht von einem bereits verstorbenen Freund oder Angehörigen zu bekommen", sagt er. „DeadSocial kann auch therapeutisch sein, für den Verfasser der Nachrichten und für den, der sie nach seinem Tod liest." [...]

Im Moment versucht man noch, neue Nutzer anzuwerben, „einige Tausend" wären es bereits. Wie das Unternehmen einmal Profit abwerfen soll, scheint Norris selbst noch nicht ganz klar zu sein: „Wahrscheinlich durch Werbung, aber da müssen wir vorsichtig sein. Wenn, dann werden wir nur Schaltungen akzeptieren, die angebracht sind." [...]

SIOBHÁN GEETS, DIE PRESSE

Text 4

Sigmund Freud
VERGÄNGLICHKEIT (1916)

Vor einiger Zeit machte ich in Gesellschaft eines schweigsamen Freundes und eines jungen, bereits rühmlich bekannten Dichters einen Spaziergang durch eine blühende Sommerlandschaft. Der Dichter bewunderte die Schönheit der Natur um uns, aber ohne sich ihrer zu erfreuen. Ihn störte der Gedanke, daß all diese Schönheit dem Vergehen geweiht war, daß sie im Winter dahingeschwunden sein werde, aber ebenso jede menschliche Schönheit und alles Schöne und Edle, was Menschen geschaffen haben und schaffen könnten. Alles, was er sonst geliebt und bewundert hätte, schien ihm entwertet durch das Schicksal der Vergänglichkeit, zu dem es bestimmt war.

Wir wissen, daß von solcher Versenkung in die Hinfälligkeit alles Schönen und Vollkommenen zwei verschiedene seelische Regungen ausgehen können. Die eine führt zu dem schmerzlichen Weltüberdruß des jungen Dichters, die andere zur Auflehnung gegen die behauptete Tatsächlichkeit. Nein, es ist unmöglich, daß all diese Herrlichkeiten der Natur und der Kunst, unserer Empfindungswelt und der Welt draußen, wirklich in Nichts zergehen sollten. Es wäre zu unsinnig und zu frevelhaft, daran zu glauben. Sie müssen in irgend einer Weise fortbestehen können, allen zerstörenden Einflüssen entrückt.

Im Rahmen einer Schularbeit aus Deutsch sollen Sie nachweisen, dass Sie fähig sind, Erörterungen zu verfassen. Schreiben Sie eine **Erörterung**, bearbeiten Sie dabei folgende Aufträge (405 bis 495 Wörter):

- **Fassen** Sie den Gedankengang FREUDS **zusammen**.
- **Erläutern** Sie, was Trauer für Sie bedeutet.
- **Setzen** Sie sich mit FREUDS These, dass die Vergänglichkeit eine Wertsteigerung mit sich bringe, kritisch **auseinander**.

Allein diese Ewigkeitsforderung ist zu deutlich ein Erfolg unseres Wunschlebens, als daß sie auf einen Realitätswert Anspruch erheben könnte. Auch das Schmerzliche kann wahr sein. Ich konnte mich weder entschließen, die allgemeine Vergänglichkeit zu bestreiten, noch für das Schöne und Vollkommene eine Ausnahme zu erzwingen. Aber ich bestritt dem pessimistischen Dichter, daß die Vergänglichkeit des Schönen eine Entwertung desselben mit sich bringe.

Im Gegenteil, eine Wertsteigerung! Der Vergänglichkeitswert ist ein Seltenheitswert in der Zeit. Die Beschränkung in der Möglichkeit des Genusses erhöht dessen Kostbarkeit. Ich erklärte es für unverständlich, wie der Gedanke an die Vergänglichkeit des Schönen uns die Freude an demselben trüben sollte. Was die Schönheit der Natur betrifft, so kommt sie nach jeder Zerstörung durch den Winter im nächsten Jahre wieder, und diese Wiederkehr darf im Verhältnis zu unserer Lebensdauer als eine ewige bezeichnet werden. Die Schönheit des menschlichen Körpers und Angesichts sehen wir innerhalb unseres eigenen Lebens für immer schwinden, aber diese Kurzlebigkeit fügt zu ihren Reizen immer neuen hinzu. Wenn es eine Blume gibt, welche nur eine einzige Nacht blüht, so erscheint uns ihre Blüte darum nicht minder prächtig. Wie die Schönheit und Vollkommenheit des Kunstwerks und der intellektuellen Leistung durch deren zeitliche Beschränkung entwertet werden sollte, vermochte ich ebensowenig einzusehen. Mag eine Zeit kommen, wenn die Bilder und Statuen, die wir heute bewundern, zerfallen sind, oder ein Menschengeschlecht nach uns, welches die Werke unserer Dichter und Denker nicht mehr versteht, oder selbst eine geologische Epoche, in der alles Lebende auf der Erde verstummt ist, der Wert all dieses Schönen und Vollkommenen wird nur durch seine Bedeutung für unser Empfindungsleben bestimmt, braucht dieses selbst nicht zu überdauern und ist darum von der absoluten Zeitdauer unabhängig.

SIGMUND FREUD,
Begründer der Psychoanalyse
(1856–1939)

Ich hielt diese Erwägungen für unanfechtbar, bemerkte aber, daß ich dem Dichter und dem Freunde keinen Eindruck gemacht hatte. Ich schloß aus diesem Mißerfolg auf die Einmengung eines starken affektiven Moments, welches ihr Urteil trübte, und glaubte dies auch später gefunden zu haben. Es muß die seelische Auflehnung gegen die Trauer gewesen sein, welche ihnen den Genuß des Schönen entwertete. Die Vorstellung, daß dies Schöne vergänglich sei, gab den beiden Empfindsamen einen Vorgeschmack der Trauer um seinen Untergang, und da die Seele von allem Schmerzlichen instinktiv zurückweicht, fühlten sie ihren Genuß am Schönen durch den Gedanken an dessen Vergänglichkeit beeinträchtigt.

Die Trauer über den Verlust von etwas, das wir geliebt oder bewundert haben, erscheint dem Laien so natürlich, daß er sie für selbstverständlich erklärt. Dem Psychologen aber ist die Trauer ein großes Rätsel, eines jener Phänomene, die man selbst nicht klärt, auf die man aber anderes Dunkle zurückführt. Wir stellen uns vor, daß wir ein gewisses Maß an Liebesfähigkeit, genannt Libido, besitzen, welches sich in den Anfängen der Entwicklung dem eigenen Ich zugewendet hatte. Später, aber eigentlich von sehr frühe an, wendet es sich vom Ich ab und den Objekten zu, die wir solcher Art gewissermaßen in unser Ich hineinnehmen. Werden die Objekte zerstört oder gehen sie uns verloren, so wird unsere Liebesfähigkeit (Libido) wieder frei. Sie kann sich andere Objekte zum Ersatz nehmen oder zeitweise zum Ich zurückkehren. Warum aber diese Ablösung der Libido von ihren Objekten ein so schmerzhafter Vorgang sein sollte, das verstehen wir nicht und können es derzeit aus keiner Annahme ableiten. Wir sehen nur, daß sich die Libido an ihre Objekte klammert und die verlorenen auch dann nicht aufgeben will, wenn der Ersatz bereit liegt. Das also ist die Trauer.

[…]

SIGMUND FREUD: VERGÄNGLICHKEIT, FISCHER

3 Der personifizierte Tod — TEXTWERK

Text 1

- Der Tod fordert Sneezy und Rita in „Sunrise" auf, zu erklären, warum er sie verschonen solle. Was würden Sie anstelle der beiden Personen äußern? Versetzen Sie sich in eine der beiden Personen und schreiben Sie die **Erzählung** oder die **Argumentation** auf.

Michael Köhlmeier
SUNRISE (1994)

„Plötzlich", fuhr Richard in seiner Geschichte fort, „plötzlich sieht Leo Pomerantz einen langen, dünnen Mann, der ihm von der anderen Seite des Hollywood-Boulevards zuwinkt. Der Mann hält einen blinkenden Gegenstand in der Hand. Leo kann nicht erkennen, was es ist. Ein interessanter
5 Gegenstand auf alle Fälle. Leo interessiert sich nämlich für Gegenstände. Unter Gegenständen versteht er in erster Linie Werkzeug. Leo hat jahrelang als Zimmermann gearbeitet, mußt du wissen. Nicht als Zimmermann, genaugenommen, sondern als Handlanger. Nachdem er aus der High-School geflogen war. Den halben Strand von Malibu hat er zusammengenagelt. Der
10 Geruch von redwood, das hätten seine glücklichen Jahre werden können ... – Die ersten Strahlen der Morgensonne spiegeln sich in dem Gegenstand, den der Mann auf der anderen Seite des Hollywood-Boulevards in der Hand hält, sie blenden Leo Pomerantz. Und das, mein Freund, wird wohl der Grund dafür gewesen sein, daß er nicht auf den Kombi achtete, der von
15 links dahergebraust kam. Und dieser elende Kombi, schlechte Reifen wahrscheinlich, der rutscht beim Bremsen auf der nassen Fahrbahn – Sneezy ist bereits mitten auf der Straße –, und im selben Augenblick, in eben genau diesem Augenblick, muß man sagen, holt der dünne, lange Mann auf der anderen Seite des Hollywood-Boulevards mächtig aus und wirft – wirft seine
20 Sichel ..."

„Ist etwas Richard?"

„Nein, warum?"

„Weil du eine Pause läßt."

„Es ist wegen der Wirkung."

25 „Verstehe."

„Es war der Tod. Kriegt man das mit? Der mit der Sichel war der Tod."

„Schon. Doch. Klar. Kriegt man mit. Auf jeden Fall, Richard. Weiter!"

„Der Tod also. Es war der Tod. Aber der Tod war nicht gut in Form an diesem Morgen. Er traf daneben. Die Sichel prallte am Kotflügel des Kombis ab,
30 wurde zurückgeschleudert, und – Auftritt Rita Luna!"

[...]

„[...] An diesem Morgen verließ sie das Café eine Hundertstelsekunde zu früh – oder zu spät. Oder ihr Schritt war wieder einmal zu groß gewesen – oder ausnahmsweise einmal zu klein ... Die Sichel des Todes sprang vom
35 Kotflügel des Kombi ab und drang in die schöne Brust der kleinen Rita Luna. Ist das nicht ein Wahnsinn?"

„Und blieb dort stecken?"

„Und blieb dort stecken. Oh, sie findet es ungerecht! Und auch Leo Pomerantz muß zugeben, daß es nicht gerecht ist. Das weiß er ja genau, daß

redwood = der Mammutbaum

eigentlich er gemeint war. Es ist ungerecht, ohne jede Frage, aber wo, jubiliert Sneezy, wo bitte steht geschrieben, daß der Tod gerecht sein muß? Rita will das nicht akzeptieren. Sie sei noch jung, sagt sie, völlig gesund, sagt sie, das sei ihr erst letzte Woche von der Seuchenpolizei bestätigt worden, Leo dagegen sei ein Wrack. Auch das muß Leo Pomerantz zugeben. Aber leben will er trotzdem. Außerdem hat er sich vorgenommen, in einem Jahr kein Wrack mehr zu sein. Es ist vielleicht nicht gerecht, sagt er, aber es ist barmherzig. Der Zufall, sagt er, hat mir die Chance gegeben, die mir der Tod verwehrt hat.

Und Rita – sie kann sich doch damit nicht abfinden –, sie wird – nein hysterisch wird sie nicht – sachlich wird sie, fast bürokratisch, so wie sie es kennt von den Leuten, die ihr bisher in ihrem Leben Vorschriften gemacht haben.

Sie sagt: Okay, gehen wir die Sache ganz cool an, es muß da doch so etwas wie eine Liste geben. Was für eine Liste denn, lacht Sneezy. Noch meint er ja, er habe gut lachen. Schließlich hat das Fräulein die Sichel in der Brust und nicht er, und er meint, da gibt es nichts mehr zu ändern, er hat Schwein gehabt, wenigstens einmal im Leben. Es wird doch Listen geben, sagt Rita, bei einer so gigantischen Sache wie dem Sterben gibt es mit Sicherheit Listen oder einen Raum oder eine Halle, wahrscheinlich eine Halle, wo Kerzen brennen oder so, halt wie im Märchen, wo man dann nachprüfen kann, wer als nächster drankommt, wo man bei den Kerzen sieht, wie weit sie heruntergebrannt sind oder so ... –

Das ist Quatsch, sagt Sneezy, Stierscheiße ... oder wie sagt man bei euch? Sagt man bei euch Stierscheiße?"

„Sagt man, ja. Ja, kann man ruhig sagen, Richard ..."

„Der Zufall, donnert Sneezy los, der Zufall, das ist das Höchste, was es gibt, denk an die Griechen! – Sneezy hatte nämlich eine in seltsam zufällige Häufchen aufgeteilte Bildung, und manche Dinge über die griechische Antike zum Beispiel hatte er durchaus auf Lager, und die streute er manchmal hin, so aus dem Handgelenk über die Theke. Zum Beispiel, wenn ihn einer anmacht und Streit mit ihm will, dann kann Sneezy den Finger heben und sagen: Nicht zu hassen, nein, zu lieben bin ich hier, wie Antigone bei Sophokles ausruft! Und das nimmt dann in der Regel seinen Kontrahenten die Lust, ihm eine aufs Maul zu hauen. Auf Rita machte das keinen Eindruck. Bei ihr ging es schließlich ums Leben. Was Griechen, fuhr sie ihn an, welche Griechen denn, was geht mich denn der Zufall bei diesen Griechen an, die ich gar nicht kenne, ich möchte wissen, ob es da Listen oder so etwas gibt, da bleibe ich stur, verstanden, wenn sich herausstellt, daß ich dran bin, gut, dann will ich keinen Lärm machen, dann bin ich eben dran, aber wenn ich nicht dran bin, dann gehe ich nicht, verstanden! – Sneezy putzt sich den Dreck von den Ärmeln und schaut den Dünnen an. Und Rita tut dasselbe. Das heißt, sie hatte keine dreckigen Ärmel, und darum brauchte sie sich auch keinen Dreck abzuwischen. Sie war durch und durch überzeugt, daß sie im Recht war, genauso wie Sneezy darauf pochte, daß man ihm das Schwein lassen mußte, das er gehabt hatte."

„Und? Was machte der Tod?"

„Was machte der Tod? Ja, das ist die Frage. Macht der Tod überhaupt etwas? Kann man bei dem Dünnen überhaupt von machen sprechen? Machen ist ja etwas Konstruktives, man macht ein Haus oder man macht einen Rocksong, und auch wenn man nur in die Hose macht, ist etwas da. Das ist konstruktiv. Aber konstruktiv, nein, also ehrlich, konstruktiv ist der Tod gewiß nicht. Kann der überhaupt etwas machen? Fragen über Fragen, mein lieber Freund. Aber ich verstehe, was du meinst. Was wird er schon machen? Ich sage es dir:

Der Tod hört sich das Argumentieren der beiden an, und es ist ihm gleichgültig. Nicht daß es ihm wurscht war, wie man bei euch sagt – ein wirklich idiotisches Wort für egal –, es war ihm gleichgültig. Verstehst du? Beide Argumente, die von Leo Pomerantz und die von Rita Luna, galten ihm gleich viel. – Ihr habt wirklich eine komische Sprache. Ihr sagt gleichgültig und meint damit, daß einem nichts etwas gilt, dabei sagt das Wort genau das Gegenteil ... Aber lassen wir das. – Der Tod war auf jeden Fall nicht scharf darauf, ein Urteil zu sprechen. Sneezy und Rita sollen das unter sich ausmachen, sagte er. Aber er ist fair. Weißt du, was fair bedeutet?"

[...]

„Der Tod in Los Angeles war jedenfalls fair. Er werde den Bürgern der Stadt, sagte er, ein kleines Stück ihres Sonnenaufgangs abschneiden, eine Stunde, das sei eh nichts weiter als eine Stunde weniger von dem großkotzigen Nebel, da werde keiner böse sein. So lange hätten Leo und Rita Zeit, sich zu einigen. Fertig aus, sagte der Tod, wenn ihr euch nach dieser Stunde einig seid, ist die Sache erledigt. Und jetzt will ich weder etwas von Griechen noch von Listen hören!

Für Rita war das gut, für Sneezy eher schlecht. Sie hatte die Sichel in der Brust, er nicht. Also rein oberflächlich betrachtet, war Sneezy bisher besser dran gewesen. He, he, rief er darum jetzt, wie soll denn das gehen! Da einigen wir uns doch nie! Da ist der Tod und ist gleichzeitig so weltfremd! Das kannst du dir doch ausrechnen, daß, wenn es ums Leben geht, es niemals eine Einigung geben kann. Das geht gar nicht. Frag doch die Kleine, die wird dir nichts anderes sagen, außer sie will sich bei dir gutstellen, aber wenn sie ehrlich ist, wird sie genau das gleiche sagen. Und Rita sagte genau das gleiche. Über Leben oder nicht Leben kann man sich wirklich nicht einigen, sagte sie.

Der Tod sah das ein. Der Tod ist ja nicht nur fair, er ist auch lernfähig. Gut, sagte er, dann werde er eben doch eine Entscheidung fällen, in Gottes Namen, wenn es unbedingt sein muß. Soll mir jeder von euch erklären, warum nicht er, sondern der andere. Die Stunde laß ich euch. Also jetzt aber flott! Fünf Minuten sind schon vorbei."

„Hat der Tod wirklich flott gesagt, Richard, oder schwindelst du in diesem Punkt?"

„Der Tod kann doch alle Sprachen, was denkst du denn! Muß er doch. Der kennt alle Wörter: Wenn der Tod redet, ist das, wie wenn du das größte Lexikon der Welt aufschlägst. [...]"

MICHAEL KÖHLMEIER: SUNRISE, FISCHER – ALTE RECHTSCHREIBUNG

Text 2

1. Für einen Portfoliobeitrag zum Thema „Der personifizierte Tod" sollen Sie H. C. Artmanns Gedicht analysieren und interpretieren.
   Lesen Sie das Gedicht „frog me ned".
   Verfassen Sie nun eine **Textinterpretation** und bearbeiten Sie dabei folgende Arbeitsaufträge:

   - **Fassen** Sie die gedanklichen Leitlinien des Gedichts **zusammen.**
   - **Analysieren** Sie das Gedicht nach formalen und sprachlichen Kriterien.
   - **Erläutern** Sie die Bedeutung des Uniformierten.
   - **Deuten** Sie, warum sich das lyrische Ich davor fürchtet, die Nummer entziffern zu können.

   Schreiben Sie zwischen 540 und 660 Wörter. Markieren Sie Absätze mittels Leerzeilen.

2. Versuchen Sie, das Gedicht von Artmann ins Standarddeutsche zu „**übersetzen**". Falls Sie dazu nicht in der Lage sind, lesen Sie die abgedruckte Übertragung durch.
   Beschreiben Sie, wie sich die Wirkung durch die Veränderung der Sprache verändert.

Hans Carl Artmann, österreichischer Lyriker (1921–2000)

H. C. Artmann
FROG ME NED (1958)

frog me ned
wos fia r numara
da dod hod

I was nua
das ar a grins
kapö aufhod
und zwar r aung
wia r a grod

aung wia r a grod
a grins kapö
und a numara

12 de numa r is owa
    scho soo schwoazz
    das e s ned lesn kau
15 waun e a woit!

    gib liawa
    die frogarei auf
18 sunzt dales es aum end
    no wiaklech ...

H. C. Artmann: med ana schwoazzn dintn, Otto Müller

Übertragung des Gedichtes ins Standarddeutsche

Frag mich nicht
was für eine Nummer
der Tod hat

Ich weiß nur
dass er ein grünes
Kapperl aufhat
und zwei Augen
wie eine Kröte

Augen wie eine Kröte
ein grünes Kapperl
und eine Nummer

Die Nummer ist aber
schon so schwarz
dass ich sie nicht lesen kann
wenn ich auch wollte!

Gib lieber
die Fragerei auf
sonst kann ich sie am Ende
noch wirklich lesen ...

Text 3

Johannes von Tepl
DER ACKERMANN AUS BÖHMEN (verfasst um 1400)

Der Ackermann: Das 3. Kapitel

Ich werde ein Ackermann genannt, vom Vogelkleid ist mein Pflug, ich wohne im Böhmerland. Haßerfüllt, widerborstig und widerstrebend werde ich Euch gegenüber immer sein, denn Ihr habt mir den zwölften Buchstaben, meiner Freuden Hort, aus dem Alphabet grausam herausgerissen. Ihr habt meines Glückes helle Sommerblume mir aus meines Herzens Auge schmerzlich ausgejätet. Ihr habt mir meines Heils Anker, meine auserwählte Turteltaube arglistig entwendet, Ihr habt nicht wiedergutzumachenden Raub an mir begangen. Beurteilt es selbst, ob ich nicht mit Recht zürne, wüte und klage. Von Euch bin ich eines freudenreichen Daseins beraubt, eines Tag für Tag erfüllten Lebens enteignet und allen beglückenden Ertrags verlustig gemacht worden. Froh und munter war ich früher zu jeder Stunde, kurz und angenehm waren mir allezeit Tag und Nacht, beide freuden- und genußreich in gleichem Maß; ein jedes Jahr war mir ein gnadenreiches Jahr. Nun heißt es: Kratz ab! Bei trübem Trank, auf dürrem Ast, betrübt finster und zerstört sieche dahin und heule ohne Unterlaß! So jagt mich der Wind, ich treibe durch des wilden Meeres Fluten, die Sturzseen haben Überhand genommen, mein Anker hält nirgends. Darum will ich ohne Ende schreien. Ihr Tod, Euch sei geflucht!

Der Tod: Das 8. Kapitel

Des Himmels Thron den guten Geistern, der Hölle Grund den bösen, irdische Länder hat Gott uns zum Erbteil gegeben. Dem Himmel Friede und Lohn gemäß guten Taten, der Hölle Pein und Strafe gemäß Sünden, der Erde Kloß und des Meeres Strom mit allem, was sie enthalten, hat uns der mächtige Herrscher der Welt anbefohlen, auf daß wir alles Überflüssige ausroden und ausjäten. Streng Deinen Kopf an, dummer Mensch, denk nach und grab mit des Geistes Grabstichel in die Vernunft, so findest Du: Hätten wir seit der ersten, lehmgebatzten Mannes Zeit die Vermehrung und Ausbreitung des Menschen auf der Erde, der Tiere und des Kriechzeugs in der Wüste und im Unterholz, der schuppentragenden und schlüpfrigen Fische im Wasser nicht ausgemerzt, vor kleinen Mücken könnte sich jetzt niemand retten, vor Wölfen wagte sich niemand hinaus. Auffressen würde ein Menschenkind das andere, ein Tier das andere, ein jeder belebte Körper den anderen, denn an Nahrung würde es ihnen gebrechen, die Erde würde ihnen zu eng. Dumm ist, wer da die Sterblichen beweint. Laß sein! Die Lebenden mit den Lebenden, die Toten mit den Toten, wie es bisher gewesen ist. Bedenke genauer, Dummkopf, worüber du klagen mußt!

Der Tod: Das 16. Kapitel

Was schlecht ist, das nennen gut, was gut ist, das nennen schlecht unsinnige Leute. Genau so machst es auch Du. Falscher Rechtsausübung bezichtigst Du uns, unrecht tust Du uns damit; darüber wollen wir Dich aufklären. Du fragst, wer wir sind. Wir sind Gottes Hand, Herr Tod, ein gerechter, tätiger Schnitter; unsere Sense geht ihren Gang: weiße, schwarze, rote, braune, grüne, blaue, blasse, gelbe und alle Prachtblumen und Gräser mäht sie vor sich nieder, ungeachtet ihrer Pracht, ihrer Kraft, ihrer Vorzüge. So hat auch das Veilchen nichts von seiner schönen Farbe, seinem vollen Duft. Schau, das ist Gerechtigkeit! Uns haben als gerecht eingestuft die Römer und die Poeten, denn sie kannten uns besser als Du. Du fragst, was wir sind. Wir sind nichts und doch etwas. Deshalb nichts, weil wir weder Leben noch Wesen noch Form noch Substanz haben, nicht Geist sind, nicht sichtbar, nicht greifbar sind. Deshalb etwas, weil wir des Lebens Ende sind, des Wesens Ende, des Nicht-Wesens Anfang, ein Mittleres zwischen ihnen beiden. Wir sind eine Schickung, die alle Leute zu Fall bringt. Die großen Hünen müssen vor uns fallen. Alle Wesen, die über Leben verfügen, müssen vor unserm Angesicht verwandelt werden. Großer Dinge haben wir uns zu verantworten. Du fragst, wie wir sind. Unbestimmbar sind wir, doch sahst Du uns zu Rom in einem Tempel an eine Wand gemalt: ein Mann, mit verbundenen Augen auf einem Ochsen sitzend. Dieser Mann hielt eine Hacke in der rechten Hand und eine Schaufel in der linken, damit kämpfte er auf dem Ochsen. Gegen ihn schlug, warf und stritt eine große Menschenmenge, verschiedenste Leute, jedes Menschenkind mit seinem Handwerkszeug; da war auch die Nonne mit dem Psalter. Die schlugen und bewarfen den Mann auf dem Ochsen. Gemäß unserer betrüblichen Aufgabe führte der Tod seinen Kampf und begrub sie alle. Pythagoras vergleicht uns mit der Erscheinung eines Mannes, der Basiliskenaugen hatte – die schweiften bis an die Grenzen der Welt – und vor dessen

Heidelberger Bilderhandschrift des „Ackermann aus Böhmen" (um 1470)

Blick stehen mußte jede lebende Kreatur. Du fragst, woher wir wären. Wir sind vom irdischen Paradies. Da setzte uns Gott ein und nannte uns bei unserm rechten Namen, als er sagte: „Am Tag, da ihr von der Frucht eßt, werdet ihr den Tod erleiden." Deshalb schreiben wir uns so: Wir, Tod, Herr und Herrscher auf Erden, in der Luft und im Meeresstrom. Du fragst, wozu wir gut sind und waren. Schon vorhin hast Du gehört, daß wir der Welt mehr Nutzen als Schaden bringen. Hör auf, gib Dich zufrieden und danke uns, daß Dir von uns solche Güte erwiesen wurde.

Der Tod: Das 20. Kapitel
Mit Schmeichelei werden die Leute besänftigt, Einsichtigkeit hält die Leute bei Laune, Geduld bringt die Leute zu Ehren. Ein zorniger Mann kann über einen anderen nicht urteilen. Hättest du dich zuvor im guten an uns gewandt, wir hätten dich im guten belehrt, daß du nicht ungebührlich den Tod deiner Frau beklagen und beweinen solltest. Hast du nicht den Philosophen gekannt, der im Bade sterben wollte, oder in den Büchern gelesen, daß niemand beklagen soll den Tod der Sterblichen? Wußtest Du's nicht, so wisse jetzt: Sobald ein Menschenkind geboren ist, sogleich hat er den Kontrakt besiegelt, daß er sterben muß. Des Anfangs Geschwister ist das Ende. Wer ausgesandt wird, der ist verpflichtet, wiederzukommen. Was einmal geschehen muß, dem soll sich niemand widersetzen. Was alle Leute erleiden müssen, dem soll ein einzelner nicht widersprechen. Was ein Mensch entleiht, das soll er wiedergeben. Als Fremde richten alle Leute sich auf Erden ein; von etwas zu nichts müssen sie werden. Schnellfüßig läuft dahin der Menschen Leben; eben noch lebendig, im Handumdrehen tot. Um die Rede kurz zu machen: Ein jeder Mensch ist uns ein Sterben schuldig, ist es ihm doch vererbt zu sterben. Beweinst Du aber Deines Weibes Jugend, so tust du unrecht: So schnell ein Menschenkind ins Leben kommt, so schnell ist es alt genug zu sterben. Du glaubst vielleicht, das Alter sei ein kostbarer Schatz? Mitnichten! Es ist kränkliche Mühsal, häßliches Frösteln und allen Leuten unangenehm. Es taugt nichts und ist für alle Dinge ungeeignet. Zeitige Äpfel fallen gern in den Kot, reife Birnen fallen gern in die Pfütze. Beklagst Du dann ihre Schönheit, so handelst Du kindlich: Eines jeden Menschen Schönheit muß entweder das Alter oder der Tod vernichten. Alle rosenfarbenen Mündlein, alle roten Wänglein müssen bleich werden, alle klaren Augen müssen trüb werden. Hast du nicht gelesen, wie Hermes, der Philosoph, lehrt, daß sich ein Mann hüten soll vor schönen Frauen, und feststellt: Was schön ist, ist auch mit täglicher Fürsorge kaum zu halten, denn alle Leute begehren es; was häßlich ist, das ist leicht zu halten, denn es mißfällt allen Leuten. Laß gut sein! Beklage nicht Verlorenes, das Du nicht wiedergewinnen kannst!

Der Tod: Das 16. Kapitel
Dem weisen Mann soll Liebe nicht allzu lieb, Leid nicht allzu leid bei Gewinn und bei Verlust sein. Daran hältst Du Dich nicht. Wer um Rat bittet, aber dem Rat nicht folgen will, dem ist auch nicht zu raten. Unser gutgemeinter Rat kann bei Dir nichts fruchten. Es sei Dir nun lieb oder leid, wir wollen Dir die Wahrheit ans Licht bringen, es höre, wer das wolle. Deine beschränkte Vernunft, Dein gestörter Sinn, Dein hohles Herz wollen aus Leuten mehr machen, als sie sein können. Du magst aus einem Menschenkind machen, was Du willst, es kann doch nicht mehr sein, als was ich Dir sagen werde, mit Erlaubnis aller reinen Frauen. Ein Menschenkind wird in Sünde empfangen, mit unreinem, unsäglichem Unflat im Mutterleib genährt, nackt geboren und ist ein beschmierter Bienenstock, ein ausgemachtes Dreckstück, ein schmutziges Triebwesen, ein Kotfaß, eine verdorbene Speise, ein Stinkhaus, ein ekliger Spülzuber, ein fauliges Aas, ein Schimmelkasten, ein bodenloser Sack, eine löchrige Tasche, ein Blasebalg, ein Gierschlund, ein stinkender

Sterben – Tod – Vergänglichkeit

Arbeitsaufgaben

1. **Beschreiben** Sie das Menschenbild, das der Tod im „Ackermann von Böhmen" zeigt.

2. Sie finden – außer zu Beginn – ausschließlich die Argumentation des Todes vor. Füllen Sie die Lücken, indem Sie die **Argumentation** des Ackermanns **einfügen.** Sie dürfen sich dabei der heute üblichen Sprache bedienen.

3. **Untersuchen** und **bewerten** Sie die Argumentation des Todes. Wie sieht er das Sterben der Menschen?

Lehmtiegel, ein übelriechender Harnkrug, ein übelduftender Eimer, eine trügerische Totenlarve, eine lehmige Räuberhöhle, ein unersättlicher Löschkrug und geschminkte Trübsal. Es höre, wer da wolle: Ein jedes fertige Menschenkind hat neun Löcher in seinem Leib, aus denen allen tritt so ekliger und dreckiger Unflat, daß es nichts Schmutzigeres geben kann. Ein so schönes Menschenkind sahst Du nie, daß Dir nicht, hättest Du Luchsaugen und könntest sein Inneres durchdringen, darüber grausen würde. Nimm weg und zieh ab einer schönen Frau den Schneiderglanz, so siehst Du eine jämmerliche Puppe, eine rasch welkende Blume, ein kurz währendes Trugbild und einen bald zerfallenden Erdklumpen. Zeige mir eine Handvoll Schönheit bei all den schönen Frauen, die vor hundert Jahren gelebt haben, ausgenommen die gemalten an den Wänden, und Dir gebühret des Kaisers Krone dafür. Laß hingehen Glück, laß hingehen Unglück, laß fließen den Rhein wie andere Gewässer, Esel, bauernschlauer Götterknabe!

Des Fürsten von vielen Residenzen Rede, des allmächtigen Gottes Urteil. Das 33. Kapitel

Der Frühling, der Sommer, der Herbst und der Winter, die vier Beleber und Betreiber des Jahreslaufs, die entzweien sich in großem Streit. Jeder von ihnen rühmte sich der guten Absicht seiner Tätigkeit und wollte der Beste sein. Der Frühling sagte, er belebe und lasse schwellen alle Früchte. Der Sommer sagte, er mache reif und rund alle Früchte. Der Herbst sagte, er ernte und bringe ein in den Stadel, die Keller wie die Häuser alle Früchte. Der Winter sagte, er verzehre und verbrauche alle Früchte und vertreibe alle giftigen Würmer. Sie rühmten sich und stritten heftig. Sie hatten aber vergessen, daß sie sich einer übertragenen Herrschaft rühmten. Ebenso macht Ihr beide es. Der Kläger beklagt seine Verlustsache, als ob er ein Erbrecht auf sie hätte, er bedenkt nicht, daß sie von Uns verliehen wurde. Der Tod rühmt sich gewaltiger Herrschaft, die er doch nur von Uns zu Leben erhalten hat. Jener beklagt, was ihm nicht gehört; dieser rühmt sich seiner Herrschaft, die er nicht aus sich selber hat. Doch der Streit ist nicht ganz ohne Ursache, und Ihr habt Euch beide gut geschlagen. Jenen zwingt sein Leid zu klagen, diesen der Angriff des Klägers, die Weisheit auszusprechen. Darum gebühre Dir, Kläger, die Ehre, Dir, Tod, der Sieg! Jeder Mensch ist verpflichtet, dem Tod das Leben, den Leib der Erde, die Seele Uns zu überantworten.

JOHANNES VON TEPL: DER ACKERMANN AUS BÖHMEN, RECLAM – ALTE RECHTSCHREIBUNG

Text 4

Jean-Paul Sartre
DAS SPIEL IST AUS (1947)

Das Hinterzimmer
Nachdem Pierre die Tür hinter sich geschlossen hat, tritt er ins Zimmer. Er macht ein paar Schritte auf eine Dame zu, die hinter einem Schreibtisch sitzt. Darauf steht eine Öllampe, die dem Raum etwas zusätzliches Licht gibt. Denn das Tageslicht kann nur durch ein schmales Fenster vom Hinterhof eindringen und erleuchtet ihn nur spärlich.
Die Wände sind mit Medaillons, Stichen, Gemälden bedeckt, die, soweit man erkennen kann, alle die Laguénésie-Gasse darstellen.
Pierre geht bis zum Tisch und fragt:
„Verzeihung, bin ich mit Ihnen verabredet?"

JEAN-PAUL SARTRE, französischer Schriftsteller (1905–1980)

Würdevoll und korpulent, die Lorgnette in der Hand, sitzt die alte Dame vor einem riesigen, aufgeschlagenen Hauptbuch, auf dem ein schwarzer Kater zusammengerollt liegt.
Leutselig lächelnd sieht sie Pierre durch die Lorgnette an.
„Gewiß, mein Herr."
„Dann können Sie mir vielleicht sagen, was ich hier soll?" fährt Pierre fort und streichelt den Kater, der sich streckt und sich an ihm reibt.
„Regulus!" weist die Dame den Kater zurecht. „Willst du den Herrn in Ruhe lassen!"
Lächelnd nimmt Pierre den Kater auf den Arm, während die alte Dame fortfährt: „Ich will Sie nicht lange aufhalten, mein Herr. Ich benötige Sie nur für eine kleine standesamtliche Formalität."
Sie blättert in dem aufgeschlagenen Hauptbuch.
„Sie heißen Pierre Dumaine?"
Überrascht stottert Pierre: „Ja ... aber ich ..."
Bedächtig dreht die alte Dame die Seiten um:
„... Da, da, di, di, do, du ... Dumaine, da haben wir's schon ... 1912 geboren?"
Jetzt ist Pierre sprachlos. Die Katze nutzt die Gelegenheit, um ihm auf die Schulter zu klettern.
„Juni 1912, ja ..."
„Sie waren Vorarbeiter in der Gießerei von Answer?"
„Ja."
„Und Sie sind heute morgen um zehn Uhr fünfunddreißig getötet worden?"
Jetzt beugt sich Pierre vor, die Hände auf den Tisch gestützt, und starrt die alte Dame wie betäubt an. Die Katze springt von seiner Schulter auf das Hauptbuch.
„Getötet?" bringt Pierre ungläubig hervor.
Liebenswürdig bestätigt es ihm die alte Dame. Ruckartig wirft Pierre den Oberkörper zurück und lacht los:
„Das ist es also ... Das ist es ... Ich bin tot."
Sein Lachen verstummt unvermittelt, und fast heiter erkundigt er sich:
„Und wer hat mich getötet?"
„Eine Sekunde bitte ..."
Mit der Lorgnette vertreibt sie den Kater vom Hauptbuch.
„Weg da, Regulus! Du liegst auf dem Namen des Mörders."
Dann entziffert sie die Eintragung im Hauptbuch.
„Aha, Sie sind von Lucien Derjeu getötet worden."
„Oh. Das Schwein!" stellt Pierre einfach fest. „Na schön, hat er mich also getroffen."
„So ist's recht", sagt die alte Dame lächelnd. „Sie nehmen die Sache gut auf. Ich wollte, ich könnte das von allen sagen, die hierherkommen."
„Ärgern sie sich darüber, daß sie tot sind?"
„Ja, es gibt griesgrämige Naturen ..."
„Wissen Sie", erklärt Pierre, „ich lasse niemanden zurück, ich kann ganz ruhig sein." Er fängt an, lebhaft im Zimmer umherzugehen, und fährt fort: „Und schließlich, das entscheidende ist, daß man getan hat, was man tun mußte."
Er wendet sich wieder der alten Dame zu, die ihn durch ihre Lorgnette skeptisch ansieht.
„Oder sind Sie anderer Meinung?" fragt er.
„Ach wissen Sie", sagt sie, „ich bin nur eine einfache Angestellte ..."
Dann dreht sie das Hauptbuch Pierre zu:
„... Ich bitte Sie noch um Ihre Unterschrift ..."
Eine Sekunde lang gerät Pierre aus der Fassung. Schließlich kommt er zum Tisch zurück, nimmt den Federhalter und unterschreibt.
„So ...", erklärt die alte Dame. „Nun sind Sie richtig tot."

„Pierre richtet sich auf, immer noch ein bißchen verwirrt. Er legt die Feder hin, streichelt den Kater und fragt:
„Und wo soll ich hingehen?"
70 Die alte Dame sieht ihn erstaunt an:
„Wohin Sie wollen."
Als er jedoch zu der Tür hinausgehen will, durch die er gekommen ist, verweist sie ihn auf eine andere Tür an der Seite:
„... Nein, da raus ..."
75 Während Pierre die Tür schließt, hält sich die Dame ihre Lorgnette vor die Augen, liest in ihrem Hauptbuch und tut dann ganz ungezwungen so, als ziehe sie an einer Schnur. Und in der Ferne hört man das Glöckchen an der Eingangstür klingeln, das den nächsten Kunden ankündigt.
[...]

80 **Straße und Platz**
Pierre geht langsam vor sich hin, als die Stimme eines alten Mannes hinter ihm spricht:
„Seien Sie, mein Herr, bei uns willkommen."
Pierre dreht sich um. Er erblickt eine Gruppe von Personen, in verschieden-
85 artigen Kostümen aus den verschiedenen Zeiten: Musketiere, Romantiker, Zeitgenossen und mitten unter ihnen einen in der Mode des achtzehnten Jahrhunderts gekleideten Greis mit Dreispitz, der ihn liebenswürdig fragt:
„Sie sind neu?"
„Ja ... Und Sie?"
90 Der Greis lächelt und deutet auf sein Kostüm:
„Ich bin 1778 gehängt worden."
Teilnehmend äußert Pierre sein Beileid zu dem traurigen Ereignis ...
Der Greis fährt fort:
„Es war ein glatter Justizirrtum. Das ist übrigens völlig unwichtig. Haben Sie
95 irgendetwas Bestimmtes vor?"
Und angesichts Pierres erstaunter Miene fügt er blasiert hinzu:
„Ja ... Sehen Sie doch mal nach, ob Ihre Frau Sie beweint oder ob sie Sie betrügt, ob Ihre Kinder bei Ihrer Leich wachen, in welcher Preisklasse man Sie beerdigen läßt ..."
100 Pierre unterbricht ihn lebhaft:
„Nein, nein. Das geht alles tadellos ohne mich."
„Das höre ich gern. Wollen Sie sich von mir herumführen lassen?"
„Zu liebenswürdig ...", murmelt Pierre.
Aber schon zieht der Greis ihn mit sich fort und versichert:
105 „Nein, nein, das Vergnügen ist ganz auf meiner Seite. Wir holen immer die Neuen ab, um sie in ihren neuen Stand einzuführen, das zerstreut."
Inzwischen sind die beiden an der Straßenecke angekommen und bleiben stehen. Pierre sieht belustigt vor sich hin. Er hat die Hände wieder in die Taschen gesteckt.
110 Eine bunte Menge, Lebende und Tote durcheinander, bewegt sich auf einem kleinen Platz hin und her.
Die Toten tragen Kostüme aus allen Jahrhunderten, etwas abgenutzt und verwaschen.
Während die Lebenden es eilig haben, schlendern die Toten langsam umher,
115 traurig und ein bißchen schamhaft. Im übrigen begnügen sich die meisten damit, herumzusitzen oder in Ecken, vor Schaufenstern, in Türöffnungen zu stehen.
„Sagen Sie mal!" ruft Pierre aus. „'ne Menge los hier!"
„Nicht mehr als sonst", erwidert der alte Herr. „Nur sehen Sie jetzt, wo Sie
120 registriert sind, auch die Toten."
„Wie unterscheidet man die von den Lebenden?"

„Das ist ganz einfach: die Lebenden, die haben's immer eilig."
Und da gerade ein Herr mit einer Aktentasche unterm Arm vorbeirennt, versichert er:
„Sehen Sie, der da ... das ist bestimmt ein Lebender."
Der bewußte Mann ist so nahe vorbeigegangen, daß er, wäre er tot gewesen, zweifellos den Ausspruch hätte hören müssen.
Pierre sah ihm vergnügt nach. [...]
Pierre und der Greis spazieren weiter, überqueren die Straße.
Ein Wagen kommt mit ziemlicher Geschwindigkeit heran, und der Greis geht direkt vor der Kühlerhaube über die Straße, ohne im geringsten zu reagieren, während Pierre schnell beiseite springt.
Der Greis sieht ihn mit einem nachsichtigen Lächeln an:
„Man gewöhnt sich dran ... man gewöhnt sich dran ..."
Pierre begreift, entspannt sich, lächelt ebenfalls, und sie gehen weiter.
[...]

*Pierre und Ève lernen einander kennen und verlieben sich ineinander. In der Zwischenzeit wird die alte Dame aus dem Hinterzimmer von der Direktion darauf aufmerksam gemacht, dass es eine Reklamation gebe.
Pierre und Ève erscheinen in der Laguénésie-Gasse.*

Das Hinterzimmer
[...]
Die alte Dame schlägt das dicke Buch an einer durch ein Lesezeichen gekennzeichneten Stelle auf und beginnt mit kalter und eintöniger Kanzlistenstimme zu lesen:
„Artikel 140: Falls auf Grund eines Irrtums, für den einseitig die Direktion verantwortlich ist, ein Mann und eine Frau, die füreinander bestimmt waren, sich zu ihren Lebzeiten nicht begegnet sind, so können sie unter bestimmten Bedingungen die Erlaubnis, auf die Erde zurückzukehren, erbitten und erhalten, um dort ihre Liebe zu verwirklichen und das gemeinsame Leben zu führen, das ihnen unrechtmäßigerweise vorenthalten worden war."
[...]
„Sie müssen folgende Bedingungen erfüllen: Sie kehren ins Leben zurück. Vergessen Sie nichts von dem, was Sie hier erfahren haben. Falls es Ihnen innerhalb von vierundzwanzig Stunden gelingt, sich in vollem Vertrauen und mit allen Kräften zu lieben, haben Sie Anrecht auf ein vollständiges menschliches Leben."
[...]
„Keine Sorge. Wir bringen alles auf den Stand der Minute, in der Sie gestorben sind. Niemand wird Sie für Gespenster halten."

JEAN-PAUL SARTRE: DAS SPIEL IST AUS, ROWOHLT – ALTE RECHTSCHREIBUNG

1. Wie könnte die Geschichte von Pierre und Ève weitergehen? **Entwerfen** Sie einen **Plot.**
2. Versetzen Sie sich in die Situation von Ève oder Pierre, die/der soeben festgestellt hat, wie das Leben nach dem Tode aussieht. **Verfassen** Sie einen **inneren Monolog,** in dem Sie Ihre Hoffnungen und Bedenken darlegen.

Textübergreifende Aufgaben

1. Zu „Der personifizierte Tod":
Wählen Sie – für einen Beitrag in Ihrem Kulturportfolio – mindestens drei Texte aus und **vergleichen** Sie, wie der Tod dargestellt wird (Äußeres, Charaktereigenschaften …). Belegen Sie mittels Zitaten. Halten Sie Ihre Erkenntnisse in einer Tabelle fest.

2. Sie nehmen an einem Redewettbewerb teil. Folgendes Thema bekommen Sie zugelost: In den Textausschnitten aus „Sunrise" (S. 490) und „Das Spiel ist aus" (S. 496) ruft die Darstellung des Todes durchaus ein Schmunzeln hervor. Wählen Sie einen der genannten Texte und verfassen Sie eine **Meinungsrede** (405–495 Wörter) mit dem Titel „Über den Tod lacht man. Nicht?". Bearbeiten Sie dabei folgende Aufträge:

    - **Erläutern** Sie, wodurch Komik erzeugt wird.
    - **Bewerten** Sie, ob es legitim ist, wenn sich Künstler/innen über Tod und Sterben lustig machen.
    - **Erörtern** Sie, welche Gründe es dafür geben könnte, dass wir über ein so ernstes Thema gerne lachen.

3. Zu „Nachdenken über Tod und Sterben":
    a) Lesen Sie Peter Kloeppels Rede (S. 476) und das Interview mit Jürgen Domian (S. 480) und **untersuchen** Sie, welche Meinung jeweils explizit oder implizit zum Thema „Sterbehilfe" zu finden ist.

    b) Lesen Sie den kurzen Ausschnitt aus „Utopia" (unten), in dem Thomas Morus den Umgang mit unheilbar Kranken schildert. **Beurteilen** Sie die Vorgehensweise.

    > Thomas Morus
    > **UTOPIA** (1516)
    >
    > Ist indessen die Krankheit nicht nur unheilbar, sondern dazu noch dauernd qualvoll und schmerzhaft, dann reden Priester und Behörden dem Kranken zu, da er doch allen Anforderungen des Lebens nicht mehr gewachsen, den Mitmenschen zur Last, sich selber unerträglich, seinen eigenen Tod bereits überlebte, sollte er nicht darauf bestehen, die unheilvolle Seuche noch länger zu nähren, und nicht zögern zu sterben, zumal das Leben doch nur eine Qual für ihn sei; er solle sich also getrost und hoffnungsvoll aus diesem bitteren Leben wie aus einem Kerker oder aus der Folterkammer befreien oder sich willig von anderen herausreißen lassen; daran werde er klug tun, da ja der Tod keinen Freuden, sondern nur Martern ein Ende mache, und zudem werde er fromm und gottesfürchtig handeln, da er damit den Rat der Priester, das heißt, der Deuter des göttlichen Willens gehorche. Wen sie damit überzeugt haben, der endigt sein Leben entweder freiwillig durch Enthaltung von Nahrung oder wird eingeschläfert und findet Erlösung, ohne vom Tode etwas zu merken.
    >
    > Thomas Morus: Utopia, Rowohlt

    c) **Recherchieren** Sie die rechtliche Lage in Österreich und in der Schweiz. Nehmen Sie Stellung zur Frage, welchem der beiden Systeme Sie den Vorzug geben und ob Sie Sterbehilfe generell befürworten. Ihr Text soll als Skript für Ihr Grundsatzreferat bei einer Podiumsdiskussion dienen, die von YoungCaritas veranstaltet wird.

Notieren Sie Ihre Ergebnisse stichwortartig.

Literaturportfolio

Mein Kurzweil aber ist gewesen, von Jugend auf Bücher zu lesen.

HANS SACHS, Nürnberger Meistersinger (1494–1576)

Meistersinger = Dichter und Sänger im 15. und 16. Jahrhundert

 Meine Ziele

Nach Bearbeitung dieses Kapitels kann ich

- Einblick in andere Kulturen und Lebenswelten und ihr historisches und aktuelles Umfeld gewinnen;
- populärkulturelle Phänomene wahrnehmen und dokumentieren;
- eigenständig und aus eigenem Antrieb Leistungen erbringen;
- mein Produkt als Zwischenergebnis sehen, das immer wieder reflektiert und überarbeitet wird;
- den Kulturbegriff diskutieren;
- durch die Beschäftigung mit literarischen Texten Einblick in andere Kunstformen gewinnen;
- mir eigene Ziele setzen, sie verfolgen und ihre Erreichung dokumentieren;
- eigene und fremde Texte formal und inhaltlich be- und überarbeiten;
- mit künstlerischen Vorlagen kreativ umgehen;
- mich in die Gedankenwelt anderer hineinversetzen und Erlebtes aus deren Perspektive formulieren.

1 Portfoliomethode WERKZEUG

Arbeitsschritte	Erklärung
Ist-Zustand	Klären Sie für sich, mit welchen kulturellen Bereichen Sie sich persönlich beschäftigen. Womit haben Sie sich im Zuge des Unterrichts hinsichtlich kultureller Phänomene bereits befasst?
Auswahl	Im Zuge der freien Portfolioarbeit sollen Sie unterschiedliche kulturelle Bereiche bearbeiten.
Überblicksrecherche	Nach der Auswahl eines kulturellen Bereiches recherchieren Sie breit gefächert, um herauszufinden, welches Teilgebiet Sie besonders anspricht.
Zielformulierungen	Formulieren Sie nach dem Einstieg in die Thematik eine erste Aufgabenstellung, die Sie im Zuge der weiteren Recherche modifizieren können.
Erarbeitung	Legen Sie Kriterien fest, denen Ihr Produkt entsprechen soll. Beschaffen Sie sich all jene Arbeitsmaterialien, die Sie zur Erstellung benötigen. Beginnen Sie zu arbeiten und modifizieren Sie – wenn erforderlich – Ihre Kriterien. Schließen Sie die Arbeit an Ihrem Produkt vorläufig ab, auch in dem Wissen, dass bei einer Überarbeitung noch Adaptionen möglich sind.
Überarbeitungsphase	Greifen Sie die Arbeit an Ihrem Produkt nach einer gewissen Zeit wieder auf und betrachten Sie dieses mit „anderen" Augen. Messen Sie das Produkt anhand Ihrer Kriterien und nehmen Sie alle notwendigen Änderungen vor.
Feedback einholen	Erst wenn Sie Ihr Produkt für gelungen halten, bitten Sie jemanden, Ihnen Feedback zu geben. Teilen Sie jener Person mit, nach welchen Kriterien Sie gearbeitet haben, und weisen Sie auf jene Bereiche hin, auf die Ihr/e Feedbackgeber/in besonderes Augenmerk legen soll. Nehmen Sie das Feedback an, betrachten Sie es jedoch kritisch. Wählen Sie jene Kritikpunkte aus, die Ihrem Produkt zu mehr Qualität verhelfen können, und adaptieren Sie es.
Best-of	Zu einem fix vereinbarten Termin (z. B. am Ende des Semesters/Schuljahres) wählen Sie jene Produkte aus, die Ihnen am gelungensten erscheinen, um Ihr Vorzeigeportfolio (Best Works Portfolio) zusammenzustellen. Begründen Sie in einem Begleitschreiben, warum Sie welche Produkte ausgewählt haben. Beschreiben Sie den Weg von der Idee bis zum Produkt. Stellen Sie jene Probleme, die während der Erarbeitung aufgetaucht sind, und die Strategien zur Überwindung dieser dar.
Reflektieren der Arbeitsweise	Evaluieren Sie immer wieder Ihren Arbeitsprozess hinsichtlich Qualität, Effizienz, Spaß etc. Vergleichen Sie die unterschiedlichen Herangehensweisen, um Ihre Arbeitsweise zu optimieren.

2 „Woyzeck" — PORTFOLIO

Pflichtaufgaben „Portfolio"

1. Lesen Sie den Zeitungsbericht „Großmutter, erzähl!" (Beilage 1), bearbeiten Sie folgende Aufgaben und stellen Sie Ihre Ergebnisse in Form eines **Informationsblattes** dar:

   - **Geben** Sie **wieder,** welche Eigenschaften BÜCHNER der Gattung „Märchen" zuspricht und welche Funktion ELISABETH VON THADDEN dem Märchen in BÜCHNERS „Woyzeck" zuweist.
   - Die Autorin nennt drei Märchen, die BÜCHNER als Vorlage gedient haben sollen. Lesen Sie diese drei Märchen und **vergleichen** Sie deren Aussagen („Moral") jeweils mit jener von BÜCHNERS Märchen.
   - **Benennen** Sie wesentliche Kriterien der Gattung „Märchen" und **überprüfen** Sie, ob BÜCHNER diese eingehalten hat.
   - **Begründen** Sie, warum BÜCHNERS Märchen die Erwartungen, die wir an diese Gattung haben, enttäuscht.

2. Der „Fall Woyzeck" ist keine Erfindung BÜCHNERS, sondern beruht auf einer wahren Begebenheit. Vor der Hinrichtung des historischen Woyzeck wurden Gutachten angefordert, die seine Zurechnungsfähigkeit beurteilen sollten. Das zweite Gutachten von Clarus wurde veröffentlicht und in der Fachwelt diskutiert. So kam auch BÜCHNER mit dem Fall in Berührung. Im Zuge der Präsentation Ihres Portfolios haben Sie eine sachliche Rede zu halten, in der Sie die unterschiedlichen Sichtweisen von Clarus und GEORG BÜCHNER auf das Wesen des Menschen und seine Freiheit zu handeln darzustellen.
   Lesen Sie das Clarus-Gutachten (S. 506, Beilage 2) und verfassen Sie die **sachliche Rede.**
   Bearbeiten Sie dabei die folgenden Arbeitsaufträge:

   - **Fassen** Sie die zentralen Aussagen des Ausschnitts aus dem Clarus-Gutachten **zusammen.**
   - **Erläutern** Sie, worauf Clarus sein Urteil, das zur Hinrichtung führt, gründet.
   - **Vergleichen** Sie BÜCHNERS Menschenbild, wie es sich im „Woyzeck" zeigt, mit jenem von Clarus.
   - **Nehmen** Sie zu den beiden Menschenbildern **kritisch Stellung.**

3. Der Hauptmann und der Doktor sind typisierte Vertreter der „Oberschicht".
   Verfassen Sie eine **literarische Charakteristik** über eine der beiden Figuren. Erläutern Sie in Ihren Ausführungen auch die Widersprüchlichkeit zwischen dem gesellschaftlichen Geltungsanspruch und den persönlichen Kompetenzen der charakterisierten Person.

4. **Entwerfen** Sie einen **Plot** für einen modernen Kriminalroman auf der Basis des Woyzeck-Stoffs.

GEORG BÜCHNER, deutscher Schriftsteller (1813–1837)

Literaturportfolio

⚠ Wählen Sie *ein* Thema und bearbeiten Sie die Aufgabe.

Wahlaufgaben „Portfolio"

1. Mord
Lesen Sie das Interview mit Gerichtsgutachter MARNEROS: „Jeder kann zum Mörder werden" (Beilage 3), verfassen Sie eine **Stellungnahme** und bearbeiten Sie folgende Arbeitsaufträge:

- **Fassen** Sie die Kernaussagen MARNEROS' **zusammen.**
- **Untersuchen** Sie das Drama „Woyzeck" auf Eifersuchtsszenen.
- **Erörtern** Sie anhand MARNEROS' Theorie Woyzecks Mordmotiv(e).

2. Außenseiter
Duden definiert einen Außenseiter als „abseits der Gesellschaft stehend; jemand, der seine eigenen Wege geht". – Verfassen Sie eine **Erörterung** (405–495 Wörter) und bearbeiten Sie folgende Arbeitsaufträge:

- **Beschreiben** Sie das Außenseitertum in einigen seiner Facetten.
- **Erläutern** Sie, welche dieser Definitionen Woyzeck entspricht.
- **Diskutieren** Sie, inwieweit die Stigmatisierung als Außenseiter Woyzeck zum Mörder macht.

3. Moral und Tugend
BÜCHNER lässt den Hauptmann zu Woyzeck sagen: „Woyzeck, er hat keine Tugend. Er ist kein tugendhafter Mensch. [...] Ich sag mir immer: Du bist ein tugendhafter Mensch, (gerührt) ein guter Mensch, ein guter Mensch." – Verfassen Sie eine **Erörterung** (405–495 Wörter) und bearbeiten Sie folgende Arbeitsaufträge:

- **Beschreiben** Sie, in welchem thematischen Zusammenhang der Hauptmann Woyzeck der Tugendlosigkeit bezichtigt und wie der Beschuldigte darauf reagiert.
- **Erklären** Sie, was Sie unter „Tugend" verstehen und welchen Begriff von Tugend der Hauptmann an den Tag legt.
- **Beurteilen** Sie vor diesem Hintergrund einerseits den Tugendbegriff des Hauptmanns, andererseits ob der Hauptmann und Woyzeck tugendhaft sind.

Beilage 1

GROSSMUTTER, ERZÄHL!

Ein junger Dichter verwandelte einmal ein paar alte Märchen in ein unerhörtes neues Märchen: Georg Büchners „Woyzeck".

> GROSSMUTTER: Es war einmal ein arm Kind und hat kei Vater und kein Mutter war Alles tot und war Niemand mehr auf der Welt. Alles tot, und es ist hingangen und hat gerrt Tag und Nacht. Und wie auf der Erd Niemand mehr war, wollt's in Himmel gehn, und der Mond guckt es so freundlich an und wie's endlich zum Mond kam, war's ein Stück faul Holz und da ist es zur Sonn gangen und wie's zur Sonn kam, war's ein verwelkt Sonneblum und wie's zu den Sterne kam, warn's klei golde Mücke, die warn angesteckt wie der Neuntöter sie auf die Schlehe steckt und wie's wieder auf die Erd wollt, war die Erd ein umgestürzter Hafen und war ganz allein und da hat sich's hingesetzt und gerrt und da sitzt' es noch und ist ganz allein.
>
> (Georg Büchner: Woyzeck, Fragment, 1836/37)

Ein Mann isst Erbsen, er isst monatelang gar nichts anderes als Erbsen, er dient Forschungszwecken, denn dafür gibt's vom Professor ein paar Groschen und dazu noch ein paar für die Laufburschendienste, die er für einen Hauptmann versieht. Der arme Kerl: Das ist der wahnsinnig werdende, der gedemütigte, der miserable Woyzeck, „Subjekt Woyzeck", wie der sehr moderne Doktor ihn nennt oder auch, wegen der bemerkenswerten mentalen Verirrungen dieses Versuchstiers Mensch: ein „interessanter casus".

Das Dramenfragment Woyzeck hat der nur 23-jährige Georg Büchner vor seinem Tod 1836/37 verfasst, und das Märchen von der kindlichen Verlassenheit steht mitten darin. Kaum ist es erzählt, wird Woyzeck zum Mörder. Mit diesem Drama ist dem Dichter „der vollkommenste Umsturz in der Literatur gelungen: die Entdeckung des Geringen", so wird im 20. Jahrhundert der Schriftsteller Elias Canetti den beispiellosen Text würdigen. Man kann zumindest dies als eine Art Beruhigung auffassen: dass Woyzeck, diesem Geringen, für den auf Erden nirgends Trost, nirgends Erlösung war, doch immerhin in der Kunst eine Art Gerechtigkeit widerfuhr, durch die Hauptrolle, die er spielt. Aber diese getriebene Kreatur kennt keine Ruhe.

Woyzeck tötet nicht seine Peiniger, sondern er ersticht seine untreue Geliebte Marie, die Mutter seines unehelichen Kindes. Die singt Volkslieder und liest im Evangelium die Geschichte, wie Jesus der Ehebrecherin vergab. Unmittelbar vor diesem Mord wird im Drama das Märchen erzählt. „Großmutter, erzähl", sagt das Kind und ruft die vermeintlich natürlichste Erzählweise hervor: Die Alten erzählen den Kleinen, sie vermitteln ihnen die Welt, auf dass es weitergehen kann. Und also erzählt die Großmutter dem Kind, nur wirkt dieses Märchen, als nähme es den schwärzesten Nihilismus vorweg: Es erzählt von der Existenz des Menschenkinds auf einer heillos entzauberten Welt, von seiner Verlassenheit zwischen dem Nichts, dem Nie und dem Niemand. Und kein Erbarmen.

Das Volkslied, die Bibel, das Märchen: Diese Überlieferungen liegen in Büchners Kunstauffassung ganz nah an jedermanns Menschennatur, ihre Motive sind auch für die vermeintlich Geringsten wiedererkennbar und können jedem sagen, was wirklich ist. Georg Büchner hat das Märchen in Woyzeck eigens erfunden, wie es zu seiner Zeit die romantische Form des Kunstmärchens den Dichtern gebietet und wie sie seither bis in Peter Rühmkorfs aufgeklärte Märchen fortgewirkt hat. Der Erfinder Büchner wählt einen besonderen Kunstgriff: Er sucht sich bekannte Bausteine für sein Märchen zusammen, besonders aus den Volksmärchen der Grimms: Er nimmt aus den Sterntalern die armselige Waisengeschichte, aus den Sieben Raben die enttäuschende Suche nach Sonne und Mond, die sich als menschenfleischgierige Kinderfresser entpuppen, und die Verlassenheit der kleinen weit Gewanderten entstammt dem Singenden, springenden Löweneckerchen.

Jeder, der dieses Märchen in Woyzeck hört, wird meinen, es zu kennen, wiederzuerkennen, und doch kennt es so keiner. Es ist nicht einfach vertraut. Es ist neu. Die Geschichte geht also, anders, doch weiter.

So hat Büchner dem Nichts ausgerechnet in der vermeintlich natürlichsten Kunstgattung seinen verstörendsten Ausdruck gegeben und zugleich einen Gegenentwurf: im Märchen. Dort, wo es der Erwartung des Lesers nach besonders heimatlich, besonders vertraut zugehen soll, haben alle heimatlichen Instanzen nichts Schützendes mehr: Vater und Mutter, Sonne und Mond, Sterne und Erde. Das bedeutet die Umkehrung aller Ordnung, damit ist die Welt aus den Angeln gekippt. Nichts ist mehr gut. Das Entsetzen nimmt seinen Lauf, wenn niemand diesem Woyzeck Gerechtigkeit widerfahren lässt. Wenn niemand das Märchen auf neue Weise ins Recht setzt. Wenn sich keiner erbarmt.

Elisabeth von Thadden, Die Zeit

Beilage 2

Georg Büchner
CLARUS-GUTACHTEN

Aus dem 2. Gutachten (1823)

Eine Handlung der strafenden Gerechtigkeit, wie sie der größere Theil der gegenwärtigen Generation hier noch nicht erlebt hat, bereitet sich vor. Der Mörder Woyzeck erwartet in diesen Tagen, nach dreijähriger Untersuchung, den Lohn seiner Tat durch die Hand des Scharfrichters. Kalt und gedankenlos kann wohl nur der stumpfsinnige Egoist, und mit roher Schaulust nur der entartete Halbmensch diesem Tage des Gerichts entgegen sehen. Den Gebildeten und Fühlenden ergreift tiefes, banges Mitleid, da er in dem Verbrecher noch immer den Menschen, den ehemaligen Mitbürger und Mitgenossen der Wohltaten einer gemeinschaftlichen Religion, einer segensvollen und milden Regierung, und so mancher lokalen Vorzüge und Annehmlichkeiten des hiesigen Aufenthalts erblickt, der, durch ein unstetes, wüstes, gedankenloses und untätiges Leben von einer Stufe der moralischen Verwilderung zur anderen herabgesunken, endlich im finstern Aufruhr roher Leidenschaften, ein Menschenleben zerstörte, und der nun, ausgestoßen von der Gesellschaft, das seine auf dem Blutgerüste durch Menschenhand verlieren soll.

Aber neben dem Mitleiden und neben dem Gefühl alles dessen, was die Todesstrafe Schreckliches und Widerstrebendes hat, muss sich, wenn es nicht zur kränkenden Empfindelei, oder gar zur Grimasse werden soll, der Gedanke an die „unverletzliche Heiligkeit des Gesetzes" erheben, das zwar, so wie die Menschheit selbst, einer fortschreitenden Milderung und Verbesserung fähig ist, das aber, so lange es besteht, zum Schutz der Throne und der Hütten auf strenger Waage wägen muss, wo es schonen und wo es strafen soll, und das von denen, die ihm dienen, und die als Zeugen, oder als Kunstverständige, um Aufklärung befragt, Wahrheit und nicht Gefühle verlangt.

Eine solche Aufklärung ist in Woyzecks Kriminalprozess, als es zweifelhaft geworden war, „ob er seines Verstandes mächtig", und mithin „zurechnungsfähig sei", oder nicht, von mir, als Physikus hiesiger Stadt, erfordert worden, und es ist wohl keinem Zweifel unterworfen, dass die hierdurch veranlasste Untersuchung seines Seelenzustandes und die Begutachtung desselben einen entscheidenden Einfluss auf sein Schicksal gehabt hat.

Unter diesen Umständen glaubte ich es dem verehrten Publikum, so wie mir selbst, schuldig zu sein, dieses wichtige Aktenstück, welches ich anfänglich für eine später zu veranstaltende Sammlung wichtiger gerichtsärztlicher Verhandlungen bestimmt hatte, mit Bewilligung der Kriminalbehörde, schon jetzt öffentlich bekannt zu machen, und die zur allgemeinen Übersicht der Sache gehörigen Nachrichten aus den Akten hinzuzufügen.

Jeder gebildete Leser wird aus dieser Schrift nicht nur die ganz eigenen Schicksale des Delinquenten, sondern auch die Tatsachen, welche Zweifel an dessen Zurechnungsfähigkeit erregten, und die Gründe, welche für die letztere entschieden haben, vollständig kennen lernen.
[...]

Mögen daher alle, welche den Unglücklichen zum Tode begleiten, oder Zeugen desselben sein werden, das Mitgefühl, welches der Verbrecher als Mensch verdient, mit der Überzeugung verbinden, dass das Gesetz, zur

Ordnung des Ganzen, auch gehandhabt werden müsse, und dass die Gerechtigkeit, die das Schwert nicht umsonst trägt, Gottes Dienerin ist. – Mögen Lehrer und Prediger und alle diejenigen, welche über Anstalten des öffentlichen Unterrichts wachen, ihres hohen Berufs eingedenk, nie vergessen, dass von ihnen eine bessere Gesittung und eine Zeit ausgehen muss, in der es der Weisheit der Regierungen und Gesetzgeber möglich sein wird, die Strafen noch mehr zu mildern, als es bereits geschehen ist. – Möge die heranwachsende Jugend bei dem Anblicke des blutenden Verbrechers, oder bei dem Gedanken an ihn, sich tief die Wahrheit einprägen, dass Arbeitsscheu, Spiel, Trunkenheit, ungesetzmäßige Befriedigung der Geschlechtslust und schlechte Gesellschaft ungeahnet und allmählich zu Verbrechen und zum Blutgelüste führen können. – Mögen endlich alle mit dem festen Entschlusse, von dieser schauerlichen Handlung zurückkehren: Besser zu sein, damit es besser werde.

Leipzig, den 16. August 1824

Georg Büchner: Sämtliche Werke und Briefe, Reclam

Beilage 3

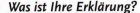

„JEDER KANN ZUM MÖRDER WERDEN"

Der Psychiater Andreas Marneros über das Böse, das in uns Menschen steckt, und über Liebe, die zum Tod führen kann.

[...]
Sie sagen, im Prinzip sei jeder von uns fähig, den Liebsten zu töten, den „Intimpartner", wie Sie es nennen.
Andreas Marneros: *Richtig. Die meisten von uns werden mit ziemlicher Sicherheit keine Diebe, Betrüger oder Vergewaltiger. Das haben wir in der Hand. Aber keiner kann sich sicher sein, nicht zum Mörder aus Liebe zu werden.*
[...]

Was ist Ihre Erklärung?
Der Auslöser dafür, dass Menschen ihren Partner töten, ist fast immer eine Kränkung. [...]

Ist die Wut umso größer, je größer vorher die Liebe war?
Je stärker meine Liebe, desto größer die Erwartungen – und umso tiefer der Fall, wenn ich enttäuscht werde. Die Wut richtet sich nicht nur gegen den Partner, sondern auch gegen mich selbst, weil ich so danebenlag. Wenn eine akute Provokation hinzukommt, ist diese Wut nicht mehr zu bändigen. Ich nenne das den „Bösen Moment", Bruchteile von Sekunden, in denen es zu enormen Eruptionen von Wut, Zorn oder Angst kommt. Wir handeln dann gegen unseren Willen, unsere Vorsätze, unsere Vernunft.

Haben Sie eine Vorstellung von Ihrem Bösen Moment?
Nein. Ich glaube, die hat keiner von uns. Fast alle Liebesmörder töten, weil ihr Selbstbild in Gefahr ist. [...] Es ist die Angst, die Achtung des anderen zu verlieren – und damit meinen Selbstwert.

Sind solche Täter am Ende erschrocken über sich selbst?
Vielleicht. Menschen, die ihren Intimpartner töten, sind ja nicht immer an sich gewalttätige oder brutale Menschen. Es sind meistens Menschen wie Sie und ich. Die meisten planen diese Tat nicht. Es geschieht im Affekt. Hinterher sagen sie: Für mich war das undenkbar.

Haben solche Menschen Gemeinsamkeiten?
Viele dieser Täter sind schwache Persönlichkeiten, auch in der Beziehung sind sie in der Regel der Schwächere. Über lange Zeit destabilisieren die Probleme in der Partnerschaft die Persönlichkeit des Täters. Dann kommt die narzisstische Kränkung hinzu.

Zum Beispiel, indem sie ihn verlässt.
Genau. Und dann fällt der typische Satz: „Wenn ich dich nicht haben kann, soll dich auch kein anderer haben." [...]

Am Ende geht es darum, nicht allein zu sein.
Richtig, Liebe gibt Sicherheit. Ich gehöre zu jemandem, jemand gehört zu mir, und wir gehören zusammen. Bis dass der Tod uns scheidet. Das neutralisiert unsere angeborene Angst, verlassen zu werden. Diese Angst wird mobilisiert, wenn der Verlust des Partners droht.

Sind wir deshalb in der Liebe am angreifbarsten?
Genau. In meinen Beruf habe ich Ehrgeiz investiert, Zeit, Fähigkeit. In die Liebe habe ich mich selbst investiert. Deswegen bin ich so verletzbar. Mein Selbstwertgefühl ist davon abhängig, wie sehr mich mein Partner schätzt und akzeptiert. Die Partnerschaft ist Teil meiner Selbstdefinition, Teil von mir ...

... und der Mord der Versuch, die Beziehung zu erhalten?
Mord kann eine Form der Beziehung sein; wir sprechen hier natürlich nicht von Auftrags- oder von Raubmord. Intimizid ist gewissermaßen eine makabre, endgültige Art der Beziehung. Einer der häufigsten Sätze, die ich von diesen traurigen Gestalten gehört habe: „Ich liebe sie noch immer." Der Mord aus Liebe kettet zwei Menschen schicksalhaft auf ewig aneinander.
[...]

Morden Männer und Frauen aus unterschiedlichen Gründen?
Mord ist normalerweise Männersache, die Opfer sind meist Fremde. Intimizide machen nur einen kleinen Anteil aus. Frauen dagegen töten, was sie lieben: ihren Partner, ihre Kinder. Bei Frauen finden wir zwei Kategorien von Intimiziden häufiger: den sogenannten Emanzipationsversuch. Der Mann quält die Frau, dominiert sie, bis es nicht weitergeht. Dann macht sie einen Befreiungsschlag. Die zweite Form ist die Tötung aus Selbstschutz. [...]

Kann man sagen: Frauen töten, um sich zu befreien, Männer, um zu behalten?
Das wäre sehr plakativ. Es gibt bei Frauen auch den Eifersuchtsmord. Aber bei Männern ist das selbstdefinitorische Moment viel stärker.
[...]

„Jeder Mensch ist ein Abgrund", hat Georg Büchner geschrieben, „es schwindelt einem, wenn man hinabsieht." [...] Herr Marneros, wir danken Ihnen für dieses Gespräch.

BEATE LAKOTTA UND HAUKE GOOS, DER SPIEGEL

Stichwortverzeichnis

A

Abbildungsverzeichnis 355
Absoluter Komparativ 149
Absolutismus 91, 159
Abstract 352
Absurdes Theater 251, 318, 322
AIDA-Modell 147
Alltagslyrik 309, 315
Analyse von Sachtexten 30
Analyse literarischer Texte 122
–, Analysebogen 123
–, formale und inhaltliche Aspekte 122
–, sprachliche und stilistische Besonderheiten 122
Analysebogen 123
Analytisches Drama 178
Anti-Heimatroman 275, 291
Antike 47, 292
Arbeiten, wissenschaftliches 345
Ästhetik 45
Ästhetische Erziehung 47
Ästhetizismus 192
Automatenmensch 78

B

Ballade 48, 52
Bibliografie 354
Biedermeier 89
–, Autorinnen/Autoren und Werke 93
–, Dramatik 92
–, Epik 92
–, historische und politische Voraussetzungen 91
–, Literatur 91
–, Lyrik 92
Bild und Sprache 150
Bildakzentuierte Werbung 151
Bildung 391, 407
Bildungsroman 49
Blaue Blume 76
Blut und Boden 259
Briefroman 49
Bürgerliche Revolution 107
Bürgerlicher Realismus 159

C

Cabaret Voltaire 251

D

Dadaismus 249
–, Autoren 251
–, Einfluss 251
–, Programm 251
Deckblatt 531
Dekadenz 191
Dialektdichtung 309, 313, 335
Dinggedicht 192
Dingsymbol 84
Dokumentartheater 298, 303
Drama
–, Geschichtsdrama 73
–, Ideendrama 209
–, Lesedrama 73
–, Mikrodrama 327
– nach 1945 317
–, soziales 178
–, Stationendrama 209
–, synthetisches 178
Dystopie 275, 289

E

Elegie 48, 51
Endzeitstimmung 191
Entwicklungsroman 49, 159
Epische Kleinformen 178
Episches Theater 258, 269
Erlebnislyrik 160
Erzählung 159, 292
Erziehung 391, 401
Essay 337
–, formale Kriterien 339
–, inhaltliche Kriterien 339
–, sprachliche Kriterien 339
–, Teile 339
Exil 115, 259
Exilliteratur 259
Expressionismus 205
–, Autorinnen/Autoren und Werke 209
–, Dramatik 208
–, Epik 209
–, Literatur 207
–, Lyrik 208
–, Phasen 207
–, Themen 208

F

Fabel 226
Faust 49, 59, 407
Fernsehen 370
Fin de Siècle 189
–, Dramatik 193
–, Epik 193
–, Literatur von Frauen 193
–, Lyrik 192
Forum Stadtpark 336
Fragment 71
Frührealismus 107

G

Gedicht
– im Dialekt 309, 313
–, Lautgedicht 251
–, naturmagisches 308, 310
–, Simultangedicht 251
–, Sprechgedicht 308
Generationenkonflikt 426
Gerechtigkeit 97
Geschichtsdrama 73
Gesellschaftskritik 99, 274, 319, 328
Gesetz, sanftes 94
Gleichberechtigung 144, 425, 464
Glosse 238
–, formale/sprachliche Kriterien 239
–, inhaltliche Kriterien 239
–, Teile 239
Grazer Autorenversammlung 336
Grazer Gruppe 336
Großstadt 177, 188, 208, 210, 260
Großstadtroman 178
Groteske 134, 31
Gruppe 47 335

H

Habsburgermonarchie 257
Hanswurst 93
Heimat 275
Heimatroman 275, 291
Hermetik 308, 311, 316
Humanität 47
Hymne 48
Hypotaktischer Stil 34

I

Ich-Erlebnis 207
Ideendrama 209
Idylle 94
IG Autorinnen Autoren 334
Impressionismus 192
Industrialisierung 159, 184, 192
Ingeborg-Bachmann-Preis 335
Inhaltsverzeichnis 355
innerer Monolog 193
Internet 375
Intertextualität 119
Ironie, romantische 71

J

Journalismus 363
Jugend 421
Jugendkultur 432
Junges Deutschland 107

K

Kaffeehaus 202
Kafkaesk 220
Kahlschlag 308, 310
Kalendergeschichte 92
Kapitalismus 159
Katharsis 48
Kinostil 209
Klassik, Weimarer 45
Kleinformen, epische 178
Kommunikation 361
Konkrete Poesie 251, 308, 313
Krieg 208, 212, 251, 255, 274, 308, 334
Krimi 275, 295
Kunstmärchen 73, 80
Kurzgeschichte 274

L

L'art pour l'art 192
Lautgedicht 251
Lernen 416
Lesedrama 73
Lesen 381
Liedermacher 309
Literarische Skizze 92
Literatur der Zwischenkriegszeit 257

Literaturnobelpreis 183, 199, 263, 281, 283, 287, 293, 318, 322
Literaturportfolio 501
Literaturverzeichnis 354
Lorelei 85
Lyrik
–, Alltagslyrik 309, 315
–, Erlebnislyrik 160
–, experimentelle 308, 312
–, hermetische 308, 311, 316
– nach 1945 307
–, politische 109, 208, 309, 314
–, Stimmungslyrik 160

M

Manieren 397
Märchen 73
Medien 361
Meinungsrede 9
–, formale/sprachliche Kriterien 11
–, manipulieren 11
–, Teile/inhaltliche Kriterien 11
Merz-Literatur 251, 253
Migration 464
Mikrodrama 327
Milieutheorie 177
Mittelachsenlyrik 179, 188
Mittelalter 71
Monolog, innerer 193
Multilingualität 450

N

Nationalsozialismus 257
Naturalismus 175
–, Autoren 179
–, Dramatik 178
–, Einflüsse 177
–, Epik 178
– in Österreich 179
–, Literatur 177
–, Literaturtheorie 177
–, Lyrik 179
–, Menschenbild 177
Naturmagisches Gedicht 308, 310
Neo-Heimatroman 275
Neologismen 149
Nestbeschmutzer 319
Neue Sachlichkeit 257
Neue Subjektivität 274, 281, 309
Nobelpreis für Literatur 183, 199, 263, 281, 283, 287, 293, 318, 322
Normen 394
Novelle 159, 292
Novellistische Studie 178

O

Ode 48

P

P.E.N. 334
Paginierung 354
Pamphlet 108
Parabel 223
Parabeltheater 318, 320
Parataktischer Stil 34
Philister 71, 74

Plastikwörter 149
Poésie pure 192
Poesie, konkrete 251, 308, 313
Poetischer Realismus 159
Political Correctness 454
Politische Lyrik 109, 208
Portfoliomethode 502
Positivismus 177
Posse 93, 167
Primärliteratur 354
Prosa nach 1945 273
Prosaskizze 178, 202
Protestgedicht 116
Psychoanalyse 191
Pubertät 421, 432

Q

Quellenangaben 357

R

Realismus 157
–, bürgerlicher 159
–, Dramatik 159
–, Epik 159
–, Epochenbegriff 159
–, Frührealismus 107
–, historische Gegebenheiten 159
–, kritischer 160
–, Literatur 159
–, Lyrik 160
–, poetischer 159
–, Programm 159
Rede 8
–, manipulative 12
–, Meinungsrede 9
Redewendungen 68
Redundanz 350
Reisebericht 109
Restaurationszeit 91
Revolution 159
Revolution, bürgerliche 107
Rezension 227
–, formale/sprachliche Kriterien 229
–, Teile 299
Rolle, stehende 93
Roman, Großstadtroman 178
Romantik 69
–, Dramatik 72
–, Epik 72
–, Kritik 71
–, Literatur 72
–, Literatur von Frauen, 73,
–, Literaturtheorie 71
–, Lyrik 72
–, Phasen 71
–, romantische Ironie 71
–, schwarze 71, 78
–, Vertreter 73

S

Sachlichkeit, Neue 259
Sachtexte 30
–, Analyse 30
–, Analysebogen 37
–, formale Aspekte 31
–, inhaltliche Aspekte 31
–, sprachliche Kriterien 31

–, stilistische Besonderheiten 34
–, Teile 31
Sanftes Gesetz 94
Satire 108, 112
Schauerroman 71
Schriftstellervereinigung 333
Sekundärliteratur 354
Sekundenstil 177
Simultangedicht 251
Skizze
–, literarische 9292
–, Prosaskizze 178, 202
Slam Poetry 309
Slice of Life 151
Soziales Drama 178
Sozialkritik 175, 192, 275
Spitzelwesen 91
Sprache 441
Sprachkritik 319, 326
Sprachskepsis 192, 194, 308
Sprachwitz 93, 99
Sprechgedicht 308
Sprechstück 319
Stationendrama 209
Stehende Rolle 93
Sterben 473
Stil 34
–, hypotaktischer 34
–, parataktischer 34
Stimmungslyrik 160
Struktur der Psyche 191, 207
Studie, novellistische 178
Subjektivität, neue 274, 281
Symbolismus 192
Synekdoche 211

T

Testimonialwerbung 151
Textakzentuierte Werbung 151
Textanalyse 30
–, Analysebogen 37
–, Form und Inhalt 36
–, formale/sprachliche Kriterien 31
–, Inhalte 31
–, Satzebene 35
–, Sprache und Stil 31
–, Stilebene 35
–, Teile 31
–, Wortebene 35
Textinterpretation 108
–, biografische Aspekte 119
–, formale/sprachliche Kriterien 119
–, historische/literaturgeschichtliche Aspekte 119
–, Intertextualität 119
–, soziologische Aspekte 119
–, Teile 119
– vorbereiten 127
Textkohärenz 350
Theater
–, absurdes 251, 318, 322
–, Dokumentartheater 318, 323
–, episches 258, 269
–, Parabeltheater 318, 320
Thriller 275, 295
Titelblatt 351
Tod 473
Traumtheorie 191
Trümmerliteratur 274, 276

Stichwortverzeichnis/Personenregister

U

Übermensch 191, 207
Universalpoesie, progressive 71
Unterricht 413
Utopie 159, 208, 275, 289

V

Vergänglichkeit 473
Volkslied 72
Volksmärchen 73
Volksstück 160, 258, 319
Volkstheater 92, 167
Vormärz 105
–, Autoren 109
–, Dramatik 109
–, Epik 109
–, Gattungen 108
–, Literatur von Frauen 108
–, Literatur 108
–, Lyrik 109
Vorurteil 97, 99, 125
Vorwort 352

W

Weimarer Klassik 45
–, Bildungs- und Entwicklungsroman 49
–, Dramatik 48
–, Kunstprogramm 47
–, Literatur 48
–, Werke 49
Werbebotschaft 147
Werbemodelle 147
Werbeanalyse 143
–, Aufbau 145
–, formale/sprachliche Kriterien 145
Werbesprache 148
–, absoluter Komparativ 149
–, Ad-hoc-Bildungen 149
–, Fremdwörter 149
–, Imperativ 149
–, Neologismen 149
–, Plastikwörter 149
–, Redewendungen 149
–, rhetorische Mittel 149
–, Schlüsselwörter 149
–, Sprach-/Wortspiele 149
–, Superlativ 149
Werbung
– analysieren 146
–, Bild und Sprache 150
–, bildakzentuiert 151
–, textakzentuiert 151
–, Ziele 147
–, Zielgruppe 147
Werte 391
Wiener Gruppe 309, 335
Wiener Kongress 91
Wiener Kreis 192
Wiener Moderne 191
Wirtschaftskrise 257
Wissenschaftliches Arbeiten 345
–, Abbildungsverzeichnis 355
–, Abstract 352
–, Anhang 355
–, Bibliografie 354
–, Deckblatt 351
–, Einleitung 348
–, formale Aspekte 350
–, Gliederung 350
–, Hauptteil 349
–, inhaltliche Aspekte 350
–, Inhaltsverzeichnis 353
–, Literaturverzeichnis 354
–, Paginierung 354
–, Quellenangaben 357
–, Redundanz 350
–, Schluss 348
–, Textkohärenz 350
–, Titelblatt 351
–, Umfang 350
–, Vorwort 352
–, Wortwahl und sprachliche Strukturen 350
–, Zitieren 349, 356
Wortkunst 207

Y

YouTube 389

Z

Zaubermärchen 92
Zauberstück 92
Zeitschrift 108, 207
Zensur 89, 91, 93
Zitieren 349, 356
– im Text 349
–, sinngemäß 349
–, wörtlich 349
Zitierregeln 362
Zitierweise 356
–, amerikanisch 356
–, deutsch 356
Zwischenkriegszeit, Literatur der 255
–, Dramatik 258
–, Epik 257
–, Lyrik 258
Zweiter Weltkrieg, Literatur des 259

Personenregister

A

Achleitner, Friedrich 335, 413
Adorno, Theodor 308
Aicher, Bernhard 275
Aichinger, Ilse 274, 279 ff.
Aischylos 48
Altenberg, Peter 193, 202
Andersch, Alfred 274, 308
Anzengruber, Ludwig 92, 159 f., 258
Arnim, Achim von 71
Arnim, Bettina von 72
Arnstein, Fanny von 72
Arp, Hans 251
Artmann, H. C. 309, 313 f., 335, 493
Arzt, Thomas 319, 330 ff.
Aston, Louise 108

B

Baargeld, Johannes Theodor 251
Bachmann, Ingeborg 132 f., 274, 308
Ball, Hugo 250 ff.
Baudelaire, Charles 192
Bauer, Christoph W. 309
Bauer, Wolfgang 318 f., 327
Bayer, Konrad 335
Becher, Johannes B. 208
Beckett, Samuel 318, 322
Benn, Gottfried 208 f., 211 f.
Berg, Alban 112
Bernhard, Thomas 96 f., 125, 275, 285 f., 318 f., 415
Biermann, Wolf 309
Blunck, Hans Friedrich 259
Böhme, Margarete 193
Böll, Heinrich 274, 276 f.
Borchert, Wolfgang 274, 276 f.
Born, Nicolas 309
Börne, Ludwig 107, 109
Bradbury, Ray 275
Brahm, Otto 176
Brandstätter, Alois 275
Brauer, Arik 131, 309
Brecht, Bertolt 126, 135, 258 f., 267 ff., 309
Brentano, Clemens 71 f., 85 f.
Brinkmann, Rolf Dieter 309, 315 f.
Britting, Georg 127 f.
Broch, Hermann 259
Brod, Max 220
Büchner, Georg 105 ff., 503

C

Calis, Nuran David 112
Canetti, Elias 259, 450
Celan, Paul 308, 311 f.
Cézanne, Paul 192
Charms, Daniil 134
Christen, Ada 179
Comte, Auguste 177
Csokor, Franz Theodor 274

D

Darwin, Charles 177
Degenhardt, Franz Joseph 309
Die Fantastischen Vier 429

Döblin, Alfred 209, 213 ff., 259
Doderer, Heimito von 274
Dorst, Tankred 318
Dostojewski, Fjodor 177
Droste-Hülshoff, Anette von 92 f., 107 ff.
Duchamp, Marcel 251
Dürrenmatt, Friedrich 134 f., 318, 320 f.

E

Ebner-Eschenbach, Marie von 160, 171 ff., 179
Edelbauer, Raphaela 275
Eich, Günter 308, 310
Eichendorff, Joseph von 71 f., 75, 77, 87
Eichrodt, Ludwig 91
Einstein, Carl 209, 316
Eisenreich, Herbert 118, 120
Engels, Friedrich 159, 177
Enzensberger, Hans Magnus 309, 318
Enzinger, Thomas 373 f.
Ernst, Max 251
Euripides 48

F

Fallersleben, August Heinrich Hoffmann von 108 f.
Faust, Johann Georg 59
Feuchtwanger, Lion 259
Flaubert, Gustave 168
Fleißer, Marieluise 258
Fontane, Theodor 158 ff., 165 ff., 428
Franzobel (Franz Stefan Griebl) 275, 319
Freiligrath, Ferdinand 108 f.
Freud, Sigmund 191, 193, 213, 488
Fried, Erich 254, 309, 314 f.
Friedell, Egon 202
Frisch, Max 318, 400
Frischmuth, Barbara 336

G

Gangl, Natascha 319
Gay, John 270
Genet, Jean 318
George, Stefan 192
Glavinic, Thomas 275, 291
Goethe, Johann Wolfgang von 46 ff., 257, 259, 332, 407
Gomringer, Eugen 308
Görres, Joseph 71
Gotthelf, Jeremias 93
Grabbe, Christian Dietrich 109
Grass, Günter 318
Grillparzer, Franz 92 f., 102 ff., 259
Grimm, Jacob 73
Grimm, Wilhelm 73
Gruber, Andreas 275
Günderrode, Karoline von 72
Gutzkow, Karl 107 ff.

H

Haas, Wolf 275, 295 f.
Hader, Josef 296
Hahn, Ulla 87
Hahn-Hahn, Ida 108
Handke, Peter 274 f., 281 ff., 326 f., 336
Hasenclever, Walter 209

Haslinger, Josef 275, 296 ff.
Hauff, Wilhelm 71, 73, 80 ff.
Hauptmann, Gerhart 179 f., 184 ff.
Hauser, Kaspar 326
Haushofer, Marlen 275, 289 ff.
Hausmann, Elisabeth 270
Havel, Vaclav 318
Hebbel, Friedrich 96 f.
Heine, Heinrich 86 ff., 107 ff., 182 ff.
Heißenbüttel, Helmut 277 f.
Hemingway, Ernest 274
Herder, Johann Gottfried 49, 72
Herwegh, Georg 108 f., 116
Herzog, Werner 112
Hesse, Hermann 193, 257, 259, 263 ff.
Heym, Georg 208
Hildesheimer, Wolfgang 318
Hiller, Kurt 207
Hitler, Adolf 257
Hochhuth, Rolf 318
Hochwälder, Fritz 274
Hoddis, Jakob van 206 f.
Hoffmann, E. T. A. 71, 73, 78 f., 275
Hofmannsthal, Hugo von 192 ff., 201, 486
Hölderlin, Friedrich 47, 49
Holz, Arno 176 ff., 187 f.
Horváth, Ödön von 92, 258 f., 319
Huch, Ricarda 179
Huchel, Peter 259, 308, 310
Huelsenbeck, Richard 251
Hundegger, Barbara 309
Huxley, Aldous 275

I

Ibsen, Henrik 177
Innerhofer, Franz 275, 291 ff.
Ionesco, Eugène 318

J

Jandl, Ernst 308, 312 f., 335., 420
Janitschek, Maria 193
Jean Paul 47
Jelinek, Elfriede 275, 287 ff., 318 f.
Jonke, Gert 319

K

Kafka, Franz 220 ff., 259, 486
Kaiser, Georg 209, 217 ff.
Kaiser, Vea 275
Kaléko, Mascha 115, 258 ff.
Kant, Immanuel 47 f., 408 f.
Kaschnitz, Marie-Luise 259, 308
Kästner, Erich 87, 256, 258 f.
Kehlmann, Daniel 87 f., 301 f.
Keller, Gottfried 160, 162
Keun, Irmgard 261 ff.
Kippenhardt, Heinar 318
Kirsch, Sarah 309
Kiwus, Karin 309
Kleist, Heinrich von 46 f., 49, 259
Kling, Thomas 309
Knigge, Adolph Freiherr von 394 f.
Knotek, Anatol 313
Köhlmeier, Michael 275, 490
Kolleritsch, Alfred 336
Kramer, Theodor 259

Kraus, Karl 257 ff.
Kretzer, Max 178
Kroetz, Franz Xaver 319
Krolow, Karl 308
Krösinger, Hans-Werner 318
Kunert, Günter 470

L

Lagerlöf, Selma 179
Laher, Ludwig 309
Lasker-Schüler, Else 208 f., 212
Laube, Heinrich 107
Lehmann, Wilhelm 308
Lenau, Nikolaus 92 ff.
Lernet-Holenia, Alexander 274
Lewald, Fanny 108
Leytner, Nikolaus 321
Liechtenstein, Alfred 208
Liessmann, Konrad Paul 381 ff.
Lindgren, Astrid 14 ff.
Loerke, Friedrich 308
Loewenson, Erwin 207
Lösch, Volker 318

M

Mach, Ernst 191 f.
Maeterlinck, Maurice 195
Mallarmé, Stéphane 192
Mann, Heinrich 193, 259
Mann, Thomas 193, 199 f., 257, 259
Marx, Karl 159, 177
May, Reinhard 309
Mayröcker, Friederike 316, 335 f.
Menasse, Robert 275
Mereau, Sophie 72
Metternich, Fürst Clemens Wenzel Lothar 91, 93
Meyer, Conrad Ferdinand 160, 162
Mitterer, Felix 92, 319, 330 ff.
Monet, Claude 192
Mörike, Eduard 92 f.
Morus, Thomas 275
Müller, Herta 293 ff.
Mundt, Theodor 107
Musil, Robert 130 f., 193, 195 ff., 257, 259, 266 ff., 384

N

Nestroy, Johann Nepomuk 89, 93, 99 ff., 258, 260
Nietzsche, Friedrich 191, 193, 213, 471
Nikitin, Boris 318
Nöstlinger, Christine 414 f.
Novalis (Friedrich von Hardenberg) 70 f., 74, 76

O

Orwell, George 275, 459

P

Palmetshofer, Ewald 319
Pfau, Ludwig 90
Pfemfert, Franz 207
Pinter, Harold 318
Pinthus, Kurt 206

Personenregister/Textregister

Polgar, Alfred 202 ff.
Politzer, Heinz 224
Postman, Neil 362
Preiwuß, Kerstin 309
Preradović, Paula 179

R

Raab, Thomas 275, 303 ff.
Raimund, Ferdinand 92 f., 260
Renoir, Pierre Auguste 192
Richter, Hans Werner 335
Rilke, Rainer Maria 124, 192 f., 200 ff., 479
Rimini Protokoll 318
Ringelnatz, Joachim 259
Röggla, Kathrin 299 ff., 319
Rosegger, Peter 160, 169 ff.
Rossmann, Eva 275
Roth, Gerhard 336
Roth, Joseph 257, 259
Rühm, Gerhard 335
Rühmkorf, Peter 87

S

Saar, Ferdinand von 179
Saiko, George 274
Saint-Exupéry, Antoine de 483
Sand, George 108
Sartre, JeanPaul 496
Sauter, Samuel Friedrich 91
Schäuffelen, Konrad Balder 309
Schelling, Friedrich Wilhelm 70 f.
Schiller, Friedrich 47 ff., 51 ff., 106, 259, 429 ff.
Schimmelpfennig, Roland 319
Schindel, Robert 309
Schlaf, Johannes 179 ff.
Schlegel, Dorothea 72
Schlegel, Friedrich 70 ff.
Schlegel-Schelling, Caroline 72
Schmalz, Ferdinand 319
Schmidt-Dengler, Wendelin 299
Schneider, Robert 306

Schnitzler, Arthur 179, 192 f., 197 ff.
Schnurre, Wolfdietrich 274
Schönherr, Karl 179
Schopenhauer, Arthur 72
Schopenhauer, Johanna 72
Schultens, Katharina 309
Schwab, Gustav 71
Schwab, Werner 319
Schwitters, Kurt 251, 253 f.
Seghers, Anna 259
Sen, Amartya 471
Shakespeare, William 73, 275
Shelley, Mary 72
Silcher, Friedrich 87
Sojka, Ceija 335
Sophokles 48
Sperr, Martin 319
Stadler, Ernst 208 f.
Sternheim, Carl 209
Stevenson, Robert Louis 72
Stifter, Adalbert 92 ff.
Stoker, Bram 72
Storm, Theodor 160, 163 ff.
Stramm, August 207, 211
Strauß, Botho 319
Streeruwitz, Marlene 319
Strindberg, August 179, 208
Süßkind, Patrik 306
Suttner, Bertha von 179
Szymborska, Wisława 482

T

Tabori, George 318
Taines, Hippolyte 177
Tepl, Johannes von 493
Theobaldy, Jürgen 309
Tieck, Ludwig 71, 73
Toller, Ernst 209
Tolstoi, Leo 168, 177
Trakl, Georg 192, 208, 211
Tucholsky, Kurt 258 f.
Turrini, Peter 92, 319
Tzara, Tristan 251, 253

U

Uhland, Ludwig 71

V

Varnhagen, Rahel 72

W

Wader, Hannes 309
Wagner, Jan 309
Waits, Tom 112
Walden, Herwarth 207
Walser, Martin 274
Waterhouse, Peter 309
Wedekind, Frank 208 f., 219
Weerth, Georg 109
Wegner, Bettina 404
Weiss, Peter 318, 323 ff.
Weiss, Philipp 319
Werfel, Franz 208 f., 219
Wicki, Bernhard 321
Wieland, Christoph Martin 47, 49
Wienbarg, Ludolf 107, 109
Wiener, Oswald 335
Wilde, Oscar 190
Wilson, Robert 112
Winckelmann, Johann Joachim 47
Wittgenstein, Ludwig 192
Wolfgruber, Gernot 275
Wondratschek, Wolf 309
Woyzeck, Christian 110

Z

Zettl, Baldwin 206
Zola, Emile 177
Zuckmayer, Carl 258
Zuzak, Eleonore 132
Zweig, Stefan 257, 259

Textregister (Angeführt sind zitierte poetische Texte und Textausschnitte.)

1984 (G. Orwell) 459

A

Alte Meister (Th. Bernhard) 97
An Anna Blume. Merzgedicht 1 (K. Schwitters) 253
An Anna Emulb (E. Fried) 254
Ansichten eines Clowns (H. Böll) 283
Athenäums-Fragment Nr. 116 (F. Schlegel) 70
Auf dem Teich, dem regungslosen (N. Lenau) 94
Aufruf (G. Herwegh) 116
Aus dem Leben eines Taugenichts (J. v. Eichendorff) 75

B

Bahnwärter Thiel (G. Hauptmann) 193
Betrachtungen über den Weltlauf (H. v. Kleist) 46
blauboad 1 (H. C. Artmann) 313
Brief an den Vater (F. Kafka) 220

Brief des Lord Chandos an Francis Bacon (H. v. Hofmannsthal) 194
Brudermord im Altwasser (G. Britting) 127
Bunte Steine (A. Stifter) 96

C

Chandos-Brief (H. v. Hofmannsthal) 194
Clarus-Gutachten (G. Büchner) 506

D

Dantons Tod (G. Büchner) 106
Das Bildnis des Dorian Gray (O. Wilde) 190
Das Brot (H. Böll) 276
Das epische Theater (B. Brecht) 269
Das erste dadaistische Manifest (H. Ball) 250
Das Fliegenpapier (R. Musil) 130
Das Gemeindekind (M. v. Ebner-Eschenbach) 171

Das kalte Herz – ein Märchen (W. Hauff) 80
Das Karussell – Jardin de Luxembourg (R. M. Rilke) 200
Das kunstseidene Mädchen (I. Keun) 261
Das Land am Nebentisch (H. Müller) 293
Das Spiel ist aus (J.-P. Sartre) 496
Das Stundenbuch (R. M. Rilke) 479
De guadn und de aundan (Ch. Nöstlinger) 414
Der Ackermann aus Böhmen (J. v. Tepl) 493
Der Besuch der alten Dame (F. Dürrenmatt) 320
Der europäische Mensch und die Vernichtung der Nationen
    (F. Nietzsche) 471
Der Gott der Stadt (G. Heym) 210
Der Handschuh (F. Schiller) 52
Der kleine Prinz (A. de Saint-Exupéry) 483
Der Knochenmann (W. Haas) 295
Der Mann ohne Eigenschaften (R. Musil) 266, 384
Der Panther (R. M. Rilke) 124
Der Prozeß (F. Kafka) 224
Der Sandmann (E. T. A. Hoffmann) 78
Der Schatzgräber (J. W. v. Goethe) 54
Der Steppenwolf (H. Hesse) 264
Der Talisman (J. N. Nestroy) 100
Der Traum ein Leben (F. Grillparzer) 102
Deutschland. Ein Wintermärchen (H. Heine) 112
Die alten Naturdichter und die neuen (F. Hebbel) 97
Die Alten und die Jungen (Th. Fontane) 428
Die Aufzeichnungen des Malte Laurids Brigge (R. M. Rilke) 479
Die Beiden (H. v. Hofmannsthal) 201
Die blaue Blume (J. v. Eichendorff) 77
Die Dreigroschenoper (B. Brecht) 270
Die Ermittlung. Oratorium in 11 Gesängen (P. Weiss) 323
Die Ermordung einer Butterblume (A. Döblin) 214
Die gerettete Zunge (E. Canetti) 450
Die größere Hoffnung (I. Aichinger) 279
Die herausfallenden alten Frauen (D. Charms) 134
Die Identitätsfalle (A. Sen) 471
Die Judenbuche (A. v. Droste-Hülshoff) 97
Die Klavierspielerin (E. Jelinek) 287
Die Physiker (F. Dürrenmatt) 134
Die Räuber (F. Schiller) 430
„Die Scherben eines gläsernen Frauenzimmers" (Carl Einstein)
    (F. Mayröcker) 316
Die schilfige Nymphe (P. Huchel) 310
Die Sonnenfinsternis (A. Stifter) 94
Die Vermessung der Welt (D. Kehlmann) 301
Die Verwandlung (F. Kafka) 222
Die Verwirrungen des Zöglings Törleß (R. Musil) 195
Die Wand (M. Haushofer) 289
Die Weber (G. Hauptmann) 184
Drei unnütze Dinge (A. Polgar) 203

E

Effi Briest (Th. Fontane) 166
Ein Augenblick der Liebe (H. Eisenreich) 120
Ein Brief (H. v. Hofmannsthal) 194
Einen jener klassischen ... (R. D. Brinkmann) 315
Eingelegte Ruder (C. F. Meyer) 162
EmigrantenMonolog (M. Kaléko) 115
Erklär mir, Liebe (I. Bachmann) 132
Es kribbelt und wibbelt weiter (Th. Fontane) 161

F

Faust. Der Tragödie erster Teil (J. W. v. Goethe) 60, 407
Faust. Der Tragödie zweiter Teil (J. W. v. Goethe) 66
Fräulein Else (A. Schnitzler) 197
frog me ned (H. C. Artmann) 493
Frost (Th. Bernhard) 415

G

Grodek (2. Fassung) (G. Trakl) 212
Großstadtliebe (M. Kaléko) 260
Gründe (E. Fried) 314

H

Heimkehr (F. Kafka) 226
Heimkunft (G. Kunert) 470
Heinrich von Ofterdingen (Novalis) 76
Herr Biedermeier (L. Pfau) 90
Herr Keuner und die Flut (B. Brecht) 126
Höflichkeit (M. Frisch) 400
Höre! (E. Lasker-Schüler) 213

I

Ich bin ein Bewohner des Elfenbeinturms (P. Handke) 281
Ihr Dach stieß fast bis an die Sterne (A. Holz) 187
Im Thiergarten (A. Holz) 188
Immensee (Th. Storm) 163
In der Fremde III (H. Heine) 115
Inventur (G. Eich) 310
Italienische Reise (J. W. v. Goethe) 46

J

Jahrgang 1899 (E. Kästner) 256
Jakob der Letzte (P. Rosegger) 169

K

Kalkulation über was alle gewusst haben (H. Heißenbüttel) 277
Karawane (H. Ball) 252
Kaspar (P. Handke) 326
Kein Platz für Idioten (F. Mitterer) 328
Kleider (F. Kafka) 486
Kleine Fabel (F. Kafka) 226

L

Leben des Galilei (B. Brecht) 135
Lenz (G. Büchner) 106
Liebeslied (R. M. Rilke) 202
life (K. Röggla) 299
Lore Lay (C. Brentano) 52
Lorelei (H. Heine) 83
Lukrezia (W. Bauer) 327

M

Max und Moritz (W. Busch) 173
Meine Mutter hat's gewollt (Th. Storm) 163
menschenfleiss (E. Jandl) 420

N

Nachtcafé (G. Benn) 211
Natur und Kunst (J. W. v. Goethe) 50

O

Opernball (J. Haslinger) 297

P

Papa Hamlet (A. Holz/J. Schlaf) 180
Patrouille (A. Stramm) 212
Programm (A. Holz) 176

R

Rede von Astrid Lindgren aus Anlass der Verleihung des Friedenspreises des Deutschen Buchhandels (A. Lindgren) 14
Römische Elegien (J. W. v. Goethe) 51

S

Schöne Tage (F. Innerhofer) 291
Sehnsucht (F. Schiller) 51
Sein Köpferl im Sand (A. Brauer) 131
sie liebt mich (nicht) (A. Knotek) 313
Sind so kleine Hände (B. Wegner) 404
Spießer (Die Fantastischen Vier) 429
Still (Th. Raab) 304
Sunrise (M. Köhlmeier) 490

T

Talkshow (Th. Enzinger) 373
Terzinen über Vergänglichkeit (H. v. Hofmannsthal) 486
Todesfuge (P. Celan) 311
Tonio Kröger (Th. Mann) 199

U

Über den Umgang mit Menschen (A. Freiherr v. Knigge) 394
Um ein dadaistisches Gedicht zu machen (T. Tzara) 253
Uns, die wir schreiben (E. Zuzak) 132
Utopia (Th. Morus) 500

V

Vergänglichkeit (S. Freud) 488
Verstörung (Th. Bernhard) 285
Vom Tod ohne Übertreibung (W. Szymborska) 482
Von morgens bis mitternachts (G. Kaiser) 217
Vor dem Gesetz (F. Kafka) 223
Vorurteil (Th. Bernhard) 125

W

Warten auf Godot (S. Beckett) 322
Was ist Aufklärung? (I. Kant) 408
Was ist Realismus? (Th. Fontane) 158
Weltende (J. v. Hoddis) 206
Wenn nicht mehr Zahlen und Figuren (Novalis) 70
Werther Lieben (Th. Arzt) 330
wien: heldenplatz (E. Jandl) 312
Wilhelm Tell (F. Schiller) 55
Winternacht (G. Keller) 162
Wir amüsieren und zu Tode (N. Postman) 362
Woyzeck (G. Büchner) 110

Z

Zum Beginn (O. Brahm) 176

Quellenverzeichnis

Achleitner, Friedrich: Unterricht. Der Standard, 30.1.2009
Adler, Polly: „Running sushis" der Liebe. Kurier, 7.1.2017
Adler, Polly: Digital Turkey. Kurier Freizeit, 14.9.2013
Aichinger, Ilse: Die größere Hoffnung. Frankfurt am Main: Fischer 1991, S. 52 ff.
Aichinger, Philipp: Nachtruhe gestört: Hahn darf bleiben. Die Presse, 13.8.2012
Akinyosoye, Clara u. a.: Alt- vs. Neo-Österreicher. Die Presse, 18.4.2012
Artmann, H. C.: Blauboad 1. In: The Best of H. C. Artmann. Hg. v. Klaus Reichert. Frankfurt am Main: Suhrkamp 2016, S. 36
Artmann, H. C.: med ana schwoazzn dintn. Salzburg: Otto Müller 1986, S. 77
Arzt, Thomas: Werther Lieben. Reinbek bei Hamburg: Rowohlt E-BOOK THEATER 2016, S. 9 f.

Bachmann, Ingeborg: Erklär mir, Liebe. In: Gedichte, Hörspiele, Erzählungen. München: Piper 1992, S. 48
Ball, Hugo: Das erste dadaistische Manifest und andere theoretische Schriften. Berlin: Edition Holzinger 2016, S. 22 f.
Ball, Hugo: Karawane. In: Die deutsche Literatur in Text und Darstellung, Bd. 14: Expressionismus und Dadaismus. Hg. v. Otto F. Best. Stuttgart: Reclam 2000, S. 303
Bauer, Wolfgang: Werke, Bd. 1: Einakter und frühe Dramen. Graz, Wien: Droschl 2001, S. 203
Bayrhammer, Bernadette: Eine Zeit, um sich auszuprobieren. Die Presse, Uni Live, Sommersemester 2013
Becket, Samuel: Warten auf Godot. Frankfurt am Main: Suhrkamp 2016, S. 159 f.
Benn, Gottfried: Gedichte. Stuttgart: Reclam 2006. S. 12 f.
Bernhard, Thomas: Alte Meister. Frankfurt am Main: Suhrkamp 1985, S. 75
Bernhard, Thomas: Der Stimmimitator. Frankfurt am Main: Insel 1996, S. 30 f.
Bernhard, Thomas: Frost. Frankfurt am Main: Suhrkamp 1963, 254 f.
Bernhard, Thomas: Verstörung. Frankfurt am Main: Suhrkamp 1988, S. 135 ff.
Böll, Heinrich: Ansichten eines Clowns. München: dtv 1990, S. 9 f., 101 ff.
Borchert, Wolfgang: Das Gesamtwerk. Reinbek bei Hamburg: Rowohlt 2007, S. 538
Boroditsky, Lera: Wie die Sprache das Denken formt. http://www.spektrum.de/alias/linguistik/wie-die-sprache-das-denken-formt/1145804, abgerufen am 25.4.2016
Botica, Melania: Warum Eltern nicht mit Teenagern klarkommen. http://www.focus.de/familie/pubertaet/elternundheranwachsendederganznormalewahnsinnderpubertaet_id_3628215.html, abgerufen am 14.11.2016
Brahm, Otto: Zum Beginn. In: Freie Bühne für modernes Leben, Jg. 1, 1890; zitiert nach https://friedrichshagener-dichterkreis.de/2010/05/03/zum-beginn-1890/, abgerufen am 19.9.2018
Brauer, Arik: Sein Köpferl im Sand. Universal Music Austria
Brecht, Bertolt: Das epische Theater. In: Schriften zum Theater 3. Frankfurt am Main: Suhrkamp 1963, S. 54 ff.
Brecht, Bertolt: Das Leben des Galilei. Frankfurt am Main: Suhrkamp 1962, S. 125 f.
Brecht, Bertolt: Die Dreigroschenoper. Berlin: Suhrkamp 1968, S. 11 f., 96 ff.
Brecht, Bertolt: Herr Keuner und die Flut. In: Franz Hohler (Hg.): 112 einseitige Geschichten. München: Luchterhand 2007, S. 43
Brentano, Clemens: Werke, Bd. 1: Gedichte. Hg. v. Wolfgang Frühwald u. a. München: Hanser 1978, S. 112 ff.
Brinkmann, Rolf Dieter: Westwärts 1 & 2. Gedichte. Reinbek bei Hamburg: Rowohlt 2005, S. 35
Britting, Georg: Brudermord im Altwasser. http://www.britting.de/saemtliche-werke/bd-7-die-windhunde/#a__Brudermord_im_Altwasser, abgerufen am 20.9.2017

Bronner, Laura/Hager, Angelika: Das Leben mit dem Alien. Profil, 23.6.2008
Büchner, Georg: Dantons Tod. Stuttgart: Reclam 1995, S. 19
Büchner, Georg: Lenz. Stuttgart: Reclam 2002, S. 13 f.
Büchner, Georg: Sämtliche Werke und Briefe, Bd. 1: Dichtungen und Übersetzungen mit Dokumentationen zur Stoffgeschichte. Hg. v. Werner R. Lehmann. Hamburg: Wegner 1967–1971, S. 487 f.
Büchner, Georg: Woyzeck. Stuttgart: Reclam 2011, S. 15 ff., 32 f.
Bühler, Karl: Abriss der geistigen Entwicklung des Kindes. Heidelberg: Quelle & Meyer 1967, S. 123
Burger, Jörg u. a.: In eigener Sache. http://www.zeit.de/2011/16/Journalismus-ICH, abgerufen am 13.4.2016
Busch, Albert/Stenschke, Oliver: Germanistische Linguistik. Eine Einführung. Tübingen: Narr Francke Attempto 2007, S. 18 ff.
Busch, Wilhelm: Das große Wilhelm Busch Album. Niedernhausen: Bassermann 1997, S. 5

Canetti, Elias: Die gerettete Zunge. Frankfurt am Main: Fischer 1982, S. 14 ff.
Celan, Paul: Mohn und Gedächtnis. Gedichte. München: DVA 2012, S. 37 f.
Charms, Daniil: Zwischenfälle. Frankfurt am Main: Fischer 1993, S. 16

Denkmair, Christian: Gendersprache ist penetrant unsympathisch. Der Standard, 20.7.2012
Die Fantastischen Vier: „Spießer": http://www.songtexte.com/songtext/die-fantastischen-vier/spiesser-3da6d0f.html, abgerufen am 21.4.2016
Döblin, Alfred: Das Lesebuch. Hg. v. Günter Grass. Frankfurt am Main: Fischer 2012, S. 97 ff.
Dolna, Veronika: Fakten gegen Vorurteile. Die Furche, 26.4.2012
Dorfer, Alfred: Korrupt, aber sozial. Die Zeit, 14.2.2013
Droste-Hülshoff, Anette von: Die Judenbuche. In: Sämtliche Werke in zwei Bänden, Bd. 1. München: Winkler 1973, S. 497 ff.
Dürrenmatt, Friedrich: Der Besuch der alten Dame. Zürich: Diogenes, 1985, S. 44 f.
Dürrenmatt, Friedrich: Die Physiker. Zürich: Diogenes 1985, S. 72 ff.

Ebner-Eschenbach, Marie von: Das Gemeindekind. In: Gesammelte Werke in drei Bänden, Bd. 1. München: Winkler 1956–1958, S. 142 ff.
Eich, Günter: Gesammelte Werke, Bd. 1: Die Gedichte – Die Maulwürfe. Frankfurt am Main: Suhrkamp 1973, S. 35
Eichendorff, Joseph von: Aus dem Leben eines Taugenichts. Stuttgart: Reclam 1976, S. 3 f.
Eichendorff, Joseph von: Die blaue Blume. In: Sämtliche Gedichte und Versepen. Frankfurt am Main und Leipzig: Insel 2001, S. 334
Eisenreich, Herbert: Ein Augenblick der Liebe. http://www.zeit.de/1954/45/ein-augenblick-der-liebe, abgerufen am 7.4.2016
Eltz, Thorsten: Das Problem des Wortinhalts. http://www.bpb.de/politik/grundfragen/sprache-und-politik/42710/wortinhalt, abgerufen am 22.4.2016
Enzinger, Thomas: Talkshow. Wien: Österreichischer Bühnenverlag Kaiser (ohne Jahr), S. 40 ff.

Fernsebner-Kokert, Bettina/Herrnböck, Julia: Das Drama des vernachlässigten Kindes. Der Standard, 19./20.5.2012
Fontane, Theodor: Die Alten und die Jungen. http://www.zeno.org/nid/20004769872, abgerufen am 21.4.2016
Fontane, Theodor: Effi Briest. Romane und Erzählungen in acht Bänden, Bd. 7. Berlin, Weimar: Aufbau 1973, S. 7 f., 245 ff., 308 f.
Fontane, Theodor: Es kribbelt und wibbelt weiter. In: Detering, Heinrich (Hg.): Reclams Buch der deutschen Gedichte. Bd. 1. Stuttgart: Reclam 2007, S. 472
Fontane, Theodor: Was ist Realismus? In: Die deutsche Literatur in Text und Darstellung, Bd. 11: Bürgerlicher Realismus. Hg. v. Andreas Huyssen. Stuttgart: Reclam 1977, 56 f.
Freud, Sigmund: Vergänglichkeit. In: Studienausgabe, Bd. 10. Frankfurt am Main: Fischer 1969, S. 225 ff.
Fried, Erich: Gesammelte Werke. Gedichte 1. Berlin: Wagenbach 1993, S. 365 f.
Fried, Erich: Gesammelte Werke. Gedichte 2. Berlin: Wagenbach 1993, S. 402 f.
Friedmann, Jan/Wiegrefe, Klaus: „Humboldt wird missbraucht". Der Spiegel, 12.1.2009
Frisch, Max: Tagebuch 1946–1949. Frankfurt am Main: Suhrkamp 1985. S. 59 ff.

Gächter, Sven: Big Brothers. Profil, 5.5.2012
Geets, Siobhán: Der letzte Schrei? Twittern aus dem Jenseits. Die Presse, 18.6.2012
Gehrs, Oliver: „Sprache muss sich ständig ändern". Fluter Nr. 39, 30.8.2011
Glattauer, Daniel: Der Nachbar. Der Standard, 3./4.5.2008
Glattauer, Daniel: Haben und sein. Der Standard, 12.2.2007
Goethe, Johann Wolfgang von: Faust. Der Tragödie erster Teil. In: Poetische Werke in drei Bänden. Berlin: Aufbau 1985, S. 419 f., 458 ff., 554 ff.
Goethe, Johann Wolfgang von: Faust. Der Tragödie erster Teil. Stuttgart: Reclam 1986, S. 13
Goethe, Johann Wolfgang von: Faust. Der Tragödie zweiter Teil. Stuttgart: Reclam 1986, S. 65, 132, 199
Goethe, Johann Wolfgang von: Italienische Reise. In: Ernst Grumach (Hg.): Goethe und die Antike. Eine Sammlung, Bd. 1. Berlin: de Gruyter 1949, S. 238
Goethe, Johann Wolfgang von: Poetische Werke in drei Bänden, Bd. 1. Berlin: Aufbau 1985, S. 177 f., 254, 314
Grafik: „Auswandern?": http://diepresse.com/home/politik/eu/581810/Osterreicher-wollen-nicht-im-Ausland-leben?from=suche.intern.portal, abgerufen am 26.4.2016
Grafik: „Gleichberechtigung in der Welt". https://www.ipsos.com/sites/default/files/2017-03/Ipsos-PI_Gleichberechtigung_Slides-Auszug_Marz2017.pdf, abgerufen am 27.2.2018
Grafik: „Internet und gedruckte Tageszeitung nach Alter". https://computerwelt.at/news/topmeldung/ein-tag-im-leben-der-oesterreicher-es-wird-digital/ (abgerufen am 20.3.2020)
Grafik: „Jugend-Internet-Monitor 2019". https://www.saferinternet.at/fileadmin/redakteure/Projekt-Seiten/Jugend-Internet-Monitor/Infografik_Jugend-Internet-Monitor_2019.png, abgerufen am 18.3.2020
Grafik: „Jugendliche und ihre Vorbilder". TNS Emnid 2015. https://www.presseportal.de/pm/40550/3159244, abgerufen am 4.5.2018
Grafik: „Konkrete Fremdsprachenkenntnisse". http://www.market.at/de/market-aktuell/news/entity.detail/action.view/key.463.html, abgerufen am 25.4.2016
Grafik: „PISA-Studie 2019". https://www.saferinternet.at/fileadmin/redakteure/Projekt-Seiten/Jugend-Internet-Monitor/Infografik_Jugend-Internet-Monitor_2019.png, abgerufen am 18.3.2020
Grafik: „Wertorientierung der Jugendlichen". http://s00.static-shell.com/content/dam/shell-new/local/country/deu/downloads/pdf/wertorientierungen-der-jugendlichen.pdf, abgerufen am 15.4.2016
Grafik: „You don't understand me?". Gallup, März 2009
Grillparzer, Franz: Der Traum ein Leben. In: Sämtliche Werke, Bd. 2. München: Hanser 1960–1965, S. 105 ff.

Haas, Wolf: Der Knochenmann. Reinbek bei Hamburg: Rowohlt 1997, S. 84 ff.
Hamburger, Michael: Essay über den Essay. In: Höllerer, Walter/Bender, Hans (Hg.): Akzente. Band IV. 1963 bis 1965, S. 290 ff.
Handke, Peter: Ich bin ein Bewohner des Elfenbeinturms. Frankfurt am Main: Suhrkamp 1972, S. 19 ff.
Handke, Peter: Kaspar. Frankfurt am Main: Suhrkamp 2015, S.18 f., 47 f., 99
Haslinger, Josef: Opernball. Frankfurt am Main: Fischer 1995, S. 9 ff.
Hauff, Wilhelm: Das kalte Herz und andere Märchen. Stuttgart: Reclam 2000, S. 32 ff.
Hauptmann, Gerhart: Bahnwärter Thiel. Stuttgart: Reclam 1970, S. 19 f.
Hauptmann, Gerhart: Die Weber. München: Cornelsen 2008, S.18 ff.

Haushofer, Marlen: Die Wand. München: dtv 1991, S. 12 f., 181 ff.
Hebbel, Friedrich: Die alten Naturdichter und die neuen. In: Sämtliche Werke. 1. Abteilung, Bd. 1. Berlin: Behr 1904, S. 349
Heine, Heinrich: Deutschland. Ein Wintermärchen. Berlin: Insel 2013, S. 13 f.
Heine, Heinrich: In der Fremde III. http://www.staff.uni-mainz.de/pommeren/Gedichte/NeueGedichte/fremde3.htm, abgerufen
 am 19.9.2018
Heine, Heinrich: Lorelei. In: Gedichte der Romantik. Hg. v. Wolfgang Frühwald. Stuttgart: Reclam 1991, S. 55 f.
Heißenbüttel, Helmut: Das Textbuch. Freiburg im Breisgau: Walter 1965, S. 100 f.
Herwegh, Georg: Werke und Briefe. Hg. v. Infrid Pepperle. Bd. 1: Gedichte 1835–1848. Bielefeld: Aisthesis 2006, S. 25 f.
Hesse, Hermann: Der Steppenwolf. Berlin: Suhrkamp 1974, S. 21 ff., 146 f., 153 f.
Heym, Georg: Der Gott der Stadt. In: Die deutsche Literatur in Text und Darstellung, Bd. 14: Expressionismus und Dadaismus.
 Hg. v. Otto F. Best. Stuttgart: Reclam 2000, S. 45
Hoddis, Jakob van: Weltende. In: Die deutsche Literatur in Text und Darstellung, Bd. 14: Expressionismus und Dadaismus.
 Hg. v. Otto F. Best. Stuttgart: Reclam 2000, S. 74
Hoffmann, E. T. A.: Der Sandmann. Stuttgart: Reclam 2015, S. 24 f., 34 f., 39
Hofmannsthal, Hugo von: Gesammelte Werke in zehn Einzelbänden, Bd. 7. Frankfurt am Main: Fischer 1979, S. 462 ff.
Hofmannsthal, Hugo von: Gesammelte Werke in zehn Einzelbänden, Bd. 1. Frankfurt am Main: Fischer 1979, S. 94
Hofmannsthal, Hugo von: Terzinen über Vergänglichkeit. In: Die besten deutschen Gedichte. Berlin: Insel 2012, S. 144
Holz, Arno/Schlaf, Johannes: Papa Hamlet. Stuttgart: Reclam 2010, S. 58 ff.
Holz, Arno: Im Thiergarten. In: Gedichte und Interpretationen, Bd. 5: Vom Naturalismus bis zur Jahrhundertwende. Hg. v. Harald Hartung.
 Stuttgart: Reclam 2011, S. 81
Holz, Arno: Phantasus. In: Werke. Hg. v. Wilhelm Emrich und Anita Holz. Neuwied am Rhein, Berlin-Spandau: Luchterhand 1962, S. 79 f.
Holz, Arno: Programm. In: Die deutsche Literatur in Text und Darstellung, Bd. 12: Naturalismus. Hg. von Walter Schmähling. Stuttgart:
 Reclam 1977, S. 209
Huchel, Peter: Gesammelte Werke, Bd. 1: Die Gedichte. Frankfurt am Main: Suhrkamp 1984, S. 89

Innerhofer, Franz: Schöne Tage. München: dtv 1993, S. 22, 26 f., 86 f.
IWC Uhr der Nationalmannschaft: http://deluxe-label.de/deutschland-iwc/, abgerufen am 11.4.2016

Jandl, Ernst: das röcheln der mona lisa. Berlin: Volk und Welt 1990, S. 71
Jandl, Ernst: die bearbeitung der mütze. Poetische Werke 7. München: Luchterhand 1997, S. 128
Jelinek, Elfriede: Die Klavierspielerin. Hamburg: Rowohlt 1983, S. 208 ff.
Junghänel, Frank: Rezension zu „Opernball". Berliner Zeitung, 14.03.1998
Jüngling, Thomas: Wie Werbung so richtig Spaß machen kann. Die Welt, 25.5.2013

Kafka, Franz: Brief an den Vater. Berlin: Edition Holzinger 2015, S. 3 f.
Kafka, Franz: Der Prozeß. Stuttgart: Reclam 1995, S. 7, 210 f.
Kafka, Franz: Die Erzählungen. Frankfurt am Main: Fischer 2015, S. 10
Kafka, Franz: Die Verwandlung. In: Das Urteil und andere Erzählungen. Frankfurt am Main: Fischer 1983, S. 19 f.
Kafka, Franz: Heimkehr. In: Sämtliche Erzählungen. Frankfurt am Main: Fischer 1970, S. 320 f.
Kafka, Franz: Kleine Fabel. https://www.projektgutenberg.org/kafka/misc/chap002.html (abgerufen am 24.2.2020)
Kafka, Franz: Vor dem Gesetz. In: Ein Landarzt. Frankfurt am Main: Fischer 2002, S. 267 ff.
Kaiser, Georg: Von morgens bis mitternachts. Stuttgart: Reclam 1994, S. 37 f.
Kaléko, Mascha: Das lyrische Stenogrammheft. Reinbek bei Hamburg: Rowohlt 1956, S. 26
Kaléko, Mascha: Emigranten-Monolog. In: Verse für Zeitgenossen. Reinbek bei Hamburg: Rowohlt 1978, S. 53
Kalss, Michaela: Polylove – Liebe der Zukunft. Madonna, 21.7.2012
Kant, Immanuel: Beantwortung der Frage: Was ist Aufklärung? In: Berlinische Monatsschrift 4 (1784), S. 481–494
Kästner, Erich: Jahrgang 1899. In: Kästner für Erwachsene. Hg. v. Rudolf Leonhardt. Gütersloh: Bertelsmann 1965, S. 13
Kehlmann, Daniel: Die Tricks der Schriftstellerei. Die Zeit, 4.5.2006
Kehlmann, Daniel: Die Vermessung der Welt. Hamburg: Rowohlt 2005, S. 7 ff., 69 f., 149 ff.
Keller, Gottfried: Winternacht. In: Hermlin, Stephan (Hg.): Deutsches Lesebuch. Von Luther bis Liebknecht. Leipzig: Reclam 1976, S. 488
Keun, Irmgard: Das kunstseidene Mädchen. München: List 2003, S. 7 f., 81 f., 149 f., 217
Kleist, Heinrich von: Werke und Briefe in vier Bänden, Bd. 3. Berlin, Weimar: Aufbau 1978, S. 460 f.
Kloeppel, Peter: Sterben und Tod weiterhin ein Tabu oder ein Thema für die Medien? http://www.dhpv.de/aktuelles_detail/items/2011-10-27_
 Beitraege-DHPV-Kongress.html, abgerufen am 23.2.2013
Knecht, Doris: Alter Sack spricht zur Jugend. Falter 2/2009
Knecht, Doris: Eine Großstadt schläft eben nie. Kurier, 24.6.2012
Knigge, Adolph Freiherr von: Über den Umgang mit Menschen. Stuttgart: Reclam 1991. S. 32 ff.
Knotek, Anatol: sie liebt mich (nicht). http://www.anatol.cc/konkrete_poesie/sie_liebt_mich_nicht.html#.WZhAeK35zow, abgerufen
 am 19.9.2018
Koch, Christoph: Das Ende von @was. Die Zeit, 4.11.2011
Kocina, Erich: Deutsch? Nicht genügend. Die Presse am Sonntag, 18.4.2010
Köhlmeier, Michael: Sunrise. Frankfurt am Main: Fischer 1996, S. 12 f.
Krieglsteiner, Alfons: Organisierte Begriffsvermummung. Oberösterreichische Nachrichten, 21.6.2003
Kunert, Günter: Kunerts Antike. Eine Anthologie. Hg. v. Bernd Seidensticker/Antje Wessels. Freiburg im Breisgau: Rombach 2004, S. 112

Lakotta, Beate/Goos, Hauke: „Jeder kann zum Mörder werden". Der Spiegel 36/3.9.2012
Landsgesell, Cathren: „Da ist Pioniergeist gefragt". Wiener Zeitung, 9.4.2013
Langenbach, Jürgen: Gläserner Mensch? Der gereckte Facebook-Daumen reicht! Die Presse, 12.1.2015
Lasker-Schüler, Else: Liebesgedichte. Frankfurt am Main, Leipzig: Insel 2005, S. 94
Lehky, Andrea: Jugend 2013: Generation Z – Die ganz Jungen kommen. Die Presse, 28.06.2013
Lenau, Nikolaus: Sämtliche Werke und Briefe, Bd. 1. Leipzig, Frankfurt am Main: Insel 1970, S. 21 f.
Lewin, Waltraud: Goethe. München: cib-Verlag 2004, S. 79
Liedl, Magdalena: Migranten verlieren ihre Erstsprache. Die Presse, 25.6.2012
Liessmann, Konrad Paul: Bücherdämmerung. Der Standard, 7./8.8.2012
Lindgren, Astrid: Rede aus Anlass der Verleihung des Friedenspreises des deutschen Buchhandels. In: Sybil Gräfin Schönfeldt:
 Astrid Lindgren. Reinbek: rororo, 1987

Mann, Thomas: Tonio Kröger. Frankfurt am Main: Fischer 1973, S. 72 f.
Mauritz, Ernst/Schimper, Christa: Unterricht nicht vor 8.30 Uhr. Kurier, 10.8.2015
Mayröcker, Friederike: Das besessene Alter. Gedichte 1986–91. Frankfurt am Main: Suhrkamp 1992, S. 103
Meyer, Conrad Ferdinand: Eingelegte Ruder. In: Conrady: Das Buch der Gedichte. Deutsche Lyrik von den Anfängen bis zur Gegenwart.
 Berlin: Cornelsen 2006, S. 322
Miller, Johanna: Integrationsfähigkeit? (Online-Posting). http://dastandard.at/1304551361428/Monitor-Wie-gut-muss-ein-Auslaender-sein,
 abgerufen am 28.3.2013

Mitterer, Felix: Kein Platz für Idioten. Innsbruck, Wien: Haymon 2008, S. 42 f.
Morus, Thomas: Utopia. In: Heinisch, Klaus (Hg.): Der utopische Staat. Reinbek: Rowohlt 1960, S. 60 f.
Müller, Herta: Eine warme Kartoffel ist ein warmes Bett. Hamburg: Europäische Verlagsanstalt 1992, S. 9 ff.
Müller, Nina: Schall und viel, viel Rauch. Kleine Zeitung, 19.8.2012
Musil, Robert: Das Fliegenpapier. In: Nachlass zu Lebzeiten. Hamburg: Rowohlt 1957, S. 11 ff.
Musil, Robert: Der Mann ohne Eigenschaften, Bd. 1. Oldenburg: Rowohlt 1970, S. 463 ff.
Musil, Robert: Der Mann ohne Eigenschaften, Bd. 1. Reinbek bei Hamburg: Rowohlt 2008, S. 32 f., 650
Musil, Robert: Der Mann ohne Eigenschaften, Bd. 2. Reinbek bei Hamburg: Rowohlt 2008, S. 1939
Musil, Robert: Die Verwirrungen des Zöglings Törleß. Reinbek bei Hamburg: Rowohlt 1995, S. 57 ff.

Natmessnig, Elias: Millionenschaden durch Graffiti-Kunst. Kurier, 31.5.2013
Nestroy, Johann Nepomuk: Der Talisman. Ditzingen: Reclam 1982, S. 6, 23, 62 ff., 86
Nietzsche, Friedrich: Menschliches, Allzumenschliches. Ein Buch für freie Geister. Berlin: Holzinger 2013, S. 242
Nimmervoll, Lisa: „Eine Generation verhinderter Spießer". Der Standard, 29.8.2012
Nöstlinger, Christine: Iba de gaunz oaman kinda. Wien: Jugend & Volk 1974, S. 7
Novalis: Gesammelte Werke. Altmünster: Jazzybee Verlag Jürgen Beck 2015, S. 35 f.
Novalis: Heinrich von Ofterdingen. Stuttgart: Reclam 1980, S. 10 ff.
Novalis: Wenn nicht mehr Zahlen und Figuren. In: Conrady: Das Buch der Gedichte. Deutsche Lyrik von den Anfängen bis zur Gegenwart. Berlin: Cornelsen 2006, S. 237
Nussbaumer, Niki: Zwischen Mitleid und Abscheu. Kurier, 25.8.2012

O. V.: „Sprache". https://www.duden.de/rechtschreibung/Sprache, abgerufen am 4.5.2018
O. V.: „Sterbehilfe muss legalisiert werden". Oberösterreichische Nachrichten, 10.4.2012
O. V.: Alle tun es, immer. Nürnberger Nachrichten, 8.11.2010
O. V.: Geschäfte bleiben sonntags zu. Salzburger Nachrichten, 12.7.2012
O. V.: Heißer Krieg gegen das Schneetreiben (Forsyth-Rezension). Kurier, 20.11.2010
O. V.: Ironie oder nicht? Das ist hier die Frage. http://www.faire-werbung.ch/ironie-oder-nicht-das-ist-hier-die-frage/, abgerufen am 11.4.2016
O. V.: Macht googeln blöd? Kurier, 4.8.2012
O. V.: Medien: Begriffsbestimmungen/Bundesgesetz. http://www.ris.bka.gv.at/GeltendeFassung.wxe?Abfrage=Bundesnormen&Gesetzesnummer=10000719&ShowPrintPreview=True, abgerufen am 12.4.2016
O. V.: Pampers Baby Dry. www.windeln.de/pampers-baby-dry.html, abgerufen am 11.4.2016
O. V.: Projekt Gutenberg-DE. http://gutenberg.spiegel.de/information, abgerufen am 14.4.2016
O. V.: Studie: Wickeln und Putzen sind Frauensache. Die Presse, 19.8.2010
O. V.: Was Extremsportler antreibt. Der Standard, 8.6.2012
O. V.: Was passiert, wenn's passiert ist. Kleine Zeitung, 14.8.2012
O. V.: Was sind die wichtigsten Fremdsprachen? http://www.onlinezeitung24.de/article/165, abgerufen am 25.4.2016
O. V.: Wie TV-Bilder die Fantasie von Kindern prägen. http://www.welt.de/wissenschaft/article1359582/Wie-TV--Bilder-die-Fantasie-von-Kindern-praegen.html, abgerufen am 18.4.2016
O. V.: Zu viel Lob kann Schüler nervlich belasten. Die Presse, 14.10.2013
O.V.: „Sprache ist". http://www.erzieherin.de/family-literacy-mehrsprachigkeit-foerdern.php, abgerufen am 22.2.2013
Orwell, George: 1984. München: Ullstein 2000, S. 274 f.

Pfau, Ludwig: Gedichte. Stuttgart: Bonz 1889, S. 327 f.
Pilarczyk, Hannah: Rezension zu „Die Vermessung der Welt". Der Spiegel, 22.10.2012
Pinter, Veronika: Was ist Erziehung? http://burgenland.orf.at/m/radio/stories/2542574/, abgerufen am 15.4.2016
Polgar, Alfred: Das große Lesebuch. Zürich: Kein & Aber 2003, S. 40 ff.
Postman, Neil: Wir amüsieren uns zu Tode. Frankfurt am Main: Fischer 2008, S. 23 ff.

Raab, Thomas: Still. München: Droemer 2015, S. 69 ff., 100 f.
Rachinger, Johanna: About a Boy (Hornby-Rezension). Kurier, 18.4.2011
Rachinger, Johanna: Alexis Sorbas: Von Nikos Kazantzakis. Kurier, 13.2.2012
Rampetzreiter, Heidi: Vom Wandel der journalistischen Praxis. Die Presse, 31.8.2011
Reitterer, Christian: Respekt? Fehlanzeige! Die Presse, 26.6.2012
Rietz, Helga: Fernsehkommissarin als Rollenvorbild. https://www.nzz.ch/wissenschaft/bildung/die-fernseh-kommissarin-als-rollen-vorbild-1.18291550, abgerufen am 4.5.2018
Rilke, Rainer Maria: Die Aufzeichnungen des Malte Laurids Brigge. Berlin: Insel 2012, S. 13 f.
Rilke, Rainer Maria: Die schönsten Gedichte. Berlin: Insel 2011, S. 72
Rilke, Rainer Maria: Sämtliche Werke, Bd. 1. Berlin: Insel 1998, S. 87, 482
Röggla, Katrin: really ground zero. 11. september und folgendes. Frankfurt am Main: Fischer 2001, S. 6 ff.
Rosegger, Peter: Jakob der Letzte. Berlin: Ullstein 1996, S. 86 ff.

Saint-Exupéry, Antoine de: Der kleine Prinz. Düsseldorf: Karl Rauch 2012, S. 62 f.
Salomon, Martina: Ach, Schnucki – das Österreichische schwindet. Kurier, 25.3.2017
Sartre, Jean-Paul: Das Spiel ist aus. Hamburg: Rowohlt 2002, S. 26 f.
Schiller, Friedrich: Der Handschuh. In: Sämtliche Werke, Bd. 1. München: Hanser 1962, S. 346 f.
Schiller, Friedrich: Die Räuber. Stuttgart: Reclam 2001, S. 34 ff.
Schiller, Friedrich: Sehnsucht. In: Stephan Hermlin (Hg.): Deutsches Lesebuch. Von Luther bis Liebknecht. Leipzig: Reclam 1976, S. 223 f.
Schiller, Friedrich: Ueber die ästhetische Erziehung des Menschen, in einer Reihe von Briefen, 22. Brief. In: Sämtliche Werke, Bd. 5. München: Hanser 1962, S. 637
Schiller, Friedrich: Wilhelm Tell. Stuttgart: Reclam 1973, S. 50 f., 87 ff.
Schlegel, Friedrich: Athenäums-Fragment Nr. 116. In: Ernst Behler (Hg.): Kritische Friedrich-Schlegel-Ausgabe. Erste Abteilung: Kritische Neuausgabe. Bd. 2: Friedrich Schlegel. Charakteristiken und Kritiken (1796–1801). München, Paderborn, Wien: Schöningh 1967, S. 162 f.
Schmidt-Dengler, Wendelin: Bruchlinien I + II. Wien: Residenz 2012, S. 687
Schmidt-Vierthaler, Rosa: „Eltern erziehen ihre Kinder so, wie sie selbst erzogen wurden". Die Presse, 8.7.2012
Schneider, Wolf: Die Sprache ist eine Waffe. http://www.zeit.de/2012/20/Sprache, abgerufen am 22.4.2016
Schnitzler, Arthur: Fräulein Else. Frankfurt am Main: Fischer 1987, S. 141 ff.
Schuh, Karin/Kern, Julia: Nicht ohne meine Marke: Jetzt erst recht. Die Presse, 23.9.2012
Schwickert, Martin: Rezension zu „Die Wand". Die Zeit, 11.10.2012
Schwitters, Kurt: An Anna Blume. Merzgedicht. In: Die deutsche Literatur in Text und Darstellung, Bd. 14: Expressionismus und Dadaismus. Hg. v. Otto F. Best. Stuttgart: Reclam 2000, S. 312 f.
Sen, Amartya: Die Identitätsfalle. München: dtv 2010, S. 8 f.
Simon, Anne-Catherine: Das elfte Gebot muss heißen: schäm dich! Die Presse, 1.2.2012

Steindorfer, Eva: Die Hedonisten und die Streber. Die Presse, 11.5.2013
Steiner, Bettina: Vom guten Benehmen. Die Presse, 12.8.2012
Stifter, Adalbert: Bunte Steine. In: Gesammelte Werke in sechs Bänden, Bd. 3. Wiesbaden: Insel 1959, S. 7 f.
Stifter, Adalbert: Sonnenfinsternis und Schneesturm. In: Stephan Hermlin (Hg.): Deutsches Lesebuch. Von Luther bis Liebknecht. Leipzig: Reclam 1976, S. 475 f.
Storm, Theodor: Immense. Stuttgart: Reclam 1975, S. 29 ff., 154
Stramm, August: Patrouille. In: Die deutsche Literatur in Text und Darstellung, Bd. 14: Expressionismus und Dadaismus. Hg. v. Otto F. Best. Stuttgart: Reclam 2000, S. 82
Stuefer, Alexia: Gleichbehandlung im Gesetzestext: Psychologische Wirkung ist wichtig. Die Presse, 10.1.2011
Szymborska, Wislawa: Auf Wiedersehn. Bis morgen. Frankfurt am Main: Suhrkamp 1997, S. 49 f.

Tepl, Johannes von: Der Ackermann aus Böhmen. Stuttgart: Reclam 2002, S. 9 f.
Thadden, Elisabeth von: Großmutter, erzähl. Die Zeit, 10.12.2009
Trakl, Georg: Grodek. In: Die deutsche Literatur in Text und Darstellung, Bd. 14: Expressionismus und Dadaismus. Hg. v. Otto F. Best. Stuttgart: Reclam 2000, S. 50
Türk, Marietta: Wenn das Herz schmerzt. Der Standard, 20.3.2012
Tzara, Tristan: Sieben Dada Manifeste. Hamburg: Edition Nautilus 1998, S. 90 f.

Uccusic, Alexandra: Knigge-Kurs für eine ganze Stadt. Kurier, 8.9.2012

Weber, Ina: Herbert, lies das! – Ja, natürlich! Wiener Zeitung, 26.3.2010
Wegner, Bettina: Sind so kleine Hände. https://www.youtube.com/watch?v=fcdkwdfz0GA, abgerufen am 4.5.2018
Weiss, Peter: Die Ermittlung. Oratorium in 11 Gesängen. Reinbek bei Hamburg: Rowohlt 1985, S. 108 f.
Wilde Oscar: Das Bildnis des Dorian Gray. Übers. v. Ingrid Rein. Stuttgart: Reclam 2001, S. 5 f.
Winder, Christoph: „Hallo" zwischen Almen und Olmen. Der Standard, 1./2.9.2012
Winder, Christoph: Der Kater ist fett wie ein Schwein. Der Standard, 1./2.10.2010
Wuketits, Franz M.: Existenzielle Herausforderung. Wiener Zeitung, 11.6.2017

Zuzak, Eleonore: Uns, die wir schreiben. In: Vom Wort zum Buch. Lyrik-Anthologie des österreichischen Schriftstellerverbandes. Wien: Edition Doppelpunkt 1998, S. 18

Bildnachweis

S. 52	Der Handschuh (lyrik.antikoerperchen.de)		S. 169	Fotografie Peter Roseggers aus dem Jahr 1873 (austria-forum.org © KK)
S. 55	Jean Renggli der Ältere: Der Rütlischwur (1891) (commons.wikimedia.org)		S. 170	Peter Rosegger Statue (shutterstock.com © Karl Allen Lugmayer)
S. 56	Osmar Schindler: Gesslers Tod (1921) (www.akg-images.de)		S. 173	Max und Moritz (shutterstock.com © Roberta Blonkowski)
S. 60	Faust und Mephistopheles (shutterstock.com © Alizada Studios)		S. 175	Emil Orlik: Lithographisches Poster für Hauptmanns Theaterstück „Die Weber" (1897) (commons.wikimedia.org)
S. 66	Briefmarke von 1979: Johannes Faust mit Homunculus und Mephistopheles (commons.wikimedia.org)		S. 177	Hippolyte Taine (commons.wikimedia.org)
S. 68	FaustFestival München in den „Fünf Höfen" 2018 (exklusiv-muenchen.de © Union Investment)		S. 178	Giuseppe Pellizza da Volpedo: Der vierte Stand (1898–1901) (commons.wikimedia.org)
S. 69	Caspar David Friedrich: Der Wanderer über dem Nebelmeer (um 1880) (commons.wikimedia.org)		S. 180	Titelblatt Bjarne P. Holmsen: Papa Hamlet mit Foto von Arno Holz (de.wikipedia.org)
S. 72	Caroline Schlegel-Schelling (commons.wikimedia.org) Fanny von Arnstein (commons.wikimedia.org)		S. 193	Gerhard Hauptmann (commons.wikimedia.org)
			S. 188	Arno Holz: Im Thiergarten (www.deutschestextarchiv.de)
S. 79	Spalanzani und Olimpia. Szene aus der Oper „Hoffmanns Erzählungen", Volksoper Wien, 2016 (www.volksoper.at © Barbara Pálffy/Volksoper Wien)		S. 197	Egon Schiele: Sitzende Frau mit hochgezogenem Knie (1917) (commons.wikimedia.org)
S. 86	Blick vom linken Rheinufer bei St. Goar auf die Loreley (commons.wikimedia.org)		S. 199	Thomas Mann (shutterstock.com © Natata)
			S. 200	Leonid Ossipowitsch Pasternak: R. M. Rilke in Moskau (1928)
S. 87	Daniel Kehlmann (www.zeit.de © Arne Dedert/dpa)		S. 201	Lovis Corinth: Karussell (1903) (commons.wikimedia.org)
S. 89	Ferdinand Georg Waldmüller: Seifenblasende Kinder (1843) (www.kunstkopie.de)		S. 202	Peter Altenberg Statue im Café Central (shutterstock.com © Giannis Papanikos)
S. 91	Klemens Wenzel Lothar von Metternich (commons.wikimedia.org) Carl Spitzweg: Sonntagsspaziergang (1841) (gyrele.tumblr.com)		S. 205	Franz Marc: Blaues Pferd (1911) (commons.wikimedia.org)
			S. 206	Baldwin Zettl: Weltende für Jakob van Hoddis (2014) (www.galerie-koenitz.de)
			S. 211	George Grosz: Dr. Benns Nachtcafé (1918) (www.artnet.com)
S. 94	Adalbert Stifter: Partie aus den Westungarischen Donauauen mit aufsteigendem Gewitter (um 1841) (www.zeno.org)		S. 212	Grodek, 2. Fassung (www.hs-augsburg.de)
			S. 213	Else Lasker-Schüler (commons.wikimedia.org)
S. 99	Johann Nepomuk Nestroy (commons.wikimedia.org)		S. 220	Franz Kafka (commons.wikimedia.org) Die handschriftliche erste Seite von Kafkas Brief an den Vater (1919) (commons.wikimedia.org)
S. 105	Der Denker Club (Deutsche Karikatur von 1819) (de.wikipedia.org)			
S. 107	Heinrich Heine Briefmarke (shutterstock.com © bissig)		S. 223	Jaroslav Róna: Franz Kafka Statue (2003) (shutterstock.com © Maslanka)
S. 108	Fanny Lewald (commons.wikimedia.org)		S. 224	Anfang des Manuskripts von Der Prozeß (commons.wikimedia.org)
S. 133	Ingeborg Bachmann (www.lfbrecht.de © Dr. Heinz Bachmann)			
			S. 233	About a Boy (shutterstock.com © Hyelim Ko)
S. 157	Adolph Menzel: Das Balkonzimmer (1845) (de.wikipedia.org)		S. 243	Poly amory (shutterstock.com © Kia L. DeCou)
S. 158	Theodor Fontane (www.ebay.de)		S. 244	Love is not limited by number (shutterstock.com © Shawn Goldberg)
S. 159	Titelblatt der Erstausgabe des „Manifests der Kommunistischen Partei" (1848) (commons.wikimedia.org)			
			S. 249	Johannes Theodor Baargeld: Das menschliche Auge und ein Fisch, letzterer versteinert (1920) (commons.wikimedia.org)
S. 168	Buchcover „Effi Briest" (https://anacondaverlag.de) Buchcover „Madame Bovary" (www.fischerverlage.de) Buchcover „Anna Karenina"(https://bubblin.io)		S. 252	Hugo Ball in seinem kubistischen Kostüm (commons.wikimedia.org)

Bildnachweis

S. 252	Hugo Ball: Karawane (commons.wikimedia.org)
S. 254	Kurt Schwitters: Merzz. 53. rotes bonbon (1920) (commons.wikimedia.org)
S. 255	Filmplakat: „Cabaret" (www.musicman.com)
S. 260	Mascha Kaléko (www.blick-aktuell.de)
S. 261	Buchcover „Das kunstseidene Mädchen" (www.ullstein-buchverlage.de)
S. 264	Porträt und Original-Schreibmaschine Hermann Hesses (shutterstock.com © LiliGraphie)
S. 266	Hermann Hesse (shutterstock.com © Natata) Robert Musil Grafitti von Jef Aerosol am Musilhaus in Klagenfurt (commons.wikimedia.org)
S. 268	Robert Musil Briefmarke (shutterstock.com © rook76)
S. 269	Bertolt Brecht (commons.wikimedia.org)
S. 270	Die Dreigroschenoper am Theater an der Wien 2015/16: Tobias Moretti (Macheath/Mackie Messer), Nina Bernsteiner (Polly) (www.theater-wien.at © Monika Rittershaus)
S. 271	Bertolt Brecht Monument Berlin-Mitte (shutterstock.com © ArTono)
S. 273	FreundIn des Literaturhauses (www.literaturhaus-salzburg.at)
S. 279	Ilse Aichinger (diepresse.com © Michaela Seidler)
S. 281	Peter Handke (derstandard.de © REUTERS/Christian Hartmann)
S. 283	Heinrich Böll (wn.de © dpa/Heinz Wieseler)
S. 285	Filmausschnitt „Ansichten eines Clowns" 1976 (www.ksta.de © imago/United Archives) Thomas Bernhard (www.suhrkamp.de © Andrej Reiser)
S. 287	Elfriede Jelinek (commons.wikimedia.org)
S. 289	Marlen Haushofer (sabtours.at © Sybille Haushofer)
S. 291	„Die Wand" – Frau mit Hund (dw.com © Studio Canal Germany) Franz Innerhofer (wienerzeitung.at © picturedesk.com/Ullstein Bild/Brigitte Friedrich)
S. 293	Herta Müller (hanserliteraturverlage.de)
S. 295	Wolf Haas (commons.wikimedia.org © Heike HuslageKoch)
S. 296	Filmplakat: „Der Knochenmann" (www.film.at)
S. 297	Josef Haslinger (commons.wikimedia.org © Pavel Hrdlička)
S. 299	Kathrin Röggla (www.kathrin-roeggla.de © Karsten Thielker)
S. 300	Ground Zero (shutterstock.com © littlenySTOCK)
S. 301	Daniel Kehlmann (commons.wikimedia.org © Heike Huslage-Koch)
S. 302	Filmplakat: „Die Vermessung der Welt" (http://www.filmposterarchiv.de)
S. 303	Thomas Raab (commons.wikimedia.org)
S. 306	Grasse Parfum (shutterstock.com © EQRoy)
S. 307	Josef Trattner: abstrakt-expressionistisches Weinbild (2010) (commons.wikimedia.org)
S. 309	Slam Poetry (shutterstock.com © pp1)
S. 310	Günter Eich (suhrkamp.de © Hilde Zemann)
S. 312	Der Heldenplatz am 15. März 1938 (www.mediathek.at © Paul Macku)
S. 313	Anatol Knotek: sie liebt mich (nicht) (www.anatol.cc) H. C. Artmann (spiegel.de © dpa)
S. 314	Erich Fried (dichterlesen.net © Renate von Mangoldt)
S. 316	Friederike Mayröcker (www.suhrkamp.de © Brigitte Friedrich)
S. 320	Friedrich Dürrenmatt (commons.wikimedia.org © Elke Wetzig)
S. 322	Samuel Beckett (commons.wikimedia.org)
S. 323	Peter Weiss (commons.wikimedia.org)
S. 328	Felix Mitterer (commons.wikimedia.org © Manfred Werner)
S. 330	Thomas Arzt (rowohlttheaterverlag.de © Nina Grünberger)
S. 334	Logo penAUSTRIA (http://penclub.at/)
S. 370	Game of Thrones (shutterstock.com © Kathy Hutchins)
S. 380	Johannes Gutenberg (commons.wikimedia.org)
S. 389	YouTube Notebook (shutterstock.com © Alexey Boldin)
S. 390	YouTube Tablet (shutterstock.com © Daniel Krason)
S. 407	Faust (shutterstock.com © paparazzza)
S. 408	Immanuel Kant (commons.wikimedia.org)
S. 412	Wilhelm von Humboldt, Lithographie von Franz Krüger (commons.wikimedia.org)
S. 413	Friedrich Achleitner (www.diepresse.com © Michaela Bruckberger)
S. 420	Ernst Jandl (https://oe1.orf.at)
S. 428	Carl Breitbach: Theodor Fontane (1883) (commons.wikimedia.org)
S. 438	Abercrombie & Fitch (shutterstock.com © Northfoto) Converse (shutterstock.com © D K Grove)
S. 441	Pieter Bruegel der Ältere: Großer Turmbau zu Babel (1563) (commons.wikimedia.org)
S. 451	Elias Canetti (commons.wikimedia.org)
S. 476	Zitat Bazon Brock (commons.wikimedia.org)
S. 486	Hugo von Hofmannsthal (commons.wikimedia.org)
S. 489	Sigmund Freud (commons.wikimedia.org)
S. 493	H. C. Artmann (commons.wikimedia.org)
S. 494	Der Ackermann aus Böhmen, Heidelberger Bilderhandschrift (commons.wikimedia.org)
S. 503	Georg Büchner (commons.wikimedia.org)

Quelle unbekannt

S. 138	Nostalgie-Werbetafel
S. 140	Mercedes-Werbung
S. 143 und 144:	Opel-Werbesujet
S. 146	Pampers-Werbesujet
S. 148	Ottakringer-Plakat
S. 150	Werbesujets: Caritas, Wifi, „World No Tobacco Day", Bergemann & Sohn, Duracell
S. 153	Sujets: Römerquelle, Casino Wien
S. 155	Sujet IWC Schaffhausen
S. 189	Poster: Wiener Secession
S. 459	Buchcover „1984"
S. 463	Werbesujet „Look Twice"
S. 483	Graffito „Der kleine Prinz"
S. 485	Buchcover „Der kleine Prinz"
S. 496	Jean-Paul Sartre
S. 498	„Dreispitz"

Alle weiteren Bilder und Grafiken sind Eigentum der TRAUNER Verlag + Buchservice GmbH bzw. wurden von der Bildagentur stock.adobe.com und shutterstock.com zugekauft.